图书馆学家文库
Library of Library Scientists

谢灼华文集
Collected Works of Xie Zhuohua

谢灼华 著

中山大学出版社
SUN YAT-SEN UNIVERSITY PRESS

·广州·
·Guang Zhou·

版权所有　翻印必究

图书在版编目（CIP）数据

谢灼华文集/谢灼华著 . —广州：中山大学出版社，2014.1
（图书馆学家文库/谭祥金主编）
ISBN 978-7-306-04114-2

Ⅰ. ①谢… Ⅱ. ①谢… Ⅲ. ①图书馆学—文集 ②文献学—文集 Ⅳ. ①G25-53

中国版本图书馆 CIP 数据核字（2013）第 245900 号

出版人：徐　劲
策划编辑：李海东　章　伟
责任编辑：李海东
封面设计：林绵华
责任校对：章　伟
责任技编：何雅涛
出版发行：中山大学出版社
电　　话：编辑部 020-84111996，84113349，84111997，84110779
　　　　　发行部 020-84111998，84111981，84111160
地　　址：广州市新港西路 135 号
邮　　编：510275　　　　　传　真：020-84036565
网　　址：http://www.zsup.com.cn　E-mail：zdcbs@mail.sysu.edu.cn
印 刷 者：佛山市浩文彩色印刷有限公司
规　　格：787mm×960mm　1/16　8 插页　32 印张　762 千字
版次印次：2014 年 1 月第 1 版　2014 年 1 月第 1 次印刷
定　　价：198.00 元

如发现本书因印装质量影响阅读，请与出版社发行部联系调换

编委会成员

顾　问：周和平（文化部原副部长，中国图书馆学会名誉理事长，中国国家图书馆馆长）

主　编：谭祥金

副主编：程焕文　吴　晞　刘洪辉　赵燕群

编辑委员会委员（按姓氏拼音顺序排列）：

程焕文　杜秦生　方家忠　李国新　刘洪辉　倪晓建　邱冠华

沈　津　谭祥金　吴建中　吴　晞　谢灼华　赵燕群

《图书馆学家文库》总序

图书馆是社会文明进步的标志,为传承历史、延续文明、开拓未来提供着信息与知识保障;是建设学习型社会的重要阵地,承担着提高公民学习能力与创新能力,滋养公民文明素质的重要责任;是通向知识之门,为构建国家知识创新体系提供着知识与智力支撑;是公共文化服务体系的重要组成部分,对于弥合数字鸿沟,保障人民群众的基本文化权益发挥着重要作用。

新中国成立以来,尤其是改革开放以来,在党和政府的高度重视下,在广大图书馆理论与实践者的共同努力下,我国图书馆事业得到了长足的发展。在这个发展历程中,一代又一代图书馆学家作出了卓越贡献。

图书馆学,图书馆工作,是学术性和实践性都很突出的一个领域。何为图书馆学家?我以为,既要有深厚的专业学术造诣,还要有勇于实践、善于探索的精神。对于图书馆的学科发展和事业发展,更要有理论和实践的双重推动,两者犹如双翼:理论研究要总结实际工作、带动实际工作;实际工作要注重正确理论的指引,还要不断给学术研究带来新的活力和突破。

由中山大学图书馆、深圳公共图书馆研究院编撰、中山大学出版社出版的《图书馆学家文库》,旨在荟萃一批优秀图书馆专业工作者在长期的图书馆学理论研究与工作实践中积累的成果,将为我们展现出一幅图书馆学研究和图书馆事业发展的绚丽画卷,这些成果对于当今图书馆事业发展仍然具有指导和借鉴意义。

《图书馆学家文库》首批结集出版的是业界老一辈学人的成果。他们或身居学术研究前沿,或奋斗于事业发展一线,或身居海外关注中国图书馆事业,他们当中的很多人都是在极其艰苦的条件下,孜孜以求,不懈努力,取得了丰硕的成果,为图书馆学和图书馆事业作出了不可磨灭的贡献,他们对事业的热爱在中国图书馆事业发展史上留下了令人感动的篇章。

公共图书馆研究院是2009年在深圳成立,是国内第一家以公共图书馆为研究对象的专业研究团体。公共图书馆研究院是一家非政府机构,由文化部社会文化司、中国图书馆学会和深圳市文体旅游局出任指导单位,深圳图书馆、深圳图书情报学会主办,汇聚了中国大陆、台港澳及海外众多的专业学者和图书馆管理者,为公共图书馆事业发展提供了一个新的学术研究和交流平台。

《图书馆学家文库》的编辑出版展现了广东图书馆学界的眼光和实力,值得赞许。最后,还要感谢中山大学出版社,正是他们的远见卓识和鼎力支持,才使《图书馆学家文库》得以面世。

周和平

文化部原副部长
中国图书馆学会名誉理事长
中国国家图书馆馆长
2011年春于北京

自　序

南方的同仁在筹备出版《图书馆学家文库》，准备把一些活跃在图书馆学研究上的同志、朋友的著作结集出版。他们把鄙人列上名册，我听到这个消息时，心里是有点忐忑不安的。因为一则忝列名家，自己应有自知之明；二则就自己那几篇东西是否还值得留下来。但是，自己重新校读一篇篇带有时代印记的文章时，思想上也有了新的认识。

1956年，作为响应"向科学进军"的行动，我们机关里大多年轻的同志都是跃跃欲试地报考高等学校。就我们原来的专业和领导的要求来看，一般都不会改变原来的专业方向。但是，命运改变了我，因为体检的不合格使我改报文科，阴差阳错地进入图书馆学系。想起来，那是在填报高校志愿时，发现有一个图书馆学专业，我当时就这样想，图书馆这一行一定有书可看，这正对着我的意愿。正是这么粗浅的理解，使自己在这一行业里摸爬滚打了一生。还有，我从来没有想过要当一名教师，因为本人口讷少言，性格内向，推广普通话在我身上收效甚微，这是不太合适当教师的，但是我又当了一辈子教师。所以，这种带喜剧性的事真是有点自己掌握不了。我对于命运是不太相信的，但是发生在我身上的几件事似乎可以说人算不如天算。

进入武汉大学图书馆学系以后，系主任向我们介绍说：你们这些学生的培养目标是三大类型图书馆的工作人员，所以学习内容比较宽泛。当时学习的情况大致说来有几个特点：①文化课比较多，有"中国文学史"课程学习两年，"中国历史"、"世界历史"课程也各学习一年，本专业的图书史、目录学等专业课文化、历史内容都比较多；②自然科学知识的学习，如数学、物理、化学、生物等主要学科的课程，都包括学科历史、学科体系、分支主要著作、主要的著名科学家等内容；③外语学习一主一辅。正是这样的学习安排和武汉大学综合性大学的文化氛围，使我们这些图书馆学专业的学生知识面比较广，掌握工具类的知识比较多，因而适应面较强。我们觉得当时这种思想是很符合图书馆工作既要理论性的知识又要有比较好的动手能力的要求，而且知识面较广，这样才能适应以后工作的需要。当然，我这个人是个例外，我读到三年级的时候，系里就叫我出来担任政治工作，这样我也就算是半路出家了。

20世纪下半叶，中国大地上最明显的时代特点就是政治运动多。余生也晚，早些时候知识分子思想改造等没有赶上。但是，1957年"反右"到1958年"大跃进"、"反右倾"等运动都和我们紧密相连，特别是1958年教育革命，这些涉及政治思想领域的运动更是直接和我们的思想、业务连在一块，所谓破旧立新、厚古薄今，都直接影响到日常教学内容和教学方法。当时，所谓"破"，就是参加批判资产阶级教育思想的运动，这实际上就是批判老师；所谓"立"，就是由青年教师和学生进行新的教材的编写，也进行一些专业领域的研究。这些工作实际上是青年教师和学生不能胜任的。现在回过头来，我们这些做法不仅对老师是一种伤害，而且对图书馆学专业领域也不是推动而是促退了。

1959年，我就专门搞业务了。1959—1962年，我大致做了这几件事：①编写《中国图书馆事业史》讲义，这本讲义1959年开始在教学中使用；②作了一些专题研究，写了《五四运动——第一次国内革命战争时期的上海通信图书馆》、《古越藏书楼在中国近代图书馆史上的地位》等文章；③参加《读者工作》讲义的编写。总结这些教学和科研工作，在当时的政治大气候下，总是强调政治挂帅，我们的思想认识也表现出主观、片面的缺点，特别是强调用阶级观点来分析问题、解决问题。这些都会在我们的讲课内容和文章中表现出来。1962年，高等学校进行调整，我们在当时往往就能够花比较多的时间，作一些比较认真的研究，所以当时的成果，现在看起来还是可以经得起时间的考验。以研究古越藏书楼为例，由于我查阅了它的有关史料，并分析了它的书目，认为它提出了存古和开新的主张，符合历史的发展，而它的管理方法也是学习东西方的成功经验，正是这种条件下，它是近代图书馆的先行者。从这个事例证明，研究问题要从事实出发，要用材料说话，这样才能保证正确的研究方向。

1963年以后，由于参加社会主义教育运动，以及10年"文化大革命"的干扰，有一段时间我们基本上停止了业务方面的工作。1972年开始招生以后，我主要是讲述"中国图书知识"这门课。我利用当时还能够研究鲁迅的机会，分别写出了关于鲁迅的著作版本研究的文章。当然，还接触了一些古籍整理的工作，也增长了一些图书的知识。应该说，我在当时正是年富力强的时候，但是我的研究成果只是两篇文章。相对来说，这10年对我们的浪费实在是太大了。

2004年，我在那本《蓝村读书录》中曾经说过，我们实际工作的年限，也就是最近的20多年。确实是这样，我的主要研究集中在20世纪80年代和90年代。到了2000年，我就退出了工作岗位。我现在分几个阶段说明一下那20年的业务工作。

70年代后期，高等学校恢复招生以后，我们的教学方案基本上是把"文化大革命"前的方案加以修补和调整。到了80年代，一方面总结"文化大革命"10年的教训，另一方面向西方国家了解当代图书馆学的一些进展。大家就感到这样的方案要适应当代图书馆的工作需要，显然是不行的。所以，当时大家对图书馆的现代化和图书馆学教育的改革，有这么一些共识：应该加强对现代技术方面的学习，如计算机技术等，图书馆工作的现代观念和技术都应该是同学们学习知识的重要方面；现代科学知识和人文知识的培养和锻炼，应该从扩大知识面和掌握这项知识的方法上去做。所以大家说应该开出系列的文献学课程，当时列出了马克思列宁主义目录学、人文科学文献学、社会科学文献学、科技文献学等。当然，培养同学们的语言知识也是非常重要的。但是，这些意见对于现行教学方案来说，必然需要增加课时，那就有一个原有课程的删减的问题。当时提得比较集中的问题就是减少有关古代文献的一些课程。相对于我来说，那就是我们教的"中国图书馆史"和"中国图书史"该如何处理，因为这确实出现了内容重复的问题。

80年代初期，当时在教学中考虑，中国古代图书和图书馆的发展和演变，确实有些是同步进行，有些则是分流发展，那么像这种情况，能否把相关的内容合在一块进行研究和教学？这样，我和有些同志交换意见，并且对某阶段的内容作一些分析，确实感到图书史和图书馆史的内容可以重新组织和调整，从中国文化史的发展这个大背景下分析它们的发展阶段、发展的特点及其对社会的不同影响。这种想法得到系里的支持。

1984年，在和一些同志酝酿的基础上，我们共同编写了一部名为《中国图书和图书馆史》的教材，1987年正式由武汉大学出版社出版。这本教材出版后在我们的课程中曾经试用，之后被列入国家教委文科系列教材，并被国内相关专业的老师选用。正是由于这种教材编写工作的推动，在这段时间的前后，我写出了一系列中国古代藏书、近代图书馆发展的研究论文，可以看成对现行教材内容薄弱部分的补充。如果就从我对中国图书馆史研究的过程来看，这实际上就是从宏观上作总体的研究，所以当时我写《官藏是主流》，用的副标题就是"中国封建社会藏书制度的历史特点之一"；还有分几个问题探讨了近代一些重大事变对图书馆发展的影响，如维新派与中国图书馆、辛亥革命对我国图书馆事业的影响。我觉得这项研究，实际上是对中国古代藏书与近代图书馆发展的比较深入的认识。

这个时期我还参加了一些相关课程教材的建设，如参加《目录学概论》的编写，还参加《中文工具书使用法》的编写，这些教材由于满足了各个高等学校教学的需要，同时也是图书馆学有关课程的比较成熟的教材，所以分别获得了国家教委颁发的优秀教材的奖励。正是由于参加《目录学概论》的编写，而且我也是中国图书馆学会目录学组的负责人，经常参加和组织目录学学术研讨会，我们针对目录学如何继承历史传统和现代书目工作等问题，分别写出了系列文章，对于现实的研究起到了一定的作用。更由于我从80年代就开出了一门"中国文学文献学"的课程，这样在比较集中对中国古典文学目录研究的基础上，我撰写了一本《中国文学目录学》，1986年由书目文献出版社出版。这部专著，有人称之为这方面研究的系统著作，也是在图书馆学与相关科学的结合上作了一些初步的尝试；从我本人来说，也算是对专科目录学的一种探讨。

80年代，我在图书馆学研究上也参加了一些全国性的项目。如参加《中国大百科全书·图书馆学卷》有关目录学和中国图书馆史的条目的编写，参加《当代中国图书馆事业》的编写，撰写了有关图书馆学教育的一些内容。并且与彭斐章教授合编《目录学文献学论文选》、《中外图书交流史》。总之，这些社会活动不仅增加了与图书馆界同行的交流，而且也增进了自己对一些相关学科的知识。我想这对于我这个图书馆学研究的"半桶水"应该是很有帮助的。

80年代，我在教学上还有一项很重要的工作，就是开始招收中国图书馆史专业方向的研究生。这些学生不仅有比较坚实的专业基础，而且还有志于图书馆史研究，对我来说真有一种找到知音的感觉。所以我对这些同学不仅是以严格要求出名，而且还和他们结成了忘年交。这些同学现在成为我们这个专门学科研究队伍的中坚。

到90年代，因为已经卸下了图书馆学系系主任的职务，我实际上是一个专职教员，所以我不仅在藏书研究上可以比较自由地选题，而且在其他学术领域上也开始了一些新的尝试。

90年代，我开始了对文献学理论的探讨。在80年代作一些文学文献和历史文献的研究时，也感到对文献学的一些基本问题如果不很好地进行探讨，那么对一些专科文献也有些说不清楚的。如文献的基本属性、文献的种类、文献的功能，以及文献对人类、对社会和对将来的发展前景，这些基本问题的认识如果比较清楚了，那也会对我们专门文献的研究有所促进和提高。这里还有一个契机，那就是我曾经参加过好几个图书馆学、情报学、文献学五年计划研究的选题指南的编写，这样就使得我对文献学的基本理论问题产生了一些兴趣。同时，我还申请了一个教育部的专门项目"文献学理论研究"。通过这个研究，我发表了一系列文章，有《中国古代学者文献观念之演变》、《中国近代学者文献观之发展》，还有合著的《关于国外文献工作和文献学研究的思考——论国外学者之文献观》。从理论上分析文献与社会的关系，我写了一篇《文献与社会》的文章，比较集中地从文献与环境、文献与国家、文献与公众、文献与意识等社会因素探讨了它们之间的关系，进一步说明社会对文献发展的制约关系和文献对社会条件的依赖关系。这篇文章在《武汉大学学报》发表后，又经《复印报刊资料》选载，在社会上造成了一定的影响。

90年代中期，由于我开始招收博士研究生，研究方向上我又作了一些调整，开始对古代藏书进行了分段研究。我把重点放在对明清私人藏书的研究，如清代私人藏书类别的分析、清代《四库全书》编撰与私人藏书发展的关系、常熟藏书家派别的研究等，这些研究对中国封建社会后期藏书发展的状况有了一些新的认识。1996年我参加宁波天一阁古代藏书学术研讨会，在这个会上，大家酝酿共同编写一部中国古代藏书历史的学术论著，由著名学者傅璇琮和我共同主编。最后这部书定名为《中国藏书通史》。这部书联络了南北各大学的教学人员和其他单位的研究人员，都是在古代藏书这方面素有研究的同志。经过近5年的努力，《中国藏书通史》于2001年由宁波出版社出版。这部150万字的古代藏书研究专著，由于它贯通古今，包含古今各种类型的藏书，分析不同形态的藏书类型及其实际功能，并且评价它们的历史作用，对于出现在历史上的各种藏书家和藏书管理官员也作了具体的分析。因此这部书得到读者普遍的好评，并荣获第十三届中国图书奖。

但是，从事物的另一方面看，我认为我做学问只是做到了"坚持"，还不能说做到了"执着"。还有，我虽然是勤于写作，但不能说是有所创造。自己认为好像是严谨的，但是实际上检查起来还是有好些失误，有些时候自己回过头来看看也感到有好些问题，还可以说得更透彻一些，有些错误也可以犯得少一些。

2000年，我离开教学岗位，退休了。利用比较充裕的时间，我把发表于报刊上的各种文章结合成一本名为《蓝村读书录》的文集，也算是对自己写作研究的一个初步总结，这本书由河北教育出版社出版。2004年，我邀请原来编写《中国图书和图书馆史》的老师们，对原书又作了比较大的调整和补充，并对所引用的史料和历史事实进行了核对，由武汉大学出版社作为该书的第二版出版，提供给各高等学校相关专业使用。

从1956年踏进图书馆学这个领域到现在已经过了半个世纪，自己总结一下，我觉得从治学经历这点上有那么几点体会：

第一，坚持就是责任。对自己从事这个教学和研究的领域的工作（或者叫行业），应该把它看成一种责任。我总觉得一个行业对于一个人，有一些人是先入行，再慢慢喜欢它；有一些人是喜欢它，再来入行。我觉得都是一样，一个人一生总要做工作，不然你没有饭吃；一生总要做一番事业，不然你就白来了世界一趟。所以，与其三天打鱼两天晒网，这山望见那山高，不如做一行爱一行。因为做了总有收获，总有所得。这可能就是我这个平常人的平常心态。所以我把从事图书馆学教育、做图书馆学研究都看作一种责任。我这个人经常说一句话，我这个人是中才，但还勤奋，忙碌了这么一辈子，就只有那么点成绩。但是这些成绩，我都把它看成对社会的责任。放高一点说，也算是我对社会的一点贡献。

第二，新知就是前进的动力。要把自己学习和研究的领域不断地进行调整和提高。我是这么认为，从图书馆学来说，它是一种实用性较强的学科，图书馆面对的是各种知识门类的文献，而又必须对读者提供多种知识领域的服务，所以要做好这方面的工作，就必须知识面较广，工具知识和语文知识要比较丰富，这样也就要求图书馆学教育的内容和方法适应这项需要。图书馆学的教师应该知识面比较广，如果是人文科学方面的老师，那你就在文学、历史、哲学以及政治、经济、管理等方面都要具备一些基本知识。相对来说，因为我是从事文学和历史相关学科的教学和研究，所以我对于文学和历史的知识是不断在补充和提高的。学无止境，一生受用。

第三，善于学。我们这代人比较幸运的是能够接受图书馆学第一代学者亲身教诲，让我们受益匪浅。但是，由于我们学习时间有限，工作以后又不能专心致志地读书治学，所以，我们一定要善于学习，不仅向书本上学，而且要向同行学，向其他外行学。总之，只要有利于自己的就要认真学习，而且要在读书治学中勤字当先，不断地积累文献资料，并且从方法上和观点上提升到一个新的高度。我觉得我们虽然是边干边学，也是可以不断有所收获的。

第四，客观地对待自己。要把自己放在比较客观的位置上，说通俗一点就是低调。我这个人一直是比较低调，不太宣扬自己，不太讲自己的学术研究。当然，我对教学和研究是认真的，对学生是负责的。一个人的学术水平高低是由别人评定的，一本著作的好坏也是由读者来鉴定的。这样你就不要自己喋喋不休地来说自己的学术和研究怎样。总之，我觉得我自己走过这条路，因为你走了，你肯定要留下足迹的。当然，这种人生观在现代社会好像是不太合群的。

非常欣慰的是一些学生在学术上的进步，这是对一个老师最大的安慰。我教过的学生应该是不少的，所以凡是有学生在路上叫我，向我问候时，我就感到非常高兴。这可能是当教师最大的快乐。当然，看到自己指导过的学生在报刊上发表文章或出版著作，回校看你的时候，恭恭敬敬地送上他的个人的作品，我就感到格外高兴。曾经看到一篇文献，有个作者统计，1979—2010年关于图书馆史和图书馆学史的学术论文的发文量，其中前五名的核心作者就有王子舟、程焕文和谢灼华三人。我看到这个材料，心中确实有点沾沾自喜，因为通过我们师生的努力，终究在学术史上留下了足迹。至于其他学生在图书馆学相关学术领域里也作出了巨大的成绩，我在这里不能一一列举。

这部文集的出版，我十分感谢广东的谭祥金、赵燕群、吴唏、程焕文，武汉的贺子岳、李远军等先生和女士，他们无私地帮助我做了很多具体的工作，这使我感到师生深厚的情谊、朋友无私的贡献。最后，我还要感谢我亲爱的夫人王秀兰教授，是她无时无刻的关心和爱护，在我几乎整个一生的研究工作中她都是坚实的后盾。

谢灼华

2013年8月25日

中学毕业（1954 年）

备课 武汉大学（1959 年）

参加学术活动
（1980年）

简朴的一家（1981年）

和哥哥姐姐在祖屋前（1985年）

这是最多的一届研究生（1986年）

在 IFLA 北京会后会发言（1986 年）

莫斯科列宁图书馆前
（1991 年）

又放飞儿子
(1992年)

目录学研究者相聚太原(1994年)

在书房（1996年）

参观天一阁（1996年）

荣获"武大十佳家庭"称号（1997年）

儿女们又回来了（1999年）

老同学四十年后相聚（2001年）

美国国会图书馆前（2001年）

书房（2003年）

师生相谈甚欢（2004年）

在新疆高昌故城（2005年）

热热闹闹过七十（2005年）

到家里祝寿（2005 年）

在温州市图书馆前（2008 年）

和同学们参观古书院（2008年）

儿子媳妇回来了（2009年）

嘉兴曝书亭
（2010年）

院庆师生欢聚（2010年）

参加院庆活动（2010年）

师生同欣赏
（2011年）

女儿一家在旅游（2012 年）

谨慎奔八（2013 年）

编　　例

　　一、个人文集大致有两个功能，一为保存文献，即全面收集个人多个时期各个类型的作品，尽量做到无遗漏，故称全集；一为推荐文献，即有选择地收集个人作品，以达到反映某个人著作的精华的目的，故称选集。这本集作是收集作者散见于报刊的文章，著作未能收入，故称文集。

　　二、全部文集按主题排列，从中可以看出作者的研究重点是中国古典文献学和图书馆学。细分为古代藏书研究、近代图书馆史研究、古代藏书思想与学术研究、近代国家图书馆学史研究、目录学研究、文献学研究等，并辑有书籍发展研究与图书评论的文章，后附有关作者的研究资料。

　　三、每类文章按总论到分论的原则排列，不按发表的时间顺序，希望读者能够从某一主题得到比较系统的知识；但文章写作时间有先后，论述重点也有不同，因而研究深度可能不一，敬请注意。

　　四、正因为每篇文章写作时间不同，认识会出现差异，可能出现观点和材料的错误和不足，这次编入文集，对此基本不作改动。

　　五、作为中国图书馆史的研究范围，比较长期以来，大多用"图书馆"包含古代官私藏书、近代图书馆、现代图书馆等不同时期的文化形态，从严格意义上说，应该适当区分古代藏书楼与近代图书馆这两个不同发展阶段。所以，文集把有关文集列出古代藏书研究、近代图书馆史研究等项，后附不同历史时期关于古代藏书与近代图书馆研究的进展评论。

　　六、目录学、文献学部分文章反映了作者涉足这些领域的探索，为了使读者全面了解作者的研究状况，除了收录发表于报刊的文章外，这里采取了一些补充，即选了作者个人著作中的部分章节文字，以供读者参考。

　　七、典籍纵横与图书评论这类主题，主要收集作者与图书研究相关的文字。

　　八、为了提供研究者了解和评论作者的方便，文集附录了作者的相关资料，如口述历史、报刊文字、著述系年等，请注意不同文字中的说法和评论，有些不是十分准确。

目　录

一、古代藏书与近代图书馆史研究

中国文化发展与图书馆 …………………………………………………………… 3
中国图书馆史 ……………………………………………………………………… 8
历史悠久的中国藏书制度 ………………………………………………………… 14
论古代藏书的文化特征 …………………………………………………………… 17
公藏是主流——中国封建社会藏书制度的历史特点之一 ……………………… 23
私藏的功绩——中国封建社会藏书制度的历史特点之二 ……………………… 28
明清私家藏书文化四论 …………………………………………………………… 33
清代私家藏书的发展 ……………………………………………………………… 40
清代私家藏书的种类 ……………………………………………………………… 46
试论清代江南常熟派藏书家 ……………………………………………………… 52
书楼偶拾 …………………………………………………………………………… 58
近代我国封建藏书楼之衰落 ……………………………………………………… 63
强国·济世·育才——清末关于知识与社会发展观念之考察 ………………… 68
维新派与近代中国图书馆 ………………………………………………………… 73
古越藏书楼在中国近代图书馆史上的地位 ……………………………………… 77
冷眼看书林——清末公共图书馆二三事 ………………………………………… 86
辛亥革命对我国图书馆事业的影响 ……………………………………………… 93
五四运动—第一次国内革命战争时期的上海通信图书馆 ……………………… 98
论20世纪前半叶的中国图书馆 ………………………………………………… 103
特点和影响：20世纪上半叶的文华图书馆学专科学校 ……………………… 112

二、古代藏书思想与图书馆学史研究

中国图书馆学史序论 …………………………………………………………… 123
我国古代藏书建设理论之发展 ………………………………………………… 131
牛弘的《请开献书之路表》 …………………………………………………… 138
丘濬的《大学衍义补·图籍之储》 …………………………………………… 142
孙庆增的《藏书记要》 ………………………………………………………… 145
章学诚的《校雠通义》 ………………………………………………………… 154
20世纪上半叶浙江图书馆馆刊的历史地位 …………………………………… 159
评《文华图书馆学专科学校季刊》 …………………………………………… 166

回顾民国时期古代藏书与近代图书馆史研究 …………………… 177
评建国以来中国图书馆史研究 …………………………………… 186
建国40年来图书馆事业研究论著巡礼 …………………………… 197
近年来中国图书和图书馆史研究进展 …………………………… 203

三、目录学与文献学研究

中国古代目录学理论发展论纲 …………………………………… 217
《中国古代书目词典》序 ………………………………………… 226
信息社会中的书目工作——建国45年来我国书目工作的成绩和进展 …… 230
省市公共图书馆书目部的任务和当前建设的问题 ……………… 238
重民先生在中国目录学史研究上的卓越贡献 …………………… 245

简论文学文献与文学文献学 ……………………………………… 251
文学目录与文学目录学 …………………………………………… 257
文学目录之编制 …………………………………………………… 264
个人著述书目 ……………………………………………………… 276
地方文献与地方志 ………………………………………………… 283
论方志目录 ………………………………………………………… 287
方志书后索引的编制 ……………………………………………… 295

文献与社会 ………………………………………………………… 300
中国古代学者文献观念之演变 …………………………………… 307
中国近现代学者文献观之发展 …………………………………… 316
胡应麟在中国文献史研究上的贡献 ……………………………… 325

四、典籍纵横与图书评论

汉魏两晋南北朝时期中外图书交流 ……………………………… 335
隋唐时期中外图书交流 …………………………………………… 347
明代文学书籍的出版 ……………………………………………… 368
清代刻书、藏书与文学 …………………………………………… 374

简论鲁迅著作的版本特点 ………………………………………… 389
再谈鲁迅著作的版本特点 ………………………………………… 394

《项弋平论文选》序 ……………………………………………… 400
《彭斐章论文选》序 ……………………………………………… 401
《续补藏书纪事诗传》序 ………………………………………… 403
《影响中国历史的三十本书》序 ………………………………… 406
《中国图书馆史话》序 …………………………………………… 409
《中国印刷术的起源》序 ………………………………………… 410

《中国图书文化导论》序 …………………………………………………… 412
《文献生产的社会化及其管理》序 ………………………………………… 415
悠悠千古事　笔底起波澜 …………………………………………………… 417
《晚清图书馆学术思想史》序 ……………………………………………… 420
《湖南图书馆百年志略》序 ………………………………………………… 423
《地方文献学刍论》序 ……………………………………………………… 427
《清代江南藏书家刻书研究》序 …………………………………………… 431
百年变迁的忠实记录——读《20世纪以来中国的图书馆事业》………… 434
《嘉兴藏书史》序 …………………………………………………………… 438
《清代藏书思想研究》序 …………………………………………………… 441
书籍的文化与古旧书业的价值——谢灼华先生谈荟 ……………………… 445

五、岁月留痕

谢灼华与图书馆学研究 ……………………………………………………… 453
博导系列访谈：谢灼华教授 ………………………………… 唐小兵　江翠平　459
书海中的探索之路——访我国著名图书馆学家谢灼华先生 ……… 郤向荣　467
老骥伏枥　自强不息——访武汉大学信息管理学院谢灼华教授 ……… 韩淑举　475

著述系年 ……………………………………………………………………… 484

一、古代藏书与近代图书馆史研究

中国文化发展与图书馆[①]

今天,无论人们对文化给出了多少定义,划定了什么样的内容和范围,对它在人类社会发展中的特有地位和作用却是异口同声地肯定的。作为一种社会文化现象的图书馆,它在社会生活中的积极作用,对文化发展的明显影响,人们都有了清醒的认识。

综观中国的图书馆历史发展,可以得出这样的共识:中国文化发展孕育了图书馆,图书馆发展推动了中国文化的进步。

一、中国文化发展孕育了图书馆

人类社会经过漫长的历史发展过程,到能够创制文字,并把文字记载到一定的物质载体时,人类即进入到一个崭新的文明时代。古代世界文明的几个发源地如巴比伦、埃及和中国,大都经历了这种划时代的变革。

中国远在商殷(前16世纪—前11世纪)高度发达的奴隶制度时期,产生了脱离体力劳动的一部分知识分子。这些称为"史"、"巫"的官吏,从事着创制文化与传播文化的特有职业。他们管理国家法典和皇族谱系,颁发文告和命令,记录国家事件和自然现象,目的是为了随时提供参考,准备以后的查验、核对。他们保留记载文字的各种载体,建立库房收藏;为适应更加繁杂的事务和方便查阅,开始对藏品按年代、按类别收藏和整理。中国最早的图书(档案)馆开始产生。这里,最基本的事实就是,在人类产生了大量记载文字的各种载体,而这种载体具有大量的知识和信息,必然会引起人们的保存观念与集合的意识。因为"保存"以后才能提供使用,而"集合"才便于保存。人类最初的图书馆、档案馆,正是在这种积累的意识指导下的保存,并开始有目的收集、加工、整理和利用的背景下的产物。中国周朝(前11世纪—前256),史官分工反映了国家机构和管理制度的完善。史书记载老子(相传是春秋时人)任"守藏室之史",即管理图书的官吏,并有孔子(前551—前479)向他问礼的传说。孔子晚年充分利用鲁国的藏书,整理流传于世的文献,删定以后成为儒家经典的各种书籍,对中国文化发展贡献极大。国家机构的逐步完善,官僚制度的确立,是图书馆产生的必要前提;而兼负文化传播与文献保存的官吏,是一批图书馆管理官吏,也是一批推动文化发展的伟大哲学家、思想家、文学家。

中国封建社会延续了两千多年,虽经历了无数次的王朝更替、生活变迁和自然灾害的侵扰,但图书馆发展从未中断。旧王朝崩溃和新王朝建立过程中出现过多次迁移图书与征集遗书的故事。即使军事上征战频仍,自然灾害连年不断,仍然有无数次图书抄写

[①] 本文是为IFLA第57届年会(主题"图书馆与文化")提供的论文稿。

与编纂的盛大举动。建立完整的图书馆系统，整理文献，编制高质量的藏书目录，使图书馆在政治生活中发挥作用，都是历代王朝治理的要事。宫廷藏书、政府机构藏书，是封建王朝文化发达的重要标志。当然，官府藏书在朝廷政治生活、文化发展、学术进步与培养统治阶级后备力量等方面发挥了积极的作用。中国封建王朝历史著作的编纂，大部头丛书、类书的汇辑，历史文献的整理与诗文集的出版，都依赖于官府藏书，这主要是因为官府藏书是最完善的文献保障系统。

私人藏书的兴起是官府文化下移、私人著述活动繁荣的结果。中国春秋（前770—前476）战国（前475—前221）时期，周朝统治衰落，诸侯国独立，官府典籍流落各地，民间学术活动兴起，"士"担负起文化整理与文化传播的责任。"士"是一种独立的文化学术研究者，他们本身就是文化典籍的保存者，拥有知识和技能。而有些小私有者渴望拥有知识与技能，需要文化典籍。为了使自己的知识和技能得到统治者的重用，"士"都通过著述宣传自己的主张。"士"积极地收集历史文献，广泛地收集当代著作，并加以整理，进行分析利用，从事抄写、整理、写作、交流的文化活动。"士"拥有藏书，藏书促进写作，私人藏书开端于此。长期的封建社会里，由于官府藏书不普及，私人藏书担负了文化交流的社会职能。教育需要和学术研究的开展，也多依赖私人藏书。私人刻印和售卖书籍，进一步促进了私人藏书的发展。中国私人藏书是藏书制度中的一个重要类型。这种藏书类型的发展，不仅是一种财富占有的形式，还应该看成社会发展中人们的文化交流、学术研究的需要。文化发展促进了私人藏书的普及。

中国古代教育制度发达，除官学、私学以外，还盛行一种"书院"。宋代以后，书院盛行。这是一种教育与研究兼备的独立机构。为了进行教育，教师要准备各种教材和教学参考材料；学生要学习，必须准备教材和阅读各种书籍。因此书院的附属机构——藏书楼与书院同时产生。书院开展广泛的学术研究，形成著述活动和讲学中心。书院同时又是出版印刷书籍的地方。遍布全国的书院，既可成为教学基地，而某些重要的书院，还兼有教育、讲学、藏书三种中心的地位。一般地说，书院藏书内容服务于教学与研究，具有一定的专门性。

以上材料说明，中国图书馆发展是依赖于中国政治统治的加强、思想统治的需要，以及教育的兴起、文化交流和学术研究的发展。这也就是说，文化发展孕育了图书馆，文化发展促进了图书馆。当然，图书馆产生和兴起以后，也对文化发展产生了积极影响。

二、图书馆发展推动了文化进步

图书馆作为人类有意识地、有目的地保存文献的场所，自然也成为人类文化进步的重要条件。

图书馆的发展大大有助于人类对文化成果的保存。文化遗产的记载——图书和其他文献是人类文化发展的重要源泉与动力。保存文化遗产的意义，不仅有助于人们认识自己的历史发展，更重要的是提供了人们进行新文化创造、新文化发展的基础。这是人类无数次文化发展历史所证明的。现就中国图书馆发展来看看它与文化进步的关系。

汉朝（前206—220）是高度发达的封建王朝。汉朝建立后，立即着手收集秦朝遗留的文献。汉武帝（前140—前87）"建藏书之策，置写书之官"，征集天下遗书"下及诸子传说，皆充秘府"。1世纪时，汉成帝命目录学家刘向等整理皇家图书馆藏书，陆续编成《别录》、《七略》。记载在班固《汉书》中的"艺文志"，大致反映了当时皇家图书馆的藏书品种与数量，如按类别统计约为：

六艺略	103家，3123篇
诸子略	189家，4324篇
诗赋略	106家，1318篇
兵书略	53家，790篇，图43卷
术数略	190家，2528卷
方技略	36家，868卷

总计6类共677家、12994卷（篇）。范文澜评论说："七略综合了西周以来主要是战国的文化遗产，……它不只是目录学校勘学的开端，更重要的还在于它是一部极为珍贵的古代文化史。"需要说明的是，正是皇家图书馆保存了大量中国古代文化遗产的成果，才促进了汉代文化发展的多方面成绩，并为中国封建社会文化发展创造了重要条件。

图书馆保存了丰富的文化遗产。学者们利用这些文化遗产，一方面积极为王朝统治服务，起着咨询、参政的作用；另一方面利用文献进行新的创造。3世纪至7世纪，文化发展的成果主要记载在7世纪编成的《隋书》中，其《经籍志》记载称："今考见存，分为四部，合条为一万四千四百六十六部，有八万九千六百六十六卷。其旧录所取，文义浅俗、无益教理者，并删去之。"可见《隋书·经籍志》是记载了经整理以后皇家图书馆的藏书。它收录有：

经	627部，5371卷	通计亡书950部，7290卷
史	817部，13264卷	通计亡书874部，16558卷
子	853部，6437卷	
集	554部，6622卷	通计亡书1146部，13390卷
道经	377部，1216卷	
佛经	1950部，6198卷	

以上总计经传及存亡及道佛经8148部、76346卷。可以看出，7世纪时文化学术发展比之1世纪时变化很大。《隋书》通记史部亡书达874部16558卷，较之1世纪时的历史类著作增加很多，说明史学著作繁荣，可独立成一部类。其次，7世纪时，至少有二类著作有很大发展：集部图书，达1000多部，13000多卷；宗教（道教、佛教）图书数量激增，说明道教典籍的汇集和传播很快，而佛教传入中国后，佛典的翻译、抄写也非常普遍。

图书馆是某一国家、某一地区或某一历史时期文化发展的标志，这样，它也就成为文化发展的中心。首先，它是藏书中心，即文献信息的中心。其次，它是文献编纂、印刷的中心，是担负着完成特定任务的文化、科学、教育机关。中国历代朝廷都利用图书馆进行着图书征集、整理、加工、编辑、印刷的工作，成为王朝文化研究与学术交流、书籍编印的基地。清（1644—1911）王朝宫廷内利用充裕的资金、雄厚的物质力量和庞大的学术队伍，不仅编制了像《古今图书集成》、《四库全书》这样的大书，而且也编印了各种图书达300多种。据张秀民《中国印刷史》统计，殿本有：康熙朝63种，雍正朝71种（佛经30种），乾隆朝150种，嘉庆朝25种，道光朝11种，咸（丰）同（治）朝3种，光绪朝19种。经营如此众多的书籍编辑、出版业务，一方面反映了朝廷所投入的人力物力，另一方面也说明当时皇家图书馆藏书之丰富与服务水平之高。在私人藏书非常兴盛的中国，私人藏书家也兼有编辑、出版以至图书发行的职业，对中国文化发展产生过积极的影响。宋代（960—1279），一些藏书家刻过很多书籍。明代（1368—1644），藏书家兼刻书家是很普遍的现象。如江苏藏书家毛晋（1599—1659）藏书达8万卷，刻印《十三经》、《十七史》外，还编辑了如《津逮秘书》、《六十种曲》、《词苑英华》等书籍，刻书门类非常广泛，刻书质量不断提高。他们既是藏书家，又从事出版事业，担负文化交流、信息传播和藏书保护的几种责任。清代藏书家兼出版家张金吾曾称："藏书不如读书，读书不如刻书。"他的主张是藏书家也应是刻书人，即出版商，因为读书只是为了自己，刻书可以造福别人，可以宣传著作者的思想，也可以使后人永远得到教育。明清两朝不少藏书家，正是抱着读书可以救治社会、刻书（出版）可以造福人类的思想，身体力行，促进了文化事业的繁荣。同时，我们也应看到，封建社会文化事业不发达、公立图书馆寥寥可数，广大城乡地区往往有赖私人藏书家担负文化交流、信息传播的责任。一种是封闭式的图书馆，一种是手工业作坊的书籍出版业，但都成为当时社会文化发展的重要力量。

图书馆对文化发展的影响是显而易见的。其中，最重要的事实是，无论何时、何地、何种类型的图书馆，它们都是提供书籍给读者使用，而图书在读者中是一定要发挥作用的。

三、充分发挥教育职能与情报职能的中国图书馆

中国是发展中国家，图书馆在发挥教育职能上具有广阔的前景。

人们通常说图书馆是"第二课堂"、"没有围墙的大学"，主要是指图书馆在教育职能上的作用说的。图书馆保藏丰富的文化遗产、内容广泛的科学技术文献、绚丽多采的文学艺术作品这些人类的文化宝藏，可以使读者得到多方面的满足。又因为图书馆读者是多层次的、多结构的，图书馆在为读者服务中具有为一般学校、社会教育机构不具备的特有方式，即多渠道、全方位的、适应面广的特点，故对读者发挥教育作用是明显的。

中国图书馆对读者进行的教育方式大致有以下几种：

对读者进行正确的人生教育、文化传统教育和爱国主义的教育，普遍地提高广大人民群众的精神文明。

对读者进行继续教育，如多层次的社会教育，极大地提高全民族文化水平。

对读者进行专业教育，在掌握先进文化技术和培养有文化的劳动者方面发挥积极作用。

对读者进行美学教育，即指导文艺作品的阅读与欣赏，对提高读者的文学水平与艺术素养发挥作用。

同样，图书馆在情报职能发挥上作用也是显而易见的。

没有信息交流，便没有社会发展。人类任何卓有成效的活动必须在准确无误的信息利用基础上实现。社会信息是社会管理过程的前提和纽带。从这个意义出发，图书馆在信息交流中起着越来越明显的作用。我们这里所说的图书馆情报职能的发挥，就是充分利用文献在社会信息交流中的特殊作用，使人们在社会生活中得到信息，利用信息，并把它作为人类社会管理中调整、补充和完善社会的重要条件。

（原载于《中国图书馆学报》1992年第3期）

中国图书馆史

中国图书馆产生、发展及其演变的历史。由于不同的建馆目的、管理体制和人们利用图书馆程度的差别,中国历史上出现过各种藏书处所和机构,近代属于社会文化机构的图书馆出现后,更有众多的类型。它们在历史上产生过广泛的社会影响,并在发展中形成了自己的体系。

典籍收藏的起源 中国文字起源很早,文字的创制为典籍的出现准备了条件。河南安阳小屯村殷墟出土的大量甲骨文,是具有严密文字规律的古代文字,公元前11—前8世纪,处于奴隶制社会的商、周王朝,已有担任文化事务的史官和宗教事务的卜、贞人。他们把占卜时间、占卜者姓名、占卜的结果等卜辞刻于甲骨上,形成早期的文献。《尚书》载"惟尔知,惟殷先人,有典有册",考古发掘和文献记载都说明商代已有记录史事的典、册。既有文献,且有专门史官管理。史官对这些文献进行有目的的收集、积累、整理和储藏,是为古代典籍收藏的雏型。

西周至春秋时期,史官增多,有专司文件起草与发布、典籍管理与提供检阅利用的史官。史载老子为周守藏室之史,各诸侯国亦有史官专门记言记事,官守其书。先秦文献记载有策府、天府、盟府以及室、周室、藏室等称呼,可能是分别收藏文献的处所,并由史官管理。史官对典籍产生、收藏、传播和利用起着重要的作用。战国以前的这种藏书室就是中国图书馆的起源。

封建社会的藏书楼 战国至清代末叶,中国长期的封建社会中央集权制的巩固,促进了官府藏书体系的形成、发展和兴盛。写本书的盛行和印刷术的推广,学术文化的繁荣,促使私家藏书连绵不绝。宗教的传播,为佛寺、道观藏书提供了有利条件。书院的创立和发展,促成了书院藏书系统的建立。

简册、帛书盛行时期的官私藏书 秦汉的宫廷中都设置专门官吏管理图书典籍。秦末焚书,先秦图书遭受损失。汉初,宫廷中建造专门楼阁贮藏图籍,如天禄阁、麒麟阁、石渠阁。汉武帝建藏书之策,置写书之官,宫廷藏书初具规模。西汉末,朝廷中外有太常、太史、博士之藏,内有延阁、广内、秘室之府,初步建立起宫廷藏书与官署藏书。刘向等整理官府藏书,使藏书制度逐步完善。西汉末,藏书散失,但东汉之兰台、东观仍为朝廷中重要藏书和校书的机构。恒帝延熹二年(159)朝廷设置秘书监,官府藏书开始有专门机构进行管理。私家藏书在战国时出现,但当时藏书家不多,藏书数量不大。两汉私人得书较易,学术研究和文化交流又需要自备藏书,私家藏书逐步增多。宗室刘德、刘安和学者扬雄、马融、蔡邕都有藏书,有的达数千卷。

写本书时期的官私藏书和宗教藏书 三国以后,图书以纸写本为主,书用纸卷写作,制作方法简便,利于流传,图书数量激增,从而全面促进各种藏书处所的建立。三国两晋间,于秘书省下设秘书监,主管艺文图籍和著述、编纂,官府藏书迅速发展。晋之东观、仁寿阁,南朝宋之聪明馆、齐之学士馆、梁之文德殿,以及北朝北齐之仁寿阁、文林阁，后周之麟趾殿，都富有藏书。秘书监官吏众多、分工明确，不断进行官府藏书的整理、编目，积累了历代著作并收集当时行世的重要著述，还利用藏书培养宗室子弟和新进士子，官府藏书机构成为朝廷重要文化学术机构。官吏和文士皆以藏书相尚。晋朝张华有书30乘（车），连官府也向他借钞。梁朝沈约有书2万卷。梁朝任昉藏书万卷，多异本，可补官府藏书之不足。宗教藏书因佛教的流行和道教的兴盛得以发展。佛教寺院既是译经、传经之地，也是佛教典籍收藏之所。两晋、南北朝寺院林立，藏经甚多。梁代宫廷中有华林园藏佛典，编成《华林殿众经目录》，著录佛经3700卷。定林寺编成《定林寺经藏目录》。道教典籍在逐步积累中也形成专藏。但按道教教规，典籍一般不广泛流传，只秘藏道教宫观中。南朝刘宋的崇虚馆通仙台、齐的兴世馆、梁的华阳上下馆，北朝北周的玄都观、通道观等都富有藏书。

  隋唐是中国藏书事业发达的时期。隋唐图书编纂与著述的兴盛，文化学术的繁荣，促使公私藏书空前兴盛。隋代秘阁藏书各写若干副本，以书轴装潢不同颜色区分等级，两京各有藏书多处，西京长安的嘉则殿、东都洛阳的观文殿，在藏书数量、书库装饰、管理秩序上都名噪一时。唐代官府藏书设置更多，如弘文馆、史馆、集贤书院，都是规模很大的藏书机构。各处均分设专门官员，由秘书省组织图书的收集、整理、抄录、入藏事务。唐代官府藏书在提供朝廷政事参考、编纂史书、校勘经典、培养宗室子弟与新选进士等工作中，都起过重大的作用。安史之乱，唐代官私藏书多有损失。唐末五代时，藏书又有继续发展。隋唐时期，私家藏书多集中于京都等大城市及四川、江南等地，如李泌藏书称插架3万轴。有些藏书家开馆供四方人士阅读。私家藏书在社会上产生了比较广泛的影响。隋唐时，宗教藏书更趋兴盛。唐时长安有大兴善寺、洛阳有上林园设立译场，翻译佛教经典。玄奘回国带回佛典，于长安大慈恩寺译经，长安大慈恩寺、弘福寺等都有大量佛典收藏。封建统治者采取统一译经、抄写，分送各地寺院收藏的办法，使全国各地寺院大量收藏佛典。佛教僧侣还编制佛经目录。道教典籍的积累和收藏在唐代最为丰富。官府组织编录与抄录，分送各地宫观，逐步形成唐代道教的藏书体系。

  印本书时期的官私藏书和书院藏书 唐初，雕版印刷术发明后，逐步推广于民间。五代以后，印本书兴盛。从宋代至清末，出现各种印刷方法，图书生产和流通趋向专业化，官刻、私刻、坊刻系统形成，是中国古代藏书体系走向全面发展的重要时期。宋初在收集五代十国官府藏书基础上建立了庞大的官府藏书体系。978年，崇文院建成。崇文院东廊为昭文书库，南廊为集贤书院，西廊为史馆书库，分经、史、子、集四库。又抽取珍善藏本别建秘阁。宫廷中还建有太清楼、龙图阁、玉宸殿、四门殿等藏书处所，专藏历代皇帝御笔文集、真迹、书画。北宋末，藏书多有散失，南宋在临安（今杭州）建秘书省，收藏和整理图书，并有补写所从事书籍抄写。此外，各地诸州学也建阁藏书。辽道宗时，有乾文阁。金章宗时，有宏文院。元代统一中国后亦广事收罗，元文宗时，有艺林库。皆以书籍积累众多闻名。宋以后，私家藏书遍于各处。北宋著名文学家、史学家皆以藏书辅助写作活动。如江正、李昉、宋敏求、王钦臣等。司马光藏书注意保护，传为佳话。李公择置书于庐山僧舍，可供众人阅读。蜀之晁公武，浙之陆游，闽之郑樵，江南之尤袤、陈振孙、周密等，皆著名藏书家。由于藏书版本增多，数量剧增，私家藏书目录相继编制和流传，部分藏书家藏书公开，亦有利于文化交流与学术发展。和官府、私家藏书相互辉映的还有书院藏书。书院是宋元时兼有讲学、研究、进修诸种职能的文化教育机构。宋代如白鹿洞书院、岳麓书院、睢阳书院、嵩阳书院皆备有书籍，供学者和生徒使用。书院藏书的来源，有朝廷赐送、私人赠送、书院自行购置等。藏书有专门楼库收藏并有专门人员管理。藏书利用甚为普遍，在各种藏书类型中别树一帜，特别在书院教学、著述和研究活动中发挥了巨大的辅助作用。

明清两代是古代藏书事业最为繁荣的时期。明初太祖朱元璋收集元朝遗留图书，置于文渊阁。明成祖朱棣组织编纂《永乐大典》时，广泛利用文渊阁藏书。1407年，《永乐大典》编成，入藏文渊阁，后迁至北京。明代中期，整理文渊阁书籍，并编制目录。嘉靖时还建造了皇史宬，建筑全部是石头结构，收藏皇帝事迹、实录、宝训、玉牒于金匮中，取"金匮石室"之意，至今无损。宫廷中亦设置多处藏书楼阁。此外，国子监等官署亦编书、印书、藏书。各地州县学亦积累藏书，成为地方性官府藏书。清建国后，除保留文渊阁藏书外，并建立了多处藏书楼阁。乾隆帝弘历在编成《四库全书》后，分别抄写七部，并建楼收藏，其中江南三阁供士子借读，可视为公共藏书楼。此外，宫廷中有养心殿的宛委别藏，还有五经萃室、紫光阁、南薰殿、味腴书屋等处收藏图书，刻书处武英殿、官署的翰林院都有藏书，形成了庞大的藏书体系。1776年，设立文渊阁职官，有领阁事、校理、校阅等官吏，直接管理整个官府藏书的工作。在近代频繁的战乱中，清代各处官府藏书楼都遭受不同程度的损失，四库七阁中的文宗、文汇、文源等阁彻底被焚毁。明清时期，私家藏书在社会生活中产生巨大影响。明初，私家藏书继承元代私家藏书的遗风，并略有发展，明宗室和诸大臣均富有藏书。明代中期后，江南藏书家唐顺之、王世贞、刘凤、钱谷、沈节甫、茅坤均名著一时，特别是嘉兴项元汴的天籁阁，鄞县（今浙江宁波）范钦的天一阁均为较大的藏书楼。万历以后赵琦美的脉望馆、毛晋的汲古阁、祁承㸁的澹生堂和陈第的世善堂、徐𤊹的红雨楼等，在私家藏书中又属佼佼者。明末清初，江浙继起的藏书楼有钱谦益的绛云楼、黄虞稷的千顷堂、徐乾学的传是楼、曹溶的倦圃、朱彝尊的曝书亭，皆名重一时，尤以黄宗羲之续钞堂，其钞书目的和藏书利用为时人所称道。清乾嘉年间，学术研究的繁荣，促使私家藏书楼遍及各地，并出现嗜书成癖的收藏家、专收宋元版本的鉴赏家、从事书籍校勘整理的校雠家，黄丕烈、周仲涟、顾之逵、吴又恺被称为乾嘉四大藏书家。鲍廷博、卢文弨、顾广圻、孙星衍、张金吾等亦以藏书、校勘、刻书闻名于世。鸦片战争以后，各地藏书之风仍然兴盛，如钱塘丁氏八千卷楼、常熟瞿氏铁琴铜剑楼、聊城杨氏海源阁、归安陆氏皕宋楼，被称为清末四大藏书楼。至于苏州潘氏宝礼堂、江阴缪氏艺风堂，以及海盐张元济、江安傅增湘、德化李盛铎、武进董康、长沙叶德辉、吴兴刘承乾等，都在藏书家中占有重要地位。明代以后，各地书院继续发展，全国书院达1300多所，书院由政府控制，其作用由讲学发展而至考课。书院藏书不仅为山长教学所必需，而且可供生徒学习参考，故普遍建成藏书楼，藏书数量和管理方法更趋完善。清代书院更为发达，书院成为讲学、研究、著述兼备的学术研究和教育、文化机构。藏书来源更为多样，书籍内容广泛，藏书楼有专门管理人员，兼制定管理条例与规则，成为书院重要辅助部分。1901年，清廷诏令各省省城书院改为高等学堂，各府厅书院改设中学堂，州县书院改设小学堂。书院藏书成为各地中小学校图书馆藏书的重要来源。

近代图书馆事业 19世纪中叶以后，中国进入半封建半殖民地社会。封建政治、经济的衰落，农民战争的冲击与外国资本主义势力的侵入，改变了延续2000年的封建文化传统。近代图书馆兴起于19世纪末叶，改良维新派人士首先倡导公共藏书楼的开设。1896年李端棻上书，请求于京师及十八省会设立大书楼（图书馆），"许人入楼观书"（《请推广学校折》）。1898年维新派梁启超等创设学会藏书楼，作为学会活动和会员研习西方政治学说的场所。各地成立的学会附设藏书楼，它们有明确的办理宗旨，有藏书和借阅制度，各种阅览活动吸引了广大读者，已具有公共图书馆的性质。与此同时，新式学堂的设立，也促使专门图书馆开始出现。1904年，湖南、湖北开始出现正式以"图书馆"命名的省级公共图书馆。至辛亥革命前夕，全国大部分行省均先后倡设省级公共图书馆：1908年倡设的省份有江苏、直隶（今河北）、山东、奉天（今辽宁）等省，1909年倡设的有安徽、浙江、河南、吉林、黑龙江、广东、云南、陕西等省，1910年倡设的有四川、甘肃、广西等省。实际上多数省份的图书馆至辛亥革命后才正式开馆。1908年，清廷学部筹办京师图书馆。此外，在辛亥革命前，各种类型的图书馆纷纷出现，包括：私人图书馆，如1904年开办的绍兴古越藏书楼；学校附设图书馆，如1902年建立的京师大学堂藏书楼；机关附设图书馆，如1906年建立的邮传部图书馆；在上海等地还出现了资本主义国家传教士设立的图书馆。1910年清廷颁布《京师及各省图书馆通行章程》，明确规定，"图书馆之设，所以保存国粹，造就通才，以备硕学专家研究学艺、学生、士子检阅考证之用，以广征博采，供人浏览为宗旨"。

辛亥革命以后，中国近代图书馆事业得到了迅速的发展。1912年，江翰任京师图书馆馆长，京师图书馆正式开馆。该馆由夏曾佑、周树人（鲁迅）等筹划奔走，藏书逐步充实。1928年，改名为国立北平图书馆，次年，蔡元培任馆长。1934年，馆藏已达40万册，其读者服务与书目工作的开展，使国立北平图书馆成为国内藏书中心和书目工作中心。

1915年，北洋政府颁布《图书馆规程》、《通俗图书馆规程》，促进了各省市图书馆和通俗图书馆的建设。据1916年教育部公报公布，全国共有图书馆260所，其中以独立图书馆命名的22所，以通俗图书馆命名的238所。通俗图书馆发展最多的是河北、山东、河南、福建、浙江、湖北、湖南等省。

学校图书馆的发展是这一时期的重要成就。辛亥革命后，除原有的少数学校外，国立大学、学院和专科学校建立颇多，它们都着手建立图书馆。北京大学图书馆在李大钊负责馆务后，藏书内容和工作方法多有变革，1923年馆藏达18.4万册，为各校藏书最多者。清华学校1920年藏书量达5.3万册。1919年后，这些学校图书馆分别延聘回国留学生担任馆职，重视新的科学技术书籍的收藏，制定新的管理条例与规定，采用科学分类法与编目条例，改变工作制度，方便读者利用，成为中国近代图书馆中工作最富有生气、馆藏最为丰富、服务效果最显著的一部分。

1921年后，随着中国共产党在工人阶级集中的地区开展宣传组织工作的深入，出现了少数工人图书馆，如天津工人图书馆、唐山工人图书馆和南方工矿区工人俱乐部。这些工人图书馆收集通俗图书，目的在于增进工人知识、促进工人觉悟。第一次国内革命战争时期，在出现工农运动高潮的湖南等地，还设立了农村图书馆。早期在中国共产党人领导和影响下，曾出现少数进步图书馆，如毛泽东在湖南长沙创办的湖南青年图书馆，李大钊支持设在北京大学的"康敏尼特"图书馆。1921年，由上海进步青年筹办的上海通信图书馆，以后由于中国共产党的影响，逐步辟为颇有成绩的图书馆。

1927年后，中国图书馆事业发展迅速。除国立北平图书馆作为国家图书馆外，南京国民党政府亦于1928年筹建中央图书馆，1936年正式开馆，1937年藏书达18万册。这一时期，全国各省市图书馆数量达到近代图书馆史上的最高峰。据第二次《中华民国教育年鉴》统计，1935年，全国各省单独设立的省市图书馆达34所，其中藏书量超过10万册以上的有14所，藏书最多的有浙江省立图书馆（32万册）、江苏省立国学图书馆（21万册）、云南省立昆华图书馆（20万册）；附设于民众教育馆的图书部达990所，其中浙江、山东、河北3省，每省均有100所以上。学校图书馆的发展也颇具规模，据第一次《中华民国教育年鉴》统计，1931年，全国公私立大学及学院73所，其附设图书馆共藏有图书270万册，平均每校的图书馆藏有图书4.5万册，藏书量达20万册以上的有国立中山大学、私立燕京大学、国立北京大学，藏书10万~20万册的学校图书馆有6所，5万~10万册的有13所，接近5万册的有36所，藏书达1万册的有13所。全国专科以上学校30所，其附设图书馆共藏有图书30万册，平均每校的图书馆藏有图书1万册，其中藏书最多的是福建法政专科学校和武昌文华图书馆学专科学校。专门图书馆的发展不平衡，大都集中于北京、南京、上海等地。私人开办的图书馆中，如商务印书馆附设的东方图书馆，1931年藏书量达50万册。上海私人开办的图书馆还有申报图书馆等。此外，研究机构图书馆中以北京故宫博物院图书馆最著名，国民政府机关图书馆和其他社会团体图书馆也有一定规模。上海徐家汇藏书楼作为教会图书馆，30年代藏书量达20万册。

1928年以后，在中国工农红军创建的江西苏区中心瑞金等地，于1932年曾创办中华苏维埃中央图书馆，以苏区政府工作人员、红军官兵、工农群众为读者对象，积极从事为革命战争服务的图书流通借阅工作。当时还有大量机关图书馆、学校图书馆，虽然藏书数量不多，工作水平有限，但它们的图书利用和服务效率很高。

在上海等大城市中，还创办了如蚂蚁图书馆、申报流通图书馆等进步文化团体图书馆，这些图书馆主要以宣传进步文化、加强读者指导、团结进步青年、扩大革命影响为宗旨，在上海学生、市民和部分职工中曾产生广泛的影响。

1937年，中华民族全面抗日战争开始，由于日本帝国主义的侵略，中国沿海和内地大城市图书馆遭受重大损失。早在1932年，上海东方图书馆遭到日本空军的轰炸，藏书全毁于火。1937年后，天津南开大学、上海暨南大学、长沙湖南大学和浙江、上海、南京等地的图书馆，也遭受重大损失。东北、华北等地图书馆则全部被日军窃夺和控制，部分馆藏甚至被偷运至日本。国立北平图书馆、国立中央图书馆藏书转运至内地。新办的国立西北图书馆、国立罗斯福图书馆也只能以有限的经费来维持馆务。但是，抗日战争期间的国立图书馆在收集整理抗战文献、抢救部分藏书家散出的珍本秘籍、推动大后方地区图书馆事业方面也曾作出积极的贡献，如国立北平图书馆在1947年的馆藏和代保管的图书总计达115万册。抗日战争胜利后的1947年，全国28省、6

市共有图书馆46所,统计有藏书的24个馆总藏量为264.2万册,超过10万册的有11个馆,如浙江省立图书馆33万册,湖北省立图书馆30万册,台湾省立图书馆25万册。1947年,全国通俗图书馆716所,比战前略有减少,学校图书馆(包括国立和私立大学、学院、专科学校和中小学)计有1492所,全国社团机关图书馆减少更多。以上数字说明,近代图书馆在1937—1949年期间趋向于衰落。

1937年后,中国共产党领导的广大解放区,由于实行新民主主义文化教育政策,开展广泛的文化教育活动,图书馆事业相应得到迅速发展。1937年5月,延安中山图书馆成立,此外还有鲁迅图书馆、绥德子洲图书馆,并成立中共中央马列学院、鲁迅艺术学院等机关院校图书馆。这些图书馆在抗日战争的艰苦环境下积极积聚藏书,加强图书流通工作,为抗日战争的总任务服务,取得了丰富的工作经验和显著的工作成绩,他们的干部和工作经验,促进了抗日战争胜利后东北、山东等解放区图书馆事业的发展,也为中华人民共和国建立后的图书馆事业的开展做了物质和人员方面的准备。

1949年10月中华人民共和国建立后,中国图书馆事业的发展进入了一个新阶段。

(原载于《中国大百科全书》(图书馆学·情报学·档案学卷),中国大百科全书出版社,1993年,第583～586页)

历史悠久的中国藏书制度

现代社会一般以图书馆的发达程度，作为衡量一个国家、地区、城市文发展水平的标志。藏书是一种重要的文化现象，从藏书制度的发展可以看出文化发展的轨迹。

"人类必须获得文明的一切要素，然后才能进人文明状态。"（摩尔根：《古代社会》）人类创制文字，是为了延长记忆。运用文字记录产生文献，则是为了保存文化、促进交流。文献积聚是人们对文献有反复使用的习惯和长期保存的观念相结合的产物，文明社会的建立与发展是与人类对文献的积聚活动同步的。

中国文字的起源在夏代已有例证，殷商则是迄今发现文字记事的最早时期。所谓"左史记言、右史记事"，说明了文字记录的可能性与制度化。王朝的史官制度是王室垄断文化的开始，《史记》称老子为"周守藏室之史"则是官府藏书的文献记载。中国藏书制度可溯源于此。

中国自秦汉建立起统一的封建专制王朝以后，官府藏书得以迅速发展。由两汉的成型，经三国、两晋、南北朝的发展，至隋唐大为兴盛，乃至宋元的繁荣、明清的发达，构成了两千多年官府藏书绚丽多姿的图画，并为封建文化、学术发展和王朝统治作出了贡献。概观中国封建社会的官府藏书体系，大致从以下几方面可以窥见一斑：一是以宫廷藏书为骨干。如宫廷藏书有汉之天禄阁、隋之嘉则殿、唐之昭文殿、宋之太清楼、明之文渊阁等，清之文渊阁、文源阁、文津阁、文溯阁，则是最为典型的宫廷藏书楼；朝廷（国家）藏书，有汉之东观、唐之秘书省、宋之崇文院、元之秘书监和清之江南文宗阁、文汇阁、文澜阁等。此种藏书有别于宫廷内府之藏书，主要在于脱离宫廷独立，藏书公开借阅和利用；政府机构藏书，如历代史书编纂机构、教育机构和天文、医药等机构藏书。二是采集、整理、编目的制度化。由汉桓帝延熹二年（159）建立的秘书监制度，延续至明洪武十三年（1380），秘书监实际是王朝图书典籍的采集、整理、编目的统一管理机构，汉武帝"建藏书之策，置写书之官，下及诸子传说，皆充秘府"。历代王朝遵为定式，"以为永制"，构成了官府藏书工作和程序。为广泛收集藏书，定期组织校书，扩大藏书数量，专门人才编目，提供编纂、刻印、校勘、治学之需要。三是宣扬儒家思想、巩固王朝统治的宗旨。儒家思想、观念和政治哲学，是封建统治赖以维护统治的精神支柱。明代丘濬在总结王朝统治时说："人君为治之道非一端，然皆一世一时之事。惟夫经籍图书者，乃万年百世之事焉。"（丘濬《大学衍义补》）因为儒家《六经》是"万世经典之祖"，所以，历代帝王对图书典籍之储十分重视。汉武帝建藏书之策，正是因为"礼乐崩坏"、"书缺简脱"，宋太宗对崇文院"其栋宇之制，皆亲所规划"。乾隆修《四库全书》，凡事皆"候朕定夺"，目的在于"使石渠天禄之藏，无不家弦户诵"。这些都说明官府藏书建立之目的和意图。四是社会功能多样化。由于政治统治集中于王权，特别是文化教育和官吏考核也是统一于朝廷，所以，官府藏书就成为维护思想统治的阵地、文化学术活动的中心、教育机构的附属设施和编辑出版的基地。

中国历史上与官府藏书相互依存的还有众多的私家藏书。私人收藏图书是十分普遍的文化活动，但堪称藏书家的，还应从藏书目的、数量、品种和图书使用等加以评定。我国私家藏书起源于春秋战国期间。当时，学术统于王官局面打破，文献载体通行易制和便利使用的简策，当然，最主要的因素是学术交流、著书立说和教育的需要。《庄子》载"惠施多方，其书五车。"《墨子》称"今天下之士君子之书不可胜载。"《战国策》称苏秦"发出陈箧数十，得太公《阴符》之谋。"均可说明私人藏书活动相当普遍。

两汉以后，私家藏书得以长足发展。其中，私人著述的繁荣和社会文化教育的发达，普遍要求有藏书提供学习、研究和交流。纸的采用，印刷术的推广，图书市场的建立，交通运输的促进，使图书收藏成为比较普遍可为之举。汉代私家藏书尚属寥寥，两晋南北朝时已经"家有文史"，隋唐时私人藏书已是蔚为大观，如韩愈赠李泌诗："邺侯家多书，插架三万轴。"柳仲郢藏书"经史子集，皆有三本。一本色彩尤华丽者镇库。又一本，次者，长行披览；又一本，又次者，后生子弟为业，皆有厨格部分，不相参错"（钱希白《南部新书》）。可见其时藏书之数量和管理方法。

宋代以后，私家藏书遍及全国各地。推其原因，一是印刷术的普遍应用，著书多、印书易，藏书亦不难；二是城市图书市场建立，交通便利又促使全国图书交易成为可能。某些地区藏书之风甚为盛行。宋周密说："至若吾乡故家（两浙吴兴）如石林叶氏、贺氏，皆号藏书之多，至十万卷。其后齐斋倪氏、月河莫氏、竹斋沈氏、程氏、贺氏，皆号藏书之富，各不下数万余卷。"（周密《齐东野语》）藏书余风波及明清，藏书家种类多至有收藏家、赏鉴家、考订家、校雠家、掠贩家之分，又有不同时期的乾嘉四大家、近代四大家之说。王绍曾先生研究山东文献多年，据他统计，山东一地明清藏书家达430多人。号称人文渊薮的江、浙，私人藏书家更是风流儒雅，代有闻人，江苏一地明清藏书家达450人，浙江一地明清藏书家达350人，这只是见之于文献的。浙江如范氏天一阁、祁氏澹生堂、郑氏二老阁、赵氏小山堂、丁氏八千卷楼、陆氏皕宋楼等，江苏如叶氏篆竹堂、李氏传月楼、黄氏千顷堂、毛氏汲古阁、钱氏绛云楼、黄氏士礼居、汪氏艺芸书舍、瞿氏铁琴铜剑楼等，可称遐迩闻名，盛誉书林。

私家藏书之历史功绩，约略言之：一是保存文籍。由于官私补充，丰富所藏，历代相承，补残正缺，文化典籍赖以保存。二是培养读书之风。或供应子弟，或供阅读流传，保证了读书、著述之求。三是促进学术发展。或者利用藏书研究，或者整理藏书、辑印成果，千万书册流布人间。四是推动文献研究，总结藏书经验。当然，私家藏书受制于家主，抱残守缺、秘藏私有、掠夺垄断的局限是存在的。

中国的书院是一种特殊的教育组织，兼有教育、研究、讲学和出版的多种功能。书院之名起于唐代，当时是"修书之地"（袁枚《随园随笔》），以后变为"群居讲习之所"（朱熹《衡州石鼓书院记》）。宋元以降，书院发达，如明清两朝书院各达1000多所，种类有考课式书院、讲会式书院，稍后更有博习经史的研究性书院和学习西方技艺的专门书院。书院要教育生徒，整理研究学术，汇刻研究成果，藏书就成为书院的重要物质和文化保证，书院藏书蔚成风气。

书院藏书来源大致有三：一为赐赠类，如朝廷颁示、官吏捐献；二为采集类，通常日用书籍，时新学术著述，靠书院及时补充添置；三为印存类，包括本院学者著述和讲义、教材等。书院藏书逐渐完善和构成特色，如对理学书籍的系统收藏，以及管理方式的制度化，特别是允许出借，公开阅览，针对性的读者辅导，使之与其他藏书类型大有不同。晚清书院改学堂，书院藏书更为近代学校教育积累了藏书，功不可没。

除了以上官府藏书、私家藏书、书院藏书三大类型外，中国藏书制度中还有一大类型，即宗教藏书。佛教有寺院的佛藏，道教有宫观等的道藏，还有天主教的、伊斯兰教的堂院藏书，它们也具有鲜明的特色。最早兴起的是佛教藏书与道教藏书。

佛教藏书传入中国后，翻译经典成为传播教旨、教义的首要手段，汉文翻译经典积累成系统佛教藏书。中国晋代开始出现寺、庙藏书。隋唐兴盛，如唐之慈恩寺、西林寺藏书闻名四方。庐山东林寺"一切经典，尽在于内"（白居易《东林寺经藏西廊记》）。香山寺藏经"合是新旧大小乘经律论集，凡五千二百七十卷。""启闭有时，出纳有籍。"（白居易《香山寺新修经藏堂记》）。宋以后，经过统治者组织辑印《大藏经》，成为寺院镇库之宝，相延保护，时日诵读。由于宗教兴废的原因，宗教人士甚至刻石皮藏，辗转保护经典，造成佛教藏书的多样化。北京房山石经、敦煌千佛洞藏经洞成为重要的佛教藏书圣地。道教是中国土生土长宗教，随着宗教传播形成系列宗教经典。宋明帝太始七年（471）陆修静《三洞经书目录》称，"道家经书，并药方、符图等，凡一千二百二十八卷。"唐时辑成《三洞琼纲》达 3744 卷。当时朝廷下令各地宫观收藏，如天宝七年（748）诏"令内书一切道经，皆令崇玄馆即缮写分送诸道采访使，令管内诸道转写。"可以看出各地宫观藏书渐成体系。宋以后，各地宫观一般均收藏统治者辑成之道藏，如抄本《大宋天宫宝藏》，印本《政和万寿》、《道藏》，明代则收藏《正统道藏》，虽有新变动，但藏书数量、藏书体系变化较小。

佛教藏书与道教藏书，服务对象固定，藏书管理封闭较严。但是，由于各种藏书形成过程不同，故佛教藏书注意编目，撰写提要的传统产生了众多高质量的目录。又由于藏书封闭较严，留传于世的亦较多，对中国文献流传亦作出了贡献。

19 世纪后半叶至 20 世纪初，官府藏书、书院藏书为新的公共图书馆、学校图书馆所代替，私家藏书虽仍在延续，目的、意义和历史影响已经变化。至于宗教藏书，则是中国藏书制度保留最完整的一种类型了。

（原载于《人民日报》（海外版）1995 年 8 月 28—29 日）

论古代藏书的文化特征

　　古代藏书，是古代社会官私系统收藏图书、整理图书、利用藏书活动之统称，犹如现在称图书馆事业一样。由于藏书职能分工，管理范围的划分，或是所有者的不同，藏书内容的不同，可粗略分为官府藏书系统（包括宫廷藏书、政府机构藏书和官办教育机构藏书）、私家藏书系统（包括家庭藏书和个人藏书）、宗教藏书系统（包括佛教的寺庙藏书、道教的宫观藏书）和书院藏书系统（包括官办书院和独立书院中的藏书）。这些藏书系统成为古代文化的重要组成部分，积极为政治、文化、教育服务，满足了一定的社会需要，并有部分的读者。当然，它与近代兴起的以服务社会、联系读者、提高文化科学水平为职能的社会文化机构——图书馆是有区别的。但古代藏书与近代图书馆是一体的，是继承与发展的关系。

　　如果从古代藏书的文化特征上进行分析，则可看出作为一种社会文化形态的藏书，兼顾收罗文献、编辑图书、整理典籍、抄印图书、利用图书的职能，在文化、学术、教育和社会娱乐方面都发挥着积极作用。可以说无论何种类型的藏书，都具有保存文献、提供阅读的功能。漫言之，古代藏书的作用表现为：一是作为政事之参政、资治之手段，这可以官府藏书为例来证明；二是表现出学术研究之资粮、文化教育之根本，这可以私人藏书为例来证明；三是表现出保护文献与提供读本之特征，这可以宗教藏书为例来证明。当然，这是就其主要特点而言的，不同的藏书有不同的特点和社会作用，这是显而易见的。

一

　　作为一个语词出现，藏书具有收集图书、整理图书、利用图书的复合含义。试看其语意之变化：

　　司马迁称老子为"周守藏室之史也"。

　　班固称："迄孝武世……于是建藏书之策，置写书之官，下及诸子传说，皆充秘府。"

　　对于守藏室的解释，唐司马贞给《史记》作索隐，将老子作"藏室史"解释为"周藏书室之史也"。对于建藏书之策，刘歆在《七略》中曰："外则有太常、太史、博士之藏，内则有延阁、广内、秘室之府。"即官府的各种藏书机构有藏书的统称。

　　考之两汉，除《汉书·艺文志》中出现"藏书"二字外，对于官府藏书并无固定的称呼，如沿用"掌"、"司"，可解为执掌、主管、负责。"御史大夫……一曰中丞，在殿中兰台，掌图籍秘书。"（《汉书·百官公卿表》）"唐、虞三代，世有史官，以司典籍。"（《后汉书·班彪传》）亦用有"藏"字的，如"史记独藏周室"（《史记·六国年表》）。"常见先代輶轩之使，奏籍之书，皆藏于周、秦之室。"（杨雄《答刘歆求方言书》）"石渠阁萧何造，……所藏入关所得秦之图籍。至于成帝，又于此藏秘书焉。""天禄阁，藏典籍之所。"(《三辅黄图》卷六）故清代阮元称："藏书曰藏，古矣。古人韵缓，不烦改字，收藏之与藏室无二音也。汉以后曰观、曰阁、曰库，而不名藏。"（阮元：《杭州灵隐书藏记》，《揅经室二集》卷二）

汉以后，尊崇经籍，隋志称经籍，唐志称艺文、经籍，又或经、史、子、集，概列为首者，尊经籍也。无藏书之名，有藏书之故实。汉校书天禄，著书兰台，两晋南北朝时秘书监省，代代有升迁之人，朝朝有编目之举。隋时西京、东都均有藏书，嘉则殿有书称三十七万卷。唐时"藏书之盛，莫盛于开元"（《唐书·艺文志》）。秘书省、集贤殿书院、弘文馆、史馆，机构众多，收书丰富，整理及时，编目频繁，官府藏书机构成为集编书、抄书、收书、用书的文化中心。到宋时，崇文院建立，颇具国家图书馆之规模。清时设四库七阁，特别是江南的文宗、文汇、文澜三阁，"备庋秘籍"。对此官府藏书机构，一直到19世纪末叶，尚未用"图书馆"之专名，而用"藏书楼"三字概之。

1887年12月2日，傅云龙的《游历日本图经余记》中，有游东京大学，图书馆有元本《汉书》的记载。中日甲午战争后，报端有图书馆之报道文字。20世纪初，"图书馆"一词逐步得以应用，"藏书"、"藏书楼"成为历史名词。

二

藏书，是人类生存、发展的基本需要之一，也是人类文化活动的重要组成部分。然而，封建时代的统治者提倡藏书，是把藏书视为资治的手段和政事的参考，并以此构成官府藏书最重要的文化特征。

"夫仁义礼智，所以治国也；方技数术，所以治身也。"（隋书·经籍志）自从汉武帝推行"独尊儒术，罢黜百家"的统治政策后，儒家思想被尊奉为封建王朝统治思想的主体。于是儒家书籍就成为封建社会推崇的经典，围绕着儒家经典的整理和利用就构成了官府藏书的主要工作内容。故而，经、史、子、集之部类次序，乃得以推广。官府藏书的逐步建立和工作制度的完善，在很大程度上就是因为建立了儒家经典的服务体系和服务朝廷的藏书体系。

如果要找到把官府藏书作为资治的工具和政事的参考的材料，我们首先可以在汉代的官府藏书中找到例证。《史记》直接记述了汉初利用秦遗留藏书的事实。"（萧）何独先入收秦丞相御史律令图书藏之。……汉王所以具知天下隘塞，户口多少，强弱之处，民所疾苦者，以何具得秦图书也。"（《史记·萧相国世家》）到汉武帝建藏书之策，汉成帝诏刘向等校经传诸子诗赋，"每一书已，向辄条其篇目，撮其指意，录而奏之"（《汉书·艺文志》）。所谓"条其篇目，撮其指意"，就是提供一种定本，并予以介绍该书的内容和价值，使之便于阅读和参考。如《列子》的叙录称："亦有可观者"。《晏子》的叙录称："其书六篇，皆忠谏其君，文章可观，义理可法，皆合六经之义。……可常置旁御览。"而《战国策》叙录称："臣向以为战国时游士辅所用之国，为之策谋，……扶急持倾，为一切之权；虽不可以临国教化、兵革救急之势也，皆高才秀士度时君之所能行，出奇策异智，转危为安。运亡为存，亦可喜，皆可观。"（姚振宗：《快阁师石山房丛书·别录佚文》）可以看出，这种叙录围绕着朝廷兴败、国家存亡的功利目的而撰写，资治的意义是非常明显的。自刘向、刘歆将官府藏书的图书整理与编目分类工作程序化以后，历代封建王朝"依刘向故事"，将官府藏书推向更加依附于朝廷，更加鲜明地服务于政事。《后汉书·儒林传》有谓："（明帝）自讲，诸儒执经问难于前"；孝和帝"数幸东观，览阅书林"。汉末，更因诸儒讲经，争论不息，甚而"有私行金货，定兰台漆书经字，以合其私文"。又有熹平时，"诏诸儒正定五经，刊于石碑"。由此看来，经文、典籍与当时政事之联系实在是太紧密了。

历史是一面镜子。儒家经典的指导作用，官府藏书在现实中的地位，逐步为一代代的学人儒士所认识。

6世纪初，后魏世宗时，有孙惠蔚论及藏书之重要性。他说："然则六经百氏，图书秘籍，乃承天之正术，治人之贞范。……故大训炳于东序，艺文光于麟阁。斯实太平之枢宗，胜残之要道，有国之灵基，帝王之盛业。安上靖民，敦风美俗，其在兹乎？"（《魏书·孙惠蔚传》）到了6世纪末，隋统一中国后，牛弘鉴于典籍之散乱，提出了"有国有家者，曷尝不以诗书为教，因礼乐成功也"。故强调说"经邦立政，在于典谟矣。为国之本，莫此攸先。今秘藏见书，亦足披览，但一时载籍，须令大备。不可王府所无，私家乃有。"（《隋书·牛弘传》）于是，编于7世纪初的《隋书》，特设"经籍志"四卷，以纪文籍之盛。其序称："夫经籍也者，机神之妙旨，圣哲之能事，所以经天地，纬阴阳，正纪纲，弘道德，显仁足以利物，藏用足以独善，学之者将殖焉，不学者将落焉。"

唐代官府藏书的设立是分设多处，各司其职。由中书省所属的集贤殿书院，"掌刊缉古今之经籍，以辨明邦国之大典。凡天下图书之遗逸，贤才之隐滞，则承旨而征求焉。其有筹策之可施于时，著述之可行于代者，较其才艺而考其学术，而申表之。凡承旨撰集文章，校理经籍，月终则进课于内，岁终则考最于外"；秘书省秘书监"掌邦国经籍图书之事。有二局，一曰著作，二曰太史，皆率其属而修其职"；由门下省所属的弘文馆学士"掌详正图籍，教授生徒。凡朝廷有制度沿革，礼仪轻重，得参议焉"；东宫所属之崇文馆学士则"掌东宫经籍图书，以教授诸生"。（《旧唐书·职官志》）

唐代充分利用官府藏书作为统治的手段。唐太宗贞观四年（630），"太宗以经籍去圣久远，文字讹谬，诏前中书侍郎颜师古于秘书省考定《五经》。及功毕，复诏尚书左仆射房玄龄等诸儒重加详议。……颁其所定书于天下，令学者习焉"（吴兢：《贞观政要·崇儒学》）。这一次的考定群经，《五经正义》成为定本，一方面反映了对前代经籍的总结，另一方面是作为儒生讲习、朝廷考试的标准。借儒经来巩固统治阶段的思想统治，加强中央集权的目的，是再明显不过了。

15世纪，明代丘濬从封建政治需要出发，强调了图书典籍之收藏是"为治之道"。他说，"人君为治之道非一端，然皆一世一时之事。惟夫经籍图书者，乃万年百世之事焉。"当然，他重视图书典籍，在于他认识到儒家经典之重要，"为学而不本于六经，非正学；立言不祖于六经，非雅言；施治而不本于六经，非言治"。为什么特别强调官府藏书重要呢？因为官府藏书于"石渠延阁之中，储积之多，收藏之密，扃钥之固，藏贮者有掌固之官，阙略者有缮写之吏，损坏者有修补之工，散失者有贮访之令，然后不至于湮烂散落尔"。（丘濬：《大学衍义补·论图籍之储》）

18世纪后期，乾隆编纂《四库全书》，并将此书抄写多部，分藏各地。他明白地说出了编纂此书的目的："礼乐之兴，必借崇儒重道，以会其条贯。儒与道，匪文莫阐，故予蒐四库之书，非徒博古文之名。盖如张子所云：'为天地立心，为生民立道，为往圣继绝学，为万世开太平。'胥于是乎系。""故吾于贮四库之书，首重者经。"（弘历：《文渊阁记》）

三

作为古代藏书重要类型的私家藏书，其主要文化特征是作为学术研究之资粮、文化教育之基本条件出现的。

私家藏书的出现，基本上是与官府藏书同步的。因为当典籍成为一种记录文字、思想的载体时，既可能是私人所有，也可以是官府所藏。但是，作为一种文化活动的私人藏书，与一个作者自己积累材料、保存写作的文稿还是有所区别的。对于私人的手稿和少许的图书，只能理解为文献的集聚。只有到了社会能提供多量图书，藏家根据个人研究需要及兴趣爱好而有目的、有倾向、有系统地收藏多量图书时，才能称为私人藏书家。

我国私人藏书可溯源于春秋战国时期"士"的藏书。"惠施多方，其书五车"，便是私人藏书最早的例证。两汉有私人藏书之记录，但社会影响较小。私人藏书到了魏晋南北朝时，已经成为古代藏书的一种重要类型。魏晋南北朝的社会条件促进了私人藏书的发展。例如，记载文字的载体由简帛逐渐为纸张代替，东晋以后纸张应用十分广泛，图书制作上的便利则是私人藏书形成和发展的首要条件。又如，汉魏以来私人著述大量增多，私人著作在社会上也得到广泛传播，这也为藏书家收集藏书提供了便利。如梁元帝萧绎称聚书四十年，得书八万卷。他在叙述登位前藏书经历时说："为琅琊郡时，蒙敕给书，并私有缮写。为东州时，写得《史》、《汉》、《三国志》、《晋书》，又写刘选部孺家谢通直彦远家书，又遣人至吴兴郡就夏侯亶写得书，又写得虞太中阐家书。"（萧绎：《金楼子·聚书》）此后，在丹阳、杭州、荆州、蜀、江州等地抄写书、得书，这种聚书方式当然与他是皇族有关。但当时各地能提供各种不同种类的著作，可以通过抄写、求购取得是起决定作用的。此外，学术研究和教育的需要，自然也需要广泛收集藏书。当时对图书尚无过分珍惜的现象，屡有图书借予别人的做法。例如，范蔚借书予人，当时就传为佳话。因为借书予人，有利于进行学术交流；如果将藏书禁锢起来，就必然会封闭自己的学术交流。

作为一种社会文化活动的组成部分，宋以后的私人藏书成为一种积累文化财富、辅助学术研究、进行文化教育的重要条件。伴随着私有制度的发展，财富积累中的文化财富，不仅是一种财产富有的标志，而且也是社会地位的显示。故而有所谓收藏家，即胡应麟所称"列架连窗，牙标锦轴，务为观美，触手如新，好事家类也。枕席经史，沈涵青湘，却扫闭关，蠹鱼岁月，赏鉴家类也"（胡应麟：《少室山房笔丛·经籍会通卷四》）。

明代王世贞痛感有些藏书家藏而不读或读而不著述之弊，盛赞胡应麟"……仅十余年，而至四万二千三百八十四卷，不亦难哉。……元瑞既负高世之才，竭三余之晷，穷四部之籍，以勒成乎一家之言，上而皇帝王霸之猷，贤哲圣神之蕴，下及乎九流百氏，亡所不讨核，以藏之乎名山大川。间以余力游刃，发之乎诗若文，又以纸贵乎通邑大都，不胫而驰乎四裔之内，其为力之难，殆不啻百倍于前代之藏书者。盖必如元瑞而后可谓之聚，如元瑞而后可谓之读也"（胡应麟：《少室山房笔丛·经籍会通卷二》）。

明清之际，提倡实学，促进了我国文化典籍的整理与研究，这得益于兴起于南北私人藏书之风。当时，有眼光的藏书家，特别注意图书的利用，因为他们深深懂得，讲求宋元版片，一掷千金，自有其一定价值；但藏书的最终目的，是在于致用。黄宗羲晚年益好聚书，尝戒学者曰："当以书明心，无玩物丧志也。"（全祖望：《鲒埼亭文集·梨洲先生神道碑文》）明清之际，多有私人藏书家检讨过分禁锢、秘不示人之弊端，指出交换图书，相互借阅，以为此才是藏书之正途。"不善藏者，护惜所有，以独得为可矜，以公诸世为失策也。"（曹溶：《流通古书约》）曹溶批评钱谦益等人最大的毛病就是"好自矜啬，傲他氏以所不及，片楮不肯借出。"（曹溶：《绛云楼书目题辞》）清末张金吾称："欲致力于学者，必先读书，欲读书者，必先藏书。藏书者，诵读之资，而学问之本也。"（张金吾：《爱日精庐藏书志自序》）从这些论述来看，藏书为用的观点是相当普遍的。

四

中国古代藏书中有一种重要类型，即宗教藏书，它大致包括佛教的寺院藏书和道教的宫观藏书。这些宗教藏书表现出的文化特征是保护文献与提供读本。

唐代僧人道世曾参与译经，著书多部，他摘录佛经中有关佛法修行仪轨和善恶业报事缘方面的论述，编就一部类书，称为《诸经要集》。他提到："……概正象浸移，沿流末代，……文句浩汗，卒难寻览，故于显庆年中读一切经，随情逐要，人堪行者，善恶业报，录出一千，述篇三十，勒成两帙。冀道俗依行，传灯有据。"（道世：《诸经要集序》）道世的"冀道俗依行，传灯有据"，大致说明了宗教藏书的重要目的。

佛教僧人素有护经即护法之传统。曾有一罗有高者称："吾尝好读释氏书，见其贤者流通经本之志，如渴思饮，如饥思食，如病思良医，拳拳切切，无间始终。至其保护经本，创立伽蓝，一意精勤，忘诸苦毒，毅然有损脑髓，施头目之勇。故有刺血写《华严》，断臂求宗教者。乞食露处，垢面骨立，以俟机缘，又其安逸者矣。彼教以见性明义为第一义，其于语言文字，泂刍狗若也。而其护持流通之勤，三藏疏义之博，不啻十倍儒家。……若其鉴别著录之严，又有十倍儒家者。"（周永年：《复韩青田师》）虽然，这位老先生对儒家之衰落，典籍之散亡，颇有诸多烦言，但他对佛教藏书保存完好、散失较少、管理较严之成绩，是极加赞赏的。

佛教、道教有"藏"，即系统地藏书，一直为藏书家所称道："隋唐释典大备，乃有开元释藏之目，释道之名'藏'，盖亦摭儒家之古名也。"（阮元：《杭州灵隐书藏记》）我们现在暂不讨论释藏、道藏起于何时，但只提出当时重视典籍之积存，其根本的目的就在于文献需要加以保存，经典应该备加爱惜，因为这不仅牵涉宗教之兴盛与发展，而且也说明僧侣对宗教之虔诚与贡献的程度。清周永年在提出《儒藏说》时，极力推荐佛教僧侣之藏经、护经的精神。他说："释者之书，正伪参半，美恶错出，惟藏之有法，故历久不替。"又称"明释正可以藏经繁重，欲易为书册，以便流通，竭力号召，竟成其事。"并建议作"儒藏"之举，即建立儒家学说之系统藏书，或放之山林，以防水火，或选人管理，以保永久。这确实说明了宗教藏书积累的保护方法是可以借鉴的，"其鉴别著录之严，又有十倍儒家者"。

道藏是道教的藏书。陈国符先生称："自汉末，而三国两晋南北朝，道书叠出。惟以道士之珍秘其书，当时道士，所藏道书，多不甚众。然或则不惮跋涉艰苦，广求异书，或则出资购集。故东晋郑隐集六百七十卷，后魏王道义集万余卷，至唐开元中，乃列以为藏。"唐玄宗修《琼纲经目》，凡七千三百卷，自称"所以发求道之使，远令搜访。因闻政之余，亲加寻阅。既刊讹谬，爰正简编。必有阐扬，以崇劝道。令内出一切道经。宜令崇玄馆即缮写分送诸道采访使，令管内诸道转写。其官本便留采访，至郡，亲劝持诵。"明神宗所作赐道书敕文称："爰命所司印造全藏四百八十函，施舍在京及天下名山诸道观，用广其传。凡尔羽流，其焚香讽诵，信受奉行。为国祝厘，为民解非，洁严顶礼，永远尊藏。"（陈国符：《道藏源流考》，中华书局1963年）

正是这种明显的保存文献，并提供读本的目的促使宗教藏书成为我国藏书史上的重要事件。一方面，通过这种系统藏书，逐步积累，形成佛教之"大藏经"、道教之"道藏"，网罗了积存的重要文献，共同构成中华民族丰富博大的文化遗产。另一方面，宗教藏书的广泛流传，又为民族文化的发展增添了新的内容，补充了新的形式，并通过渗透和交融，影响中国文化的诸多方面，如文学、艺术、哲学、思想等，以至社会生活、道德伦理、民情风俗的发展。

（原载于《图书情报知识》1996年第3期）

公藏是主流

——中国封建社会藏书制度的历史特点之一

中华民族发展的历史是伟大、悠久、丰富多彩的,中国图书馆工作发展的历史也是悠久、连续而系统的。把中国图书馆史的发展放在中华民族文化发展的历史长河中去分析和考察,了解它的过去,认识它的特点,自然是十分必要的。

对我国图书馆史的发展,作出一种比较科学的评论,终究是不容易的。隋代牛弘论藏书五厄,即研究古代典籍的聚散兴亡,可以划进图书馆史研究的范畴。一千四五百年来,历史学家留给我们的是一部典籍聚散的材料,或地区和某一时代藏书的兴衰状况。比较清楚地分析中国图书馆发展的脉络,说明中国图书馆发展的历史特点,这方面的研究是不多的。

人们在探讨中国图书馆事业发展的历史时,对于中国封建社会出现的各种图书馆(当时叫藏书楼、阁),以及它们的社会作用,总是毁誉参半,说法不一。

明末清初一些较开明的藏书家,在藏书风气盛行之际,就曾指出一些藏书家对于藏书的利用是不讲求的。当时曹溶指出,一些藏书家"护惜所有,以独得为可矜,以公诸世为失策也。"(曹溶:《流通古书约》)清乾嘉年间,周永年认为"藏之一地,不能藏于天下,藏之一时,不能藏之万世。""盖天下之物,未有私之而可以常据,公之而不能久存者。"(周永年:《儒藏说》)提倡建立"儒藏",使人们可以广泛利用。近代社会由于西方学术文化的影响,早期改良主义者亦屡次批评封建藏书楼之弊端,王韬称"世之席丰履厚者,虽竞讲搜求,而珍帙奇编一入其门,不可复观,牙签玉轴触手如新,是亦仅务于其名而已"(王韬:《弢园文录外编》)。20世纪以后,社会文化人士和图书馆界更对藏书楼展开了全面的批评,使人们的印象中,认为藏书楼是秘而不宣,藏书楼是藏而不用的。现代图书馆界往往把某个图书馆服务工作的不足,贬之曰藏书楼作风的遗留。

究竟如何解释中国延续几千年的藏书制度,如何认识这些藏书楼以保藏为主的现象呢?这只有从中国两千多年来封建专制制度和封建文化发展的特点去找到答案。

图书馆(较早的一段时间它与档案馆一类事物有所混同)的产生可上溯到殷商的甲骨文保藏,但现在缺乏详细的材料来说明其保藏的方法、管理的职责和藏书的利用。周的史官制度是奴隶社会政治制度的重要组成部分。《隋书·经籍志》在考察我国典籍发生与发展的历史时,曾提出"下逮殷周,史官尤备。纪言书事,靡有阙遗,则《周礼》所称:太史掌建邦之六典、八法、八则,以诏王治;小史掌邦国之志,定世系,辨昭穆;内史掌王之八柄,策命而贰之;外史掌王之外令及四方之志,三皇、五帝之书;御史掌邦国都鄙万民之治令,以赞冢宰。此则天子之史,凡有五焉。诸侯亦各有国史，分掌其职。"说明史官职掌已划定范围，职务之分工已经促进了藏书的利用。早期图书馆的收藏和利用，局限于当时官吏政事之文件、档案和典籍，没有明确的读者使用，这与世界各国图书馆起源时的情况是相似的。

封建社会的建立，为我国图书馆发展创造了有利条件。封建中央集权政治制度的建立也为封建社会图书馆的发展奠定了基础。我们说，秦汉是中国古代图书馆发展史的奠基时代，这主要有如下因素：第一，封建社会文化中心的皇室藏书是在秦汉开始奠定基础的；第二，封建社会图书馆的工作内容和方式，也是在这一历史阶段逐步完善的；第三，封建社会图书馆的管理制度和设立图书馆管理人员，也是从这时开始的；第四，封建社会图书馆工作成就的标志，即皇家图书馆藏书目录等也正式产生于此时。

范文澜同志曾说过："秦始皇统一中国以后，中国从此成为统一的封建国家。……中国为什么能够保持长期的正常的统一状态呢？因为自秦汉起，汉族已经是一个相当稳定的人们的共同体，自北宋起，全国范围内经济联系性加强了，这种共同性也更趋于稳定。封建统治者因而有可能加强中央集权，压制地方割据势力，使其不能公然活动，政治上的统一又前进了一步。"（《中国通史简编·绪言》）范文澜同志表达的意见是很清楚的，即自秦汉起中国是一个统一的国家。中国长期的历史发展，屡经丧乱，几经分合，最终还是还源于汉族为主体的中华帝国。这种历史发展的特点，决定了中国封建社会图书馆的发展特点是公藏占主导地位。

延续两千多年的封建主义，表现出来的特点是，长期的封建生产关系改变缓慢，政治制度是皇权集于一身的封建专制主义的中央集权制，思想统治的特点则是儒家思想占据统治地位。因此，中国封建社会图书馆的发展是在众多的图书馆类型中，封建中央政权的皇家图书馆是所有类型图书馆的主流，而在图书馆工作内容和方法上，包括图书馆藏书的收集、整理与利用，也是突出地以收集、整理宣传、利用封建思想的主体——儒学之书作为主要内容。正因为这样的特点，决定了封建社会图书馆工作内容是以保藏为主，即表现出的特点是管理程序与制度的集中、严密和封闭性。这就是中国封建社会图书馆发展的历史特点。

为什么中国封建社会图书馆的主流是公藏，即皇家图书馆以至中央和地方政府的图书馆占主要部分？这是因为中国封建社会和经济发展相联系的文化发展，即意识形态的地位，文化设施的建立，是封建王朝统治政策的重要组成部分。

马克思主义告诉我们，"统治阶级的思想在每一时代都是占统治地位的思想。这就是说，一个阶级是社会上占统治地位的物质力量，同时也是社会上占统治地位的精神力量。支配着物质资料生产的阶级，同时也支配着精神生产的资料。因此，那些没有精神生产资料的人的思想，一般地是受统治阶级支配的。"（马克思、恩格斯：《德意志意识形态》）图书馆的发展，也充分说明了马克思主义经典作家的论断是正确的。

中国历史上统治阶级对被统治阶级的统治手段，一般表现都是军事镇压和政治笼络相结合的。文武两手并用，目的都在于巩固和加强封建统治，所谓"文武并治长久之术"是政策的目的。那么，作为政治统治的形式，特别明显的是当某一阶级集团夺得政治地位以后，必然注意用文章教化、礼乐制度来维护其统治，以达到其政治目的。所以，纵览中国图书馆历史的发展，就可以看出，用文章教化以巩固统治，必然促进图书馆的发展。用文章教化以加强统治和延续统治，必然完善某一历史时期图书馆工作的内容。

春秋时孔子是思想统治的典型鼓吹者，他不仅身体力行，广收门徒，讲经演述，而且还通过文化典籍的整理，企图效法先王，复兴旧典。他认为"礼乐不兴，则刑罚不中，刑罚不中，则民无所措手足。"（《论语·子路》）哀叹先王之旧典不全，谓"夏礼，吾能言之，杞不足征也；殷礼，吾能言之，宋不足征也。文献不足故也，足则吾能征之矣！"（《论语·八佾》）他"睹史籀之繁文，惧览者之不一"，所以下决心去"删诗书，定礼乐，修春秋，序易传"。孔子不仅为后世统治者用文章教化加强统治提供了榜样，而且传说他所整理的"六艺"，即易、书、诗、礼、乐、春秋的经典，实际上既成为后世各代统治者的经典，同时又是封建社会文化统治的基本思想的出发点。

"民族是历史上所形成的一个有共同语言、有共同领域、有共同经济生活以及有表现于共同文化上的共同心理状态的稳定的人们共同体"（斯大林：《马克思主义与民族问题》）。我国从秦汉起，用以表达语言的文字全国基本一致。语法结构上也是一致的，共同的地域就是长城以内的广大疆域，"表现于共同文化上的共同心理状态"就是"行同伦"。儒家思想的主要部分，即礼学崇拜与孝道，是汉族的共同心理，秦时"以吏为师"，汉时立太学和郡学，讲授五经，太学与郡学成为全国的大小文化中心。以上这些，在秦汉时已经奠定了基础。在整个封建社会时代里，本质上没有任何变化。

秦始皇建立我国高度中央集权的封建专制制度，文化政策上是"书同文"，而整饬全国思想，则采取焚书坑儒的做法。焚书是政策的一方面，"欲学法令，以吏为师"，则是政策的另一方面。它最终的目的仍然是巩固和加强皇权统治，即欲"兴太平"也。

汉代刘邦立国，收集先代遗留典籍，派出官员四处求书，以后还整理图书，解除挟书禁令。到汉武帝时，"建藏书之策，置写书之官，下及诸子传说，皆充秘府"（《汉书·艺文志》）。当时武帝就是从封建思想的统一出发，制定了"罢黜百家，独尊儒术"的统治政策。当看到皇家藏书散失，他说："导民以礼，风之以乐，今礼坏乐崩，朕甚闵焉"（《汉书·武帝纪》），遂令收集图书，整理藏书，编写出一套符合统治阶级利益和意图的儒学经典，颁之于朝廷。同时建立学官教授。所有这些都是汉初"天下不可马上治之"的文章教化政策的继续。

魏晋南北朝以至隋唐期间，是中国图书馆事业进一步发展的时期。其特点是，在文化教育作用上明确提出图书馆的巨大社会职能。如牛弘在《请开献书之路表》里所说的"有国有家者，曷尝不以诗书而为教，因礼乐而成功也"。他认为"经邦之政，在于典谟"，"为国之本，莫此攸先"。（《隋书·牛弘传》）很明确地提到图书典籍的作用是"经邦立政"的参考。

成于唐初的《隋书·经籍志》，对经籍的作用作了系统的说明，如称"夫经籍也者，机神之妙旨，圣哲之能事。所以经天地，纬阴阳，正纪纲，弘道德。显仁足以利物，藏用足以独善。学之者，将殖焉。不学者，将落焉。"按当时编者的看法，图书典籍是容纳这些圣哲贤人的丰富智慧和思想，是用以弘扬道德，匡扶社稷，振兴朝纲，长治久安的遗产，故编者提出"显仁足以利物，藏用足以独善"的看法。所谓显仁，就是典籍的宣传教育作用；"藏用足以独善"，实即使用后的效果。"独善"是从封建伦理道德出发加强自己的修养,达到了那一步,自然可以成为完人。推而齐家,进而治国,平天下,这样就达到一种理想的境界。

当然,典籍的作用更有其他方面不能代替的。如《隋书》称典籍是"'不疾而速,不行而至。'今之所以知古,后人所以知今。"这就是说,它能起到使统治经验、道德规范和为人准则传之永久的作用。这点认识也是比较深刻的。"其用无穷","其为用大矣",就是《隋书》总的结论。

宋太宗即位,到三馆查视。当时三馆地方潮湿,管理不善,宋太宗就议论说:"若此之陋,何以待天下贤俊耶?"于是开始建设三馆,并组织人员编纂类书,如《太平总类》即《太平御览》,叫馆臣日进三卷,宋琪谓日阅三卷,恐至罢倦,宋太宗则谓:"朕性喜读书,开卷有益,每见前代兴废,以为鉴戒。"到了淳化三年(992),宋太宗重新到三馆时,见到馆阁书籍齐整,谓馆臣曰:"朕即位之后,多方收拾,抄写购募,今方及数万卷,千古治乱之道,并在其中矣!"(《宋朝事实类苑》卷第二)

明太祖即位,于洪武二年建国学时曾说:"惟治国以教化为先,教化以学校为本",所以兴办国学。洪武十五年(1382)命礼部修国子监旧藏书板,亦曾说及"古先圣贤立言,以教后世,所存者书而已",并谓"读书穷理,于日用事物之间,自然见得道理分明,所行不至差谬,书之所以有益于人也如此"。(《千顷堂书目》)明成祖时,也曾问文渊阁经史子集备否,解缙对曰经史粗备,子集尚多阙。明成祖说,"士庶家稍有余赀尚欲购书,况朝廷乎?"(《明史·艺文志》)命令皇家图书馆开始收集和整理藏书,并称"书籍不可较价值。惟其所欲与之,庶奇书可得。"

以上是从儒家思想的传播上,说明我国长期以来封建统治者以儒家思想作为统治阶级思想体系的原因,正是从巩固封建政治统治,维护封建伦理道德出发而加以提倡和宣扬的。所以,历代封建统治者总是重视图书馆的建立,图书的收集与整理,以及图书的使用,从而构成中国图书馆事业发展的主流——皇家图书馆,并使之发达和完善。

作为文化设施的皇家图书馆事业,在封建社会得到高度重视与长足发展,其根本原因是必须从文化事业赖以发展的封建经济的结构上去寻找的。这就是封建经济的发展首先提供了图书抄写、刻印的条件和供养数以百计的图书馆管理人员;其次的因素是政治的依附和要求,即封建王朝出于政治的参考,学习的需求,培养统治阶级接班人的愿望而积累藏书和整理藏书;再者是文化上的实力,即朝廷集中了封建文化的主要人物来从事图书收集、编辑、印刷工作。没有这些,封建社会图书馆发展,特别是皇家图书馆的发展是困难的,甚至是不可能的。

前面已经说到,由于中国封建专制制度和文章教化政策的影响,所以,在中国封建社会图书馆的发展中,皇家图书馆始终占据着主流。又因为儒家思想是维护封建社会秩序的精神纽带,因此,宣扬和突出儒家思想,即突出儒家经典,自然是图书馆工作的重要内容。为什么中国图书分类法的发展很难突破四部分类体系的经、史、子、集,这除了理论上的的解释外,即"仁义礼智,所以治国也,方技数术,所以治身也。诸子为经籍之鼓吹,文章乃政化之黼黻,皆为治之具也"(《隋书·经籍志》),更主要的是实际生活的需要,必须突出经史。"自尔因循,无所变革",确是实际情况。

再看看图书馆的工作内容,大致从汉刘向、刘歆初步确定了图书馆工作程序(即广收众本、厘定篇章、校勘字句、写定正本、编写目录、提供使用）后，大约局限于校勘学的内容。如果说汉至五代，比较集中是搜求—校勘—整理—编目，作为图书馆工作内容，那么，就在雕版印刷盛行以后，图书馆工作仍以内部整理为主，提供使用为辅。这就构成了封建社会图书馆工作内容是以整理为主。有些同志批评我国古代图书馆是只重收藏，不重使用。某种意义上是对的。当然完全是只保藏、不使用，那也是言过其实的。

封建社会皇家图书馆的读者对象大致有如下几种：一是皇帝及其家族，主要提供政事参考和阅读；二是馆阁臣僚，主要提供编写史书、编辑资料书；三是中央政府各级官吏，主要提供参考阅读和善本珍本；四是朝廷特许的才智之士，为培养统治阶级接班人服务。至于中央和地方的郡、州和府县学，同样是为地方官吏和士子服务，正因为如此，当时图书馆的使用，也大致局限于：一是为总结统治经验，提供政事参考；二是为编写史书提供资料；三是为校注经典服务，统一封建思想；四是为一般读书治学，提供阅读使用；五是为校勘印刷书籍提供资料。整个图书馆的主要类型是皇家图书馆和政府机关图书馆。也就是说没有作为社会文化机构出现于社会。自然，我们说它是一种私有制度的产物，没有广泛的读者，因而也无读者工作可言，那也是可以的。

中国封建文化的两面性表现为一方面历朝公开下诏求书，派使专访，校书久任，促进了我国封建社会文化事业中图书馆事业的繁荣和发展。这是封建王朝文化政策的一面。由于他们的工作积累，为我们留下了丰富的典籍和持续不断的书目遗产。但另一方面是巧取豪夺，历代焚书、禁书，以至清王朝的文字狱，都可证明，这又是对我国文化的残酷镇压，造成了中国文化遗产的重大损失。应该说，历代图书馆事业表现的政治倾向和阶级性是十分鲜明的。这也是中国图书馆事业与其他国家图书馆事业略有不同之处。

（原载于《图书情报知识》1984年第2期）

私藏的功绩

——中国封建社会藏书制度的历史特点之二

长期以来,图书馆史研究上只是介绍部分藏书史实、聚散轶闻,没有做到认真分析某个藏书家的历史地位和社会作用。对历史上出现的各类藏书家,应从他们的藏书在当时的地位、藏书的实际使用价值、对后世文献的保存作用等方面来具体分析,只有这种探讨才是有益的和科学的。因此,认真探讨中国封建私人藏书楼的局限及其在文化发展上的贡献,从而认识这一特有的文化现象,是推动图书馆史研究的重大课题。

作为封建社会时期的特有文化现象——藏书楼的出现,总体上应分析其赖以存在的社会经济基础,即封建私有制的生产方式,维护封建宗法制度和道德伦理的思想体系和准则,对劳动人民文化财富的轻视,以及其收集和积累过程中的巧取豪夺、垄断私有和管理上的封闭、落后性。但是,也要坚持具体情况具体分析,把那个千姿百态、种类多样、目的差异很大、内容精粗有别的藏书家队伍,一律视为反动的和落后的,自然是不客观的。

探讨藏书家的经济来源与思想倾向,可以说明藏书数量的增长与内容的扩大的有关背景。

分析一个人的政治态度是必要的。因为政治态度影响了他们的学术研究和图书利用,但图书馆史的有些人物,政治态度是封建顽固的、保皇的,而学术的成就(主要是版本收藏、版本鉴别和目录学、校勘学、文献学上的研究)又是显著的。因此,要予以分析和甄别,切忌因人废言,因人废学。

诚然,历史上的人物总是阶级或集团中的一员,他们的思想、观点和行动,总是要受一定阶级利益的制约和影响,我们都可在一定的社会生产发展中找到答案。

一切思想、观念以及人们的精神交往,都是人们的物质关系的直接产物。马克思主义经典作家曾经提出,"人们的观念、观点和概念,简短些说,人们的意识,是随着人们的生活条件,人们的社会关系和人们的社会存在的改变而改变的"(《共产党宣言》)。这是马克思主义的基本观点。

封建社会时期的封建藏书楼,它的出现、发展,都有它赖以存在的社会经济基础,即封建私有制度的生产方式。纵观历代私人藏书家,大部分是封建社会中的官吏、封建豪绅地主和经济生活中的富商巨贾,完全依赖手抄传写积累致富的藏书家是极少数的。作为封建社会物质财富的垄断者和剥削者,他们的政治压迫和经济掠夺是联系在一块的。

明末毛晋为征集珍本,挂榜于门曰:"有以宋椠本至者,门内主人计叶酬钱,每叶出二百。有以旧钞本至者,每叶出四十。有以时下善本至者,别家出一千,主人出一千二百。"于是湖州书舶云集于七星桥毛氏之门。(《藏书纪事诗(附补正)》)邑中曾有谚语曰:"三百六十行生意,不如鬻书于毛氏。"前后积至八万四千卷,构汲古阁、目耕楼以庋之。毛晋自序重刻十三经十七史曾说及,当付印二书时,辛巳(1641)、壬午(1642)遇灾资斧告竭,曾经卖掉负郭田三百亩以充之。说明毛晋是乡村大地主无疑。

明嘉靖进士朱大韶,性好藏书,访得吴门故家有宋椠袁宏《后汉纪》,系陆放翁、刘须溪、谢叠山三先生手评,饰以古锦玉签,遂以一美婢易之,婢临行时题诗于壁"无端割爱出深闺,犹胜前人换马时,他日相逢莫惆怅,春风吹尽道旁枝",可见积累是靠什么手段而来。

明人王延喆,一日有持宋椠《史记》求售者,索价三百金。延喆告知卖者:"姑留此,一月后可来取值。"乃鸠工就宋本摹刻,一月而就。其人来取书,延喆曰:"以原书还汝",其人不辨真假持去,既而复来曰:"此亦宋椠而纸差,不如吾书,岂误也。"延喆大笑,告知卖者这是复刻之书。

封建社会大量的封建官吏和乡村地主,他们是物质财富的拥有者,同时也是文化财富的拥有者。"统治阶级的思想在每一时代都是占统治地位的思想。这就是说,一个阶级是社会上占统治地位的物质力量,同时也是社会上占统治地位的精神力量。"(马克思、恩格斯:《德意志意识形态》)所以,历史上封建社会的私人藏书家,表现出的局限性是很明显的;其一,作为藏书的目的,是出于维护封建宗法制度和封建道德伦理的思想体系而建立藏书和发展藏书的;其二,作为藏书的收集方法,表现出对劳动人民的巧取豪夺,相互之间的尔虞我诈,收藏方法上是极端封闭性;其三,作为藏书的内容上,首先突出儒家经典,其次所谓有关人心世道的有益之书,对于劳动人民的文化遗产总是轻视和排斥的。

吴晗在分析私人藏书家的特点时指出,"然其弊也在于自私,在于保管的不得当,在于一般民众之无识。有储书贻后而责以鬻及借人为不孝者,有深藏秘阁宁饱书虫蟫不借阅者,或则一遭兵火,便归浩劫;或则子孙不肖,勿克负荷;或则覆瓮作薪,夷然不惜。用是藏书积世,便为美谈;守视得宜,都成佳话。究之千百年来其能积书笃学,绳绳继继者几于绝无仅有。"(吴晗:《江浙藏书家史略》,中华书局,1981年)这种评论是正确的。所谓封建藏书楼的局限性,就在于收藏图书的片面性、使用上的保守性和管理方法的落后性。所以,形成中国封建文化上的长期封闭,这是历史发展的必然结果,即封建生产关系和私有制的制约。同时,也是封建生产关系对政治文化的影响,这是必须看到和充分估计到的。

宋代刻板印刷盛行,印书便利,积书亦不难。所以我国自宋元以后,私人藏书蔚为风气。私人藏书成为社会文化的一角,直接影响和推动当代文化学术的发展,也影响我国文化学术的繁荣与兴盛。综而观之,封建社会私人藏书在历史上的贡献是巨大的。

第一,在保存文化遗产方面,私人藏书家是封建文化主要的保存者。

诚然,作为封建社会物质文明的所有者,私人藏书家都视自己藏书为私有财富。表现出他们对藏书的孜孜以求,穷年累月的积累,多方的购求与钞补,并且严密的封闭,一保永久。这自然是落后性的一面。但也可以看到,通过历代私人藏书的积累,确为我们祖国的文化遗产留下了一份宝贵的财富。

祁承㸁、祁彪佳、祁理孙三代藏书，不仅保存下了丰富的明代史料，而且祁氏收藏戏剧方面的藏书，是颇受世人所重的。

范氏天一阁藏书，虽然禁锢甚严，但它留下的明代史料和地方史志著作，一直受到文化界的重视。范氏子孙范懋柱在乾隆修《四库全书》时献书六百多种，就是一种文化保存的例证。

脉望馆藏戏曲书籍，保存了元明以来的戏典作品数百种，这些戏曲资料的散出，为20世纪文学史家的重要发现。

杭州丁氏兄弟，不仅自己积书，而且值战乱中，多方收集文澜阁《四库全书》，并经过努力，补钞《四库全书》，这也是保存文化的一种举动。此后，其藏书归于江南图书馆，成为现南京图书馆所藏古籍的重要组成部分，这是有目共睹的。

作为封建社会皇家藏书的补充，私人藏书的功绩也是显著的。梁时任昉家藏书成为皇家藏书的补充，成为东晋后文化发展的重要事件。《梁书·任昉传》载："昉坟集无所不见，家虽贫，聚书至万余卷，率多异本。昉卒后，高祖遣学士贺纵，共沈约勘其书目，官所无者，就昉家取之。"清代修《四库全书》，向江南藏书家大事搜刮，故乾隆三十九年五月十四日上谕称："今阅各家进到之书，其最多者，为浙江之鲍士恭、范懋柱、汪启淑，两淮之马裕，四家为数多至五六七百种。"（《四库全书总目》卷首）此外，进呈一百种以上者，还有江苏周厚堉、蒋曾莹、浙江吴玉墀、孙仰曾、汪汝瑮，以及黄登贤、纪昀、励守谦、汪如藻等。四库馆是否按乾隆意旨，私人藏书家献书册经馆臣抄录后仍发还本人，现在尚难准确估计。但私人藏书家献出，补充了皇家图书馆藏书之种类和内容，就是未曾选入《四库全书》，亦可供当时馆员校勘之参考，这也是对文化发展贡献之一面。

私人藏书保存文化遗产的作用，如放在中国文化发展的历史长河中去考察，就可看到它在积累前代文化财富，在整理前代遗产，并使之保存得更加完整，利用上更加便利等方面，确是可以肯定的。

第二，在推动学术研究方面，私人藏书家是封建社会学术研究队伍的中坚力量。

某些人把藏书当做一种玩好，藏书并不是为了应用，而是一种装饰，一种炫耀的资本。胡应麟曾谓："列架连窗，牙标锦轴，务为观美，触手如新，好事家类也。枕席经史，沈湎青缃，却扫闭关，蠹鱼岁月，赏鉴家类也。至收罗宋刻，一卷数金，列于图绘者，雅尚可耳，岂所谓藏书哉。"（胡应麟：《少室山房笔丛·经籍会通卷四》）这种情况在封建社会中当然是有的，屡见不鲜的。

但是，应该承认，封建社会由于封建皇家图书馆的垄断和占有，人们要从事学术研究，从事写作活动，都必须占有图书资料。由于皇家图书馆的禁锢，必然促进私人藏书的发展。早在魏晋南北朝时，由于藏书家较少，私人藏书往往公开出借。范蔚"家世好学，有书七千余卷，远近来读者，恒有百余人"（《晋书·范平传》）。宋代，宋敏求，家藏书三万卷。"居春明坊时，士大夫喜读书者多居其侧，以便于借置故也。"（叶昌炽：《藏书纪事诗》卷一）所以，一定程度上，封建社会私人藏书家在图书使用、学术交流、文化传播上是起着很显著的作用的。

他们有些利用各家所藏史料，进行当代史事研究，这在明末清初是颇多的。从书目记载来看，如徐乾学《传是楼书目》、徐秉义《培林堂书目》、黄虞稷《千顷堂书目》，颇存明季之书。从当时人著述来看，关于明末清初史料著作是不少的，如谈迁《国榷》一书，曾根据实录、邸报，并博采有明各家撰述，若郑晓君《吾学编》、薛应旂《宪章录》、高岱《鸿猷录》等百余家之书，参互考稽。乃南北奔驰，搜求来访，毕其半生三十年之精力，凡六易稿而成，这部书的史料价值是很高的。此外，还有查维佐《罪惟录》、张岱《石匮藏书》、温睿临《南疆逸史》等，至于黄宗羲之《弘光实录》、《行朝录》诸书，亦为综合百家史料而写成。

一种是进行文献考证、研究、校勘之学者，他们的藏书是直接为学术研究服务的。如洪亮吉称"得一书必推求本原，是正缺失，是为考订家，如钱少詹大昕，戴吉士震诸人是也。次则辨其板片，注其错讹，是为校雠家，如卢学士文弨，翁阁学方纲诸人是也。"这类学者在清代是大量的。

经学家、文学家、校勘学家戴震，著有《孟子字义疏证》、《水经注》、《屈原赋注》》、《大学中庸补注》等二十多种书籍。

史学家、地理学家钱大昕、赵翼、王鸣盛，他们分别著有《廿二史考异》、《廿二史札记》、《十七史商榷》等书，在历史领域的年代学、谱牒学、历史地理等学科中作出了卓越的成绩。

校勘学家汪师韩，著有《观象居易传笺》、《韩门缀学》、《诗学纂闻》等书。

史学工具书专家汪辉祖，积书数万卷，著有《元史本证》、《读史学录》、《史姓韵编》、《九史同姓名略》、《二十四史同姓名录》、《二十四史稀姓录》、《辽金元三史同名录》等专门著述多种。

第三，在传播思想学术方面，私人藏书家是封建社会出版事业的重要队伍。

明清二代，刊刻丛书之风颇盛，这一方面是社会风气以书籍转相传送，以示博学为能；另一方面，则因藏书颇多，在藏书使用上，印刷丛书对纂辑旧本、选取优本、整理著作、传播流通都有意义。故私家刻丛书之风盛行，有力推动了文化学术思想的传播。同时也利于保存古代文化遗产，为后代读书治学提供便利。

王鸣盛谓丛书刊刻由来已久，"其在明则海上陆揖思予有《古今说海》，四明余有丁有《子汇》，大末舒石泉有集贤书舍《六子合刻》，新安程荣有《汉魏三十六种丛书》，会稽商浚有《稗海》，新安吴琯有《古今逸史》，鄞县屠隆长卿，一字纬真，有《汉魏丛书》（六十卷），海宁胡文焕有《格致丛书》，武林钟人杰有《唐宋丛书》，云间陈继儒眉公有《秘籍》六编，海虞毛凤苞子晋有《津逮秘书》。"其实明人刻丛书很多，几及于各个学术领域，或搜访至于上古三代以至宋元各朝，有功于艺林至巨。

清代刻印丛书，则是不可胜数。

综合性丛书包括经史各类的，如曹溶的《学海类编》四百三十种，张海鹏之《学津讨源》一百七十一种。《墨海金壶》一百一十五种，《借月山房丛钞》一百三十五种。

校勘各书，选取优本刻印如卢文弨《抱经堂丛书》，毕沅的《经训堂丛书》，孙星衍的《岱南阁丛书》、《平津馆丛书》，又有洪颐煊《传经堂丛书》等。

此外，尚有辑佚性丛书，如《玉函山房丛书》（六百余种）；地方性丛书，如《永嘉丛书》、《湖州丛书》、《武林往哲遗篇》等。而文学、史学、地学、数学等之专门丛书，亦不断出现。

　　近代富商巨贾，以刻书为尚，也纷纷刻印丛书，如伍崇曜之《粤雅堂丛书》、《岭南丛书》，潘仕诚之《海山仙馆丛书》等是。

　　以上三个方面，大致可以说明私人藏书在我国学术文化发展上的贡献，我们在分析封建社会文化现象时，不能忘记一个基本事实，就是官家藏书的藏书开放有很大的局限性，所以，社会上文化交流、学术发展的诸方面，都赖私人先有图书资料的积累，作为学术研究的基本条件，而图书资料的相互交流，又是进行学术研究的必要条件。图书的积累，作为私人藏书家有禁锢的一面，但必然也会有开放的一面。因此，我国历代私人藏书连绵不绝，经久不衰，了解这些事实，对我国私人藏书在中国文化史上的地位，自然就比较清楚了。

（原载于《图书情报知识》1984年第4期）

明清私家藏书文化四论

一

藏书一词，起源甚早。《庄子·天道》称："孔子西藏书于周室。子路谋曰：'由闻周之征藏史有老聃者，免而归居，夫子欲藏书，则试往因焉。'"汉以后，官府藏书兴盛。汉武帝有"建藏书之策"措施。唐代"藏书之盛，莫盛于开元"（《唐书·艺文志》）。究其含义，"藏书"实包含收集图书、利用图书的一系列活动。一般讲一朝文籍之盛，以经籍、艺文项内概之，一朝一代之藏书楼阁，直以名指之。宋元以后，藏书家特指私人拥有多量图书者，既云藏书，即具有收集、整理、利用的专门举动，又称之为家，意谓一家之私有，或专门之学也。

界定藏书家有一定难度，以收藏数量为准，如乾隆称："著通查各省进到之书，其一而收藏百种以上者，可称藏书之家。"（《乾隆三十九年七月二十五日谕》，《四库全书总目》卷首）这种划定是有特定目的的，即出于征集图书时的一种鼓励措施。数量与质量是互为关系的。藏书当然要有一定数量，但是，某些藏家藏书精品特多，影响颇大，也堪称为一有特色的藏书家。因此，我们认为，有目的、有系统、有倾向地收藏多量图书，可称为藏书家。所谓有目的，即凭自己爱好、评价和鉴赏力而有选择地收藏图书，不仅可供自己参考、阅读或消遣，也可以把某一领域、某一时代或某一专门出版物精心地、完善地收藏起来；所谓系统，即专心、耐心、细心地持久而集中地收藏某类、某一作者、某一时期出版物，这样的收藏相当齐备；有倾向，即集中某种图书，如善本作专门藏书。总之，藏书应当表现一种文化特征，如收藏特色、管理制度、社会影响等。

学术之林有藏书学（bibliophily），主要是与搜集图书有关，大部分著作都出于这种特定的角度。这类著作赞美收藏书籍的快乐，赞美书籍物质形态的美感，以及与其他书籍爱好者相聚时志同道合的感情。我们现在研究藏书文化大致也属藏书学的范围，当然更着重于藏书的文化价值与社会影响问题。这样，雄立浙东的天一阁，作为私人藏书的典型可以永久保存，而作为一种社会文化活动，加以发扬光大，足以增进人类文明进步，发展社会主义精神文明，促进文化学术的发展，其功至巨也。

二

古代藏书家兴起，应该把它看做是与官府藏书同步的。但我国早期文化发展的特征是官守其学，世守其书，如章学诚所称："有官斯有法，故法具于官；有法斯有书，故官守其书；有书斯有学，故师传其学；有学斯有业，故弟子习其业。官守学业皆出于一，而天下以同文为治，故私门无著述文学。"（章学诚：《校雠通义·原道》）因此，春秋战国时，私人藏书才见于文献记载，如"惠施多方，其书五车。"究其原因，实是早期图书载体为简策与缣帛，制作不易，价贵难得，且受交流条件如交通不便、学术交往不多等的限制，人们要取得一定数量的藏书是相当困难的。只有到了汉代造纸术的发明，纸张载体的通行，学术文化的繁荣，信息交流的方便，促使士人感到读书还得广泛搜罗、积累文献，也就使得藏书变成一种需要、一种风气。南宋毛开称汉代藏书罕归私室，悉入内朝。三国两晋，历经丧乱，多从亡逸，当然对读书、治学、著述带来困难，"由是博雅君子、荐绅先生，踵尚风流，迭相传写，壮武牛车兼两，邺侯签帙累万，雌黄审其未正，杀青存乎不刊，而家藏之积，殆与中秘侔矣"（毛开：《遂初堂书目序》）。胡应麟总括了宋以前著名藏书家称"累朝中秘所蓄外，荐绅文献，名藏书家，代有其人。汉则刘向、桓谭，晋则张华、束皙，齐则王俭、陆澄，梁则任昉、沈约，唐则李泌、苏弁，皆灼灼者，自余尚众，而世不甚称。宋则李淑、宋绶、尤袤、董逌、叶梦得、晁公武等，大率人间所藏卷轴，不过三万，若任昉四万极矣。宋又有濡须秦氏、莆田郑氏、漳南吴氏、荆州田氏，并著目录，盛于前朝。盖由印本易得，故储蓄者多。"（胡应麟：《少室山房笔丛·经籍会通》）实际上，唐宋时藏书家是极为普遍的。宋元以后，藏书家遍及各地，形成风气，构成封建文化发展的重要部分。

藏书家兴起，首先是文化学术的动因。藏书是一种从事学习、研究的最基本条件。藏书本身是一种社会需要，就封建社会而言，科举考试必须有一种读本和必要的参考材料、工具书。自然，凡是读书者都要求有一定数目的图书，这是不言而喻的。盛传之书中自有黄金屋，书中自有颜如玉，书中自有千钟粟，不过是作为读书致仕的一种追求。要读书致仕，必须孜孜以求罗致、抄写、流传图书。南北朝时抄书盛行，王筠"幼年读五经，皆七八十遍，爱《左氏春秋》，吟讽常为口实，广略去取，凡三过五抄。余经及《周官》、《仪礼》、《国语》、《尔雅》、《山海经》、《本草》，并手抄子史诸集皆一遍。未尝请人假手，并躬自抄录，大小百余卷，不足传之好事，盖以备遗忘而已。"（《梁书·王筠传》）唐代藏书家更多，读书是需要，当然更是一种享受，一种精神的寄托。"经书括根本，史书阅兴亡，高摘屈宋艳，浓薰班马香，李杜泛浩浩，韩柳摩苍苍，近者四君子，与古争强梁。"（杜牧：《冬至日寄小侄阿宜诗》）"高斋晓开卷，独共圣人语。"（皮日休：《读书》）"插架几万轴，森森若戈铤。"（陆龟蒙：《奉和袭美二游诗·徐诗》）甚至"卖却屋边三亩地，添成窗下一床书。"（杜荀鹤：《书斋即事》）或嘱咐后人："清俸写来手自校，汝曹读之知圣道，坠之鬻之为不孝。""清俸买来手自校，子孙读之知圣道，鬻及借人为不孝。"（杜兼：《题书卷后语》）这些都是一种藏书的典型，明显表现出读书必须藏书，藏书才能读书、治学、著述的基本思想。

藏书的根本目的在于有书可读，有书可用，现在的术语叫掌握知识（信息）。这点，明代高濂说得非常清楚："高子曰，藏书以资博洽，为丈夫子生平第一要事。其中有二说焉：家贫者，无资以蓄书，家丰者，性不喜见书，故古人因贫，日就书肆邻家读者有之，求其富而好学者，则未多见也。即有富而好书，不乐读诵，务得善本，绫绮装饰，置之华斋，以具观美，尘积盈寸，经年不识主人一面，书何逸哉？噫，能如是，犹胜不喜见者矣。藏书者，无问册帙美恶，惟欲搜奇索隐，得见古人一言一论之秘，以广心胸未识未闻，至于梦寐嗜好，远近访求，自经史子集，百家九流，诗人传记，稗乘杂著，二氏经典，靡不兼收。故常景耽书，每见新异之典，不论价之贵贱，必得为期，其好亦专矣。故积书充栋，类聚分门，时乎开函摊几，俾长日深更，沉潜玩索，恍对圣贤，面读千古，悦心快目，何乐可胜？"（高濂：《遵生八笺·论藏书》）藏书为了读书，这样才能识见广博，掌握知识，读书明理，成为有用之人，这是一方面。拥有书籍，以资参考研求，更是写作著述的先期工作，这又是另一方面。所以，藏书既富又用于出版，向有关研究者提供必要的参考文献，藏书又成为推动学术发展的动力，是文化发展的支撑。明代胡应麟是位善读书善藏书者，他研究历代公私目录，考论图籍的撰著、流传、收藏情况，考证史部，写成《史书占毕》六卷："余少而好史，占毕之暇，有概于心，辄书片楮投箧中，旷日弥月，骎骎数十百条。己丑北还，养疴溪上，稍以余日，检括诸故书，顾向箧中，尘垅满焉，亟取拂拭之，……辄稍铨择，离为四篇，内以辨体，外以辨时，冗以辨诬，杂以辨惑，于前人弗求异也，亦弗能同也。"（胡应麟：《少室山房笔丛·史书占毕引》）不盲从，不无根据之说，这是对史学研究而言的。他从事辨订伪书的工作，驳斥杨慎考据的谬误，认为不下苦工夫，考之典籍，核之遗编，则无法揭发出历代伪书之面目。他总结的辨伪之方法（参见胡应麟：《少室山房笔丛·四部正伪》），一再为后人所称道。对于诸子源流，他"于诵读之暇，遍取前人铨择辨难之旧，以及洪氏随笔、晁氏书志、黄氏日钞、陈氏解题、马氏通考、王氏玉海之评诸子者，……时自省阅"（《少室山房笔丛·九流绪论引》）。作为一个博学家，他是涉猎甚广、著述颇丰的。因为他是一个藏书家，又是一个善于读书、勤于著述的读书人。他的朋友王世贞称他是真正的藏书家，"以匹夫之致，而阛阓之守，仅十余年，而至四万二千三百八十四卷"。他又是一个善于利用藏书的读书人，"负高世之才，竭三余之晷，穷四部之籍，以勒成乎一家之言。……元瑞于书，聚而读之几尽矣"。（《少室山房笔丛·经籍会通》）

吴晗在说明私人藏书之文化意义时说过："藏书之风气盛，读书之风气亦因之而兴。好学敏求之士往往跋涉千里，登门借读，或则辗转请托，迻录副本，甚或节衣缩食，恣意置书，每有室如悬磬而弃书充栋者；亦有毕生以钞诵秘籍为事，蔚成藏家者。版本既多，校雠之学因盛，绩学方闻之士多能扫去鱼豕，一意补残正缺，古书因之可读，而自来所不能通释之典籍，亦因之而复显于人间。甚或比勘异文，发现前人误失，造成学术上的疑古求真风气。藏家之有力者复举以付剞劂，辑为丛书，公之天下。数百年来踵接武继，化秘笈为亿万千身，其嘉惠来学者至多。"（吴晗：《江浙藏书家史略》，中华书局，1981年）这里，概括了明清时私人藏书的情况。我们要特别注意当时藏书家推动文化交流、学术发展和积累文化财富的巨大作用。

三

明清以来，代代藏书家呈现一片纷纭复杂的景象，遂有把藏书家分成不同的种类。这种情况，也为我们分析藏书文化提供了丰富的例证。

明代胡应麟称"画家有赏鉴，有好事，藏书亦有二家，列架连窗，牙标锦轴，务为观美，触手如新，好事家类也。枕席经史，沈湎青缃，却扫闭关，蠹鱼岁月，赏鉴家类也。至收罗宋刻，一卷数金，列于图绘者，雅尚可耳，岂所谓藏书哉"。（《少室山房笔丛·经籍会通》）到了清洪亮吉，则把藏书家分为数等，"藏书家有数等：得一书必推求本原，是正缺失，是谓考订家，如钱少詹大昕、戴吉士震诸人是也。次则辨其版片，注其错讹，是谓校雠家，如卢学士文弨、翁阁学方纲诸人是也。次则搜求异本，上则补石室金匮之遗亡，下可备通人博士之浏览，是谓收藏家，如鄞县范氏之天一阁、钱塘吴氏之瓶花斋、昆山徐氏之传是楼诸家是也。次则第求精本，独嗜宋刻，作者之旨意纵未尽窥，而刻书之年月最所深悉，是谓赏鉴家，如吴门黄主事丕烈，乌镇鲍处士廷博诸人是也。又次则于旧家中落者，贱售其所藏，富室嗜书者，要求其善价，眼别真赝，心知古今，闽本蜀本，一不能欺，宋椠元椠。见而能识，是谓掠贩家，如吴门之钱景开、陶五柳，湖州之施汉英诸书估是也。"（《北江诗话》）对于这种分类，叶德辉是不以为然的，他认为"考订、校雠，是一是二，是可统名之著述家"。专事刻书为事，则称校勘家。他举例说如钱谦益等可称著述家，毛晋等则可称校勘家，而钱曾可称赏鉴家。这是说，叶德辉大致分著述、校勘、收藏、赏鉴几家。杨守敬亦谓有考订家，推求本原，是正缺失；有校雠家，辨其版片，正其讹谬；有收藏家，补金匮石室之遗，备博士通人之择；有赏鉴家，专嗜精本，能别流传。这样，对于藏书家的分类，大致集中在著述、校勘、收藏、赏鉴几家，分类渐渐简明，包含逐渐准确。一般书商出于奇货可居，抬高价格，完全是以营利为目的，学者都不屑一顾。就藏书的目的而论，藏书兼有读书和治学，校勘和出版、收藏与赏鉴是密不可分的。本来事物起始时可能是单一的，但发展起来后，就可能是多元的。如果早期一些藏书家为了读书、治学而藏书，到了明清两代，那种积聚图书是为了科举考试的单纯举动，究属少数，更多的是为了多种原因而积累文献，搜集图书，以至形成不同工作重点和藏书内容为特色的藏书家。

　　藏书为读书，治学需要书，这样就培养和造就了一批可称为读书家、著述家的藏书家。应该说，他们藏书的目的是十分明显的，那就是藏书为用。司马光对其子公休曰："贾竖藏货贝，儒家惟此耳。"这自然是非常典型的。读书人没有其他，只有藏书，当是最朴素的道理。明代大儒黄宗羲于书无所不窥，"愤科举之学锢人生平，思所以变之。既尽发家藏书读之，不足，则抄之同里世学楼钮氏、澹生堂祁氏，南中则千顷斋黄氏，吴中则绛云楼钱氏，穷年搜讨。游屐所至，遍历通衢委巷，搜鬻故书，薄暮，一童肩负而还，乘夜丹铅，次日复出，率以为常"。晚年，"所抄自鄞之天一阁范氏、歙之丛桂堂郑氏、禾中倦圃曹氏，最后则吴之传是楼徐氏。然尝戒学者曰，'当以书明心，无玩物丧志也。'"（全祖望：《鲒埼亭文集·梨洲先生神道碑文》）清代中叶江苏藏书家张金吾对藏书与读书之关系认识得更加深刻，他说："人有愚智贤不肖之异者，无他，学不学之所致也。然欲致力于学者，必先读书。欲读书者，必先藏书。藏书者，诵读之资，而学问之本也。"他还说过："藏书而不知读书，犹弗藏也。读书而不知研精覃思，随性分所近，成专门之业，犹弗读也。"（张金吾：《爱日精庐藏书志·序》）藏书为了阅读，为了利用，这个道理是很明白的，正是由于众多藏书家的努力，积累了丰富的文化典籍，又由于应用典籍，开发文献，或研究某种专门学术，或汇辑众籍，广事校刻，直接的效果是著述、编辑、出版图书，更广泛的影响则是扩大了文化交流，促进了学术的发达。当然，也推进了中华文化发展的进程，其功是不可没的。

　　其次，校勘之事盛行，必须广求众本，以应研究。孙庆增称"古人每校一书必先细心绅绎，自始至终，改正字谬错误，校雠三四次，乃为尽善"。造成这样的原因，在于我国典籍流传，由简策以至写本以至印本，经历千百年，字句有误、篇章脱落，转换成一种新载体时会出现错误，就是一个作者的著作，迭经数次印制，也会出现谬误。人们讲求对书籍的校雠，真正目的在于求得古书的原来面貌，以免产生新的缺失，引出错误的结论。因之，书籍校雠是每个学者治学之必经之事。要校雠必得众本，才能进行。孙庆增说过，"明板坊本、新钞本，错误遗漏最多，须觅宋元板、旧钞本、校正过底本，或收藏家秘本细细雠勘，反复校过，连行款俱要照式改正，方为善本"。（孙庆增：《藏书纪要》）其实，何止是明刻、新钞，上至宋元旧本，经校雠将更为完善，就是清代版刻与钞本，同样也应详正无误，才得以应用和流传。这样，会出现专职校雠典籍的校雠学家。如清之卢文弨，抱着极大的热忱，用毕生的精力献身于古文献的整理，他说过："余今年七十有六矣，目眵神昏，而复自力为此，亦不专望于子孙，第使古人之遗编完善，悉复其旧，俾后之学亦获得见完书。"（卢文弨：《李轨注杨子法言跋》）经他校勘于世的有《经典释义》、《孟子音义》、《逸周书》、《贾谊新书》、《春秋繁露》、《方言》、《白虎通》、《荀子》、《吕氏春秋》、《韩诗外传》、《独断》和《仪礼注疏详校》等书，并将三十八种古籍，以摘字词加校注的方式汇刻成《群书拾补》丛书。有些藏书家从事校勘是为了出版，而任何出版物都应进行校勘。校勘中熟悉版本，博采众本之优点，逐步发展了版本之学。因从事校勘、版本之事，也要熟悉目录，辨章学术，考镜源流。这些相互关联的学术，共同推动了清代出版事业的发达。毛晋是明末清初著名的藏书家，也是著名的出版家，"经史而外，百家九流，下至传奇小说，广为镂刻，由是毛氏锓本走天下"。还有张海鹏，他说"藏书不如读书，读书不如刻书，读书只以为己，刻书可以泽人，上以寿作者之精神，下以惠后来之沾溉"。正是出于这种意图，他组织刻印三部大丛书——《学津讨源》192 种 1048 卷、《墨海金壶》115 种 727 卷、《借月山房汇钞》135 种 283 卷，前二种多旧籍，而后一种"悉取诸近代，论必雅而不俚，事必信而可考，言必实而可施"（张海鹏：《借月山房汇钞序》）。明清家刻数量庞大，部分印书质量高，素为藏书家所重，也为文化积累作出了不可磨灭的贡献。

私人藏书中出现的收藏家与鉴赏家，藏书秘不示人、深藏永久的事实确实是屡见不鲜的。试看尤袤之四当说："饥以当食，寒以当衣，孤寂以当朋友，幽忧以当金石琴瑟"。赵孟頫曾云："吾家业儒，辛勤置书。以遗子孙，其志何如？后人不读，将至于鬻，颓其家声，不如禽犊。"以至失书犹如去国的有，卖田庄、送艳婢以换书的亦有。对书，甚至死生不可分离，饥寒不可或废的也有。更普遍的是藏书不予公开，相互缺少交流，应该把这种表现看做封建私有制度的心理反映和剥削阶级的占有欲。但是，收藏家与鉴赏家的形成终究还有其文化原因和社会原因，他们的藏书行动还是有可借鉴之处的。

藏书难，这是一个普遍的认识问题，也是一个很实际的问题。藏书难，难在收书难，即要收到自己所需要的文献资料，这是相当困难的。宋代郑樵有所谓八求之道，明代祁承㸁总结购书术为"眼界欲宽，精神欲注，而心思欲巧"（祁承㸁：《藏书训略·购书》）。因为他为收集藏书"慨遗书之难遇，残阙必收；念物力之不充，鼠蠹并采，或补缀而成鹑结之衣，或借录而合延津之剑"。"奇书未获，虽千里以必求；异本方来，即片笺必宝"。（祁承㸁：《庚申整书小纪》）一直到清代孙庆增也说："购求书籍，是最难事亦最美事，最韵事最乐事。知有是书而无力购求，一难也；力足以求之矣，而所好不在是，二难也；知好之而求之矣，而必欲较其值之多寡大小焉，遂使坐失于一时，不能复购于异日，三难也；不能搜之于书佣，不能求之于旧家，四难也；但知近求，不知远购，五难也；不知鉴识真伪，检点卷数，辨论字纸，贸贸购求，每多缺帙，终无善本，六难也。有此六难，则虽有爱书之人，而能藏书者，鲜矣。"（孙庆增：《藏书纪要》）藏书难，难在收书不易，更在于保存不易，或散于后人，或毁于兵火，就是藏书者本人管理，也有善于不善于的问题，所以，藏书家中对于藏书流通问题是非常关注的。如清初曹溶提出流通古书之建议："彼此藏书家，各就观目录，标出所缺者，先经注，次史逸，次文集，次杂说，视所著门类同，时代先后同，卷帙多寡同，约定有无相易。则主人自命门下之役，精工缮写，校对无误，一二月间，各赍所钞互换。"（曹溶：《流通古书约》）又有丁雄飞与黄俞邰订约共同利用各自藏书。后之张金吾对此出借书籍，亦称："若不公诸同好，广为传布，则虽宝为球璧，什袭而藏，于是书何裨？于予又何裨？"看起来，这种做法是为人们所接受的。

四

天一阁，是我国私人藏书保存下来的重要例证。天一阁的保存，一方面从社会原因来看，说明中华民族是重视文化、热爱传统的伟大民族，是重视文化典籍对社会发展有重要关系的体现；当然，这也与浙东学术发展、明州是文化之邦的文化地理环境有关。另一方面，从天一阁得以保存和发展来看，既有范氏后人的秉承家训、严格管理，以及中华人民共和国成立后重视天一阁的建设和管理，遂使藏书更加丰富，馆舍更为宏丽，藏书利用发挥重大的社会效益等因素有关。说天一阁的发展历史是一部文化历史的缩写，这是不过喻的。

宋代郑樵总结我国藏书经验时指出两条经验，即"求书专官，校书久任"，这是为历代公私藏书的发展所证明的规律性认识。历史经验是值得借鉴的。我个人认为，天一阁的发展至少有两个问题是值得我们借鉴的。

其一，重视藏书质量是一个藏书楼（图书馆）最有影响力的因素。天一阁之所以雄踞浙东，在明代、清代一直被人们视为学术之渊薮、文化之殿堂，我认为有很多因素，但天一阁藏书质量之高，读者可以满足阅读研究之需，是非常重要的因素。就是到了现代社会，作为一个藏书丰富、特色明显的藏书楼，也是社会发展、文化学术参考的重要阵地，自然就引起海内外人士的关注。天一阁藏书中方志、政书、实录、诗文等实际上就内容而言，颇多当代史事。这种藏书特色表现了藏书家范钦的眼光，即藏书是为了阅读、利用，收藏就应当多是当代图书。当然，这也与范钦长期任官四方，注意积累所见种种文献有关。如天一阁收藏有大量军令、营规等军事资料，又有大量方志、登科录、谱牒等资料，正是由于范钦担任过湖北、江西、陕西、河南、福建、云南、广西等地方官吏，或担任过科举考试的官吏。封建社会图书文献的流通受到地域的限制甚大。明代后期逐步形成图书市场，如北京、金陵、苏州、杭州等，当然可以购买、抄借。但如前所述大量方志、登科录、谱谍，以至官署文献，不是有心人多方购求、收集、抄录，是无法积累成为特藏的。所以，我们说，天一阁主人，在继承古代藏书传统上是相当出色的，也正是这种数代继承、代代积累才形成天一阁藏书的重要特色。求书贵专，这里可解释为搜求藏书的一贯性、积累藏书的系统性和保持藏书特色的持久性。

其二，完善藏书管理是一个藏书楼（图书馆）最有生命力的保证。藏书重在管理，才能管理妥善，才能保持其特色水平和发展。17世纪末，黄宗羲登临天一阁后，发表的感想是"读书难，藏书尤难，藏之久而不散，则难之难矣"。到19世纪初，阮元在总结天一阁的管理上提出：此阁能长久在建筑上注意分隔和不使持烟火者入内；更重要的是管理严密，即阁厨钥匙，分房掌之，禁书下阁，非子孙齐到不开锁，而私自入阁者或擅自借出书籍，则予处罚之管理条例；此外，还有子孙维护图书等原因。我们觉得阮元称之为管理方法之禁例，正是使天一阁藏书得以保存和延续数百年的重要原因。藏书管理的目的基本上是两条：一为保护藏书，二为使用方便。但是，保护藏书是前提，只有保护好，才能达到使用方便的目的。即使是在现代图书馆，这种制度也是应该坚持的。而相对于封建社会的藏书家，强调当时利用，更强调子孙之永久维护，这样才能保存下来，发展下去。因而，我们强调天一阁的经验，并不是宣扬藏而不宣、秘而不用的落后意识。

（原载于虞浩旭主编：《天一阁论丛》，宁波出版社，1996年）

清代私家藏书的发展

清朝于 1644 年建国，1911 年灭亡，共 268 年。就私家藏书的数量而论，当推各代首位；就质量而言，更是集中国古代典籍之大成。清代私家藏书种类多样，分布南北，在学术研究、文化发展和普及知识、提高社会文明水平诸方面发挥了积极作用。

一、清初承继明末遗风，藏书集中于江浙

藏书之传承关系是很特别的。不仅表现为家庭之传承，即父继祖业、子承父业之遗产，而且因藏书集散，大多先在本地运作，当地藏家迭起收罗，共同构成一种藏书网。这一特点在清初顺、康年间是相当明显的。清乾隆时杭州藏书家汪启淑曾描述过清初及作者当时藏书家的情况。他说：

> 江浙藏书家，向推项子京白雪堂、常熟之绛云楼、范西斋天一阁、徐健庵传是楼、朱竹垞曝书亭、毛子晋汲古阁、曹倦圃古林、纽石溪世学堂、马寒中道古楼、黄明立千顷斋、祁东亭旷园。近时则赵谷林小山堂、马秋谷玉玲珑山馆、吴尺凫瓶花斋及予家开万楼。（汪启淑：《水曹清暇录》，北京古籍出版社，1998 年）

日本学者岛田翰撰《皕宋楼藏书源流考》时，曾称江浙藏书发达的原因是明末藏书的兴盛与清初之承继。

就江苏而言，清初藏书家首推常熟一地最为有名。明末，常熟一地以赵琦美之脉望馆、钱谦益之绛云楼、毛晋之汲古阁最著。钱谦益承继了悬磬室、七桧山房和脉望馆等余书，并南北购书万卷，建拂水山房、绛云楼贮藏。毛晋及其子，称聚书八万卷，有汲古阁和目耕楼，并以刻印图籍、通行南北而著名。与钱谦益、毛晋齐名的还有钱曾，他不仅收罗绛云楼之余书，还收藏各种善本与特藏，为世人瞩目；其述古堂，也为藏书家所称道。

钱谦益的绛云楼遭大火后，其部分藏书转至钱曾之手，而钱曾的藏书活动范围已超出常熟一地。这在一定程度上说明清初经过一段休整后，文化活动有所恢复，当然范围仍是江南太湖地区。康熙年间，钱曾藏书部分流入泰兴季沧苇，常熟一地藏书队伍逐渐消沉。

南京在清代称江宁府，清初颇有影响的是黄虞稷之千顷斋，藏书八万多卷，素有"藏书甲金陵"之誉。黄虞稷与心太平庵藏书主人丁雄飞，不仅有互通藏书之"古欢社"，而且因编撰《千顷堂书目》而著名。

清初浙江私人藏书家较多。如宁波范氏天一阁由于世代相守，仍然岿然立于浙东。还有余姚黄宗羲之续钞堂，山阴祁氏数代藏书转至杭州赵氏，成为杭州著名藏书家。清初杭州私人藏书楼很多，且向周围地区扩散，形成与江苏苏南地区相接的江南藏书圈。

嘉兴一地有曹溶（倦圃）、朱彝尊（曝书亭）较著名。杭州有赵氏小山堂、吴氏瓶花斋。乾隆年间修《四库全书》，杭州有鲍士恭之知不足斋、汪氏之振绮堂、孙宗濂之寿松堂、汪秀峰之飞鸿堂，都是呈献图书之大户，由此可见清初杭州私人藏书楼发达之一斑。

清初北方藏书家如京城之乐善堂，陆心源称其藏书大楼九楹、积书皆满，并称其藏书来自徐乾学和季沧苇，而徐、季两人之藏书大半来自虞山钱曾和毛晋，而钱曾和毛晋的藏书又是集江南地区之精华，这实际上可看成南方藏书之北迁。至于其他省份，其中以山东省藏书家最著名，如清初文坛领袖新城王士禛，其池北书库著名于世。至于孔尚任之藏书、赵执信之藏书也是名重一时。德州卢见曾雅雨堂，不仅以收藏善本著名，而且藏书注意校勘，也为世人所瞩目。

从清初私人藏书发展情况看，应该说基本分布是集中在南方江苏、浙江两地。而且因处于两朝交替的转变时期，所以表现出鲜明的时代特色。第一，可能是受朝代更替的影响，清初藏书家集中在大都会较少，小都市则较多，其中以江苏常熟、浙江宁波较著名。第二，南明抗清影响和一部分明朝遗民的情感寄托，清初收集明末史料，以至明代史料、地方史料的藏书家不乏其人，在这点上说明私人藏书家保存文化遗产的特殊作用非常突出。第三，承继明代遗风，清初部分藏书家讲求宋元旧刻、明刻精印和精校精抄本风气形成，这方面的传统影响于后世，形成藏书家中的鉴赏家。

二、乾嘉学术研究繁荣，藏书之风南北兴盛

乾嘉时期，我国文化发展别开生面。一方面朝廷动员人力物力，组织编纂类书、丛书、文集；另一方面，民间学术研究全面繁荣。正是在这种文化学术背景下，清代私家藏书的发展进入一个新的阶段。

清乾隆年间，著名藏书家孙庆增撰《藏书纪要》一书，概述了清初以来各地藏书家的状况。他说："大抵收藏书籍之家，惟吴中苏郡、虞山、昆山，浙中嘉湖杭宁绍最多。金陵、新安、宁国、安庆及河南、北直、山东、闽中、山西、关中、江西、湖广、蜀中亦不少藏书之家。"（《藏书纪要·鉴别》）缪荃孙把该书收入《藕香零拾》丛书中时注云："江浙而外，以山东、福建为最，四川则绝无矣。"孙庆增当时只是从藏书交往中和各种文献及私藏目录上，估计出全国藏书家集中于江浙等地，缪荃孙则集中说明只有江浙两省藏书家最集中，此外还有山东、福建等地也有藏书家。

乾隆三十七年（1772），乾隆帝通过征集天下图籍，进行一种政治上的统治，实际目的则是"寓禁于征"。他说："今内府藏书，插架不为不富，然古今来著作之手无虑数千百家，或逸在名山，未登柱史，正宜及时采集，汇送京师，以彰千古同文之盛。"（乾隆三十七年正月初四日上谕）但是，当通令各地一段时间，反应寥寥以后，他立即把收集重点指向一些藏书家，并称："遗籍珍藏，固随地俱有，而江浙人文渊薮，其流传较别省更多，……闻东南从前藏书最富人家，如昆山徐氏之传是楼，常熟钱氏之述古堂，嘉兴项氏之天籁阁、朱氏之曝书亭，杭州赵氏之小山堂，宁波范氏之天一阁，皆其著名者，余亦指不胜屈。并有原藏书目，至今尚为传录者"（乾隆三十八年三月廿九日上谕）。

当征集图书取得一定成绩后,乾隆又采取了一些安抚措施。

> 今阅进到各家书目,其最多者,如浙江之鲍士恭、范懋柱、汪启淑,两淮之马裕四家,为数至五、六、七百种,……鲍士恭、范懋柱、汪启淑、马裕四家,着赏《古今图书集成》各一部,以为好古之劝。又进书一百种以上之江苏周厚堉、蒋曾莹,浙江吴玉墀、孙仰曾、汪汝瑮,以及朝绅中黄登贤、纪昀、励守谦、汪如藻等,亦俱藏书旧家,并着每人赏给内府初印之《佩文韵府》各一部,俾亦珍为世宝,以示嘉赏。(乾隆三十九年五月十四日上谕,《四库全书总目》卷首)

从乾隆修书时征集图书的情况,大致可看出各省藏书之家甚多,藏书之数量也是可观的。据黄爱平所作《各省进呈书籍总数统计表》,《四库全书》修书期间江苏进呈书籍达4804种,浙江4600种,江西1042种,安徽516种,山东366种,直隶238种,福建213种,河南113种,陕西103种,百种以下不计。(黄爱平:《四库全书纂修研究》,中国人民大学出版社,1989年)

如果以《四库全书总目》所著录献书人名字中,分析一下当时藏书家的情况,也是很有意义的。若从《总目》著录中献出百种以上者的地区角度分析,则如下几个地区最多。

浙江省私人藏书家有:

范懋柱,天一阁主人。《总目》著录470种3835卷,存目374种;28种无卷数。

鲍士恭,知不足斋主人。《总目》著录378种3581卷,存目125种;4种无卷数。

孙仰曾,寿松堂主人。《总目》著录134种2481卷,存目109种;1种无卷数。

汪启淑,开万楼主人。《总目》著录265种3412卷,存目199种;8种无卷数。

汪汝瑮,振琦堂主人。《总目》著录154种1894卷,存目122种。

吴玉墀,绣谷亭主人。《总目》著录152种1777卷,存目101种;8种无卷数。

汪如藻,裘抒楼主人。《总目》著录152种2154卷,存目55种。

江苏省私人藏书家有:

马裕,丛书楼主人。《总目》著录373种5529卷,存目228种;9种无卷数。

周厚堉,山舟堂主人。《总目》著录164种1825卷,存目157种;8种无卷数。

京城私人藏书家有:

副都御史黄登贤,万卷楼主人。《总目》著录140种1772卷,存目93种;11种无卷数。

编修程晋芳。《总目》著录183种332卷,存目67种;1种无卷数。

兵部侍郎纪昀。《总目》著录105种1868卷,存目41种;2种无卷数。

《总目》中收入某省藏书家之献书越多,说明从该省收书次数越多,收罗的程度也较彻底。从《四库总目》中所列举藏书家的情况看,江浙两省藏书家最多,这是不争的事实。

乾隆时期,私家藏书几乎遍布各地,因为从《四库全书》中各省征书情况看,江苏、浙江最多,江西、福建次之,云南、奉天最少,甘肃、四川、贵州等省则未有进书。由此可以看出,文化重心一直停于东南。

乾嘉时期，江苏藏书家是令人瞩目的。当时，苏州有所谓四大藏书家，即长洲周锡瓒（水月亭主人）、元和顾广圻（小读书堆主人）、吴县袁廷梼（五砚楼主人）和吴县黄丕烈（士礼居主人）。苏州一地藏书家，还有红豆山庄主人惠周惕、滋兰堂主人朱奂，也可称与四大藏书家并美之藏书家。常熟在清初是著名藏书之地，一度沉寂后，乾嘉期间又兴起多个藏书家，如称"藏书二友"的陈揆、张金吾。他们的稽瑞楼、爱日精庐与叶树廉的朴学斋，可谓异军突起。此外，江北扬州历来是交通要冲，当时盐商汇于此地，有些富商亦喜藏书，如小玲珑山馆主人马曰琯、马曰璐兄弟，就因献书而受朝廷赏赐。还有程晋芳，积书至五万卷；南京文人袁枚之藏书达三十万卷，孙星衍之孙氏祠堂，都名重一时。

浙江藏书家在乾嘉期间为全国首屈一指，如海宁藏书家吴骞，人称与黄丕烈齐名，积书六十余年，藏善本甚多。海宁陈鱣藏书楼称向山阁，藏书十万卷。杭州藏书家有赵氏二人，即赵昱与赵信，有小山堂藏书，其藏书得山阴祁氏之遗留。鲍廷博的知不足斋，汪启淑的开万楼，孙仰曾的寿松堂及汪汝瑮的振绮堂，皆为《四库全书》修书之呈献大户。而杭世骏的道古堂，何元锡的梦花馆，也都著名于世。至于地处海滨的宁波，有天一阁主人范懋柱献书四库馆，又有卢址的抱经楼和全祖望的双韭山房等，应该说藏书之风不减。

清代乾嘉年间，北方藏书家兴盛。其主要因素有京都建于北方，受政治中心和文化中心的直接影响，使在京官吏积书方便。同时，因科举考试，文人集中京都，自然会流散图书，为京都藏书家汇萃图书提供便利。还有书市的繁荣，为文人积书提供了条件。如前述岛田翰之称河北，实指北方藏书家就有沽水草堂的安歧，据称藏书多为传是楼遗书。又有梧门书室主人法式善藏书万卷，且多古今人诗集。大兴朱筠，聚书数万卷。万卷楼和宝苏斋，更以藏书丰富著名，宝苏斋以收集苏轼书帖和《施注苏诗》而起名。还有"三万卷斋"的书室等。此外，山东藏书家不仅活跃于京都，且多方积聚图籍，使山东也出现浓重的藏书风气。如益都李文藻访书琉璃厂，济南周永年聚书京都，他们回到家乡后，建立起的书楼影响深远。周永年倡议的"儒藏"，虽未能付之实施，但其宣传是有积极意义的。

总之，从乾嘉时期全国各地私人藏书情况看，第一，清廷修《四库全书》对全国的影响很大。朝廷出于政治需要，收缴了大量图书，直接影响了私人藏书的发展，但四库修成，七阁建立，也有力地推动了私人藏书的发展。朝廷的提倡与民间的推动在一定历史年代是文化发展的共有条件，清代在这方面的表现是很典型的。第二，明末以至清初学风的转变，使清代考据、校勘、辑佚之学迅速形成，藏书、版本、目录之学蔚成风气。乾嘉时期，私家藏书中注重宋元旧刻、明代精刊及名家手抄，讲究藏书特色的藏书家非常普遍，讲求校勘与精抄精刻的风气有力地提高了藏书质量，并形成地区特色。第三，由于清代建国后经过休整，特别是康熙朝几十年来的休养生息政策，使乾嘉之世出现了所谓"承平日久"的景象，因而藏书之风遍及全国，尤以北方直隶（今河北）、山东、山西等省最为兴盛，使长期以来私人藏书风气以江南为主的格局有所调整。北京藏书家有纪昀、曹秀先、王际华、陆锡熊等就是例子。

三、晚清社会变迁，私家藏书逐步衰落

"盛世藏书"，这话是不假的。作为私家藏书，一般受藏书者本人兴趣与爱好的驱使，千方百计力购自己所爱好的典籍，自然会出现无数藏书爱好者。然而，藏书必须投资，即有雄厚的经济实力，才能逐日有增，年月益丰。与此同时，还要有相应的馆舍房屋，以之庋藏，并保存长久。倘遇社会变迁，时局不宁，就是收藏千万，也会散落、变卖、转让，以至家藏失散，这几乎是中国历史上众多藏书家的发展历程。我国自1840年鸦片战争以后，屡遭帝国主义列强侵略，不仅使中国逐渐沦为殖民地半殖民地，更主要的是战争的破坏，农村自然经济的解体，一些靠地租剥削的地主，因经济能力之衰退，无力购书，或把自己的藏书变卖，直接促使部分藏书家衰落。又因藏书散出，流入市场，珍贵图籍版片大量被帝国主义分子侵占、掠夺，使我国部分图籍流散海外。所以，我们认为，中国近代以来，私家藏书逐步衰落，一方面是由于近代社会新的文化机构图书馆之出现和文化教育的发展，在一定程度上加剧了封建私家藏书的衰落；另一方面则是私家藏书赖以发展的基本条件，如经费之支撑、馆舍之建造、藏书之补充等均有所削弱，并促使其逐步解体，这是主要的因素。

当然，一种文化现象的出现、生成和发展，都是有一定的土壤的。晚清私人藏书仍然是光采照人的，主要表现为藏书逐步集中于几大家，文化典籍的传承关系并未受到影响，私家藏书转入公立图书馆，并成为某些图书馆的重要藏书特色。这是我们在认识近代私家藏书逐步衰落的情况时，必须注意的重要问题。

我们在探讨近代藏书发展的历史时，可以看到历代私人藏书发展的共同现象，即当地人文环境的影响、书业繁荣的保证，以及个人兴趣、爱好和连年搜访、长期积累等，这些在近代私人藏书家中当然也不乏其人。但是，我们也发现近代私人藏书发展史上的个性，即由于近代社会变迁、战火频仍，必然影响私人藏书的聚散，而在江南一些省份担任官职的藏书家，或是斥巨资以买典籍的商人，则大得其利，并由此跻身于大藏书家之行列。

上海郁松年宜稼堂的崛起就是一例。晚清道光年间，上海郁松年获得汪士钟艺芸精舍的藏书，同时尽收江浙精刊名抄，成为藏书名家。郁松年之所以能尽收精刊名抄，购书数十万卷，就是因为他"先世营沙船业，致高资"，这也就是说他家是海上富翁。广东潘仕成海山仙馆，家富藏书。潘仕成在道光年间靠盐商致富，官至两广盐运使。广东伍崇曜，有远爱楼，藏书极富，并校刻《粤雅堂丛书》，而伍是由洋商起家，并助英军侵入广州的买办商人。这些以经济力量搜访图书，比起封建地主阶级和官吏搜访图书更有掠夺性和垄断性。

至于封建官吏依仗权力集中图籍，或担任江南一些地区军政要职，能以权力和财力搜访图籍，也是极为典型的藏书事实。

浙江湖州陆心源，有皕宋楼、十万卷楼、守先阁等书楼，藏书达十五万卷。皕宋楼收罗宋元旧椠，十万卷楼收明后秘刻名人手校手抄及近儒著述，守先阁则藏寻常刻本。陆心源的这些藏书，主要得自道光时在上海崛起之藏书家郁松年宜稼堂之藏书。陆心源

于1885年（同治四年）任南韶兵备道，于1892年（同治十一年）任福建税厘、通商、海防、盐务等官职。

像陆心源那样搜集图籍的还有丁日昌。丁日昌历任苏松太道、两淮盐运使、江苏布政使、福建巡抚等职。自兵燹以来，大江南北、两浙所谓文宗、文汇、文澜三阁庋置秘本，都已化为灰烬或损失颇多。"都转（指丁日昌）乃蒐罗荟萃，收拾于委弃瓦砾之余，购集之多，几及三四万卷。……清俸所入，尽以购集图史，故得蔚为大观。"（徐绍棨：《广东藏书纪事诗》）

清末私家藏书之变化，莫过于藏书之散出，这种情况是私家藏书无法回避的事实。一方面，由于政局的更迭、战争的毁坏及官吏家道中落，无力支持家藏，这些都直接影响私藏的延续。另一方面，则由于沿海通商，财富积累迅速，中兴将帅权大势大，通过购买、让购、掠夺取得旧刻名抄，成为远近知名的藏家。如湖南一地，由于近代清廷"中兴"名将颇多，且地处南北交汇处，故崛起名家不少。

当然，近代藏书家仍不乏其人，文澜阁《四库全书》散失后，当时士绅组织补抄，就曾广泛地利用了江、浙、皖等地和江南其他藏书家的藏书。《文澜阁志》是这样记载的：

> 光绪六年（1880）重建文澜阁，次年建成。光绪八年（1882）开始补钞。补钞文澜阁书，仅江南地区，所借藏书有范氏天一阁、卢氏抱经堂、钱塘汪氏振绮堂、孙氏寿松堂、吴氏清来堂、海宁蒋氏别下斋、山阴沈氏味经堂、慈溪冯氏醉经阁、长沙袁氏卧雪庐、常熟瞿氏恬裕斋、宣城李氏瞿硎石室、仁和朱氏结一庐、湖州陆氏皕宋楼、金华胡氏补斋、丰顺丁氏持静斋、南海孔氏三十三万卷堂等等，不下数十家。

其中，影响最大者为晚清四大家。缪荃孙称："近海内称藏书家曰海源阁杨氏，曰铁琴铜剑楼瞿氏，曰皕宋楼陆氏，与八千卷楼为南北四大家。"（缪荃孙：《艺风堂文漫存》卷三）日本学者岛田翰则谓："盖海外藏书之家称四大家，近又加五。聊城杨氏、钱塘丁氏、常熟瞿氏、归安陆氏、宗室盛氏、德州徐氏、武进董氏、湘潭袁氏、常熟翁氏是也。"（岛田翰：《皕宋楼藏书源流考》，上海古籍出版社，1957年）

正如前面所指出的，晚清时期私人藏书的发展特点是：第一，由于近代政治因素的影响，经历多次帝国主义侵入中国，江浙是受过多次骚扰的地区，又经历对封建社会产生较大影响的太平天国农民战争，所以，近代藏书家的变动是较大的，最重要的特征是藏书家散向沿海地区，其中上海、广州等商埠出现一些藏书家。第二，由于一些图书流散于城市，甚至流散于国外，我国藏书家的都市化趋势更加明显，如北京、上海、天津等地出现过一些藏书大家。第三，20世纪前后，藏书家不能自守，把图书推向市场，或把图书寄存于图书馆和公共机关，致使藏书家的社会影响逐步缩小。

（原载于《图书情报知识》2000年第1期）

清代私家藏书的种类

清代私家藏书承继明代遗风，逐步形成地区的群体，如当时苏州的长洲、元和、常熟等都是藏书家集中之地，甚或形成所谓常熟派藏书家。又有按藏书目的、藏书特色而形成的赏鉴家、校勘家的区别。因此，这里有必要分析一下清代私藏的种类，从而说明这些藏书家的藏书风气，并看出他们与文化学术发展的联系。

较早将私家藏书分成种类的是明万历年间的文人胡应麟。胡应麟既是藏书家，也是著名的学术家。他考察史事，研究目录，熟悉明代文化艺术之发展。他总结说："画家有赏鉴，有好事，藏书亦有二家。列架连窗，牙标锦轴，务为观美，触手如新，好事家类也。枕席经史，沉湎青缃，却扫闭关，蠹鱼岁月，赏鉴家类也。至收罗宋刻，一卷数金，列于图绘者，雅尚可耳，岂所谓藏书哉。"（胡应麟：《少室山房笔丛·经籍会通》）按胡应麟的说明，藏书可分为好事家与赏鉴家，用比较通俗的说法是收藏家与赏鉴家两类。这是从收藏目的上进行的分类，实际上两者区别并不明显，都是追求图书数量多、品种好的目标，图书的利用上考虑比较少的。

活动于乾嘉间的洪亮吉，面对众多的藏书家，他认为当时藏书家的种类是：

藏书家有数等：得一书必推求本原，是正缺失，是谓考订家，如钱少詹大昕、戴吉士震诸人是也。次则辨其板片，注其错讹，是谓校雠家，如卢学士文弨、翁阁学方纲诸人是也。次则搜采异本，上则补石室金匮之遗亡，下可备通人博士之浏览，是谓收藏家，如鄞县范氏之天一阁、钱唐吴氏之瓶花斋、昆山徐氏之传是楼诸家是也。次则第求精本，独嗜宋刻，作者之旨意纵未尽窥，而刻书之年月最所深悉，是谓赏鉴家，如吴门黄主事丕烈、乌镇鲍处士廷博诸人是也。又次则于旧家中落者，贱售其所藏，富室嗜书者，要求其善价，眼别真赝，心知古今，闽本蜀本，一不得欺，宋椠元椠，见而即识，是谓掠贩家，如吴门之钱景开、陶五柳、湖州之施汉英诸书估是也。（洪亮吉：《北江诗话》卷三）

洪亮吉处于乾嘉私藏极盛之时，他提出藏书之分等，自然有其分类的标准和对当时私藏目的的分析，故有考订家、校雠家、收藏家、赏鉴家和掠贩家之说。其实，任何事物都是互为表里、互为因果的。试观当时诸多藏书家，大量的工作内容就是收集图籍后的考订、校雠，这里有著述的需要，应订正字句、考究版本，也因出版、编辑的需求，要对书中内容进行校勘整理，当然也应广集善本，讲求版本、目录之学。因此，要严格区分某人是一种考订家，某人是一种校雠家，也是没有必要的。当然，洪亮吉提出的收藏家、赏鉴家，可能是从图籍数量和品种上多寡、优劣所作的分类；但事实上，收藏家注重版本，赏鉴家也有一定数量的普通本是非常自然的。因此，这种分类方法直到清末民初，受到多人的修正与补充。

1901年作序的《藏书绝句》，作者杨守敬对清代私藏家作了分类，他说：

> 于是有考订家，推寻本原，是正缺失，竹汀、东原之流是也。有校雠家，辨其版片，正其讹谬，抱经、苏斋之流是也。有收藏家，补金匮石室之遗，备博士通人之择，鄞县之范、钱唐之吴，以及诸家是也。有赏鉴家，专嗜精本，能别流传，芜圃、以文诸家是也。

杨守敬基本上沿袭洪亮吉的说法，但他作了若干修正。如对收藏家的说法，删去洪亮吉的"搜采异本"一句，这是很必要的删节。因为按洪亮吉的说法，先搜求异本，然后才能对官府藏书作补充，供应一般读书人之浏览，这种说法不及杨守敬直接指出收藏家的目的就是供应阅览，与官府藏书相互补充。实际上，私藏家就是专门收藏异本，只要把藏书公开，即能达到公共阅读之目的。其次，杨守敬对赏鉴家的解释是"专嗜精本，能别流传"，这种说法比洪亮吉对赏鉴家的"第求精本，独嗜宋刻，作者之旨意纵未尽窥，而刻书之年月最所深悉"的评语，显得更全面了。因为，赏鉴家追宋版、搜古刻，是一种风尚，但总的表现是对精本、善本、孤本等各种价值高的版本都尽力搜求，不一定表现出"独嗜宋刻"的倾向。同时，杨守敬用"能别流传"四字概括出赏鉴家对版本流传、收藏承继、质量高低、目录记载所应有的基本功，其所以成为赏鉴家，绝非只是懂得刻书年月就行的。

同是清末，长沙叶德辉所著《书林清话》卷九对洪亮吉的藏书家五等的说法，提出了不同的看法和补充：

> 洪亮吉《北江诗话》云：藏书家有数等。……吾谓考订校雠，是一是二，而可统名之著述家。若专以刻书为事，则当云校勘家。如顺康朝钱谦益绛云楼、王文简士禛池北书库、朱彝尊曝书亭，皆著述家也。毛晋汲古阁，校勘家亦收藏家也。钱曾述古堂、也是园，季沧苇振宜，赏鉴家也。毛氏刻书风行天下，而校勘不精，故不能于校雠分居一席。犹之何焯《义门读书记》，平生校书最多，亦止可云赏鉴，而于考订校雠皆无取也。与洪同时者，尚有毕制军沅经训堂，孙观察星衍平津馆、岱南阁、五松园，马征君曰璐丛书楼、玲珑山馆，考订、校雠、收藏、赏鉴皆兼之。若卢转运见曾雅雨堂、秦太史恩复石研斋，以及张太守敦仁、顾茂才广圻，则纯乎校勘家也。若康熙朝纳兰侍卫成德之通志堂，乾隆朝吴太史省兰之艺海珠尘，刻书虽多，精华甚少，然古书赖以传刻，固亦有功艺林。但求如黄丕烈《士礼居丛书》、鲍廷博《知不足斋丛书》，既精赏鉴，又善校勘，则亦绝无仅有者矣。

叶德辉的说法是有道理的，因为，考订、校雠是作为藏书整理的一个有机组成部分，对典籍的整理要考订字句、校勘异同、厘定篇章、著定正本，最终整理出一种篇幅完整、字句正确的"定本"，自然就是一种做学问的工作，当然可称为著述家。对著述家的解释，就如学问家。由于清代朴学盛行，大量古典文献的整理、考订和历史研究、文学研究与经学的解释和发挥，这些著述是在大量文献工作基础上完成的。所以分考订、校勘为两家，是没有这种必要的。其次，叶德辉强调，以刻书为事则可称校勘家，以收藏为主则称赏鉴家,他指出钱曾、季振宜等。这种说法就收藏家有所侧重,一部分讲求版本精善,收藏禁例极严,有如古董家之收藏古玩地对待书籍,也就是说与一般收藏图籍但可公开阅览之开明做法是有区别的。叶德辉还从图籍之特点,指出考订、校雠、收藏、赏鉴皆兼之者如毕氏经训堂、孙氏平津馆等,应该说,这是当时藏书家之普遍情形。这种说法是客观存在的。

出版于1935年的《清代图书馆发展史》(原名 The Development of Chinese Libraries under the Ching Dynasty, 1644—1911)是研究清代藏书和图书馆发展较早的一本专门著作,产生过较大影响。作者谭卓垣先生对清代藏书家类型作过论述,但他基本上是据洪亮吉论藏书五等之说法,稍作变通而论。他认为藏书家的类型有:第一种主要包括著述家和学问家,"他们藏书的目的在于方便自己研究。他们多为优秀而又知名的学人,有既定的收藏目标,对自己藏书的专门性十分重视"。第二种藏书家是由那些对经籍校勘感兴趣的人构成。第三种藏书家是收藏家。第四种藏书家是真正的爱书者。最后一种是指为了营业或谋生的目的而从事贩书的藏书家。(谭卓垣等著:《清代藏书楼发展史·续补藏书纪事诗传》,徐雁、谭华军整理,辽宁人民出版社,1988年)

1957年至1960年,王欣夫先生在上海复旦大学讲文献学,他在谈到校雠方法的派别时,引出了叶德辉《藏书十约》中关于校雠学之派别。他认为叶德辉论及校雠的区别,是根据洪亮吉的藏书家数等之说。他认为洪亮吉所分藏书家五等,实可合并为二等,一把考订家、校雠家合并为校雠家,二把收藏家和赏鉴家及第五种掠贩家并为赏鉴家。"赏鉴和校雠,自有程度上的区别,而有功于古书,却是同样的。赏鉴家是用死校法的,这是一派;校雠家是用活校法的,这又是一派。"(王欣夫:《文献学讲义》第318页,上海古籍出版社,1986年)从这些看法,我们可以得出这样的结论,所谓藏书家的不同种类,往往都是由于当时的实际风气,即利用藏书着重进行研究性的校雠还是进行技术性的加工,而有不同的种类。

综而论之,清代私家藏书从藏书目的和利用来看,大致可分为为著述而藏书、读书的著述家藏书家,为搜集、收藏典籍而藏书有特色的收藏家藏书家,以及为校勘、整理图书进行出版活动的出版家藏书家。

著述家 现在一般称从事专业创作和研究活动的人为作家、学者,从清代实际情况分析,包括研究经、史之学的经学家、史学家,研究语言文字的小学家。此外,创作诗文的作家、诗人和戏曲、小说作家,为了要进行著述活动,必须藏书,而且对流传旧刻、明清精抄也是熟悉的。而大量的读书人,也会积累藏书,用以读书治学。所以,这里说的著述家,广义地说是读书写作的人,狭义地说是利用藏书进行研究和创作的一些学者和文人。

明末清初,一些藏书家强调藏书是为了读书,黄宗羲曾谓"当以书明心,无玩物丧志也"。意思是很明显的,藏书的目的,在于利用藏书,达到增长知识,明判是非,做一个对时代有用的人,而不是沉缅青缃,蠹鱼岁月,把书籍当古董玩物看待。所以,当时钱谦益就区分了聚书的二类人,"聚书不同,有读书者之聚书,有聚书者之聚书"。这是很清楚的。纵观历朝历代,确实出现过很多藏书者,聚书也是一种时代风尚,但要求聚而能读,更是困难了。所以一些藏书家呼吁藏而读之,如赵孟升称"书虽易致,而聚书者之雅难得，而持本读新讨源流而列黑白者之尤为难之难"。濮梁称"聚书非难，聚而能讨源流、析同异，斯难矣"。这些都说明，作为一个时代的风尚，可能有搜珍求秘的藏书者，但大家呼唤的则是能读书致用的读书者之藏书者。

清代张金吾就读书必先藏书，藏书在于利用之关系作了比较系统的说明：

> 人有愚智贤不肖之异者，无他，学不学之所致也。然欲致力于学者，必先读书，欲读书者，必先藏书。藏书者，诵读之资，而学问之本也。汉唐以来，书皆传写，后唐始有镂板，自是厥后，书日益多。至于今挈数千金至市，可立致万卷。则当今日而言，藏书亦何足贵。然而藏书不易言矣。著录贵乎秘，秘籍不尽可珍；椠本贵乎宋，宋椠不尽可宝，要在乎审择之而已。夫所谓审择之者何也？宋元旧椠有关经史实学，而世鲜传本者，上也。书虽习见，或宋元刊本，或旧写本，或前贤手校本，可与今本考证异同者，次也。书不经见，而出于近时传写者，又其次也。而要以有裨学术治道者为之断。此金吾别择之旨，不无少异于诸家者也。……窃尝论之，藏书而不知读书，犹弗藏也，读书而不知研精覃思，随性分所近，成专门绝业，犹弗读也。……然尊闻行知，含英咀实，广以观万，约以守一，视世之玩物丧志者，似有间矣。宋黄庭坚有言曰：士大夫家子弟不可令读书种子断绝，有才气者出，便名世矣。丁凯有言曰，吾聚书多矣，必有好学者为吾子孙。是则金吾藏书之意也夫。（张金吾：《爱日精庐藏书志·序》）

读书必须藏书，只有藏书才能保证有书可读，这是非常明显的道理。读书的目的有所不同，或为功名利禄，"书中自有黄金屋，书中自有千钟粟"，博取封妻荫子、世代显赫；或是著述"立言"，希冀流芳百世。不同的价值取向，直接影响着中国知识分子的藏书动向。但是读书与治学总是相连的，因而，藏书的目的，为了阅读、为了治学，总是最为直接和普遍的目的。明末大儒黄宗羲藏书用以著述的事例，影响是相当深远的。史学家钱大昕、经学家戴震的研究成果应该说都与他们的藏书丰富，并广泛利用同时代诸多藏家的图籍有密切关系。

收藏家 收藏家包括以上诸人所称之赏鉴家，也包括以数量质量闻名的收藏家。按前人所称，这些收藏家，上可补石室金匮之遗亡，下可备通人博士之浏览。无论保存历史文献，还是承继文化遗产，收藏家具有不可忽视的历史作用。就是被批评为视古籍珍本为玩好的赏鉴家，实际上在保存珍贵文献方面也是作出过伟大贡献的。当然从文人审美价值的追求和社会风俗的研究来看，赏鉴家也是值得重视的一种文化现象。

作为一种文化财富的表现，图书具有内容，可以阅读、学习和参考，提供信息与知识，这是人类赖以发展和进步的阶梯，是人类文明进步的桥梁。同时，图书又是生产力发展的成果，是科学技术进步的结晶，图书形式美，不仅表现了一个时代的文化进步、文明发展，也是人类文化艺术的体现和表征。因此，图书又与珍宝、古玩、字画等一样成为人们的收藏品。最终，由于收藏之目的、特色和种类的不同而产生了各种书籍收藏家。

收藏家有不同志趣。乾嘉间大藏书家黄丕烈，有"佞宋"之称，即专嗜宋刻，已成癖好。又有藏书室名陶陶室，因得到虞山毛氏藏北宋本《陶诗》、南宋本汤氏注《陶诗》，故起名陶陶室。嘉庆年间专门筑一室，收贮宋板书，起名百宋一廛，顾广圻解释说：佞宋主人"搜求经籍，鸠集艺文。深识妙览，博学赡闻。折肱既更，醉心有在。东都托始，南渡断代。排比百种，标榜一廛"。按黄丕烈的自我解释，他有一书室名读未见书斋，就是因"余喜蓄未见书"。其藏书是"好书积习爱探奇"，这可能说明部分收藏家之真实面目。

藏书是一种爱好，一种兴趣，往往又变成一种积习。宋代陆游曾自嘲"人生百病有已时，唯有书淫不可医"，黄丕烈大致也是这种心态。在《戴石屏诗集十卷》中，他题识云："壬戌（1802）夏五月自都门归，世事皆淡，惟此几本破书尚有不能释然者。故每闻坊间新收故家书籍，彼以为无宋、元旧刻，不敢送观，而余必欲触热，到彼恣意寻觅。此《戴石屏诗》为璜川吴氏旧藏，收诸西山堂者也。"黄丕烈收藏图籍，已到了好之能专的地步，而追求的是奇秘，宋元旧刻即为收罗之重点。

收藏特色是经过长期积累以后形成的。元明旧刻之所以珍贵，"盖书以古刻为第一，一字一句之误，犹可谛视版刻，审其误之由来。影钞则已非庐山真面目，况其为泛泛传钞者乎？故余佞宋，虽残鳞片甲，亦在珍藏，勿以不全忽之"（黄丕烈：《浣花集十卷题识》）。但是，黄丕烈还是有分析的眼光，他说过："古今书籍，宋板不必尽是，时刻不必尽非。然较是非以为常，宋刻之非者居二三，时刻之是者无六七，则宁从其旧也。"（黄丕烈：《管子二十四卷题识》）总之，"余好古书，无则必求其有；有则必求其本之异，为之手校；校则必求其本之善，而一再校之，此余之所好在是也。"（黄丕烈：《刘子新论十卷校宋明钞本题识》）正是因为如此，黄丕烈作为收藏家是当之无愧的。而王芑孙评价他："今天下好宋板书，未有如荛圃者也。荛圃非惟好之，实能读之。于其板本之后先，篇第之多寡，音训之异同，字画之增损，及其授受源流，翻摹本末，下至行幅之疏密广狭，装缀之精粗敝好，莫不心营目识，条分缕析。"（叶昌炽：《藏书纪事诗》卷五）正是所谓"积晦明风雨之勤，夺饮食男女之欲，以沉冥其中"，黄丕烈才形成了自己的专藏，也从此沉醉于版本、目录、校勘的劳动中，成为一代藏书家。

出版家 清代刻书之盛，盛于前代，一方面是文献积累日渐丰富，越到后代，文献积累越来越多，故刻印之举，必超越前代。另一方面，作为封建社会后期，文献流传上基本是图书刻印，因尚无期刊报纸得以发表，故成果完全依赖坊刻、家刻得以流传，所以刻书盛行，刻书盛，则出现众多出版家之藏书家。

一些藏书家每喜刻书。乾隆间大藏书家黄丕烈说过，"余喜藏书而兼喜刻书，欲举所藏而次第刻之。"当他因无资刻书，胡果泉愿意出资，黄丕烈即选了曝书亭所藏宋本《舆地广记》，由胡果泉花三年之力刻出。此时黄丕烈高兴地说，"是书湮没不彰久矣。余虽得之，第藏之箧笥已耳，苟非果泉先生之助余剞劂，安能使晦者忽显乎。"（黄丕烈：《荛圃刻书题识》）看起来，"刻书传世"这种思想是非常明确的，一方面由于自己保存古书旧刊甚多，这当然是一笔财富。另一方面更考虑由于古书流传，得之不易，保藏更难，而只有"化之万千"，才能更好地得以保存。因此，我们在清代藏书家中，可以看到很多藏书家自己刻书，或托别人刻书，看到别人把藏书中部分刻出，更是称之"艺林佳话"、"永垂不朽"云。

清末张之洞组织编写的《书目答问》附一有《劝刻书说》，表明有清一代从事刻书之藏书家，是有不同目的刻印书籍的：

> 凡有力好事之人，若自揣德业学问不足过人，而欲求不朽者，莫如刊布古书一法。但刻书必须不惜重费，延聘通人，甄择秘籍，详校精雕。（刻书不择佳恶，书佳而不雠校，犹糜费也。）其书终古不废，则刻书之人终古不泯。如歙之鲍、吴之黄、南海之伍、金山之钱，可决其五百年中必不泯灭，岂不胜于自著书自刻集者乎？……且刻书者，传先哲之精蕴，启后学之困蒙，亦利济之先务，积善之雅谈也。

中国士大夫所一直遵行的准则，有所谓"立德、立行、立言"的说法。而道德、文章能使之不朽，就靠文献流传，即有自己的著作印行，文章问世。张之洞自认德业、学问都足以行之当世、传之不朽，故教训那些要求不朽的一般士子，刊行书籍是最快的捷径。但张之洞对刻书之基本要求，还是很清楚的，即要延请专家，一方面要从众多文献中选取有价值的、有参考意义的，或是前代古本秘籍，这就是出什么的问题；另一方面要详校秘籍，就是出版质量要求，即怎么出的问题。而这两种要求，如果是一个藏书数量、品种堪称一流的藏书家，便具备了足够的条件。印书有藏书家之印书，也有著述家之印书。兼而有之，则更为理想。只具其一，同样可以进行。

出版必先有藏书。藏书用于出版，首先要寻求珍本、善本，以为印刷之底本。此外，还要经过多次校勘、整理之功，才能用以出版。这样，校勘与出版又殊途同归。一些藏书家，本身就兼校勘家。又有某些出版者，为求出版物之正确、精美，也往往延请专人对书籍进行校勘。试看叶德辉所举之张敦仁、顾广圻，称纯乎校勘家，实际上就是专门从事校勘，但又颇依附于某些出版家，从此可明了出版家与校勘家之密切关系。

清末张之洞组织编写《书目答问》一书，后附《清代著述家姓名略》有校勘之学家一栏，注云："诸家校刻书，并是善本，是正文字，皆可依据，戴、卢、丁、顾为最。"下列有何焯、惠栋、卢见曾、全祖望、沈炳震、沈廷芳、谢墉、姚范、卢文弨、钱大昕、钱东垣、彭元瑞、李文藻、周永年、戴震、王念孙、张敦仁、丁杰、赵怀玉、鲍廷博、黄丕烈、孙星衍、秦恩复、阮元、顾广圻、袁廷梼、吴骞、陈鳣、钱泰吉、曾钊、汪远孙，以上诸人中大部分都列入了叶昌炽《藏书纪事诗》和吴晗《江浙藏书家史略》两书，足可证明藏书家与出版家之关系。

（原载于《历史文献》1999年第4期）

试论清代江南常熟派藏书家

一、苏州和常熟藏书家

我国清代藏书家,以地域分布论,孙庆增称:"大抵收藏书籍之家,惟吴中苏郡、虞山、昆山,浙中嘉湖杭宁绍最多。金陵、新安、宁国、安庆及湖南、北直、山东、闽中、山西、关中、江西、湖广、蜀中亦不少藏书之家。"(孙庆增:《藏书纪要·鉴别》)这位江苏常熟(虞山)的藏书家,大致是从友朋言谈、书友交往和书目考察,也可能是从江南文化圈的形成和发展中分析,得出这个结论。但清代藏书家江南以苏州为中心的说法是可以接受的。

苏州府所属有元和、长洲、常熟、昭文和昆山等县治。试尝论之,苏州地区成为江南藏书家中心,至少有三方面是最直接因素:一是政治中心的牵动。清代苏州是江苏巡抚所在地,又是江南文化的代表地区。封建社会私人藏书的主要队伍是官吏和留寓官绅,苏州是最为集中之地。二是文化学术之熏陶。江苏文人科举考试中式者,苏州地区人士位居头榜。清代儒生文士,江苏又是最多,苏州地区占籍则为第一。状元、榜眼、探花,或者儒生、文士不一定是藏书家,而中式者必藏书,文士、儒生家有书则是无疑的。三是刻书和书业的支撑。家刻普遍,书坊刻书兴盛,苏州是书商云集之地,从明代开始已成气候,为藏书家提供了聚书、读书的重要条件。故明清二代,苏州确是私人藏书家集中的地区。瞿凤起先生称"清代藏书家,江浙诸省,素以美富见称,尤以苏杭湖诸旧郡为最盛。时苏有黄丕烈百宋一廛称霸,而杭之吴骞举千元十驾以敌之,书林传为嘉话。当乾隆嘉庆中,苏城藏书之风最盛,几乎他郡无可与之比拟者,如周锡瓒、袁廷梼、黄丕烈及顾之逵,有苏城四大藏书家之称。常熟旧为苏郡小邑,有虞山,故亦以山名县。……自元迄清,藏家肩摩踵接,项背相望,不绝如缕,见于叶(昌炽)著者六十余人,縣是《常昭合志》于传记门中,专辟藏书家一门"(瞿凤起:《漫谈清代四大藏书家》,《铁琴铜剑楼研究文献集》第 164~165 页,上海古籍出版社,1997 年)。作为藏书家后人,他在诗作中感叹家乡藏书风气兴盛,故作诗志之。

戊午元旦述怀

吾邑征书史,元惟虞子贤。
有明继起多,杨(仪)赵(文毅)在其先。
续有秦(四麟)与毛(晋、扆),步尘更绵绵。
清则后居上,首当推两钱(谦益、曾)。
又若陆(贻典)及叶(树廉),所储亦不鲜。
张氏(仁济子光基、海鹏,孙金吾,曾孙承霓、承露)达四世,爱日登其颠。

同时陈稽瑞（揆），兼搜乡献专。

惟吾古里瞿，屈指逾百年。

余者难悉载，历历如长川。

……（瞿凤起：《戊午元旦述怀》，《铁琴铜剑楼研究文献集》第197页）

按《常昭合志稿》所列国朝即清代常熟藏书家计有：钱曾、钱稻孙、陆贻典、冯武、叶树廉、孙潜、鱼翼、江声、高培、席鉴、曹炎、范楫、黄如琡、庞弘、蒋侯、张仁济、孙从添、郑德懋、周杏芳、邵广宽、吴汝谦、陈揆、瞿镛、邵思、顾士荣、张树本、李芝绶。

志书编者在藏书家类序中是这样叙述其收录目的和范围的。"独吾邑以藏书之名著闻于海内者，自元明迄今，踵若相接，其遗编散帙，流传四方。好事者得之，或谓虞山某氏之所录，或谓琴川某人之所题识，以相引重。"编者认为专辑藏书家一类，主要目的是"慰藉当年藏家嗜书之志"。加以介绍者，"皆有万卷以上，而且专心笃好者"。这里作为藏书家介绍的，首先，是藏书数量上达到万卷者。其次，这些藏书家"在搜奇访逸之时，得一秘籍，往往视一切功名富贵，若举无以易之者"（《常昭合志稿》卷三十二《藏书家序》）。这也就是说，他们把藏书视为特殊的爱好。正是如此，这些藏书家的事迹记之史册，可以增加郡邑光采，也可传扬风尚。但是，由于方志的篇幅所限，实远远不能记录常熟一地之全部藏书家。曹培根称："区域为例，常熟一地之藏书家，叶昌炽《藏书纪事诗》收藏书家739人，常熟藏书家占10%，达73人；杨立诚、金步瀛的《中国藏书家考略》收秦汉至清末藏书家878人，其中常熟藏书家84人。而常熟俞鸿泰（运之）校补本增补134人，多为常熟籍。瞿冕良撰《常熟先哲藏书考略》收录北宋至近代藏书家条目280条，其中可稽藏书楼180起。"（曹培根：《吴中藏书家论略》，《天一阁论丛》，上海古籍出版社，1987年）

钱仲联先生有评论说："海虞，旧滨江一小邑耳，而自仲雍、子游以还数千祀，昔称学道古邦，今为文化名城。旧家藏书，则自明末清初以来，钱谦益绛云楼、毛氏汲古阁、钱曾述古堂，名显全国，不囿一邑。嘉、道以还，借月山房、爱日精庐、稽瑞楼、旧山楼等，为数綦夥。……至言规模影响之大，更不能与瞿氏匹。"（钱仲联：《序》，《铁琴铜剑楼研究文献集》）钱仲联肯定了常熟一地藏书家之影响，是从常熟藏书家作出的历史功绩而言的。

有藏书才能又继承，常熟藏书家在文化传承与学术发展上是有重要贡献的，并由此形成常熟派藏书家之说。

二、常熟派藏书家之形成

清代著名校勘学家顾千里，首先提出了常熟派藏书家之说。顾千里说：

藏书有常熟派，钱遵王、毛子晋父子诸公为最盛，至席玉照（名鉴）而殿。一时嗜手钞者，如陆敕先、冯定远为极盛，至曹彬侯亦殿之。彬侯名炎，即席氏客也。各家书散出，余见之最早最多，往往收其一二。乾隆年间，滋兰堂主人朱文游三丈，白堤老书贾钱听默皆甚重常熟派，能视装订题脚上字，便晓属某家某人之物矣。余喜从二人问各家遗事颇悉。（顾千里：《题清河书画舫后》，《思适斋集》）

顾千里关于藏书家"常熟派"的评价，主要是从该地流行手抄本而言，常熟一地，藏书家讲求抄本，一方面，是手抄可得到大量自己未藏或藏而不全之本，以此补充自己藏书。另一方面，则所谓影宋抄复制宋元旧刻原貌之操作。其中以毛氏影宋钞最著名，故顾千里说有"常熟派"，并谓这种种做法，前承后继，几乎绵延不绝。

周星贻则比较全面地说明了"常熟派"的特点：

> 藏书家首重常熟派，盖其考证版刻源流，校订古今同异及夫写录图画，装潢藏度。自五川杨氏以后，若脉望、绛云、汲古及冯氏一家兄弟叔侄，沿流溯源，踵华增盛，广购精求，博考详校，所谓藏书者之藏书者，惟此诸家足以当之。故通人学士于百数十年后得其遗籍，争相夸尚，良友以也。钱氏绛云同时有幽吉、述吉、怀古诸家，一时称盛。而著录诸书，惟绛云、脉望、述古仅传书目，其余诸家，庋藏之富，著述无闻末由，稽考人以为恨。（周星贻：《校本题记》，《钱遵王读书敏求记校证》）

按周星贻的说法，常熟派藏书家的主要特点是藏书注重版刻考证和文字校勘，且藏书重视装饰和保藏，也就是说把书从内容到形式上都视为一个整体，他们的收藏特色为藏书家所继承，他们的精善藏书又为以后藏书家所追求，因而在藏书发展史上具有特殊的地位。

清代乾隆时，常熟藏书家们仍然连绵不绝，其中最著名的如黄廷鉴所称："吾邑陈子准、张月霄二人，家世儒学，旧有藏书。至两君而更扩大之，储藏之名，遂并甲于吴中。四方之名士，书林之贾客，挟秘册、访异书，望两家之门而投止者，络绎于虞山之麓、尚湖之滨。""两君志趣同而各有所主，张则钟于经籍而兼爱宋元人集，陈则专于史志而旁嗜说部，其大较以网罗散佚、存亡继绝为宗旨。其于书也，张则乐与人共有，叩必应，陈则一室静研，慎于乞假。……两家所藏，不下十余万卷，去其世有传本与秘而无关学问者，汇宋元旧刻及新旧钞，遴其精妙，尚可得一二万卷。其中多吾邑钱、毛两家旧物，沦落他方百余年而复归故土。"（黄廷鉴：《藏书二友记》，见《藏书记事诗》卷六）

稍后，常熟藏书家又有瞿绍基爱书籍，见佳本必购之，积累至十万卷。苏州黄丕烈、汪士钟和常熟的爱日精庐、稽瑞楼等藏书相继散出，瞿绍基得以收罗汇萃，故其藏书楼名重一时。其子镛承继父志，更事扩大，中经晚清社会动乱，仍然保留下来。瞿氏铁琴铜剑楼与丁氏八千卷楼、杨氏海源阁和陆心源皕宋楼称四大藏书家。钱仲联称瞿氏藏书之特点是"铁琴铜剑楼者，私家藏书，而不为私者也"。瞿氏精印《宋元善本书影》，以饷海内外人士，上海商务等影印《四部丛刊》等书，"担供善本不少"。又瞿氏传人启甲，有强烈爱国主义精神，保护藏书，最后使这些藏书留在国内，收藏于图书馆。傅增湘亦谓："吾国近百年来藏书大家，以南瞿北杨并称雄于海内，以其收藏闳富，古书授受源流咸有端绪。若陆氏之皕宋楼、丁氏之八千卷楼，乃新造之邦，殊未足相提而并论也。"（傅增湘：《海源阁藏书记略》，《藏园群书题记》第1090页，上海古籍出版社，1989年）傅增湘充分肯定了北方杨氏海源阁与南方瞿氏铁琴铜剑楼两家，也就是说杨氏、瞿氏不仅收藏宏富，更因他们讲求版刻、精心鉴别、著录题跋等藏书整理上有特色，故超过丁氏和陆氏。

一个地区的藏书家有如此明显的藏书传统，且又相传承继、接续绵延，在中国藏书史上是仅有的。

三、常熟派藏书家传统特点

所谓派，指一种群体，或是一种相似的文化行为。从藏书角度看，作为一个地区，主要从传承有绪、形成地区特色、社会影响深远等方面表现出来。所以，如果说常熟藏书家可以称为常熟派，其特点是这一地区收藏形成特色，注重藏书整理，地区藏书传承相续，同时影响当代以至后世的意义十分鲜明。

传承相续，这是形成常熟派藏书家的重要特点之一。藏书的传承是有基本条件制约的。苏州是我国宋元以来，特别是明清江南文化的中心地区。这里学者云集，学风淳朴，科举考试榜上有名者代不乏人。江南文人学士荟萃，读书治学是日常功课，而读书要先有藏书，藏书是读书治学的先决条件。所以，历代藏书家集中于此地。明清时出版业发达，书业经营兴盛，这又为苏州藏书家提供了便利。这都是苏州藏书家众多的原因。而这些也直接影响了常熟的藏书家。文化风尚与藏书风尚互为表里，这是形成藏书特色的重要因素。

常熟藏书家有家族承继的传统，也有关心乡邦文献、保护乡里藏书的传统。从家族而言，钱谦贞及子孙聚书，钱裔肃子孙聚书，毛晋子孙聚书，冯舒、冯班兄弟聚书，而钱谦益授钱曾版本知识，最后书楼焚毁后收余书赠钱曾。郑伟章先生作《常熟南张文献世家系考》，认为常熟乾嘉间张海鹏、张金吾等成为著名藏书家、刻书家、目录学家与版本学家，其先人实际上从明正德、嘉靖年间就开始聚书，清康乾间张仁美、张仁济兄弟始，张氏代有藏书，直至道光年间散出，可谓宗族中藏书久远者。（郑传章：《书林丛考》第82页，广东人民出版社，1995年）又如瞿氏从瞿绍基、瞿镛至新中国成立初期其后人捐书给国家机构，也是世代相续。非常浓重的家学渊源，藏书承继，这一方面，可以看出当时藏书家藏书为"子孙永宝"，当然，交给别姓，不如传之子孙，这是封建宗法观念的表现；另一方面，也可以反映出，藏书家藏之难，藏之永久则难之又难的历史现象，往往使他们把藏书作为重要遗产寄希望于宗族中学有专攻的继承人。如毛晋传之幼子毛扆，钱谦益传之族人钱曾，在当时条件下，藏书不出族是最为理想的。

作为传承相继的另一方面，是藏书的延续和发展。风气的熏陶，是传承相继最为珍贵的，也正是这种种爱书、惜书、校书、刻书的风气，得以弘扬开来。钱曾在《孙逢吉职官分纪五十卷》的题跋中云："（此书）清常道人惜旧钞讹谬，借金陵焦太史本雠勘。而焦本亦多残缺，复赖此本是正之。清常又从书贾搜得宋椠本第七卷补订入，前辈好书之勤如此，惭于空蝗梁黍，展卷便欠伸思睡，每睹清常手校书籍，未尝不汗下如浆也。"能得到前辈藏书家之流传，或直接购置前辈藏书家之流散物，藏书家也是非常兴奋的。如钱曾得到严君平《道德指归论七卷至十三卷》。他说此书"牧翁从钱功甫得其乃翁叔宝钞本"。辛丑（康熙十八年）除夕，"公于乱帙中捡得，题其后而归之予"。钱曾得此书感慨良多。常熟藏书家张金吾、陈揆两人，出于对旧籍之喜爱，广泛收集书籍，五六年中，两家所得盖不下三四万卷。张金吾此时得意之极，他说"吾邑藏书家自汲古毛氏、述古钱氏后百六十年来无继起者，至（陈揆）君与金吾而此风复振。"正是因为如此，代代相续，形成了一种藏书风气。不论是家藏或社会所有，得以延续下去就是最大的安慰。瞿氏藏书经过几代传授，仍得以保存下来，可能也是这种藏书风气使然。

地区特色，这是形成常熟派藏书家的重要特点。正如顾千里和周星贻等人所说的，常熟派藏书家的特色是非常明显的。大致说来，是重视钞录、考证版刻源流、注重藏书装帧和整理。

搜求旧刻精钞，多方钞录难得之书。藏书有版刻，但也有很多是没有版刻的，即所谓难得之本。孙庆增历数前代版本时，说到清代常熟藏书家喜欢抄书，"新钞冯己苍、冯定远、毛子晋、马人伯、陆敕先、钱遵王、毛斧季各家，俱从好底本钞录。"他评论说："汲古阁影宋精钞，古今绝作，字画纸张，乌丝图章，近摹宋刻，为近世无有能继其作者。""余见叶石君钞本，校对精严，可称尽美，钱遵王钞录书籍，装饰虽华，固不及汲古多而精，石君之校而备也。"孙庆增是常熟藏书家，他根据自己所见，对常熟的藏家钞本作了详细的介绍，这对我们了解藏书家之通过钞录作为积累典籍的手段是有帮助的。

钱曾在陆德明《经典释文三十卷》有题跋云："我友叶林宗，笃好奇书古帧，搜访不遗余力。每见友朋案头一帙，必假归，躬自缮写，篝灯命笔，夜分不休。吾两人购得秘册，即互相传录，虽昏夜叩门，两家童子闻声知之好事极矣！"确实如此，我们知道的清代名钞，所谓毛钞、叶钞、冯钞等，都是常熟著名藏书家的钞本。看起来，重视钞录是很突出的。钱曾在编订《述古堂藏书目》后作序说："若谓藏书多缮写本子，未足援据，此乃假好书之名，而无真好之乐之者，竟谓之不知书不足与言可也。"

当时，这种钞录书籍是一种风气，如黄廷鉴为常熟张仁美的《宝闲斋藏书目》所写序中称"吾邑藏书之富，首称绛云楼，……继起者推汲古阁、述古堂，并峙吴中，然皆不再传而散，自是，邑中无复以藏书称者。幸遗风犹存，未遽歇绝也。以今所闻，若玉照席氏、庆增孙氏、虞岩鱼氏，皆知购访古籍，雪钞露校，以延未坠之绪。至清河宝闲斋，益扩而大之，而其风复振矣。"（转引自郑伟章：《书林丛考》第88页）

精于鉴别校勘，考证版刻源流。藏书追求精善，实际上从宋元以来都是非常普遍的。这种情况的出现，一方面，是某些书籍流传越久，肯定数量越少。一般而言，最早者错误最少，故初刻本、精校精印本，都是弥足珍贵的，至于宋元旧刻，更是稀世珍品，常熟藏书家自是不能免俗。另一方面，常熟刻书兴盛，如毛氏父子，张氏海鹏、金吾叔侄，皆以藏书刻书闻于世。刻书要有珍本、善本作为底本，搜求宋元旧刻、名钞精本是必然的。藏书家要收集和利用善本，就要精通鉴别版本的技术与方法，要掌握校勘、辑佚之功夫，还要利用经籍、艺文志和各家书目，与之相互对勘。所有这些工作构成了我们看到的某藏书家"雅好储藏"、"精心鉴别"、丹铅终日的描述。当然，常熟藏书家中讲求版刻源流者如著述家的钱谦益、收藏家的钱曾、出版家的毛晋是有所区别的。钱氏等人注重抄录、搜求宋元旧刻，毛氏刻印书籍，必得宋元旧刻，都需要对书籍进行校勘的工作。陈继儒曾称赞毛晋："凡人所有未见书，百方购访……得即手自抄写，纠讹谬，补遗亡。"钱曾在朱存理《铁网珊瑚》一书跋语中表示了心迹，他叙述了得书经过后说："闻窗静坐，炉香郁然，览兹墨妙。是正书中一二讹字，觉人世间荣名得养之乐，罕有逾于此者。"（钱曾：《读书敏求记》卷三）正是此种精神寄托，钱曾二十年来食不重味，衣不完采，摒当家私，悉藏典籍中。如虫之负版，鼠之搬姜，甲乙部居，粗有条理。再如陆贻典，"藏书多善本，与冯己苍、叶石君有无通假，勤于迻录，尤精校雠"（吴晗：《江浙藏书家史略》第191页，中华书局，1981年）。至于像王应奎那样的耽于典籍的亦比比皆是。王应奎"家中积书万轴，经史百家略具。君以四几周身，惟书及肩，而埋头其中，缃岁耽耽，不知户外。搜讨既富，溢力著述"（《江浙藏书家史略》第129页）。乾隆中，张金吾在谈到他的读书生活时称："金吾少学为诗，稍长读书照旷阁，与校《太平御览》诸书，为校雠之学者有年。其后泛滥六籍，为考证之学者有年。又其后究心经术，尊汉学，申古义，为声音训诂之学者又有年。继而讲究古籍，考核源流，杂以簿录之学，纂集经说，采辑金文，则杂以汇萃之学。迄今年垂四十，学问无闻。盖藏而不读，读而不专之过也。"（张金吾：《爱日精庐藏书志·序》）

然而，考之藏书家，能传之久远的，除了典籍实物，还有就是书目、题跋等材料，或散为题跋，附于卷册之上，或汇而成编，以书目流传，都是文化积累之一种形式。清初，钱曾的《读书敏求记》是书目名著，甚至传说朱彝尊私贿钱家小史，偷得书目连夜抄录的故事。《四库全书总目》评论《读书敏求记》"述授受之源，究缮刻之同异，见闻既博，辩别尤精。"顾广圻评论张金吾之《爱日精庐藏书志》是"开聚书之门径"、"标读书之脉络"，"欲藏书读书者，苟循是而求焉。不事半功倍与！"所以，我们称版本、校勘、目录为治书之学，常熟派藏书家正是三者而兼有焉。

注重藏书装帧，讲求保护之法，也是常熟派藏书家之追求。孙庆增提出装订的原则是"护帙有道，款式古雅，厚薄得宜，精致端正"。这是经验之谈。常熟一些藏书大家，对图书装帧的要求是很高的，如毛斧季汲古阁装订书面用宋笺、藏经纸、宣德纸，染雅色，衬自制古色纸更佳。钱曾述古堂书面用自造五色笺纸，或用洋笺书面。孙庆增又说，装订时间选择，如"毛氏汲古阁用伏天糊褙，厚衬料，压平伏，表面用洒金墨笺，或石青石绿棕色紫笺"。除了时间要求和书面选用纸料外，当然还有折页、订线、裁截等工序。而对善本书装订更又要求："若旧书宋元钞刻本，恐纸旧易破，必须衬之，外用护页方妙。书签用深古色纸裱一层，签要款贴，要正齐，不可长短阔狭、上下歪斜，斯为上耳。虞山装订书籍，讲究如此。"（孙庆增：《藏书纪要·装订》）当然，都要做到像毛氏汲古阁那样，也是困难的。但是，注意图书保护，管理有方，措施得法，是保证藏书永久的基本要求，大多数藏书家也是做到了的。

以上就江南常熟派藏书家之形成和特点作了初步的分析。常熟是苏州之属县，苏州藏书风尚必然包含常熟一地藏书之风尚，而常熟一地形成特色鲜明、藏书精美、校勘完善之所谓常熟派藏书家，又提高了苏州藏书家之地位，并为我国文献之传承、典籍之保护、图书之学术研究集大成、作总结。所以，我们应该更加深入地研究江南藏书史，为历史文献之开发与利用作出应有的贡献。

（原载于《江苏图书馆学报》2000年第1期）

书楼偶拾

宋以前书楼不分等

明代有个博学家胡应麟曾称:"魏晋以还,藏书家至寡。读南北史,但数千卷,率载其人传中。至唐书所载,稍稍万卷以上,而数万者尚希。宋世骤盛,叶石林辈,弁山之藏,遂至十万。盖雕本始唐中叶,至宋盛行,荐绅士民,有力之家,但笃好则无不可致,往往宋世书十卷,其直仅可当六朝一。至功力难易,则六朝之一,足以当宋世百矣!"(《少室山房笔丛·经籍会通》)

胡应麟这段话说明了两个意思,一为印刷术未发明前,由于写书费时日,藏书当不易,所以,史书虽记载有不少藏书之家,当时藏书是不可能多的。其二是印刷术发明后印书较易,得书不难,所以藏书家的藏书数量急激增加。如唐代李邺侯,就有人称"邺侯家多书,插架三万轴,一一悬牙签,新若手未触",在写本书为主的时代,家有三万轴藏书是很了不起的了。但到宋代,上万卷家藏者并不少,如《齐东野语》称:"宋承平时,如南都戚氏,历阳沈氏,庐山李氏,九江陈氏,番易吴氏、王文康、李文正、宋宣献、晁以道,刘壮舆,皆号藏书之家"。"邯郸李淑五十七类二万三千一百八十余卷,田镐三万卷,昭德晁氏二万四千五百卷,南都王仲至四万三千余卷。"而陈振孙的藏书,达五万一千一百八十余卷,其所作《直斋书录解题》,以提要精详著名于世。

大致说来,宋以前学问家多富藏书,因为当时社会上无图书馆等公共机构可以借读,要作学术研究,就得自己抄书,书抄得多了才成为藏书家。这种藏以致用的原则,是十分值得称赞的。但是宋代以后,藏书家就不一定是学问家了,就如胡应麟所称有力之家,笃好则无不可致,也就是说,买得到,收藏就容易得多了。但因其容易,就逐步培养出一批书的蠹虫,一些人家里书倒不少,但看的不多。这种情况到了明代就更严重了。

明时书楼二类

还是那个博学家胡应麟,指出明代有两类藏书家是藏书和学问扯不到一块的。他说"画家有赏鉴,有好事,藏书亦有二家。列架连窗,牙标锦轴,务为观美,触手如新,好事家类也。枕席经史,沈湎青缃,却扫闭关,蠹鱼岁月,赏鉴家类也。至收罗宋刻,一卷数金,列于图绘者,雅尚可耳,岂所谓藏书哉。"(《少室山房笔丛·经籍会通》)

"玩物丧志"。作为封建士大夫阶级的嗜好,有养鸟、遛犬或流连山水,有嗜奇好物,视金石为宝物,此类通病,也渗透到应作为学习研究之资粮的图书中了。这都反映了封建阶级思想意识的腐朽和没落。

把图书作为一种礼品，好像也是明代开始的，至少在明代是相当盛行的。例如当时流行一种巾箱本，这种小开本的书籍，如果是士夫考场的参考书，随身携带，有如现在的袖珍本，那是方便读书人的。但以后官僚好之，时人尚之，书贾迎之，把编书、刻书、送书、藏书，都当成一种爱好、一种风尚，那就可惜了书籍，可怜也其人。

藏书贵在实用。明代那些好事家、赏鉴家们，藏书就是有几万册，但好坏不分，猥杂相揉，所以，插架万轴，只能是"朝夕以享群鼠"，挟累世之藏而弗能读，这种陋习是不足取的。

洪亮吉论藏家五等

洪亮吉在《北江诗话》中，把清代私人藏书家分成五种。"得一书必推求本原，是正缺失，是谓考订家，如钱少詹大昕、戴吉士震诸人是也。次则辨其板片，注其错讹，是谓校雠家，如卢学士文弨、翁阁学方纲诸人是也。次则搜采异本，上则补石室金匮之遗亡，下可备通人博士之浏览，是谓收藏家，如鄞县范氏之天一阁、钱唐吴氏之瓶花斋、昆山徐氏之传是楼诸家是也。次则第求精本，独嗜宋刻，作者之旨意纵未尽窥，而刻书之年月最所深悉，是谓赏鉴家，如吴门黄主事丕烈、乌镇鲍处士廷博诸人是也。又次则于旧家中落者，贱售其所藏，富室嗜书者，要求其善价，眼别真赝，心知古今，闽本蜀本，一不得欺，宋椠元椠，见而即识，是谓掠贩家，如吴门之钱景开、陶五柳、湖州之施汉英诸书估是也。"

其实，清代藏书家中有一种学问家的藏书家，他们藏书是提供学术上探讨的材料，或是为了积累和保存一代史实，这种藏书家是要我们认真总结的。如清初黄宗羲、全祖望、顾鹤等人，他们怀念故国，追思前朝，着意收集明末史料，如明代的笔记、稗乘、野史、别传，并用这些材料从事著述和研究，他们的藏书形成了一定的特色。而这种收藏是为了使用的目的，是值得备加赞赏的。

有清一代的藏书家中，有一种版本学家，很值得我们注意，如黄丕烈。此人是以收藏宋元善本为嗜好，故自称佞宋，号其藏书楼为"百宋一廛"。因其所收善本颇多，且自己又能识别版本，勤于题识，《士礼居藏书题跋记》被视为学习鉴别版本的必读参考书。所以，从这点上来说，这种赏鉴家在历史上是有一定贡献的。

近代由于藏书家逐步衰微，图书馆开始建立，所以，藏书家以公开藏书或秘不示人加以区别就行了。缪荃孙就是这样看的，"一则宋刊明钞，分别行款，记刻书之年月，考前贤之印记，此赏鉴家也。一则包括四部，交通九流，蓄重本以备校雠，钞新帙以备浏览，此收藏家也。"（《古学汇刊序目》）

书楼以珍本秘籍命名

古代藏书家一般都以收藏珍本秘籍为嗜好，所以，往往以自己所收藏的珍本秘籍为藏书楼名，借以炫耀。清吴县黄丕烈，平素酷爱宋版，购得宋版百余部。其友顾广圻题其藏书楼曰"百宋一廛",即百种宋版书聚集之所。其后,黄丕烈又得虞山毛晋所藏北宋本陶诗、南宋本汤注陶诗,故又称藏书室为"陶陶居",即有两种稀见宋版陶集。江苏海昌吴骞,为了显示富有,把自己的藏书楼起名"千元十驾",即该书楼收集元版千部。千部元版,自然可与百部宋版相匹敌,这样,他从藏书数量到质量上都可超过黄丕烈了。归安陆心源,藏书极富,光绪时达到十五万卷,其中极多善本,有宋版二百部,自然也超过黄丕烈了,所以称其书藏为"皕宋楼",即有两百部宋版书的收藏。上面提到的吴骞,曾得到宋本《咸淳临安志》九十一卷、《乾道临安志》三卷、《淳祐临安志》六卷,为了显示秘藏,刻一印曰"临安志百卷人家",这实际上也是一种书楼的别名和雅号。再如清代翁方纲,精心汲古,宏览多闻,得宋版苏诗施顾注,也就把藏书楼起名"宝苏",表示对这种珍本之喜爱。

封建藏书楼是私人收藏图书的地方,不是以提供别人利用为职能。但在漫长的封建社会中,这些私人藏书楼偏重保存。我国古籍浩如烟海、汗牛充栋,一定程度上靠私人藏书家保存了大量珍本秘籍,这点历史功绩应书一笔。

精校精抄本多出自藏书家

正如洪亮吉所称,藏书家确有一种校雠家。他们重视书籍的质量,对书籍不仅辨别版本,而且校勘异同,是正错失,所以,精校精抄本多出自私藏家。

印刷术发明前,书籍靠传抄流通,加之年代久远,辗转传抄,必然出现漏、错、缺失之处。就是印刷术发明后,由于官私刻书、书坊刻书都各持所本,可能此本错误较少,也可能那本缺失甚多。所以,书籍都必须校勘,经过校勘,就可能产生较正确的本子。此外,藏书家也喜欢收藏抄本,抄本也需经过校勘,才是较为可用的本子。总之,封建时代的私人藏书家都以校勘、抄写作为经常工作,甚而终身事之,终老不辍者。清仁和劳季言,平日读书,每置空册以案,遇有疑难辄笔录之,暇时翻阅各种不同本子,互相校证,必至精密无错误,然后写成正本,这样,他干脆把自己书楼起名曰"丹铅精舍"。丹铅,就是古人点勘书籍用的丹砂铅粉,丹铅精舍就是以点校书籍为职志。劳季言用一印曰"实事求是,多闻阙疑",也表明其志向和平日校勘书籍之准绳。

清代藏书家,如也是园主人钱曾、士礼居主人黄丕烈、抱经堂主人卢文弨、知不足斋主人鲍廷博等等都以校书有名。我国古籍经过藏书家精心校勘、订正谬误,他们流传下来的本子是比较完善和详正的,世称这些精校本、精抄本为善本,是因为他们不仅是名家,主要的是他们传出的本子都是经过校勘可以参考使用。

"非圣贤之书不敢滥存"

封建士大夫崇尚经史,以儒家经典为自己的指导思想、行动准则。正如《四库全书总目》所鼓吹的"经禀圣载,垂型万世,删定之旨,如日中天,每所容其赞述",而史部是"正史体善,义与经配",所以,很多私人藏书家多以经典之名作为藏书楼名。如明乌程沈节甫的"玩易楼",王世贞之"藏经阁"、"尔雅楼",清代上海李心怡称藏书楼为"味经书屋",再如无锡秦慧田的藏书楼称"味经楼"、卢文弨的"抱经堂"、福州陈氏之"带经堂"、吴兰修之"守经堂"等等。其实,他们的藏书也不全是经书的易、诗、书、礼等,而是经史子集齐全的,独以经名书楼,无非是崇圣之意。联系有些人标榜"非圣贤之书不敢滥存"的口号,说明封建藏书楼的政治倾向性是极其明显的。

自然,一些藏书家选取经书中的警句作为藏书楼名,那是颇足称道的。如清桐乡鲍廷博,其家先人有藏书,即取《学记》中"学然后知不足,教然后知困"之句,把藏书楼起名"知不足斋"。鲍廷博刻印《知不足斋丛书》,以收罗广博、校勘精审最有名。

异军突起的也是园

藏书家藏书特色的形成,往往与藏家之爱好和志趣有关,同时,也反映了一些藏书家的特殊眼光。也是园主人钱曾喜爱戏曲小说,故其藏书此类文学著作甚多,很值得我们注意。

《也是园书目》收录经史子集各类图书,但分类打破四部,特设"戏曲小说"一类。这说明此类著作甚多,可独立成一大类。如果此类书籍甚少,自然没必要单独设类。同时,很可反映藏书家的独到见解。

《也是园书目》第十卷戏曲小说类分为如下各小类,"古今杂剧"类著录剧目三百四十二种,"曲谱"类著录二十四种,"曲韵"类著录七种,"说唱"类著录一种,"传奇"类著录八种,"宋人词话"类著录十六种,"通俗小说"类著录三种,"伪书"类著录二十种。这样的分类和著录,在其他藏书家目录中少见。据此,可供我们查考文学书籍的流传情况。须知,戏曲小说是所谓"小道",是不能登大雅之堂的,是不入历代官修史志目录和多数藏书家目录之中的。钱曾也是园藏书收录民间文学作品,并在书目中著录,在那以经书为根本,视戏曲文学为末技的封建社会里,确是异军突起,别开生面了。

"书癖"与传是楼

据称宋尤延之非常爱书,他与书为伍,每日不可或失。肚子饿了读书当吃肉,寒冷了读书像穿裘一样暖和,孤寂时把书当做友朋,幽愤时把书当做金石琴瑟以自娱。这自然是封建地主阶级有饭吃、有衣穿时的感受,没有东西果腹的农民,不能把书当饭吃,更不可能把书当肉吃。但这位尤延之嗜书之癖,确乎罕见了。

既然如此嗜书成癖,自然把书籍当做私有财产,他们生前把书籍秘不示人,只能供自己或子孙享用,死后亦希望子孙永守其业。因为他们视书籍为私有财产。清代徐乾学,藏书数万卷,部居类汇,各以其次,素缥缃帙,启钥灿然。为了保留这份财产,他把子孙叫在一起,同登书楼,谓其子孙曰:"吾何以传女曹哉",因指书而欣然笑曰:所传者惟是矣。故其藏书楼称做"传是楼"。如果传给子孙是一份精神财富那是无可厚非的,但是,要传的是一份遗产,一份待价而估的商品,那就真的有辱斯文了。

像这样严守财产的藏书家,其实是收藏家。绛云一炬,江左图书,损失是够严重的了。皕宋东运,士林痛哭,同样是没法补救的。这反映了私人藏书家无法左右自己的命运。只有今天,无论宋版元椠、明清秘籍珍本,都可得到妥善的保管,这就是建立了既保藏图书又提供读者使用的公共机构——图书馆。

(原载于《图书情报知识》1982年第4期)

近代我国封建藏书楼之衰落

我国在漫长的封建社会中逐步建立起来之公私藏书,其种类有宫庭藏书、政府机构藏书、各地学府藏书和书院藏书等,但大量的是私人藏书。所谓公藏,靠其雄厚的财力,巧取豪夺的搜罗,有学之士世守其书,在文化发展和文献积累上是有过贡献的。如果不经兵火之灾,一般尚能保存完整,这里略而不论。至于私人藏书,它们职掌图籍的搜求保藏,讲究图书版本校勘,探求馆阁之防水火虫蠹,并适当阅览流通,在社会文化的发展中,其贡献也是不可磨灭的。吴晗有谓:"自板刻兴而私人藏书乃盛,其中风流儒雅,代有闻人,宿史枕经,笃成绝学。甚或连楹充栋,富夸琳琅,部次标签,搜穷二酉,导源溯流,蔚成目录之学。其有稗于时代文化,乡邦征献,士夫学者之博古笃学者至大且巨。"(吴晗:《两浙藏书家史略·序言》,《江浙藏书家史略》,中华书局,1981年)诚笃论也。故私人藏书能延绵千载,代不乏人,虽有其内在因素,即有封建经济之支持而形成书藏,而且还有外在因素,即藏书楼具有文化传播之作用。

但是,到了近代,封建经济逐步解体,沦为半殖民地半封建社会的中国,封建社会的残余仍然存在和延续,封建藏书楼不会一下子消失,但社会政治的因素,诸如政治局势之动荡、兵火之灾的迭兴、西方社会学说之传播、维新改良派之提倡公立藏书楼,直接影响于私人藏书家队伍之衰落,促使私藏之失散,从而引起近代图书馆取而代之,这也是历史发展的必然。

本文试就近代封建藏书楼衰落之原因作一些分析。

19世纪中叶后,由于外国资本主义的侵略,民族资本主义经济的发展,封建制度和地主阶级经济的逐步崩溃,中国社会一步步沦为半殖民地半封建社会。封建政治制度和封建经济的瓦解,直接导致封建藏书楼的衰落。

一、太平天国革命战争对封建藏书楼的直接冲击

1840年开始的半殖民地半封建社会,连年的战争(包括资本帝国主义侵略和中国人民反对侵略的战争,也包括革命与反革命的决战等),社会生产力的破坏,文化事业的摧残,珍贵典籍的流失,直接影响着当时封建藏书楼的发展。与此同时,中国最大规模的农民战争——太平天国农民起义,也以前所未有的姿态向封建宗法制度和封建文化进行猛烈的冲击。太平天国农民革命首先动摇了江南地主阶级的藏书家队伍,加速了封建藏书楼的衰落过程,同时也推动了我国近代先进思想和文化的传播。

太平天国首领洪秀全作为一个封建社会的农民运动领导人,在反对封建政权的同时,用拜上帝来否定封建传统的儒家思想,否认孔子的神圣地位。太平天国革命初期就对儒家经典表现了风雷扫荡的姿态。"凡一切妖书,如有敢念诵教习者,一概皆斩,尔等静候删改镌刻颁行之后,始准读习。""凡一切妖物妖文书一概毁化,如有私留者,

搜出斩首不留。"（张德坚：《贼情汇纂·伪律》）在1853年，太平天国宣布："凡一切孔孟诸子百家妖书邪说尽行焚除，皆不准买卖藏读也，否则问罪也。"（太平天国官书《诏书盖玺领行论》）

有严格纪律，军令严明的天兵，执行查禁、焚毁妖书，自然是雷厉风行的。因而，在整个战争过程中，会有意无意地毁坏文物图书。当时，一些地主阶级留下了对农民队伍的污蔑：

"搜得藏书论担挑，行过厕溷随手抛，抛之不及以火烧，烧之不及以水浇，读者斩，收者斩，买者卖者一同斩。"（马寿龄：《金陵癸甲新乐府·焚妖书》）

"……各教目我书为妖书。近日沿江各郡邑藏书之家，如汉阳叶云素先生、扬州阮文达公，秦敦夫、程穆堂两先生各第，皆牙签万轴，多人间未见书，不啻琅环福地，而逆贼一至，非付之一炬，即用以薰蚊烧茶。"（张德坚：《贼情汇纂·什载》）

"藏书遭贼焚，三箧还自写。一官落西湖，所不愧风雅。……"（注云："朱述之太守家江宁，藏书甚富，毁于贼。"）（张文虎：《感逝》诗，见叶昌炽：《藏书纪事诗》卷六）

一些地主阶级士大夫的藏书遭到焚烧，有些在辗转中流失了。但是，正确地估计农民革命的作用和影响，主要在认识这次农民革命对封建文化的猛烈冲击，直接打击封建藏书楼的顽固传统，并进一步为传播农民革命的文化扫清道路，孰得孰失，不是很明显吗？

太平天国建都天京后，开科取士，并派很有学问的曾钊扬、何震川、卢贤拔等担任删改儒家经典的工作，陆续刊布了改定的《四书》、《五经》，并在天京设立镌刻营和删书衙，大量出版书籍，仅旨准盖玺诏书颁行的书目，就开列20多部，涉及文化思想领域的各个方面。

这种比较彻底的文化措施，进一步巩固了天国，巩固了军心和民心。同时，这种政策也侧面反映了扭转前期对文物典籍不重视的做法。就从某些地区，某些农民军将领严令禁止焚烧文物图书，保存藏书的例子，也可说明对农民革命中的功过问题应实事求是地评价。

咸、同间，浙江仁和（现杭州）塘栖镇之劳格，字季言，"累代富藏书，季言尤以博洽名。贼酋（应读为太平天国农民军将领）至其门，戒其徒谓：'此读书人家，毋惊之。'入室取架上卷帙观之，曰：'闻此家多藏秘籍，何此皆非善本，殆移匿他处邪？'徘徊良久，不动一物而去。"（叶廷瑃：《浦西寓舍杂咏》注，见叶昌炽：《藏书纪事诗》卷六）

战火纷飞，主要破坏者是帝国主义侵略者，如英法联军对江南三阁的破坏就是一例。其次是反动军队的官兵，一些藏书家收藏的典籍直接遭受损失。还有一些藏书家因经济的破产，已无力维持藏书楼局面，逐步典当出卖藏书。总之，在伟大的农民革命战争中，封建藏书楼逐步衰落了。

二、封建经济的逐步解体，导致封建藏书楼的逐步衰落

鸦片战争后，不平等条约的签订为外国资本主义侵入打开了大门，中国的经济发生了变化。资本主义对华物资的倾销，打击了中国传统的手工业和农业，因而，封建的自

然经济遭到破坏。随着资本主义的入侵，培养了一批为资本主义服务的买办阶级。沿海通商口岸的开放，形成了半殖民地性质的城市。这就为中国经济半殖民地化开辟了道路。农村中的地主阶级由于战争频繁，有些破产了，有些转向工商业的经营，因而中国产生了新的资产阶级。这些新的变化，使封建藏书楼的图书逐步转向城市，成为新的商品，封建地主官僚单独占有图书的情况逐步改变了，地主阶级的破产和转向城市，直接导致封建藏书楼的衰落。

《藏书记事诗》作者叶昌炽，经历数十年的仕宦生活，不间断地写下了日记，记述见闻和社会逸事，他的《缘督庐日记》，记述了他接触的部分藏书家情况，侧面反映了封建经济解体中私人藏书楼的衰落。

光绪丙子（1876）年，"七月三十日，访爱杉丈，其居停主人方朔，山东怀宁人，前月归道山，遗书欲求售。因择其佳者略开百余种，未定价也。"

光绪庚辰（1880）年，"二月初二日，阅《申报》，有拍卖宋元本书籍者，在义泰洋行，偕同人往观。"

光绪癸未（1883）年，"四月十三日，陶升甫来，携至陆存斋出售书目一册，内有宋版《朱子大全集》、《范文正忠宣集》，原版原印《玉海》，原版《礼书》，袁廷梼藏《礼经会元》，索价甚昂。"

光绪癸未年，"十一月二十三日，访襄卿、康吉，茗饮，同至石塔头唐寓看出售书籍，听事三间，牙签罗列，惜皆官样文章。"

光绪丙戌（1886）年，"正月初三日，建霞来述其外家华氏，藏书甚富，有名湛恩字紫屏者，尤好事。……殁后三子……俱不好古，建霞曾见有元刻《纂图互注本六子群雅》随意弃掷，即局闭者亦多饱蠹腹。"

光绪壬辰（1892）年，"十一月初四日，至木斋寓，长谈述袁漱六藏书之富，恬裕、皕宋、海源三家皆不能及。其子榆生童昏，挥斥之易，可为叹息。"

光绪甲午（1894）年，"七月十八日，鹤巢丈遗书欲求售。"

这里只选录叶昌炽一人所见，但其地域遍及南北各城市，人物有乡村地主，也有官僚大户，这些视古物为宝玩，见宋本为稀珍的收藏家，为什么不断出售历年所藏？首先是家道中落者，以书抵债，或卖书以供挥霍。其次是宦途失意，以书变卖充公或折求盘缠。第三是散出变卖以转向工商业之资。他们的藏书散出后，一部分被大官僚买办攫取，一部分被帝国主义分子收购，流出外域，殊足痛心。

三、官僚豪绅的掠夺和侵吞，藏书高度集中于数家

封建社会中的达官贵人，为了炫示富有，也为了子孙永宝，一般都购置图书。而一些封建官僚，依仗政治上的特权和优厚的物质力量，其搜集藏书的劲头更大。近代社会还出现官商一体的官僚资本家，或豪绅地主，他们利用搜括的大量金银，低价购进流入市场的珍贵图书，而一些在镇压农民革命中起家的官僚地主，则尽力搜括江浙各地藏书。这样，我国近代社会中，就逐步出现了藏书富有可埒国府的几个大藏书家。

宜稼堂是道光间上海郁松年的藏书楼。郁是上海巨商，先后购置汪士钟艺芸书舍及

周锡瓒、袁廷梼、顾抱冲等的藏书。此外，还购置仪征盐商家藏，以及钱受之、曹秋岳遗留的图书，成为上海第一藏家。同治初年，宜稼堂藏书散失，宋元旧椠、名校精抄，大半为丁日昌任苏松太道时夺去，归入持静斋。江苏候补道洪观察亦购获不少，独山莫友芝借去不少未归还，其余精帙，俱归陆心源。

得宜稼堂精帙的陆心源、丁日昌等是如何积累自己的藏书呢？

"心源已获郁氏书，富于藏储。方是时受丧乱后（指经历鸦片战争、太平天国战争），藏书之家不能守，大江南北，数百年沉薶于瑶台牛箧者，一时俱出。而心源时备兵南韶，次权总闽磋，饶于财，于是网罗坠简，搜抉缇帙。书贾奔赴，捆载无虚日。上自苕溪严氏芳菽堂、乌镇刘氏暝琴山馆、福州陈氏带经堂，下迄归安韩子遽、江都范石湖、黄荛圃、仁和平甫季言二劳、长洲周谢庵，归安杨秋室，德清许周生，归安丁兆庆，乌镇温铁华及元，钱唐陈彦高等，有一无二手稿草本，从飘零之后撷拾之，尽充插架，以资箸作，素标缃帙，部居类汇，遂为江南之望矣。"（岛田翰：《皕宋楼藏书源流考》）备兵南诏、权总闽磋，是说他担任过云南、福建的大官，其藏书处所有三处，总藏达十五万卷，号称当时全国四大藏书家之一。

丁日昌藏书处称持静斋。丁是广东丰顺人，入曾国藩幕府办洋务，历官江苏苏松太道、两淮盐运使、江苏布政使、江苏巡抚等职，性好藏书。鸦片战争、太平天国起义等战争时期，丁均在江苏，故得于战火中掠夺和收罗图书。林达泉《百兰山馆藏书目录序》云："自兵燹以来，大江南北、两浙东西，所谓文宗文汇文澜三阁庋置秘本，都已化为灰烬，无有存者。都转（指丁日昌——引者）乃搜罗荟萃，收拾于委弃瓦砾之余，购集之多，几及三四万卷。"（徐信符：《广东藏书纪事诗》）

稍后道光间"南瞿北杨"中的杨以增海源阁，其藏书之积累也是权势和金钱的结合。杨以增，山东聊城人，任江南河道总督时，收汪士钟艺芸书舍之书，汪氏之书为黄丕烈之延续，故其藏书兼收明清之际毛晋、钱曾及乾嘉之世部分藏书家之精华。汪氏又收有乾嘉四大藏书家黄丕烈、周锡瓒、袁廷梼、顾广圻的藏书，所以杨以增的藏书实搜括了南方藏书家之精英。其后，杨以增儿子杨绍和在京当官，收清皇族怡府之藏书，怡府藏书来自江南季振宜、徐乾学、毛晋、钱谦益部分遗书，兼及李开先遗书，故杨氏海源阁实收罗南北各大藏家之遗留，成为近代藏书史上的"北杨"。这除了具备官僚的特权和雄厚的财力外，还能找到其他解释吗？

地近海外的广东广州，也因贸易发达、经济发展而出现买办商人，这些人中也有极富藏书的。如粤雅堂主人伍崇曜，广东南海人，以洋商起家，藏书之富称粤省四家。潘仕成，广东番禺人，以盐商致富，藏书楼称海山仙馆，亦为粤省四家。孔广陶，广东南海人，以盐商起家，藏书楼称岳雪楼，亦为粤省四家。以上粤省四家就有三家是买办商人，可见近代资本主义侵入我国后之经济变化，直接影响着当时文化事业之一的藏书楼。藏书高度集中于数家，聚散迭兴，部分流失他邦，部分转入以后之公立图书馆，逐步完成了封建藏书楼向近代图书馆之过渡。

四、个别藏书家转向藏书公开

在近代社会的逐步变革中，一部分读书人迫切要求了解政治、经济时势和外国之情况，他们对图书既不能普遍购置，故有对公私藏书公开之呼声。一部分藏书家因战祸连年，生活无定，保藏困难，促使他们把藏书寄放公众之地，甚或公开出借，以保持永久。这样，在19世纪后半叶，开始出现藏书公开之举动。

光绪间北京之共读楼，吉林国英举办。国英利用做官剥削之余财，购置藏书二万余卷，公开借阅给相识之人。他之所以把藏书公开，不把藏书自秘者，"诚念子孙未必能读，即使能读，亦何妨与人共读"（国英：《共读楼书目·序》，光绪庚辰年）。共读楼设检事一人，管理并代查书籍，供应读者。其订定之规章程序，定每年三月至十二月，每月逢三、八开楼，会试之期，日日开放，方法是读者先领取图书条一纸，凭纸借书，只准就室阅览（阅览座位二十），每次只准查阅一二种。这种方法是具有公共阅览的性质。

20世纪前后，也有部分藏书家公开自己的藏书，如江苏常熟铁琴铜剑楼传至瞿启甲时，藏书欢迎阅读，凡到该楼，不论浏览、校勘、传钞、参观，主人都欢迎。山东聊城海源阁后人杨凤阿，把藏书归入祖祠，供族人共同使用。这些情况，都说明封建藏书楼的逐步衰落过程中，正在孕育着向社会公开的趋向，这种趋向为近代图书馆的出现创造了条件。

（原载于《图书情报知识》1982年第3期）

强国·济世·育才

——清末关于知识与社会发展观念之考察

19世纪末，在中国朝野人士中，曾经有过多次比较广泛的社会活动，其中最高潮的改良运动如戊戌变法，与此相联系的教育救国措施有创办学校、翻译书籍、兴办报馆、建立图书馆等内容，目的是传知识、育人才、济社会、强国家，犹如现在讲信息、谈读书、科技兴国的态势。这些活动促使世人眼界逐步开阔，思想观念深刻改变，为近代资产阶级改良和革命活动提供了思想上和组织上的准备。维新变法和日益高涨的革命思潮，推动了中国近代民主主义革命的深入。基于文化教育的要求，士农工商阅读的需要，各种社会学说广泛介绍到中国，新式教科书出版和域外小说的翻译形成高潮。就图书馆而言，改变了只是介绍、评介西方图书馆的初始做法，直接进行图书馆的筹办，新的管理方法的采用以及旧式藏书制度的改造，在社会上引起了反响，实际上促成了清末各地兴办省级公共图书馆的风气，为我国近代图书馆的产生与发展写下了新的一页。

为了使我们的研究方法和结果为大家所接受，这里首先对若干用语作出限定。"知识"这个词语在清末使用较多，即包含中外各种书报的科学内容。在某种场合，"知识"是指小范围的古今经验的积累，如指古今典籍；在某种场合，"知识"又是社会上相互交流的信息，如世界局势、敌我态势等。因此，清末对"知识"一词应用是宽泛的。"藏书楼"，这是清末用于区别官私藏书而使用的语词，实为"图书馆"三字的同义语。如学会藏书楼，即学会图书馆。有时也简称"书藏"，即指图书馆这种提供书籍阅读的场所。

一

改良主义者重视知识的作用，认识知识的重要，一方面是从中国古今的成例，即传统的重视典籍、建设书藏的做法中总结的；另一方面也是近代以来接触西方，看到报纸、书籍在启迪民智、强兵富国中的实际效果得到借鉴，从而提出一系列加强教育、培养人才的建议。

维新变法主将康有为、梁启超在检讨洋务派的措施与效果时，认识到要改弦更张，兴办教育，培养人才，创办学会，讲习研求，翻译图书，开设书藏，以至选拔优秀、出国留学等，以此开新风气，培育新民，组织骨干，集结成群。他们的意图正是出于强国必先育才，人才出现，才能有改革的实现。康有为于光绪二十一年（1895年）闰五月初八日曾上书光绪帝，提出五条建议：①下诏求言；②开门集议；③辟馆顾问；④设报达聪；⑤开府辟士。从这五项建议看出，其实质是开扩视野，了解内外形势，犹如现代文明的配置顾问，掌握信息，招纳贤才。康有为曾经描绘了实行这些措施后之效果是："至于三年……书藏遍设，报馆遍开，游学多归，新制纷出，诸学明备，人才并起，道路大阔，知识渐开……"（康有为：《请大开便殿·广陈图书书》，《南海先生上书记》）短暂的"百日维新"，康有为所绘制的三年蓝图没有实现，空想的规划也因清政府的阻挠、官僚的反对、财政的支绌等而流于破产，但这里至少透露出康有为重视知识、重视信息的一种观念。

1896年，康有为重视知识、重视信息的观念，被其弟子梁启超发挥得更加充分而完备。梁启超在《时务报》上撰文《论学会》，特别从推广人才必兴学会，有了人才才能振兴中国的思路上，规划了学会应办之多项事宜。除上闻下达学会宗旨，与中外人士常通音问等纯属会务之事外，关于图书出版、收藏和流传方面提出："七曰咨取官局群籍，概提全份，以备储藏。八曰尽购已翻西书，收庋会中，以便借读。九曰择购西方各书，分门别类，以资翻译。十曰广翻地球各报，散布行省，以新耳目。十一曰精搜中外地图，悬张会堂，以备流览。十二曰大陈各种仪器，开博物院，以助试验。十三曰编纂有用书籍，广印廉售，以启风气。"（梁启超：《论学会》，《时务报》第10册，1896年）从梁启超所欲办之学会十六事中，属掌握知识、研讨学问、开扩见闻、培养新的风气和促进社会文化发展的文化事业，即现今称为翻译、出版、新闻、图书馆、博物馆等类占有十分重要的位置。

1896年，担任清廷刑部左侍郎的李端棻，出于挽救时局、抵御外侮的意图，提出了推广学校、奖励人才之《请推广学校折》，上奏朝廷，以冀使维新变法之部分主张得到准许，便于施行。其中的措施：一曰设藏书楼，具体内容为"京师及十八行省省会，咸设大书楼"。集各省官书及民间刻本、西书译出者"妥定章程，许人入楼看读"，委任好学解事之人管理等，即办理国家图书馆和省会图书馆。二曰创仪器院，于诸学堂中设立实验室。三曰开译书局，具体内容是"京师设大译书院，广集西书之言政治者，论时局者，言学校农工商矿业者，乃新法新学近年所增者，分类译出，不厌详博，随时刻布，廉价发售"。这是强调开办翻译机构，而译书内容更重于维新改良有用之书、新学新近之书。四曰广立报馆，具体内容是于京师及各省并通商口岸、繁盛镇埠，咸立大报馆。并提出应将部分译西报之内容送交朝廷及大小衙门，且"广印廉售，布之海内"。五曰选派游历，具体内容是选派高才，或赴国外留学，或在内地调查农工商情，目的在于了解情况，发现人才。（李端棻：《请推广学校折》，《变法自强奏议汇编3》卷3）

作为维新派宣传舆论的阵地和组织力量的学会，1896—1898年间遍及各地。根据育才才能出人才、有人才才能讲改良这种主张，各地学会大致都从事购置书籍、刊刻报纸、广设学塾、翻译西书等项工作。这些学会活动内容基本上是梁启超兴办学会宗旨所鼓吹的"群"，即集结成一群，相讨、习艺，进而提高识见，博通中外，作为人才培养之途径。"会中有书以便翻阅，有器以便实验，有报以便布知新艺，有师友以便讲求疑义。故学无不成，术无不精。"（梁启超：《论学会》）

二

清末改良主义者、维新派人士对于改良、维新之种种主张,其中属文化教育的事项颇多。但是,维新派人士首先是从教育入手,希冀通过教育的振兴,以广育人才。当然,与教育人才有关之事业,有翻译、出版、新闻、图书馆、博物院等。那么,我们把他们主张兴办之事业与社会发展相结合,就可看出晚清关于知识对社会发展的巨大作用的认识。概而言之,有三方面的认识:

(1) 了解世界大势,才能改制强国。近代鸦片战争以后,列强入侵、割地赔款、教民侵扰、国势日衰,自然不断引起有识之士的大声疾呼。其中虽有洋务派讲船坚炮利,又有同文馆、水师学堂等培训人才,仍屡遭败绩。可以说,国人对中国积弱而受欺是多方找寻答案的。

郑观应出于强烈的民族感情,指出"苟强分畛域,墨守陈规,为固陋昏蒙,甘受人制"。那么,东方少数国家如印度等就是前车之鉴。郑观应相当了解西方列强的国情,他认为西方各国之强盛,正是由于文化之发达、科学之兴盛,而这又是这些国家重视士人讲求读书稽古二事功效显著。而我国之落后,原因是封闭,士人不了解世界大势。如果我国广大民众讲求读书、稽古,培养出一大批隽才之士,"兼文武之资,备将相之略,或钩元摘秘,著古今未有之奇书,或达化穷神,造中外所无之利器,以范围天地,笼罩华夷","合天下之才智聪明,以穷中外古今之变故,标新领异,日将月就"(郑观应:《盛世危言·藏书》),那么,中国富强兴盛,必将指日可待。

甲午一战中,中国失利。国人对于列强之侵略惊起警觉。维新派于各地办报馆,开学会,办书藏,主要目的在于使国人了解世界大势、国家危难。李端棻在广立报馆的言论中,对西方报纸对社会的影响和作用作了淋漓尽致的描述。他说西方各国"阅报之人,上自君后,下自妇孺,皆足不出户,而于天下事了然也。故在上者能措办庶务,而无壅蔽;在下者能通达政体,以待上之用。富强之原,厥由于是"(李端棻:《请推广学校折》)。那么,办报馆的目的就在于使人"知今",即了解当今时事。

梁启超对于列国之侵入,而国人"犹枵然自大,偃然高卧,匪自不能知敌,亦且昧于自知,坐见侵陵"是忧心忡忡的。他认为"国家欲自强,以多译西书为本;学者欲自立,以多读西书为功"。(梁启超:《西学书目表序》,《时务报》第8册,1896年)当然,他也认为,中学,即传统的经学、史学、子书,还是要读的,所谓"舍西学而言中学者,其中学必为无用;舍中学而言西学者,其西学必无本"(梁启超:《西学书目表序》),也就是回到当时一些人士主张的"中学为体、西学为用"的思想体系中。但梁启超的那种读书、求知,进而了解世界,知己知彼,从而维新变法、改制强国的主张,还是十分清楚的。

(2) 闻见易通,才能普遍提高国民素质。消息灵通,就眼界宽广,周知天下事务。所以,广设报馆,传递消息,振奋人心,普及文化,就可提高民众素质,也就是国力增强、文明社会之重要标志。当时,一些改良主义者把知识陈旧、思想闭塞看成中国富强和实行改革的主要障碍,而举办报馆、多译西书,兼有图书馆、博物院辅助宣传和教育，这样就可使士人通达时势，见闻日广。如果达到此目的，"则识时之俊日多，干国之才日出矣"（李端棻：《请推广学校折》）。当然，要闻见易通，维新派人士强调报刊的作用。"士君子读书立品，尤贵通达时务，卓为有用之才，自有日报，虽不逾户庭而周知天下之事。"（郑观应：《盛世危言·日报》）其次，他们重视西书，梁启超编《西学书目表》，就是系统地向中国士人介绍西方学术和社会改革的书籍。"此三百种，择其精要而读之，于世界蕃变之迹，国土迁异之原，可以粗有闻矣。"（梁启超：《西学书目表序》）

（3）道善于群，人才日众，国家才能富强。维新派人士在分析我国当时国势日衰、士民眼界短浅后指出："知今而不知古，则为俗士；知古而不知今，则为腐儒。欲博古者，莫若读书，欲通今者，莫若阅报，二者相须而成，缺一不可。"（李端棻：《请推广学校折》）然而，这样也是不够的，还必须结成群体，并且相互交流，共同切磋，所谓"群故通，通故智，智故强"。因为结成群体，通过学会讲习、书楼阅读，学则强、群则强，这样群人共学，自然众人的知识水平提高，天下之才众多，社会有力之才备，国家就能富强发展了。康有为也说过："学业以讲求以成，人才以摩厉而出，合众人之才力则图书易庀，合众人之心思则闻见易通。"（康有为：《强学会序》，《不忍杂志》第8册）1912年，梁启超在北京大学讲演，他说："时在乙未之岁，鄙人与诸先辈，感国事之危殆，非兴学不足以救亡，乃共谋设立学校，以输入欧美之学术于国中……而组织一强学会，备置图书仪器，邀人来观，冀输入世界之智识于我国民，且于讲学之外，谋政治之改革。盖强学会之性质，实兼学校与政党而一之焉。"（梁启超：《莅北京大学校欢迎会演讲辞》，《梁任公先生演说集》第1辑）为什么办学会，即群心智，"会中有书以便翻阅，有器以便实验，有报以便布知新艺，有师友以便讲求疑义，故学无不成，术无不精。"（梁启超：《论学会》）

三

这里，我们还要探讨一下当时人们对兴办图书馆与社会发展之作用的言论，借此可以了解当时人们对这种社会文化机关可以担负输进知识、广博见闻、学习研究、推动社会的功能，并予之推广演进，发展我国近代图书馆的认识。

我国历朝兴办官府藏书，是放在各种文化事业中头等位置的，如牛弘之称"经邦立政，在于典谟"，"为国之本，莫此攸先"。（牛弘：《请开献书之路表》，《隋书·牛弘传》）这种传统到清代乾隆时兴办七阁，推为盛事。但是，清末维新派人士一致提出：兴办几个书楼，是远远不够的，首先"宫墙美富，深秘藏庋，寒士未由窥见"。而最重要的是广大国土上的读书人，"好学之士，半属寒峻，购书既苦无力，借书又难，其人坐此孤陋寡闻，无所成就者，不知凡几"。（李端棻：《请推广学校折》）因此，借鉴西洋各国经验，创办大小各种图书馆，有利于民众知识的提高，相互交流学业，以达到"遍读群书"、"闻见易通"的目的，是与兴办教育、培养人才的根本互相补充的。

那么作为图书馆的主要功能有哪些呢？汪康年称图书馆是"举国之盛举"（汪康年：《论中国求富强宜筹易行之法》，《时务报》第13册，1896年），孙家鼐称图书馆是"教育人才之道"（孙家鼐：《官书局开办缘由》，《时务报》第13册，1896年）之一，他认为藏书院用备留心时事、讲求学问者入院借观，恢广学识。李端棻则认为如能办起各大书藏，"则向之无书可读者，皆得以自勉以学，无为弃才矣"（李端棻：《请推广学校折》）。到了1898年，变法失败后流亡日本的梁启超，在他创办的《清议报》第17期，登载了他的一篇文章《论图书馆与开进文化一大机关》，对于图书馆的功用列举八项。归纳其八项功用，大致如：①图书馆有辅助知识之功用，对于在学与校外青年，都可得益；②图书馆有随意研究之功用，即学者得以参考，阅览者得以查检事物之便利；③图书馆可得到珍贵图书文献；④图书馆可速知时事、世界大事，即学习方便；⑤图书馆是养成人才之场所。从这可以看出，梁氏对图书馆的认识是比之戊戌变法时把图书馆当做一种宣传组织的基地又有所发展。这可能与身处异国，对日本图书馆之利用有关，或是进一步接触当时世界兴办图书馆之报道而归纳的。但无论如何，这些都可看出人们对图书馆的功能与作用的认识。

以上对100年前中国朝野在知识与社会，发展兴办图书馆与社会进步问题上的认识进行了初步考察。从这里我们可以发现，当时人们的认识上存在着明显的局限：一般说来，对知识的重要性已有所认识，但在深刻地说明知识的形成、发展与社会的关系上是很不够的。同时，也重视掌握知识要通过书刊报纸，而且要在一定的研究群体中相互交流，这点是对的，但对于如何加强知识的交流，说明报社、出版的重要性，解释图书馆、博物院的社会功能是相当肤浅的。此外，他们对变法维新拟定的章程，兴办的文化教育事业的建议，把希望的实现寄托在统治阶级上，没有从更广泛地发动和组织上着手实施，这些都说明了那个时代的思想局限和社会发展的条件，我们了解这些是很有必要的。

（原载于马费成等主编《信息资源与社会发展：1996信息资源与社会发展国际学术研讨会论文集》第18～21页，武汉大学出版社，1996年）

维新派与近代中国图书馆

近代中国是一个灾难深重的中国，西方资本主义侵略，清政府的腐败，使中国人民陷入痛苦的深渊。近代一些开明的知识分子，为探求中国富强之道路，作过种种改良维新的宣传，而戊戌政变则是政治、经济、文化改革的尝试。戊戌维新运动虽然失败了，但它在中国起到的启蒙作用是很大的。就图书馆事业而论，由封建藏书楼逐步转变为近代图书馆，由"保存国粹"到主张"启迪民智"，以至图书馆的藏书内容和管理方法都有所改进，在我国图书馆事业的发展史上是有积极影响的。

一、早期改良主义者对图书馆的认识和介绍

最早介绍西方资本主义文化教育（包括图书馆）事业，并提出改革我国文化教育的，是一些接触西方资本主义文明较早的改良主义者。马建忠的《适可斋记言记行》、王韬的《弢园文录外编》、郑观应的《盛世危言》，都反映了他们对图书馆的社会作用、图书馆的学术职能的看法；同时，他们也提出中国应办公共藏书楼，以推动文化、"启迪民智"的意见。

早期改良主义者关于图书馆的言论主要表现在如下方面：

强国必先治学，治学必创设书楼。改良主义者遍游各国，接触外国资本主义文明较多，所以，比较清楚文化教育的社会作用。如郑观应提出办理书籍馆"购中外有用之书藏贮其中，派员专管。无论寒儒博士，领凭入院即可遍读群书"。这样认真办理数十年后，"贤哲挺生，兼文武之资，备将相之略"（《盛世危言·藏书》）。马建忠在《拟设翻译书院议》中也提出，今日中国见欺于外人，外人商贾敢于盘踞租界以剥我工商，教士散布腹地惑我子民，皆彼等欺我们不知其虚实。所以，现在翻译外书，了解外情，实为当务之急，而要做好此事，即非建立翻译书院不可。书院设立书楼，购置中外书籍，供应翻译和阅读，就可"参观互证，尽得其（指西方诸国——引者）刚柔操纵之所以然"。（《适可斋记言记行》卷四）应该说，郑、马二人之认识，有过分强调教育之作用，忽视根本政治之改革，但其对图书馆应该公开藏书、提供借阅、供文化教育之参考的认识是可以接受的。

检讨封建藏书楼的得失，说明公共藏书楼之作用。图书可以洗涤人心，启迪民智，复兴中华，但中国此时只有藏书楼，没有公共图书馆。改良主义者在比较东西方藏书楼与图书馆之得失后，进一步揭露了封建藏书楼之局限，以激发人们把藏书公开，或集资建设图书馆。如郑观应说："海内藏书家，指不胜屈，然子孙未必能读，戚友无由借观，或鼠啮蠹蚀，厄于水火，则私而不公也。"（《盛世危言·藏书》）王韬则直接分析公私之利弊。他说："私家之书积自一人，公所之书积自众人。私家之书辛苦积于一人，而其子孙或不能守，每叹聚之艰而散之易。惟能萃于公，则日见其多，而无虞其散矣。

又世之席丰履厚者，虽竞讲搜求，而珍本奇编一入其门，不可复觌，牙签玉轴触手若新，是亦仅务其名而已。曷若此之大公无我，咸能获益哉！不佞尝见欧洲各国藏书之库如林，缥函绿绨几于连屋充栋，怀铅椠而入稽考者，几案相接，此学之所以日盛也。"（《弢园文录外编·征设香海藏书楼序》）揭私藏之弊病，示公藏之利益，只有学术文化要求比较迫切的时候，才会如此切中时弊的。

介绍西方图书馆事业，倡议兴建公共藏书楼。基于文化教育救国的思想，郑观应等人热情地介绍西方图书馆技术，他们对西方各国京都图书馆及其藏书作了详细的报道，以激发人们学习西方，建设书楼，推动社会文化之发达。对外国图书馆技术的介绍，则着重于外国图书馆借阅制度的简便，方便读者利用之措施。这些宣传，对封建藏书楼的做法是一种冲击。

在批判封建藏书楼的局限基础上，他们提出了中国设立公共藏书楼的建议。郑观应把希望寄托于清朝政府的改革："宜饬各直省督抚于各厅州县分设书院，购中外有用之书藏贮其中，派员专管。无论寒儒博士，领凭入院即可遍读群书。"（《盛世危言·藏书》）改良主义者的言论，引起了社会的重视。但他们幻想寄托于封建统治者自上而下的改良，在当时条件下，确实很难办到了。

二、维新派创立学会学堂图书馆

康有为、梁启超为了宣传变法，倡导维新，为广泛建立学会、学堂、图书馆，向知识界和群众进行宣传教育和组织工作，这些活动，对我国近代图书馆运动起了巨大的促进作用。

康有为、梁启超是维新运动中的中坚人物，他们在图书馆方面的言论和活动，为近代图书馆的兴起开辟了道路。康有为的维新改良理论，反映在《新学伪经考》和《大同书》中。康有为设想的大同世界的学校应设立书楼，称"中学之藏书楼，凡中学应用之书器、图画、古物、雏形应皆具备，令学者可一见而博物会通"（《大同书·己部去家界为天民·第五章中学院》），认为图书馆之设立是达到人人"日力既省，养生又备，道德一而教化同"（《大同书·辛部去乱界治太平·第十三章学校》）的太平世界的条件之一，规定强学会的四大任务：译印图书，刊布报纸，开大书藏，开博物院。"大书藏"即图书馆。这一项中提倡藏书公开，称"今之聚书，务使海内学者知中国自古有穷理之学，而讲求实用之意亦未遽逊，正不必惊望而无极，更不宜划界以自封"。藏书目的应是"旁搜购采，以广考镜而备研求"。（《强学会章程》，《上海强学会序》题张之洞，其实是康有为撰，见《康有为诗文选》）据记载，北京强学会有书数十种，上海强学会有图书供会员阅读，其中外国自然科学、社会科学图书最多。

康有为的学生和得力助手梁启超对图书馆的认识更为清楚。他在这方面的实践也更多。梁启超在上海协助办强学分会、主编《时务报》时，就曾论学会应办十六件事，其中"七曰咨取官局群籍，概提全份，以备储藏。八曰尽购已翻西书，收庋会中，以便借读。九曰择购西方各书，分门别类，以资翻译。十曰广播世界各报，散布行省，以新耳目。……十三曰编纂有用书籍，广印廉售，以启风气"。（《时务报》第10册，光绪二十二年（1896）十月初一日）这些主张明显地把图书的社会作用提到学会的重要地位。基于图书对宣传西方资本主义制度、倡导变法和教育群众的作用，以及封建顽固派反对维新变法，梁启超首先在学会中设立图书馆和报馆。"备置图书仪器，邀人来观，冀输入世界之智识于我国民。"（梁启超：《莅北京大学校欢迎会演说词》，《饮冰室文集》第十一册）

梁启超为了推行西方政治学说，改革社会，还在《时务报》不断介绍外国图书馆，如国立大书楼（国立图书馆）、大学书楼（大学图书馆）的藏书和管理情况。此外，为了指导知识阶层学习，编制《西学书目表》，介绍西方主要的政治、经济、文化、科学著作，还编辑《西政丛书》和出版不少改良主义思想的书籍。这都是当时维新变法中的重要政治措施和宣传手段。

三、建立公共藏书楼的呼声在清朝统治阶级中的反映

早期改良主义者办公共藏书楼的主张，维新派创办图书馆和进行的活动，直接影响了一部分清朝统治阶级中比较开明的官吏，他们也提出设立公共藏书楼的建议，最有代表性的是李端棻在光绪二十二年（1896年）的《请推广学校折》。

清廷刑部左侍郎李端棻，是梁启超的郎舅至亲，受梁启超的变法维新思想的影响。在奏折中，李提出与学校培养人才的四件事：第一为设藏书楼，第二为创仪器院，第三为开译书局，第四为设立报馆。李在"设藏书楼"部分，系统地提出了关于公共藏书楼的作用、藏书楼办理方法等主张。他说，应依乾隆时故事，"自京师及十八行省省会，咸设大书楼。""调殿版及各官书局所刻之书，暨同文馆、制造局所译西学，按部分送各省以实之。其或有切用之书，为民间刻本，官局所无者，开列清单，访书价值，徐行补购。其西学书陆续译出者，译局随时咨送。妥定章程，许人入楼看读。由地方公择好学解事之人，经理其事。如此则向之无书可读者，皆得以自勉于学，无为弃才矣。"李之奏折，光绪及总理事务衙门亦多议论。当时《议复推广学校折》称：因时事多艰，人才凋乏，诸事不可急行，但书楼、仪器院、译书馆三节，"均可于新立学堂中兼举并行"。这就说明，设立公共藏书楼或学校藏书楼，已是社会可以接受的事物，各地之学会、学堂，逐步建立图书馆者为数渐多。而且，此时图书馆工作内容之改革，也向近代图书馆迈开了步伐。

四、维新派学会藏书楼的改进措施

维新派在北京举办的强学会很快就被顽固派查封了，但各地举办学会、开设报馆、议论时政、倡行改革之风非常风行。据统计，全国在1896—1898年几年内，成立学会八十七所，学堂一百三十一所，报馆九十一所。南方各省的湖南南学会、苏州的苏学会、桂林的圣学会、武昌的质学会、常德的明达学会影响较大，他们都有藏书较多、管理制度较为完善的学会书楼。现就学会书楼主要特点论述如次。

学会书楼之目的。书楼设立之目的，在于宣传维新，推行改革。如称："今之聚书，务使人士知中国圣人穷理之学，讲求实用，无所不备"。（《两粤广仁善堂圣学会会章》，

载光绪二十三年四月十六日《知新报》）当时多数学会基本上按强学会设立书楼是"以广考镜而备研求"的目的而设立的。

学会书楼之藏书。书楼藏书以新学、西学为主，可以苏学会为例："本会所购之书分为六门，曰史学，曰掌故学，曰舆地学，曰算学，曰农商学，曰格致学。其余训诂词章概不备。"（《苏学会简明章程》，载光绪二十四年七月二十九日、三十日《国闻报》）作为维新变法的宣传机构的学会书楼，当然应以西方新学书籍为主；但当时有些学会收藏图书，因经费限制，购置困难，西学书籍并不占多数亦是有的。

学会书楼之读者。学会书楼有允许公众阅览，有只供会员阅览、不对外开放二种，故读者亦不相同。

学会书楼之管理。学会书楼之管理，一般做到编制书目，利于读者查考；制定章程，定期借还；专人管理，便于利用。如苏学会书楼之管理章程是："一、书类当依类编目，易于检索。所购之书，写书目三分，一存经理处，一存会中，一存管理处。俟藏书既多，再刊行书目，分送同人。""每逢五逢十，为发书之期，以五日为一限期，能多阅者每期发书二本，少者一本，上期取去，下期缴换。""会友欲看何书须先向管书处挂号，以先后为序，不得争执。"（《苏学会简明章程》，载光绪二十四年七月二十九、三十日《国闻报》）以上从书楼管理方法、图书目录、借阅规则等方面作了规定。从科学性的角度来说是比不上近代图书馆的，但它已超越封建藏书楼的封闭制度，吸取了西方近代图书馆的管理技术，在我国图书馆史的发展上是有重要地位的。

近代学会创办的书楼，从图书馆的性质上，已具备供读者共同使用的近代图书馆的特点。从读者对象上，已经是社会的士大夫和部分市民。在藏书内容上，改变了过去经史子集的内容，补充了西学新学书籍。这是社会公共需要的知识。而从藏书管理上，也逐渐脱离私人藏书楼的束缚，采取了稍微有秩序的管理方法。所以，它们已可视为近代图书馆的先声。学会书楼的设立，从书楼的影响和宣传效果看，也已经变成一种社会文化机构了。

（原载于《图书馆杂志》1982年第3期）

古越藏书楼在中国近代图书馆史上的地位

在中国近代史上，我国人民坚决与帝国主义和封建主义斗争的同时，一批资产阶级和地主阶级知识分子则企图改良政治、推行"新学"，以此振兴中国，图书馆（当时大都还称藏书楼）作为一种社会文化机构被广泛推行。

19世纪末到20世纪初，维新改良派和深受改良思想影响的人物，依照西方资产阶级文化教育制度，创办学堂、学会、报馆、藏书楼、博物院。出现在当时的藏书楼，即有改良主义者梁启超、马建忠等人倡议和建立的学会、书院藏书楼，他们企图通过设立藏书楼，作为革新教育、推动政治进步的措施。同时，也有一些热心教育的人士创办的公共藏书楼，他们希望书籍供众阅览，使"学堂与藏书楼相辅而行"，达到"兴贤育材"的目的。这些藏书楼的建立，开始了中国近代图书馆史新的一页，为现代图书馆的发展开辟了道路。

古越藏书楼就是20世纪初设立在浙江绍兴的公共藏书楼。1902年由徐树兰私人捐资创办，1904年开放。1924年一度停办，1926年后又继续开放，它是现在绍兴鲁迅图书馆的前身。

本文试图分析古越藏书楼在中国近代图书馆史上的地位和贡献，缺点和错误之处，尚祈同志们批评指正。

一

古越藏书楼创办人徐树兰（1837—1902），浙江山阴（今绍兴市）人，光绪二年（1876年）举人，授兵部郎中，改知府，后以母病归不出。在乡以地方士绅面目出现，曾组织筑捍海堤，建西湖闸。对东南有较大影响的是设绍兴中西学堂和建古越藏书楼。

徐树兰设学堂，建藏书楼，应视为是服务其改良主义政治目的的两个方面。徐树兰于1897年创办中西学堂，延访中西教习，聘蔡元培为监督，兼及译学、算学、化学，其主要目的是培养为新的资产阶级政治利益服务的人才。徐树兰1902年创立古越藏书楼，声明仿照东西各国图书馆章程办理，其主要目的是为"阖郡人士之观摩，府县学堂之辅翼"（《一品封职盐运使衔补用道候选知府徐树兰呈文》，载《古越藏书楼书目》，崇实书局，光绪三十年）。通过教育，使中国文化发达，国家日益富强，是当时徐树兰等大部分知识分子的救国愿望。

进一步考察徐树兰等创办古越藏书楼，如下两点是值得重视的。

1. 充分认识藏书楼对社会教育的作用

中国封建藏书楼，在封建社会私有观念的束缚下，是很不讲求开放阅览的。18世纪清高宗在江南建文澜、文宗、文汇三阁，书籍供士子阅读，但这绝对是政治思想统治的一种手段，谈不上明了图书馆的文化教育作用。中国藏书楼讲求开放，是在半殖民地半封建社会里，中国人迫于帝国主义的侵略，要求社会文化的普遍提高，并从东西洋政治历史中了解文化教育对社会的意义后逐步提倡的。徐树兰等有图书馆供"阖郡人士之观摩"，做"府县学堂之辅翼"的说法，正是首先从维新改良派的主张里，从东西方图书馆事业的介绍中学得的。

徐树兰首先受维新派人物如梁启超、李端棻办藏书楼主张的影响。早在19世纪80年代，一些知识分子学习西方资本主义国家的各种学说时，西方图书馆事业开始受到注意，他们在比较了东西方图书馆的异同后认识到，作为西方资产阶级文化机构的图书馆的巨大社会作用，因而在国内加以推广。当时，如王韬、马建忠、郑观应诸人都在著作中或报纸、杂志上，直接宣传藏书楼对国家政治生活和文化生活的密切关系。90年代，维新派梁启超就直接利用学会办藏书楼、办报纸这两件事，作为维新变法的宣传工具。当时，维新派主持的藏书楼就有上海强学会、苏学会（苏州）、南学会（长沙）等书楼。1896年，刑部左侍郎李端棻表奏光绪，请开仪器院、大书藏，直接把办藏书楼作为维新政治改良的一项措施，办藏书楼的声浪更高。徐树兰在这样的环境里，直接地受了他们的影响，所以，他的藏书思想来自维新派。譬如，在徐树兰1902年呈请开设古越藏书楼的呈文中，就曾反复引用李端棻的言论。如称"好学之士，半属寒峻，购书既苦于无资，入学又格于定例，趋向虽殷，讲求无策"。江南三阁，"备庋秘籍"，江浙人文甲天下。中国如此，外国亦复如此，"泰西各国讲求教育，辄以藏书楼与学堂相辅而行"（《一品封职盐运使衔补用道候选知府徐树兰呈文》）。维新变法后，维新派的改良主张虽然未广泛实行，但仿效西方政治、教育、文化制度设立各种机构，却得到社会的支持。废淫祠、设学堂、废科举、育人才，正是新兴变革之际，这时候，当然更需要书籍。徐树兰在这种形势下，更加明了社会对图书的要求，觉得兴办书楼比之前代更为必要，而兴办书楼还必须是供众阅览的。我们觉得有这种认识比没有这种认识是不同的，因为这是从认识封建藏书楼的局限性，并冲破那种图书保存的传统观念，在思想上得到解放，了解了图书馆对社会文化教育的作用后得出来的。

借鉴于外国图书馆事业是认识图书馆社会作用来源的另一方面，徐树兰直接受维新派思想的影响。维新派思想来自欧美、日本的资产阶级学说，关于古越藏书楼的创办章程，呈文中反复说过，藏书楼"参酌东西各国规制，拟议章程"，反复援引欧美各国图书馆事业，称"泰西各国，讲求教育，辄以藏书楼与学堂相辅而行，都会之地，学校既多，又必建楼藏书，资人观览。英、法、俄、德诸国收藏书籍之馆均不下数百处"。（《一品封职盐运使衔补用道候选知府徐树兰呈文》）他简略地介绍了英国伦敦博物院之书楼，巴黎之书楼，俄国彼得堡之书楼，德国、奥国的书楼藏书，并详细叙述了日本的图书馆事业。认为日本自明治维新，仿效西欧，集诸藩学校书籍，网罗内外物品，移储上野公园称图书馆，藏书数十万册，读者不下数万人，此后，国力与欧美并峙，与提倡图书馆是有缘故的。（《古越藏书楼章程》，载《古越藏书楼书目》）总之，徐树兰从当时报纸上、刊物上、专书上了解外国图书馆事业，认识图书馆事业的重要，从而决心自办藏书楼。

2. 认识藏书楼对文化学术的作用

徐树兰认为藏书楼收藏、流通图书，"存古"、"开新"，关系文化学术发展，有利于接受、保藏古代文化，考察学术之沿革，且方便学习西方，效法西方，即所谓"启借鉴变通之途径"。

在《古越藏书楼章程》中，书楼创办人阐明了办书楼的宗旨，他说："本楼开设之宗旨有二：一曰存古，一曰开新。"对这个口号的解释是："学问必求贯通。何谓之贯通？博求之古今中外是也。往者士夫之弊，在详古略今；现在士夫之弊，渐趋于尚今蔑古。其实不读古籍，无从考政治学术之沿革；不得今籍，无以启借鉴变通之途径。故本楼特阐明此旨，务归平等，而杜偏驳之弊。"

"存古"、"开新"的主张，反对了"尚今蔑古"的倾向，这种情况当时是存在的，因而提出来是极可赞扬的。但"存古"、"开新"的主张带有相当大的局限性。我们知道，近代封建士大夫阶级中的一些代表人物，接受资产阶级学说，曾经在某种程度上有进步的倾向，曾经是新兴资产阶级的代表，要求在政治上、文化上得到解放，这在当时是具有某种进步意义的。但是由于时代已经变化，西方资产阶级世界已经进入帝国主义的掠夺和腐朽时代，由于中国资产阶级的软弱无力，因而，这些资产阶级主张是无力的，非常软弱的。正如毛主席说的："这种资产阶级思想只能上阵打几个回合，就被外国帝国主义的奴化思想和中国封建主义的复古思想的反动同盟所打退了。这个思想上的反动同盟军稍稍一反攻，所谓新学，就偃旗息鼓，宣告退却，失了灵魂，而只剩下它的躯壳了。"（《毛泽东选集》第2卷，690页，人民出版社，1952年）

所谓"存古"，是封建士大夫对古代文化的无限留恋。封建士大夫阶级的徐树兰，长期受封建文化的教养，对封建文化有无限的感情，因而不可能抛弃古代文化。正如他们所认为的："明道之书，经为之首……诸子六经之支流，文章则所以载道。"所以，藏书楼首先必须"存古"。只有"存古"，才能"开新"。"开新"是受西方资产阶级学术思想的冲击，正当国土沦丧，外族欺凌，知识分子感到只有西方资本主义学说才能救中国的情况下提出的。要宣传西方资本主义政治、文化教育制度，就必须有今籍，使人们有研究、借鉴的资本，因而藏书楼必须"开新"。从这个意义来说，"开新"实是在"存古"的基础上开的，没有"古"作为基础，"新"是不能开的，也是不敢开的。这是局限性的第一点。

"存古"、"开新"，又是维新运动失败后，反动顽固势力抬头的情况下调和折中的口号。名义上称之为"务归平等"，实际上是以封建文化为主，在不能动封建文化、封建政治利益的根本上"开新"的。从收藏内容来分析，"学部"是以"经"为首的，足以代表当时新的资产阶级思想的东西，如报刊，也必须以"雅驯"为原则。我们在《古越藏书楼书目》中很难找到直接宣传民主主义思想的新书、报刊，也难找到晚清大量流行的小说、剧曲等文学作品，这不是偶然的，这说明封建道德观十分牢固地支配着书楼创办人。本来19世纪后期，资产阶级学说的一点儿进步性都被帝国主义者的贪欲、掠夺所掩盖了，中国人从这里所学的"西学"，更添上顽固保守性，这怎能起到启迪思想的作用呢？这是局限性的第二点。

从以上的分析可以看出，古越藏书楼的创设，虽然能够在社会上引起反响，书楼创办人也能通过社会学说认识藏书楼的作用，真正办起藏书楼，但是牢固的封建文化传统又促使他们不能跳越出传统牢笼，仍然宣传着封建文化，而资产阶级的传播只是一种些微的点缀。

二

"存古"、"开新"是"古越藏书楼"设立的宗旨，"存古"、"开新"又是古越藏书楼藏书内容的最好说明。

古越藏书楼的藏书，主要是徐树兰家藏，并添购当时新书总合而成，计书籍七万余卷。徐在其呈文中曾说自己感于"近来东南各省集资建设书楼者亦复接踵而起。绍兴统辖八县，缀学之士，实繁有徒。当此科举更章之际，讲求实学，每苦无书"。因此，不揣自己力量薄弱，捐银八千六百余两，"于郡城西偏，购地一亩六分，鸠工营造，名曰古越藏书楼，……以家藏经史大部及一切有用之书，悉数捐入。延聘通人，分门排比。所有近来译本新书，以及图画标本、雅驯报章，亦复捐资购备。共用银二万三千五百六十余两。大凡藏书七万余千卷"。(《一品封职盐运使衔补用道修补知府徐树兰呈文》) 这是古越藏书楼藏书建设的大致经过。

查考《古越藏书楼书目》，书楼藏书内容有如下四类：

(1) 经史子集之书。这类书是以徐树兰家藏为基础。这类书大部属于"学部"，都是一般刻本，尤以丛书为多，罕有精本和善本。易见的如马国翰辑刻的《玉函山房辑佚书》，粤刻《通志堂经解》和《学津讨原》本、小积石山房《七纬》。还有如卢文弨的抱经堂《群书拾补》以及《小方壶斋丛书》、《说郛》、《续说郛》等等。本来一般藏书家就是普通刻本也不是轻易流通的，徐树兰把这些普通本供众借阅，也是难能可贵的了。

(2) 声、光、电、化等科学书籍。维新运动虽然流产，但在人们心目中，对西学崇拜更深，学习西学更加广泛和深入了。古越藏书楼既是以宣传维新改良为己任，故凡属西学书籍均刻意收罗。西学书籍大部散见于"政部"各类，"学部"只有物理学、性理学、生理学三类是新学书籍。这些声、光、电、化书籍，如《西政丛书》、《格致丛书》、《富裕丛书》以及其他已译未译西书。总论西方科学的有《工程致富论略古》三卷附图、《考工纪要》十七卷、《东方各国仿效西国工艺总说》一卷、《日本效学西国工艺》一卷，都是英人傅兰雅译的，这些书籍从书名就可明了是切合当时改良维新需要的，古越藏书楼大量收存。此外，还有《西政丛书》、《格致汇编》，也是说明东西洋诸国发展工业、振兴科学，因而富国强民的书籍。自然科学理论著作，一般都是须知、入门指南，如重学（力学）有《重学须知》一卷、《力学须知》一卷，电学有《电学须知》一卷、《电学纲目》一卷，化学有《化学启蒙》一卷、《化学须知》一卷，其他声学、光学、气学也是入门、指南的东西，这些书大半也是傅兰雅、丁韪良、汤若望等外国传教士译的。应用科学如电学的《无线电报》、化学的《油类试验》、声学的《传声器学声器》一卷、光学的《远镜说》等书亦大多具备。应用科学如河工、桥工、汽机、农业机器、矿工、冶工、化学工等，也收集美人林乐知、金楷理、英人傅兰雅等的译本，或中国人如徐建寅、徐寿的译述。从以上情况，可以看出当时人们的读书倾向，当然也可看出维新派政治影响在藏书楼中的体现。

这里必须着重提出的是古越藏书楼收藏农学书籍的问题。古越藏书楼收藏农学书籍较多，而且有比较新颖的分类方法和编目方法加以推广。该楼收藏的农业书籍除中国古农书如《氾胜之书》、《齐民要术》、徐光启的《农政全书》外，大量收藏有《农学根本》、《农学丛书》。如有《农学入门》三卷，日本稻垣乙丙撰；《日本农业书》二卷，日本森要太郎著；《农业经济篇》二卷，日本今关常次郎著。还有日本人著《农业本论》、《农事会要》、《农业三事》等等。有关农业各类如"测天气"、"辨土壤"、"蓄肥料"、"利水道"、"植嘉种"、"去害虫"、"救荒歉"等，收罗日人著作最多，间有英美著作译本。

从科学著作的收藏可以看出：收藏多是早期西学传入时的著作，这些著作都是浅显的、入门的，对当时的知识分子却是时新的，有一定启发作用的。古越藏书楼收藏、流通它们，对当时继续维新改良是有作用的。另外，当时科学著作中自然科学如声、光、电、化之学，多从西洋诸国学习，而农业技术多从东洋学习。当时人们认为就自然科学来说，西洋资本主义各国是进步的，农业技术的学习讲求比较相近的地理、气候条件，向东洋学习是适宜的。

（3）各种图画、学报、日报。古越藏书楼藏书除古籍和新书外，还包括图画，其类有三：一曰教科画，即教学用图画；二曰地图；三曰实业图。学报、日报是近代兴起的文化工具。这三种收藏，反映了图书馆收藏的时代特点。譬如教科画，是清末教育改革以后才有的，社会风气日开，办中小学成为时政中心，社会上大量供应出版教本、制作教学辅助用具，古越藏书楼既有为"阖郡人士之观摩、府县学堂之辅翼"的宗旨，自应有教科画以应读者需求。其次，自梁启超等倡办报纸，宣传新政，报纸、杂志作为迅速反映形势、评议时政、宣传主张的有力工具，受知识界的热烈欢迎，清末藏书楼多有收藏，古越藏书楼自无例外，但以"雅驯"的内容为原则，其保守性又是明显的。

（4）科学仪器标本。在《古越藏书楼章程》中曾称"研究科学，必资器械样本，故本书楼兼购藏理化学器械及动植矿各种样本，以为读书之助"。这是因为徐树兰等学习西方学堂体制而入藏的。标本器械外国学堂均有之，现学校规模未备，藏书楼先行入藏供读书之助，这种做法是非常普通的。如1896年李端棻奏请开大书藏、仪器院，这是就京师而言分立的，推之各省，则图书、仪器、博物合而为一。后几年在陕西成立的陕西图书馆附设教育品陈列所，各省设立的图书馆都是收集图书与收藏仪器标本并重，这是20世纪初年对藏书的理解，是对社会文化机构相互作用不能分清的理解所造成的。

在《古越藏书楼章程》中，书楼创办人指出，"本书楼所藏书籍分二类：曰古籍部，曰今籍部。……古籍部分二类：曰学类，曰政类"，其原则是"明道之书，经为之首，凡伦理、政治、教育诸说悉该焉，包涵甚广，故不得已而括之曰学类。诸子六经之支流，文章则所以载道，而骈文、词曲亦关文明、觇世运，故亦不得蔑弃。"这里，既说明了徐树兰等人对书籍安排的指导思想，是以经为首的，同时也反映了藏书中新书的增加，进行分类是必然的改革。

古越藏书楼有宣传维新政治、扩大资产阶级学术思想影响的意图，所以，对新学书籍，不惜费用，搜罗图籍，"凡今籍中分已译未译二部。东西书籍，一律收藏"，因为"已译者供现在研究，未译者供将来研究及备译"（《古越藏书楼章程》）。但由于封建士大夫阶级知识分子徐树兰，对古代文化有无限的缅怀，且藏书楼藏书来源大部是徐的家藏，所以，旧的经史之书也占相当部分。这就说明了，在新旧文化交替过程中，新旧典籍的相互糅杂必然反映到图书馆中间来。

三

古越藏书楼在图书借阅及藏书楼管理上，也是可以总结研究的。

古越藏书楼图书借阅方法大致如下：读者登记，凡需借阅图书者，不需铺保，不要押金，只先提出申请，申明愿遵守书楼章程，至司事处登记姓名、住址及欲看何书，然后领得发书单一纸、对牌一块，作为借书凭证。借还书时读者把发书单和对牌交监督，监督叫司书捡出书籍交读者，对牌存监督处，俟读者把书看完即交书取牌，读者最后出门将牌交司事，手续便清楚了。从这里考察，流通凭证有二：一曰对牌，对牌一号有三块，上块存监督，永久保存，中块取书发书，下块存司事，作检验对照根据，全楼对牌六十号，是全楼坐位只六十个，也就是用牌控制人数，如现在的坐位证（又是阅览证）。二曰发书单，记载读者姓名、别篆、住址以及借的书名、借书年月日，如现在的借书条。

古越藏书楼图书阅览方法大致如下：在书楼设阅览厅置座位六十，读者据对牌号码入座。阅览厅人数已满时，则需待先来读者出厅后，才能进座。书籍一律在阅览厅阅读，不外借，每次借阅一册。如果要阅览日报，可自由取阅；要阅读月报，则按借书手续办理。古越藏书楼为了读者，还在书目中介绍读书方法，使读者受益。

现在，我们不能仅仅从铺保、押金衡量那个时代图书馆的阶级性，或说明其公开程度。但在20世纪初，公立图书馆未大量建立，皇家图书馆深宫高锁，私人藏书也还秘藏不宣的时候，古越藏书楼公开借阅图书，而且不要任何限制，这就说明其一定的先进性。近代，维新派办的藏书楼只是对学会会员或部分与学会有关系的知识分子开放，古越藏书楼比它们前进了一步。外国图书馆工作方法介绍到中国来以后，学会藏书楼加以仿效，也没有走出对读者限制的局限；惟有古越藏书楼走出了这一步，向读者无限制地公开。当然，当时受惠的是有限的几个，那是另一个问题了。

古越藏书楼有一套管理方法，还有比较完备的管理制度和分工，藏书楼组织如下：

总理（一人）——监督（一人）
　　司书（二人）
　　　　　　　——杂务（三人）
　　司事（一人）

人员职司如下：

总理——订定章程、拟定款目，统一管理楼中一切事务。
监督——收支会计、添购图书，稽察司书以下人员之职守。
司书——开楼时一人收发书籍，一人收发报纸。
司事——逐日验收阅书人出入、登记、发收对牌与书单。

管理方法如借书方法、阅览方法，管理制度如人员设置和分工，一方面是继承了古代图书馆管理的传统，我们从书籍收发方法、书籍阅读规定中看出是古代私人藏书家的方法再现；另一方面它们又是学习西方图书馆管理较先进的方法，如人员职司的分工，管理上同时也吸收郑观应介绍的外国藏书楼的方法，这是西方图书馆事业的直接影响。

古越藏书楼还有多种书目、清册，如书目册、器具册、阅书人别篆住址册、收支会计册，或按月按日统计，或总结核算，或介绍宣传图书，总的是图书馆掌握书籍、读者、财产的登记和读者利用的目录。

值得一提的是《古越藏书楼书目》，书目由古越藏书楼邀请慈溪孝廉冯一枚编纂，据称书目要分经、史、子、集、时务五部，共三十五卷。现能看到的是光绪三十年（1904 年）崇实书局石印本，二十卷。书目为适应本楼新旧书籍分类，区分图书为"学部"、"政部"两大类，两类下各分二十四类，共四十八小类三百三十二子目。无论从图书分类或编目史的角度来研究，《古越藏书楼书目》都有较高的科学价值，对以后图书分类、编目影响巨大。

首先，在书目分类问题上：①熔古今于一炉。我们知道区分图书内容为学部、政部，是当时社会潮流，如梁启超的《西学书目表》分图书为"学部"、"政部"，徐维则《东西学书录》分图书为"学部"、"政部"，1904 年顾燮光的《译书经眼录》仍分图书为"学部"、"政部"两类。这是当时人们对西学的总看法，《古越藏书楼书目》打破四库的经、史、子、集的局限，又摄取西学书籍分类的原则和范围，统中外古今书籍为"学部"、"政部"两类。"学部"包括原"经部"、"子部"，另加理、化、生、法学等部，明显地把现称自然科学的理论学科都包括了；"政部"包括原"史部"、"集部"，另加学制、官制、农政、工商行政、教育，把社会制度、社会经济、财政、文学包括了。这些做法，为古今统一分类迈开了一步，对当时新书日益增多、旧书大量存在的图书分类，作了大胆的尝试。②分类法类目统一了中外学术名词。新学书籍的大量涌现，新学名词术语的层出不穷，给图书馆工作人员和读者带来不少麻烦。《古越藏书楼书目》编制人在当时科学知识的水平上，统一了一些中外学术名词，直接应用于图书分类和编目，如称"生理学"的有医学总义、妇科、病科、儿科、外科，亦有本草、方书。名学统有新译的逻辑学，化学统有古代炼金术。③类名的设置便于揭露类目内容。如农业类有"测天气"、"辨土壤"、"蓄肥料"、"利水道"、"植嘉种"等，一目了然，既有利于分类工作，又便于读者利用。

其次，图书编目上也有很多新的做法和特点。如：①著录详明简要，充分反映藏书；②作提要，按书籍性质有解释书名的，有摘要内容的，有介绍书籍年代、地域的，或有简略数语，联贯前后诸书、指导阅读的；③注释详细，特别便于新书的出借，这在属于新学书籍的各类中俯拾皆是；④有分析、互著等方法，且应用频繁，不嫌其细，真正达到充分揭示馆藏的目的。

近代目录学家对《古越藏书楼书目》有高度评价。姚名达称《古越藏书楼书目》"规模完备，分类精当"、"系统分明"，是近代新旧图书馆混合时"混合皮藏、统一分类派的登峰造极者"（《中国目录学史·分类篇》）。我们说，《古越藏书楼书目》是 20 世纪初年新旧事物层出不穷，新书大量涌现、旧书仍然存在的情况下，图书馆工作人员大胆尝试编制的，它的流传对现代图书分类编目是深有影响的。

四

徐树兰建楼后，即草拟呈文，希望朝廷及地方官吏重视书楼，并捐款项赠图书，以垂永久。但徐树兰在古越藏书楼建成的当年（光绪二十八年）随即病殁。据称藏书楼由其子徐尔谷继续维持，延请监督，于1904年开放。

徐树兰楼成病殁，平时社会公益的名望，使他声价大升。当时，翰林院编修马传煦、詹事府右春坊右赞善鲍临、江苏候补道阮祖棠、浙江巡抚任道镕、浙江巡抚聂缉椝等，以及其子徐尔谷，先后为徐树兰奏请旌表，清德宗因徐有"一品顶戴花翎盐运使候补知府"衔，不再加赏，只令地方建牌坊旌表，并给予"乐善好施"匾额为奖。自此，书楼逐步受人重视，社会影响逐步扩大。张謇在光绪三十年（1904年）曾作《古越藏书楼记》有谓徐树兰"举其累世之藏书，楼以庋之，公于一郡，凡其书一若郡人之书者"，"楼成，其乡之人大欢"。张謇并自称"欲仿先生之所为，而亦欲海内藏书家皆仿先生之所为也"（张謇：《古越藏书楼记》，载《古越藏书楼书目》）。以后，张謇即创办南通县图书馆，这与徐树兰的影响是不无关系的。书楼建成后，浙江巡抚任道镕亦谓"讲求实学，必当博览群书，近日东西各邦，每于都会偏立藏书之府，资人观览，与学堂相辅而行"。认为古越藏书楼建成"津逮艺林，裨补教化"（《浙江巡抚片》，载《古越藏书楼书目》），要广事提倡，以利文化的繁荣。1903年杭州即有浙江藏书楼之设，这与徐树兰建古越藏书楼也是有直接关系的。

综而论之，古越藏书楼在我国近代图书馆史上的地位是显著的。第一，古越藏书楼的设立，推动了我国近代藏书事业向公共图书馆的过渡。古越藏书楼由一个私人藏书楼成为向府县读者公开的公共书楼，这种由秘藏转为公开，是极大的变化。这种变化，是整个社会提供了思想条件，是只有在逐步认识图书馆的社会作用，认识图书馆可以服务政治、服务学术的作用的基础上才会产生的。书楼建成后，又为社会人士所重视，并广为宣传，促使社会人士认识图书馆的意义，促进了图书馆事业的发展，这就导致了近代藏书楼的公开借阅和公共图书馆的大量设立。第二，古越藏书楼是我国学习西方图书馆技术的先行者，它为我国图书馆走向科学的管理开辟了先路。古越藏书楼由深受维新改良主张影响的封建士大夫创办，虽然"存古"，但也要"开新"。"开新"是开资本主义的新，故他们收藏、宣传新学书籍，因新学书籍的收藏，使他们在藏书管理制度、图书借阅方法上，改革旧的封建藏书楼管理方法，并积极从西方图书馆学中学习。徐树兰反复说书楼是"参酌东西各国规制"、"仿照东西各国图书馆章程办理"的。当然，书楼章程、制度有烦琐，或是规诫过多的地方，但在当时的情况下，这种开辟新路的探索是有一定贡献的。第三，适应新学书籍的整理和利用，又考虑旧书的余存，徐树兰等人创制了新的图书分类方法和编目条例，在打破"四库"藩篱，开拓分类的新途径，寻求反映藏书、揭示最新科学内容的图书编目方法上作了贡献。正因为如此，古越藏书楼的分类和编目方法对我国近代、现代图书馆学的发展有一定的启发作用，在继承古代图书馆技术的努力上也是有一定贡献的。所以，我国近代图书馆史上，古越藏书楼应有一定的地位。

我国近代社会生活的复杂，新思潮、新学说的传播，促进了图书馆事业的变革，古越藏书楼的出现，标志着封建藏书楼时代的结束和近代公共图书馆事业的开始。

（原载于《图书馆》1964年第1期）

冷眼看书林

——清末公共图书馆二三事

今年,适逢辛亥革命100周年。这100年,对我国图书馆而言,又是近代图书馆诞生、成长和形成规模并迈向现代图书馆的艰难历程。辛亥革命作为资产阶级民主革命成功尝试,中华民国政府对推进我国近代图书馆事业的作用是不可代替的。但是,回过头来看看,晚清社会对图书馆的鼓吹,朝野对公共图书馆建设的行动,第一部图书馆法规的颁布,以及图书馆管理系统和规章制度的建立,对社会文献的收集和中华文化传统的继承,社会舆论的推动和图书馆意识的培养,都为辛亥革命以后图书馆的发展开了先路。故特写此文,以为辛亥革命100年纪念。

一、一个人们了解甚少的新事物

19世纪中叶,西方资本主义列强的侵入,太平天国农民起义的打击,清王朝统治日益腐败,封建经济的发展也受到沉重打击,正是由于这种政治上和经济上的半殖民地半封建性,中国社会进入到一种新的危机阶段。资本主义国家应用不平等条约,在中国沿海和内地划定地盘,开辟租界,派出传教士传播宗教,举办文化教育机构,兴办企业和工厂。总之,他们企图在华获取更大的利润和扩大地盘。由于西方文化的冲击,留学东西洋,阅读新书报刊,社会各界人士对于世界、对于社会有了新的觉醒和认识。所以,所谓近代社会革命与改良的浪潮此起彼伏。当时,西方社会一种新的文化机构——图书馆进入人们的视线。

19世纪70年代,上海出现了一所由外人投资,专为中国人了解西方科学技术的机构,名字是格致书院。它的设置既重视图书典籍,凡西书翻为汉文者皆储藏院中,西方所出现的科学技术成果,特别是机器设备等也作为样品陈列,还备有新出的西文书报。该院采取会所制,缴费皆可入院阅览和参加各种活动。格致书院从1877年开始举办科学讲座,1879年开始招收学生。当时,书院的课艺(即根据西学和时事命题)往往引起大家的兴趣,而且也可检视当时人们对某一问题的认识和态度,主事者根据答题最后评出优胜者。我们从1894年夏的课艺题目中找到有"概述外国藏书、出版情况"的题目,该题目全名是"文字肇兴,历数千载,藏书之富,今倍于古。近日泰西亦重文字,据闻各国书院有藏书至数十万卷、数百万卷者,不知所藏何书?中国书籍固有流传外洋者,而西土著作日盛,除已译西书外,其未入中国者尚多,凡谙习各国文字之士,应留心及之,尚能详证博考,撮举大要录为书目否?"[1]熊月之先生论及格致书院课艺情况时,还列出了书院命题人一览表。从表中可以看出,1894年夏鉴定人吴引孙(宁绍台道），说明这个题目是吴引孙所出，可惜当时这一题目没有优胜者。这里我们分析一下吴引孙出这一题的背景。一方面，吴引孙任职宁绍台道。浙东素有藏书传统，明清众多藏书家在这片文化之乡从事藏书活动，故出现范氏天一阁和黄宗羲、全祖望等学术大师和众多藏书家。藏书影响文化学术，必然会引起这个地方官吏的关注。另一方面，更重要的是，近代西方学术的传入，近代各种出版机构大量翻译西书，加之各种报纸的传播，西书散布各地，西洋学术逐步通过各种途径进入人们的视野。所以，提出西书对中国的影响，要考试者列出若干书目自是情理之中。至于提到各国书院有藏书数十万至数百万卷，可能是来自郑观应写于1893年的一篇文章《藏书》（后编入1894年出版的《盛世危言》一书）。总之，关于藏书问题逐步进入社会人士的视野。联系1895年康有为主张开"书藏"，梁启超的广人才、办学会、购西书、备观览的鼓吹，1896年5月李端棻《请推广学校折》中提出设藏书楼的建议，南北各地学会创设的学会藏书楼这些情况，都可以视为当时社会人士认为藏书楼对于培育人才、强盛中华的共同认识。这些认识和行动为20世纪开始建设公共图书馆准备了必要条件。

二、一个公共图书馆的建设计划

清末，朝廷做出君主立宪和修改学制的修补措施，1904年废科举，1905年开始实行新的学制。这样，由于学生人数增加，新式书报广泛传播，人们对于社会教育开始重视。所以，呼吁兴办图书馆、博物馆的呼声日益高涨，这就引起了各地朝野人士的注意。正是在这种条件下，20世纪初年，中国沿海和内地一些省份开始了兴办图书馆的高潮。晚清重臣张之洞为晚清的文化教育发展作了诸多努力，他在担任学部大臣时，规划了文化教育分年办理的事宜。在学部分年办理事宜中，分别列出了筹办京师图书馆、颁布图书馆章程、限定各行省开办图书馆，以及兴办中小学校等事项，有力地推动了我国公共图书馆和学校图书馆的发展，为辛亥革命后的发展创造了条件、打下了基础。

1909年，清廷学部分年工作规划中，关于图书馆事宜包括：

第一，颁布图书馆章程。1910年2月，清廷颁布《京师图书馆及各省图书馆章程》。该章程共20条，首先规定了图书馆设立的目的和宗旨是：保存国粹、造就通才。章程中这样说，图书馆建立是"以备硕学专家研究学艺，学生士人检阅考证之用"。宗旨是"广征博采，供人浏览"。这些说法和当时一些人的认识是相近的，如何熙年就认为图书馆是"备讲求实学转移风气"，徐树兰主张图书馆应该"存古"、"开新"，刘光汉则认为图书馆是"供专门之寻绎"、"扩学者之见闻"。所以，可以看出，章程对图书馆的功能是供人们阅读，书籍应分保存与观览两类，这些表述应该说还是妥当的。同时，章程还提出京师和各省省会先建一所图书馆，然后再推广至府、厅、州、县治建设图书馆，并允许私人设立图书馆，或者将私人图书寄存于图书馆等发展图书馆的办法。此外，章程还对图书馆设立后之人员编制、经费、藏书、馆舍等都作了规定。这些规定有利于图书馆的推广和图书馆工作的开展。

第二，推进京师图书馆建设。1909年，学部分年事宜提出"京师开办图书馆（附古物保存会）"。在以后几年中，学部为京师图书馆建设先后做了以下几件事：①在

《筹建京师图书馆折》中,强调京师应设图书馆之必要性,并对当时典籍分散的情况作统一部署,提出应把文津阁《四库全书》、各省官书局刻本、翰林院藏书统一集中保存。这是有利于国家图书馆在高水平的藏书建设上发展。②委任缪荃孙为监督、徐坊为副监督。他们到任后,做了征集藏书、清理内阁藏书、编制馆藏目录等工作,为京师图书馆发展开了好头。③开始将翰林院所藏《永乐大典》、学部收藏的敦煌唐人写经、江南藏书家瞿氏部分藏书等入藏京师图书馆。④选定馆址。

第三,促进各省图书馆建设。学部分年筹备事宜中,1910年有"各行省一律开办图书馆"。其实,就在此前几年东南各省和沿江省份都有开办省图书馆,如湖南、湖北、浙江、江苏等省,直隶(河北)、奉天(辽宁)、山东、山西等省也在紧锣密鼓地建立图书馆。到1911年,除了一些边远省份外,都在陆续组建、改建、新建省图书馆。当然,从当时一些省图书馆来看,其规模和工作都还是初步的。如有些省图书馆建立了新的馆舍,而有些省图书馆则只是借用书院或官署挂了牌子或搭了架子。这些省图书馆进行的最有效的工作是:征集官书局的出版物,收集或购置新出版的书刊,合并官办书院所藏书籍,还有就是收购或接受藏书家寄存的书籍,并开始广泛收集本地文献。所有这些体现了图书馆的社会功能,并为辛亥革命以后省图书馆的发展打下了基础。

三、一幅京师和省级图书馆的运行图

1. 机构及管理

晚清图书馆事务是属于哪个部门管理的?

光绪三十一年(1905),朝廷把原礼部、国子监诸项事务合为一学部统管。学部下设五个司,有总务司、专门司、普通司、实业司、会计司,专门司下设有专门庶务科,"关于图书馆、博物馆、天文台、气象台等事均办理"[2]。

关于各省图书馆事务,则由各省学政(1906年裁撤学政改为提学使司)管理。各省提学使司设提学一人,总理全省学务。又设学务公所,"佐提学使参画学务"。学务公所下设六课,其中有一图书课,"掌理编译教科书……并管图书馆、博物馆等事务"[3]。

关于图书馆官员。京师图书馆官员称监督、副监督、提调等。省图书馆官员则由各省提学使司转督抚核定,有称监督或坐办、会办,有称经理、副经理,各地称呼不统一。至于府、厅、州、县治图书馆,称管理,或由劝学所总董、学堂监督、堂长充任。各图书馆的行政事务人员,如会计、庶务、编纂等也无统一名称,人数则由各馆自定。

学校图书馆(室)之设立。当时由于学制改革,各地普遍设立中小学堂。对于中学和大学图书馆的设立与管理,教育行政部门也有些规定。

中学图书室,规定"中学堂应有图书、器械、标本诸室"[4]。

大学藏书楼(图书馆),当时有"京师大学堂建筑……所应备者,曰礼堂,曰学生聚集所,曰藏书楼"。说明当时明确规定高等学校必须有独立的图书馆。1903年的《奏定大学堂章程》规定"大学堂应置附属图书馆一所,广罗中外古今各种图书,以资考证"。而图书馆之经理官(馆长或称主任)"以各分科大学中正教员或副教员兼任,掌大学堂附属图书馆事务,禀承于总监督(校长)"[5]。

下面我们分析一下各省图书馆的建设过程。

2. 归并扩充而成的浙江图书馆

浙江图书馆可上溯至1900年建立的杭州藏书楼，1903年杭州藏书楼改称浙江藏书楼，到1909年，浙江藏书楼定名为浙江图书馆。在1902年刊行的《杭州藏书楼书目》记载，当时藏书楼有新旧图书718种，9499册，馆舍用菜市桥下东城讲舍旧址，管理人员叫监理，可见当时的规模是很小的。1903年，浙江学政张亨嘉将杭州藏书楼扩充，在大方伯里建造楼舍两座，改称为浙江藏书楼。1907年的《浙江藏书楼书目》记载，藏书3.5万册，有7万卷之数。1909年，浙江巡抚将浙江官书局并入，就称浙江图书馆了。当时，还委派官员称图书馆督办、坐办，还有会办。并开始选定西湖文澜阁旁建造新馆，故1912年后，浙江图书馆颇具规模。[6]

3. 利用书院扩建的福建图书馆

1903年，福州凤池、正谊、鳌峰、致用四书院合并成全闽大学堂、全闽师范学堂，开始建有图书室。1905年，鳌峰书院改设校士馆。1906年，福建提学使司学务公所采纳张弧和傅栻等人的建议，在校士馆内附设图书馆，收藏原正谊书院等四家藏书，并增购杂志、报纸及时务新书，以供众览。"此为近代福建创设图书馆之始。"[7]1912年2月，校士馆图书馆迁入越山书院旧址，独立成为福建省图书馆。

4. 官绅合力创建的湖南图书馆

1904年，《湖南官报》第593号刊登了一则启事，名为《创设湖南图书馆兼教育博物馆募捐启》，主要是长沙官绅梁焕奎（实业家）、龙绂瑞（学者）、陈保彝（绅士）、谭延闿（官员）等人，鉴于发展教育开发民智之要求，希望通过公众之努力，"储书籍以备观摩，购图器以资试验"。他们这些倡议得到地方官吏的支持，选定在定王台建起了湖南图书馆。1905年，巡抚端方派人调查日本图书馆并参考日本图书馆管理制度，制定省图书馆章程。当时还拨款10000两作为开办费，1200两作为常年费。1906年，新造藏书楼一所，计三层，纵横面积四十丈，阅览四所，纵横二十四丈，外更有买卷缴卷处、领书处等屋。1909年，该图书馆人员达到31人，这一年支经理、总纂、员司薪水及一切杂用12000两。结果被省咨议员提出《整顿扩充图书馆案》，批评省图书馆"建筑简陋…书籍寥寥…虚縻巨金"。这样，到了1911年，湖南提学使司裁减湖南图书馆员工，年预算经费只有省平银2600两。[8]

5. 边筹备边提供阅读的陕西省立第一图书馆

陕西省图书馆始建于1909年，最初附设于西安原梁府街学务公所。1910年10月，陕西泾阳吴宓考取了陕西留美第二格学生，准备赴北京参加复试，住在西安。吴宓可能与学务公所图书馆的人认识，住下来后，一边准备功课一边阅读新书报。在十月初四至初十的日记中，吴宓写道："余无所事，惟蛰居图书馆温习功课复试。再则阅《小说月报》及《剖脑记》、《贝克侦探谈》、《拿破仑忠臣传》、《福尔摩斯再生第十、十二、十三案》等小说数种而已。""十二月十二日，至孟二兄处阅《小说月报》第四期。""十三日，至孟二兄处阅《孽海花》小说。""十四日，阅《新湖南》。""十五日，翻阅《中国白话报》及《新大陆游记》。"[9]这些记载说明，当时陕西省图书馆藏书涉及面还是比较宽的，同时也说明他们正在筹备阶段就开始为读者提供服务了。

四、一个外国人眼中的几个图书馆

美国人威廉·埃德加·盖洛1903年来华。他以一个专业的旅行家身份走遍中国，为此，他写下好几本介绍中国的书籍。其中有一本称为《中国十八省府》的书，出版于1911年。在这本书中，他提到过他所见的几个图书馆。

1. 武昌文华学院公书林

盖洛称武昌主要教会学校都在昙华林一带，他说："整个文华学院大体上采取了美国式的教育体制，其中包括了学习、娱乐和联谊会等诸方面。……另一大新的看点是富丽堂皇的图书馆大楼。丁韪良博士对此写道：'把流通图书馆介绍到中国，就如同介绍了像镭一样的新生力量，它会永远在黑暗中闪光。'这个图书馆主要服务武昌所有的在校学生。馆舍动工前，就已经积累了4000本英文书和1500本经典的中文书；英国、德国和法国最优秀的作品将被译成中文，在图书馆上架供人阅览。"[10]

文华公书林是韦棣华女士创办和主持的学校图书馆，图书馆那座楼于1908年奠基，1910年投入使用。沈祖荣曾对文华公书林的建筑这样形容："崇楼杰阁，馆舍颇为壮观；中西书籍，虽不敢说搜罗宏富，也可算规模初具。"沈祖荣先生在回忆他在文华公书林开始工作时的情况说：首先碰到的是分类编目的困难，分类只有一本杜威分类法，编码只是仿照美国国会图书馆的卡片。还有就是服务方式，是开架还是闭架的问题，甚至为了适应读者阅读的方便，把书籍还分成平装、洋装和布函。文华公书林最初读者是寥寥无几的，但是，他们克服了各种困难，甚至把书送到武汉三镇。这样，就使得当时文华公书林在武汉产生了很大的影响。[11]

2. 长沙定王台的湖南图书馆

盖洛旅行到了长沙，他也参观了位于定王台的湖南图书馆。他这样形容："官场的新气象与旧思想的保守性结合在长沙图书馆，表现得十分清楚。两千年来，这个地点一直被用于纪念孝顺的定王（原注：定王指西汉景帝之子长沙定王刘发，这个地点是指定王台）。定王常常登上东南城内的一座高塔，每天向故乡眺望。所以这里建起了一座庙宇来纪念定王。到19世纪末，最后一座庙宇被文人们用来举行诗会。本世纪初，进步的巡抚又把它改造为拥有数个阅览室的漂亮图书馆。馆内藏有《大英百科全书》和中文的《古今图书集成》，后者卷帙如此浩繁，仅贴标签就花费了数月功夫！"[10]

当然，盖洛只是走马观花地看了湖南图书馆，其实从1904年建馆到1911年，湖南图书馆已经初具规模。如：①几任地方官吏端方、庞鸿书向朝廷奏办省图书馆博物馆，并推动它的发展；②派出黄嗣艾访问日本图书馆，并借鉴日本图书馆制度，制定湖南图书馆章程;③多方筹措资金,于建馆次年购买民房扩建书楼;④开展图书馆工作,藏书可公开借阅;⑤聘请饱学之士担任馆职,1904年至1906年陈庆年曾任湖南图书馆监督。但是,封建官场陋习积重难返,1909年时,有人批评省图书馆"办理腐败",订阅报纸只五六种,馆藏四五千册。1910年,《长沙日报》批评省图书馆坐领干薪者十余人。[8]

3. 山东省图书馆

盖洛旅行到山东济南,他知道在图书馆里可以找到他所需要的各种资料,所以,他在济南大明湖畔的山东省图书馆阅读了地方志和其他书籍。他是这样描绘山东省图书馆的:"我们在公共图书馆逗留了很长时间,图书馆靠近湖边的议会公园。这一带清澈的小溪在假山中蜿蜒,睡莲池塘四周分散着,时而可见优雅的拱桥,幽深的小径连接着小岛。新建的公共图书馆就位于如此美丽宜人的环境里。图书馆的部分藏书是当地作家的作品和关于当地人物的故事,这类书大约有40册。墙上挂着一副怪异的济南城地图,标有三个有陆路交通的城门和一个运河流进的水门。……匆匆翻阅了普通参考书架后,我们得到了别人推荐我们看的精选文献。"[10]这位旅行家还不失旅行者边走边看的本色,利用当时少见的相机为我们留下了一帧图书馆的照片。照片中二层楼建筑物前还有一座独立的圆形建筑物,四周开着大百叶玻璃窗,圆顶上也有天窗,完全是一种西洋的建筑风格,估计这是一个阅览厅。

据1909年2月3日山东巡抚袁树勋的奏折中说,当时济南建的图书馆,地点在"城中学堂东偏有贡院隙地一区,背湖面山,开朗适中,方广二十六丈,计今楼12楹,前列广厅,足敷藏书及阅览各室之用,就中附设山东金石保存所,凡本省新出之品与旧椠精本,博访兼收,以表山东古文明之特色。"[12]两厢对照,可以看出山东省图书馆当时的规模是比较可观的,也和其他图书馆一样建于花园中,有草木之盛和亭台楼阁的陪衬,反映了当时图书馆建设之观念。

五、一个新的专业的探求

20世纪第一个10年,国人关于图书馆之探讨,在社会舆论上,仍然鼓吹传统藏书楼所谓"嘉惠士林"的盛举,但是,在说明藏书楼的作用上,比较强调藏书公开可以供给读书人阅读,可以提供人们参考,实际上就是说图书馆对社会文化是有重要作用的。同时,开始介绍图书馆如何管理的方法和技术。但是,当时社会报刊对图书馆的反映还不是很热烈的。下面把当时报刊对图书馆的报道作一介绍。

(1)《学部官报》。刊发各省申报兴办图书馆之奏折和学部有关图书馆之章程、京师图书馆官员任免、图书调拨等官方文件。这里特别提出的是,《学部官报》从1909年至1910年连续刊发王国维翻译的《世界图书馆小史》,这篇译文提供世界各国图书馆的简单情况,可以看成配合建设京师图书馆和推动各省图书馆建设之参考。

(2)《教育世界》。刊发各国图书馆文章,该刊是我国最早的研究教育学及教学法之刊物,其中有文篇、译篇等栏目。罗振玉、王国维等人既有文论也有译文。可能他们受到西方教育理论的影响,把阅读、图书馆作为社会教育的一部分,故《教育世界》

中刊发图书馆学方面的文章不少，如《欧美书藏记要》（1902 年第 9 期）、《各国图书馆之藏书》（1907 年第 2 期）。特别是他们还译述了各种专门图书馆的资料，如《美国轮阅图书馆》（1903 年第 4 期）、《拟设简便图书馆》（1903 年第 9 期）、《记美国少年图书馆》（1903 年第 5 期）。此外，还有关于幼稚园图书馆（1901 年）和图书清洁（1903 年）等文章。可以看出，编译者着重介绍各类图书馆，希望读者更深切地了解图书馆。

（3）《教育杂志》之介绍图书馆。《教育杂志》是 1909 年上海商务印书馆创办的以"研究教育、改良学务"为宗旨的月刊。此刊在 1909 年第 11 期开始连载孙毓修所写长文《图书馆》（共 8 期）。此文章虽然可能取材日本图书馆学书籍编译而成，在文章中也有新意，他提出了"保旧而启新"的办馆宗旨，比较全面地介绍图书馆的各项业务工作，如介绍"杜威法"，同时又提出应制定一部适合中国国情的分类编目方法。这些都是难能可贵的。此外，《教育杂志》还有一些介绍儿童图书馆的文章，特别 1905 年第 5 期有一篇《欧美图书馆之制度》，可以看出该刊编辑之独到眼光。

从以上几种刊物刊发文章看出，20 世纪初年，图书馆事业尚未得到发展，图书馆学研究和探讨也只是局限于一种初步的尝试阶段。

参考文献：

[1] 熊月之. 西学东渐与晚清社会 [M]. 上海：上海人民出版社，1994：383

[2] 政务处奏请特设学部 [M] //舒新城. 中国近代教育史资料 [M]. 北京：人民教育出版社，1961：274 - 282

[3] 学部奏陈各省学务官制折 [M] //舒新城. 中国近代教育史资料. 北京：人民教育出版社，1961：282 - 287

[4] 钦定中学堂章程 [M] //舒新城. 中国近代教育史资料. 北京：人民教育出版社，1961：505 - 517

[5] 奏定大学堂章程 [M] //舒新城. 中国近代教育史资料. 北京：人民教育出版社，1961：578 - 631

[6] 浙江省图书馆志编辑委员会. 浙江省图书馆志 [M]. 北京：中国书籍出版社，1994：81

[7] 刘德城，刘煦赞. 福建图书馆事业志 [M]. 北京：方志出版社，2006：13

[8] 湖南图书馆. 湖南图书馆百年志略 [M]. 北京：北京图书馆出版社，2004：149 - 150

[9] 吴宓. 吴宓日记（一）[M]. 北京：生活·读书·新知三联书店，1998：4 - 9

[10] 威廉·埃德加·盖洛著，中国十八省府 [M]. 沈弘，等译. 济南：山东画报出版社，2008：253 - 254，274 - 275，368 - 369

[11] 沈祖荣. 在文华公书林过去十九年经验 [J]. 文华图书科季刊，1929（2）

[12] 李希泌，张椒华. 中国古代藏书与近代图书馆史料 [M]. 北京：中华书局，1982：143

（原载于《公共图书馆》2011 年第 2 期）

辛亥革命对我国图书馆事业的影响

辛亥革命对我国社会政治、经济、文化发展的影响是巨大的。就以图书馆事业为例，由于民族资产阶级的社会地位和政治地位的提高，资产阶级对图书馆的改革，使清末以来建立的各省省立图书馆逐步开放，并陆续举办各种公共性质的图书馆，基本上完成了省会公共图书馆系统的建设。同时，由于新图书馆学的介绍和欧美日本图书馆技术的推广，也使图书馆工作开始脱离封建藏书楼的影响，转入近代图书馆的轨道。当时图书馆社会职能的发挥，是以一种独立的社会文化教育机构面目出现的。图书馆规程的颁布，则是资产阶级图书馆立法的开端。所以，研究和探讨辛亥革命对我国图书馆事业的影响，总结和借鉴历史的经验和教训，将会有助于促进社会主义图书馆事业的发展。辛亥革命后我国图书馆事业的发展，其前因在于20世纪初年资产阶级革命派直接推动和亲自掌握的图书活动。

1905年同盟会成立前后，以孙中山为首的革命派在舆论上批判改良派的同时，在组织上逐步在各地发展革命小团体。这些革命小团体在深入发动群众、宣传革命思想、进行秘密组织工作方面做了不少工作，其中值得重视的是革命团体的藏书楼和阅览室。

武昌日知会，本来是圣公会举办的公开的群众阅报所，但逐步为革命党人刘静庵等掌握，成为重要的革命团体。以后，张难先曾回忆说："日知会者，乃科学补习所党人刘静庵独力缔造之革命机关也。""定购各种新闻杂志及新书任人入览，以瀹进知识。""对阅书报者，招待极周，迎机启示。数月，会务大进，党人稍稍来归。"（张难先：《日知会始末》）革命党人利用这个阅报室，作为宣传革命思想、开展秘密活动之机关。他们印刷大量革命宣传品，当时最受欢迎的是《革命军》、《猛回头》、《警世钟》等书报杂志。日知会组织严密，逐步发展至新军士兵和会党、学生中。在遭受破坏后，其会员仍分散至各地，继续举办各种类似机关，进行革命活动，如武汉当时就有武汉阅报社等。其影响及于江西等地，"胡厚斋牧师……听刘敬安在日知会演讲，大受感动，亦于返九江后设一开化阅书报室，……武昌日知会刘敬安所暗散之各种革命书籍，亦渐公布于九江。故九江军学两界及绅商有志之士，与海关人员，受书报之益而秘谋革命者亦日多"（曹亚伯：《武昌日知会之破案》）。武昌日知会的革命活动，实际上为辛亥革命的爆发准备了思想条件。

革命派重视图书报刊之作用，倡办各种形式的图书馆和阅览室，主要原因有二：一是图书报刊可作为革命思想灌输之工具。所以，他们注意搜集明末清初的抗清文献资料，目的在于通过这些富有民族精神的材料，以进行反清之宣传。如上海国学保存会藏书楼规定："庋藏古今载籍，搜罗秘要图书，分别部次，以供本会会员及会外好学之士观览。"孙孟晋在评述其藏书规定时称："所谓'搜罗秘要图书'，指收集世人所秘藏的明季抗清文献资料而言，这是与它的反清宣传工作有关的特殊任务。"（孙孟晋：《清末东南的几个藏书楼》）二是藏书楼和阅览室是可以利用的合法组织，表面可以流通图书，暗地里可作为秘密机关，联络党人，这也是当时处于清廷严酷的政治压迫下的革命活动方式。如安徽安庆，1902 年由潘晋华、葛温仲、陈仲甫（独秀）、何春台等创设了一所藏书楼。1903 年，上海《苏报》案发，陈仲甫等抵安庆，就在藏书楼公开演说，通过演讲来宣传革命思想，结合同志。所以，有人评论说："安庆藏书楼实质上成了一个革命秘密结社的机关。"

辛亥革命前各地革命派的图书活动规模是不大的，且很多活动是处于秘密状态。但当时图书馆、阅览室的社会作用的发挥是很充分的。一些革命党人的革命活动和图书流通密切相关，而图书流通又与革命思想的传播紧紧相连。由于宣传革命思想的需要，促使当时的图书馆在藏书内容和管理方法上改变了以往藏书楼的"存古"传统，着力于"开新"的变革。读者对象大部分是作为革命党人的士兵、学生等，就这点上也是与封建藏书楼有区别的。所以，辛亥革命前革命派的图书活动，为辛亥革命后图书馆工作的变革创造了一定的条件，其影响是深远的。

辛亥革命的胜利，使全国人民精神振奋，政治改革和民主要求的呼声不断高涨。资产阶级所取得的短暂的政治成果，很快就被封建阶级的旧官僚、立宪派所掠取。但是，辛亥革命的胜利和资产阶级民主革命的影响，逐步深入到社会各阶层，出于对封建制度的强烈反抗和斗争，有感于帝国主义和封建主义的勾结，社会各阶层人士迫切要求阅读和研究社会政治、经济学说，以谋求中国社会之改造。而各地革命党人所掌握或领导的部分文化机构，也着手于封建文化之改造。因此，我国图书馆事业在辛亥革命的推动下得到了比较迅速的发展。

一、辛亥革命的胜利，完成了我国公共图书馆的建设

清末各省省立公共图书馆之创办，从 1904 年至 1911 年间，先后有京师、湖南、河南、黑龙江、直隶（河北）、广东、浙江、陕西等省图书馆之倡建和开馆。这些图书馆正式开馆，好些则在辛亥革命以后。从 1912 年开始，属于国家图书馆的有京师图书馆，开馆于 1912 年 8 月 27 日。省会公共图书馆进行改组和开馆，则有江南图书馆（1912 年 2 月）、广东图书馆（1912 年 4 月）、安徽图书馆（1912 年 2 月）；新建的则有四川省图书馆（1911 年 10 月）、广西图书馆（1912 年）等。到 1914 年左右，除少数边远地区，全国大部分行省已建立了省级公共图书馆。

辛亥革命后，作为公共图书馆运动的重要成果之一是各地通俗图书馆之建设。辛亥革命之胜利，为资产阶级倡导的政治改革提供了条件，当时"平民教育"的热潮甚为高涨，故各地普遍设立通俗图书馆。最早设立的通俗图书馆是 1913 年 10 月在北京设立的京师通俗图书馆。此后，山东、直隶等省都陆续举办通俗图书馆。截至 1916 年统计，全国有通俗图书馆 239 所，公共阅报处 1803 所，巡回文库 232 个。1915 年教育部《通俗图书馆规程》十一条，正是在通俗图书馆建立的热潮中颁布的。

除了省会设立公共图书馆，各地设立通俗图书馆外，市县图书馆也相继建立和发展。如江苏之无锡、苏州等地均建立图书馆，广东全省亦有多处图书馆。

二、辛亥革命的胜利，促使我国资产阶级图书馆法规之公布

近代我国图书馆之立法，最早为清宣统元年（1909）颁布之《图书馆通行章程》，这个图书馆法规因封建王朝之迅速覆亡而宣告结束。辛亥革命后，我国图书馆法规在种类上已由一般法规发展到了专门法规，内容的详备和完整也大有提高。

在全国省市公共图书馆普遍建立和通俗图书馆迅速发展的情况下，当时教育部分别拟定《通俗图书馆规程》、《图书馆规程》，于1915年10月、12月呈请大总统批准公布。统观这二种图书馆法规，其条文各为十一条，大要为图书馆宗旨、命名、审批手续等管理制度，图书馆经费、人员、阅览规定等管理方法和征集、寄存、捐赠图书等奖励办法等各项。从其条文内容来看，已具备图书馆条例的完备性了。

《图书馆规程》第一条规定："各省各特别区域，应设图书馆，储集各种图书，供公众阅览。各县得视地方情况设置之。"《通俗图书馆规程》第一条规定："各省治、县治应设通俗图书馆，储集各种通俗图书，供公众阅览。各自治区得视地方情况设置之。"这里，比较明确地规定图书馆设立之宗旨，是储集各种图书或通俗图书，供公众阅览。所以，在某种意义上说，它比清末之图书馆法强调图书馆设立是为了"保存国粹、造就通才"是前进了一步的。

在图书馆的设立上，《图书馆规程》提倡政府兴建图书馆，也鼓励地方人士和公私学校、团体企业兴建图书馆。《通俗图书馆规程》还提出"工场"也应兴办图书馆。规程中明确规定通过行政手续的批准就可建立图书馆，承认其合法地位，这就使图书馆事业变成一种社会事业，对于普及图书馆和发展图书馆事业是有相当推动作用的。

《图书馆规程》还统一了图书馆名称，实际上也使图书馆的性质更近代化了。如规定"各省及各特别区域及各县所设之图书馆，称公立图书馆。公众团体及公私学校所设者，称某团体某学校附设图书馆。私人所设者称私立图书馆。"这样，结束了清末图书馆、藏书楼混称的局面，划分了图书馆系统，这也是有进步意义的。

此外，《图书馆规程》还规定了工作人员的配置。而为了区别图书馆服务对象的不同，公立"图书馆得酌收阅览费"，而通俗图书馆"不得征收阅览费"。（《图书馆规程》、《通俗图书馆规程》，均见《东方杂志》第12卷第12期，1915年）

为了加强中等学校之管理，教育部于1912年公布《中学校施行规则》，亦规定在教学设备项下应有图书室之设立。此后，1916年，教育部通令国内出版书籍应缴送给京师图书馆一部，这是呈缴本制度的施行。又通咨各省县图书馆应注意于本地人士之著述，以保存乡土艺文，这是公共图书馆收集地方文献之规定。以上是图书馆立法已发展到专门法令之标志。

教育部为了加强图书馆管理，职能上有所分工，关于图书馆管理方面由教育部社会教育司负责，图书馆修建事项则由教育部总务厅分管。

三、辛亥革命的胜利，促进了图书馆学研究之开展

作为近代图书馆学之介绍与研究，较早如王韬等介绍西方图书馆概况，较后如梁启超之介绍西方图书馆制度，终究未涉及图书馆管理和方法技术。20世纪初年，当时社会人士还是着力于宣传图书馆的作用，一般还是停留在图书馆职能之介绍和图书馆设立之必要的议论上。只有到了辛亥革命前，图书馆学的专论才开始出现，如孙毓修在《教育杂志》连载《图书馆》一书。当时介绍图书馆学的文章，转译自其他文字，少量加以评述，还算不上独立的研究成果，但这还是有助于图书馆工作改革的。辛亥革命后资产阶级教育的发展，作为文化教育一部分的图书馆学，逐步揉合东西方图书馆学的内容，出现于我国文化学术界。

综观辛亥革命后的图书馆学研究和介绍，首先有1912年《东方杂志》登载的《近代图书馆制度》，又有谢荫昌之《巡回书库普及方法议》，以1913年王懋镕之《图书馆管理法》篇幅较大。稍后，北京通俗教育研究会翻译出版日本图书馆协会的《图书馆小识》，顾实编《图书馆指南》，影响较大。由于图书馆学研究之开展，国外图书馆技术和方法介绍增多，国内图书馆管理方法上逐步舍弃传统之四部分类法，改而新编、补充、修订四部法。因新的图书增多，有些图书馆开始采用杜威十进分类法。规模较大的图书馆，特别是教会学校图书馆开始试用卡片式目录。改革虽然是缓慢的，研究也是相当落后的，但应该承认，近代图书馆学的研究还是开展起来了。

辛亥革命的胜利，资产阶级民主共和国的建立，虽然是中国旧民主主义革命的重要发展阶段，但由于资产阶级的软弱性、封建顽固派的反扑，革命很快流于失败，中国又走上了军阀混战的分裂局面。我国一度有所发展的图书馆事业，因管理不善，经费无着，馆舍狭窄，委任失人，而没有发挥其应有的作用，部分图书馆变为粉饰太平的机构。下面是当时有代表性的几个地区的情况。

天津图书馆："该馆择地甚佳，器具亦新，新旧书籍亦多可观，惟管理太形废弛，殊足可惜。"(《视察第一区（直、奉、吉、黑）学务总报告（直隶部分）》，载《教育公报》第一册，1913年)

广东图书馆："……惟其宗旨在存古，不在通俗，该馆职员多系从前老师宿儒，……查所藏图书颇多，以旧书为大宗，新译书次之，图志外国书全无。""现在阅览人数，每月平均约近三百人，阅览书籍以新学书为最多。"(《视察第七区（闽、粤、桂）学务总报告（广东部分）》，载《教育公报》第三册，1914年)

江苏省图书馆："规模宏阔，储藏甚富，兼多善本。惟新出之书未能旁搜博采，美犹有憾。"(《视察第三区（皖、苏、浙）学务总报告（江苏部分）》，载《教育公报》第三册，1914年)

从上引材料可以看出，当时各地图书馆的读者服务工作、图书馆藏书内容和内部管理工作水平等方面，都是比较落后的。这些情况在辛亥革命后一段时间内是比较普遍的。

本来，我国近代图书馆事业应该在资产阶级民主革命胜利后有较大发展，但是，事实确乎出人意料之外。究其原因，除了当时政局的不稳定、社会经济的凋蔽和资产阶级

不可能进行比较有力的改革等原因外，就图书馆事业本身而论，一方面是领导机构的软弱无力，既提不出切实可行的发展规划和措施，同时，官僚机构的腐朽作风，把图书馆当做清代遗老养闲休息之地，这当然是办不好图书馆的。另一方面是当时中国还没有建设起一支图书馆专业干部的队伍，所以，当时图书馆的工作和技术不可能作较大的改革和变动。

1919 年，伟大的五四运动爆发，中国进入到伟大的新民主主义革命阶段。中国共产党领导的革命文化事业，以崭新的面貌出现于我国社会。中国共产党领导、影响下的进步图书馆活动，苏区、解放区的图书馆事业，组成了现代革命文化一部分的新图书馆事业。这种新的图书馆事业的发展，为我国社会主义图书馆事业积累了丰富的经验，训练和培养了我国图书馆的干部，发展了我国图书馆学的研究。这些图书馆与国民党统治区的图书馆事业，在图书馆性质、图书馆工作内容、图书馆读者对象以及图书馆的社会作用等方面，都有明显的区别。这也说明，只有无产阶级的领导和人民的支持，我国图书馆事业才能得到充分的发展。

（原载于《武汉大学学报》（哲学社会科学版）1982 年第 1 期）

五四运动—第一次国内革命战争时期的
上海通信图书馆

> 我们决没有妄想去哀求强者的布施,替我们在各地造起图书馆,也决不甘心只期待现社会制度崩坏后的总解决,而在未崩坏之前不去夺回读者的自由。
> ——《上海通信图书馆与读书自由》(1926 年)

1921 年 5 月,进步青年,以后成为共产党员的应修人同志,团结了上海钱业界的一些职员和学徒,创办了上海通信图书馆。这个仅由 10 个人创办起来,只有 138 种不满 300 册藏书的小图书馆,第一次承担了上海市惟一的公共图书馆的任务,开始了它的"生活"。

最初,他们是以"互助团通信图书馆"的名字出现的。他们创办图书馆的目的,可以从创办宣言中看出来:"近来改造社会家多肯着眼于出版事业,这原是最可喜慰的事,但于读者的一方面却很少有人顾虑。试问在现代私产制度下的人们,能有充分的读书时间么?能有充足的买书力么?……没有图书馆以便利群众,则书报只能流通于有产阶级。"这是对那黑暗社会的控诉书,对那底层读者亲切关怀的表征。因此,他们靠着自己买,少数外界的捐赠,抱着"多认识几个有志的读书者,多添我们几分激动;多贷出几种有益的书报,便多添我们几分快慰"的心情,赤心献胆为读者,历尽艰辛地办起了"上海通信图书馆"。他们的希望,一是在于使图书馆"成为接近人们底藏书库",一是"为大规模的上海图书馆的先导"。总之,以实现新文化以教育人民大众为目的。

革命工作者为读者服务的目的是如此高超:"咱们在可能的范围之内,努力使爱读书者有得书读,努力使不十分爱读书者变成十分爱读,努力使不爱读书者变成一分一分爱读,这一部分的工作是咱们义不容辞的,并且这些工作也不是枝节的,也不是与革命绝不生关联的。"

正因为革命者了解了图书馆工作"也不是与革命绝不生关联的",所以,为无产阶级服务、为广大下层人民服务,就成了上海通信图书馆的创办宗旨。而通过图书流通传播新思想,以新文化思想影响广大青年,使他们在"有时代思想的各种学术文艺书报"中找到真理,找到打碎旧制度、旧社会阶级压迫的力量源泉,达到团结民众一起推翻旧社会的目的,这就是他们创办图书馆的崇高目的。

因此,上海通信图书馆向亲爱的读者招手:"我们的读者!你以及你的家人朋友之间,有买不起好书或者买不遍好书的苦闷者吗?——请到我们这里来!我们这里排列着各种学术、文艺的好书,完全让你自由选择,让你到处借读。有过不惯现社会的奴役生活,有受不到一滴人类的爱,因而成为生之诅咒者吗?你们向这里来!这儿充满着同情的欢笑,人生的乐趣,这儿的组织是'艺术化'替代着'商品化',这儿的信仰是'各尽所能，各取所需'替代着'你抢他夺，人死我活'！"

上海通信图书馆就是这样在那丑恶的旧世界中帮助读者得到"难得的乐趣"和革命的知识。

收集并流通有时代思想的各种学术文艺的书报，使每人……能随时随地读到无数的刊物。

——上海通信图书馆共进会章程

20世纪20年代，当"十月革命一声炮响，给我们送来了马克思列宁主义"（毛泽东：《论人民民主专政》，《社会主义教育课程阅读文件汇编》第一编，第97页，人民出版社，1957年），中国先进知识分子，在欢呼和向往十月革命的时候，他们多么迫切需要大量的马克思列宁主义著作呀！而上海通信图书馆正是以收集进步图书为己任，大量收集和流通马克思列宁主义的书籍、报刊和新文化进步书籍，非常鲜明地反映了无产阶级图书馆的阶级特性。

上海通信图书馆馆藏内容是极其丰富的，从我们所接触的材料中可知，关于马克思学说的进步书籍就有马克思著《哥达纲领批判》（李春蕃译）、《列宁特号》、《共产主义ABC》（新青年社）、《社会主义总论》、《社会主义浅说》、《科学的社会主义》、《阶级斗争》、《马克思与唯物史观》、《唯物史观》等，关于中国革命运动的书籍有《农民协会章程与农民自卫军组织大纲》、瞿秋白著《二七劳工流血案纪念》、《五卅烈士事略》（小说月报社），以及革命和进步刊物《新青年》、《向导》、《政治周报》、《中国青年》（中国社会主义青年团机关刊物之一，1923年）等。上海通信图书馆尤以革命文学、进步文化书籍藏书著称，如鲁迅先生的著作、郭沫若先生的著作、茅盾先生的著作等。

不让任何地方的人们读不到任何种类的好书，不让任何种类的好书流通不到任何辽远的地方，这是我们特用通信借还制的本意。

——《上海通信图书馆与读书自由》（1926年）

上海通信图书馆是用通信方法借还图书的，这样不仅使上海一地读者能得到借阅图书的机会，就是国内远近各地的读者也可以通过书信借到图书。按照他们的本意，这种方法有两种好处：一是无论职业贵贱，只要能够出邮资，便有书看。这种便利读者的办法，无疑是对20世纪初期图书馆讲求门户森严，读者入馆要办诸多手续以及用"铺保"、"保证金"、"押金"等制度限制读者入馆的一种有力的对抗和无情的讽刺。另一种好处，即是使很多没有建立图书馆的地区的读者，可以通过书信借到图书。因此，他们是"以无猜忌的真情接待借书者，不收租费，不设保证，也不希望任何的酬劳，以设身处地的用心为借书者着想，使不受路途限制，不受经济限制，不受职务限制，也不受早晚时间的限制"。

能否及时地介绍馆藏图书给读者，是判断工作好坏的标准之一。上海通信图书馆最初的办法是把所有图书（包括新书、报刊）随时编成书目，在书目上附印各种规章，读者根据这些规章，选择所需图书，用书信借出。但书目往往几个月才出一期，新书甚至有买了一年后才见于书目的,这对借书者是十分不便利的。因此,在1925年9月,他们创办了《上海通信图书馆月报》(以下简称《月报》)。目的正是通过《月报》,报道新书,指导读者阅读,反映读者意见,密切图书馆与读者的关系以及定期向本馆读者汇报工作。借书者必须先作为《月报》的订户,才能借阅图书馆图书。实际上也只有作为《月报》的订户,才可以借到图书。因为本市或外地读者,要想借阅图书,只有通过《月报》中刊载的书目,查考其藏书动态,了解其借书规则,才能借到所需的图书。所以,"编印月报的最大的意义,是使借书者与图书馆之间有条具体的、息息相通的桥梁"。

读者从书目中可以知道,要借什么样的书籍必须用挂号函件投寄,而一般书籍只要平信投寄就可以了。在书目中注明"停寄"字样的,即是图书馆已借出或提存了的书籍。读者凭此书目报道来借阅图书,一般是不会落空的。其借书方法也很简单:读者先了解借书规定,按借书规章填借书约(借书条)。空白借书约在每期月报中附赠。图书馆接到读者借书约后,即办理图书登记,包装好,并夹赠空白借书约和还书包装纸,寄给读者。所以读者借还图书并不感到麻烦,因为图书馆的同志们已把困难留给自己,把方便给了读者。上海通信图书馆的图书分类法也是独特的,如最初把图书分为28类,如"社"(社会科学)、"哲"(哲学)、"伦"(伦理学)、"心"(心理学)……这样的类目名称,较适合于图书流通和帮助读者了解其内容。而图书分类法的"类"是适应藏书需要、科学发展而经常增减的。1926年8月,又采用了新的图书分类法。这里,我们可以看到图书馆的革命者们如何讲求读者方便而发挥大胆创造的精神。

上海通信图书馆通过《月报》进行了很多推荐图书、辅导阅读的工作。如《月报》中有"新书报告"、"新书介绍"、"最近之出版界"、"本月份新书目"、"新书摘要"等栏,这些都是推荐新书的图书宣传工作。如1928年9月就曾经刊载潘梓年著《苏俄新教育》、蒋光慈著《俄罗斯文学》等书的内容摘要。为了推动读者学习,上海通信图书馆还发起过"爱读书籍"运动,这实际上就是现在采购工作中的所谓群众路线的方法:叫读者把爱好的书籍推荐给图书馆,图书馆则借此了解读者的需要,满足读者的要求。

蓬勃的发展与巨大的影响,正如一把火炬照亮了青年前进的道路。

上海通信图书馆在党的直接领导下(图书馆有党员负责工作,也有中国社会主义青年团的组织),以广大革命青年作为群众基础,展开了和敌人的各种斗争活动。虽然它处于那样艰难和复杂的环境中,但是任何反动派都很难扑灭这火种。它的发展和影响,远远地超过了任何官办的图书馆。

前面我们已经指出过,1921年5月上海通信图书馆成立时,创办人只不过10人,图书也只有138种281册。那时,这小小的图书馆,在社会上的名气是微乎其微的。但正如任何革命事业一样,都由萌芽而壮大,上海通信图书馆也是经历过这段过程的。至1923年、1924年时,它已成为国内极有声望和影响的图书馆了。1923年,藏书总数增至598种;1925年3月,增至1106种;1926年7月,增至1825种2342部,期刊合订本56种320部,期刊散订本62种923部。1928年,经过7年努力的上海通信图书馆,基本会员增至450人,读者增至5000多人,图书增至5000多种,在国内图书馆界起着巨大的作用。

　　图书馆的图书借出数也是逐年俱增的。如 1923 年 6 月至 12 月共借出书籍 1663 种，每月平均借出 220 多种。在 1924 年 10 月份就增至 448 种，1925 年 8 月增至 662 种，12 月达 755 种。借书者遍及全国 20 个省区，各大城市、乡村，更及于南洋群岛、日本、美国、法国等海外各地。

　　上海通信图书馆对读者的巨大影响，我们可以从读者的反映中看出来。一个署名"豫"的读者是这样写的："上通图共进会（上海通信图书馆共进会的简称——引者）是我们国家社会极有利益的团体，全国穷苦的青年思想上、智识上受她的帮助实在极大，即就我个人而论，虽和她相识仅半年之久，但从她得到的恩惠利益，已经是不可计算的了。""你们（指上海通信图书馆的工作同志们——引者）大无我的精神，利他的热忱，我真佩服，真景仰。不料在此拜金的社会里，竟使我充分的尝到了人类真切笃挚的爱，实在是我梦想不到的事了！"从这些反映中，我们就可看到读者是如何爱戴这个教育和帮助他们提高思想觉悟、走上革命道路的图书馆了。

　　我们从所接触的一些资料中，也可以看到许多革命先烈和同代革命作家以及文化界人士，都在上海通信图书馆里做过事，实际从事过该图书馆的各项工作。在那里，他们受到了革命书籍的教育，接受了革命斗争的锻炼，走上了为人类谋求解放的道路。如恽代英同志就曾担任过该馆共进会执行委员和监察委员。又如中共党员应修人同志从图书馆成立起就具体负责图书馆工作达 6 年之久。再如郭沫若、钱俊瑞、叶绍钧等同志均在该馆做过事或是一个忠实的读者。而已故的作家郑振铎、郁达夫……也是当时图书馆的支持者和读者。

　　　　火花迸发的动摇的革命的大时代，这大时代的浪潮中卷去了我们好多同志……
　　　　　　　　　　　　　　——《上海通信图书馆月报》（1928 年 9 月）

　　大革命的浪潮，冲击着整个中国社会，革命者在这决定中国命运的生死斗争中，高举着红旗奋勇地前进。上海通信图书馆的同志们，面对这一伟大的斗争，积极地投入了革命的行列。1928 年 9 月，《上海通信图书馆月报》的扉语中就向我们展示了这次大革命风暴："在去年三月国民革命军进展到上海，这是个火花迸发的动摇的革命的大时代，这大时代的浪潮中卷去了我们好多同志。同时，我们的'通图'也不得不停顿下来，六月间，虽然有少许同志为它奔走，但是为革命所疲惫麻木陷于绝望衰颓的消沉啊！叫喊终于成为空响了。"这时，国民党当局早已蓄谋封闭它。先借接收、救济图书馆为名，以达到扼杀这革命图书馆的目的（给每所图书馆 60 元经费，只及买书费用的 1/20，这数字的可怜程度就可想而知了）。国民党的卑鄙行为，只能引起上海通信图书馆的同志们及广大读者的极大愤怒，留在上海通信图书馆的同志积极奔走，团结读者，终于又把上海通信图书馆"复活"了。当然，这时的借书者仅及百余人，但不久仍然迅速地发展和壮大起来，1928 年 3 月至 9 月，累计借书数又由 115 种 115 部激增至 674 种 3083 部。它仍然在上海发挥着巨大的作用。

　　国民党当局见"接收"、"救济"无效，就在 1929 年 5 月摆出了屠杀者的面孔，由国民党上海市党部公开出面，伪上海市教育局、公安局配合军警特务查封了上海通信图书馆。当时扣押图书馆执行委员二人、值夜委员二人,把全部图书、设备以至图书馆图章都没收了。

然而,革命的火种并未熄灭,革命的火花也永远不会熄灭的。党有计划地把上海通信图书馆的同志们转入地下,1933年又在上海创办了"蚂蚁图书馆"。这个图书馆继承了上海通信图书馆的革命传统,在新文化战线上仍然以革命的姿态出现,吸引着广大的读者。

国民党当局查封了上海通信图书馆后,把馆藏图书严格地审查了几个月,剩下几千册图书并补充了大批反动、黄色的书刊,安排了国民党特务,办起了"上海市流通图书馆",想以反动思想来麻醉和欺骗人民。但这个图书馆的读者寥寥无几,而其读者成分也是可想而知的。鲁迅先生曾经描写过这时的中国文艺界,谓:"……统治阶级对于文艺,也并非没有积极的建设。一方面,他们将几个书店的原先的老板和店员赶开,暗暗换上肯听嗾使的自己的一伙。但这立刻失败了。因为里面满是走狗,这书店便像一座威严的衙门,而中国的衙门,是人民所最害怕最讨厌的东西,自然就没有人去。喜欢去跑跑的还是几只闲逛的走狗。这样子,又怎能使门市热闹呢?……"(鲁迅:《黑暗中国的文艺界的现状》,《鲁迅选集》下卷,第153页,人民文学出版社,1959年)用这段话来形容国民党衙门——上海市流通图书馆,真是再恰当也没有的了。

革命前驱者的鲜血,洒满了中国革命的漫长道路。他们永远是我们学习的榜样。上海通信图书馆的同志们,为我国现代图书馆事业奠定了辉煌的基础。他们坚决依靠党的领导,紧密配合无产阶级的革命斗争,第一次在中国图书馆事业史上喊出了为无产阶级政治服务的口号,始终不渝地坚持了图书馆的党性原则。这是我国图书馆事业的光荣传统,是我们永远应该继承的。上海通信图书馆的同志们,历尽艰苦,和反动派作不调和的斗争。在各方面极端困难的条件下,他们千方百计为广大读者准备精神食粮,这种一切为了读者的精神,也是值得我们学习和发扬光大的。他们不断地扩大图书馆的影响,对读者进行高质量的辅导,通过图书,使读者真正受到革命教育的效果以及依靠群众、在群众中生根、在群众中发展、一刻不离开群众的工作方法,一样值得我们今天的图书馆工作者好好学习并加以发扬。

(原载于《武汉大学学报》(人文科学版)1960年第2期,有删节)

论 20 世纪前半叶的中国图书馆

20 世纪是世界近代图书馆兴起和完善,并在此基础上规划和建设现代图书馆,从而进入现代图书馆的时代。就中国图书馆而言,它的发展具有 20 世纪世界图书馆发展的鲜明时代特色。如果说此前中国图书馆(或古代藏书楼)是作为中国封建社会的文化形态,处于完全封闭、独立的特殊状态,那么,20 世纪的中国图书馆则是文化设施中的一部分,是世界图书馆大家庭中的一员。

基于历史的本来面目和写作上的要求,我们把 20 世纪中国图书馆事业划为两段:第一段大致从清末的 1896 年到 1949 年,称为 20 世纪前半叶的中国图书馆;第二段,1949 年中华人民共和国成立至 20 世纪末,称为 20 世纪后半叶的中国图书馆。30 年代出现在解放区的图书馆,是新中国图书馆的起点,故放在第二阶段叙述,这里不涉及。

一、社会对知识、信息的迫切需求,使图书馆观念得到认同

19 世纪末,由于帝国主义的侵略,清王朝的腐败,在维新派的改良运动中,有过多样的社会改良主张和行动。其中,文化教育方面有创办学校、翻译书籍、创办报馆、建立图书馆等内容,不仅培养了人才,也带来了人们对知识、信息的要求,刺激了西方图书的翻译,促进了新书的传播。旧有藏书机构已不能满足要求,社会文化传播有赖于新的机构。

1896 年,清廷刑部左侍郎李端棻上推广学校、奖励人才之《请推广学校折》:一为设藏书楼,二为创仪器院,三为开书局,四为立报馆,五为派游历。其中与图书馆建设有关的是:"自京师及十八行省会,咸设大书楼。"藏书则由官书局等调入和徐行购补,译局随时咨送。设立书楼,许人入楼观书,主要目的是使"向之无书可读者,皆得以自勉于学",也就有从育才的角度必须有图书馆之设。李端棻的奏折为 20 世纪初全国省级公共图书馆的建立做了舆论准备。

纵观 19 世纪后期,世界一些资本主义国家已经普遍建立了由国家图书馆、公共图书馆及学校图书馆组成的图书馆体系。关于西方图书馆的信息大致通过四个方面传入中国:①19 世纪后期,郭嵩焘、曾纪泽等出洋考察洋务的官员,曾对英、法、意等国大书楼(图书馆)作过多种描述;②一些较早接触西方文化的知识分子,多次对比中西文化的差异,对藏书一事也作过零星论述,如郑观应"知藏书之为益多,而广置藏书以资诵读者之为功大"的观点应引起注意;③中日甲午战争后,以康、梁为代表的知识分子在办学会、办报馆的活动中,康有为"大开便殿、广陈图书"、筹备"书藏"之建言,是有力的号召,有效地促进了戊戌变法中各地学会书楼的建立;④通过报纸之绍介,东西方图书馆之名称、作用和对社会之影响,逐步为世人所接受。"图书馆"三字在各种媒体中出现,如傅云龙的《游历日本图经余记》称 1887 年游历日本"图书馆",

1896年《时务报》载文有"图书馆"之称。时人所办之藏书馆（室），有称"藏书"者，也有称"图书馆"者。1898年梁启超之《清议报》，则有《论图书馆与开进文化一大机关》之长文，论述图书馆之利。

二、省级公共图书馆建立的热潮

1905年，清廷宣布进行学制改革，科举制度宣告结束，各地府县学堂纷纷建立。一定程度上，国民教育形成热潮，为相关的文化事业开拓了新路。

1. 关于图书馆建立之必要性和迫切性的言论

王韬、郑观应肇其端，何熙年、张謇、徐树兰、刘光汉、罗振玉等接其后，对于设立图书馆，论述了其必要性、迫切性，提出多种建议和措施。首先，他们认为如果不办公共阅览书报之处所，那么，"虽英才髦士，欲以博通古今，精研中外，心长力绌，其道无由。"（何熙年：《皖省绅士开办藏书楼上王忠丞公函》，李希泌、张椒华编：《中国古代藏书与近代图书馆史料》第107～109页，中华书局，1982年）"从来国家之兴，务必明教育而开知识，乃能自卫其群，而爱国之心益固。""而书楼之法，辅学堂以行。"（张亨嘉：《浙江藏书楼碑记》，《中国古代藏书与近代图书馆史料》第109～110页）刘光汉在《论中国宜建藏书楼》一文中认为建立图书馆以后，"典籍得其人，阅书定以时，以供专门之寻绎，以扩学者之见闻"，那么这是"国学昌明之渐"，故"聚书之法，不可不筹，而藏书之楼，必宜先设"。（刘光汉：《论中国宜建藏书楼》，《中国古代藏书与近代图书馆史料》第118～122页）

2. 关于藏书楼建立的目的和方法

戊戌变法时，各地兴办学会藏书楼，在他们的章程中曾提出过建立藏书楼的目的是"以广见闻而开风气，上以广先圣孔子之教，下以成国家有用之才"（《上海强学会章程》，《中国古代藏书与近代图书馆史料》第101页）。到了1901年，何熙年建议皖（安徽）省开办书楼，即为"备讲求实学、转移风气之用"（何熙年：《皖省绅士开办藏书楼上王忠丞公函》）。作为古越藏书楼主人的徐树兰，则提出开办书楼"宗旨有二：一曰存古；一曰开新"（徐树兰：《古越藏书楼章程》，徐树兰：《古越藏书楼书目》，崇实书局，1904年）。罗振玉在《京师创设图书馆私议》中，对于建立京师图书馆则提出"择地"，应建于往来便而远市嚣，不易罹火灾之处。又建立之初，由官府"赐书而立其基"，并且提倡开民间献书之路，征集各地志书，采访外国图书。总之，图书馆的建立，保固有之国粹，而进以世界之知识，是一举二得之事。（罗振玉：《京师倡设图书馆私议》，《中国古代藏书与近代图书馆史料》第123～124页）

3. 国立图书馆的建设

20世纪初年，学部在"分年筹备事宜"（1909年）中就有京师开办图书馆一项，其筹建京师图书馆折中明确要求"规模必求宏远，搜罗必极精详，庶足以供多士之研求，昭同文之盛治"。当年，议购常熟瞿氏藏书，派缪荃孙充监督。1912年后，直接由政府教育部管理，京师图书馆开始接受文津阁图书，催收各省官书，任江瀚为馆长，制定章程，并设分馆。1912年正式开馆。1929年称国立北平图书馆。除北平图书馆外，1933年曾在南京筹建国立中央图书馆。但是，就20世纪前半叶而言，从规模、藏书、工作质量和社会影响看，国立北平图书馆都是居全国首位的。特别对推进我国图书馆近代化进程，国立北平图书馆有着不可磨灭的贡献。

4. 清末省级公共图书馆建立的热潮

正是由于社会舆论之倡导，个人之响应，地方官吏之着手实施，至辛亥革命前夜，京师及各大行省纷纷进行省级公共图书馆之建设。

筹建于1911年前，并已开放的图书馆有：

浙江，1903年张亨嘉作《浙江藏书楼碑记》，实为筹建，第二年聘监理、订章程、编目录，正式为学者观览。1909年增韫奏准浙江藏书楼改名为浙江图书馆。

湖南，1904年私人集资合办"湖南图书馆兼教育博物馆"。1905年，端方等筹措经费，充实馆藏，改建馆舍，称湖南图书馆。

湖北，1904年，鄂省图书馆开办。1908年有藏书4万册。

江苏，1907年，端方购丁氏藏书，建江南图书馆，委缪荃孙主其事。

其他省份大致集中于1909—1911年都陆续建立省图书馆。这是因为清廷学部建立后，设有专门司负责图书馆、博物馆等建设，并规定预备立宪第二年（1909年），颁布图书馆章程，京师开办图书馆。预备立宪第三年（1910年），"行各省一律开办图书馆"。所以各省陆续在1909年奏建省级图书馆，如直隶、山东、山西、河南、安徽、云南、贵州、广西、陕西以及东北的黑龙江、吉林等省。

三、通俗图书馆的推广

辛亥革命以后，国民政府教育部有社会教育司管理图书馆、博物馆等事，类似清学部专门司的工作。"本部固于民国二年创京师通俗图书馆一所，为各省倡。"（《教育公报》1916年第10期）当时任教育部佥事的周树人直接分管图书馆之事务。考察《鲁迅日记》1913年至1914年部分，记有多次到京师图书馆所属通俗图书馆之事。1914年3月，庄俞参观京师通俗图书馆，称："普通书籍分十类：（甲）教科书，（乙）文学及英文，（丙）经传，（丁）实业，（戊）理科，（己）法制，（庚）小说，（辛）图画，（壬）杂书，（癸）杂志。儿童用书分四部分：（子）教科书，（丑）童话，（寅）图画，（卯）小说、杂志。"作者称京师通俗图书馆隶于教育部社会教育司。"询之馆员，每日到馆阅览图书领用器械者，可平均三十人左右，而儿童居多数。"（庄俞：《参观北京图书馆记略》，《中国古代藏书与近代图书馆史料》第209~210页）

为什么教育部要提倡建立并通过示范举办通俗图书馆呢？主要是通俗图书馆是当时倡导的通俗教育的一个重要组成部分，目的在于"诱启社会之常识、儿童之智能"。这种易办、省钱、效果显著的文化设施非常受社会人士之欢迎。当然重要的契机是由教育部拟定之《通俗图书馆规程》的颁布与推广，促成通俗图书馆在20世纪一二十年代成为我国图书馆发展的强大一翼。当时作为普及大众教育的机构，有通俗图书馆，还有属社会文化事业的巡行文库和公众阅报所。某种意义上，我国通俗图书馆的发展，促进了20年代"新图书馆运动"的形成，我国国民的新图书馆意识和对旧藏书楼观念的突破，都应肇源于通俗图书馆的普及。

据《教育公报》1916年第10期提供的通俗图书馆、巡行文库和公众阅报所材料，列表如表1所示。

表1 通俗图书馆、巡行文库和公众阅读报所统计

通俗图书馆统计*				巡行文库统计				公众阅报所统计**			
省	馆数	藏书部数	日平均阅览人数	省	文库数	藏书	日平均阅览人数	省	馆数	报纸	日平均阅览人数
奉天	35	7500	900	奉天	17	每所354种	7400	直隶	124	14	40
山东	23	10000	1500	江苏	4	每所338种	400	山东	113	14	60
河南	22	9000	1050	四川	1	每所400余种	120	河南	139	12	30
福建	21	200	60	甘肃	4	每所300余种	200	江苏	187	18	50
浙江	21	5350	600	云南	4	每所420余种	140	江西	106	10	20
湖北	44	18000	1800					浙江	170	14	30
湖南	14	3500	380					湖北	103	16	50
								四川	156	12	30
								广东	149	17	50

*此表只列馆数10所以上者；**此表只列所数超过100所以上者。

以上列举之各省通俗图书馆、巡行文库、公众阅报所都是属于公共文化系统。这样的发展是应该引起我们注意的。首先，通俗图书馆和巡行文库、公众阅报所等是为大众服务的重要设施。《通俗图书馆规程》（1915年10月）规定设立通俗图书馆是为了"储集各种通俗图书，供公众之阅览"，并规定省治、县治，即省会和县城均应设立。又规定"私人或公共团体，公私学校及工场，得设立通俗图书馆"，明确规定"通俗图书馆不征收阅览费"。其次，通俗图书馆社会效益非常显著。一方面，由于不收押金、阅览费用，比较适合当时民众的经济能力；另一方面，多放置为民众适合阅览之书报，故备受欢迎。北京的京师通俗图书馆1916年度全年阅览总数266914券，除休息日不计外，每日平均895券。浙江公立图书馆1916年度总计"本馆、分馆阅书本数共一万三千五百八十七本"（《浙江公立图书馆年报》1917年第2期）。1917年8月12日，林传甲在《呈教育部请整顿图书馆以广社会教育文》中称："前年，传甲在黑龙江兼任通俗教育社社长，创办通俗图书馆，比之省立图书馆，用款不及什之一，阅书人数则多至数十倍。足见通俗图书馆与小学辅车相依，凡县城市镇均不可少。"（《教育公报》1917年第4期）

1928年，国民政府通令各省、县设立民众教育馆，民众教育馆虽设有图书阅报室，但实际上取消了通俗图书馆之独立建制，直接影响了事业发展。1936年，李小缘先生在总结10年图书馆事业时，提出"民众教育事宜，应交由民众图书馆办理"，指出图

书馆事业发展主要教训在于通俗图书馆之撤销这一失当之举。

四、学校图书馆之完善

我国学校图书馆实可导源于古代之书院藏书。当然从严格意义来看，书院是教学和研究的综合体，藏书和刻书是其中的部分工作。近代学校图书馆的出现是清末新式学堂设立以后的事。清末的一些封疆大臣由于洋务运动的扩大，举办若干新式学堂，如张之洞在湖北设武昌自强学堂（武汉大学前身）、武备学堂，盛宣怀在北洋设西学学堂（天津大学前身）。这些学堂藏书楼（室），由于仿照西方大学之设置和管理，如采访西书、期刊，采用西方分类方法和编目方法，甚至聘用西人管理图书，具有近代图书馆性质。1898年，京师大学堂建立，其章程规定："今设一大藏书楼，广集中外要籍，以供士林浏览而广天下风气。""藏书楼设提调一人，供事十员。"（《国闻报》第251号）1898年，上海南洋公学的章程亦称："公学设一图书院，调取各省官刻图籍，其私家所刻及东西各国图籍，皆分别择要购置庋藏，学堂诸生阅看各书照另定章程办理。"（《国闻报》第254号）由此可见，我国近代学校图书馆是从19世纪末开始兴办的。

辛亥革命以后，我国学校教育有所发展。南北各大城市均有大学建立，大学图书馆相继建立，如金陵大学、清华大学、南洋大学、北京高师、南京高师等校图书馆。截至1918年3月，沈祖荣调查全国图书馆，据所调查材料，当时学校图书馆有一定规模者，有北京高师图书馆、南京高师图书馆、武昌高师图书馆，部分私立学校如齐鲁大学、金陵大学、暨南大学等校图书馆则在藏书规模和工作方法上有较大突破。

20世纪30年代，中国高等教育相对稳步发展，所以，大学图书馆发展迅速，图书馆工作亦逐步走上正轨，在全国图书馆事业中占据重要地位。下面几项指标可以帮助我们了解当时高等学校图书馆的情况。

（1）藏书数量。据1936年申报馆调查材料，国立大学图书馆藏书超过10万册以上的有中山大学、中央大学、北京高师、武汉大学、清华大学和北京大学，私立大学图书馆藏书超过10万册的有南开大学、燕京大学、金陵大学、华西协和大学、圣约翰大学、齐鲁大学和中法大学等校。而与此同时，馆藏超过10万册的还有国立北平图书馆、江苏省立国学图书馆、浙江省立图书馆、江西省立图书馆、湖北省立图书馆、云南省立昆华图书馆、广州市立中山图书馆、陕西省第一图书馆、湖南省立图书馆、山东省立图书馆。据中华图书馆协会经费委员会《对于图书馆经费案之意见》称，1930年据国立中央、北大、清华、中山及私立金陵、燕京六大学之统计，每学生平均可用西书10余册至80余册，中书330余册至400余册。美国1925年统计，各大学每学生平均可用50余册至380余册。

（2）馆舍和机构。大学图书馆以馆舍新、建筑面积大、设计合理为同行所欣赏。如清华大学建立之图书馆，设计全由外人，内部装修配置也是全由美国进口，故具有全新之外观和完善之服务设施。当时一些著名大学图书馆均有参考部等的设立。

（3）工作改进。大学图书馆主要采用新的图书分类法和编目条例，且设立多种目录供读者利用，如着手编制专题书目和索引，著名的有燕京大学引得编纂处所编索引、金陵大学的论文索引、暨南大学的中文杂志索引。

（4）馆长人选。大学图书馆多聘用我国图书馆学专门人才，如我国第一代图书馆学者何日章、桂质柏、杜定友、沈祖荣、刘国钧、谭卓垣、金云铭等，是留学国外学图书馆学的；皮高品、严文郁、田洪都、查修则是文华图书科早年毕业生。

五、图书馆章程法规的颁布

我国图书馆立法，最早为 1910 年清学部颁布的《京师及各省图书馆通行章程》，1915 年民国政府颁布的《图书馆规程》、《通俗图书馆规程》，1927 年后国民政府又颁布《图书馆规程》，至于专门条例则有《私立图书馆立案办法》和工作条例、实施办法等，初步建立了近代图书馆的各种条例和规程。

图书馆法规、条例的颁布和实施，不仅是规定图书馆所应负担的责任和办理的原则，更是对图书馆工作的指导和要求。因此，图书馆法规、条例的制定和实施，有利于图书馆事业的发展，对于促进图书馆工作和完善图书馆服务内容，都是有重要意义的。

（1）法规的颁布，加快了我国图书馆近代化的进程。1910 年《京师及各省图书馆通行章程》规定了图书馆的建立是"保存国粹，造就通才，以备硕学专家研究学艺，学生士人检阅考证之用。以广征博采，供人浏览为宗旨。"这里并未指明图书馆之性质是公共文化机构。1915 年、1927 年颁布的《图书馆规程》，指出图书馆是"储集各种图书，供公众之阅览"，图书馆设立之目的就比较明确了。1939 年、1947 年分别颁布的图书馆法规则增加了"举办各种社会教育事业，以提高文化水准"，大致明确了图书馆设立之宗旨。与 1933 年美国图书馆协会制定的"公共图书馆标准"中"公共图书馆是使成人和儿童皆得自身教育与借读书求娱乐之道"的说法大致接近。

（2）法规的颁布，加快了我国图书馆管理水平的提高。如果说 20 世纪最初 10 年，图书馆规程只是规定了设置图书馆之基本要求，那么到 30 年代，图书馆规程就提供了图书馆管理、工作和处理社会关系的基本内容。如各种图书馆的名称、馆藏和阅览的要求、馆长人选的资格、管理方法之标准（部门设置、工作职责、人员配置、机构设置）等。

（3）法规的颁布，促进了图书馆服务质量的提高。《图书馆工作大纲》（1939 年）的颁布，特别对图书馆服务工作提出了要求，如各部门工作分工中突出了部门工作的责任，同时规定了考核办法等。而《图书馆辅导各地社会教育机关图书教育办法大纲》（1939 年）提出"图书馆应辅导各地社会教育机关为主要任务之一"，对于除省、县图书馆以外的学校、私人、团体图书馆的业务促进，有具体的要求和检查的方法。

但是，条文的制定颁布与图书馆事业的实际发展是有很大差距的。李小缘先生在 1936 年就曾愤慨地指出国民政府对图书馆事业轻视，毫无政策，消极敷衍，如减员减薪和裁汰购书费，取消通俗图书馆，以及人员选择不当，过多干涉图书馆事务，管理问题和技术方法问题等，（李小缘：《中国图书馆十年之进步》，《李小缘纪念文集》，南京大学出版社，1988 年）可帮助我们了解当时图书馆发展之大略。

六 图书馆系统之形成

对我国近代图书馆发展而言，20世纪20年代是关键的年代。这是因为辛亥革命以后陆续兴建的省立图书馆、学校图书馆基本上只是建立馆舍、征集图书、整理库藏，只有部分馆有意识地开展了读者服务的工作，就其工作内容和服务方式看是相当落后的。沈祖荣1918年调查全国图书馆后，颇有感慨地指出："每省图书馆，不过一二处，或一省并无一所图书馆。"各馆"阅书人少"，"阅书取资，最足阻碍来学之心"。"各省图书目录，多沿用四库四部之成规，……无一完善目录，可供应用。"（沈祖荣：《中国全国图书馆调查表》，《教育杂志》1918年第10卷第8期）

我国近代图书馆体系的形成，主要是公共图书馆和学校图书馆的发展，大致经过了20年时间，即1915年至1935年。这个图书馆近代化的进程肇端于新文化运动和五四运动，得益于新图书馆运动的广泛宣传，完成于30年代。我们可以看到从1925年到1936年，是我国图书馆事业发展最为迅速的10年。

1925年，中华图书馆协会对全国图书馆进行调查，全国图书馆计502所。到了1929年中华图书馆协会进行全国图书馆调查时，全国图书馆数目已达1428所，1931年达1527所，分类统计如表2所示（《中华图书馆协会会报》，1930年第5卷第5期、1931年第7卷第3期）。

表2 1929年、1931年全国图书馆统计

1929年全国图书馆统计		1931年全国图书馆统计	
国立图书馆	1	国立图书馆	1
省立图书馆	47	省立图书馆	49
普通图书馆（市县立及私立）	878	普通图书馆（市县立及私立）	921
学校图书馆	387	学校图书馆	413
会社图书馆	38	会社图书馆	45
机关图书馆	36	机关图书馆	44
专门图书馆（儿童图书馆占多数）	41	专门图书馆	54

我们不仅看到图书馆数量之增加，而且一些专门类型的图书馆，如私立东方图书馆、海关书馆、外交部门图书馆和科学研究图书馆都是前所未有的。较好条件的图书馆，特别是一些大学图书馆，其日常工作内容和方式也逐步进入正规化的轨道。

七、屈辱的历史、民族的灾难

20世纪前半叶的中国，饱受帝国主义侵略与奴役，图书馆事业也经历了一段艰难曲折的过程。

就近代图书馆历史而言，如果清算帝国主义者对我国图书之破坏，诸如焚毁、抢掠

圆明园文源阁，八国联军之抢掠北京，《永乐大典》之损失，善本秘籍之流散等等，举不胜举。其中特别是日本军国主义者在侵华战争中的破坏，尤为严重。概括而言，至少有如下数端：①强占东北诸省之图书作为伪满洲国之藏书。满铁株式会社之藏书，实由关外和关内流出之重要典籍组成。②疯狂乱炸图书馆。如1932年轰炸东方图书馆。1937年后，全毁于日军炮火者有南开大学图书馆、暨南大学图书馆、湖南大学图书馆等，部分省区如浙江、上海、南京、广西、广东，以至内地甘肃等省立图书馆或全毁于战火，或遭炸毁。③迁移过程中之损失，包括部分珍贵图书，如国学图书馆之公署档案、北平图书馆之珍本图书。至于一些图书馆图书之损失更是无法统计。如北京大学图书馆20余万册图书沦入日寇之手，中山大学图书馆10万余册图书未能迁出，完全散失。国民政府之机关图书馆被劫运走不下60万册，大部分私人藏书家遭受损失。日本军国主义者的侵华战争，对于中国图书馆事业发展的负面影响是很大的，严文郁先生称："二十五年（1936）时有图书馆5169所，三十六年（1947）时仅有2700余所。可以想见图书馆在抗战中遭受破坏之巨。"（严文郁：《中国图书馆发展史》第167页，（台北）枫城出版社，1973年）

文化积累是代代相承，不能间断的。近代外国帝国主义者的侵略，不仅对中华民族文化发展的阻碍，也是对世界文明的破坏。

八、综　论

以上就20世纪前半叶中国图书馆事业的发展作了专题性的讨论。总的来看，经过几十年的努力，我国近代图书馆的体系可以说初步建立起来了。当然，从清廷到国民政府的统治，图书馆事业一直未受到应有的充分重视。从地区发展分析，也是极不平衡的。据中华图书馆协会的调查，一省有图书馆100所以上者是：江苏274所，河南187所，河北161所，浙江148所；一省有图书馆50所以上者：山东、陕西、广东、安徽、四川、福建。大部分省份则只有50所以下。至于图书馆工作水平，大量调查表明，图书馆建立以后，行政干预过多，馆长任用不当，经费缺乏，以至书籍陈旧、读者不多的情况严重存在。

我们认为，把20世纪前半叶中国图书馆发展定性为近代图书馆体系和规模已初步建立，主要可从以下几方面得到体现。

（1）图书馆观念得到认同。在批判过去藏书楼的局限性后，近代图书馆是为了使藏书为读者使用，设立目的是供公众阅览、提高文化的说法得到认同，并在实践中体现出来。同时认识到图书馆在社会文化、学术、教育中的地位，特别是对于提高国民素质作用巨大。此外，鉴于中国文献与国外文献之差异，提出建立中国式图书馆学的要求，是难能可贵的。

（2）图书馆类型多样。除国立、省市和县立图书馆外，大量公立、私立大学图书馆，各种团体、机构、商业、儿童图书馆也得以建立。容许私人图书馆存在，组织图书馆教育制度，即大中型图书馆辅导支持小型图书馆发展的措施，促进了图书馆体系的建立。

（3）馆内工作不断改进。首先从"仿杜"、"改杜"中促进图书分类工作的提高，制定中国式的编目规则，建立馆藏目录体系，采用开架阅览，是一个新的开端。而专题书目、索引的编制，图书馆间的联合目录，参考部门的建立和开展工作更使图书馆工作走向新的阶段。

（4）馆际合作与图书馆团体的建立。中华图书馆协会和由它所推进的图书馆改进与研究计划，促进了图书馆事业的进步。国外图书馆学专家访问中国，也加速了新的技术方法的学习与应用。

（5）图书馆法制的实施与图书馆学研究的加强，有利于图书馆管理水平的提高，加快了图书馆技术与方法的推广。

（原载于《大学图书馆学报》1999 年第 6 期）

特点和影响：20世纪上半叶的文华图书馆学专科学校

从1920年附属于文华大学的文华图书科算起，今天已是文华图书馆学专科学校（以下简称"文华图专"）90年的纪念日了。回过头来重新思索思索文华图专的一些"本源"问题：文华图专这样一所图书馆学的专门学校为何会建立？当时的社会环境中，文华图专在教学和科研等方面有什么特点？文华图专在图书馆界曾经起到过什么作用，产生过什么影响？这些问题都应该是有其社会意义的。

一、文华图专的建立

为什么会建立一个图书馆学的专门学校？或者说，文华图专建立的社会背景及历史条件如何？

任何事件的发生往往是历史舞台上的各种因素相互作用的结果。分析一个事件的出现，不能孤立地去看待，而是必须分析当时的基本条件，比如物质条件、社会思潮、历史人物等，寻找它们的关联。文华图专于20世纪二三十年代在武汉的建立存在着历史的必然性和偶然性两个方面。在同一时代，中国陆续出现了一些图书馆学教育机构，但是没有其他任何一所可以像文华图专这样延续下来，这是值得深思的。

从文华图专建立的时间背景来看，20世纪一二十年代，出现了近代中国图书馆事业发展的第一个高潮，其表现为新式的图书馆数量猛增且类型多样。更重要的是，图书馆的价值逐渐为社会所认同。图书馆对于求知治学的作用，对社会发展的促进，对于人类文明进步的重要意义使图书馆员在中国逐渐职业化，对于图书馆学的专业训练的需求应运而生。

从文华图专建立的地点来看，地处中国中部的武汉是20世纪二三十年代资本主义势力比较发达的地区，文化教育机关也相应较多地建立起来。这里的文华大学是晚清时期美国基督教圣公会在中国开办的教会大学之一。考证当时武昌文华书院的校名，是为了纪念圣公会驻华第一位主教文惠廉（William Jones Boone，1811—1864）而命名的。她在1903年发展成为文华大学。教会大学将新式的教育思想和模式引进了中国，而文华公书林以及后来的文华图书科的诞生也和教会学校有着千丝万缕的联系。

从文华图专的创办者来看，韦棣华女士发挥了不可替代的作用。她既是文华公书林的创立者，也是沈祖荣和胡庆生的老师以及他们留学的资助者。文华图书科成立后，文华公书林成为了重要的教学场所和实习基地。

韦棣华来华和留在文华大学任教，存在着一定的偶然性。韦棣华毕业于美国西蒙斯学院，1900年义和团运动期间，她因担心其弟韦德生在华的安全而来华，此后留在文华书院任教。1903年韦棣华将校园内的八角亭辟为学校的阅览室。随着师生需求的增长，她于 1910 年在文华大学校园内建成了一所公共图书馆——文华公书林。

随后，韦棣华选择沈祖荣担任公书林工作，当时沈祖荣思想斗争很激烈。随着对图书馆事业的接触、了解日益加深，沈祖荣对工作的兴趣与日俱增。韦棣华逐渐发现，师徒相传的方式已经不能再满足实际工作的需要，于是在 1914 年，她资助沈祖荣赴美求学。1917 年沈祖荣回国，其后一年胡庆生回国。他们在各省通过幻灯片、演讲、电影等各种形式宣传新式的图书馆。这样图书馆学专门教育的师资方面的准备得以完成。鉴于国内各类型图书馆纷纷建立，需要培养从事图书馆工作的专门人才，1920 年文华图书科便应运而生了。

和其他图书馆学专门教育机构的开创和发展情况相比较，这种师资方面的准备是非常必要的。如在 1913 年，南京金陵大学聘请美国人克乃文（Harry Clemens）主持图书馆，他在金陵大学文科开设了图书馆课程，但是并没有发展成为专门教育。直到 1927 年李小缘、刘国钧等从美国学成归来，南京金陵大学的图书馆学系才得以创办。其中师资是一个重要的因素。

同时，文华图专还得到了其他几个方面的支持，如当时文华大学校长韦卓民（也是研究康德哲学的著名学者）的支持。由于教学质量的保证和对此项人才的需求，1926 年中华教育文化基金会委托文华图书科训练图书馆人员，并从退还庚款中拨给专门经费。这与韦棣华在美国对下议院议员的游说，争取庚款用于图书馆事业有关。

1929 年文华图专向教育部申请立案，独立建校，获得批准。如果没有种种必然与偶然的条件，文华图专作为当时唯一的图书馆学专门教育机构，其创建、持续和发展将是不可思议的。

文华图专创建和发展的关键在于：图书馆学专业教育的必要性和可能性。沈祖荣作为办学者，他的办学理念及理念上的变化对文华图专的发展起到了指导性的作用。他在各种场合对这个问题反复论述：国家要富强，素质要提高，而图书馆的作用就是提高整个国民的素质，图书馆是教育的重要补充。

1918 年，沈祖荣回国后，通过对国内图书馆的调查，认为国家要富强，就要提高国民素质，而图书馆的作用正在有助于国民文化素质的提高。图书馆是教育的补充，如果没有图书馆，中国的教育就不能扩大、不能提高、不能丰富、不能扎实。[1]

1923 年，沈祖荣提出，图书馆是交流学术、沟通文化、辅佐教育的机关，是终身教育的场所。而图书馆工作是一种专业，图书馆专业的训练是一种专业教育，专业的训练才能培养出让图书馆真正发挥作用的人才。专门的教育机构是必需的。沈祖荣曾描述过当时国内图书馆的情况：官僚气息、管理不善且无专门人才，不懂图书馆如何开展工作？在这种情况下，对于图书馆教育的重视刻不容缓。[2]

针对西方图书馆学本土化的问题，沈祖荣在 1935 年提出，中外图书馆事业具有共性，而我国图书馆事业也具有自身的特点。文华图专效仿美国图书馆学校的制度，招收大学二年以上的学生，一方面可以为哲学、历史等文科专业的学生提供更多的就业机会，另一方面也是为了适应图书馆对专业人才知识结构的要求。对于专业人才的培养并不只限于"术"，同时也注重多方面知识的传授，这样才能适应图书馆实际工作的需求。[3]

二、20世纪上半叶中国图书馆学教育与文华图专

1. 20世纪上半叶中国图书馆学教育

（1）准备阶段（1912—1919年）。这个阶段图书馆学教育表现为图书馆学课程的开设和留学生负笈海外修习图书馆学。1912年，南京金陵大学图书馆成立，1913年聘美国人克乃文主持，在金陵大学文科开设图书馆课程。同时，沈祖荣、胡庆生、戴志骞、杜定友、刘国钧、李小缘等学者先后出国，学习国外现代图书馆学知识和技术，希望通过图书馆事业促进国民素质的提高，实现祖国的富强。这一批留学生归国后，对我国图书馆事业的发展起到了巨大作用。

（2）建立阶段（1920—1928年）。在这个阶段中，图书馆学教育得到了普遍的提倡，主要表现在三个方面。第一，图书馆教育以多种形式展开，分别有开设专业课程、短期训练班、讲习所、设立科系和专门学校等，形成了多层次的教育体系。第二，通过各种方式培养更适应工作的人才走上工作岗位，科班毕业生尤其是文华图专的毕业生担任起馆长、主任等重要职务，促进了图书馆管理的专业化和科学化。第三，图书馆学作为一门学科，得到了社会的认可。

（3）发展阶段（1929—1937年）。这是中国近代图书馆学教育发展最快的时期。这个时期的标志性事件是文华图专的独立建校。各个层次教育机构的发展，使得较为完善的教育体系得以形成。同时在教学和实践中积累了一定的经验，形成一批以教材和论文形式出版的成果。由于图书馆界的共同努力，逐步进行中国图书分类、编目的研究和图书馆工作的改进，图书馆在社会上的影响逐步扩大。

（4）低谷阶段（1938—1949年）。抗日战争期间，中国图书馆面临着馆舍毁坏、书籍散佚和人员无力工作等不可抗力的影响。为了适应变化，文华图专在四川对入学制度作了相应的调整，不再只招收大学毕业或二年肄业学生，改招高中毕业生。面临图书馆事业的低潮时期，文华图专感触到了现实的需求，从开设档案学课程、开办档案短训班，到开设档案学专业，培养了一批国家急需的专业人才。

抗日战争结束后，中国图书馆学教育进入恢复时期。这个时期的教育机构有一直坚持开办的文华图专和在1947年创办的北京大学图书馆专修科，以及苏州国立社会教育学院图博系（其中教员多由文华图专校友担任）。

2. 文华图专自身的定位

在各个发展阶段中，文华图专具有办学时间长、教育连贯、层次最高、教育效果显著这样一些特点。这种坚持与其办学者的观念是分不开的。

1935年，担任文华图专校长的沈祖荣，在回顾中国图书馆教育的现状后，十分迫切地希望国内图书馆教育得以改进和提高。他当时提出四点建议：①提高图书馆专业教育的价值；②确定图书馆专业教育的地位；③增进图书馆专业教育的效率；④完成图书馆专业教育的使命。他希望国内从事图书馆工作的人，都应该是接受过图书馆专业教育的人，并以此工作为终身职业。同时，沈祖荣非常敏锐地认识到20世纪世界和中国的

变化，提出应改变图书馆教育中对"术"的重视，转而向"道"。中国图书馆学教育应有自己的特色的东西。在图书馆组织、管理、行政、方法上，很多理论是国外提出的，而中国的图书馆事业对专业教育提出了不一样的要求。要更加重视参考馆员的培养，站在学科前沿，不止是重视技术方面，而应该对学生有更高的要求。[3]

文华图专的课程设置是以美国纽约州立图书馆学校为蓝本，增加一些中国的教学内容而成的。根据《文华图书科季刊》的记载，其课程设置如表1所示，可以与表2所示的1927年南京金陵大学图书馆学系的课程设置作一个比较。

表1　1929年文华图书科课程设置

课程名称	小时	课程名称	小时	课程名称	小时	课程名称	小时
中国目录学	200	图书馆经济学	160	西文书籍选读	180	西文打字法	80
中文参考书举要	160	图书馆行政学	20	中文书籍选读	40	各种字体书写法	40
西文参考书举要	160	中国图书馆史	20	现代史料	80		
中文书籍编目学	40	西洋图书馆史	20	特别演讲	20	实习	320
西文书籍编目学	200	各种图书馆研究	40	特别讲授	20		
中文书籍分类学	40	图书馆建筑学	20				
西文书籍分类学	40						

表2　1927南京金陵大学年图书馆学系课程设置

课程	学分	课程	学分
图书馆学大纲	5	特殊图书馆	2
参考书使用法	3	民众图书馆	2
中国重要书籍研究	3	书史	2
目录学	3	印刷史	2
分类法	3	图书馆的研究	2
编目法	3	图书选择之原理	2
政府公文	2	图书馆史	2

文华图专设立的课程可以归纳为以下几方面：

（1）理论与管理。即图书馆学概念、发展、介绍，如图书馆行政学等。

（2）现状和历史研究。各种图书馆研究、图书馆史，如中国图书馆史、西洋图书馆史等。

（3）图书馆技术与方法研究。如中西文编目、中西文分类、中西文参考书、打字等。

(4) 基本知识体系。如中西文书籍选读现代史料、特别演讲等。

1929 年以后,文华图专的课程设置表现为专业课程与基本知识课程的结合,增加了社会科学概论、史地概论、文哲概论、自然科学概论、博物馆学通论等。40 年代以后,尤其是招收高中生后,对课程设置作了一些调整。增加了加强基础知识、扩大知识面、加厚基础的课程,以适应新招收的高中毕业生扩大知识面的需求。另外,还增加博物馆学通论、档案史料整理法等相关学科领域的课程,扩大了学生的视野,提供了更多的就业机会。文华图专课程设计方面所形成的体系与后来知识界提出的学科知识体系三块(即所谓"论史法")基本吻合,知识体系上比较符合人文科学的特征。

三、文华图专教学的特点

1. 中与西结合

中国的实际状况促使文华图专的办学者在引进国外先进教育体系的同时,针对中国图书馆事业的实际需求,针对中国书籍、读者、馆舍等的特点,在整个教学过程中加入中国特色。体现在课程设置中,许多教学内容以中西方两门课程同时开设,如图书馆史、书籍选读、参考书举要等。也有适应中国文化背景、传承传统的课程,如目录学等。与此同时,设置反映当时时代潮流的课程,如图书馆行政学等。

值得一提的是,文华图专所聘请的外籍教师,给学生打下了坚实的外文基础,许多课程授课时使用英语,也是对学生外语能力的良好训练环境。这为文华学生此后的学术生涯提供了得力的工具。

对于文华图专这样的一所教会学校,它在图书馆学教育的评价上能否称得上中与西结合,这在过去是有争议的问题。我们觉得,评价的标准主要是根据他们的所作所为。首先,毕业于美国图书馆学校的韦棣华、沈祖荣、胡庆生等人,他们最先拟订的教育方案,自然是仿照美国图书馆学校的教学方案。但是,他们面对的学生是中国人,他们要培养的图书馆专门人才主要也是为中国各类型图书馆服务。中国的图书馆从建立目的、藏书整理以至读者使用,都会面对中文图书和其他文字图书,这样,教学方案中既要有中文方面的教学内容,也应有西方文字的教学内容。其次,文华图专不断吸收已毕业的校友任教,也使学校具备从事中西各种文字教学的条件,如毛坤的目录学教学与研究。此外,文华图专校方和教师十分注意从事中西结合发展图书馆学的研究,教师皮高品从事中国图书分类法的编制,得到支持并以文华图专丛书的名义出版其成果。

必须指出的是,在图书馆学教育中贯彻中与西结合,这只是问题的一方面。如何使中国近代图书馆学实现中西融合,逐步成为具有中国特色的图书馆学,那又是问题的另一面。综而论之,我们认为,中国特色的图书馆学,包括图书馆学教育体系,是要经过较长的时间逐步建立和完善的。

2. 教与学结合

图书馆学的实用性促使专业教育在实践中教,在实践中学,实践将教学有机地结合起来。文华图专设有实验图书馆，专门由学生负责办理，教学的成品直接变成图书馆用品。实践与课程密切结合，在课程设置上，专设的实习课程所占的比例也很大。在课程之外，教员带领学生观摩各种图书馆的实际工作，进行直观教学，令学生受益匪浅。在教育者的选择方面，文华图专的教员多聘请有过多年实践经验的图书馆员担任，对图书馆事业现实的情形有着较深的了解。

3. 教与研结合

由于当时图书馆学专门教育机构数量稀少，文华图专的教学经验弥足珍贵，经验的总结十分有必要。同时教学中的实践也给许多师生提供了研究的环境，一些自编教材的出版是对学术的促进。文华图专招收的学生受到良好的教育，具有较强的研究能力，再加上学校对他们英语能力的培养，所以文华图专的教学与研究相结合，产生了许多研究成果。这些成果以学校刊物中的论文和专著的形式相继出版。

根据实际情况作出教学上的调整，是文华图专办学上的一大特点。譬如，当时学校对学生科研的安排是相当成功的。考虑到在校学生都是大学毕业或肄业的学生，他们有比较丰富的生活经验和工作能力，而且有一定的研究能力和语言能力，所以，学校首先把学生办刊物作为推动学生科研能力的手段，逼迫着有些学生研究问题，增加图书馆工作和技术的解决方法，也提高了学生对图书馆工作的认识。其次，在研究内容上，老师引导和鼓励学生研究新问题，如当时图书馆开架问题、图书馆各部门的工作责任与协调等，都有成果出现而引起图书馆的重视。图书馆事业中的新动向也受到大家的重视，如乡村建设中的图书馆建设问题、武汉市图书馆建设问题、民众图书馆发展问题等，都受到师生的关注。个别问题的研究还产生了相当的社会影响，如钱亚新在学生时代对排检法、索引法的研究，不仅用来作为索引编制的尝试，而且还为此写出专门著作在出版社出版。此外，充分利用文华图专师生英语水平高的特点，学校组织翻译了《世界民众图书馆概况》、《世界各国国立图书馆概况》等新材料，促进了师生对世界图书馆事业的了解。

四、文华图专的学术地位和影响

作为一个高等专科学校，它在学术上和教学质量上的影响是占有相当分量的。这里从几个方面来看文华图专对20世纪上半叶图书馆界的影响。

成立于1925年的中华图书馆协会，是20世纪上半叶全国图书馆界的协作组织，因其特殊的学术活动，也成为当时全国图书馆学的教学交流平台。在其中的各种活动，担任其中的学术职务，也一定程度上反映了某一个图书馆在图书馆界的地位。我们从中华图书馆协会某一时期的任职委员中可以看到文华图专的地位。1936年2月至1937年1月中华图书馆协会所属执行委员共15人，其中文华图专的师生（已毕业校友）共有5人，即田洪都、查修、沈祖荣、桂质柏、严文郁；监察委员10人，其中文华图专师生4人，即徐家麟、汪长炳、裘开明、毛坤。到了1944年11月，中华图书馆协会理事15人，其中文华师生共6人，即沈祖荣、毛坤、汪长炳、严文郁、徐家麟、桂质柏；监事

9人，其中文华师生共4人，即徐家璧、裘开明、汪应文、姜文锦。这充分说明文华图专的教师和毕业的学生在图书馆界的影响。[4]

一个学校的教学质量和社会评价，也应该是学校地位的重要标志。文华图专毕业生的就业率一直比较高，这一方面是因为学生基础知识扎实，业务知识面广博，动手能力强，自然也有敬业精神与服务意识的培养。另一方面，学生质量的表现还有学校教学质量、科学研究能力，有名师才能有高质量的学生。文华图专学生毕业后就业率高，国内著名大学图书馆和省市立图书馆、大的政府机关图书档案机构，都是学生的去向。而当时美国的大学和学院，特别是一些办有东亚图书馆的学校，也纷纷接受文华图专的学生。据梁建洲统计：文华学生在美国图书馆界工作的达30人，占该科毕业生130人的23%，为国内学校毕业生的首位。[5]

笔者在2000年纪念文华图专建立80周年时，曾评价"文华图专的图书馆学研究是中国图书馆学发展史的重要部分"，它"对中国图书馆事业和图书馆学研究起了较大推动作用"。这些看法，今天看起来，还是恰当的。[6]

文华图专在当时的社会环境中，为中国图书馆事业的发展作出了不可磨灭的贡献。但从今天看来，在某些方面仍表现出略有不足，主要体现在两点：理论建树不够，中西结合不够。

一方面，与其他领域的丰硕成果相比，文华图专师生的研究在图书馆学基础理论上的建树不够。个别教师和学生做了这方面工作，如徐家麟、李景新等。这种情况和当时对于实用性的强调有关。这种情况也表现在对学生的培养上。因此出现了文华图专在技术上带头领先，却在理论与学科建设上相应成果较少。

另一方面，与文华图专对西方思想的大量引进相比，对于中国传统的研究领域涉及较少。在版本学、校勘学等与中国古籍相关的分支学科中培养出的人才较少。

文华图专作为我国第一所独立的图书馆专门教育机构，在全方位上取得了显著的成绩，在中国图书馆学教育上起着举足轻重的作用，在图书馆学研究上具有带头领先的地位。文华图专在办学传统上重视实践，重视对学生能力的培养，对奉献和服务精神的强调，是值得肯定的，时至今日仍具有重要意义。

由于文华图专办学时间长、质量高，自20世纪上半叶至1949年以后，在国内省市级图书馆、高校图书馆、科学图书馆和高等学校图书馆教育单位中，文华图专校友从事着各项工作，成为推动我国图书馆事业前进的一股重要动力。

参考文献：

[1] 沈祖荣. 中国各省图书馆调查表. 教育杂志, 1918, 10 (8). 转引自：丁道凡. 中国图书馆界先驱沈祖荣先生文集. 杭州大学出版社, 1991.

[2] 沈祖荣. 民国十年图书馆. 新教育, 1923, 6 (2). 转引自：丁道凡. 中国图书馆界先驱沈祖荣先生文集. 杭州大学出版社, 1991.

[3] 沈祖荣. 谈图书馆专业教育. 湖北教育月刊, 1935, 2 (4). 转引自丁道凡. 中国图书馆界先驱沈祖荣先生文集. 杭州大学出版社, 1991.

[4] 严文郁. 中国图书馆发展史. 台北：枫城出版社, 1983：258－259.

[5] 梁建洲. 文华图书馆学专科学校毕业生就业的优越条件. 图书情报知识, 2007(6).

[6] 谢灼华, 贺子岳. 文华图专与中国图书馆学研究//世代相传的智慧与服务精神. 北京：北京图书馆出版社, 2001: 123-135.

（原载于《图书情报知识》2009 年第 1 期）

二、古代藏书思想与图书馆学史研究

中国图书馆学史序论

一、序　说

　　"图书馆学是一门既古老又年轻的科学",我们经常可以听到图书馆界的同志们这样评价图书馆学。但是,在现实生活中,有的同志只说到汉代有目录学,20世纪有图书馆学,没有明确地指出古代图书馆学有哪些著作,有哪些学说,取得过哪些成绩。那么,"既古老"的说法,只是一种比较性说法而已。

　　20世纪30年代有人提出"中国无分类法"、"中国无目录学"的论点。无论从当时什么背景下的认识,这种看法终究是偏颇的,不全面的。

　　"图书馆学是20世纪以后出现的",这又是一种看法,究其本意,实质上是指我国近代图书馆学而言。无可讳言,我国近代图书馆事业的兴起是在19世纪末叶。20世纪以后,适应图书馆工作的需要,我国学者分别从介绍西方图书馆技术,融合中西图书馆学说,加以改造、提高,逐步发展起中国近代图书馆学,亦即资产阶级图书馆学。如果从近代图书馆学的产生而言,说是20世纪中国才有图书馆学,那是可以接受的。但是,统而言之,图书馆学是20世纪以后出现的,这种表达是不准确的。

　　学术研究中出现各种不同的意见,这是客观存在的,过去有这种现象,今后永远会有这种现象出现,这并不可怕。但是,牵涉到中国图书馆学史研究上的种种看法,有些是必须澄清的,有些当然是可以深入研究、不断探讨和争论的。因此,分析一下关于中国图书馆学史的一些典型论点,是非常必要的。

　　图书馆学是否是一门科学?持有这种看法的同志,当然不会认为中国有图书馆学的发展史了。

　　古代只有目录学,当时并没有形成图书馆学。所以,中国图书馆学发展是近代才出现的。

　　古代只有藏书管理(图书管理)的知识,并没有系统的图书馆学。因此,中国古代只有藏书管理的经验总结,并没有形成图书馆学的"学科"体系。

　　古代只有藏书经验的总结,没有系统的藏书思想体系(理论),这能说是图书馆学吗?

　　产生以上这些看法是不奇怪的,除了认识上的原因外,还有属于我们学术研究上的一系列问题,诸如学科内容深度、学术理论与技术方法的关系、研究力量和水平,以及其他社会因素等。

　　图书馆工作是实践性较强的工作。长期以来,人们比较重视图书馆工作的各个方面,诸如图书采集、整理加工、提供图书文献为读者服务等方面的研究,至于图书馆学理论上的诸多问题,一直未花力量、下苦工夫组织去做,存在着深度不够和理论化、系统化不强的缺陷。因此，我国产生过哪些图书馆学基本思想和理论、图书馆学的体系包括哪些、图书馆学学科的层次与结构如何等问题，都没有系统地整理和研究，人们提出的对图书馆学的疑问也是必然的。

图书馆学各学科发展的不平衡，也导致了客观上的种种议论的出现。图书管理与利用的理论与方法研究，直接推动了图书馆工作的发展，提高了图书馆工作效率。但是，图书馆学的内容是多方面的，从整个管理系统来看，把图书馆办成社会事业的一部分，就应加强图书馆组织与图书馆事业的研究，这正是新中国成立35年来，图书馆学研究的薄弱环节。从认识规律来看，吸取成功经验，应用于图书馆事业的发展和规划，总结历史教训，避免重犯过去的错误，就应加强图书馆史和图书馆学史的研究。但这种研究并未安排在我国图书馆学研究的重要地位上。新中国成立以来，我国没有出现过一部图书馆史或图书馆学史专著，说明了我们研究工作上的薄弱。

学术研究上的实事求是之风是十分必要的。20世纪以来，我国古代藏书楼和藏书管理经验的研究，往往因为某种政治因素、社会因素的影响而受到干扰。我国新图书馆运动兴起，批判了旧的图书馆（藏书楼），但是，当时学术工作者都未能比较全面地分析古代藏书楼的成功经验，未能积累必要的资料。图书分类学的成绩较大，但对待图书分类上如何解决古今统一分类的问题，并没有在理论上加以说明。随着新的技术方法的采用，对传统图书馆学的总结和新的技术方法的推广，往往又顾此失彼，这也是一种不实事求是的态度。所以，我们在回顾这些问题的争论时，要分析这些看法产生的历史原因。

对于什么是图书馆和图书馆学，图书馆学是否是一门科学，这个问题已经逐步解决了。所以，我们在这里不准备系统地讨论什么是图书馆学的问题，而比较着重讨论的是我国有没有图书馆学发展的历史，也就是中国古代能否形成图书馆学，以及中国古代图书馆学的内容包括哪些，有哪些主要论著，从而证明中国有图书馆学发展的悠久历史，应该建立一门中国图书馆学史。

二、界　说

中国古代能否产生图书馆学？或者古代关于藏书管理的知识（经验）能否称为作图书馆学的范围？

回答是肯定的。

科学是在社会历史生活过程中所积累起来的关于自然、社会和思维的各种知识体系，是知识长期发展的总结。

人类的一切知识都来源于实践，人们在实践过程中直接所取得的经验，以及继承、吸收、分析、批判前人积累的各种经验（即知识的积累），逐步形成对某一种事物规律性的认识，那么，这种认识就是一种知识体系。图书馆学的形成正是经历了这种科学发展的一般过程。所以，如果承认古代图书馆工作内容是一种社会实践活动，而这种社会实践活动是不断发展和不断丰富的，那么漫长的封建社会中，丰富的图书馆工作内容必然逐步促进了图书馆工作知识和经验的积累，因此，也就逐步孕育了古代图书馆学的产生和发展。

作为图书馆学产生或形成的主要标志，大致可以概括如下：第一，由于社会文化的发展，图书馆作为一种独立的事业出现。以后，必然出现这种事业的工作程序与管理系统，即现在说的图书馆工作，这决定了产生图书管理知识的可能，并综合发展成图书管理知识体系的条件。第二，由于图书馆的发展，根据担负任务的不同与读者对象的不同，形成了各种类型的图书馆，必然出现图书馆概况的研究。图书馆由单一的发展成多样的，或者一个朝代的图书馆变成连续几个朝代的图书馆，记述王朝藏书兴替沿革的文字出现了，把图书馆作为一种事业与其他文化事业综合进行研究成为图书馆事业研究的内容。第三，由于以上图书馆工作和图书馆事业的研究，开始出现的是单篇文献，以后逐步出现系统性的专门著作。这就是图书馆学的产生。

科学史的发展告诉我们，作为一种知识体系的建立往往是由粗糙到精细（作为描述内容上来说），由零碎到系统化（作为阐述原理上来说），也就是由低级向高级方向逐步完成的。图书馆学的产生与发展也经历过这样的一个过程。

现代社会中，图书馆的作用表现为图书馆和图书馆的读者——社会各阶层及其从事活动的各种机关和行业的相互关系，表现为图书管理和图书的使用的相互关系，同时，也表现为图书馆藏书利用和读者需求所必然产生的矛盾现象，因此，逐步出现了包括图书馆学理论、图书管理方法、读者服务与文献、目录研究，以及图书馆史与图书馆事业的多内容的图书馆学。又因为图书馆的发展与其他学科的相互影响，图书馆学的研究必然联系到其他学科与图书馆学的关系，因此，图书馆学内容更为丰富，体系更加完善，这就决定了现代图书馆学的基本内容是多方面的。

然而，古代图书馆学的内容与现代图书馆学的内容是有区别的，当然，其中有必然的联系和相互承袭的关系。

笔者在《公藏是主流》的文章中，曾经表达过这样的基本看法，即延续2000余年的封建社会表现出来的特点是：长期的封建生产关系改变缓慢，政治制度是皇权集中于一身的封建专制主义的中央集权制，思想统治的特点则是儒家思想占统治地位。因此，中国封建社会图书馆的发展中，封建中央政权的皇家图书馆是所有类型图书馆的主流。而在图书馆工作内容和方法上，包括图书馆藏书的收集、整理与利用，也是突出地以收集、整理、宣传、利用封建思想的主体——儒学之书作为主要内容。正因为这样的特点，决定了封建社会图书馆工作的内容是以保藏为主，即表现出的特点是管理程序与制度的集中、严密和封闭性。所以，汉至五代，图书馆的工作集中表现为搜求、整理、编目，就是在雕板印刷术盛行以后，图书馆工作仍旧是以内部整理为主，提供使用为辅。基于以上的认识，大致可以把封建社会图书馆学内容归纳为：①藏书沿革与馆阁制度的记述；②藏书建设理论与方法的研究；③藏书管理方法的研究；④典籍作用和藏书利用的认识；⑤公私藏书史料的汇辑。

当然，这些方面的内容并不一定是中国每个朝代图书馆学发展史都具备的，而且有些方面的内容的理论高度也是有差别的。但是，这些方面构成了古代中国图书馆学的总框架。

三、概 说

中国古代图书馆学的产生和发展经历了相当长的历史时期。

图书馆出现,有了图书搜集与整理等工作,并不意味着就出现了图书馆学。图书馆学的出现,是在事业发展,工作多样,人员稳定,这种事业在社会上引起了一定的重视,人们认识了它的应有作用的情况下加以总结和提高,才逐步形成为系统的知识。大致说来,我国古代图书馆学产生和发展经历了这样的阶段。

1. 古代图书馆学思想的酝酿时期——汉魏六朝

秦汉王朝的建立,为封建社会皇家图书馆的发展创造了条件。皇家图书馆积累先代遗书,分工校勘、整理旧籍,编定《七略》、《别录》,当时有一定的分类原则和编目标准,是我国目录学成熟的标志,也是图书馆工作的内容系统、完整和专业化的开端。但是,图书馆工作局限于几个专家分头进行,尚无需事先制定出统一的遵守规则,而图书分类是在整理好全部藏书后,针对藏书品种和门类而设置的类目,也并非当今先编制分类表据以分书。所以,只能把《七略》、《别录》理解为目录学专书。

到汉代产生了藏书沿革的记载,这主要是根据《七略》的辑略而缩成的《汉书·艺文志》的序。《汉书·艺文志》序比较集中地说明汉初收集图籍、武帝时建设皇家藏书的经过和成帝时皇朝校书之组织。后人所借以考见群经授受源流,全据《艺文志》。而后人了解汉代典籍之聚散,亦有赖《艺文志》的序。

汉代文化学术思想的发展与皇家图书馆是密切不可分的。东汉东观,人们已十分重视它的作用。李尤《东观赋》谓:"敷华实于雍堂,集干质于东观。东观之艺,孳孳洋洋。"其《东观铭》又谓:"是谓东观,书籍林林,列侯弘雅,治掌艺文。"已初步认识藏书之功用。当时,张衡的《专事东观收拾遗文》,也是在认识皇家图书馆的地位后提出来的。这些都可说明对皇家图书馆的社会作用的认识已逐步提高。魏晋以后,朝廷专设秘书监官员管理图籍之事。王肃等鉴于秘书属少府之不妥,曾建言说:"秘书司先王之载籍,掌制书之典谟,与中书相亚,宜与中书为官联。"他的建议不仅在于提高藏书官员的地位,而且提出了如果隶属关系不改变,实际上会直接影响朝廷文化的发展。正是由于社会生活的实际需要,秘书监职掌对皇朝统治的重要性,魏晋南北朝一段时期,秘书监属封建朝廷重要机构,是朝廷中枢机关的一个部分。

南朝梁时,沈约针对皇家图书馆管理不善的情况,提出了皇朝藏书管理的方法,这是最早论及皇朝图书管理方法的专文。齐、梁时是我国中古时期图书目录事业发展极盛时期,王俭《七志》、阮孝绪《七录》都在目录学发展上占有重要地位。现今存留的阮孝绪《七录》序,继承《汉书·艺文志》的传统,序中略记各代藏书故实,亦可看做图书馆史文献之一部分。

由于图书(典籍)在社会生活中,特别是在皇朝统治中的特殊作用,汉魏六朝从封建统治者到图书馆官员,都有论述图书馆作用和重要性的文字。首先,他们认为经书的作用是治化的根本。汉陆贾之"天下不可马上治之",提倡文教立国。汉武帝称:

"盖闻导民以礼，风之以乐，今礼乐崩坏，朕甚闵焉！"阮孝绪称："大圣挺生，应期命世，所以匡济风俗，矫正彝伦。非夫丘索坟典，诗书礼乐，何以成穆穆之功，致荡荡之化也哉！"其次，他们充分评价了经籍在皇朝统治中的作用，孙惠蔚称："六经百氏，图书秘籍，乃承天之正术，治人之贞范。……故大训炳于东序，艺文光于麟阁，斯实太平之枢宗，胜残之要道，有国之灵基，帝王之盛业。"这些都可看成图书馆学思想的一部分。

综上所述，汉魏六朝对图书的作用、图书馆的认识、藏书管理思想和图书馆官员职能的分析，以及对历朝典籍兴聚散亡的记载，构成了当时图书馆学的基本内容：阐述典籍作用，重视国家藏书，藏书管理的严密化。这一般可称之为图书馆学思想和工作的研究，加上图书馆史的研究，构成了中世纪图书馆学的初步结构。

2. 古代图书馆学思想的形成时期——隋唐五代

隋唐五代是我国中古时期文化极为繁荣的时代。我国古代图书馆学思想经汉魏六朝的酝酿，到隋唐时已逐步趋于完善。其主要表现在：

（1）图书典籍是"经邦立政"之大事之认识。牛弘把"大弘文教、纳俗升平"视为"为国之本"。魏徵等进而说明经典图籍是"经天地，纬阴阳，正纪纲，弘道德，显仁足以利物，藏用足以独善。学之者，将殖焉！不学者，将落焉"，把经典图籍视为皇朝统治的头等大事。这是在汉魏六朝对图书典籍作用认识的进一步深化。

（2）总结历代典籍聚散的"五厄"论出现。牛弘在上《请开献书之路表》中，总结秦汉以来典籍聚散的事实。归纳为五厄：即秦人吞六国，墳籍扫地，一厄也；王莽之末，并从焚烬，二厄也；献帝移都，西京燔荡，三厄也；晋世刘石凭陵，从而失坠，四厄也；侯景破梁，悉送荆州，周师入郢，焚之外城，五厄也。唐魏徵修《隋书》作《经籍志·序》，同样总结了秦汉以来图书典籍之兴废，特别对魏晋南北朝的图书聚散、藏书校勘、分类、编目状况作了回顾性的评述，这也可看成图书文献沿革史的著作。所以，这些都可认为是图书馆史研究的开端。

（3）藏书管理制度的总结。这主要是开始于《唐六典》关于监职和杜佑《通典职官》中关于秘书监、秘书丞、秘书郎等的沿革、史实、职掌之记载。这些书籍记载之职官，是属于图书馆行政方面之专门材料。

（4）图书分类之理论化。阮孝绪《七录》虽对所分类别有所说明，但仍然局限于部类成立的见解。《隋书·经籍志·序》中认为"夫仁义礼智，所以治国也。方技数术，所以治身也。诸子为经籍之鼓吹，文章乃政化之黼黻，皆为治之具也。"这就是四部分类的理论原则。同时，他们还对各类类目设置亦加以说明。到后晋刘昫的《旧唐书·经籍志·序》，则更把各部类之含义、内容分别加以论述。可以说，古代分类理论化的过程是比较漫长的。

3. 古代图书馆学体系建立时期——宋元时期

宋代是我国古代文化发展的重要时期，社会经济的发达、城市经济的繁荣、雕板印刷的兴盛，都为图书的传抄、汇集、刻印、流传创造了条件。因此，宋代官府藏书不仅有皇家的宫廷藏书,而且有供政事参考、提供公开阅览之国家藏书——三馆秘阁。同时,还出现了大量的私人藏书和作为教育机关——书院的藏书,可以说,宋代已构成了封建社会藏书制度体系。藏书制度的发达,必然提供了对图书整理、利用的实践机会,这也就为形成图书馆学思想体系提供了条件。我国古代图书馆学体系在宋代形成的主要标志是:

(1) 全面反映馆阁制度的专著出现。我国馆阁制度唐前是作为秘书监职责分别记载的,唐代弘文、集贤院有藏书,有职官,但未有专门著作记载它们。宋三馆秘阁是朝廷中的文化学术重要机构,担负着图书征集、储藏、校雠、整理,以及典籍利用等任务。南宋时程俱出于祖述先朝遗训、加强当代文献收集与保藏,使馆阁工作与管理制度化的目的,编纂了《麟台故事》。继之而起者有陈骙等的《中兴馆阁录》以及《中兴馆阁续录》,元代王士点等的元《秘书监志》。这些论述和记载我国古代馆阁制度的专著,由于书中论述问题多样,反映馆阁职能与作用全面,可视为古代图书馆管理制度的专门著作,也就是图书馆学的专著。

(2) 图书收集、分类与整理理论专著的出现。南宋郑樵积累长期的实践经验,从求书八道总结了图书馆藏书采访的经验,这是我国藏书建设理论之系统化。郑樵又总结自己在编撰《艺文略》中的实际体会,总述了图书分类的重要性、图书分类的作用、图书分类的归类方法等问题,这是图书分类工作研究的新突破。

(3) 公私藏书沿革综合研究之开始。隋牛弘论藏书五厄后,唐代对藏书沿革之研究主要表现在正史的"艺文"、"经籍"志体中,对私人藏书并未加以注意。至宋元则有了显著的改变:一是补充牛弘未论及之事,如封演之说唐代藏书事实;二是增加私人藏书事实,如洪迈、周密之论及宋士大夫藏书,郑樵之论及民间藏书之家;三是搜辑藏书史料,如马端临《文献通考》之记载隋观文殿之书库装饰与设备、唐开元之集贤书院事实,都是藏书制度研究深入之标志。

4. 古代图书馆学体系完善时期——明清

刘国钧先生1926年评述中文图书馆学书籍时,曾说道:"我国藏书源流甚古,然重藏而不重用,且不过极少数人之事。虽典藏之道,亦语焉莫详;况流通管理之术乎。孙庆增之《藏书纪要》,号称精当,犹不能探求原理,参稽异同,考核得失,以成一有系统的著作。况其他乎。"刘先生站在介绍新的图书馆学说、推进图书馆事业发展的角度,指出古代图书馆学著作中之缺陷,如"流通管理之术"未能论及,确实如此。但举及孙庆增等的图书馆学著作,认为亦不是"一有系统的著作",这种看法是可以讨论的。

明清两代,在整个中国封建社会的发展中,已经进入后期阶段,从文化学术发展来看,则又是我国文化学术发展的重要阶段。明清两代,对我国古代文化遗产的整理与继承,是作出了巨大的贡献的。现存的大量古代文化典籍基本靠明清二代加以搜罗收集,辑佚而系统地保留下来,这是一。先秦、西汉以至隋唐的文学艺术之宝贵遗产,靠明清两代文学艺术家加以积累与继承,并在此基础上发展了中国古典文学艺术的优良传统,这是二。世界近代自然科学发展的成果是靠明清两代学者加以介绍和研究,才逐步为我国人民所了解和认识，这是三。明清两代，文化学术事业发展的基本条件，如造纸、印刷工艺的发达，书籍发行渠道畅通多样，也是前代不可企及的，这是四。正因为文化学术的发展和书籍刻印流传的迅速，促进了我国古代图书馆的发展。明清两代，无论国家藏书（宫廷藏书）、私人藏书、寺院藏书、书院藏书都是很兴盛的，特别是适应文化学术研究的需要，私人藏书家大量涌现，我国古代图书馆学体系的完善正是由在私人藏书队伍中涌现出的图书馆学家完成的。

明清两代图书馆学体系完善的主要标志：

（1）官私藏书综合研究与专著的出现。这方面较早的如丘濬的《大学衍义补》中论及历代藏书情况，胡应麟的《少室山房笔丛》中的《经籍会通》篇论及历代公私藏书情况。到了清代，专门论及官府藏书的有《文澜阁志》，论及私人藏书的有《藏书记事诗》，论及地方藏书的有《武林藏书录》等。这些公私藏书综合研究之专章与专著的出现，说明图书馆在社会生活中地位的提高，说明各类型藏书的数量增加。同时，由于藏书类型多样，作用不同，也引起了藏书种类划分的不同意见。这类专章与专著可谓之图书馆状况与发展的研究。

（2）典籍作用与图书利用思想的发展。明清二代，承袭宋元以来部分藏书家藏书公开的传统，藏书家互相参观、互相借抄和利用风气已开，所以藏书公开、建立公共藏书的思想和行动屡见于史料记载。曹溶之流通图书、周永年之建立儒藏等思想是最有代表性的。至于论述典籍作用的言论，上至明清各朝帝王，下至馆阁臣僚，更是比宋元时集中、深刻，更富于理论色彩了。

（3）藏书建设思想的建立与发展。郑樵之求书八法，较多着重于求书，即访书的经验总结。祁承㸁对藏书建设方面之理论，已有所提高，图书购求之"眼界欲宽"、"精神欲注"、"心思欲巧"、"抄校欲勤"四论，图书鉴别之"审轻重"、"辨真伪"、"核名实"、"权缓急"、"别品类"五法，既融合前人经验，又渗透着作者几十年经验之积累。其中，注重当代史料之搜集、讲求实用之学，不求全求多，注意鉴别等思想，都是很有启发意义的。至于孙庆增之《藏书纪要》，论及藏书购求、鉴别、钞录、校雠、装订、编目、收藏、曝书，由此可知当时藏书建设之范围，藏书整理工作之内容和工作方法，这是封建社会藏书管理经验之集大成，是封建社会图书馆学之系统化著作。

（4）图书分类之理论化与图书目录体系之论述。图书分类之理论化可溯源于唐宋时，但图书分类理论研究是祁承㸁完成的。祁承㸁提出的"因、益、互、通"四原则，是分类理论和分类工作的总结。至于图书目录体系之论述，孙庆增则是第一人。孙的四种目录的说法，是封建社会藏书目录的体系，也是各种目录中文献著录之规则，是堪称精密的。

（5）图书保护技术研究的总结。早在宋元时，在图书保护技术方面，有人曾作过比较零星的记载。到了明清时，由于私人藏书发达，图书保护技术的研究已成为私人藏书家十分重视的工作。所以，举凡书库地址选择、防火、防湿、防虫技术与方法，藏书的整理与晾曝，以至书柜、函盒等的装备，书籍的修补复旧技术等都作了比较科学的分析与总结。这方面的遗产是我国文化遗产的一部分，也是可以不断继承和发展的。

近代社会，中国进入半殖民地半封建社会。20世纪后，我国古代图书馆学逐步衰落，近代图书馆学逐步兴起，我国图书馆学完成了由古代图书馆学向近代图书馆学的过渡。

近代图书馆学史的内容，是中国图书馆史最丰富的一页。新旧交替、中外融合、改革与守旧一直贯串于近代图书馆学史中。我们不仅要总结近代图书馆学史的产生与发展，研究各种图书馆学体系和学说，分析图书馆学内容的高度和深度，同时，也要分析近代图书馆学代表两种文化思想的斗争。当然，实事求是地评价国外图书馆学的传入，也是十分重要的。

中国古代图书馆学史的内容，总的表现是属于封建社会上层建筑的一部分，是属于地主阶级文化的范畴。所以，其局限性是很明显的。如关于四部分类突出正经正史的做法，排斥或贬低民间文学的考虑，长期以来没有进行比较重大的改动。同时，无论从正史艺文志、官藏书目，到私藏书目的著录，虽然有过改进与提高，从总的趋势来看，科学性也是不够的。图书馆的新思想、新观点，因交通阻隔，信息交流不频繁，亦未能得到社会上的推广与实践。从这些也可看出，封建专制制度扼杀新的学术发展和文化交流。

但是，事物的矛盾特殊性决定了事物发展的多样性。作为封建社会文化现象的图书馆，自然属于地主阶级文化的一部分，但它们的藏书目的、收藏图书的数量与质量、对图书的利用程度都会有所差别。作为反映封建社会图书馆发展与图书馆工作内容的图书馆学，有些思想和见解富有人民性的一面，如提倡图书开放、供读者使用的观点，如图书整理工作的严密和制度化、图书保护措施的科学化等等，都是值得我们总结和借鉴的。

中国图书馆学史的研究牵涉到有关哲学思想、政治思想、文化思想发展的内容。从历代校勘学、版本学、目录学发展中分析属于图书馆学的内容，并进一步说明其中的联系与区别；近代图书馆学史的发展，与教育学的内容联系颇紧，这些都要付出艰巨的努力，更不谈整理出有系统的图书馆学史资料，需花费不少时日和精力了。但是，只要大家共同合作，当会收到预期的效果。

（原载于《武汉大学学报》（哲学社会科学版）1985年第3期）

我国古代藏书建设理论之发展

我国绵长的封建社会，曾经建立无数的公私藏书楼，这些封建社会文化财富的积累者、整理者与传播者，对中国文化遗产的继承与当代学术的发展，都曾起过应有的作用。欲藏之于府，则要求之于世，加之封建社会图书的流传还没有完善的发行系统，所以，各代藏书家对求书之道，即藏书之搜求、抄录、交换和储藏，都是极为讲究的。有藏书之举，则必有求书之道。他们通过长期的实践活动，逐步摸索和总结出一套关于藏书建设的理论与方法。所以，古代藏书建设的理论是从实践中产生和发展的。

但是，一种事业理论之完善和系统化，又是经过长期的积累的。换言之，早期图书馆的实践活动，只提供了部分的认识事物的机会，譬如我国从汉代开始，就大量收集、整理藏书，但当时并没能形成系统的藏书理论。魏晋南北朝时，继续前代故事，搜访图书，整理旧籍，编制目录，藏书理论之认识也只是局限在必须搜求上。牛弘论藏书五厄，请开献书之路，其目的是"经邦立政，在于典谟"、"为国之本，莫此攸先"就是明证。至于如何搜求，只说"必须勒之以天威，引之以微利"，还没提出藏书采访的措施和方法。应该说，逐步形成藏书建设之理论，应是出版物繁多，品类丰富，且出版方式多种多样的情况下产生的。书籍只靠传抄，访求之路狭，出版物不多，更无购求之研究，加之历经数世之积累，才能有比较全面的总结。所以，我们认为藏书之举起源虽早，藏书建设之理论则产生较晚。就我国而论，到了宋代，才逐步形成和系统化了藏书建设之理论。明清两代，完成了封建社会藏书建设理论之体系，全面总结了藏书实践的内容，取得了藏书建设理论化和系统化的成就。

封建社会藏书建设之理论研究，比较集中出现在私人藏书家队伍中。唐前之事实不论，就宋代以后，宫庭和官府藏书数以万计，但藏书之理论研究并未引起重视。宋程俱《麟台故事》虽有储藏一节，也是记载三馆藏书故实，并未涉及采访方法。恰恰是私人藏书家郑樵开始了藏书建设理论之研究。明清二代，公家藏书可谓多矣，但藏书建设理论之研究，还是私人藏书家祁承㸁、孙庆增等人在做。由此可见，官府藏书不仅扼杀文化发展，同时也窒息学术研究。私人藏书家则不然，其在文化事业的贡献是巨大的。吴晗有谓"藏书之风气盛，读书之风气亦因之而兴，好学敏求之士往往跋涉千里，登门借读，或则辗转请托，移录副本，甚或节衣缩食，恣意置书，每有室如悬罄而弄书充栋者；亦有毕生以钞诵秘籍为事，蔚成藏家者。版本既多，校雠之学因盛，绩学方闻之士多能扫去鱼豕，一意补残正缺，古书因之可读，而自来所不能通释之典籍，亦因之而复显于人间，甚或比勘异文，发现前人误失，造成学术上之疑古求真风气。藏家之有力者复举以付剞劂，辑为丛书，公之天下。数百年来踵接武继，化秘笈为亿万千身，其嘉惠来学者至多。"（吴晗：《江浙藏书家史略》第 118 页，中华书局，1981 年）这里比较全面地说明了私人藏书家藏书之艰辛及其藏书之作用。下面比较集中地说明我国藏书建设理论之发展，多举私人藏书家建树和成就，其原因正是在此。

一、郑樵《求书之道有八论》

郑樵（1104—1162），字渔仲，人称夹漈先生。宋兴化军莆田（今福建莆田）人，著有《通志》200卷和《夹漈遗编》等。

郑樵是宋代著名的历史学家和目录学家。精通文学、史学、天文、地理，终身以著述为务。《通志》二十略中之《艺文略》、《校雠略》、《图谱略》，在总结历代图书校雠、目录历史经验之基础上，独具创见，开创了我国目录学发展的新阶段。《校雠略》中之《求书之道有八论》更是我国古代藏书建设理论之重要成就。

我国图书的印制与流传。在唐代雕版印刷发明后，印制种类逐步增多，内容包罗极广，图书流传遍及国内外。特别到了宋代，由于社会经济的发展，城市手工业工人队伍壮大，社会对图书之需要日益迫切，这就从客观上促进了图书印制的发展。郑樵生于宋代，既能看到唐以前遗留之残简旧篇，又遍观当代公私藏书，深感如能讲求求书之道，阙书可备于后世，亡书并可出于民间。故综合历代书籍散亡与聚合之历史事实，希望总结一套图书访求之理论，这既有助于国家史馆之校书，并能有补公私藏书之阙失，故有求书八法之说。从这一意义上说，求书八法的产生是当时图书事业实践的需要。

郑樵好著书，有志于通古今之变，成一家之言，所以发愤著作《通志》。要把从上古到宋代的历史汇集，把人类社会的各门学说总于一书，就必须搜集大量人类遗留之典籍。史称郑樵"游名山大川，搜奇访古，遇藏书家，必借留读尽乃去"。又称郑樵曾"求入秘书省翻阅书籍"。（《宋史·郑樵传》）而郑樵在《校雠略》列举之藏书家，如"乡人方氏望壶楼"、"淳州吴氏"、"乡人李氏"、"乡人陈氏"等，说明郑樵曾广泛阅读公私藏书之家。在长期著述实践中，在搜集图籍过程中，郑樵逐步总结了当世的图书采访之经验和自己采访之体会，写成求书八法。因此，求书八法之产生，是长期的实践基础上的经验之谈。

郑樵出于编写《通志》的需要，不仅广泛地多方访求图书，而且还亲自编制阙书目录，以便得到社会支持，以达到他在《艺文志》所说"纪百代之有无"的目标。如《校雠略》称："古人亡书有记，故本所记而求之。魏人求书有《阙目录》一卷，唐人求书有《搜访图书目》一卷。"（《校雠略·编次必记亡书论》）因此，他仿照前代故事，按秘书省所颁《阙书目录》，集为《求书阙记》七卷，《外记》十卷。（钱亚新：《郑樵校雠略研究·编目》，商务印书馆，1948年）这种举动，本身就是图书采访之具体行动，是为了从通报阙书的动机，而收到采访遗书的目的。这种图书采访之实践也是郑樵在图书采访，或者说是藏书建设工作的贡献。

《求书之道有八论》详细说明了郑樵的图书采访之八种方法，他说"求书之道有八：一曰即类以求，二曰旁类以求，三曰因地以求，四曰因家以求，五曰求之公，六曰求之私，七曰因人以求，八曰因代以求，当不一于所求也。"这八种采访图籍之法，大致归纳起来，可分按图书之内容去访求之方法，如即类以求、旁类以求是也；按图书之出版者访求之方法，如因地以求、因家以求是也；按图书之收藏者去访求之方法，如求之公、求之私、因人以求是也。此外还有因代以求，略而不论。

所谓按图书之内容去访求图书，主要说明两点。一是有些图书资料，不一定流传于世，可通过其专门机构和从事此项事业之专门家中得之。郑樵举例说："凡星历之书，求之灵台郎。乐律之书，求之太常乐工。灵台所无，然后访民间之星历者。太常所无，然后访民间之知音律者。"二是某类图书还可通过有关类别适当扩大线索，从而收集到有关的图书资料，如："小学文字之书，可以求之释氏。"郑樵举例如《仓颉篇》、《龙龛手鉴》等就可从释氏（佛教）图书中得之。这是因为关于文字学之书，是一切经书阅读研究之必读书。佛教书中必然附载此类图书，这是很容易理解的。

所谓按图书之出版者去访求图书，这点在图书印制普遍，但图书发行因地域交通的限制的历史条件下，是一项主要的访求方法。譬如各地方文献性图书，可于该地访求："《零陵先贤传》，零陵必有。《桂阳先贤赞》，桂阳必有。""《茅山记》必见于茅山观，《神光圣迹》亦见于神光寺。"而因家以求或按作者籍贯去访求，从搜访难得资料及孤本来看，显得更加重要。"徐寅文赋，今莆田有之，以其家在莆田。潘佑文集，今长乐有之，以其后居长乐。"宋代各地刻书，往往汇印该地名宦先贤的文集、诗集，以显示地方文化之风尚，如抚州刻王安石集，吉安刻周必大、欧阳修集，眉山刻苏老泉父子诗文，都是明证。郑樵因地以求、因家以求之法不是无的放矢的。

所谓按图书之收藏者去访求图书，一方面说明当时封建社会中私人藏书发展，往往官府藏书中不具备的，私人藏书中亦可找寻。郑樵以其乡民李氏、漳州吴氏藏书甚多，"所得之书多蓬山所无者"（《求书之道有八论》），"按漳州吴氏书目，算术一家有数件古书，皆三馆四库所无者，臣已收入求书类矣。又《师春》二卷，甘氏《星经》二卷，《汉官典义》十卷，京房《易抄》一卷，今世之所传者皆出吴氏"（《校雠略·亡书出于民间论》），说明应向一些私家访求图书，往往能得到所需图书。另一方面，郑樵列举一些政府机构之出版物或资料档案，说明只有从这些机构里才能得到，如"礼仪之书，祠祀之书，断狱之书，官制之书，版图之书，今官府有不经兵火处，其书必有存者"（《求书之道有八论》）。

如果要使图籍采访有成效，或者使图书保管能长久，郑樵结合历史经验提出了"求书遣使校书久任"的看法，这是十分值得重视的。郑樵分析历代图书散失，其中重要的原因是校官不久任，致使图籍管理无专人，或者管理无连续性，所以散失；而要图籍完备，搜求无遗，则应设置专使。他举出历史上汉代、隋代、唐代等聚书之多的事实，说明求书应设专官，"古人求书欲广，必遣官焉，然后山林薮泽可以无遗"。又举汉代、唐代图书管理和利用较好之事例，如司马迁世为史官，刘向父子校雠天禄，虞世南、颜师古相继为秘书监等例，强调"若欲图书之备，文物之兴，则校雠之官岂可不久其任哉"。（《校雠略·求书遣使校书久任论》）

郑樵根据历代国家藏书和私人藏书的实际经验，总结出求书八法的理论，在中国图书馆学发展史上是有重要意义的。他的这些理论，对于后世私人藏书家访求图书影响巨大，明代祁承㸁、清代孙庆增等，无不将之奉为自己采访图书的准则。他的这些看法，对我们今天的图书采访也是有参考价值的。除了"求书专官"、"校书久任"这二条外，主要是方法上的讲求。方法上能做到访求公私之外，遍搜地区和有关人物的藏书，按类按种，旁及其余，自然能得到所需图书。正如郑樵以一己之力，而可以"纪百代之有无",编出《艺文略》这样的书目,我们现在采访图书的手段和方法要优越得多,收集对本馆备用的书籍自然是容易得多。

二、祁承㸁《藏书训略》

祁承㸁,字尔光,号夷度,自号旷翁。明浙江山阴(今浙江绍兴)人,万历庚子举人,万历甲辰进士,官至江西布政使司右参政,著有《澹生堂集》、《澹生堂藏书约》、《澹生堂书目》,是明代著名藏书家。

祁承㸁是明末浙东著名藏书家,其先人"遗书五七架,庋卧楼上",自己从小嗜书,"按籍摩挲,虽童子之所喜,吸笙摇鼓者,弗乐于此"。成年后,甚至把夫人之嫁妆"悉以供市书之值"。出仕以后,"更沈酣典籍,手录古今四部",或"遍问坊肆所刻,便向委巷深衢,觅有异本,即鼠余蠹剩,无不珍重市归,手为补缀。十余年来,馆谷之所得,馆粥之所余,无不归之书者"。(祁承㸁:《澹生堂藏书约》)他师郑渔仲(樵)求书之法,据称藏书达十余万卷。其子祁彪佳亦喜藏书,有《远山堂明剧品曲品》传世。祁承㸁积三十多年经验,写成《澹生堂藏书约》,分读书训、聚书训、藏书训三部分。藏书训则分购书和鉴书,故此书实为四部分之内容,全面总结了图书收集、鉴别、分类等方面的经验和体会,其中购书训、鉴书训两部分,是图书馆藏书建设的重要文献。

《澹生堂藏书约》是祁承㸁的家训,目的是感于自己藏书聚而散、散而复聚之教训,以便子孙世守其书,能利用其书,"知忠信孝友"之义,能不令读书种子断绝。故"取古人聚书读书足为规训者",使子孙得到启示和教育,并"示以购书鉴书之法",子孙朝夕观省,使藏书"子孙益之守弗失"。正因为如此,他的读书、聚书、购书、鉴书之经验,就毫不保留地反映在著作中,从参考价值上来说,比之其他同类著作,显得更加真实和具体。

其次,明中叶以后,我国图书出版进入一个崭新的局面。社会经济的发展,手工业的兴盛,市民阶层阅读的需要,以及印刷方法的改进与提高,使当时社会上出版物激增,不仅出版了大量前代的各种著作,就是当代的诗文集、小说、戏曲书籍也大量涌现。因图书出版商之增多,印制条件之便捷,甚至汇辑前代诗文成大部头丛书,编印日常生活必备之百科全书式的手册,整理各种体裁的文学著作,也为数颇多。北京、南京、苏州、杭州等书市的发展,也为购书创造了有利条件。所以,在出版物数量增多的情况下,讲求购书方法显然就十分重要了。故祁承㸁总结购书经验,提出购书之原则、方法,有助于解决当时藏书家的实际困难。他指出了提高藏书建设中质量的关键问题,其理论的指导意义就显而易见了。

《澹生堂藏书约·藏书训略》的内容大致有三:一是提出了购书的三个原则,二是提出了鉴书的五种方法,三是提出了编制一个采访目录。

购书的三个原则,祁承㸁说"夫购书无他术,眼界欲宽,精神欲注,而心思欲巧。"这三种购书原则,其基本出发点是在购书过程中应该从各种途径和方法搜访图书,从而通过各种手段积累图书财富。所谓眼界欲宽,就是购书中应看到天下图书财富是很丰富的，不能眼睛只注意某一类，因为图书类别很多。故应把目光放远点，这样积累的图书才能不断增多，参考价值才高。祁承㸁批评一些人"于四股八比之外，略有旁览，便恐妨正业，视为怪物，即子弟稍窃窥目前书一二种，便自命博雅，沾沾自喜"。他认为这些人是不知"宇宙大矣"。要他的子孙"知旷然宇宙，自有大观"。祁承㸁在这里还列举古今公私藏书大略、藏书卷数之浩繁，说明其主旨是购书首先不局限于一家一地，广泛地搜访征求。精神欲注这个问题，用现在的话叫做专心致志。祁承㸁认为"物聚于所好，奇书秘本，多从精神注向者得之"。这就是说，把读书、聚书当做一种嗜好，喜欢读书，看了这本书，还想读那本书，"方读其已见，恨不能读其所未见"，自然专心致志地喜爱它，以至想办法购买它，收藏它。这样，日积月累，藏书自然就会不断丰富了。第三个原则是心思欲巧，也就是方法多样。他认为郑樵求书八法之外，还有三法：一是"如书有著于三代而亡于汉者，然汉人之引经多据之。书有著于汉而亡于唐者，然唐人之著述尚存之。书有著于唐而亡于宋者，然宋人之纂集多存之"。如果遇见这种情况，可用辑佚的方法，把前代已亡，而后代复存之书中有关材料，"另从其书各为录出"，这里称它为辑佚法。二是"又如《世说》词旨本自简令，已使人识晋人丰度于眉宇间，若刘孝标之注，援引精核，微言妙义，更自灿然，可与《世说》各为一种"。他列举了唐杜佑《通典》、桑钦《水经》等书，都可分别从中"析而为两"，搞出与《通典》并行之唐代典章书和与《水经》并行之郦道元《水经注》。这里称它为分析法。三是"购书于书未集之先易，何也？凡书皆可购也，即因地因人因家因代，无不可者，购书于书稍集之后难，何也？海内通行之书，大都此数十百种耳，倘一概求之，或以千里邮至，或以重值市归，乃开箧而已有在架矣"。为了避免产生重购漏购之情况，应编出一采访目录。以上就是祁承㸁心思欲巧之三法。

鉴书五法，一为审轻重，二为辨真伪，三为核名实，四为权缓急，五为别品类。祁承㸁称"藏书之要在识鉴"，故有鉴书五法之说。鉴书与藏书之关系是很密切的，一般地说，收书容易，而收集到有价值、有特色的图书就不容易了。特别是封建时代的藏书家，如果不善于鉴别图书，不分好坏收书，那么他只是把图书当做装饰门面、炫耀富有的手段。真正能识书、善买书、会读书的藏书家，才是值得称道的。所以，祁承㸁提出"藏书之要在识鉴"，是切中时弊之言。祁承㸁所说的审轻重，就是比较四部书籍的流传，提出要区别轻重，首先收集早期著作，收集较早之版本，即"得史十者不如得一遗经，得今集百者不如得一周秦以上子，得百千小说者不如得汉唐实录一"。当然，如果早期著作和较早版本的价值是很高的，是应该珍惜的；但是，如果仅追求孤本秘籍，忽视其他时代的文化遗产，这种看法则是片面的了。所谓辨真伪者，即在鉴别中分清真伪，祁承㸁分析历代著作的流传，指出"所伪者多在子"，并列举各种伪书之情况，这是可供我们参考的。核名实是着重说明书籍流传中曾产生过"有实同而名异者，有名亡而实存者，有得一书而即可概见其余者，有得其所散见而即可凑合其全文者，又有本一书也，而故多析其名以示异者。"这些情况在鉴别中都应"逐一研核，不为前人所谩"。这种情况的分析，对我们也是可以借鉴的。至于权缓急，是讲采访图书中，应分清轻重缓急，本着先史后经，然后子与集的次序逐步收集。史部书中，正史为急，霸史杂史缓。而正史中又以唐以前史比较重要。这些是祁承㸁本着收藏图书，不是以博洽为务,应注重实用的指导思想而制定的标准。一般来说,祁氏之认识还是可取的。这从他特别注意收集本朝著作,"凡涉国朝典故者,不特小史宜收,即有街谈巷议,亦当尽采"。可以看出其收藏之缓急不在于炫耀富有,而在于积累文献,讲求实用。因此,在当时的历史条件下,这种看法还是可以肯定的。至于别品流,着重在说明图书应分类,而分类应准确,这样可以按类利用,方便参考,这里就不讨论了。

这里特别谈谈祁承煠指出的编制采访目录的问题。编制阙书目录以备采访和征求,郑樵已经提出。但祁承煠通过几十年的采访图书实践,感到单编阙书目录还不够完备,故提出应编一种目录。这种目录分别记载某种集子有序称某书若干首,某书之序刻于何年,存于何地,这样,可知某书从某地求之,某书可向某氏索之,这样既可防止遗漏,又可方便查访。祁承煠称这种目录是"夜行之烛"、"探宝之珠"。我们现在未能看到这种目录是什么样子,但他的设想对我们是有启发的。

三、孙庆增《藏书纪要》

孙庆增,字从添,一字石芝,清江苏常熟人,业医,嗜书成癖,家藏万卷,名上善堂。著有《上善堂书目》、《藏书纪要》等,是清初图书馆学家。

《藏书纪要》是明清图书馆学重要成就之一。孙庆增自称"数年以来,或持橐以载所见,或携箧以志所闻,念兹在兹,几成一老蠹鱼矣"(孙庆增:《藏书纪要》)。也就是说积自己购书、鉴别、整理、保管等之经验,写成此书,分购求、鉴别、抄录、校雠、装订、编目、收藏、曝书八则,全面论述了藏书家收集、整理、保藏图书之方法。黄丕烈称此书"言之甚详且备,盖亦真知笃好者"(黄丕烈:《士礼居丛书·藏书纪要跋》),缪荃孙谓此书"所记皆甘苦之言,益人识见不少"(缪荃孙:《藕香零拾·藏书纪要跋》),评价都很高,对清代藏书家之影响是很大的。

《藏书纪要》作者生于康熙初年,主要活动是在康熙、雍正以至乾隆年间。当时明代遗留典籍尚多,而清代文网之严已经开始,所以,他的经验具有一定的局限性,即继承明代的东西较多,而来不及赶上乾嘉校勘、辑佚之风,没有乾嘉学者见多识广,但这不妨碍其著作学术之价值与实践之指导意义。

《藏书纪要》第一则购求,首先说明"购求书籍,是最难事亦最美事,最韵事最乐事"。所谓购求最难事有六种,其中提出了因为无钱购书而失掉良机,或自己所好之书而购求不到,还有是不知鉴识真伪、检点卷数、辨论字纸等情况,而轻率购进,造成残缺,以至遭受别人欺骗等都是实际中经常会碰到的。在藏书建设中,孙庆增特别强调抄录,他认为"书籍中之秘本,为当世所罕见者,非抄录则不可得"(《藏书纪要》第三则抄录)。这种看法从广泛地搜罗资料来看,应当是值得赞许的。孙庆增特别注意图书之保护,分别从装订、编目、收藏、曝书四则论述,列举的各种方法,对我们今天古书整理、装订、图书管理和清点,防虫防霉等各方面都是可以借鉴的。

《藏书纪要》一书,直接谈论图书采访方法不多,而比较着重谈论图书保管之方法,这就弥补了从郑樵至祁承煠等形成的藏书建设内容中之不足。应该说,到了清代,图书馆藏书建设的理论才系统和全面了。所以,《藏书纪要》的理论上的价值就是全面总结了我国古代图书采访、校勘、保管、收藏的经验，系统地建立了古代图书馆学的体系，充实了古代图书馆学的内容。把《藏书纪要》称为一部封建社会图书馆学的教科书，这种看法也是可以接受的。清末叶德辉称此书"收藏之指南"、"汲古之修绠"（叶德辉：《藏书十约》），可见其影响后世藏书家之深了。

清末叶德辉撰《藏书十约》，虽然在藏书经验上有新的总结，但藏书购置一节中，首先说明购书先经部，次史部，次丛书，这种面对风起云涌的革命浪潮的倒退复古理论，当然是不足取的了。这种对明末以来藏书家注重史事、着力搜求经世致用之书的优良传统的一种反动，只是我国古代藏书建设理论中的一股逆流，这是我们应当充分认识的一点。

综观从宋代以来，我国封建社会藏书建设的理论发展，有哪些方面的局限性呢？首先，郑樵的贪多求全的思想，值得我们注意克服。前面已经说过郑樵的求书八法，是服务于他的著述和写作，但应看到以封建社会一人之力，要求搜集各代之书以纪古今之有无，这实际上是相当困难的。一个藏书家求全必备，因财力之限制，无法求全，因地域之远近，必备也难，这是很浅显的道理。正因为如此，根据自己的财力和条件，积累基本藏书，形成自己的藏书特色，那才是比较实际的做法。其次，祁承㸁的割裂全书，务以多为快的思想也是不足法的。这样做的结果，分析资料使读者能从多种途径上得到某种资料，当然是好办法，但用于藏书，施之于刻书，这样析一书为几，甚至杜撰书名，反而搞乱原书的完整性，那也不是好主张。我们现在社会主义时代的图书馆，自然不应重蹈覆辙，继承而创新才是我们的正确态度。

（原载于《图书情报知识》1982年第2期）

牛弘的《请开献书之路表》

牛弘（545—610），字里仁，隋安定（今甘肃径川北）人。本姓寮，其父允为后魏侍中、工部尚书，封临泾公，赐姓牛。牛弘在北周历任中外府记室、内史上士、纳言上士，史称其"专管文翰，甚有美称"，加威烈将军，员外散骑侍郎，修起居注，袭封临泾公。北周武帝宣政元年（578），转内史下大夫，进位使持节、大将军，仪同三司。

杨坚建立隋朝后，牛弘在隋朝任散骑常侍，担任秘书监。因牛弘长期在北周任史官职务，熟识礼仪典籍，故在隋朝开国后的礼仪、典制、乐章等方面建树颇多。《隋书》本传称牛弘"采百王之损益，成一代之典章，汉之叔孙，不能尚也"。

牛弘素得隋文帝的重用，官职不断升迁，后得授大将军，拜吏部尚书。杨广即位后，牛弘进位上大将军，改右光禄大夫，其待遇隆厚到可与杨广同入内帐，与皇后等同席饮食。随同杨广拜恒岳、下太行、游江都。大业六年（610），牛弘死，隋炀帝追赠他为开府仪同三司、光禄大夫、文安侯。

牛弘著述颇多，据《隋书·经籍志》记有《周史》十八卷（未成）、《隋朝礼仪》一百卷、《开皇四年四部目录》四卷，又主撰《大业律》等书。有《牛奇章集》。

牛弘笃好坟籍，学优而仕。加之长期任北周史官，入隋后，负责皇朝礼仪制定、法律条令的起草，以至朝廷大典礼制，也参与施行，故对典籍的作用是很清楚的。开皇三年（583年），牛弘向朝廷呈上《请开献书之路表》，集中反映了牛弘对我国典籍发展的历史，对典籍在朝廷政治生活中的作用以及朝廷如何征集典籍、建立官府藏书等问题的看法。《请开献书之路表》是中国典籍史上的一篇重要文献。

"经邦立政，在于典谟"，强调典籍在治国中的地位和作用

综观中国长期的封建统治，凡是一代开国之帝王，有为的君主，对于典籍的政治作用是有足够的重视的。所以，汉代立国之初，先取图籍，以充秘府。武帝广集天下图书，建藏书之策，置写书之官。光武帝刘秀收宫廷遗书充实府库。隋代建国后，政治上虽然结束了南北朝长期分裂的局面，但是，南北各朝世代遗书散落各地，对于图籍的收集比前代更为困难。牛弘正是出于对历史经验的借鉴，针对当时的实际情况，提出应该征集图书。因为"经邦立政，在于典谟"，也就是说，典籍是政治统治的重要依据和参考。"立国之本，莫此悠先"，建国之初，各种事务千头万绪，但收集图书，建立官府藏书体系，这是首要的事务。

牛弘援引史事，"尧称至圣，犹考古道而言。舜其大智，尚观古人之象"（《隋书·牛弘传》）。并称周武王问先王之道，均需有典籍为据。但牛弘并不是仅据此事实说明典籍之意义，而是通过历代君王对典籍重视的事实，看到典籍在弘扬道德、制定礼仪等方面的重要作用，也就是典籍可以正人心、弘道德，以达到民风淳朴、国泰安宁的目的。

所以，牛弘强调："有国有家者，曷尝不以诗书而为教、因礼乐而成功也。"

牛弘从"经典盛衰、信有征数"的迷信思想出发，得出典籍"兴集之期，属膺圣世"的看法。因此，他认为：凡欲创基立业的君王，必要有丰富的典籍作为朝廷盛业的根基。他希望隋文帝统一中国后，还应在典籍的齐备上表现国家富强、文化昌盛。牛弘认为隋文帝"受天明命，君临区宇，功无与二，德冠往初"，当今"土宇迈于三王，民黎盛于两汉"，正是应该"大弘文教、纳俗升平"的时候。牛弘认为这样的一统局面，必须有文化昌盛的表现。所以"一时载籍，须令大备，不可王府所无，私家乃有"。这种看法，首先是各种载籍必须王室拥有，并完备无缺，以此显示王室之至高无上的权威。同时，经邦立政，也必须广泛参考典籍，也只有做到全面收藏，才能得心应手地利用。这样，牛弘之"立国之本，莫此悠先"的意图就非常明显了。

牛弘还从历史考察中，进一步看到典籍的重要性。"经邦立政，在于典谟"，首先从孔子整理"六经"的事实可以看出来。这里强调了儒家经典对于修身、齐家、治国、平天下的作用。这主要从书籍内容上说明。而从汉代以来，儒家经典对历代帝王的影响是相当深的。汉代建立了官府藏书，藏书在朝廷政治和文化生活中有着重要的地位。与此同时，官府藏书不断地积累与丰富，也使文献得以提高和发展。一代代藏书盛举，也是一代代君王大业的表征。反之，某个君王轻视文献的累积，致使图籍散落，也是统治政权衰败的征候。牛弘有着这些看法，在某些方面是一种因果报应的思想。但是，其主导方面是只有累积典籍，才能提供政治参考；只有丰富的典籍，才能正人心、厚风俗。也就是说，他把典籍看做关系政治统治、国家安危、人心向背的大事。所以，典籍的收藏被提到一种"国策"的高度，因而有"经邦立政，在于典谟"之说。

"年逾千载，数遭五厄"的典籍历史总结

牛弘在《请开献书之路表》中从先秦经籍之积累始，历数秦、汉、三国、两晋、南北朝典籍的聚散之情，并归纳成所谓"五厄"论。牛弘的"五厄"论是我国关于典籍的聚散沿革的最早的一篇历史文献，也可以说，是我国古代藏书事业研究的第一次成果。

所谓书之一厄，即先秦典籍的聚散过程。牛弘指出："昔周德既衰，旧经紊弃。孔子以大圣之才，开素王之业，宪章祖述，制《礼》刊《诗》，正五始而修《春秋》，阐《十翼》而弘《易》道。治国立身，作范垂法。"这里，他肯定了孔子整理删订《五经》之业绩，并高度评价了《五经》的重要作用是"治国立身，作范垂法"。但是，应该看到，牛弘在这里对《五经》的评价是谨慎的。如制定《礼》书，勘定《诗》书，修《春秋》，弘扬《易》道，并不肯定《五经》都是孔子删订和整理的。这是比较合乎实际情况的。他着重强调的是经书的价值。接着，牛弘指出先秦典籍之散亡，乃在于秦的政策，秦始皇"任用威力，事不师古，始下焚书之令，行偶语之刑。先王坟籍，扫地皆尽。本既先亡，从而颠覆。"秦朝执行"事不师古"的政策，导致典籍之散亡。虽然牛弘并没有直接指出典籍散亡的责任是什么，但实际上非常清楚地表示了这样的观点："任用威力"、"事不师古"就引起了焚书之举，因而结果是坟籍扫地而尽。

所谓书之二厄，即西汉典籍的聚散过程。牛弘简述了汉代兴起后，改秦之败，敦尚

儒术，中经几代皇帝的提倡与推广，或收遗书，或置写官，并经校雠整理，这些政策使西汉末藏书积累达到空前兴盛的地步。但是西汉王莽之乱，图籍散亡。牛弘在此处主要是强调汉代兴起时，改变秦朝毁灭文化、焚烧典籍的做法，正是由于这种原因，使典籍收藏得以合法。典籍收藏直接影响了典籍的积累。牛弘在此说明了一个重要的事实，即皇朝重视典籍，则典籍之积累乃成为可能。这也是他援引历史故事说明朝廷应重视典籍收藏之劝谕之言。

所谓书之三厄，即东汉典籍的聚散过程。牛弘首先肯定东汉光武帝注重经籍的举动，后经"肃宗亲临讲肆，和帝数幸书林"，所以"兰台、石室，鸿都、东观，秘牒填委，更倍于前"。最后，东汉典籍因汉献帝移都和西京大乱，多年积累，一时燔荡。这里仍然可以看出，牛弘强调的东汉光武帝刘秀的"尤重经诰，未及下车，先求文雅"之举动。因为只有这样重视典籍的举动，才有"鸿生巨儒，继踵而集，怀经负帙，不远斯至"的结果。

所谓书之四厄，乃是三国两晋典籍的聚散过程。牛弘不仅列举魏晋两朝鸠集文籍之情况，而且高度评价了晋秘书监荀勖定魏《内经》、更著《新簿》的做法，说明此举虽然"古文旧简，犹云有缺"，但"新章后录，鸠集已多"，因此，典籍得以"恢弘正道，训范当世"。这样，仍然回到他论述的主题上，只有典籍齐备，才能巩固朝廷、教化民众。最后他指出，由于"刘、石凭陵，京华覆灭，朝章国典，从而失坠"。这就是西晋末年晋怀帝永嘉年间（307—312）北方氏族刘曜入洛阳和石勒等侵扰中原之事。此间，不仅洛阳等名城屡遭洗劫，而且广大北方地区亦因战乱连年，备受摧残，北方氏族大迁移亦始于此。把此时称为书之一厄，是符合历史实际的。

所谓书之五厄，即南北朝典籍的聚散过程。牛弘从东晋以至南朝各代提倡文化、重视典籍的事实，用以比较北方十六国以至北魏、北周之典籍零散，说明社会安定有利于典籍发展。他指出梁元帝萧绎之收书与焚书，说明典籍之聚散，因人君之好恶，升降无常。他说萧绎据江陵、破平侯景，收文德殿之书，悉送江陵，这是"江表图书，尽萃于绎"。而周师入郢，绎悉焚之于外城，致使北周所收，十才一二。这就是图书之第五次厄运。

从"五厄"之说可以看出，牛弘以事实说明典籍的五次厄运，或因人事（即人君之好恶），或由兵火（即战争之摧残），总之，聚散盛衰都是天意使然。这自然是不科学的解释。但是其中叙述典籍聚散之原因，还是比较集中到朝廷政策上来：人君好尚经籍，则典籍积聚必多；人君出于政治目的焚烧典籍或不重视收藏，典籍散亡是必然的。这也就从征信事实，达到规劝的目的。有感而发，是牛弘《请开献书之路表》中历数典籍聚散之由之写作意图。正是如此，《请开献书之路表》不纯为请命集书，而是为请命叙事，援古今之成败以论得失。

"勒之于天威，引之以微利"，搜集流散典籍，充实官府藏书

隋文帝统一全国后，主要继承了北周的官府藏书，典籍数量是非常少的。牛弘当时称，隋官府藏书的御书单本，合一万五千余卷，且部帙之间，仍有残缺。比之梁代的目

录，只有其半。这种说法是符合实际情况的。因为梁时阮孝绪私人编撰的《七录》，共收录三万余卷，梁文德殿所藏重本七万余卷。故推而论之，隋初的一万五千余卷，只相当于梁时藏书数之一半，是从梁代典籍单本总数三万卷而估算的。牛弘说："阴阳河洛之篇，医方图谱之说，弥复为少。"正因为如此，牛弘提出应广泛收集藏书、重建官府藏书体系的主张。

牛弘提出的建立官府藏书的基本要求是"一时载籍，须令大备"，"不可王府所无，私家乃有"。典籍具备才足以说明王朝大业之成就，这是牛弘提出《请开献书之路表》意图的一个方面；利用载籍，作为政事参考、王室顾问，即用以"披览"，是牛弘提出《请开献书之路表》意图的另一方面。所以，他具体提出了搜集图籍的方法是"勒之于天威，引之于微利"。

其一，公开发布诏令，用朝廷征集的手段来收集图籍。"勒之于天威"是出于怕一部分藏有图书的人，抱着各种不同的目的而珍护藏书，故应采取朝廷下诏令公开征集的办法。其二，运用奖励手段，即所谓"引之于微利"。据称，隋文帝下诏令求书时，规定"献书一卷，赏缣一匹"（《隋书·牛弘传》），"校写既定，本即归主"（《隋书·经籍志》）。从实践看，这种手段的效果是显著的。

牛弘不仅上表请开献书之路，而且积极参与官府藏书的建设工作。开皇四年（584），编出《开皇四年四部目录》四卷。开皇八年，又有人编出《四部书目录》四卷。开皇九年（589），隋灭南方陈朝，得到陈朝官府所藏典籍，补充了官府藏书。隋文帝命韦霈、杜颙等于秘书省内"补续残缺"，并加以整理，召天下工书之士，把书籍抄写正副二本，藏于宫中，而把多余之书充实在秘书省各藏书处所，总计3万余卷。这种官府藏书的整理抄写工作到隋炀帝时，规模更大，抄书数量更多。这直接为唐代官府藏书奠定了基础。

从以上所述，我们可以看到，牛弘在中国古代藏书史上的贡献在于：他是在我国经历长期分裂局面，典籍遭到大量散失的情况下，为维护封建统治，同时又从积累典籍、恢弘文教的目的出发，向建立了统一政权的隋代统治者提出通过购赏手段，广泛征集民间遗书的建议，并收到了一定的效果。牛弘在对中国典籍流传的研究上不仅尊重历史事实，而且通过历史事实的叙述，总结历史经验，直接把历史研究应用于现实。他的经籍"五厄"的说法，直接引出了唐初的《隋书·经籍志》序，叙述前朝藏书兴废，成为史志目录的重要体例。他的做法影响到明代学者胡应麟续补典籍"五厄"，流风及于现代。

丘濬的《大学衍义补·图籍之储》

《大学衍义》一书，宋真德秀所撰。到了明代，变为皇帝治事立身之经典，如宋濂于洪武二年（1369年）任元史总裁官，朱元璋曾问及他"帝王之学，何书为要"，宋濂答曰：《大学衍义》。因而，朱元璋乃命大书《大学衍义》，揭之殿两庑壁。朱元璋到西庑，诸大臣在侧，朱元璋指《大学衍义》中司马迁论黄老事，命宋濂讲析。讲毕后朱元璋说："汉武溺方技谬悠之学，改文、景恭俭之风，民力既敝，然后严刑督之。人主诚以礼义治心，则邪说不入，以学校治民，则祸乱不兴，刑罚非所先也。"（《明史·宋濂传》）

《大学》是儒家六经之后的"四书"之一。宋朝真德秀加以发挥而成《大学衍义》，列六条目：帝王为治之序，帝王为学之本，格物致知，正心诚意，修身，齐家。该书编写体例是列出纲目，下再列四十四子目（修身无子目），"皆征引经训，参证史事，旁插先儒之论，以明法戒"，其书"大旨在于正君心，肃宫闱，抑权幸"，所以，该书之编写目的是很清楚的。

丘濬（1421—1495），字仲深，明广东琼山人（今属海南）。景泰甲戌（1454年）进士，改庶吉士，历官礼部尚书，掌詹事府事。弘治四年（1491年），年七十余，兼文渊阁大学士，直内阁，弘治八年卒于官。《列朝诗集小传》称濬"博极群书，尤熟国家掌故，平生作诗几万首"。并著有小说、传奇等文学作品，有《琼台集》、《大学衍义补》等书。

《大学衍义补》是丘濬在明孝宗（1488—1505）初年奏闻皇帝，即在文渊阁任职内所奏。该书为《大学衍义》之补充，故其著书之目的是明显的，即供皇帝治事立身之参考。《大学衍义》一书，原缺"治国"、"平天下"两事，丘为之补充，故全书共十二目。该书采经传子史，附以己见。一方面，补充了《大学衍义》之不足；另一方面，更主要的是结合典故，以明治乱之本。可谓贯穿古今，富有参考价值。故此书撰成后，明孝宗为之嘉奖，并命录副本付书坊刊行。丘濬又言，书中之事皆可行，请摘其要者下内阁议行。此书至神宗时复加刻印，明神宗还为之作序，可见其受朝廷的重视程度。所以，此书是作为"资治"之用而编辑的。

《大学衍义补》所涉及的内容是多方面的。其中，《图籍之储》一节，写作体例与全书一致，分别搜集历代皇朝图籍贮藏之典故，下加按语性的评论。也就是说，前引事实，后附议论，通过事实表明该事物的起始，又通过议论以评定该事物的重要性以及意义和作用，说明朝廷应采取的措施与方法。

丘濬于《图籍之储》后有一总按语，集中说明了图书典籍之重要性。他说："以上图籍之储。臣按：人君为治之道非一端，然皆一世一时之事。惟夫所谓经籍图书者，乃万年百世之事焉。"他从文化继承的关系上指出："盖以前人所以敷遗乎后者，凡历几千百年，而后至于我，而我今日不有以修辑而整比之，使其至我今日而废坠放失焉。"

意思是对不起前人，也对不起今人。所以他说："圣帝明王，所以继天而子民者，任万世世道之责于己，莫不以是为先务焉！"明确指出应重视图籍之储。

图书典籍为什么这样重要呢？丘濬在评论汉代典籍整理之事后说："呜呼，书之在天下，乃自古圣帝明王精神心术之所寓，天地古今生人物类义理政治之所存，今世赖之以知古，后世赖之以知今者也。"这种强调经籍作用的说法，在所引各则史事之按语中比比皆是。从巩固朝廷统治的利益出发，他认为，经籍是"日用常行之理"、"万世帝王为治之大经大法"。在多种图书中又以《六经》最重要。《六经》是"万世经典之祖"，因为"为学而不本于六经，非正学。立言而不祖于六经，非雅言。施治而不本于六经，非善治"。所以，要对儒家孔子"加封其号"，"优其祀典"。更重要的是阐明六经之本义，使其"义之不舛"、"道之不悖"、"言之不虚"。这样，从巩固封建思想统治的立场出发，丘濬提出了加强图籍之储的建议，当然是不足为怪的了。

丘濬认识图书典籍之作用，并认为封建社会图书之储，主要依赖于皇朝之重视，方能积其所聚。他在分析汉代图籍整理之事后评论说："其述作日多，卷帙浩繁，难于聚而易于散失，苟非在位者收藏之谨，而购访之勤，安能免于丧失哉？不幸而有所丧失，明君良佐咸以斯文兴丧为念，设法招求，遣使搜采，悬赏以购之，授官以酬之，使其长留天地间，永为世鉴。"他认为，只有这样，才能使皇朝图籍得以增加，使历代典籍得以收留保存。他在总结唐代图书整理之事后，感慨地说："民庶之家，迁徙不常，好尚不一，既不能有所收贮"，国家或皇室藏书则不然，因为"石渠延阁之中储积之多，收藏之密，扃钥之固，藏贮者有掌固之官，阙略者有缮写之吏，损坏者有修补之工，散失者有购访之令，然后不至于泯烂散落尔"。

正因为如此，丘濬落脚点在于对明代国家藏书、宫廷藏书之弊病提出了建议，其建议内容大致有如下几点：

把皇室藏书分散。他说："臣请敕内阁儒臣，将南北两京文渊阁所藏书籍，凡有副本，于南京内阁及两监各分贮一本。其无者，将本书发下两监，敕祭酒、司业行取监生抄录，给以人匠纸笔，责令各堂教官校对，不限年月，陆续付本监典籍掌管。如此，则一书而有数本，藏贮又有异所，永无疏失之虞矣。"丘濬出于书籍存于一地，稍有疏失，则将使典籍"永绝"，故提出藏书分散的建议。

皇室藏书设专官分理。丘濬说"臣请于典籍之外，其修撰、编修、检讨，皆以编辑校定之任专委其人，而责其成功，每岁三伏，会官曝书如宋制，因阅其数。"这是丘濬针对明朝洪武改制，把秘书监制取消，统归翰林院执掌，削弱了国家藏书管理之弊病而发的。所以，他认为如能做到"编辑校定之任专委其人"，即郑樵曾主张的"校书专官"的做法，则国家藏书中"葺理有官，而编简不至于脱误，考校有人，而文义不至于讹舛，考阅有时，而载籍不至于散亡矣"。

广事搜访遗书。丘濬评论宋代何志同的建议说："此事关系甚大，非惟一时事，盖万世之事也。"何志同是宋徽宗时的秘书监，他针对宋馆阁藏书散失之缺点，主张用《庆历旧录》及《崇文总目》校对，凡该两目未收者，应允许借传，即通过书目校对补充藏书。这是比较合理的。此外，丘濬还强调这非一时权宜之计，而是"万世之事"，也就是应坚持长久，使国家藏书得以不断丰实也。

皇室藏书需管理有法。这是丘濬在总结汉代藏书管理经验后的认识，他说："献书之路不开，则民间有书无由上达；藏书之策不建，则官府有书易至散失，欲藏书而无写之者，则其传不多；既写书而无校之者，则其文易讹；既校之矣，苟不各以类聚而目分之，则其于检阅考究者无统矣。"这实际上是从藏书收集、整理、抄写、校雠、分编的一系列环节上说明藏书管理之成败。所以，最后他说明这些方法，应当作为人主有志于道艺、留心于载籍的法则。

至于校书之制度，丘濬亦有想法，他认为："馆阁职清务简，不预他务，宜委之校雠刊正，俾以每卷之末署其名衔，有不究心者，坐以旷官之罪。"

另有《春明梦余录》曾记载丘濬请建重楼之材料。但该书记载的年代为弘治十五年（1502年），这显然有误。据其他书记载，丘濬于弘治八年已经去世，可能是五年之误。但事实是可信的。该书记载说："丘濬请皇室于文渊阁近地别建重楼，不用木植，专用砖石。将累朝实录御制玉牒及干系国家大事之书，盛于铜柜，庋于楼之上层。如诏册诰行礼仪注，前朝遗闻旧事，与凡内府衙门所藏文书，可备异日纂修经史之用者，盛于铁柜，庋之下层。每岁曝书，先期奏请，委翰林院堂上官一员，晒晾事毕，封识内外，因事欲有稽考者，必须请旨，不许擅开。旨允行。"如按此记载，则当时曾建有类似档案库和秘本库之重楼。

孙庆增的《藏书记要》

孙庆增，字从添，一字石芝，江苏常熟人。约生于清康熙中，卒于乾隆中，主要活动年代为18世纪。[①] 生平业医，因用药出人意外，世人呼为"孙怪"。有书癖，家藏逾万卷，与同郡藏书家相互参阅善本，校勘异同，故对藏书鉴精粗、辨真伪、编目录、讲保藏，积累丰富的藏书管理经验，撰成《藏书记要》一书。又有《上善堂书目》传世。另与过临汾合撰《春秋经传类求》，为《四库》存目。

《（光绪）常昭合志稿》卷三十二"藏书家"有传。

孙庆增从读书、藏书的长期实践过程中，认为书籍是"天下之至宝"，而又是"人身中之至宝也"。他说："夫天地间之有书籍也，犹人身之有性灵也。人身无性灵，则与禽兽何异。天地无书籍，则与草昧何异。故书籍者，天下之至宝也。人心之善恶、世道之得失，莫不辨于是焉。天下惟读书之人，而后能修身，而后能治国也。是书者，又人身之至宝也。"（《藏书记要·购求》）正因为他认为书籍是"天下之至宝"，是"人身中之至宝"，所以，他一生孜孜以求，精心收藏，整理编目，使书籍致用于自己的学术研究上，又总结经验，写成藏书管理的专门著作《藏书记要》[②]。

孙庆增的"天下之至宝"、"人身之至宝"的认识，是有鲜明的阶级烙印的。因为他认为书籍的作用是"圣贤之道，非此不能考证"。也就是说，主要服务于封建社会的儒家思想的学习与研究，所以，他收藏图书的重点，也是很突出儒家经典著作。"藏书之道，先分经史子集四种，取其精华，去其糠秕。经为上，史次之，子集又次之。"（《藏书记要·鉴别》）这是就藏书内容上的先后来说的，因此，藏书目录也仿照传统四部分类，以经史子集区分，从这一点上看，往往限制了孙庆增在藏书建设上所能达到的成就，这是封建社会私人藏书家的普遍缺陷。

《藏书记要》从藏书的购求、鉴别、抄录、校雠、装订、编目、收藏、曝书八个方面进行了讨论，大致分析出来，可从下面四点看出其贡献。

一、藏书购求与鉴别问题

私人藏书主要靠藏书家长期搜集、补配、抄写等法补充自己的藏书。孙庆增在讨论藏书购求与鉴别的工作时，分析了藏书购求之实际困难，总结了实践中的经验，反映了图书购求上的一些基本问题。

[①] 关于孙庆增生卒年，目前有如下说法：严佐之《近三百年古籍目录举要》称孙生于康熙四十一年（1702年），卒于乾隆三十六年（1771年）。王大隆《藏书纪事诗附补正》引唐大烈《吴医汇讲》一书称，"（孙）年七十六岁，殁于乾隆丁亥"，即1767年。而徐雁编《中国藏书论著读本》称孙生于康熙三十一年（1692年），卒于乾隆三十二年（1767年）。笔者于1986年著文时曾推测孙生于康熙初年，卒于乾隆初年，似论断有误。今并录存于此。

[②] 孙庆增：《藏书记要》，上海古典文学出版社，1957年。

他首先提出了购求图书是最难事。

1. 经济能力问题

他认为："知有是书而无力购求，一难也。力足以求之矣，而所好不在是，二难也。知好之而求之矣，而必欲较其值之多寡大小焉，遂致坐失于一时，不能复购于异日，三难也。"（《藏书记要·购求》）这所指三难，实际上是牵涉到经济能力问题。从私人藏书家的经济能力分析，一部分封建官僚和乡村豪绅，他们在这方面是困难较小的，所以，他们一般都不存在有书而无力购买的问题。明末毛晋榜示于门，宋版本按叶计价，就是明证。但身为乡村医生，家境不甚宽裕的孙庆增，有书不能立致，在藏书积累过程中是经常会遇到的问题。推而广之，图书采购上如何适时采购，合理使用经费，使之得其所用，用得其所，确是应该注意的。

2. 知识水平问题

知识水平包括两个方面，一是应该掌握出版信息，一是应该具备书的知识，这样才能做好图书采购工作。孙庆增当时碰到的问题是"不能搜之于书佣，不能求之于旧家，四难也。但知近求，不知远购，五难也。不知鉴识真伪，检点卷数，辨论字纸，贸贸购求，每多缺轶，终无善本，六难也"（《藏书记要·购求》）。这里所说的三难，就是出版信息和图书质量的问题。不了解出版信息，不知从何购进，不了解图书知识，无鉴别版本经验，又往往以假作真，造成不必要的损失。针对以上情况，孙庆增在《藏书记要》中提供了了解出版情况和图书质量的办法。

第一，了解出版家藏书家情况。他说："大抵收藏书籍之家，惟吴中苏郡、虞山、昆山，浙中嘉湖杭宁绍最多，金陵、新安、宁国、安庆及河南、北直、山东、闽中、山西、关中、江西、湖广、蜀中亦不少藏书之家，在其人能到处访求，辨别真伪，则十得八九矣。"（《藏书记要·鉴别》）封建时代藏书家有兼出版家的，所以某地藏书家多，则图书流传较多。同时，藏书家经常采取互相调配的办法，通过等值与不等值的互相交换、购买、赠送，能得到珍本、善本，故孙庆增强调了解藏书家的情况。

第二，通过书目工具鉴别图书质量。孙庆增认为要了解某书系何朝何地著作，刻于何时，何人翻刻，何人抄录，何人底本，何人收藏，如何为宋元刻本，刻于南北朝何时何地（指宋金元之间），如何为宋元精旧抄本，必经认真分析鉴别。这也就是说，要有图书版本知识和水平，但是，往往通过眼力鉴别还不够，还要通过多种工具加以查对，"再于各家收藏目录、历朝书目、类书总目、读书志、《敏求记》、《经籍考》、志书、文苑志、书籍志、二十一史书籍志、名人诗文集书序跋文内查考明白"（《藏书记要·鉴别》）。如此过程，他认为版本鉴别的问题大致可以解决了。

对于版本鉴别问题，孙庆增认为是藏书中最重要的，不知鉴别，犹如瞽之辨色，聋之听音。所以在《藏书记要》的"鉴别"一则中，他不仅提供了版本基本知识，而且还总结了版本鉴别的基本方法。

他提出了版本鉴别的方法是"凡收藏者须看其板之古今，纸之新旧好歹，卷数之全与缺"，这是基本方法。然而，鉴别版本在判断时代上又是首要的。他认为："鉴别宋刻本，须看纸色、罗纹、墨气、字划、行款、忌讳字、单边、末后卷数、不刻末行、随文隔行刻，又须将真本对勘乃定。"（《藏书记要·鉴别》）

他从长期的实践中处得出结论："若果南北宋刻本，纸质罗纹不同，字画刻手，古劲而雅，墨气香淡，纸色苍润，展卷便有惊人之处。所谓墨香纸润、秀雅古劲，宋刻之妙尽之矣！"（《藏书记要·鉴别》）但光是字面理解是鉴别不了宋元版的，所以他补充了两种办法：一是将真本对勘，二是利用明人集纳之本对勘，只有这样才不致失误。

为了购求和鉴别上的便利，孙庆增列举了比较多的善本珍本名目，也便于其他藏家之参考。如"十三经蜀本为最，北宋刻第一巾箱板甚精，其次南宋本亦妙"、"北监板无补板初印亦可"，这是就经部善本而言。"十七史宋刻九行十八字最佳，北宋本细字十三经注疏、十七史亦精美可爱。南北朝各家经史汉书，字划甚精，其十七史北监板无补板初印本亦妙，宋辽金元四史以初印好纸者为佳。"（《藏书记要·鉴别》）这是就经史中珍本善本而言。比较官私刻书中何者为优为劣，国内外刻本中何者为优为劣，真假刻本中何者为真、何者为假等一系列实际经验，孙庆增亦多方列举，都可供我们参考。

在图书购求上注意版本好坏，当然是重要的，但同时不应忽视书籍的内容质量，只有这样才能兼收藏与赏鉴两家之美。孙庆增还提出了应该注意购求的全面性。

他在注意购求所谓正经正史时，提出应购求属于经史之补充的书。如"经史中有疏义、注解、图说、论讲、史断、互考、补缺、考略、刊正谬俗、稗官野史、各国春秋传载、音释句解者，当细心鉴之"（《藏书记要·鉴别》）。

除了经史类著作，他认为，"至于杂记小说偶录之书，有关行谊、考据学问政治者，绅绎而收藏之。述古文词翰苑经济之文，小学字学韵学，山经地志游览，技艺养生博物种植岁时医卜九流杂技之书，有关利济学术者，亦须留意"（《藏书记要·鉴别》）。

明代以后，坊间刻本中丛书甚多，丛书中有些积累文献至可宝贵，或有单刻本难得而丛书中保留的孤本，更重要的是系统地积累了某一门类的图书，所以，丛书收集是藏书家的重要工作。孙庆增有识于此，他认为，"又必于《稗统》、《稗海》、《百川学海》、《眉山秘籍》、《文焕丛书》、《汉魏丛书》、《唐宋丛书》、《夷坚志》、《津逮秘书》、《邱林学山》、《顾氏四十小说》、《皇宋四十家小说》、《皇明小说》等书，择其卷数完全刻本，与宋本、旧钞、秘钞本对明卷数字句同与不同，一一记清，以便检不全而未备者弃之，只有全而精美者收藏之"（《藏书记要·鉴别》）。孙庆增在此，注意选择丛书中较佳者收藏，又注意全而精美者收藏，体现了藏书建设中不贪多求全，注意藏书质量的提高，这种看法是难能可贵的。

如果按孙庆增对图书购求的论述，综合起来，图书购求的比例是"重经史，其次子集"。实际上，就是"经为上，史次之，子集又次之"（《藏书记要·鉴别》）。

在研究购买图书种类的比例上，孙庆增还说明了藏书购求的实用性。这里，他不仅从图书类别上明确主次，保证藏书的完整性，而且还从图书类别上分清重点与一般，从而确定了图书购求上的多样性。

图书购求总原则是，凡是经史子集四种，取其精华，去其糠秕。孙庆增在这点上，首先是以版本之优劣为标准的。宋元的刻本，又是稀世之宝，自应全面收藏；明刻各板，即应论刻本好坏，特别注重原刻原印，一定要注意刻本较好，校勘较精者。但是，在选择图书时，还有经史著作的注释、考证、图说以及稗官、野史、载记，对这些著作应做到"细心鉴之"，即慎重选择，精心挑选。这是从收藏种类上说不可偏废，但收藏品种上应视图书质量而定，泛收是没有好处的。

对于子集类著作，孙庆增贯彻"利济学术"则"绅绎而收藏之"的标准。所以，他认为："杂记小说偶录之书，有关行谊、考据学问政治者，绅绎而收藏之。""述古文词翰苑经济之文，小学字学韵学，山经地志游览，技艺养生博物种植岁时医卜九流杂技之书，有关利济学术者，亦须留意。""文辞诗集、文集词曲、碑记、性理语录、子书小说等，皆当择其最上者收藏之。"（《藏书记要·鉴别》）以上的各类著作，当时出版量很大，品种也是多样，一个藏书家既无可能全面收藏，也无必要做到无遗漏的购求，这一点当然是可以理解的。藏书贵在实用，也是宋代以后很多藏书家宣传的观点。孙庆增接受藏书贵在实用的主张，在图书购求的具体工作中，研究了除经史类著作外，对各类著作选择鉴别的总标准是"利济学术"。

"利济学术"是从"经世致用"的主张中得到启发的。但它在书籍选择、利用上的指导意义就更为直接了。

从图书购求上贯彻"利济学术"的原则，即定出了藏书贵在实用，选择上必然会避免漫无边际，无所不包，而注意选择和自己学术研究有关的图书，这样，经费上能够把有限的钱用在选购有实用的图书上，藏书体系得以更加系统完整，主次分明。

图书利用的基础是本馆（本楼）有必备的、完整的藏书。但是，要形成有效的、实用的藏书体系，在图书购求上就必须思想明确，有目的地做到日积月累。所以，"利济学术"的标准，不仅保证了藏书购求目的明确，而且也保证了图书利用的基础。

"利济学术"的标准还有利于图书整理，因为收集了这些方面的图书，并有利于自己的学术研究，藏书家对图书必然加以珍护，千方百计地加以揭示，以便利用，想尽办法加以保藏，以保证长期使用。

二、藏书整理的问题

作为一个私人藏书家，除了收藏到数量多、版本好、质量高的各类图书，还必须对图书进行科学的整理，才能提供使用，长期保存。在孙庆增的藏书经历中，最可贵的就是不仅注意收集藏书，而且不断在藏书整理中提高藏书质量，使之精益求精，好上加好，并把这些整理办法加以系统化。这样在古典图书馆学著作中达到了把工作方法总结成理论著作的高度和深度。

我国书籍校勘工作由来已久，特别是汉代刘向父子校书的工作程序和工作经验，在历代官府藏书中日臻完善。私人藏书注重校勘工作也是代不乏人的，但是，他们的整理工作并未加以总结。孙庆增总结前人的成果，又在与朋友交往中讨论研究，吸收旁人的方法，在此基础上，提出了藏书整理工作的系统方法。

"校雠书籍，非博学好古，勤于看书，而又安闲者，不能动笔校雠书籍。"（《藏书记要·校雠》）从校雠书籍的要求，孙庆增首先提出了校雠的人必须是"博学好古"之士，这是正确的。纵览我国校雠工作发展史，凡是那个朝代校雠工作成绩卓著，往往校雠工作者即为博学好古之士。刘向校书，分别由刘向负责经传、诸子、诗赋，步兵校尉任宏校兵书，太史令尹咸校术数，侍医李柱国校方技，这种办法正如郑樵所总结的"校书专官"。即由某一专门学者校勘某一类图书，因为学术上专攻某一学科的专门家，才能进行书籍内容、篇章的厘订，版本的校勘和鉴别，校勘的书籍才是可靠的。但是作为私人藏书家，除了富有余资，可以延聘通人学者代为校勘者外，大量的还是自己动手的。所以，在方法上就有必要讲究了。孙庆增自己又摸索了这样的一些方法（《藏书记要·校雠》）：

请教专家。如遇古人有弗可考究，无从改正者，"当多方请教博学君子，善于讲究古帖之士，又须寻觅旧碑版文字，务求藏书家秘本，自能改正"。"至于字画之误，必要请教明于字学声韵者，辨别字画音释，方能无误。"

共同讨论。"校书非数名士相好聚于名园读书处，讲究讨论，寻绎旧文，方可有成。"

多次校改。古人有云，校书如扫尘，应多次校雠，方能无误。孙庆增也认为"古人每校一书，先须细心绅绎，自始至终，改正字谬错误，校雠三四次，乃为尽善"。这是从校书的要求出发，力求准确全面无误，必须多次进行。

不同书籍用不同校法。如宋元刻本，校书时不可改字在原书上，需将改正字句，写在白纸条上，"薄浆浮签，贴本行上"，这是为了保护宋元珍本的要求。一般新书，则用校正过的善本对临逢行改正即可。至于抄本校雠，用宋元版本、旧抄本来校正，并依旧本行款照式改正，即可得精善之本。

讲究校勘方法。孙庆增认为古人用雌黄校书，因古时皆用黄纸等，故用黄色了无痕迹；现在用白纸，当用白色。当时流行用淡色青田石磨细，和胶做成锭子，磨涂纸上，这种改字方法最妙。

校书的目的，除了提高藏书质量的必要工作外，有条件印刷出版，也是减少错误，以免贻误后学的基本要求。因之，孙庆增提出，如果"校正刊刻，非博雅君子有力而好古者不能也"。所以，书籍上板，必要名手校正，方可刊刻，这种主张，亦应加以重视的。

书籍经过多方搜求又经校勘整理，如作为自己的收藏，还要加以装订成册。所以，孙庆增对藏书的装订也是十分重视的。

藏书装订，应以美观实用为原则。孙庆增说："装订书籍，不在华美饰观。而要护帙有道，款式古雅，厚薄得宜，精致端正，方为第一。"（《藏书记要·装订》）

孙庆增从装订工序上说明装订之用料、工序、技术要求，大致有如下几点（《藏书记要·装订》）：

准备书面。"用小粉糊入椒矾细末于内，太史连三层裱好，贴于板上挺足，候干揭下压平用。"他提出，这种书面须夏天做，秋天用，主要是须待完全干燥最好。

折叠书页。"折书页要折得直，压得久，捉得齐。"

订书眼。"订书眼要细，打得正，而小草订眼亦然，又须少，多则伤书脑，日后再订，即眼多易破，接脑烦难。"同时，为了装订美观，"天地头要空得上下相趁"。

套页与切边。"副页用太史连,前后一样两张,截要快刀截,方平而光,再用细砂石打磨,用力须轻而匀。"

订线。"订线用清水白绢线双根订结,要订得牢,嵌得深,方能不脱而紧。"

贴书签。"书签用宋笺藏经纸古色纸为上。"

以上就线装书装订方法而言,孙庆增结合自己藏书整理的经验,提出了因地制宜、美观大方的装订方法。在《藏书记要·装订》中,他出于江南气候对书籍保藏的影响,十分强调不用过分密封的办法,如他提出书籍不用书套,这样既通风,又防虫蛀。其次,如用糨糊裱贴,不仅需注意夏天做,秋天用,而且还加川椒、白矾、百部草细末。同时,还强调操作时注意防汗水湿滴书上。对于装帧上的设色,也注意美学观赏的要求,即颜色配套应克服呆板、华丽,而要追求内在素质与外部颜色的和谐。这些看法都是可以借鉴的。

三、藏书编目问题

从孙庆增关于编目的论述可以看出,首先是总结宋元以来各部书目著录格式后提出藏书编目的著录项目,于此作为著录格式,求得书目的项目齐全,以备检阅。同时,他还结合藏书经验,提出建立目录体系,以达到管理有条有理的目的。他在谈到编目的要求时说:"不致错混颠倒,遗漏草率,检阅清楚,门类分晰,有条有理,乃为善于编目者。"(《藏书记要·编目》)按照这种说法,大致是提出了"全",即能全面反映藏书;"清",即门类清晰,方便检阅,据目而知书。考之现代图书馆目录之功能,其目的在于便检查,其范围亦以收藏者为限,其详细则以图书馆之性质为衡。那么,孙庆增提出的编目问题,表明他已完全把过去分类编目之混淆分别廓清,强调了目录之作用,同时又特别强调目录之实用价值。因此,这里分析孙庆增编目论述之主要成就是极有意义的。

(1)确定了著录项目。孙庆增在提出编制各种目录中,至于著录项目上,大致可析出书名、著作方式、版本、稽核和附注。如其"大总目录"作为书本式目录的写法:

某书若干卷,某朝人作,该写著者、编者、述者、撰者、录者、注者、解者、集者、篡者,各各写清,不可混书。系宋板、元板、明板、时刻、朱元钞、旧钞、明人钞本、新钞本,一一记清。校过者写某人校本,下写几本或几册、有套无套……末后计书若干部,共若干册总数于后。(《藏书记要·编目》)

如编"宋元刻本钞本目录",除照上述格式写明外,还必须注明板刻年代,如"北宋、南宋、宋印、元印、明印本,收藏跋记图章姓名,有缺无缺,校与未校"。补充注明"何人钞本,记跋图章姓名,有缺无缺,不借本,印宋钞本,有板无板,校过者书某人校本,或底本临本"(《藏书记要·编目》)。此之规定即善本书编目格式。

图书馆目录上应载明之事项多种,目的都是为了检阅馆藏,分明不同部次。孙庆增于此确定著录事项,具备了作为目录最主要的作用:①分别书名;②了解著作方式;③说明板刻;④统计书籍数量。也就是说,作为了解书籍、提供选择、确定价值、鉴别异同最主要的内容都得以充分地揭示出来。所以，孙庆增的编目论述是我国封建社会藏书编目的总结。

（2）组织了私人藏书目录体系。从详尽而实用出发，孙庆增提出了编制四种目录的建议：①大总目录——藏书总目；②宋元刻本抄本目录——专藏目录；③分类书柜目录——排架目录；④书房架上书籍目录及未订之书，在外装订之书，抄补批阅之书目录——专用目录。

以上四种目录之用途各异。大总目录是全部藏书的记录，分经史子集编列，各类各种都作全面统计。它的作用是全部藏书的清册，也是财产的记载。因为用的是书册式的，故每门类写完，还保留空白，以备日后增写新得之书。其次为善本目录。这是作为特藏使用的。这里要特别注意的是分类书柜目录，即排架目录，即每册书在哪个部分的书柜分别记载，以便查取。但孙庆增在此，用排架目录兼作借阅之清册，他曾说明："如有人取阅借钞，即填明书目上，某年某月某日某人借或取阅，一月一查，取讨原书，即入原柜，销去前注。"（《藏书记要·编目》）说明在处理别人借阅和还架时，都应用此目录登记。此法可取之处，在于把书架上的书籍管理有序，并对藏书动态及时了解，故孙庆增称"此本书目，最为要紧"。

四、书楼设备与藏书保管方法问题

孙庆增在《藏书记要》一书中，还论述了书楼设备与藏书保管方法。

（1）书楼建筑问题。孙庆增提出的书楼建筑的要求是"四围石砌风墙，照徽州库楼式乃善"（《藏书记要·收藏》）。如不能单独建筑一藏书楼，最好另置一宅，将书分新旧抄刻各置一室。这样亦可避免水火之灾。如来往多门旷野之所，或近城市，又无空地，接连内室、厨灶、衙署之地，则不应藏书。而卑湿之地，更不能藏书。这种意见，在选择藏书楼址上是最基本的要求。

（2）关于书楼设备。孙庆增提出书柜书架用料，最好用江西杉木，或以柏、银杏为之。至于如紫檀花梨小木，易于泛潮，不可应用。选用杉木这种意见，可能是江南藏书家经验之谈。明代山阴祁承㸁在考虑建筑书楼选用材料时，也选用"建杉"，即可证明。"书架宜雅而精、朴素者佳。"其做法是下隔要高，四柱略粗，不可太狭，亦不可太阔，约放书二百本为宜。这都是从通风防潮的要求出发的。

封建社会藏书通用书柜。孙庆增认为书柜装饰也应以朴素精雅为妙，书柜门可用名手刻唐句（唐人诗文名句），用白铜包角。这种书柜可分可并，据屋层高下摆置，书柜锁要紧密，锁匙门上可挂小方牌，写明类别，便于检寻。书柜内可用皂角炒为末，研细，铺一层，以防鼠害。书楼地下则用炭屑、石灰、锅锈铺地，则可防白蚁。柜内放春画、辟蠹石，可辟蠹鱼。这些措施都是保护藏书的经验。

藏书保管上还要注意曝书的问题。孙庆增在《藏书记要·曝书》中提出了特置晒书板，其用意是书在伏日阳光下晒后，不应立即入库，将书板搁至通风处凉透，方可上楼。而如遇雨，则可把书板扛到屋内。同时，他对曝书还提出按柜数日挨次晒，一日一柜，主要也是防止散乱。

孙庆增主要活动于17世纪末至18世纪中，他撰写的《藏书记要》是一部什么样的著作，已如上述。那么，应该怎样看待这部著作，或者说它在中国图书馆学发展史上应有什么地位呢？

长期以来，由于封建官府藏书的封闭性，而且当时社会生产能力和行政管理上还未能形成图书馆发展网络，读者应用图书的范围一般只局限于经史各类，以应付封建科举考试。所以，图书馆（这里包括官府藏书、私人藏书和各地书院藏书）工作内容上偏重于只是图书的收集、整理。这种情况必然促使当时图书馆学的内容是以收藏、整理为主，一定的实践基础只能产生出总结经验性的认识论。这就是为什么我国封建社会图书馆学长期只能停留在经验图书馆学的水平上。孙庆增的《藏书记要》可以说是经验图书馆学发展的最成熟的著作，即封建社会图书馆学的集大成之作。

"因名求实"，所谓藏书，在19世纪以前，从我国习惯用语来看，即指按要求积累的系统藏书，而不是现在理解的图书馆收藏的各类图书，因为当时图书馆一词并未进入我国。私人藏书用××楼××阁，官府藏书多称××院××阁。即用具体名称说明具体事物，作为收集图书、校勘整理提供使用的这一工作过程和表示这一具体事物，一般都应用"藏"。如周永年为了建立儒学内容图书体系，称"儒藏"，与历史上用释藏、道藏称呼佛教、道教内容的藏书系统一样，同时，也有称藏书的。从这点可以明白，孙庆增这里用藏书作为它的著作名称，就是具有犹如现在图书馆的概念。因此，《藏书记要》一书，就是图书馆管理概述的意义。

《藏书记要》具有比前代图书馆学著作更全面、更系统的特点。所谓更全面、更系统，就是说，在其论述问题上，处理好局部和整体、个别与一般的关系，能够提供人们对某个事物认识上更加本质的说明。在这一点上，把孙庆增与郑樵比较，就可看得更清楚了。郑樵结合私人搜求藏书的经验，写成求书八法，当然比之前人眼界更高；但郑樵在图书馆学上的贡献在藏书上只囿于私人所见所及，解决了方法上的问题。孙庆增则在藏书收集上说明购求之六难，这是在购求方法上和购与藏的矛盾上总结的。购书要讲方法，才能得到好书，但购书还要讲"好"、"全"、"善"，才能说是会购求。沿用现代的说法是从藏书体系的建立上，从读者阅读的需要上讲明藏书建设，才是有意义的。因此，孙庆增的求"好"、求"全"、求"善"，比之郑樵的求书八法是前进了。孙庆增的全面观点还表现在图书馆目录的编制上。郑樵只提出了图书应严格分类排比，加以著录提供使用；但孙庆增在藏书品种各异、版本有别的情况下，特别从要提供读者借阅的角度上，要求编制不同的目录，并详列出著录项目和内容，这当然也是在图书馆工作日趋复杂，工作程序和管理方法要求合理化的情况下出现并加以总结的。

孙庆增的《藏书记要》共分八则，总而论之，包括了封建社会藏书收集、鉴别、整理、保管的工作过程，充分体现了作为一本图书馆管理技术书籍的系统性。这是超过前代各种图书管理的著作。《藏书记要》之内容与价值，前已说明，兹不赘述。

如果全面地评论《藏书记要》这部著作，那么，我们可以发现，在图书馆学思想的发展上，该书是没有把图书馆技术总结归纳到理论高度的，只是围绕图书馆管理技术方法进行叙述。因此，就聚书、鉴书各条，其理论化程度还赶不上明末祁承㸁之《澹生堂藏书约》。同时，我们还要看到，《藏书记要》只是作为图书馆管理技术的专著，就鉴别而言，宋版元版书亦有工粗之分，同样亦有鉴别好恶的必要，孙庆增对宋版元版无一字之评论，这也是欠全面的。至于其中渗透着封建迷信的成分，如说书中供血经可以辟火，亦是不足取的。其提出曝书须在伏天，似不如叶德辉八九月秋高气清曝书正宜之说为是。也就是说，其所列举方法，有些应因时因地而异，这也是应该注意的。

（原载于《图书馆学通讯》1986年第4期）

章学诚的《校雠通义》

章学诚（1738—1801），字实斋，号少岩，浙江会稽（今绍兴）人，是我国封建社会末期的文史学家，主要著作有《文史通义》和《校雠通义》，并以编撰《和州志》、《史籍考》等著名于世。现只就《校雠通义》中阐述的图书分类、图书目录等方面作初步的探讨，借以看出清代目录学的成就，总结我国图书馆学目录学的优秀遗产，发展社会主义图书馆事业。

一、《校雠通义》的编撰和版本

章学诚于乾隆四十四年（1779年）撰《和州志》时著《校雠通义》四卷。《校雠通义》于1781年章学诚游大梁时被盗，但前三卷赖朋友抄写，得以传世，第四卷则不可复得。1788年章学诚在编写《史籍考》时，又对它作了修改，此书初刻于1832年（大梁），以后有杭州、广州、贵州诸刻，内容大致相同。光绪间（1875—1908）、江标所刻《灵鹣阁丛书》有《文史通义》补篇一卷，对《校雠通义》亦无大的补充。1921年，吴兴刘承干刻《章氏遗书》，《校雠通义》增外篇一卷。1956年古籍出版社依刘承干《章氏遗书》排印《校雠通义》，内篇有卷一、卷二、卷三，外篇不分卷。

《校雠通义》是章学诚在编撰《和州志》的《艺文志序例》的基础上，仿郑樵的《通志·校雠略》，替三通馆草拟的《续通志》稿，原题为《续通志校雠略》，但他在编撰《史籍考》时，又对初稿作了重大修改。因此，我们现在看到的《校雠通义》，既有关于校雠原理和方法的论述，也有属于在目录实践活动中的经验总结，特别是在校正、探讨《汉书·艺文志》各方面，反映了他对传统目录学研究的各种主张。大致说来，《校雠通义》卷一，主要是阐明自己对校雠学的见解，章学诚在文中从探索文字起源、官守学业、私门著述等开始，进而考察我国传统目录学的源流，及刘向、刘歆的业绩，总结历代校雠学发展的成果，提出了目录学是"辨章学术，考镜源流"的学说，系统地阐明了图书资料、学术研究与目录的关系，并对互著、别裁等目录方法进行了探讨。可以说，卷一是《校雠通义》的主要部分。《校雠通义》卷二主要是校正《汉书·艺文志》，纠正郑樵、焦竑校正《汉书·艺文志》的错误；卷三则是探讨《汉书·艺文志》的得失。所以，卷二、卷三是具体运用校雠方法于《汉书·艺文志》上，总结其成果，分析其得失。外编共收集章学诚书序跋和文史杂论21篇，其中《论修史籍考要略》一文是较重要的篇章。

二、《校雠通义》中关于图书分类的见识

章学诚在《校雠通义》中围绕目录体制问题，集中从目录源流上探讨图书分类的

理论和应用。这方面的论述大致有三。

1. 分类的发展是必然的

首先，章学诚说："《七略》之流而为四部，如篆隶之流而为行楷，皆势之所不容已者也。"（宗刘第二）他的论点是从著作的逐步丰富，说明图书分类的类目应有所发展，如他所说，"史部日繁，不能悉隶以《春秋》家学"。就是说《七略》时，只用"春秋"可纳入历史方面的著作。但时代久远，历史著作逐步丰富繁多，由编年发展到纪事本末，由纪传的通代史发展到纪传的断代史，再用"春秋"一类，类名不符实际，类目上也不能包括像二十四史在内的大量历史著作，故有史部之统辖。接着，章学诚指出："文集炽盛，不能定百家九流之名目，四部之不能返《七略》者三。"这里，他从两汉与两汉以后著作的发展比较，提出应把两汉以后逐步发展的大量作家文集，予以独立成类。其次，章学诚从著作上的体裁变化，说明分类方法应有所发展。"钞辑之体，既非丛书，又非类书，四部之不能返《七略》者四。评点诗文，亦有似别集而实非别集，似总集而非总集者，四部之不能返《七略》者五。"这两点是从著作体裁上出现钞辑、评点诗文等著作应设立有关类目，附于某部类目之下出发的。总之，按他的说法，凡一切古无今有、古有今无之书，都应在图书分类上反映出来。

2. 分类应有助于辨章学术

分类的目的是很明确的，就是要通过部次图书、分类排比，使之因类求书，便于治学。所以，分类本身就是一种学术性的工作。章学诚在《校雠通义》中特别看重分类是"论辨流别"的作用，他列举评点之书作例说，凡是像钟嵘《诗品》、刘勰《文心雕龙》之类，虽然是评点性的著作，但实在已远超评点范围，独立成一种文艺理论批评的著作，所以就要单设诗文评论方面的类目。和此类著作相似的，也不必再附本书所属类目之下，应根据有关内容，着重从体裁是评点出发，分入文史评类下，使用者因类求书。

就类书为例，类书是在著作众多的情况下，分类收集相关资料编辑而成的一种资料书。章学诚称其种类有二："其有源委者，如《文献通考》之类，当附史部故事之后；其无源委者，如《艺文类聚》之类，当附集部总集之后，总不得与子部相混淆。或有择其近似者，附其说于杂家之后可矣。"这种根据书的具体内容入类的方法是可取的，也是服从于分类应有助于辨章学术这一目的的。

3. 分类应运用互见来多方面反映

章学诚在《校雠通义》中提出了"互著"一词，考其含义，即分类中的互见。他说："理有互通、书有两用者，未尝不兼收并载，初不以重复为嫌；其于甲乙部次之下，但加互著以便稽检而已。"同时"如避重复而不载，则一书本有两用而仅登一录，于本书之体，既有所不全；一家本有是书而缺而不载，于一家之学，亦有所不备矣。"（互著第三）这种主张的作用很明确，即要达到以下目的：一是"使人即类求书，因书究学"，通过分类的方法，知道哪类有什么书，充分反映出此学科的图书资料；二是通过互著之法，可以究古今之原委，即了解到此类图书的发展，什么时候有什么书，有些什么样的著作可以参考，使书之内容相近而集中在一类；三是通过互著之法，可以为学习解决疑难，即了解这种著作与那种著作的区别。

我国封建社会图书分类的发展，自刘歆《七略》与荀勖《晋中经簿》分别确定六分与四分之后，一千多年来这两大体系在"独尊儒术，罢黜百家"这点上是共同的，但类目的设置上，适应时代的发展、著作的变化、体裁的多样，都逐步改变和调整了。作为图书分类理论与实践的总结，自宋郑樵做了一些工作后，明清两代学者也在总结《汉志》、《隋志》基础上，企图提出更合理的分类理论。章学诚在《四库全书》编纂接近完成的情况下，对我国图书分类进行比较系统的总结。我们认为，章学诚的工作是有贡献的。

三、《校雠通义》中关于图书目录学的见识

章学诚在《校雠通义》中论述的校雠学内容，偏重于我国的传统目录学，其中有关目录的职能、目录的体例和方法，以及索引工作的论述，在理论的高度上和实际应用上，都提出了较好的见解，值得我们认真地加以总结。

1. 关于目录的职能问题

章学诚在《校雠通义》中对于目录的职能和作用，有很著名的"辨章学术，考镜源流"的见解。章学诚在本书其他地方，反复申明"部次流别、申明大道"、"穷源至委"、"论辨流别"都是意义相同的。所谓"辨章学术，考镜源流"，就是辨别学术流别，考究学术渊源，也就是要在学术史上和学科分类上赋予目录于内容中，使人们通过学习和使用目录，深知学术之门径，探讨学术之源流，区别学科之范围，发挥其在读书治学中的作用。

2. 关于目录的体例问题

章学诚认为，除了在分类的类目安排上，要能反映出学术的流别，达到即类求书、因书究学的目的外，更重要的是目录中的叙录，即表现于目录中的类序、小序和提要等项，故称刘向、刘歆等的《七略》、《别录》"校书诸叙论，既审定其篇次，又推论其生平，以书而言，谓之叙录可也"（《汉书六艺第十三》）。章学诚根据《汉志》的叙录，大致分为三类：一是六类中的类序，二是三十八小类的小序，三是每书下的书录。叙录的作用，可概括为五：一是记述学术之源流。章学诚分析此种叙录，是"讨论群书之旨"，"最为明道之要"，这在讨论学术源流上，确有数语而脉络分明，起到条分缕析的作用。当然，章学诚过分夸大类序的作用，说能达到"析衷六艺、宣明大道"，简直把类序神化了。二是解释类目之意义。三是注明类目之间的关系。四是发挥作者的要旨。此外，为使叙录内容更加充实和完备，章学诚在《校雠通义》中还作了若干补充，如书有同名而实异者必著其同异之故，又如一书数名者，必当历著互名于卷帙之下，又如一人而有名字号者，亦应历著其数号于姓名之下。凡此种种，对于一书提要的写法，就

要求具备书名及考异、作者简历、内容介绍和评介。我们觉得，如能作出此种提要的书目，自然参考价值是较高的。章学诚反复鼓吹这种叙录，反对那种"仅计部目"、"甲乙簿注"的书目，注意目录的内容和质量，是十分可贵的。

3. 关于目录的方法问题

这里着重谈谈别裁。别裁，即我们一般说的分析著录。分析著录是对于一本书中的各篇文章，或整套书籍中的各种分册进行篇章标目，通过它可以充分发挥图书著录的作用，发挥图书应有的效用。在这方面，章学诚当时这样认识："盖古人著书，有采取成说，袭用故事者。其所采之书，别有本旨，或历时已久，不知所出；又或所著之篇，于全书之内自为一类者；并得裁其篇章，补苴部次，别出门类，以辨著述源流。至其全书，篇次具存，无所更易。隶于本类，亦自两不相妨。"(《别裁第四》)这里，章学诚明显地说明别裁要义为三：一是分析出一书中的东西，如刘歆裁《管子》一书中的《弟子职》篇入于小学类，可使某书中的某篇内容能充分得到反映；二是某书中兼有数篇，分别分析出来，也能充分在目录中反映，使用上是极为方便的，如《隋志》中《论语》类下，有《孔丛子》，亦有《小尔雅》，章学诚以为这就是一例。三是对篇目分析以后，原书同样可以分入有关各类，于原书亦无妨碍的。但是，章学诚特别说明应该在本篇之下，"申明篇第之所自"，即说明此篇是从哪里分析出来的，之所以如此，目的是说明"学问流别"。这也是服务于目录的作用"辨章学术，考镜源流"。

4. 关于索引工作

有些人说中国无目录学，这种说法是十分可笑的。就说索引，二百年前的章学诚不仅有索引（通检）的理论，而且有索引的具体编纂，这是不容置疑的。

章学诚说："窃以典籍浩繁，闻见有限，在博雅者且不能悉究无遗，况其下乎？以谓校雠之先，宜尽取四库之藏、中外之籍，择其中之人名地号，官阶书目，凡一切有名可治，有数可稽者，略仿《佩文韵府》之例，悉编为韵；乃于本韵之下，注明原书出处及先后篇第，自一见再见以至数千百，皆详注之，藏之馆中，以为群书之总类。至校书之时，遇有疑似之处，即名而求其编韵，因韵而检其本书，参互错综，即可得其至是。"(《校雠条理第七》)章学诚主张的索引方法，当时是用为校雠之用。但这种方法具有按韵排检、一索即得的功能，是图书馆乃至学者方便的工具。当然，章学诚要把古今图书，摘取人名、地名、学名、官职衔名，都进行排检，困难是相当大的。但以后逐步出现的各种工具书，如汪辉祖的《史姓韵编》、阮元的《经籍纂诂》，就从人名、字词的角度做了索引工作，再至近代出现的《二十五史传目引得》、《二十五史人名索引》等等，也都从不同角度提供检索的作用。所以说，我国传统目录学中，绝非像有人说的，中国是无目录学可言的。

章学诚对索引工作，在《校雠通义》未成篇之前，已做过尝试工作。如他在和州时，曾因各种史书列传人名错杂，令人将《明史》列传人名编韵为书，这算是《明史》列传索引吧！他的这种索引，是先将《明史》列传所著人名，通编为韵，更取诸篇人名重复互见者，遍注其下，编为一卷。可惜现在我们未能发现这个索引。

四、《校雠通义》中关于目录工作的见识

目录工作的好坏，不仅要求编目员有丰富的知识水平和可资参考的工具，同时还要求编目员能深晓编目工作的程序和方法。章学诚在这方面也有独到的见解。他说："篇次错谬之弊有二：一则门类疑似，一书两人也；一则一书两名，误认二家也。欲免一书两人之弊，但须先作长编，取著者之人与书之标名，按韵编之，详注一书源委于其韵下，至分部别类之时，但须按韵稽之，虽百人共事，千卷雷同，可使疑似之书一无犯复矣。至一书两名误认二家之弊，但当深究载籍，详考史传，并当历究著录之家，求其所以同异两称之故而笔之于书……"（《辨嫌名第五》）章学诚在这里所说要编的长编，犹如现在编目查重时要有书名目录、著者目录，在分类编目时，通过它们查重，这方面的工作我们是已经进步了。但章学诚这里所指的避免分类编目中的分错编错现象，其若干方法还是可以借鉴的。如所谓"深究载籍"，就是向书本请教，仔细翻阅书的介绍或阅读章节，使之了解其内容；又谓"详考史实"，即是翻阅资料，了解本书的背景材料，弄懂作者籍贯和身世，避免望文生义，妄加判断。至于"历究著录之家"，就是查阅各家书目，参考前人著录，从而得出较正确的结论。章学诚在本书中，还介绍人们分类编目工作时，应充分使用工具书，如"今按纬侯之书，往往见于《毛诗》、《礼记注疏》及《后汉书注》；汉魏杂史，往往见于《三国志注》；挚虞《流别》及《文章志》，往往见于《文选注》；六朝诗文集，多见采于《北堂书钞》、《艺文类聚》；唐人载籍，多见采于《太平御览》、《文苑英华》"（《补郑第六》）。

以上就是《校雠通义》一书中关于图书分类、图书目录、目录工作等方面的初步探讨。当然，由于历史局限性，绝不能认为章学诚的图书馆学、目录学理论是十全十美的。譬如，他对目录的作用，认为"家法不明，著作之所以日下也；部次不精，学术之所以日散也"（《宗刘第二》），就是片面的夸大。而从分类的观点看，认为应代有发展，以适应时代、学术、体裁的发展；但具体评论各代目录时，又有刘歆《七略》是最高峰，后代无所企及的倒退论，这些显然都是不足法的。

（原载于《四川图书馆学报》1980年第3期）

20世纪上半叶浙江图书馆馆刊的历史地位

浙江图书馆（曾用名浙江公立图书馆、浙江省立图书馆、浙江图书馆）是20世纪初我国最早建立的公共图书馆之一，它在中国公共图书馆事业中发挥过积极的作用。由于它丰富的藏书、不断改进的工作方法和多样的服务方式，曾在广大读者中产生过积极的影响，成为国内省级图书馆的中坚。浙江图书馆在20世纪上半叶图书馆界，更由于办理刊物多样、办刊时间较长、覆盖面较大、影响深远而为业界所称道。因此，在这里探讨浙江图书馆的办刊经历、刊物特色、刊物影响等，从而确定它在中国图书馆学研究上的历史地位，对于今天图书情报界是不无借鉴意义的。

一

浙江省图书馆事业较之其他省图书馆事业，在一定程度上是比较发达的。其历史背景可溯源于江浙私人藏书相当发达。清乾隆年间建立的江南三阁，中经战火浩劫，硕果仅存杭州文澜阁。社会文化教育相对发达，也必然对图书馆事业发展提出新的要求。20世纪初，杭州建杭州藏书楼，绍兴建古越藏书楼，海宁建县立图书馆，图书馆逐步成为社会公益事业的首倡之选。1903年，杭州藏书楼改称浙江藏书楼，这所就杭州藏书楼"扩充其制"、"借官钱"而"增拓规模，广置图籍仪器"的公共藏书机构，实际上宣告浙江省级图书馆正式建立，据1907年《浙江藏书楼书目》甲乙编所载，共有藏书7万卷，约3.5万册。辛亥革命后，浙江图书馆逐步扩充完善，加之省内各地县图书馆陆续建立，随着馆内工作的全面展开，馆内业务研究的加强，读者服务面临的新要求，作为反映馆内学术水平与研究成果，构建图书馆与读者交流的桥梁，编辑发行图书馆刊物就成为一项重要工作。

浙江图书馆主办的刊物，如从刊期分类来看，则有年刊、季刊、月刊和不定期刊几种。从办刊内容看，则有学术性期刊，如《文澜学报》；综合性期刊，如《浙江省立图书馆月刊》、《浙江省立图书馆馆刊》、《图书展望》；还有报道性刊物，如《浙江图书馆通讯》；如果加上《浙江图书馆协会会刊》和部分地区性图书馆协会会刊，为我们提供了那个时期比较全面的图书馆工作发展动态和图书馆学研究的成果。由于浙江图书馆同仁的长期努力，办刊人员的不断创新追求，广大学术工作者的支持，浙江图书馆的馆刊《文澜学报》、《浙江省立图书馆馆刊》和《图书展望》都是我国20世纪三四十年代诸多图书馆刊物中的重要刊物，借用今天的话说，就是图书馆学刊物中的"核心期刊"。

二

1915年，出版《浙江公立图书馆年报》，1949年1月复刊的《图书展望》停刊。20世纪上半叶，浙江图书馆馆办刊物持续30多年。这30多年中，大致可分为三个主要阶段。

1.《浙江公立图书馆年报》（简称"年报"）时期（1915年12月至1931年12月）

《浙江公立图书馆年报》刊出11期，即从1915年12月至1926年12月。《浙江图书馆报》刊出6期，即从1927年12月至1931年12月。据《中华图书馆协会会报》第3卷第5期（1928年4月30日）报道："浙江图书馆报第一卷，延至本年2月始出版"，说明"馆报"是1928年出版的，这与一般的说法不同。

"年报"时期，刊物内容主要是综合性的、报道性的。《中华图书馆协会会报》介绍该刊时称："浙江省立图书馆现有年报之编，盖仿日本帝国图书馆之季报，具载馆中增益及执务情形，与年来之整理进行计划。"此文评论说，（该年刊）"实为今日我国图书馆学定期刊物之先河。"（《中华图书馆协会会报》第3卷第5期，1928年3月30日）"年报"早期基本上是报道馆内工作情况，如1915年第一期刊有《浙江公立图书馆公牍》指出：图书馆1915年应办六件事，其中有"编辑年报"一项，"查本馆每年应出年报一期，登载采购图籍统计表，及关于图书要件之报告"。我们看到，年报关于馆务的报告并不纯粹是统计数字的表格，也有情况的分析和工作的建议。1915年阅书统计表后，有这样的分析："杭城阅书人以中等学校学生占大多数，其所偏重在科学及小说家言，故本馆本年阅览书籍本数，以新书部、杂志部为最多，前者几占百分之二十三，后者占百分之二十二。""年报"第二期关于阅书统计后分析说："本馆本年阅杂志者，较四年增一倍，史部亦稍增，子部、集部、经部均减。"该年报从1919年至1924年各期均有"各项统计"专栏，实际上反映了浙江图书馆各项业务的进展。我们现在通过这些材料，也能够了解到上个世纪公共图书馆发展的一些情况。

五四运动前后，随着新文化运动的发展和国内图书馆事业逐步繁荣，"年报"也陆续发表一些图书馆学的专门论述，从观念上、作用上和社会功能上宣传图书馆。如"年报"第6期就转载了《学灯》（《时事新报》副刊）的文章《图书馆与教育》，"年报"第7期转载了《之江日报》的文章《图书馆与社会教育》，"年报"第8期转载了刘国钧先生发表在《金陵光》上的文章《近代图书馆之性质及功用》，"年报"第9期转载了《新教育》的文章《图书馆之价值及管理者应注意之要点》，这些文章都产生过积极的影响。

"年报"由初期的以报道馆内情况为主，稍后刊物报道的内容也由馆内到馆外，并不时发表一些世界各国图书馆历史与现状的文章。如"年报"第9期转载唐轶康的文章《我国的图书馆事业》，此文从中国古代藏书的发展讲到近代图书馆的建立。"年报"第7期有《考察京津济宁苏沪各图书馆事项表及附说》。"年报"第8期，刊有《欧美图书馆事业略史》。"年报"第9期刊有《日本图书馆协会规则》，我们还看到曾经重点介绍过美国图书馆等国家图书馆历史及现状的文章。这些报道和介绍对于图书馆同行都是有帮助的。

2.《浙江省立图书馆馆刊》(简称"馆刊")时期

《浙江省立图书馆月刊》，共1—5卷，1927年12月至1931年1月。《浙江省立图书馆馆刊》，共1—4卷，第一卷出10期，1932年3月至1935年12月（1933年由《浙江省立图书馆月刊》改称《浙江省立图书馆馆刊》，并改为双月刊，直至1935年12月）。又有《文澜学报》（季刊）第1卷至第3卷第2期，1935年1月至1937年6月。原为年刊，1936年第2卷第1期起改为季刊。"馆刊"时期是浙江图书馆建馆以后发展最好的时期，除前有孤山分馆，这时，大学路新馆建成，馆舍面积扩大了，经费得到保证，藏书逐步增加，更主要的是工作人员数量增加了，一批学有专长的馆员充实到各个部门，馆内工作水平有了提高。因此，浙江图书馆的馆办刊物不仅多了，而且质量也有明显的提高。

《浙江省立图书馆月刊》一方面是承继了原浙江公立图书馆年报的传统，反映馆务，汇报进展，逐步扩大图书馆学研究成果的报道。另一方面，自1926年中华图书馆协会成立以后，国内图书馆学人才逐步增多，少数国外学成归国的图书馆学专家也相当活跃，这样就为浙江图书馆馆办刊物带来了新的生机和活力。

《浙江省立图书馆月刊》自1933年改称《浙江省立图书馆馆刊》，其办刊旨趣凡五：曰记载馆务，曰互通声气，曰辅助阅览，曰实施辅导，曰提倡读书。从这些基本内容来看，编辑部是把图书馆业务作为刊物的中心内容，故其主要栏目有学术论著、介绍评论、书报摘要、图书馆消息、馆务纪要、统计、新书目录，以及国内外图书馆概况撷要等。而从刊物的实际内容看，我们可把它归之为综合性专业杂志，作为省立公共图书馆，这种定位是适合的。1935年，浙江图书馆出版《文澜学报》（第1卷至第3卷第2期，1935年1月至1937年6月），开始是年刊，自第2卷第1期起改为季刊。《文澜学报》凡例中的办刊宗旨是研究中国学术，阐扬浙江文献，内容暂定通论、专著、译述、书评、杂著、馆藏善本书录、特载及文苑各栏，可知刊物的定位是学术性专业刊物。这可能是浙江图书馆馆办刊物的互相补充，即既有综合性刊物，也有学术性刊物，加上地区性学会会刊的补充，就可以比较全面反映浙江图书馆业务工作和相关学术研究的进展。

我们综合考察一下20世纪30年代浙江图书馆馆办刊物，可以看出，《文澜学报》是从研究中国传统学术的角度组织内容的，中国古代版本、目录、校勘等传统学术的继承，往往成为《文澜学报》的重要内容，如李笠关于校勘学的文章、李渼《书林清话校补》（第2卷第2期）。阐扬浙江文献则更加突出浙江地方文献、浙江公私藏书和浙江学术研究的相关文献。这里我们可以看到，《浙江刻书文献》（第3卷第4期）、《浙江藏书文献》（第2卷第3、4期）、《浙江藏书家考略》（第3卷第1期）。此外，还有讨论文澜阁之文章，其中，以张崟的《文澜阁四库全书史稿》、孙延钊的《文澜阁嘉惠堂与玉海楼》等文章的影响较大，具有参考价值。

浙江图书馆除了《文澜学报》担负着学术交流的责任以外，比较早的《浙江省立图书馆月刊》至改为《浙江省立图书馆馆刊》,应该说,办刊宗旨和内容,担负的宣传、辅导责任是一致的。但是,应该看到,馆办刊物到了称为《浙江省立图书馆馆刊》(1933年起),其特色更为明显。该刊地位可称为国内图书馆界重要的刊物之一(20世纪30年代比较重要的期刊有:北京《图书馆学季刊》,武昌《文华图书馆学专科学校季刊》和浙江《浙江省立图书馆馆刊》)。这里着重分析"馆刊"的若干编辑特色。

　　本着其宗旨有"互通声气"的一项,"馆刊"一贯十分注意国内外图书馆事业的报道,这是"馆刊"引起国内图书馆界注意之重要特色。原来,"年报"只是比较零散地报道过国内图书馆事业情况,进入20世纪30年代以后,国内外图书馆出版物增多,专业刊物也逐步增多,翻译和介绍图书馆事业的稿源相对充足。图书馆内有些馆员也积极参与写作、翻译,其中,李絜非、张錾是最为突出的。我们粗略统计,20世纪30年代通过"馆刊"介绍的各国图书馆事业的文章,遍及亚洲各国,其中以介绍日本图书馆的文章为最多。有涉及讨论图书馆作用、办馆观念、业务管理、规章制度等内容。介绍欧美各国图书馆事业的,有蒋复璁的《英法德三国国立图书馆印象记》(第1卷第10期,1932年)。其中以介绍美国、苏俄为最多,如1932年就曾刊登《美国图书馆中之中国书籍》、《美国城市中公共图书馆之统计》(1930—1931年)、《美国图书馆发达略史》,比较集中介绍了美国图书馆之现状与历史。"馆刊"比"年报"用更集中的篇幅吸引读者。

　　"馆刊"非常注意国内图书馆事业的报道,如1932年发表《最近中国图书馆事业之进展》、《中国图书馆之统计问题》。1933年,又有《全国图书馆之分布》等文章。到1935年,陈训慈又有《全国省立图书馆现况之鸟瞰》等文章,把视角对着全国图书馆事业之发展,实际上是把浙图放在全国图书馆事业的发展水平上,找寻馆内工作的提高点和改进措施。非常难能可贵的是,"馆刊"编者十分注意国内图书馆事业之重大事件,如1932年"一·二八"上海商务印书馆东方图书馆被日本军队轰炸而烧毁,这个有预谋的国际事件是我国图书馆界的重大损失。1932年3月30日刊出的"馆刊"发表了浙江图书馆馆长陈训慈的《文化之浩劫》一文,并有《东方图书馆概况述要》一文,使大家得以及时了解这一东方文化宝库遭受浩劫的事实及损失,表达了国人同仇敌忾的精神。此后,陆续还有《商务印书馆及东方图书馆损失调查》等文章。1933年,陈训慈又有《悼东方图书馆劫后一年并论东方图书馆之建设》,表示了业界对东方图书馆复建之希望与要求。1934年,还发表《东方图书馆复兴刍言》的文章。同行支援,义同手足之情溢于言表。同时还有不少有关报道、辅导省内图书馆的文章。这方面,"馆刊"为我们提供了系统的情况,特别是一些总结性文章,如陈训慈的《浙江图书馆之回顾与展望》(1933年)更有指导作用。

　　"馆刊"作为一本综合性专业杂志,涉及图书馆工作的方方面面,内容相当广泛,如讨论图书馆业务上的分类、编目等。1932—1933年,曾发表金天游长篇文章《对于王云五中外图书统一分类法之修正》、《第十三版杜威分类法之修正》,此外,还先后发表了金天游有关图书编目方面的文章。1953年,金天游谈及当时情况时说:"陈叔谅(训慈)接任馆长(1932年)后仍改用杜威十进分类法分类外,所有线装旧书新出平装书及日文书,悉依王云五统一分类法分类。后以王氏所加之'十'、'十一'、'廿一'等记号,实际应用,颇感不便,特由编目组内同仁另订分类,……"(金天游:《本馆图书分类的历史回顾与前瞻》,《浙江图书馆百年学术论文选》第109页,中华书局,2000年)可知"馆刊"上发表的文章是结合实际提出的改进方案。金天游回忆说,当时还根据修正方案进行过改正。为了集中讨论某一专业问题,"馆刊"也提供了比较完整的资料。如"馆刊"第3卷第1期,集中讨论了图书馆展览的问题,这一期发表了《图书馆与展览会》这样的文章,并发表了《参观浙江省立图书馆文物展览会后记》、《本馆三十周年纪念文物展览之回顾》等有关文章。此外,并有《善本展览题咏辑录》、《善本展览说明辑录》等文献。这样就把展览的设想、实物、反映诸方面的文献完整地提供给读者,犹如文字上参观了展览,学到了知识。浙图"馆刊"还就图书馆工作、图书馆业务、图书馆人员培训等方面发表有关研究成果,讨论了图书馆业务工作改进的方式,这些对图书馆工作和图书馆员的提高很有裨益。

3.《图书展望》(简称"展望")时期

《图书展望》,月刊,浙江图书馆创办于1935年10月,1937年8月停刊。1946年10月复刊,改为季刊,1949年1月停刊。从刊物产生的影响看,复刊后的季刊较为重要,这里主要讨论"展望"季刊的特色。

历经苦难的中国人民,于1945年8月取得了反对日本军国主义战争的胜利。同样饱经迁移、动乱的图书馆人,也迎来了安定的生活。《图书展望》季刊在1946年复刊的第1期上说,办这种刊物是遵循前《图书展望》的宗旨,即做一个忠实的"图书"与"读者"的中间媒介,说明了"展望"的内容范围有五:一是选择重要新书,分别做出简单的提要,以为读者选择研读的参考;二是荟集有关学术性的参考资料,变成有系统的目录,以为学术研究之一助;三是刊载读书问题讨论文字,以求辅进读书效率;四是就国内外著名学者加以介绍或将重要时事加以剖析,增厚学术研究的精神与兴趣;五是报道本馆新到书目,列以类码,俾各界便利馆藏的利用。陈博文在复刊词中还说:本刊的作用,为提高优良图书与宝贵知识,以便读者知所选择与参考,进而发扬读书风气。他认为这样做的目的,对读者来说,得以文化水平的提高,对图书馆而言,则收到社会教育的积极效果。(陈博文:《〈图书展望〉复刊词》,《图书展望》第1期,1946年10月31日)如果从这意义上说,编者的初衷是想把"展望"办成大众性读书刊物。

查考一下前《图书展望》一个重要特色是辅导读者利用工具书、利用图书馆的文章较多。如王文莱写过《怎样利用图书馆》、《图书馆的钥匙——目录的知识》、《怎样向图书馆借阅图书》,还有具体读书学习的文章,如《索引之意义及其使用法》、《百科全书和年鉴利用法》、《字典和辞典利用法》等。此外,还有工具书解题的文章,如《国内出版主要索引一览》、《中文字典辞典解题》。其目的也是从读书治学的角度,给读者一把钥匙。这种为大众学习进行指导的考虑,在复刊《图书展望》的编辑内容上得到继承和发展。比较而言,复刊《图书展望》更把辅导内容提高了一个层次。如复刊《图书展望》的专栏设置上就有"学术杂评"、"知识时代"、"各科研究"等。编者把馆外专家学者与图书馆学专家结合起来,做好学术动态、名著介绍、专题述评等工作。刊物团结大批文史学者,同时,也充分发动馆内人员共同办刊,馆内学有专长的,有陈训慈、陈博文、夏定域、李絜非、陈豪楚、金天游、毛春翔、王勤堉、许振东等，他们在文献学、版本学、目录学和藏书学、方志学等研究上都作出了显著的成绩。

为了开拓读者视野，增加读者兴趣，复刊《图书展望》设有"文化通讯"一栏，有"出版新闻"、"学术团体活动情报"、"国内外学者消息"、"图书馆界新讯"、"展览消息集锦"、"文化机关近讯"、"发明与发现新话"、"其他文化掇拾"等方面的简短消息，一定程度上起着文化传播和交流的作用。

作为省图书馆馆办刊物，当然离不开有关图书馆事务的报道。这大致有三方面的内容：一是馆务报道，连续性报道馆内工作进展、机构调整、业务改进、读者利用等情况，陈博文作为馆长，按年度撰文介绍该馆情况；二是业务研究成果；三是馆内新书简目，或按季度，或按月份，也有重要书报介绍等。应该说，复刊《图书展望》内容是相当丰富的。"展望"在抗日胜利后一段日子里，发表有冯孟颛关于四明文献的文章，毛春翔关于文澜阁《四库全书》战时播迁情况的文章。国内图书馆方面有《全国省立图书馆现况调查》、《全国各省市立图书馆现况调查》。同时，还注意世界图书馆研究之动向，如复刊第 8 期（1948 年 7 月）就有陆凤台译的《将来之公共图书馆》（John Adams Lowe 著的 *Housing Tomorrow's Library*），文中提到当代图书馆已经进入发展的第三阶段，即图书馆作为"交流知识的工具"，已经进入"成为人类知识记录的指导者"的阶段，它"必将给予自我教育者以求知识机会和工具"。应该注意，这是 20 世纪 30 年代末的预测，对我们今天信息时代做好图书馆工作仍然有其参考意义。

三

上面我们对浙江图书馆各个时期馆办刊物作了粗略的叙述和分析。因为涉及刊物种类较多，材料比较多样，所刊登的材料质量自然是有差别的。

20 世纪上半叶，浙江图书馆馆办刊物发展的历程，有哪些是可以为我们提供借鉴的呢？

（1）重视地方图书馆事业和馆内工作进展的报道。我觉得，各个时期浙图馆刊是非常重视这一点的，也正是这样坚持不懈，逐步形成了刊物的特色；也正是这些特色，奠定了浙图在旧中国图书馆界的特有地位。浙图刊物重视地方特色，大致有如下几点：一是系统报道与研究本地藏书发展与图书馆事业进程。这一点从浙图刊物报道浙江藏书家、杭州文澜阁，系列报道浙江图书馆的工作进展等文章可以看出来，一些文章有相当深度，产生过积极影响；二是关心地方文献和地方文化事业，培养乡土情结，提高阅读兴趣，进而强化图书馆的凝聚力；三是及时报道本馆读者与图书馆的互动，达到了《图书展望》复刊词所说的刊物起到的桥梁作用。从这些方面来看，一些时期刊物编者比较好地处理了局部（作为一个省馆）与全局（全国图书馆发展）的关系。

（2）注意提高刊物的"看点"，不断提高编辑刊物的技巧。办好一个刊物，除了有足够资金、强大的作者队伍和畅通的发行渠道外，还有一个把刊物办好办活的问题。浙图办刊物有不少特色，如抓好专题报道，1934 年《浙江省立图书馆馆刊》第 3 卷第 1 期，集中刊登了图书馆办展览的意义、作用的探讨性文章，还有浙图办展览的小结与展品说明、展品材料等，具有相当的说服力。此外，一些专栏长期坚持，也形成浙图办刊物的特色，如馆藏新书目录、重点新书刊介绍、馆内借阅书籍分类统计、读者分类统计等材料，有相当长期的揭露。这种对于读者有吸引力、对馆内工作有激励作用的做法是可取的。

（3）团结一批学有专长的同仁，坚持把刊物办成培养人才的阵地。20世纪前半叶，浙江图书馆馆办刊物团结了一大批馆外学者，由于他们的学科面宽、功底深厚，在浙图馆办刊物上发表了不少相当有分量的文章，因而也产生相当的影响。与此同时，几任馆长亲自主持、勤以动笔，这影响了馆内同仁，特别带动了馆内一批学有专长的同仁，促进了馆内业务工作的开展，提高了专业研究水平。这样，就为办好刊物提供了保证，因而提高了浙江图书馆在全国图书馆界的地位。

（原载于《图书馆研究与工作》2006年第1期）

评《文华图书馆学专科学校季刊》

1920年，武昌文华大学创办了中国图书馆学教育的专门机构——文华大学图书科。1924年文华大学改组为华中大学，图书科随之并入华中大学。1927年，华中大学停办，图书科单独办学。1929年，图书科申请独立办学，得到教育部审定核准，武昌文华图书馆学专科学校（以下简称文华图专）成立。20世纪前半叶，文华大学图书科（包括文华图专）招收大学毕业和大学肄业的学生，进行图书馆学理论与方法的教育。该校的师资力量较强，教学管理有特色，教学内容联系图书馆实际，整体水平与世界图书馆学研究同步。所以，毕业生的适应性强，管理能力高，往往成为中国各省市和大学图书馆的业务骨干，有些还担任国外东亚图书馆的工作。文华图专因其教学和科研的突出成绩，在中国图书馆界具有举足轻重的作用。文华图专还兴办公书林，为汉口和武昌的公众服务，出版期刊和丛书，更使它的影响不断扩大，从而奠定了它在中国图书馆学研究中的显著地位。

对文华图专的研究，我们曾做过一些工作，但是，对于《文华图书馆学专科学校季刊》的研究还可以深入去做。这里，试从该刊的创办经历、学术水平以及撰稿人情况等方面，阐明该刊物的总体水平，并评述其在中国图书馆学研究中的影响。为了行文方便，其最初名为《文华图书科季刊》，即用其原名。后该刊改称《文华图书馆学专科学校季刊》，一般用其原名，有时则简称《文华图专季刊》。

一

1930年1月20日，一本装帧简朴的学生刊物《文华图书科季刊》在武昌昙华林诞生了。可能其编辑者和校方都始料不及，这本刊物经过数年的努力逐步成为当时图书馆界众多刊物中的佼佼者。

1. 1929—1931年，《文华图书科季刊》时期

1929年，《文华图书科季刊》出版时，校方是把这个刊物以学生刊物的名义出版的。沈祖荣在《我对于文华图书科季刊的几种希望》（《文华图书科季刊》1929年创刊号）一文中说："这刊物，纯粹是文华图书科现在肄业的同学之心血，研究的结果。"沈祖荣认为学生虽然进入图书馆学门槛，还得更深入地了解和讨论一些业务上、技术上甚至理论上的问题。"执事所需之热烈情感，服务精神两要素，不可不于今日养成之。"正因为如此，必须给大家提供一个园地。沈祖荣对刊物提出了若干要求，其中有"特重实事"，即注意图书馆学为实用科学，要研究图书馆实际困难问题。还有，"不避琐细题目"。还有，要同学们"审合社会情形"，告诫同学们要"谋当地人民之福利"。一切经营方式之取舍，要"视便利人民与否为转移"。沈祖荣作为校长，他对刊物提出的要

求，综合起来大致是两个方面：一是对编辑刊物的希望。如图书馆学是实用科学，所以对一些技术和方法都要做切实的研究。他还说过，一些高深的理论，同学们不一定去讨论。二是对同学们的要求。他认为图书馆是一种社会公益事业，所以，它的发展是和社会联系在一块的。因此，我们应该站在便利人民的角度看待问题。在沈祖荣这些思想观念的指引下，当时负责编辑刊物的耿济民所写的《发刊词》(《文华图书科季刊》1929 年创刊号）中表达了出版刊物的意图：一是对图书馆学上的种种问题进行讨论，二是对国外图书馆学的新知识进行介绍。他还说明，该刊还担负着宣传图书馆事业的任务，使之促进图书馆事业的发展。

1930 年，《文华图书科季刊》正式登出了该刊的出刊宗旨和投稿简章。《本刊宗旨》(《文华图书科季刊》1930 年第 2 卷第 1 期）中说："本刊以提倡图书馆学，研究实际问题，解决应用方法为目的。"又说："本刊为促进图书馆之设立，改良图书馆之设备，提倡图书馆之实用。"此外，还说，刊物要登载介绍国内外图书馆学名著、介绍各种书目等等。这些内容实际上把沈祖荣对刊物的要求更加具体化了。

1929—1930 年，可称之为《文华图书科季刊》的初期阶段。这时期的《文华图书科季刊》大致有如下几个特点：①刊物办刊目的是为学生提供讨论问题的园地，也是为他们提供一个发表研究成果的阵地。所以，从刊物的组稿、发稿以至编排形式、封面设计等都是学生操作的。而刊物的内容也是当时图书馆界关心和讨论的问题。但是，《文华图书科季刊》从第 2 卷第 1 期以后，刊物由文华图书科季刊社主办，刊物的内容就有了变化。②《文华图书科季刊》出刊的经费由中华文化基金会董事会支持，得到学校教员胡庆生、沈祖荣、毛坤等的指导。每期内的文章大致按理论问题、业务研讨、动态报道、杂项等几个层次编排。刊物的封面、装帧都比较简朴，在每年最后一期有一个篇目总索引，别开生面。

1930 年的春夏两期可能还是由学生为主编辑的，1930 年的第 3 期、第 4 期合刊，刊物是由武昌文华图书科季刊社编辑，这一期也发表了季刊社规程和该社的职员名录，《文华图书科季刊》开始了一种新的操作模式。按照季刊社的规程，首先，称"本社以发表与介绍中外图书馆界同人对于图书馆学学术之研究及心得，以资促进我国图书馆事业为宗旨"。那么，这就预示着该刊出版不再限于学生讨论和研究图书馆的问题，而是面向全社会，面向全行业，发表校内外作者的专业文章。其次，该规程称："本社设正社长一人，办理社内一切事务。副社长一人，襄理之。"并规定正副社长由学校聘任，这也就说明了刊物的各种事务由学生负责转到由教员负责。因为我们看到，首任的社长毛坤，是文华公书林中文部主任兼文华图书科教员；副社长钱亚新，是文华公书林流通部主任兼文华图书科教员；该社编辑股和出版股的股长，也由两位教员兼任。足见学校对《文华图书科季刊》的重视。最后，季刊社规程中规定了季刊内容之分配，大致分为六项：①论著；②译述；③调查及通信；④杂说；⑤书评；⑥消息。同时还规定季刊以每年 3 月、6 月、9 月、12 月为出版时间，篇幅每期限于 100 面左右。以上这些规定，可能是总结了季刊两年来办刊的经验和教训，同时，更主要的是为了刊物内容的稳定和编辑队伍的加强。因为这时，文华图书科已升格为一个独立的专科学校，刊物是一个窗口，所以，学校必须以一个全新的形象展示于图书馆界。应该说，以后该刊确实产生了积极的效果。

1931 年，武昌文华图书馆学专科学校已经独立办校，《文华图书科季刊》仍未改名。但是，该刊还是有了变化。譬如加强了对当代图书馆现实问题的讨论和研究。第 3 卷第 1 期发表了钱亚新的《图书馆中的几个实际问题》，他针对图书馆的编目、典藏等问题提出了解决的办法和措施；第 3 卷第 3 期发表了杜定友的《今日中国图书馆界几大问题》，他提出了图书馆界迫切要求解决的人才问题。这些都是很有启发意义的。此外还有关于图书馆技术与方法问题的讨论。还有一个重要的现象，就是该刊还发表相关学科的文章，并且以相当篇幅发表国外图书馆学的论著。第 3 卷第 3 期还增加一专栏"英文之部"，登载纪念韦棣华女士的文章。这给读者一个印象，该刊的内容更加丰富了，它的作者队伍更加扩大了。总之，《文华图书科季刊》的质量不断在提高。

2. 1932—1937 年，《文华图书馆学专科学校季刊》阶段

1932 年，《文华图书馆学专科学校季刊》正式出刊，取代了《文华图书科季刊》，但刊期连续。

《文华图专季刊》第 4 卷第 1 期刊登了更名启事一则。文内称："文华图书科曾经国民政府教育部立案后改名为'武昌文华图书馆学专科学校'，本刊兹定自本期起改名为文华图书馆学专科学校季刊，以归一致。"启事后还附有办刊宗旨和稿约等栏目。为了比较详细地说明季刊的内容与编辑事务等，该刊在各期中刊登有"凡例"六条。"宗旨"称："本刊以提倡图书馆学、促进图书馆事业、研究实际问题、解决应用方法为目的，不仅引起图书馆界同志研究之兴趣，并在普及民众之图书馆常识。"而"编制"一则称："本刊除揭载在校师生及同门诸君之撰述或翻译，亦介绍国内外图书馆学名著及各种书目。图书馆界诸同志，服务上遇有问题，肯惠函垂询者，在可能范围内，本刊当勉力解答，或提出公共讨论之。"另有"投稿"、"发售"、"广告"、"通讯"各则。可以看出，该刊虽然改名，但办刊宗旨和内容、要求等并没有什么改变，而编辑事务和发行等问题仍由季刊社办理。(《凡例》，《文华图书馆学专科季刊》1932 年第 4 卷第 1 期)

从第 4 卷开始，该刊的内容和质量都有了提高。一方面，由于学校办学经验的积累，教员和学生科研力量加强，《文华图书馆学专科学校丛书》正在运行中，部分成果在季刊上发表；另一方面，由于社会发展和事业进步，图书馆业务和技术有了新的要求，这样就促使了图书馆学研究有新的进步。所以，我们看到当时的季刊以一种新的姿态出现。

一是加强图书馆学实际问题的研究。这方面有如下文章：①讨论图书馆与社会进步、图书馆与教育普及、当下图书馆建设等图书馆事业发展的问题；②图书馆分类、编目、流通阅览与参考工作等问题。这些问题的专论文章不仅讨论了图书馆在社会中的地位和作用，而且也研究了当下图书馆事业的发展。同时，这些问题的讨论也为图书馆工作的改进、为读者服务质量的提高提供了很有益的意见。

二是重视图书馆学重要成果介绍。这方面如翻译《图书分类指南》、《图书分类法的理论》以及对重要分类法，如布朗法、布鲁塞尔法、杜威十进分类法等的评介。另

外编辑了两个专号：《世界民众图书馆概况》、《世界各国国立图书馆概况专号》，这是向读者全面介绍世界图书馆事业的发展。同时，刊物还不断发表有参考价值的书目和索引。这为图书馆开展参考工作打下了基础。

三是加强中外文化交流。《文华图专季刊》从第7卷第2期开始，每期另辟一专栏"英文之部"，沈祖荣专为此事写了发刊词，强调了季刊的学术意义。这一期发表了费锡恩的《外人眼中之文华图书馆学校》。第7卷第3期"英文之部"除了发表一些外国人的文章，还有戴镏龄的《佛教目录在中国目录上之影响》。从这些情况看，该刊专设"英文之部"可能是想把《文华图专季刊》推向国外。

1937年，由于抗日战争爆发，学校内迁，《文华图专季刊》停刊。

二

为了使大家了解《文华图书科季刊》发展到《文华图书馆学专科学校季刊》的内容，我们在这里编制了两个表。一个是"学术年表"（表1），分别列出历年发表在《文华图专季刊》上的重要文章、论著和重要纪事。历年来在该刊上发表的文章有300多篇，这里只选取30多篇，分年著录其卷期、篇名、作者（译者），并说明其文章的学术价值。另一个是该刊登载的参考书目索引（表2）等工具，供读者了解该刊的突出贡献。

表1 《文华图专季刊》学术年表

年份	卷（期）	篇名	作者	学术价值或影响
1929	创刊号	丛书之研究	耿济民	讨论了丛书的定义、内容，富有创见性
	1（2）	杂志和索引	钱亚新	提出杂志应编制索引的建议
	1（3）	国际图书馆大会	沈祖荣	报道参加国际图书馆联合会第一次会议的盛况
1930	2（2）	索引法概要	罗晓峰	比较全面讨论了索引和索引法的原理和作用
	2（3/4）	对于现下图书馆应有之认识及努力	徐家麟	提出四点：认识时代、积极活动、努力建设、彻底研究
1931	3（1）	布朗及其学科分类法	吴立邦	介绍布朗及其主题分类法
	3（2）	乡村图书馆经营法之研究	李钟履	提出乡村急需建立图书馆，并讨论了乡村图书馆机构、经费、管理方法等问题
	3（3）	韦棣华女士纪念号		文华图专创始人韦棣华逝世，沈祖荣称韦棣华为"中国图书馆运动之皇后"
	3（3）	图书馆内之参考事业	刘国钧	讨论了图书馆参考工作和设置参考部问题
	3（4）	图书馆与读者	董铸仁	提出了方便读者的方法
	3（4）	图书馆开架式流通制度研究	龙永信	系统研究了开架式之利弊
	3（4）	书评的研究	弋纯	讨论了书评及其在图书馆的作用

续表1

年份	卷（期）	篇名	作者	学术价值或影响
1932	4（1）	排检法之原理	钱亚新	讨论了排检法原理与方法
	4（2）	图书馆推广事业	黄连琴	讨论了图书馆发展中宣传推广的问题
	4（2）	中国图书馆立法之研究	李容盛	结合民国图书馆条例讨论
	4（3/4）	国难与图书馆	沈祖荣	把图书馆发展与民族危亡联系起来
	4（3/4）	法律图书的分类	童世纲	对法律类图书分类作了研究
1933	5（1）	编目部之组织与行政述略	龙永信	讨论编目部之职责、人员和管理
	5（2）	战时之随营图书馆	童世纲	适时地提出军队图书馆建设问题
	5（2）	论图书馆作业之学术化与事业化	徐家麟	讨论了图书馆工作和图书馆学发展方向问题
	5（2）	西洋图书馆史略	毛　坤	较系统介绍西方图书馆发展（译文）
	5（3/4）	我国图书馆事业之改进	沈祖荣	指出图书馆存在的问题及改进之意见
	5（3/4）	民众图书馆之行政	章新民	介绍民众图书馆管理诸问题（译文）
1934	6（1）	子部分类管窥	汪应文	讨论了诸子及相关类别图书分类问题
	6（2）	世界民众图书馆概况		全面介绍了世界民众图书馆概况（译文）
	6（3）	分类之理论与实践	刘子钦	讨论图书分类的理论与方法
	6（4）	档案研究之对象与途径	蔡国铭	档案学研究之佼佼者
1935	7（1）	字典简论	戴镏龄	系统论述字典这类型工具书
	7（1）	图书分类指南	张鸿书	具有实用性的分类手册（译文）
	7（1）	比较图书馆	张鸿书	较早之比较图书馆学论著
	7（2）	图书馆能成独立科学吗？	李景新	构建立一个很有特色的图书馆学体系
	7（3/4）	世界各国国立图书馆概况专号		介绍英法美德俄等国立图书馆（译文）
1936	8（1）	图书馆学问题	李永安	介绍了图书馆学理论之新热点（译文）
	8（2）	图书馆互借之意义及其方法	顾家杰	介绍了图书馆流通之方法
	8（2）	档案整理法述要	程长源	档案管理学的著述
	8（3）	介绍蓝氏双点分类法	胡延钧	介绍印度阮冈纳赞分类法
1937	9（1）	图书馆员之心理分析	吴尔中	新的图书馆学研究内容（译文）
	9（2）	参考书教学法	张遵俭	参考工作新内容（译文）
	9（2）	美国图书馆学校史略	范国仁	介绍了美国的图书馆学校（译文）

表2 《文华图专季刊》发表的书目索引

年份	卷（期）	篇名	作者	内容
1929	1（2）～（3）	英文参考书百种选	徐家璧	提供了图书馆参考工作的基本工具
1929—1930	1（2）～2（2）	中国美术书举要	周连宽	古今美术书之专题书目
1930	2（3/4）	西文编目参考书	沈祖荣	列举了西文编目之参考用书
1931	3（4）	中国古今民众文艺书目提要	陈光尧	著录古今民众文艺之书籍与论文
1932	4（1）	民众图书馆与巡回文库应备书目初稿	赵福来	列举了民众图书馆与巡回文库应备之书籍
1932	4（3/4）	中国教育书目汇编	吕绍虞	教育研究之专题书目
1933	5（1）	太平御览索引	钱亚新	
1933	5（1）	册府元龟索引	陈鸿飞	
1935	7（2）	西洋目录学要籍及名词述略	熊毓文	介绍了西方目录学著作和相关术语
1937	9（1）～（2）	外国图书馆学期刊论文摘译	昊尔中	介绍了西方图书馆学最新论著

为了帮助读者比较详细地了解《文华图专季刊》，现特分类说明该刊所登载文章之内容。

1. 图书馆学和相关学科理论之探讨

（1）图书馆学基本理论的探讨。这方面《文华图专季刊》发表过陈颂、徐家麟、李景新等人的论文，也发表过介绍西方图书馆学理论的新成果，这就比当时教科书论述的问题更加深入了。如对图书馆学对象、任务、内容和图书馆学学科体系、图书馆学与诸学科之关系等都作过探讨。图书馆学是"专研究人类知识学问及一切动态的记载的产生、保存与实用，使它成为教育化、学术化、社会化的一种科学"。（李景新：《图书馆能成一独立科学吗?》，《文华图书馆学专科学校季刊》1935年第7卷第2期）这就是当时对图书馆学定义的一种表述。他们翻译的国外的图书馆学著作介绍了西方不同流派的图书馆学理论，同时也及时报道图书馆学讨论的新热点。这些努力极大地开阔了读者的眼界。此外，李景新的研究文章中，还列举了图书馆学的学科体系，他用理论图书馆学和实际图书馆学两个系列来包容各种分支科学和研究课题，影响相当深远。

（2）图书馆与社会的讨论。这个问题实际上是图书馆的性质与作用讨论的深入。该刊深入地讨论了图书馆与教育、图书馆与社会、图书馆与文化等问题。刘国钧的《图书馆与民众教育》、沈祖荣的《国难与图书馆》、吕绍虞的《我国的教育前途与图书馆》，都能有针对性地结合中国国情讨论中国图书馆发展对社会发展的巨大作用。同时，他们也指出社会发展对图书馆的推动。这些文章都对现实有着重要的指导意义。

（3）当代图书馆发展研究。这个问题的研究是《文华图专季刊》比其他图书馆学刊物办得有特色之处。如发表过《中国图书馆事业今后建设过程的先决问题》、《图书馆之任务与其在中国的地位》、《我国图书馆事业之改进》、《图书馆当前的问题》、《图书馆的中国化问题》等。这些文章有针对性地揭露图书馆存在诸多问题，同时也提出发展图书馆的关键问题，如行政之重视、经费之保证、人员之培养，应该是切中时弊的。

（4）图书馆行政管理问题。《文华图专季刊》发表了有关图书馆机构、人员、工作效率等问题的文章，特别是前瞻性地提出馆员职业研究、馆员的心理分析、图书馆部门工作责任与人员安排问题，甚至还有讨论专门图书馆行政问题的文章。这些方面是别开生面的。徐家璧的《理想的图书馆流通部职员》一文，讨论到馆员素质问题，是相当前卫和具有较高水平的文章。

2. 国内外图书馆事业研究

相对来说，作为学校办刊物，要及时全面地报道国内图书馆是会受到一些局限的。《文华图专季刊》把力量放在对国外图书馆事业的报道与研究上，这样，就填补了国内图书馆刊物的一些空白。如1934年，该刊第6卷第2期专门刊出了鲍士伟的《世界民众图书馆概况》的译文。这篇篇幅较大的译文，不仅可以提高师生的英语翻译水平，而且可以帮助文华师生了解更多的国外图书馆事业的情况。同时，这次翻译也是适时的，因为国内也在进行民众图书馆的建设，所以也为图书馆界提供了材料。1935年，该刊又组织了一次介绍世界各国国立图书馆概况的集中报道，出了一个专刊，这也是为图书馆界提供一个了解国外国立图书馆情况的材料。也可能是为了使同学们了解更多情况，还专门发表一些近期国外图书馆发展的材料。如1935年刊出的袁守和（同礼）的《欧美图书馆之新趋势》，1937年刊出的裘开明的《美国图书馆事业的新趋势》，这些文章加上一些对美国英国图书馆情况的介绍，使《文华图专季刊》具有可读性，所以得到图书馆界的欢迎。

3. 图书馆历史的研究

图书馆历史研究是图书馆基础研究的一项重要任务。但是，20世纪30年代，出版和发表关于图书馆史的论著是相当少的。《文华图专季刊》改变了这种情况。它相继发表了中国图书馆历史、日本图书馆历史、美国图书馆历史、西方图书馆历史等的专文和论著，这有利于同学们研修国内外图书馆历史，也方便了图书馆界的学习。

4. 图书馆分类编目研究

图书馆业务工作系列，大致是分为采访、编目、分类、典藏和流通阅览等环节。《文华图专季刊》对于图书馆业务工作的各个环节，都有专门的研究文章。譬如分类就有如下文章：①总论分类问题，如《图书分类的理论》（章新民译）、《图书分类指南》（张鸿书译），以及刘子钦的《分类之理论与实践》等。②评价推荐分类法，如陈鸿飞的《中文书籍分类法比较》、吴立邦的《布朗及其学科分类法》、钱亚新译的《布鲁塞尔分类法》,还有胡延钧的《蓝氏双点分类法各类说明》、《介绍蓝氏双点分类法》。同时,对杜威十进分类法和国内的主要分类法都作过一些专门评价。③具体分类方法研究,如讨论法律图书分类、音乐图书分类,以及中国四部分类和现在分类法对应的问题。这些文章对图书分类工作都有很现实的指导意义。俞君立在总结文华学者对图书分类理论与方法的成就时说,他们的研究"一方面,面向世界,合理地吸收与借鉴西方图书分类理论与方法研究的新成果;另一方面,注意总结历史经验,批判地继承我国古代图书分类理论与方法"(俞君立:《文华图专学者对图书分类理论与实践的贡献》,《世代相传的智慧与服务精神》第202页,北京图书馆出版社,2001年)。

5. 图书流通阅览问题研究

这方面的研究主要集中在图书馆工作中经常会遇到的一些问题。如图书馆开架阅览、馆际互借、图书阅览流通方式和阅读引导等问题。这些文章的作者一部分是图书馆工作者的具体感受和解决的办法,还有一部分是文华图专的师生结合自己工作的实践,并且是参考中外图书馆的工作方式而作的研究成果。所以,这些文章都曾有过良好的反应。

6. 参考工作研究

20世纪30年代,我国图书馆除了一些大型图书馆开展了一些参考工作外,大多数图书馆基本上处于起步阶段。《文华图专季刊》在这方面是走在前面的,它在图书馆参考工作、参考工具书和相关研究上,曾经为图书馆界提供了相当多的帮助。如它曾经发表过的文章有:①参考工具书研究,包括字典词典研究、丛书研究;②介绍有关图书馆参考书籍的配备,如英国参考书数百种选、日本国参考图书举要等文章;③图书馆内参考工作的组织、人员和工作方式等方面的讨论。

这里,我们还要特别指出,《文华图专季刊》对于相关学科的关注是很多的。这方面最突出的是毛坤、蔡国铭等人,他们在当时就曾经对档案和档案学科进行过专门研究。蔡国铭曾有《内政部档案室巡礼》、毛坤有《档案序说》、程长源有《档案整理法述要》等文章。我国档案与典籍收藏有相当长久的历史。但是,近代图书馆学发展较快,相对成为一个独立学科,并得到社会的公认;档案学研究则相对滞后。文华图专的部分师生对档案学的研究,一方面促进了档案科学的发展,另一方面也为文华图专创办档案学专业做了准备。抗战期间,文华图专为了适应战时的需要,培养了不少档案工作人员,这也是他们为文化教育事业作出的贡献。

三

《文华图书馆学专科学校季刊》的出版与发行,校方支持和师生努力是最主要的原因。最让我们感动的是,关心季刊,参与办刊工作,好像是文华校友和在校师生的一种团结和服务精神的体现。这就说明,文华师生是季刊最直接的受惠者,他们在撰稿和出版中,直接得到了业务上的进步,而且也在这个过程中得到社会的认可和关心。下面选取一些不同时间的作者群,用以说明《文华图专季刊》得以发展和进步的原动力。

1. 教师对《文华图专季刊》的支持

文华图专教师在刊物的初始阶段,曾有部分教师作为顾问支持刊物的工作。稍后,学校的教师就把《文华图专季刊》当做很重要的阵地,积极撰稿,发表文章,有些教师把自己部分研究成果优先在该刊发表,听取反映。学校也组织师生参与,共同翻译一些国外图书馆学的著作,作为刊物的专号出版。现在,我们可以看到有些教师的文章已经成为该领域的经典之作;有些则是开风气之先,引起了某些方面的研究兴趣。总之,文华图专教师是该刊的主力。下面介绍几位教师的情况。

徐家麟,湖北江陵人,1924年9月至1926年6月在校读书,毕业后留校任教。徐家麟在《文华图专季刊》的发展中曾起过积极作用。1930年,发表《对于现下图书馆应有的认识与努力》一文,提出对于图书馆事业的发展应该认清所处的时代,同时也应该满足时代的要求,最后归纳为"认清时代、积极行动、努力建设、彻底研究"四句话。1933年,发表《论图书馆作业之学术化与事业化》,该文论述了图书馆学的发展,澄清了当时一些糊涂认识,文章产生了积极的影响。徐家麟还积极译介国外图书馆学论著,有利于图书馆界对国外图书馆事业的了解。徐家麟终生从事图书馆工作和图书馆学教育,对我国图书馆事业作了有益的贡献。

毛坤,四川宜宾人,1926年9月至1928年6月在校读书,毕业后留校任教。毛坤曾任《文华图书科季刊》的指导,以后又被学校任命为文华图书科季刊社负责人。毛坤以勤奋和多面手著称,为《文华图专季刊》做了不少工作。早期从事图书编目方面的研究,曾在该刊上发表《译书编目法》、《编目时所用的几种参考书》、《主片问题》等文章。此后,他又翻译出《西洋图书馆史略》,为同学们了解西方图书馆提供了很好的材料。1935年,他还在该刊上发表关于档案研究的文章。同时,他还经常报道文华图书馆学专科学校的动态。可以看出,毛坤是关心和支持《文华图专季刊》的。

钱亚新,江苏宜兴人,1926年9月至1928年6月在校读书,毕业后留校任教。钱亚新治学勤奋,在索引理论研究与实践方面卓有成绩。1929年,他在《文华图书科季刊》上发表《杂志与索引》一文,探讨期刊编制索引的问题。1931年、1932年,他又在该刊上发表了《排检法的规则》、《排检法的原理》等文。同时也在实践中编制古籍索引,故有《太平御览索引》的发表。陈鸿飞有《册府元龟索引》,还有在商务印书馆被日军飞机炸毁的《图书集成索引》,是当时文华在索引工作中的重要贡献。此前,钱亚新写出了《索引和索引法》一书,在商务印书馆出版。1937年,钱亚新发表《中国索引论著汇编初稿》,该文"收集有关索引和索引法的专书和论文,兼采各种索引,并有提要,为1936年以前的索引编撰和研究做了一番总结性的工作"(潘树广:《古籍索引概论》第32页,书目文献出版社,1984年)。钱亚新在《文华图专季刊》上发表的这些有关索引研究的文章,奠定了他在索引研究领域理论与实践统一的开拓者的地位。

2. 校友对《文华图专季刊》的支持

文华图专的历届毕业生可能出于对母校的支持,所以对《文华图专季刊》也表现了极大的热情。这里只选取文华大学图书科第一届毕业的学生作为典型。

裘开明，浙江镇海人，1922年毕业。裘开明先服务于燕京大学，以后在美国获得博士学位，长期服务于美国哈佛大学东亚图书馆。他在哈佛大学东亚图书馆服务期间，为适应东亚图书馆处理书籍的需要，改编了一种图书分类法，被称之为哈佛大学中国图书分类法。这种分类法适应了中西方学术和图书分类的需要，而且在分类技术上作了努力。这种分类法"成为当时西方图书馆对东亚语文图书普遍采用的一种分类法"（钱存训：《序言》，《裘开明图书馆学论文选集》，广西师范大学出版社，2003年）。裘开明把这种图书分类法通过《文华图专季刊》介绍给中国读者，产生了良好的反应。1937年，裘开明在《文华图专季刊》上发表《美国图书馆事业的新趋势》，介绍了美国图书馆之专门化与研究化、研究馆员与行政馆员之区分、采用分馆制、分类法使用的多元制、目录编排与联合目录等问题。这些问题为中国图书馆界同仁提供了新的视野，也使文华图专师生得到教育。

查修，安徽黟县人，1922年毕业，毕业后服务于清华大学。1930年在美国获博士学位，后返文华图专任教。查修在校期间，曾一度担任《文华图书科季刊》的指导，以后就担任图书馆管理和其他课程的教学。他在该刊上发表不少文章，包括图书分类编目和各类型图书馆研究，以及图书馆管理等方面。他对西方图书馆管理制度的介绍，是很有水平的研究成果。他还发表有《欧洲书籍装潢小史》长文，介绍西方书籍制度的演变。

桂质柏，湖北武昌人，1922年毕业，后赴美获博士学位。1934年，他在《文华图专季刊》上发表《纽约哥伦比亚大学图书馆学专校杂述》，介绍了美国这所图书馆学校教学的特点和要求，强调了美国图书馆学教学重实用，而且学用一致，要求学生多实践等。这些介绍对国内图书馆教学也是有启发的。桂质柏以后在国内各大学图书馆、科学图书馆担任过重要职务，终身服务于图书馆界。

文华图专历届校友，支持学校教育，关心季刊的出版，这些事例是非常多的。《文华图专季刊》之所以能健康成长，并在国内有较大影响，这是与校友的关心分不开的。

3. 学生对《文华图专季刊》的支持

1929年，《文华图书科季刊》创刊时，正是该校第8届学生在校（1928年9月—1930年6月），所以，该刊的组稿、编辑、印刷、发行等工作，都是由该届学生担任的。连这个刊物的发刊词也是由该班的出版股负责人耿济民所写的。创刊号的11篇文章，只有一篇是由教师写的。以后这个班与其他班级的同学都为该刊的出版竭尽全力。这里介绍该班几个同学的情况。

周连宽，广东开平人，在校时关注图书馆事业的发展，写出了《中国图书馆事业与地方图书馆事业指导团》的文章，在《文华图书科季刊》第1卷第1期发表，针对当时地方图书馆事业发展的困难，提出"图书馆运动者到民间去"的口号，并对发展图书馆事业提出了建议和希望。以后，周连宽在上海市图书馆任职，他也对档案学研究作出了贡献。

徐家璧，湖北江陵人，在校期间，主要做图书流通阅览问题的研究，并大量翻译国外图书馆学论著，发表在《文华图书科季刊》上。他写的关于图书馆员职业道德规范的文章和理想的图书流通部职员的文章，实际上就提出了图书馆员不仅是掌握图书馆技术方法的问题，而且要树立为读者认真服务的精神。这些问题的提出在当时是相当重要的。此外，他撰写的《英文参考书百种选》的文章，介绍了西方图书馆参考工作的主要工具书，对图书馆开展此项工作是很有帮助的。

陈颂，湖南长沙人。陈颂在校期间是相当勤奋的，著述颇多。她在《文华图书科季刊》创刊号上发表《图书馆之任务与其在中国之地位》，立论在中国现实的情况上，说明图书馆对国家、民族、经济和社会生活的重要关系。此外，她还在季刊上发表关于图书选购、图书馆宣传、图书馆统计等方面的文章。这说明她是以图书馆基本理论作为研究方向的。

耿济民，河南上蔡人。他不仅担任《文华图书科季刊》的具体工作，而且还不断地撰写文章在季刊上发表。如创刊号上的《丛书之研究》，对丛书的历史发展和现在的出版情况作了综合的研究，并对该类图书作了仔细的分析，还列出了 50 种主要的丛书。这种颇见功力的研究是相当不容易的。他还翻译了福开森的《目录学论略》发表在《文华图专季刊》上。这是西方较早的目录学著作，它的出现对于中国读者是有参考意义的。

除了以上的几位，这个班还有刘华锦、吴鸿志、陶述先、李继先、房兆楹等人，他们也曾在季刊上发表过不少文章。

20 世纪 30 年代，图书馆界曾经风行三大刊物，北方是北平图书馆办的《图书馆学季刊》，这是以中国传统文化整理和继承为主要内容的专业刊物。还有是浙江省图书馆办的《浙江省图书馆季刊》（刊名屡有变动），这是以中国文化研究、地方文献研究和图书馆工作研究为主要特色的刊物。作为校办刊物，《文华图专季刊》的内容，则是较全面、较新颖、较系统地研究图书馆学理论与方法。这些刊物在图书馆界都曾经受到广泛的注意。它们一方面宣传图书馆的地位和作用，介绍图书馆在文化教育中的重要作用，并呼吁重视利用图书馆；另一方面，它们对图书馆技术与方法的研究，对图书馆现实问题的解答，以及提高图书馆工作的水平，推动图书馆事业发展的意见，都对图书馆界产生了积极的影响。因此，这些刊物是中国图书馆学研究的记录，也是中国图书馆学发展历程的见证。

《文华图专季刊》一开始是作为学生刊物出现的，以后也是以师生合作编辑的形式不断得到发展的。这个刊物如何能保持较高质量，做到与时俱进地立于学术之林，我们觉得，这主要取决于作者和编者的素质。文华图书科从开办起，是招收大学毕业或肄业两年的学生来学习图书馆学的。这些学生具有较广博的文化基础知识，并有一定的专业知识水平，他们也有初步进行科学研究的训练。进入文华图专以后，扩大了专业知识，又有了图书馆工作的训练，再加上教师的指导，这就使他们在研究上能很快上路，并获得研究成果的主要原因。文华图专的教师，参加学校对图书馆学研究的统一规划，他们的成果通过《文华图书馆学专科学校季刊》和《文华图书馆学专科学校丛书》这两个平台很快地与读者见面。这就是为什么这个学校的师生对办好刊物能做到全力以赴，对丛书出版尽心尽力。这样的一些认识，可能还是符合当时的实际情况的。

（原载于《图书情报知识》2007 年第 4 期）

回顾民国时期古代藏书与近代图书馆史研究

对于人类社会来说，一个世纪只是人类发展长河中的一瞬；但是，对于中国几十万图书馆界从业人士而言，20 世纪是一个无法忘记的时代。在这个世纪里，我们不仅可以找到职业发展中的里程碑式的事件，而且自己也可以找到学术园地里的点点足迹。20 世纪，对于中国图书馆事业来说，它是成长、壮大的历史时期，也是经历两个不同社会制度下发展和完善体系的过程；与此同时，图书馆技术方法，由古代藏书楼管理演变为近代图书馆服务模式和技术方法，20 世纪后期还进入现代图书馆网络和服务体系。作为一个社会文化设施的图书馆，表现了它是社会文化事业与社会共同进步的特点。历史进程中的事件和种种人物，都深刻影响图书馆的发展与进步。同样，图书馆学术体系和方法不仅有同时代学术的共同特点，还表现出它的时代性、技术性和服务性。因此，我们可以看到，作为图书馆学研究重要组成部分的图书馆史研究，在 20 世纪初为开端，经历高低起伏，时兴时废，100 年来，逐步发展成为比较成熟的学科门类，在学术之林站稳了脚跟，守住了阵地，其过程是相当曲折的。

为了反映 20 世纪上半叶中国图书馆历史研究的主要内容，我为此文标题为"回顾民国时期古代藏书与近代图书馆史研究"。

一

1909 年，这是中国图书馆历史研究最值得注意的一个年份。我这里把它称为中国图书馆历史研究的起始年份。

有了书才会出现图书馆，图书馆事业的发展和繁荣，图书馆学的研究才会引起人们的注意。1909 年，经过几年紧锣密鼓的准备，清廷学部建立京师图书馆。该年的 7 月 25 日，学部奏建京师图书馆折称："本年闰二月臣部奏陈预备立宪 5 年筹备事宜，本年应行筹备者有京师图书馆一条。"[1]此后，学部开始就预选馆址，征集藏书和指定监督、副监督，申请印信等项分别进行，这是中国图书馆历史发展上的重要事件，即国家图书馆成立。与此同时，学部在分年筹备事宜中，1909 年颁布图书馆章程是与国家图书馆成立并列为两件事。1910 年，颁布《京师图书馆及各省图书馆通行章程》，这部章程明确图书馆建立的目的是：保存国粹、造就通才，以备硕学专家研究学艺，学生士人检阅考证之用。还规定图书馆名称、人员、机构和馆内藏书收集、阅览开放和寄存图书等 20 条。[2]这个章程颁布的意义在于确立了图书馆的地位，规定了图书馆的工作内容，反映了图书馆的特定要求，这是有利于图书馆发展的。从 19 世纪末叶至 20 世纪初年，继京师大学堂藏书楼之后，浙江藏书楼、湖北图书馆、湖南图书馆、奉天图书馆、江南图书馆，以及文华公书林等公私藏书楼、图书馆相继成立。1909 年，京师图书馆成立和图书馆章程的颁布，辛亥革命后我国大多数省级图书馆逐步开放，这就是我国近代图书馆事业的新篇章。

1909年，图书馆学术上的重要事件有：第一，本年5月，《学部官报》开始刊出王国维翻译的Tedser和Thomas的《世界图书馆小史》，至1910年10月号止；第二，本年10月，《教育杂志》1卷11期连载孙毓修的《图书馆》文章，至1910年的第2卷11期止；第三，《藏书纪事诗》（7卷本）校定。《藏书纪事诗》早年由叶昌炽纂写，江标曾收入《灵鹣阁丛书》中，但错误较多。叶昌炽于1909年6月17日的日记中称："《藏书纪事诗》编校毕，共六卷，不足二十万言。……以无时代可考者四家，一释一道，赠书、换书、买书、工估共二十首，又添写官傅穉、周慈一首，另为一卷，共七卷。"[3]正是由于1909年的校正，此书得以在1910年正式出版。

清末国人讨论图书馆这个事物，或介绍，或推荐，都没有1909年这些事件的影响大。当时大致有三部分人讨论到图书馆：一为清廷派出考察或驻外的官员，他们在介绍各国情况时，往往会介绍某个城市有图书馆（大书藏）；二为境内外较早接受外国学术文化的报人、文人等，他们结合国外图书馆状况，针对我国情况，提出建藏书楼；三为围内一部分学者，从振兴教育、提高文化的角度翻译介绍国外图书馆著述，王国维、孙毓修就属于这类学人。无论是作为入门读物的《世界图书馆小史》，还是藏书学研究的经典著作《藏书纪事诗》，都出现于1909年前后，这应该不是偶然的。清末民初图书馆作为社会的一个新事物，人们对它是认识不多的。学者王国维非常敏锐地注意到这一新事物，他介绍世界图书馆的发展历史，主要是说明人们学习文化科学，必须依赖于公众阅读的场所，这就是图书馆。世界各国对图书馆的重视，既是文明的潮流，也是中国社会的需要。而叶昌炽的《藏书纪事诗》，汇集我国从隋唐五代经宋元至明清的私家藏书的传承故实。因书籍收藏、整理、阅读和传播，必然兼及书籍的抄写、校勘、印刷、流通、藏家互换和转让。这些史实汇集成册，不仅是一部私家藏书的文化史，也是一部中国文化交流和典籍传播的变迁史。因此，它成为研究中国传统文化和学术的重要文献。叶书的贡献在于存事实、资考证。此后，伦明《辛亥以来藏书纪事诗》、王謇《续补藏书纪事诗》、徐绍棨《广东藏书纪事诗》等书均按叶书的体例。这样就形成了中国藏书研究的一大流派。所以，我们说，1909年是中国图书馆史的起始年份。此后，中国古代藏书和近代图书馆历史研究进入一个崭新的阶段。

二

20世纪初年，图书馆的发展突出的是省市级图书馆的建立和开放，以及部分高等学校图书馆的建立。其中，图书馆制度的建立和方法的改革步履维艰，工作水平和服务质量是不高的。一直到1918年，受过西方图书馆学教育的沈祖荣，在调查我国图书馆现状时，曾深感当时图书馆的落后："凡取资之图书馆，阅书人数即较少"，"各省图书目录，多沿用四库四部之成规"，"中国图书经费支出，合全国计之，不及纽约公共图书馆每年356000金洋之多"。[4]因此，当时图书馆研究与教育的力量是相当薄弱的，其研究成果是很少的。

与中国新文化运动发展相联系的中国近代图书馆事业在1919年前后出现了新的转

机。在此前后,有一批在国外学习图书馆学的人士回到国内从事图书馆工作,他们还身体力行在图书馆作了改革和试验。1920年,文华大学图书科成立,招收大学毕业和肄业两年的学生进校学习图书馆学,这样,图书馆在社会的影响就逐步扩大了。他们还著书立说,介绍西方图书馆学理论和方法,结合中国图书馆实际,开始了我们中国人著述图书馆学著作。正是在这种背景下,古代藏书楼研究、藏书家介绍、近代图书馆起源和发展,还有国外图书馆事业的介绍、当前国内各图书馆的状况,也就是我们可称为古代藏书与近代图书馆研究的方方面面,正式在我国图书馆研究的园地中开展起来。

从1919年至1937年,是民国时期图书馆史研究最为活跃的年代,涉及面广,某些专题成果丰硕,积累资料非常丰富,也涌现出一批学有专攻的学人。因此,有关图书馆史的著述和论文不断问世,社会影响日益扩大。下面分几点论述之。

1. **总论性著作中论及图书馆历史**

历史知识是人类知识体系中重要的组成部分,特别是介绍某一事物,如果能从历史角度予以叙述,往往还能起到特别的效果。因此,我们发现在我国早期图书馆学著作中不乏关于图书馆历史的叙述。

杨昭悊出版于1923年的《图书馆学》,是应用欧美图书馆学著作增补而成的图书馆学综合性著述。其学术体系基本上沿用美国关于图书馆学体系和内容,书中专有一部分内容是讲图书馆历史的。《图书馆学》一书,其第七章为图书馆史,第八章为图书馆现状。图书馆史部分虽然篇幅不大,但是还是提纲挈领地讲了东洋图书馆史、西洋图书馆史,在东洋图书馆史部分有中国图书馆史的内容。他说:"古来河图洛书,是中国图书的起源……周礼春官宗伯外史掌三皇五帝之书……当这个时候,图书已有专官管理。……史记说老子是周朝守藏之吏……可知老子就是当时的图书馆馆长。"[5]杨昭悊所说的内容是根据我国文献记载归纳出来的。他还分析古代图书馆(指古代藏书)的优缺点,其用意在于说明历史是不断发展的。与此相类似的情况还有当时的几部总论性图书馆学著作,也有关于图书馆史的内容。如杜定友1927年10月出版的《图书馆学概论》,其中有专门一章为图书馆略史,他把图书馆从古至今划分为三个时期:①保守时期;②被动时期;③自动时期。他在讲述保守时期图书馆时说:我国的图书,远肇周代。老子为柱下史,保管三皇五帝之书,视为图书馆之鼻祖。[6]而所谓被动时期,是指图书馆办馆宗旨应由保守趋向公开,故以流通图书作为办馆目标。所谓自动时期的图书馆,最主要的标志是图书馆是个自动的机关。图书馆要公开流通,方便阅览,更主要的是积极地教育读者,指导阅读,使之成为有文化的公民。所以,从这些内容来看,当时他们说历史,讲传统,分析古今图书馆的区别,目的是为了强调图书馆的作用。

出版于1935年,由陈彬和、查猛济合编的《中国书史》一书,在系统地介绍我国各时代书籍制度时,从宋代开始,叙述了宋代藏书家、元代藏书家的事迹,明代和清代则分别介绍了当时藏书家的刻书和藏书传承的内容,引用史料多为《宋元行格表》、《藏书纪事诗》、《书林清话》等书的材料,虽然并没有新奇之处,但是该书是《国学小丛书》之一种,在普及典籍和藏书知识方面还是有一定的影响的。

出版于1930年的《校雠新义》,著者杜定友在此书自序中说:"近来欧风东渐,图书之学成为专门。"他还说过,当时他写这部书是为了回敬那些老派人士说他是新派,不懂古代文献目录之学。因此,他下决心把古今知识、东西成法融会而贯通之。此书第九章称为"藏书第九",内容约分为四个部分:一为藏书史料,收上古至清代官府藏书和私人藏书的史料,来源都是正史艺文经籍志序和《澹生堂藏书训约》的史料;二为书厄论,简述古代书籍遭受水、火、虫灾,以及因政治、战争等因素所造成的损失;三为求书论,摘录郑樵、祁承㸁、孙庆增等人求书之论述,杜定友结合当时出版发行之大势及图书馆收集图书的原则,归纳为求书八论;四为流通论,结合古今藏书发展历史,分析图书编写、出版、流通等的目的都是为了提供阅览,供公众利用。图书馆必须保存好图书,以便多人使用、长期使用,但是,图书馆的目的就是公众利用。[7] 杜定友在这里把古代藏书的内容放在图书馆学的重要位置,这样就有利于我们认识历史研究是图书馆学体系中的重要部分。

2. 通史类图书馆史著作开始出现

1930年,在众多的图书馆研究著作中,马宗荣的《中国图书馆事业的史的研究》(刊于《学艺》第10卷)是一篇从内容到体例上都值得重视的文章。

前面已经指出,从20世纪20年代开始,中国图书馆事业发展,引起民众对图书馆的兴趣。与此同时,对图书馆发展和图书馆历史的研究逐步多起来,单篇的图书馆史研究的文章陆续出现于报刊上,如《中国图书馆考》(李均荣,1922年)、《我国的图书馆事业》(唐轶康,1923年)。马宗荣的这篇文章,不仅篇幅较大(连载3期),而且内容较有新意。文章中结合20世纪初年出土的商代甲骨文,称"我国最早的图书馆,恐当推这殷史的图书馆"[8]。他认为中国图书馆的成立,比之外国最早的图书馆即亚斯巴里帕尔(Assurbanipal)图书馆还早。马文中对明清时期的私人藏书以较大篇幅加以论述,民国以来图书馆事业的内容则包括图书馆事业发展、图书馆教育和图书馆学术三个部分。这就形成了一种论述图书馆史的模式,对以后的研究是有影响的。

陈登原于1932年写成,商务印书馆1936年出版的《古今典籍聚散考》一书,是20世纪上半叶文献学研究的新成果。他从古代典籍聚散得失的角度,扩大考察的范围,从政治原因的影响、军事破坏的损失、个人兴趣爱好和经济因素引发藏书的流散,以至自然因素如水、火、虫等对典籍的干扰,全面地解剖了中国典籍发展的历史轨迹。作者称他的写作,一为"贵因",即探究某些历史事件的重要原因;二为"贵果",即追寻某些历史事件的结果和后续影响;三为"贵近",即叙述作者当下时间发生的事件;四为"辩证",即作必要的考证和探讨。从全书可以看出,作者是从典籍聚散这个角度着手的,如该书卷一从政治原因探讨《四库全书》之编纂和与之相联系的宫廷四阁和江南三阁,他既探讨了因为编纂《四库全书》而引发的全国性的征书和对书籍的焚毁、篡改等事件,也分析了皇朝专制文化政策。这样就使读者了解到一个历史事件的前因后果。再如卷三藏弆卷,集中介绍历代私家藏书的兴衰演变,由于作者把私人藏书家因为保管不善、传承困难而造成典籍受损失,归之为聚书之癖、聚书之苦和秘书之病三个专题讨论其原因。这种写法就为我们叙述了私家藏书的历史过程,并探讨了私家藏书局限,这是与当时图书馆界宣传图书馆、批评旧藏书楼的舆论导向是一致的。

《古今典籍聚散考》作为探讨古今藏书聚散的专门著作，因其引用史料丰富，内容涵盖面广，且有一定的理性认识，所以它对以后关于古代藏书的研究具有相当的影响。其中，对于近代图书和图书馆发生的重要事件的论述，也引起社会的重视。陈登原还有《天一阁藏书考》一书，该书考证了天一阁藏书的发展历史、藏书特色和管理制度，宣传了天一阁藏书的地位和价值。这部著述在学术文化界也产生了一定的影响。

3. 断代图书馆史、地区图书馆史问世

如果说，通史性图书馆史是先导，那么，断代图书馆史研究、地区图书馆史研究能够开展起来，这就是问题的深入了。

20世纪30年代，出现了几部地区性的图书馆史，如陈训慈所著的《浙江省立图书馆小史》(1933年)，胡道静为上海通志馆所撰的《上海图书馆史》(1935年)。此外，还出版了一部断代的图书馆史，即谭卓垣《清代图书馆发展史》。这些著作共同的特点是材料丰富，有些是调查所得，有些是利用自己所在单位的文献资料，所以这些研究有理有据。同时，这些作者也是学有专长的研究者，所以其成果都有一定的理论高度。

胡道静所作《上海图书馆史》(上海通志馆出版)[9]，全书分为五章，介绍了上海各图书馆的发展历程以及各馆技术、行政方面的情况。其中，最引起我重视的是关于上海的公家藏书和私人藏书部分的内容。胡道静称："现代的图书馆之在上海出现，即始于第19世纪中叶（清道光末）上海开港以后。"胡道静在书中列出了如徐家汇天主堂藏书楼、Shanghai Library（上海图书馆）等外侨所办的公共图书馆，也介绍了一些在上海的私人藏书家。因为近代上海是帝国主义列强最早入侵的城市之一，而且因为不平等条约的影响，近代上海在经济上和文化上比较开放，所以这个地方的图书馆就显得比较符合世界的潮流。胡道静给我们留下了弥足珍贵的史料。他在这书中，对于上海当时的各种图书馆，从调查研究入手，记载了各馆的历史和现状，对于其服务和工作水平也有比较具体的评价。至于书中的私人藏书的材料，因地处上海这个环境，有经济的实力，发达的流通系统，加上辐射到周边地区搜集的图书可以在上海集中，这样，上海私人藏书也是很值得注意的现象。总之，《上海图书馆史》是当时的比较重要的研究成果。

出版于1935年的 The Development of Chinese Libraries under the Ching Dynasty (1644—1911) 一书，当时通行译成《清代图书馆发展史》，作者谭卓垣。作为一部断代的图书馆发展史，该书出版后曾引起社会的重视。作者称：这部书旨在全面叙述清代图书馆发展历史。他在书中介绍了宫廷藏书和因入藏《四库全书》而建立的七阁，介绍清代社会众多的私人藏书家，最后在书中还叙述了20世纪初年出现的敦煌遗书、内阁大库文档和古籍的散失情况。从全书章节和内容看，该书全方位研究清代公私藏书，梳理文化学术发展与公私藏书的关系，总结公私藏书对社会的影响，这种研究是有重要的学术意义的。从这里也可以看出作者深厚的图书馆学知识和广博的文化功底，其写作形式也超越了同时代某些作者。有评论说此书"可是外人明了我国近三百年来此方面的发展"。1986年，青年学者徐雁翻译此书时，曾赞许说此书"作者在撰写中坚持了溯因述果的撰史原则"，并认为谭提出了很多创造性的见解，"从学术研究和藏书活动交互作用这一角度作了科学的考察"。[10] 可以说明，谭卓垣所著这部断代的图书馆史，是当时图书

馆历史研究的上乘之作。

李小缘对当代图书馆事业的研究也是应该引起我们注意的。当时,部分从国外回国的图书馆学家,他们深感中国图书馆事业的落后,在身体力行地做好图书馆工作时,也积极从事图书馆学的研究。有些人通过调查分析中国图书馆工作的问题,积极提出改进图书馆工作的建议。这就形成了当时对图书馆现状研究的热潮,其中,以沈祖荣、杜定友、李小缘、陈训慈、蒋复璁等为代表。李小缘所撰《中国图书馆事业十年之进步》(《图书馆学季刊》1936年第10卷第4期)影响最大。李文是纪念中华图书馆协会成立10周年所写的专文,他回顾10年来中国图书馆事业进步诸方面,探讨改进我国图书馆工作,促进我国图书馆事业发展的对策。由于李小缘是从近代图书馆的工作标准提出问题,如针对图书馆工作标准、制度、管理和人员效率等进行分析和研究,也讨论到图书馆学术的研究内容和重点,充分地表现了他的深厚学养和现代管理的先进理念。所以,当时这篇文章是有积极意义的。

4. 专题研究——私人藏书、书院藏书

作为封建社会重要的文化现象的私人藏书,其起源甚早,它的真正发展还是在个人通过自己抄写、互相赠送、市场购买等手段能取得数量较多的典籍,私人藏书的数量和质量都达到一定的水平,这就会在社会产生积极的影响。我国在唐宋以后私人藏书代有其人、传承有序,藏书成为学术文化研究的重要资源。但是,中国社会的动乱和人为的破坏、自然因素,都会对藏书产生直接的影响。到了近代社会,更由于社会发展的多种原因,特别是农村经济衰败,沿海大城市的出现,又引起了私人藏书的变化。因此,从20世纪20年代开始,不少学者对私人藏书都予以关注。有些学者积极收集整理史料,对重点藏书楼和藏书家予以表彰。也有图书馆工作者调查现存藏书楼,呼吁对流散典籍进行抢救和收藏。相应地对私人藏书这种现象作综合研究,指出其优点和缺陷,或总体或一代地写成专文。这样我们就发现,处于新旧共存的20世纪上半叶,图书馆学研究中对私人藏书的研究成绩非常显著。

(1)纪事诗类著述。1910年叶昌炽《藏书纪事诗》出版,由于叶著题材广泛(涉及典籍的印刷、保藏、整理方面)、体例整齐的显著特点,特别着重明清藏书家的搜集、校勘、抄刻、保护、传承典籍的史料,引起了学人的重视。中华民国期间,纪事诗类著作连绵不绝。如伦明就曾有《辛亥以来藏书纪事诗》的写作,他收集藏书家的藏书事迹,同样按叶昌炽的那种写法,为每个人写了一首七言诗,概括其藏书经历。因为伦明本身就是藏书家,交友广泛,所以他所写内容真实可信。又有王謇《续补藏书纪事诗》,徐绍棨《广东藏书纪事诗》,王献唐、吴则虞等人所作的藏书纪事诗。这些著述对藏书史的研究贡献很大,它既是一个时代藏书家的藏书记载,又是藏书与学术文化互动的记录。

(2)条目类著述。条目类著述较早的有徐珂编《清稗类钞》(1917年)一书中的鉴赏类,他采录清人笔记和报章中有关典籍和金石等收藏、鉴赏的故事,一事一条,有些重要典籍,如孙庆增的《藏书纪要》、曹溶的《流通古书约》则全文收录。此后,这种条目式的著述不断出现。洪有丰1926年还写有《清代藏书家考》,它对每个藏书家

分别考证其藏书事迹、刻书活动，有些还附其藏书目录，内容丰富多了，参考价值更大。1928年，杨立诚、金天游合编《中国藏书家考略》出版。此书规模较大，收录秦汉以来至清代的藏书家741人，条目式地介绍其生平及藏书事迹，虽然纪事简略，但根据各人情况处理史料，有些清代藏书家既有藏书事迹，也有他所编藏书目录，所以该书成为一部藏书家辞典，影响深远。1934年，吴晗推出《江苏藏书家小史》，后又续出《两浙藏书家史略》，两书均采自江浙两省相关史料，如地方志、笔记和流传史料，条目虽然简略，但因收录人数较多，故影响还是很大的。吴晗在书的序言中对私人藏书和学术文化的影响作了充分的肯定，同时也分析了私人藏书的局限。到了40年代，卢震京编的《图书学大辞典》，其中收录了众多的历代藏书楼条目，每条下面有藏书家的生平事迹、藏书活动及其影响。以上这些，对宣传私人藏书和提供查考大都产生了积极作用。

（3）专门研究论述。私人藏书断代研究，20世纪20年代以袁同礼的《宋代私家藏书概略》、《明代私家藏书概略》、《清代私家藏书概略》三篇文章影响最大。袁氏结合各朝不同历史阶段的政治形势和学术文化状况，分析私家藏书各地兴起、发达、衰亡等情况，列举重要藏书家和藏书活动、藏书传承经过，叙述简略，但对起重要作用的藏书家都能作准确的评论，重点突出，具有创见。班书阁发表于1937年的《书院藏书考》一文，是关于书院藏书研究的开山之作。书院是兼具讲学、祭祀和藏书等多种功能的地方。以前，在通志通典类和方志类著作，特别是书院志一类著作中都有关于书院藏书的记载。班氏所作的专题研究，不仅追索了书院藏书的渊源和变迁，而且列出书院藏书的来源、管理制度和重要的藏书目录，这样使我们可以大致了解到书院藏书的面貌。所以，这篇文章在书院藏书研究上还是有开拓意义的。

（4）藏书楼的状况调查和研究。20世纪上半叶，中国处于一个政局动荡的时代，广大农村遭受兵匪掠夺，加上自然灾害，往往使得藏书家难以保护自己的藏书，有些藏书不断散失，这就引起了部分学者和图书馆工作者的高度关注。早些时候，丽宋楼藏书流失国外，天一阁藏书遭土匪盗窃。以后，海源阁藏书也数次遭到抢掠。这样，相关的对现存的藏书楼的调查和研究陆续地出现，引起了社会的重视。故宫等文物的保存，早年有施廷镛的《故宫图书记》，30年代陈垣、朱启钤对文津阁、文渊阁藏书的记载，还有浙江图书馆对于文澜阁的系统报道和研究。1929年7月，山东著名藏书楼海源阁遭到土匪的抢劫，以后又遭兵匪之灾，藏书散失严重。当时，《山东图书馆季刊》刊出了海源阁图书散失的调查报告，还有王献唐、刘阶平对于海源阁藏书价值的评价，海源阁主人历经艰辛搜集图书、艰难保管的事迹。这些情况引起了社会广泛反响。此后，我们也可看到各省对于藏书家和部分还保存下来的藏书楼的调查。这些文章，不仅为我们现在研究私人藏书提供了宝贵文献，而且这些行动也促进了社会各界对于现存藏书楼的保护，有些学者还专门编制藏书楼藏书目录，为保存古典文献作出了贡献。

三

如前所说，关于古代藏书和近代图书馆史研究，如果以1909年作为起始年份的话，到了1949年中华人民共和国成立，大致是40年的发展过程。1949年，中国的图书馆事业翻开了新的一页，图书馆史的研究更是另外一个篇章了。

我国历史悠久，文化积淀深厚，典籍遗存浩如烟海，史学研究硕果累累。历代保存下来的史书艺文经籍志，多少都记载了历代宫廷藏书的变迁，一些类书、政书，则记录了各朝的秘书监丞、崇文秘阁的情况。这些都是非常宝贵的史料。大量的文集、笔记和方志类著述，这是私人藏书的详细记录。专门的山志、寺志和书院志类著述，那是宗教藏书和书院藏书的史料来源。但是，这些材料都还比较分散，而且没有进行过认真的鉴别和梳理。如此积累起来的丰富史料对于我们研究古代藏书是不可或缺的。到了我国近代社会发展起来的图书馆，它实际上承继了传统，又是别开生面的一个事业。新与旧的交织、先进与保守的斗争、先进的理论观念和实践行动的困难往往都在这段时间表现出来。我们可以看到，民国期间的图书馆学研究，往往也具有这个时代的共同特点。民国期间图书馆历史的研究包括如下方面：古代藏书家和藏书楼、古代的宫廷和官府藏书、典籍收藏整理和流传、学术文化和教育与藏书的关系、特种类型的藏书、近代各类型图书馆的酝酿和兴起、近代各类型图书馆的发展、图书馆的社会影响等等。如果对这些问题有比较深入的研究，那么我们对中国图书馆的发展历史就有了比较清晰的认识了。

客观地看待民国期间古代藏书与近代图书馆史研究的成绩，有几点是可以肯定的。

关于古代藏书研究。通过几代人的努力，积累了丰富史料。系统地对分省区的私人藏书作了初步的整理，对重点藏书家作了专题研究。此外，明清两代的私人藏书是研究的重点，在藏书搜集、版本鉴别、内容校勘和目录编制相联系的各方面肯定了藏书家的主要贡献。所以可以说，对私人藏书的研究是系统的、全面的、扎实的。书院藏书的研究开始起步，宫廷藏书也引起了注意。民国期间古代藏书的研究成绩是显著的。

关于近代图书馆史研究。其中，以地区性图书馆事业研究成绩最大。如介绍某个地区各类型图书馆，某个图书馆的现状和发展，图书馆协会的工作。此外，有些学者对某个发展时期图书馆的调查和改进工作的分析，还有，就是针对一个历史时期的图书馆发展进行研究。严格说来，有些是现状的分析，还不能说是历史的研究成果。所以说，这段时期的研究是系统性不够。

民国时期图书馆史研究力量是薄弱的，既无专门的研究机构，也没有多少研究人员，主要是依靠一些图书馆工作者和图书馆学教师业余进行此项工作。可喜的是，当时有一些学有专长的学者做了开创性的工作。如杜定友对古代藏书研究内容的规划、马宗荣对中国图书馆历史发展的条理化、陈登原对典籍聚散的梳理和原因探讨、袁同礼对宋至清三个朝代私人藏书的综合研究、谭卓垣对清代藏书史的研究、吴晗对江浙两省私人藏书的总结、班书阁对书院藏书的探索、李小缘对图书馆现状的研究等等。他们具有深厚的史学功底，大多又是接受过近代图书馆学教育的新型学者。所以，他们的研究不仅有一定的理论高度，而且他们研究所涉及的内容和范围，比老一代学者的眼界显得更宽一些。他们的研究成果是民国期间古代藏书和近代图书馆研究的重要收获。

参考文献：

[1] 北京图书馆馆史资料汇编（1909—1949）[Z]. 北京：书目文献出版社，1992：1－8.

[2] 学部奏拟定京师及各省图书馆通行章程折 [M] //李希泌, 张椒华. 中国古代藏书与近代图书馆史料. 北京: 商务印书馆, 1982: 128-131.
[3] (清) 叶昌炽撰; 王大隆补正.《藏书纪事诗》(附补正) [M]. 上海: 上海古籍出版社, 1989: 1-3.
[4] 丁道凡. 中国图书馆界先驱沈祖荣先生文集 [M]. 杭州: 杭州大学出版社, 1991: 1-10.
[5] 杨昭悊. 图书馆学 [M]. 上海: 商务印书馆, 1923: 25-74.
[6] 杜定友. 图书馆学概论 [M]. 上海: 商务印书馆, 1927: 4-7.
[7] 杜定友. 校雠新义: 下册 [M]. 上海: 中华书局, 1930: 26-60.
[8] 马宗荣. 中国图书馆事业的史的研究 [J]. 学艺, 1930, 10 (3), 10 (5), 10 (7).
[9] 胡道静. 上海图书馆史 [M]. 上海: 上海通志馆, 1935.
[10] 谭卓垣, 等. 清代藏书楼发展史·续补藏书纪事诗传 [M]. 徐雁, 谭华军, 整理. 沈阳: 辽宁人民出版社, 1988: 1-6.

(原载于《图书馆理论与实践》2009 年第 10 期)

评建国以来中国图书馆史研究

中国图书馆有悠久的历史传统。一般认为有文字产生，必然促使书籍出现，有书籍的聚集，就萌发了古代的图书馆。中国图书馆绵延不断的发展，也就有了总结和研究这种文化现象的图书馆史研究。但是，只有本世纪以来，中国图书馆研究才得到一定的重视，出现了以叙述中国图书馆发展为线索的专门论著，涉及历史上的私家藏书的研究不乏优秀之作。人们逐步认识到历史是一面镜子，中国图书馆历史发展与积累下来的宝贵经验，是发展图书馆事业的重要借鉴。但这种研究是分散的、不系统的。

建国以后，图书馆学研究得以加强，图书馆史研究相应得以发展，大致可以归纳为：第一，作为一门独立研究领域，图书馆史独立成为图书馆学研究的分支学科。第二，加强了历史上的专门问题研究，诸如私家藏书、官府藏书、书院藏书的综合研究与分题论述，有了若干新的进展，近代以来涉及文化与图书馆、近代图书馆兴起和变化、重要历史人物和事件的讨论，部分填补了空白，少数有了新的突破。第三，探讨了作为历史学科与图书馆学结合的图书馆史的对象、范围和任务，研究了图书馆史特定内容的有关问题。第四，本着加强现实研究、借鉴历史作用的目的，对建国后图书馆事业发展，或分期，或分地区，或分专门图书馆，进行了历史性总结。虽然以上问题的研究，深受当代政治因素的影响、思潮的波及和作者主观条件的限制，但中国图书馆史研究取得的成绩是显著的，影响也是很大的。

如以建国40年作为一个历史阶段分析（实际上只集中于20年左右），大致可以1956—1966年为一发展阶段，1979—1989年为一发展阶段。后一阶段发表的论文约为前一阶段的14倍[①]，这种数量的增长，应看到主要的事实是研究力量除少数是专门的教学人员外，大量是图书馆工作者业余进行的，表明了中国图书馆学研究力量薄弱、结构不合理的事实，同时也反映了现在研究的水平终究是初步的。

一、关于图书馆史研究内容、藏书制度的评价和历史分期的讨论

1. 关于图书馆史研究内容

关于进行中国图书馆事业史研究的问题，最早是作为12年科学技术发展规划中国图书馆学部分提出来的。1957年，汪长炳先生在南京举行的科学讨论会上提出倡仪，开展图书馆事业史的研究。从1958年开始，北京大学、武汉大学分别由刘国钧先生、谢灼华进行此项建设。1959年，谢灼华提出图书馆事业史研究的几个问题进行讨论。

---

① 据胡先媛统计，1949—1978年，关于图书馆史研究论文有42篇；1979—1985年，有420篇，除去74篇为外国图书馆史研究，中国图书馆史研究论文约350篇。

他认为图书馆史研究的任务是：①正确解释历史，认识图书馆发展规律；②阐述党的方针政策，及其对图书馆事业的巨大指导作用；③研究它与其他文化事业的联系；④研究不同历史条件下，图书馆是如何为统治阶级服务的；⑤总结历代图书馆学的研究。[1]应该说，这种看法初步划定了图书馆事业史的内容。但当时对我国历史上图书馆事业研究的成绩否定过多，缺乏客观的分析，而所规定的任务受当时的思潮影响，过分强调进步文化，革命文化在中国图书馆史发展上的位置也是欠妥的。1962年，谢灼华在主持编写的《中国图书馆事业史》一书中，再次提出图书馆事业史研究任务为：①通过研究中国图书馆历史的发展过程，揭示图书馆事业的阶级性和社会作用；②逐步认识和掌握图书馆事业的发展规律；③系统地总结我国社会主义图书馆事业建设的经验；④批判地继承我国图书馆学目录学的优秀文化遗产。[2]应该指出，这种看法比之50年代末的提法已有进步，但有些提法仍然是不够全面的。

经过近20年的缓慢发展，图书馆史研究重新引起普遍的重视，人们的认识也已有了提高，特别在图书馆史研究目的，研究内容和担负任务上有了新的认识，从认识图书馆与社会发展上规划了新的研究角度，分别有藏书学的倡议、中国图书事业史的规划、中国图书和图书馆史的综合研究，从更深层的分析上丰富和发展了60年代的认识。

1980年，来新夏着手组织《中国图书事业史》的编写时，提出了中国图书事业史是"既包括图书本身的历史，又包括与图书有关的各项事业的发展史。它是一门以研究图书为中心而包括所涉及的各方面问题发展情况的科学"。他认为，图书形态的发展，图书的聚散、典藏及其相应措施，图书的整理与编目，图书的流通与纂集，这就是中国图书事业史的研究对象。[3]1986年，徐雁建议建立藏书学，提出藏书学"是在广阔的历史科学的背景上，通过对古代藏书学的具体研究，如历朝国家征书和民间献书，国家藏书机构的发展、衍变，私家藏书的特色、数量、渊源、收藏风气、藏书目录、藏书保护技术的历史发展等丰富史实的研究"。他划定藏书学的研究内容是：具体实践方面，包括书籍访求、整理入藏、编目分类、库藏保管、藏书传承与流布，理论方面则包括古代藏书学的定义、内容范围、藏书现象的产生、藏书著作、六大藏书系统的历史评价。[4]1987年，谢灼华主编《中国图书和图书馆史》，提出了从文化史发展的角度总结和评价图书和图书馆史的问题。编者认为："通过总结图书和图书馆发展相互促进相互推动的历史概貌，探讨我国各个历史时期图书的编制、整理、出版和图书馆对图书的收集、整理与利用，阐明它们在社会政治、经济、文化诸因素影响中的发展特点，从而说明文化发展对人类社会发展的影响，就是研究中国图书和图书馆史的目的。"并规定其内容范围是：①图书的形式；②图书的流传；③图书的收藏；④图书的利用。[5]

无论从图书事业，或是从图书与图书馆，从藏书学的不同角度研究中国文化发展中的图书和图书馆，都是一个历史总结的问题，见仁见智，是学术发展的一件好事。应该看到，正是在普遍认为历史科学产生危机的背景下提出的这些课题，表明了我国图书馆学正走向深入，即长期以来发展比较薄弱的图书馆史，引起了人们的注意，并被认为开拓了一个新的研究领域，是我国图书馆学发展的重要成绩之体现。但有关图书和图书馆史基本理论问题尚待深入地加以认识和提高。

2. 关于中国藏书制度评价问题

1983年,谢灼华在《公藏是主流》、《私藏的功绩》等文中,提出了中国封建社会藏书制度历史特点问题的讨论。因而,牵涉对公藏(官府藏书)、私藏(私家藏书)的历史评价问题,引起了图书馆界的普遍注意。谢灼华提出:中国长期以来是一个统一的封建专制国家,"决定了中国封建社会图书馆的发展特点是公藏占主导地位"。封建社会的思想统治与文化专制,使公藏成为封建王朝统治政策与设施的重要组成部分。"用文章教化以巩固统治,必然促进图书馆的发展。用文章教化以加强统治和延续统治,必然完善某一历史时期图书馆工作的内容。"[6]因此,重视儒学书籍的收藏,宣传与整理儒学书籍,充分发挥公藏在整个藏书体系的主导作用,是历史事实。1986年,徐雁在《论我国封建社会国家藏书的历史价值的评价标准》一文中,提出了评价封建社会国家藏书评价的三个标准:①国家藏书中征集和包含了多少民间流散书籍。这是评价封建时代国家藏书历史价值的首要标准;②国家藏书有效保存的成绩大小和整理的质量高低,是我们评价封建时代国家藏书历史价值的又一重要标准;③国家藏书被允许利用范围的大小和实际利用程度的高低,也是评价封建时代国家藏书历史价值的标准之一。[7]

谢灼华在对私家藏书历史评价上,提出其局限性是:①藏书目的出于维护封建宗法制度和封建道德伦理思想体系而建立和发展藏书;②藏书的收藏方法上,表现了对劳动人民的巧取豪夺,相互之间的尔虞我诈,收藏方法是极端保守的;③藏书的内容上,首先突出儒家经典,其次是所谓有关人心世道的有益之书,对于劳动人民的文化遗产总是轻视和排斥的。至于其历史贡献,则又可概括为:①在保存文化方面,私人藏书家是封建文化主要的保存者;②在推动学术研究方面,私人藏书家是封建社会学术研究队伍的中坚力量;③在传播思想学术方面,私人藏书家是封建社会出版事业的重要队伍。[8]此后,徐雁和段勇分别对私家藏书的历史价值提出了不同看法,比较集中在:①"保存文化遗产"是否应作为褒扬私家藏书历史功绩的依据;②不流通私藏是否应为痛斥藏书家过失的依据;③私藏对文化积累和文化连续性的贡献如何进行评价。[9,10]与此同时,刘意成提出了私藏在中国封建社会藏书制度中是主流的看法。程焕文对封建社会藏书是否"秘而不宣"、"藏而不用"也提出了不同的意见。[11]

封建社会藏书制度主要是公家藏书和私人藏书两大类型,历史悠久,制度完善,都在中国历史上发挥过重大作用。我们认为,应用马克思主义为指导,讨论对公藏、私藏的历史功绩和局限,不仅有利于正确认识我国封建社会时期图书馆发展的面貌,而且这种讨论也深入到了图书馆学的基本理论问题,即如何认识图书馆与社会、政治、经济关系的问题。综观80年代这些不同意见的文章,可以看到,历史观念的变化,如普遍反对以前以阶级划线、唯成分是举的做法,认为这种做法是一种"左"的影响;同时,改变了以前研究上局限于总结阐扬私人藏书的功绩,较少或没有分析私人藏书局限的做法。应该说,这都是历史观和方法论上的发展。

3. 历史分期的讨论

比较早提出图书馆史分期的是谢灼华。1959年,他提出划分图书馆史分期应遵循的原则是:①中国社会历史的分期为依据;②中国图书馆事业发展的特点和规律为主线。因此，中国图书馆史大致可划分为四期：一是封建社会时期的图书馆事业，上古—鸦片战争；二是旧民主主义革命时期的图书馆事业，1840—1919 年；三是新民主主义革命时期的图书馆事业，1919—1949 年；四是新中国的图书馆事业，1949 年至今。[1]以后，不断有同志讨论中国图书馆史分期问题。如依文化学术发展史分为先秦、两汉、魏晋南北朝、隋唐、宋元、明清诸时期。又有依图书馆发展的特征，分为图书馆萌芽时期、藏书楼时期、公共图书馆时期、现代图书馆时期。1987 年的《中国图书和图书馆史》一书，依图书和图书馆发展相互影响的特征，划分中国图书和图书馆史为四时期：一是简策时期的图书和藏书，商—两汉；二是写本书时期的图书和藏书，魏晋—隋唐；三是印本书时期的图书和藏书，宋—清末；四是机械印刷时期的书刊和图书馆，1840—1949 年。[5]总的来说，关于中国古代图书馆图史分期问题的讨论是不充分的。

关于中国图书馆近代史的分期问题，则有比较充分的讨论。1960 年，北京大学图书馆学系编《中国近代现代图书馆事业史》，把近代（1840—1919 年）划为三个阶段：一是封建主义藏书楼向资本主义图书馆的转变（1840—1898 年）；二是资产阶级图书馆的发生发展（1898—1911 年）；三是资产阶级图书馆的发展（1911—1919 年）。1963 年，在武汉大学图书馆学系科学讨论会上，集中提出了近代图书馆分期问题。此后，张遵俭提出近代图书馆史可划分为三个阶段：1840—1909 年，1909—1921 年，1921—1949 年。其主要理由是："1909 年是辛亥革命前二年，是我国最早的公共图书馆——南京与北京图书馆最初建立的年代，它标志着我国受欧美资本主义国家公共图书馆运动的冲击，在封建统治阶级官私藏书楼的基础上，开展了我国的'公共图书馆运动'。1921 年是中国共产党诞生的一年，恰也是上海通信图书馆创始的年代，它标志着我国图书馆事业为无产阶级政治服务的正式开始。"[12]1963 年，卢中岳提出了近代图书馆史的分期，把近代图书馆史划分为四期：一是 1840—1894 年中国图书馆事业的半封建半殖民地化的酝酿时期；二是 1894—1919 年中国图书馆事业的半封建半殖民地化的形成时期；三是 1919—1937 年中国半封建半殖民地图书馆事业的发展与腐朽，新民主主义图书馆事业的产生时期；四是 1937—1949 年中国半封建半殖民地图书馆事业的衰落与崩溃，新民主主义图书馆事业发展壮大时期。[13]可惜这种讨论到"文化大革命"时期中止了。1980 年，谢灼华又提出近代图书馆史的分期，认为"我国近代图书馆事业的兴起，在辛亥革命前后的几年中，逐步完成了这一变革。辛亥革命后，图书馆工作内容的发展，才完成了近代图书馆事业的过程。如果以时间划分，近代藏书楼的衰落比较集中于十九世纪后期，约可划线于 1840—1896 年，而近代图书馆的兴起，比较集中于十九世纪末至二十世纪初，即从 1896 至 1915 年止。"[14]此后，彭一中认为 1895 年康有为"公车上书"关于文化教育的主张是李端棻的思想基础，李端棻奏折是进步知识分子对证代图书馆的性质、作用进一步深化认识的集中反映。他认为，1840—1895 年为我国封建藏书楼没落、近代图书馆酝酿的时期，1895—1919 年为我国近代图书馆产生、发展的时期。[15]

二、关于图书馆史诸问题的讨论

1. 关于图书馆起源

研究中国图书馆历史,必然牵涉到图书馆起源问题。综观近代以来论述图书馆问题的文章论著,对图书馆的起源大致有三种意见:一是我国从商代保存文献,即典、册出现和甲骨文中有典、册二字,可视为已有图书馆开始;二是西周史官保存典籍,老子为柱下史,是为我国图书馆的滥觞;三是视古代藏书与近代图书馆有别,认办图书馆起源于近代。因此,建国后,有关论著说法差别较大。究其原因,主要是对什么是图书看法不一,因而对图书馆的概念理解各有侧重,同时,因对图书馆的作用,特别是社会作用的认识不同,故而引起对图书馆起源的不同看法。

80年代以来,对我国图书馆起源进行了讨论。徐自强认为从文字出现、书籍产生上是讨论图书馆起源的基本条件。其次,收藏的职能是图书馆存在的条件,传播的作用是创办图书馆的目的。故此,他认为我国图书馆的萌芽(起源)应追溯到殷代。主要原因是殷代甲骨文是成熟的文字体系,对甲骨资料保存,已有一定的制度和办法,"开始行使着图书馆的基本职能"。[16]李更旺基本同意把图书馆起源断为殷代,但不同意把殷代盘庚时定为图书馆起源之时,而应追溯到商初。他认为"商代灭夏前后,已经储存了一定数量的典籍,而这些典籍又不断得到历代商朝帝王的储藏、利用和补充,从而使其逐步增加",这些"反映了图书馆藏书为用的特点"。[17]此外,汪应文从档案、图书的差别,商代保存的特点、使用的情况等论述商代甲骨文保藏应为档案库,可备一说。1987年谢灼华主编《中国图书和图书馆史》,论述了商代甲骨文保藏与利用是我国古代藏书的起源。该书论述了评价藏书制度的三个条件:一是社会生产发展到可以提供文化活动和生产文化物质时,典籍产生亦成为可能,典籍产生以后,藏书制度才得以建立;二是典籍成为人们生活、学习、参考、查验的必需品,藏书制度才可得到发展;三是国家机构的建立与相应的政治措施的发展,保证了藏书的完备,也保证了藏书管理的完善。因此,该书指出,图书与档案是同源的,随着时间的推移,才逐步分立方独立机构。[5]目前,关于图书馆的起源尚在进一步讨论中,随着考古资料的发现与整理,人们对文字、典籍、传播作用等问题的新认识,可能会更加完善关于图书馆起源的认识。

2. 历代官府藏书变迁、藏书作用的发挥及其在历史发展中地位的研究

对于历代官府藏书的研究,不少学者做了系统研究。近几十年来,可以说已系统地分析了历代藏书占主导地位的官府藏书的各方面,如藏书变迁的事实,官府藏书的类型、藏书管理制度,特别着重探讨了官府藏书的使用。把官府藏书与它在中国文化发展中的地位勾划清楚了,这是十分可喜的。其中,一些阶段与专门问题上有所突破,这是要引起注意的。

先秦藏书考证有了加强,补充了以前研究的不足。这方面,成绩比较突出的是李更旺先生。他在《西周至战国藏书考略》一文中,根据现有史料,认为周初把藏书处所称为天府、盟府、策府;春秋时称为周府、公府,又简称府;战国时称为周室、府库、

室、秘室等。这种看法较之以前研究范围已有所扩大。此外，他还评述了先秦官府藏书的利用。[18]李文引述文献有些尚可商榷，但这些探讨都是有益的。

汉代官府藏书面貌有了新的描述。谢灼华主编《中国图书和图书馆史》一书中，汉代部分着重分析了作为官府藏书的整理与编目工作是如何进行的，分析了当时藏书整理的工作程序与方法，说明了通过整理与编目的成果的应用，对出现于汉代的官府藏书官员和机构的职能作了说明，评价了汉代官府藏书的工作对我国封建社会官府藏书发展的影响。[5]这些探讨性的说明，丰富了图书馆史的内容。王子舟辨析了汉代天禄、麒麟、石渠诸阁应属内府（宫廷）藏书，这种看法也值得注意。[19]

宋代官府藏书的研究有新的进展。1963年，潘天祯著《北宋崇文院的建院目的和藏书利用》运用充分的史料，说明北宋崇文院的建院目的、过程以及藏书积累的经验、图书利用的效果。这是建国后关于宋代官府藏书研究的重要文章。文中分析了官府藏书读者的类型，官府藏书在修史、编书、提供阅览方面的作用。[20] 1983年，公振在《简论北宋三馆秘阁的地位和作用》一文中，进一步探讨了北宋三馆秘阁的建立和它们在朝廷文化学术上的地位，认为三馆秘阁是"藏书之府、校勘之司、编目之所"。[21]此文又与潘文相互补充，都可视为对北宋官府藏书研究的新的进展。

关于中国古代秘书监制度的研究。秘书监制度是中国图书馆发展史上的关键问题。弄清它不仅有利于认识各个历史时期的藏书制度，而且从管理制度和图书馆工作内容上也补充了新的材料。因此，《中国图书和图书馆史》各章均有论述各个时代的秘书监制度。此外，郑伟章有《唐代藏书机构考》，刘少泉有《中国古代秘书监制度新探》、王国强有《历代政府藏书管理机构考略》等，进一步补充了在中国图书馆史上管理制度的内容。其中刘少泉认为秘书监制度是"具有行政管理和文化事业的双重性质"的结论是可以赞同的。[22]

3. 历代私家藏书的研究

建国后，我国文化学术界对历史上的私家藏书多有所介绍，如关于范钦、祁承㸁、黄丕烈、周永年、瞿镛、杨绍和等的藏书楼的介绍。其中，较有系统地论述古代藏书家的如刘汝霖《魏晋南北朝时期的私人藏书》、《隋唐五代时期的私人藏书》，与民国时期袁同礼对宋、明、清各代私人藏书概述的文章连成一线，有助于从整体上认识私人藏书的发展。可惜这些文章都只是从概貌上论述各代藏书，特别对私人藏书的发展特点和具体作用语焉不详。

国内一些省区专业性期刊，本着发扬地方文化传统、表彰杰出藏书家的精神，分别整理本省区历史上较著名的藏书家事实，如浙江《图书馆研究与工作》对浙江藏书家的介绍，《山东图书馆季刊》介绍的山东藏书家，湖南、广东等省刊物对湖南、广东藏书家资料的整理。因地近事近，且撰写人一般都是熟悉本地文献或对藏书家事实作过实地调查，故此，这些藏书家介绍都显得有一定深度，从一种新的角度去说明藏书的特色和它们的贡献，这些研究都是可喜的。

比较值得注意的是钱亚新的《祁承㸁——我国图书馆学的先驱者》、骆兆平的《黄宗羲和续钞堂藏书》、顾麟文的《铁琴铜剑楼藏书始末》、骆兆平关于天一阁藏书和管理的系列文章、谢灼华的《孙庆增其人及其书》，这些文章均有一定的深度，已改变过去只是一种叙述性的介绍，而注意总结各个藏书家有特色的东西。

近代社会变动，使藏书家发展受到扼制。谢灼华在分析私人藏书家到近代开始衰落的原因时，归纳为：一是太平天国战争对封建藏书楼的直接冲击；二是封建经济的逐步解体导致封建藏书楼的衰落；三是官僚豪绅的掠夺和侵吞，使藏书高度集中于数家；四是个别藏书家改变抱残守缺，转而藏书公开。因此，出现了家道中落者，以书抵债；或卖书以供挥霍；或宦途失意，以书变卖充公或折求盘缠；或把藏书散出以转向工商业资本。[14]近代社会除公共图书馆建立和发展外，私人藏书仍连绵不绝，对此种藏书家的研究，一方面要积极发掘资料，包括口碑故实，二是总结出这种特定条件下藏书家的事迹。而比较重要的文章有周子美《近百年来江南著名藏书家概述》。该文综述江南地区（指长江下游江苏和浙江地区）的藏书家兴衰变迁。[23]又周退密的《近代上海藏书记事诗》则比较集中记述了比较重要的藏书家。此外，对活跃于近代社会的著名藏书家，如伦哲如、傅增湘、钱杏邨、郑振铎等人，其研究广度和深度更有所发展，不仅说明了他们藏书活动的事实，更重要的是叙述和评价了他们的藏书对学术文化的贡献，给人以耳目一新的感觉。

4. 近代图书馆史研究的重视

近代中国社会是一段激烈变化的关键时期，从中国图书馆史发展来看，也是一段容旧汇新、新陈代谢的时期，它完成了旧的封建社会藏书制度的解体，促进了新的近代图书馆事业的形成。故此，近代中国图书馆史成为学者们研究的重点。

1981—1982年，谢灼华以近代图书馆为题发表了《近代我国封建藏书楼的衰落》、《维新派与近代中国图书馆》等文章，论述了我国封建藏书楼解体的原因以及维新派建立藏书楼（图书馆）的经过、辛亥革命对我国图书馆事业的影响，他认为："近代学会创办的书楼，从图书馆的性质上，已具备供读者共同使用的近代图书馆的特点。从读者对象上，已经是社会的士大夫和部分市民。在藏书内容上，改变了过去经史子集的内容，补充了西学新学书籍。……而从藏书管理上，也逐渐脱离私人藏书楼的束缚，采取了稍微有秩序的管理方法。所以，它们已可视为近代图书馆的先声。"[24]

对于近代图书馆学的传入及其影响，部分作者作了有益的探讨。如邹振环的《晚清中国人对西方近代图书馆的考察与认识》，钱维钧的《早期传播西方图书馆的译著简介》，其他关于孙毓修、胡适、杨昭悊等的图书馆著述评介，都探讨了关于廿世纪前后西方图书馆学传入中国的背景和在中国的实际影响。如钱维钧认为："辛亥革命以前的十年，各地报刊上介绍欧美图书馆事业、图书馆学或与之有关的论文、译著在二十篇以上"，应注意的是，1911年以后逐步出现专门著作。"这些著作和论文，已不再是纯客观地介绍外国图书馆情况，而是以西方图书馆学理论为依据，结合当时中国的实际而撰写的，故更切合实用"。[25]

辛亥革命是近代历史的重大事件，对我国图书馆事业自然造成重大影响。谢灼华在评述辛亥革命对图书馆事业的影响时认为：第一，辛亥革命的胜利，完成了我国公共图书馆运动的建设；第二，辛亥革命的胜利，促使我国资产阶级图书馆法规的颁布；第三，辛亥革命的胜利，促进了图书馆学研究的开展。[26]

作为近代历史条件下的图书馆事业，存在着不同历史背景与政治目的的各类型图书馆，关于革命和进步图书馆（指建设于军阀和国民党统治区坚持革命活动和倾向革命的图书馆，由中国共产党领导的苏区解放区图书馆），自然成为建国后研究图书馆史的重点。故此，对上海通信图书馆、蚂蚁图书馆、中华业余图书馆以及丁香图书馆、子民图书馆等，都分别有专门论述。此外，还有申报流通图书馆、青年会图书馆等也有所论及。[27-30]建立于苏区解放区的革命图书馆，如延安中山图书馆、鲁艺图书馆等也都有所介绍。这些研究不仅在图书馆历史上填补了空白，而且由于从革命宣传和为战争服务的角度说明图书馆工作的内容与方式，对今天中国图书馆事业的借鉴作用。更有直接的意义。[31,32]

5. 历史人物评价问题

对于出现在图书馆史上有影响的人物，如何评价他们的实际贡献，恰如其分地说明他们的历史作用，不仅是牵涉到某个具体人物的问题，而且关系到某个历史过程，某种图书馆发展，或是某种图书馆工作变革的评价。总之，历史舞台上是人在活动的，要写出信史，必须正确地评价历史舞台上的各种角色。建国以来，图书馆史研究上"左"的倾向和影响长期存在，出现过一刀切，以出身、职业定褒贬，不敢涉及一些应该写进历史的人物，这是一种倾向。同时，缺乏唯物辩证法，没有做到实事求是地、客观地分析人物功过，这也是一种情况。近10年来，历史人物评价问题随着思想解放和研究的逐步深入，开始出现一些新的现象。主要可从这些方面来看：一是大胆写人，作为研究对象的有封建时期的藏书家，也有近代图书馆史上的重要人物，关于胡适、蔡元培、袁同礼、蒋复璁等就是；二是展开了人物评价的争论，从不同角度上分析历史上的人物，如对韦棣华的评价便是一例；三是从理论上探讨了历史人物的评价标准。总之，讨论问题逐步深化的过程，也是图书馆史研究逐步全面和系统的过程。

对于近代对中国图书馆事业有重大贡献的人物的研究，取得较显著成绩的是鲁迅与李大钊。鲁迅于1912—1919年期间，曾从事图书馆事业管理工作，由于他的努力，对改组京师图书馆，促进该馆藏书的丰富，保护京师图书馆善本以及关心指导北京部分图书馆建设等方面都作了努力。应该说，鲁迅为我国辛亥革命后图书馆事业发展作出了显著的成绩。[32]李大钊是马克思主义宣传家和中国共产党的创始人之一，1918—1923年间主持北京大学图书馆。他运用了东西方图书馆的知识，努力改善图书馆环境，主张兼容并蓄的藏书思想，重视图书馆技术与方法和提倡训练图书馆人员的主张，为图书馆事业起了一定的推动作用。[34]这些问题的研究，开拓了中国图书馆史研究的领域，丰富了图书馆史的内容，扩大了图书馆的影响。

以韦棣华评价为例，比较集中讨论到作为一个美国人士在中国图书馆发展上所起的作用问题。问题大致集中在如下两个方面：第一，韦棣华是抱着沟通中美友好的目的，在中国从事的图书馆活动是促进人民友谊，扩大图书馆的影响，还是抱着明显的宗教渗透目的，在中国办图书馆事业，这是配合帝国主义武装侵略的行动。这种讨论集中在韦棣华兴办文华公书林、文华图书馆学专科学校的评价上。第二，围绕着韦棣华在华活动,如谋求退还庚款,促成中华图书馆协会,开展新图书馆运动等问题上。较早提出重新评价韦棣华与文华图专的是黄宗忠。他认为:韦棣华为文华图专的建设和发展做了几件事:一是创办文华公书林;二是建立文华大学图书科;三是为退还庚子赔款,筹措文华图专的经费而奔走呼吁;四是直接担任教学工作。文华图专则是开创了我国第一个近代图书馆学专业教育机构,为现代图书馆学专业教育的发展打下了基础;同时,引进和传播了近代图书馆学;而且为我国近代现代图书馆事业培养了一批专门人才。[35] 马启对韦棣华的在华活动与文华图专的历史地位,发表了不同的意见。他特别强调了应在历史背景下讨论这个人物。他说:"中国新民主主义革命的历史证明了:韦棣华、沈祖荣等所鼓吹的依靠帝国主义恩赐与反动派支持,宣传资本主义办馆路线的破产。""就韦棣华个人而言,她创办公书林与文华图书科,也许是从基督教义善救众生,启迪民智出发,但我们要把她的活动与当时中国革命的实际联系起来看,公书林与文华图专总的来说乃是帝国主义文化侵略的一部分,和中国人民的革命事业是没有什么联系的,和帝国主义侵略事业确是直接联系着的。"[36]

三、关于图书馆史研究论著与资料汇辑的出版

建国以后,将近30年,关于中国图书馆史专门论著处于空白状态,部分出版社只为古代藏书楼研究出版了古代藏书、目录、版本方面的著作。近10年来,中国图书馆史研究相应得到发展,故出版了有关图书馆史的论著、资料汇辑和藏书家传记等方面著述多种。这一方面表明了中国图书馆史研究正引起人们的重视,另一方面也证明研究成果的逐步成熟和完善。评述图书馆史研究的过程,这方面的成绩是应该注意的。

1. 专门论著

首有许碏生《古代藏书史话》(1982,中华书局),谢灼华主编《中国图书和图书馆史》(1987,武汉大学出版社),顾志兴《浙江藏书家藏书楼》(1987,浙江人民出版社),钱亚新《浙东三祁藏书与学术研究》(1981,江苏图书馆学会),与藏书有关的有来新夏的《中国古代图书事业史概要》(1987,天津古籍出版社)。许书用简略事实概述中国古代官私藏书的发展、私家藏书的类型,是一种普及性知识读物。顾书和钱书侧重浙江一地藏书家藏书楼,论述该地藏书家对学术文化的贡献。特别是钱书资料丰富,论点明确,表明钱亚新先生严谨治学的精神,其中对三祁藏书特点与学术文化的关系说明清晰。谢书在现有图书馆史研究基础上,建立了新的体系,全面系统地说明中国藏书楼与图书馆发展。来书评述图书馆发展与文化发展相互联系的事实。应该说,这些探讨都是有益的。总的说来,这些论著对中国图书馆发展的分析尚待深入。

2. 有关资料汇辑

首有李希泌、张椒华《中国古代藏书与近代图书馆史料》(1982,中华书局),杨宝华、韩德昌《中国省市图书馆概况(1919—1949)》(1985,书目文献出版社),邹华享、施金炎《中国近现代图书馆事业大事记》(1988,湖南人民出版社),《当代中国图书馆事

业》编辑部编《中国图书馆事业纪事》(1988，书目文献出版社)。以上各书，有以史料见长，提供图书馆史研究基本史料，如李书；有以年系事，提供图书馆事业发展线索，如邹书。但诸书均属草创，从编排体例看，亦有不完善之处，运用材料也有欠准确之处。这都有待于改善。资料汇辑中有徐雁《续补藏书纪事诗传》(1988，辽宁人民出版社)。这是汇辑五种藏书纪事诗，重新编排整理的藏书家材料。书中补充了新的事实和材料，指出研究线索，作为青年同志做此工作，值得加以赞扬。从目前图书馆史研究来看，我们感到研究之不足，往往也是因资料欠缺之所致，故应鼓励此类著述工作所作的努力。

3. 有关传记辞典

首有郑伟章、李万健《中国著名藏书家传略》(1985，书目文献出版社)，麦群忠主编《中国图书馆人名辞典》(1987，广西民族出版社)，又有申畅《中国目录学家传略》(1987，中州古籍出版社)的出版，有助于人们研究中国图书馆学家、藏书家、版本学家、目录学家，同时也是图书馆学研究的重要课题。目前，以郑书最为完善，它不仅评述藏书家故实，并注意他们在文化学术上的成绩与藏书的关系，对理解人物、评价其历史地位有帮助。麦书和申书收罗较多，广及历史上与图书馆有关的人物，都有一定的参考价值。

以上对我国40年来图书馆史研究作了初步的回顾。进行这一工作，一方面深感对建国以来将近500篇研究论文所论及的问题，要作一全面的评述，是相当困难的，故此只着重提出一些较为新鲜的问题进行说明，遗漏是肯定的。另一方面也感到对台湾图书馆界关于图书馆史的研究没有加以说明，这都是不足的。因为作者只是想对一个时期大陆范围内的研究作出评述，从建国以来的特定时间内进行分析；对台湾的图书馆史研究，有机会将在另外场合进行。

有鉴于研究力量薄弱，资料亟待整理，加之对历史研究日益增长的"危机"的消极影响，应该说，中国图书馆史的研究是相当不够的。愿今后图书馆学界同行们对中国图书馆史研究予以一定的重视，并作为中国图书馆发展的重要借鉴的作用，使之逐步得到加强，是所企望。

参考文献：
[1] 谢灼华. 关于图书馆事业史研究的几个问题 [J]. 武汉大学学报，1959 (7)
[2] 谢灼华. 中国图书馆事业史 [M]. 武汉：武汉大学，1962
[3] 来新夏. 试论中国图书馆事业史的研究对象与划阶段问题 [J]. 学术月刊，1980 (8)
[4] 我国古代藏书实践和藏书思想的历史总结 [J]. 徐雁. 四川图书馆学报，1986 (1)
[5] 谢灼华. 中国图书和图书馆史 [M]. 武汉：武汉大学出版社，1987
[6] 谢灼华. 公藏是主流 [J]. 图书情报知识，1984 (2)
[7] 徐雁. 论我国封建社会国家藏书的历史价值的评价标准 [J]. 津图学刊，1986 (1)
[8] 谢灼华. 私藏的功绩 [J]. 图书情报知识，1984 (4)
[9] 徐雁. 论我国封建社会私家藏书历史价值的评价标准 [J]. 津图学刊，1985 (2).

[10] 段勇. 对小国封建社会私家藏书历史价值的认识 [J]. 津图学刊, 1986 (3)

[11] 程焕文. 明清公私藏书公开利用的理论与实践 [J]. 云南图书馆, 1987 (1)

[12] 张遵碴. 读书札记三则 [J]. 图书馆, 1962 (3)

[13] 卢中岳. 关于中国近代图书馆事业史的分期问题 [J]. 图书馆, 1963 (2)

[14] 谢灼华. 论我国封建藏书楼的衰落与近代图书馆的兴起 [C] //湖北省图书馆学会1981年年会论文集, 1982.

[15] 彭一中. 我国近代图书馆的产生 [J]. 广东图书馆学刊, 1983 (2)

[16] 徐自强. 中国图书馆起源初探 [J]. 四川图书馆学报, 1981 (4)

[17] 李更旺. 关于中国古代图书馆起源的若干问题 [J]. 四川图书馆学报, 1983 (3)

[18] 李更旺. 西周至战国藏书考略 [J]. 四川图书馆学报, 1984 (1)

[19] 王子舟. 两汉图书馆史概述 [J]. 内蒙古图书馆工作, 1987 (1-2)

[20] 潘天祯. 北宋崇文院的建院目的和藏书作用 [J]. 图书馆, 1983 (1)

[21] 公振. 简论北宋三馆秘阁的地位和作用 [J]. 图书情报知识, 1983 (2)

[22] 刘少泉. 中国古代秘书监制度新探 [J]. 四川大学学报丛刊, 1988年12月

[23] 周子美. 近百年来江南著名藏书家概述 [J]. 图书馆杂志, 1982 (1、2)

[24] 谢灼华. 维新派与近代中国图书馆 [J]. 图书馆杂志, 1982 (3)

[25] 钱维钧. 早期传播西方图书馆学的译著简介 [J]. 图书馆杂志, 1984 (4)

[26] 谢灼华. 辛亥革命对我国图书馆事业的影响 [J]. 武汉大学学报, 1982 (1)

[27] 谢灼华. 五四运动——第一次国内革命战争时期的上海通信图书馆 [J]. 图书馆学通讯, 1960 (5)

[28] 卢中岳. 抗日战争前后的蚂蚁图书馆 [J]. 图书馆, 1963 (1)

[29] 钱澄东. 传播革命真理培育革命种子 [J]. 图书馆杂志, 1986 (1)

[30] 罗歌. 突击黑暗争取光明 [J]. 图书馆学通讯, 1980 (2))

[31] 刘国潮. 瑞金中央图书馆简况 [J]. 赣图通讯, 1982 (4)

[32] 林述. 抗日战争时期延安地区图书馆事业概述 [J]. 图书馆学通讯, 1959 (5)

[33] 李希泌. 鲁迅与图书馆 (1912—1919) [J]. 北图通讯, 1979 (1)

[34] 上海师大图书馆学系, 等. 李大钊与我国现代图书馆事业 [J]. 上海师大学报, 1979 (2)

[35] 黄宗忠. 武汉大学图书馆学系六十年——兼评文华图专和韦棣华在我国图书馆事业史上的作用 [J]. 武汉大学学报, 1980 (6)

[36] 马启. 关于我国图书馆事业史的几个问题与黄宗忠同志商榷 [J]. 广东图书馆学刊, 1982 (3)

(原载于《图书与情报》1989年第3期)

建国 40 年来图书馆事业研究论著巡礼

图书馆事业研究包括图书馆历史与现状研究。鉴古而知新，察今而知远。研究图书馆事业的历史与现状，目的在于总结过去的历史经验，规划今天和将来的行动。建国 40 年来，我国图书馆学研究包括图书馆事业研究取得了可喜的成绩，足以显示我国图书馆事业发展的足迹。

然而，建国 40 年来图书馆事业研究论著集中出版于前 10 年（1949 年至 1958 年）和后 10 年（1979 年至 1989 年）。虽说是 40 年，但只能集中考察 20 年，这个问题应从我国图书馆事业发展的坎坷道路寻求答案，例如长期"左"的思想影响使人们不敢大胆探求图书馆事业发展的道路问题，还有众所周知的"文化大革命"的十年遭遇。更重要的是，一些同志在图书馆学研究中偏重于技术和方法的一些方面，忽视对理论、历史的深层认识，从而长期放松对图书馆事业历史和现状的研究。因此，现在摆在我们面前的论著毕竟是初步的和不系统的。

这里仅对建国 40 年来图书馆事业研究论著作出分析评述。需要说明的是：第一，评述的对象只限于公开正式出版的关于中国图书馆史、中国图书馆事业方面的论著、资料汇辑和工具书等；第二，所表达的看法并非对某种著作的全面评价。

一、藏书史料的重印

新中国成立后，我国图书馆事业发生了质的变化。1956 年党发出"向科学进军"的伟大号召后，文化教育事业走向全面的繁荣，有关图书馆研究论著的出版得到重视。

1957 年，古籍整理出版 188 种（中华书局：《古籍整理编目》）。其中图书收藏、鉴别、目录等共 11 种，大致可分三类：一为藏书记实著作，如《澹生堂藏书约·藏书记要》、《藏书绝句·流通古书约·古欢社约·藏书十约》、《武林藏书录》、《吴兴藏书录·皕宋楼藏书源流考》，这一类共整理出 9 种；二为古典书目，如《四库全书简明目录》、《清代禁毁书目·清代禁书知见录》、《百川书志·古今书刻》、《晁氏宝文堂书目·徐氏红雨楼书目》、《赵定宇书目》、《旧山楼书目》，这一类共整理出 9 种；三为刻书研究著作，如《书林清话》。以上三类共 19 种（合为 11 种出版）。

1958 年，古籍整理出版 182 种。其中图书收藏、鉴别、目录等共 9 种，可分为三类：一为中国藏书史料，如《藏书纪事诗》；二为藏书目录，如《虞山钱遵王藏书目录汇编》；三为目录考证，如《四库提要辩证》。

从 1955 年起，商务印书馆陆续整理出版历代各种史志目录，如《汉书艺文志》、《隋书经籍志》、《唐书经籍艺文合志》。至 1959 年底，我国历代主要史志目录基本出齐。这些史志目录兼备记载藏书事实和藏书目录，为中国图书馆事业研究提供了基本材料。

总计前 10 年共出版了约 40 种藏书、版本、目录等古籍图书。它们的内容不属于这里的评论之列，因为这些图书基本上都作于 20 世纪之前，其基本功能只是提供研究资料而已。

这些著作重印于新中国成立后不久，其主要意义是：

第一，弘扬了我国文化传统，为认识中国图书馆事业的发展提供了部分材料。当时整理、重印一批藏书、版本、目录类的图书，是对中国传统文化中属于文献范围的图书的首次整理，同时，由于此次整理出版工作比较集中于两家，即历代书目集中于商务印书馆，历代藏书和版本论著集中于古典文学出版社，各有侧重，形成系列，这也是值得称道的。这些书籍的出版为我国图书馆事业研究准备了基本材料。

第二，整理工作有所创新。从总体上看，一是选用最好的版本为底本，利用其他版本互校，或根据最全本重印，如叶昌炽的《藏书纪事诗》选用 7 卷本，不用江标的 6 卷本。二是都附有"出版说明"，指明出版这些书籍的意图、其利用价值和内容的局限。所附载的有关背景材料，如书评、题跋等，更是有益的参考资料。三是加标点整理重印，《藏书纪事诗》因牵涉人物颇多，还编有人名索引，对读者更方便。

但是，由于当时古籍出版尚缺乏统筹规划、全面安排，故相关著作有些兼顾不够。比如出版《藏书纪事诗》后，应组织出版续补的几种藏书纪事诗体的书籍。如伦明《辛亥以来藏书纪事诗》、王謇《续补藏书纪事诗》等，以便使中国私人藏书研究资料更加完备。另外，对于在中国图书馆事业发展史上出现的宫廷藏书、政府藏书机构、政府各部门的藏书室等，也有些注意不够，如程俱的《麟台故事》一书未予整理，应该说是一个缺陷。

近 10 年来，一批有较高学术价值的藏书史料得以大量整理出版，计有《江浙藏书家史略》、《续补藏书纪事诗》、《中国藏书家考略》、《清稗类钞》、《清稗类钞选》等。这些书籍为研究中国古代私人藏书提供了丰富的资料，有助于推动图书馆事业的研究，扩大图书馆事业的影响，并促进对我国文化传统的研究。这里想特别提出《续补藏书纪事诗传》一书的出版。

谭卓垣等著、徐雁等整理的《清代藏书楼发展史·续补藏书纪事诗传》是一本主要为私人藏书研究资料的综合文集，包括译著一种和续补藏书纪事诗五种。整理者抱着弘扬学术文化的精神，对流传的多种藏书纪事诗作了整理补充。这种学术性整理是对以往藏书史料的提高和充实，为我国文化史，特别是古籍整理、图书版本研究、图书馆（藏书楼）研究做了一件十分有意义的工作。通过整理对原作加了标点和注释，方便了阅读，同时大量补充了传主的生平和藏书事实，反映了藏书家在文化上、学术上的贡献。全书总计收入藏书家 300 多人，这对近代藏书家发展、演变和他们在文化上的地位，提供了一份比较充实的材料，可以看成叶昌炽《藏书纪事诗》后记载我国藏书家的著作的重要补充。

二、现代图书馆事业研究的起步

1959 年我国图书馆事业研究全面展开，主要标志一是各主要图书馆总结建国 10 年来的工作经验，编写 10 年发展史，如《10 年来的中国科学院图书馆工作》、《上海图书馆的 10 年》、《黑龙江省图书馆事业 10 年》、《欣欣向荣的内蒙古图书馆事业》等。二是综合论述全国 10 年来的概况，如胡耀辉的《中国图书馆事业光辉的 10 年》、北京大学图书馆学系的《10 年来的图书馆事业》和《我国 10 年来的图书馆事业》等。这些 10 年总结的文章和资料，反映了我国图书馆事业从旧中国的薄弱基础发展到作为社会主义文化事业的一个重要组成部分的历程，特别是在"向科学进军"中出现的变化，侧重于介绍主要成绩和经验。但由于这些文章是在大跃进后的 1959 年写成的，多少受到那个历史条件下的"浮夸"风的影响；同时，不少文章也未指出业务建设、技术设备和人才培养上的不足，缺乏全面性。

1958 年开始，北京大学、武汉大学等一些大学图书馆学系师生下乡下厂，接触社会。北京大学师生调查北京地区图书馆，最后编写成《大跃进中北京地区的图书馆》，这是新中国成立后图书馆事业研究的最早著作之一。这部书虽然同样具有上述"总结 10 年"著述中的缺陷，但是突出地反映了大跃进中的图书馆面貌，在联系实际进行研究方面还是别开生面的。不过有些著述并未真正总结建国 10 年来图书馆事业的发展。如 1958 年卢震京编著的《图书馆学辞典》增补版不仅没有介绍具体图书馆和我国的图书馆事业，还删掉了原版中藏书楼和各种图书馆的条目。这种改动是失当的。

应该指出，1959 年商务印书馆出版的论文集《苏联图书馆事业 40 年》，连同舒翼翚译的《苏联图书馆事业概观》、《苏联的图书馆事业》、《苏联初期图书馆事业史》和苏联大百科全书"图书馆"条的译印，为我国图书馆工作者了解外国图书馆事业提供了有益的帮助。

三、专门论著的出版

1978 年以后我国图书馆事业研究出现了生机，充分展示了拨乱反正、清算"四人帮"祸国殃民后产生的巨大力量。广大图书馆工作者从宏观上认识历史规律，汲取正反两方面的经验和教训，探讨我国图书馆事业发展缓慢的原因，在新的高度认识图书馆的作用。在此基础上图书馆学教育开始繁荣，各类学校图书馆学专业相继建立，这些又推动了我国图书馆事业研究（包括现状的研究和历史的总结）进一步发展。一些专门论著的出版即为其主要标志。如许培生编《古代藏书史话》为新中国成立后介绍我国古代藏书史的第一部通俗性出版物。该书基本上按中国历史发展的线索，叙述各代的藏书，用比较简略的事实概述中国主要藏书类型、官府和私家藏书的兴衰与更替，写作中能注意皇朝文化事业（主要是编书）对藏书的影响。但缺乏对藏书发展原因的分析，在一些典型事例的介绍上笔墨过多，忽视了对时代面貌的概括；有些论断与事实有出入。

谢灼华为主编，查启森、赵燕群为副主编的《中国图书和图书馆史》是新中国成立后正式出版的系统论述中国图书和图书馆发展的专门著作。编者从中国文化史发展的角度看待中国图书和图书馆，从图书和图书馆发展的相互关系上说明中国图书在世界文明史上的地位，以及中国图书馆发展在政治、经济、文化发展中的贡献。他们把中国图书和图书馆发展划分为四个历史阶段：简帛书时期（商—两汉），写本书时期（魏晋—

隋唐），印本书时期（宋—清中叶），机械印刷时期（1840—1949年）。在不同历史阶段中叙述图书和藏书（图书馆）的发展，不仅论述了图书的不同形制和藏书的不同类型，更重要的是说明了图书的发展演变对图书馆事业的影响，和图书馆（包括古代藏书）对图书的发展、积累和传播的推动。编者汲取当代历史学和考古学研究成果，摒斥过去流传的"左"的影响，力图勾画出中国文化史上图书收集、整理、编目、利用及文献流传范围的面貌。但在内容上仍有需进一步提高之处。

来新夏著《中国古代图书事业史概要》从历史学的角度论述中国图书馆事业史，提出中国图书事业史的研究包括图书本身发展的历史。因此，该书范围包括：图书形态的发展，图书的聚散、典藏及其相应措施，图书整理与编目，图书的流通与纂集。他把图书事业发展划分为图书事业创始阶段——周、秦，兴起阶段——两汉至南北朝，发展阶段——隋、唐、五代，兴盛阶段——宋至元，全盛阶段——明、清。每个阶段下按图书形态、典藏、整理、编纂四部分阐述各种史实和内容，纲要简而不繁，条理清晰，内容材料选择得当，所附图例可补充内容。但严格地说，该书并非专论图书馆事业发展的论著，而是从文化发展的角度涉及图书馆事业的内容。但古代图书、目录编纂和典籍收藏往往是由一个机构、同一学者进行的，没有出版发行的严格分工，图书的收藏与利用、整理与编纂贯串始终，只是一种成果的阶段划分，所以仍可认为该书是中国图书馆事业的研究论著，并可使我们从更大范围去看中国图书馆事业的发展。

顾志兴著《浙江藏书家藏书楼》一书是专论浙江一地藏书和评价藏书家、藏书楼在中国文化史上的贡献的专著。浙江藏书家、藏书楼在中国图书馆事业上的地位是了不起的。因此该书在内容上虽局限于浙江一地，但实际上反映了中国古代藏书家的杰出贡献和在中国文化传统继承上的巨大作用。该书分宋前、两宋、元、明、清和近代，叙述浙江藏书事业的发展，分析各代藏书事业发达的原因，罗列重要藏书家的史实，总论浙江藏书家对中国文化的贡献。在论述藏书家时，除详述生平事迹外，还侧重其藏书、刻书和著述活动。这种从人文地理学和社会文化、政治等因素来说明藏书事业发展过程的写法是适当的，也是值得赞许的。然而该书仍缺乏对藏书与学术研究、藏书与文化发展的更深层的分析。特别应该指出的是，作者未能充分利用各私家藏书目录进行细致的分析与统计，从而评述藏书的特点和管理方法上的突出贡献，这是该书的不足之处。

四、图书馆发展资料的汇辑

在图书馆发展资料汇编方面也有不少值得提出的专书。

李希泌、张椒华编《中国古代藏书与近代图书馆史料（春秋至五四运动）》从发扬中国古代藏书传统，介绍近代图书馆兴起而提供基本史料，利于开展中国图书馆事业研究的目的出发，汇辑了从上古到20世纪20年代有关图书馆发展的史料、档案、报刊文章、统计图表等文献。主要内容为：古代官私藏书，藏书楼的出现及其向近代图书馆的过渡，近代图书馆的产生，近代图书馆的发展，综合研究资料。该书条理清晰，选材适当，不失为一部内容丰富的资料汇编。

该书的最大特点是以图书馆的演变为主要内容，比较全面地列举了从维新派人士创办藏书楼,其他社会人士倡办藏书楼,到清廷议设藏书、建立京师和各省图书馆等有关言论、主张和史实。中华民国时期的各种图书馆条例、规程以及主要图书馆的建立等史实,也都在列举之中。这种重点突出近代图书馆的选录是可取的,因为近代图书馆的酝酿、建立和发展是中国图书馆发展史上的关键时期。同时此类资料是研究者较难见到的,因此极具参考价值,这也反映了编者的深远眼光和广博学识。但是,由于作者侧重于近代图书馆史料,对古代藏书史料的选录就嫌过少,而且有些选材典型性不够,编排欠妥,这些都是有待改进的。

杨宝华、韩德昌编《中国省市图书馆概况(1919—1949年)》一书为了便于我国图书馆事业发展史的研究,补充了"五四"至新中国成立之前全国公共图书馆情况的资料。收集的49所图书馆资料大都是省、市立图书馆资料。内容大致分沿革、组织、藏书、读者工作、出版工作等,并附录该馆各项规则。通过对国立北平图书馆、江苏国学图书馆、上海东方图书馆等的介绍,可以比较详细地了解各馆建立的过程、发展的曲折道路和藏书特色、规章制度等,可在一定程度上看出我国图书馆发展的面貌。此书部分资料比较难得,可能因资料来源不足,各馆的内容有多有少,过多的似可精当一些。各种规章制度最好注明年月,以供读者分析其价值。

《当代中国的图书馆事业》编辑部编《中国图书馆事业纪事(1949—1986)》,是供编写《当代中国的图书馆事业》一书的有关人员阅读的,是一本内容较为充实的当代图书馆事业研究的参考书,涉及方针、政策、法令、重要讲话、各类型图书馆沿革、组织机构、工作成果、图书馆学教育和重要著作出版等内容。该书编辑体例大致整齐、统一,条目简明,涉及面广,图书馆事业重点突出。有些资料取自第一手材料,可靠性大。但该书属大事记性质,因对哪些应列为年度大事缺乏统一认识,故选材有的尚欠得当。与此书相似的还有邹华享等编《中国近现代图书馆事业大事记》,此书上起1840年,下迄1987年,历史跨度大,以时录事,突出重要事件,编排上有特色,为我国近现代图书馆史研究提供了丰富的资料。

有关我国当代图书馆事业研究的论著,还有文化部图书馆事业管理局编的《发展中的中国图书馆事业——1985年全国图书馆工作会议交流材料选编》。该书是一本论文集,汇集了公共图书馆、高等学校图书馆、中国科学院系统图书馆在党的十一届三中全会后贯彻改革、开放的方针,坚持为两个文明建设服务,为社会主义服务的新经验。由于文章涉及面广,讨论和研究的都是当前比较紧迫的问题,反映了当代中国图书馆事业的真实面貌,因此是一本了解中国图书馆事业生动的和真实的参考资料。

五、辞典、传记的编纂

郑伟章、李万健著《中国著名藏书家传略》选取私家藏书队伍中之佼佼者作传,涉及自古至今共约60位著名的藏书家。书中叙述了他们的生平事迹、藏书思想、藏书特点、藏书目录和题跋、藏书流传等情况。各传篇幅较大,涉及面较广,有些篇章已成为评传,具有较高的学术价值。著者一方面从编书、刻书、藏书的角度选取如毛晋、张海鹏等人,借此可窥见封建社会文化发展的一种特殊现象;另一方面从藏书、校勘、版本、目录等古代藏书家日常工作的角度选取了如祁承㸁、黄丕烈、缪荃孙等人加以评说，叙述简略适中、条理清晰。这些都是可取之处。但在论述时往往注意到藏书事实，而较少注意藏书家在学术研究中利用藏书的故事；全书选入人数亦嫌少了一些。

麦群忠主编《中国图书馆界人名辞典》（上册古代部分）是《中国图书馆界人名辞典》三册中的古代部分，包括目录、藏书、校雠、版本等领域的人物，以时代为序，按姓氏笔画排列收录了传主的姓氏、生卒、籍贯、学历、主要成就和代表著作。收录人物求多，传略介绍从简。尚能将原始资料与后人对这些人物的新的研究成果融汇成文。但由于此书成于众手，各传略写作体例和行文有差异，某些传略内容重点不突出。

申畅撰《中国目录学家传略》汇辑了我国古代以至现今重要目录学家 110 人，分别对他们的生平事迹、目录学思想、著述和成就加以评述。对与目录有关的藏书和著书活动也略有评论。该书大部分人选尚称得当，内容体例比较统一。但选材欠精，对当代目录学家的选择标准也似可商榷。

作为工具书出版的还有《全国图书馆名录》和《中国高等学校图书馆简介》等。

（原载于《图书情报工作》1989 年第 4 期）

近年来中国图书和图书馆史研究进展

一

90 年代以来，关于中国图书史的研究（包括以出版印刷史、印刷史命名的研究），在承继 80 年代研究成果的基础上，有了新的突破。关于中国藏书和图书馆史的研究，包括现代图书馆事业的研究，也是成果颇丰，面貌改观。可以这样评价，本世纪兴起的中国书史（出版史）与中国图书馆史研究，在 80 年代是初具规模，到 90 年代则是逐步成熟与系统了。

80 年代中期，关于图书出版、印刷和综合性书史的研究，有郑如斯、肖东发的《中国书史》[1]，该书能较好地吸收前辈的研究成果，作出新的概括，有了新的认识。李致忠的《中国古代书籍史》[2]体例革新，简明清晰。而作综合研究的成果有谢灼华主编的《中国图书和图书馆史》[3]、来新夏等著的《中国古代图书事业史》[4]，两书力图从比较广泛的文化领域去说明图书出版、编纂和图书馆发展的轨迹。用力最勤、成绩显著的是张秀民的《中国印刷史》[5]，该书全面论述了出版印刷技术的发展，材料丰富，论断准确，钱承训称它是"一部完备而有系统的综合之作"。该书获印刷研究最高奖——毕昇奖。至于断代书史研究有李致忠的《历代刻书考述》[6]、方汉奇的《中国近代报刊史》[7]，专史如编辑方面的有韩仲民的《中国书籍编纂史稿》[8]、魏隐儒的《中国古籍印刷史》[9]，都为 90 年代的系统研究打下基础。

80 年代关于藏书史料的出版，为藏书研究打下了坚实的基础，如叶德辉《书林清话》[10]的再版，叶昌炽《藏书纪事诗》的增补[11]。与此同时，徐雁等的《续补藏书纪事诗传》[12]，以及《辛亥以来藏书纪事诗》[13]、《续补藏书纪事诗》[14]的重印，《北京图书馆馆史资料汇编》[15]等，特别是李希泌、张椒华的《中国古代藏书与近代图书馆史料》[16]的出版，颇得好评。图书馆史专门论著有严文郁的《中国图书馆发展史》[17]、卢荷生的《中国图书馆事业史》[18]、谢灼华主编的《中国图书和图书馆史》等，都在官藏、近代图书馆产生与发展上作了新的探讨。私人藏书辞典达三种之多，郑伟章、李万健的《中国著名藏书家传略》[19]、苏精的《近代藏书三十家》[20]等是专门藏书研究之成果。史料的准备，专门史的研究，特别是对一些认识的提高，为 90 年代藏书与图书馆史研究提供了发展的有利条件。

二

90 年代，图书出版、印刷研究方面最重要的成果是钱存训的《中国科学技术史·纸和印刷》[21]和曹之的《中国印刷术的起源》[22]一书。钱存训先生是著名的中国书史、印刷史研究专家，70 年代曾有《中国古代书史》出版，这部《中国科学技术史·纸和印刷》是他在中国书史研究上的新成果。钱著的特点在于运用充分的史料和实物，对我国古代造纸术和印刷术作了科学的分析：①对各种影响造纸和印刷技术的条件进行了充分的论证，给人比较信服的结论；②对各种意见进行综合评论，这种辩论分析是有见地的；③对造纸和印刷术的影响作了深广的评述。因此，钱著对确定中国印刷术在世界文明史上的地位具有深远意义。

钱存训编写《中国科学技术史·纸和印刷》分册时，对自己的写作曾经提出两个任务，即研究中国文化中造纸与印刷的起源与发展，时间范围上是由起源一直到 19 世纪末，即造纸与印刷术为现代技术替代时为止。作者鉴于以往这一领域许多著作或范围有局限，或已经过时，所以他采取了对文献的广泛研究、考古发现、科学报告和对可能看到的产品实物进行考查的方法，着重对一些空白作出说明，如纸和印刷在中国对社会、经济和传播知识的作用和影响，这两项发明的起源以及在东西方所产生的影响。作者指出，中国造纸术研究"很少有人研究当地造纸和运销的历史，对纸张的多种不同用途的起源，也没有作过系统的探讨"。对中国印刷术的研究，过去"以它的起源和西传为重点，对印刷术的发展和贡献，则不是写得过于简略，就是没有给予应有的重视。很多遗漏了的技术和艺术问题，特别是雕版和活字制备及印刷的各道工序，都应该逐个环节地详细加以介绍并且附以图解。对印刷中的书体、版式、用材、印法这些能为印刷年代和古印刷品真伪提供鉴别标准的事项，也应该分析研究"。[21]20 作者正是努力在这些方面填补空白。

作者在自序中称，本册共 10 节，收录参考文献近 2000 种，插图或照片约 200 幅；全书分述纸和印刷，以及这两者在世界的传播和影响，最后一节论述纸和印刷对世界文化的贡献。对每一具体事物都着重叙述所涉及的技术和艺术方面以及该事物在社会中的作用。凡前人已有著述的，就扼要加以介绍；前人疏漏之处，则以较多的篇幅详细分析讨论。"[21]

钱著在说明造纸的产地情况时作了比较深入的文献挖掘，如论及唐代"全国不下十一个州经常把这类纸贡入政府，长安的宫廷藏书和后来在洛阳的藏书，一律用最佳蜀纸抄写。而宫内学术部门均设专职来染纸、装潢、加工，以利保藏。政府还在南方长江流域广设造纸作坊。仅今天的江、浙、皖、赣、湘、川等省，当年即有作坊 90 余处。又制成尺寸一律的标准纸，供商贾、寺院、官绅府邸制作账册之用"[21]40。明代造纸业发达，"工部一次就征调了 314950 张各种纸张"。"为了举行文官考试，每年征调 16800 张榜纸，遇闰月加收 1400 张。官方每十年向各省征集总共 120 万张规定为四尺四寸长四尺阔的榜纸，存库备用。""每年各省应缴纳总共 150 万张纸张供应盐、茶及其它商品交易凭证之用。1398 年规定的呈缴额中包括：直隶 38 万张，浙江 25 万张，江西 20 万张，两湖 17 万张，陕西 15 万张，山西、北京各 10 万张，山东、河南各 5.5 万张，福建 4 万张。"[21]44

再如论及纸张不同用途说：①书画纸和笺纸；②交换媒介用纸；③礼仪用纸，如崇拜祖先、民间宗教、祭祀典礼用纸，作了别开生面的考证；④纸制的衣饰；⑤壁纸和家庭用纸；⑥纸工艺和文化娱乐用纸。

这些写作上的特点,一是追根溯源,即找到某个事物最早的应用,如文献记载、考古出土文物和近期应用范围和方式;二是文献引用广泛,应用官书如《大清律例事例》、方志、笔记和现代研究成果的分析;三是图文并茂,有极强的直观性。

作者在对西方学者的各种论述中,集中说明了如何看待中国印刷术发明的问题。首先是活字印刷与雕版印刷的关系。他指出在欧洲开始活字印刷的当时和以前,中国的雕版印刷和雕版印成的书籍即已在欧洲出现,因此,欧洲印刷者即使没有见过东方印刷的实际情况,至少对它的原理是知道的。其次,欧洲在木刻上镌刻的知识一定是从中国学到的。最后,印成的书籍,雕成的印版和金属活字,都可能由不知名的旅行者由陆上或海上贸易路线带到了欧洲。"这一切都是有力的旁证,说明欧洲印刷的起源和中国有联系。"[21]285

谈到印刷术对西方文明的影响时,钱说:"15世纪后期及16世纪早期,印刷术使书籍成本降低得以大量出版发行,这对欧洲人的思想和社会都有深刻的影响。它激发了文艺复兴和宗教改革的精神,而这两项运动又反过来进一步促进造纸和印刷术发展,直到形成兴旺发达的出版工业。印刷还有助于民族语文和本国文学的建设,甚至也助长民族主义。印刷术还使教育普及,各地文盲减少,增加了社会流动的机会。简言之,西方世界现代文明进程中的几乎每一项成就都以不同方式与印刷的引进和发展有联系。"[21]329那么,在印刷术对中国书籍出版的影响、对中国学术和社会的影响方面,作者主要证明印刷业对中国书籍的推动,对中国书籍质量和数量提高的影响,以及对社会学术影响的儒学的复兴,科举的协助作用,和对中国社会强烈的道德观念的影响等。

曹之的《中国印刷术的起源》一书也是印刷史研究方面的新成果。谢灼华在该书序言中指出此书"是一部颇有特色的学术著作"。这本论著不仅重视理论上的推导,而且更重视实际例证的说明,譬如对《二十四史》和《全唐文》、《全唐诗》的文献普查,对教育、文化、技术等诸方面看待印刷术的呼唤和要求,即从社会需要的角度上说明印刷术发明和推广的原因。因此,他得出唐代印刷术发明时间、条件、推广方式的结论为大家所重视。

曹之从社会需求、物质基础和技术基础三方面论证唐代对印刷术发明的条件。他说:"从社会需求言,唐代可考散文著者有3042人,可考书商有24人,可考学生不少于10万,可考藏书家87人。流入日本的汉籍有1568部、17209卷,各项数字均居诸代之冠。另外,可考抄书者和写经者也是最多的。以上情况表明:唐代对于雕版印刷的需求,比任何一个朝代都更为迫切。"[22]从物质基础看,唐代造纸业遍及全国。纸张大量增加,纸张无处不有,无处不用;至于笔、墨,唐代已经极精,也就是说,唐代对于发明雕版印刷所需物质基础是非常牢固的。技术基础则主要看刻印方法如石经、拓印技术等。他特别提出,拓印技术是唐代才出现的。当然考证一种发明技术还需要出土实物的证明,这里,他也引述了多件唐代的出版物。

曹之在研究中国印刷术起源的问题上,其研究方法也进行了一些新的尝试。他比较注意从事物各方面的联系上去分析问题。他说:"在具体研究方法上,除了常用的文献考证法外,还可以运用实验研究法、比较研究法、计量研究法等。"这方面曹之所做的工作是应该肯定的。

出版印刷史研究的专门著作有吉少甫主编的《中国出版简史》[23]，分期研究则有肖东发的古代出版印刷史方面的论著。肖东发把中国印刷术起源与佛教典籍的传播联系起来，深入讨论了官刻、坊刻、家刻的特点和成绩。吉著的特点在于把中国出版史、中国印刷史近代部分作了重点研究，如论述近代西方印刷术的传入，近代新出版业、新书业的特色，论述了调查所得中国共产党领导的进步出版业，由于作者的从业经历，因而著作有比较可靠的文献保证。与这些著作相类似的还有各地市出版史料的整理与系统化，如江苏《出版史志丛书》[24]和《浙江出版史研究》[25]是专门研究一地方出版的著述，其他省市的出版史志也具有这种特色：①充分调查研究，广泛收集资料；②分别作出专题研究、专门研究；③注意地方出版史中的重要事件与人物。与此相同时期，断代出版史研究论文集则有《中国近代现代出版史学术讨论会文集》[26]、《新民主主义革命时期出版史学术讨论会文集》[27]（中国近代现代出版史编纂组编），后者是1991年12月在太原召开的新民主主义革命时期出版史学术讨论会的论文选编，文集中发掘了新中国成立前中国共产党领导的出版事业史实。这次会议讨论内容上的突破在于增加了边疆地区、少数民族地区、解放区和边区出版事业，增加了特别是以前较少涉及的东北、华北、西北的出版活动，也对中国共产党领导的军队出版活动作了叙述，同时也对活动在这一时期的各种出版家作出评价，如孙中山的出版实践和思想，陈独秀、恽代英、瞿秋白等的出版活动。这些研究是有新的发展的。《中国印刷近代史》[28]，范慕韩主编。该书集中对近代印刷史作出比较全面的论述，提出：以人力、手工劳动为基础的是古代印刷术，以动力、机械、光学为基础的是近代印刷术，以电子技术自动化为基础的是现代印刷术，这种提法把印刷术作为一个工业部门看待。"近代印刷是19世纪引进西方印刷技术主要是引进印刷油墨、印刷设备，并同中国近代印刷工业的发展相结合。"该书的主要特点是以西方印刷术的传入和中国印刷术的发展作为主线，集中对民族近代印刷工业的兴起和发展作了系统的叙述，同时对近代印刷业的发展以及机械制造业和造纸业也作了叙述。这样就克服了以前书史、出版史只是简单叙述图书出版的改进与提高的缺点，对近代印刷工艺的推广、改进、应用勾画了明晰的轮廓。如果不是掌握大量的材料，是无法写出这些内容的。同时，对相应工艺技术附有图版说明，也使得著作做到了图文并茂，收到了比较好的效果。

地方出版史如《浙江出版史研究》[25]。该书第一册专论中唐五代两宋时期的浙江出版业：第一，中唐、五代浙江刻书事业的开端；第二，北宋浙江刻书和出版事业的繁荣；第三，南宋浙江成为全国刻书和出版的中心；第四，宋以前浙江出版史研究。其中对唐穆宗长庆四年（公元824年）越州刻印白居易、元稹诗作为起始时，五代则着重讲了"越主钱镠至钱俶归宋时止刻印佛经之事"，北宋则集中从官刻、坊刻、私刻等分别叙述所刻重要典籍，南宋时则分地区叙述各地刻书情况，最后说明宋刻之特点是面向全国，注重浙江当时学术、文学的出版，浙版重创新、重质量的分析。第二册专论元明清时期的浙江出版业的发展。大致说来，其写作方法一方面是注意现有书籍之文献记载，借以考察各书当时之刊刻情况；另一方面也简要说明当时的社会条件和出版发达的原因。

关于中国书史的理论研究，以程焕文的《中国图书文化导论》[29]颇具特色。该书着力对图书文化的概念、意义、特征和历史分期等作了探讨。作者认为，图书文化是人类在其发展过程中所创造的一种以物化了的精神产品为形式而不断反映、复制、放大、传播人类精神成果的文化。因此，作者力图从图书产生、发展和收藏、利用等方面结合文化的意义进行探讨。与此同时，还有施金炎编的《中国书文化要览》[30]等书。综上所述，可以看出，90年代关于图书编纂、出版、印刷等方面的研究是逐步深入和扩展的，一些著作有比较鲜明的特色，对一些重大问题也作出了新的判断和结论。而自第二次世界大战以来新的文献媒体也正在被研究和探讨。同时，应该指出90年代文献学研究的展开，特别是一些专门研究成果，如王余光的《中国文献史（第一卷）》[31]、安平秋的《中国禁书大观》[32]、黄爱平的《四库全书纂修研究》[33]及《中国大百科全书·新闻出版卷》[34]等，都丰富和加深了中国书史的研究内容，从不同层面上对中国典籍作了别开生面的说明，对当代书刊报纸和新的文献载体作了分析，都应看成中国图书史研究的新收获。

三

90年代关于中国藏书和中国图书馆事业的研究成果也是令人瞩目的。

前面曾经指出，中国藏书和图书馆事业研究在80年代作了比较充分的资料积累，并在中国藏书研究上扩大了范围，如书院、寺观藏书的研究。同时，对近现代图书馆研究也引起了足够的重视。因此，90年代以来，在图书馆史研究上也显现出特色。

通史性专著和教材的出版。王酉梅的《中国图书馆发展史》[35]、李朝先等的《中国图书馆史》[36]、刘少泉的《中国图书馆事业史》[37]三书出版于90年代初。它们都是作者长期教学与研究的成果，说明了中国图书馆历史悠久，而且也分析了中国从古到今图书馆类型多样、社会作用显著的特点。同时，他们虽然主要讲图书馆发展，但说明图书与图书馆、学术文化发展与图书馆等社会因素，视野更开阔了。由谢灼华主持编写的《中国图书和图书馆史教学大纲》[38]，反映了此前教学上的探讨，对图书和图书馆史研究对象、内容和分期、工作范围、管理制度、社会影响，以及如何处理图书与图书馆、官私藏书和其他类型藏书的关系，古代藏书与近代图书馆的继承与发展等作了说明。

王酉梅先生专攻历史学，他于1991年出版的《中国图书馆发展史》[35]一书，是他多年教学与研究成果的积累。他为自己提出了在中国图书馆发展史上应该着重讨论的几个问题：中国古代有没有图书馆？中国古代图书馆是否得到了有效利用？中国古代图书馆对什么人开放？中国古代图书馆的文献是不是当时学术文化成就的主要情报源？中国近代图书馆的产生与古代图书馆有何关系？抗战前夕为什么成为中国近代图书馆发展的高峰时期？解放区图书馆事业有哪些优良的革命传统？等等。因而可以认为作者是带着解决这些问题的观点，来组织和突出其专著内容的。该书有如下比较明显的特点：①把各个历史时期图书馆的发展放在比较大的文化历史背景下，分别说明当时的学术文化的成果、图书典籍的出版与传播，使读者能进一步了解图书馆在什么条件下得到发展，又为什么有力地促进了文化学术的发展。这种思路是应该肯定的。②注意结合图书编辑、出版等事项说明古代图书馆的巨大作用，即提供文献、公开借阅的辅助研究工作，如书中征引司马光编《资治通鉴》、欧阳修所编纂唐史等，以及吕祖谦、李焘、马端临和沈括等著名文人利用藏书的事实，都有一定的意义。但是，王著注意图书馆事业发展背景较多，对图书馆内在变化说明较少，这是值得注意的问题。

李朝先、段克强著《中国图书馆史》[36]。该书正如佟曾功同志所说的"（本书）重视了图书馆事业的发展与社会历史上的各种因素的联系"，因而，表现了一定的特点。如把中国图书馆发展划分为9章论述，基本上可称为发展的阶段，如图书馆萌芽时期——商周，图书馆形成时期——汉代等。在分析每个历史时期发展状况以后，才论及图书馆的发展，这种想法是应该认同的。但该书编例上可能想糅合更广泛的内容，故把一些图书编纂的内容都包括进去，有些篇章如称丛书的编制是图书馆深入发展的标志，反倒显出图书馆事业的内容不够充实。同时，对各个历史阶段除官府藏书外的私藏、书院藏书、寺院藏书等论述不详。这是其主要缺点。

刘少泉编著的《中国图书馆事业史》[37]，与上面提到的王酉梅的《中国图书馆发展史》都是高等学校图书馆学专业的教材，因此，在注意系统地说明各个历史时期图书馆的各种类型的发展状况以后，也注意到了当时图书馆工作的组织和管理内容，所以对认识历史上图书馆的形态和工作内容是适用的。与此同时，编者在一些重要史实上也进行了探讨，如对清代官府藏书的分论、书院藏书的管理，都有所突破，并注意一些历史阶段图书馆事业发展的特点分析。这都是应该肯定的。刘著在注意全书的系统性上下工夫较多，而在一些事件与人物上却有论述较弱的不足，这可能与篇幅所限有关。

《当代中国图书馆事业》[39]是《当代中国丛书》的分册。此书是当代中国图书馆事业的集体总结。它把从1949年到1989年40年间图书馆的发展，分别从发展阶段的特点、事业建设的成就、业务建设的进步和图书馆学教育与研究成果等方面进行总结与分析，并对图书馆在整个社会主义革命和建设中的作用作了充分的肯定。该书收集资料翔实、准确，对各阶段发展划分明晰，对图书馆为社会服务的作用的说明清楚、公允，是新中国成立以来中国图书馆研究的最新成果。刘渝生的《中国藏书起源史》[40]主要讨论中国藏书中官藏与私藏的起源，引证材料丰富，用力颇勤。吴晞《从藏书楼到图书馆》[41]是一种论辩性著作，他希望说明："中国的图书馆是西方思想文化传入中国的产物，中国图书馆的历史是从接受西方的图书馆思想及管理方法之后才开始的。"作者这些看法当然是可以讨论的。而《中国大百科全书·图书馆学情报学档案学卷》[42]图书馆事业部分，则对古今中外图书馆史、重要历史人物和当前世界图书馆发展趋势作了新的概括。

私家藏书研究成果颇丰。范凤书对私藏资料的普查、徐雁对当代藏书家的寻访，并不断以新的研究成果问世。周退密、宋路霞的《上海近代藏书纪事诗》[43]，王绍曾、沙嘉逊的《山东藏书家史略》[44]、薛愈的《山西藏书家传略》[45]相继出版。王著不仅收集史料丰富，特别对山东藏书家的社会贡献和山东藏书家与其他省藏书家的比较研究很有特色。《上海近代藏书纪事诗》叙述了近代以来上海的藏书名家，改变了以往罗列史料的写法，写成了这些藏书家的藏书传，对于上海藏书家的调查与寻访是很有意义的工作。对于我国著名藏书楼研究，有骆兆平的《天一阁丛谈》[46]和1996年天一阁及中国藏书文化研究会文集——《天一阁论丛》[47]。两书对天一阁的发展、地位及影响作了较全面论述。《天一阁论丛》中部分文章论述了藏书文化的意义和价值，颇新耳目。此外，李性忠的《刘承干与嘉业堂》[48]，则是对嘉业堂藏书的初步研究。1997年，由仲伟行等编著的《铁琴铜剑楼研究文献集》[49]，全面介绍了江南名楼铁琴铜剑楼的发展历史，对瞿氏家族保存文献和藏书价值，该楼藏书对充实图书馆和发展文化学术的功绩作了说明，材料丰富，尤其注意发现新的文献，编排有序，图文并茂，具有重要的参考价值。可以预料，随着精神文明建设的深入和社会藏书的普遍，藏书文化研究必定有一个新的高潮。

地区图书馆史志研究。90年代以来，地区图书馆史研究有所发展。主要原因是80年代以来各省市编写地方志时专志的组织，该专志单独出版即为××省图书馆志、××省图书馆事业志，如编入省志、市志，为方志中之一部分。无论如何，图书馆志的编写有利于图书馆史研究，特别是推动了当代图书馆史的研究。故此，我们必须叙述地区图书馆史、志的成绩。

作为××省图书馆专志出版的有《浙江省图书馆志》[50]、《四川省图书馆事业志》[51]等，作为单独记载一个地区图书馆发展的著述还有张树华同志编的《北京各类型图书馆志》[52]。我们把它们集中起来讨论其写作体制和特点。

从省志的体例要求看，一个专志是该省志书中的一部分，与其他行业志体例应大体一致。行业志是某个行业的现状的记述，当然也应追溯到历史，如从前修志书的时间开始至现在。但由于各地行业发展历史不同，编纂者主观努力的程度各异，这样就出现了各省志中的图书馆志往往存在详略不一、内容概括角度不同等情况。因此，各省图书馆志往往有作为单独专志出现的（如《浙江省图书馆志》），有以专书出版的（如《北京各类型图书馆志》），其质量都比较高。其特点为：

（1）追溯历史。如《浙江省图书馆志》一书，有专章叙述浙江古代藏书楼之发展和现存古代藏书楼，并编有图书馆大事记，记述从古到今（1990年）重要事件，使我们比较详细地了解了浙江图书馆的过去，这个特定的内容和篇幅是有重要意义的。《北京各类型图书馆志》也有追溯历史的"历史沿革"一编，比较偏重于北京的官私藏书情况，也是有重要价值的。

（2）横陈现状。这是省市图书馆志的重点篇章，往往采取的编写方式是按现有类型如公共图书馆、高等学校图书馆、科学研究系统图书馆和中小学图书馆、工会系统图书馆分篇说明。这样可做到从某一单位的现状部分了解各馆情况。特别是介绍中说明了该馆藏书设备、馆藏特点、组织机构和服务成果，基本上把现代图书馆发展条分缕析地加以说明，体现了志书的综合叙述的特点。

（3）备存史料。一些专门志书中附有图、表和文献，其中比较突出的如《浙江省图书馆志》附人物、历代重要文件的栏目，以严肃认真的态度对待专志的编写，值得称道。而《四川省图书馆事业志》因与省志协调一致，故该专志不收图书馆人物。

（4）探索规律。一般史书或志书，寓论于篇中，当然不能要求过多地发表议论，探索规律。但是，编写图书馆专志时，能从大量史实中找出一些规律性的认识，还是有启发意义的。《北京各类型图书馆志》的编写者是本专业的专家，所以从编写中注意探索一些规律性的认识，是做得比较好的，如第九篇的专章"北京地区图书馆文献资源分布的纵向结构分析与文献资源布局活动的评价"和第十二篇"北京各类型图书馆自动化进展"，就是有价值的北京文献资源研究和自动化进展的综合研究，具有指导意义。

四

图书馆是文化事业的一部分,图书馆发展引起文化学术界的重视。现出版的多种文化史如冯天瑜等的《中华文化史》[53]等,多种社会史如钱杭等的《十七世纪江南社会生活》[54]、艾尔曼的《从理学到朴学》[55]等,都有专门章节论及古代藏书、近代图书馆变化和20世纪图书馆的发展。日本松见弘道《中国图书和图书馆》[56]的中文版出版,都可说明图书馆史研究有了较大的社会反应。

如下书籍论及藏书史、图书馆史。

杨布生、彭定国的《中国书院与传统文化》[57]第二章有"中国书院与藏书刻书",分别从四个问题论述:①书院刻书藏书历史概述;②书院藏书刻书的主要类型,即公共类图书、教学类图书、学术类图书;③书院藏书刻书的经营管理;④书院藏书刻书的文化意义,说明书院留下了许多珍贵的书院本善本书,建筑了许多著名的书院藏书楼,创办了许多较大的书院和书局。

《中华文化史》[53]中论及近代图书馆的产生与发展,在第十一章第四节"中华文化肌体中的新质细胞"有"近代图书馆的设置"一小节,把近代图书馆与新学堂、新书刊发行、出版业和博物馆等看成近代新的文化现象中的一部分,主要论及由于近代资本主义新文化新思想的传入扩散,大量完全不同于中国传统学术的政治宗教、科学文艺书籍的出版,图书的门类急剧增加;同时,社会对于文化信息的要求普遍广泛急迫,也冲击着旧的藏书机构及其制度。在这种文化背景之下,从内容到形式都不同于封建藏书机构的近代图书馆出现了。该书中指出,近代维新变法人士创办"学会书楼,已初步具备了社会文化机构的性质",又指出清廷出于京师及各省图书馆的建立,颁布的《京师及各省图书馆通行章程》"是我国近代有关图书馆的第一次立法。它的颁布,标志着近代图书馆事业已初具规模"。

由史全生等编的《中华民国文化史》[58]中也论述到中华民国期间的图书馆事业。如第一篇(1912—1927年)第七章论及西方社会思潮的传播和现代社会科学的建立。其第六节"新式图书馆的建立和发展"提出我国近代图书馆的产生是在19世纪末年,早期维新思想家及后来维新派学习西方,提出兴办近代图书馆的主张,并叙述了近代兴办的藏书楼,着重说明辛亥革命对图书馆和图书馆学术推动的若干事实。在第二篇(1927—1937年)第七章中有"颇有生气的图书馆事业"一节,第三篇(1937—1949年)第七章中有"抗战中文物图博界的奋斗"一节,说明了1927—1949年期间图书馆事业的若干发展,中华图书馆协会和图书馆学教育与研究,以及抗战中图书馆受日本军方的摧残和图书馆界保护图书文物的事迹。

中国社会史方面有些论著也论及江南藏书的一些情况。

钱杭、承载著《十七世纪江南社会生活》[54]中有第三章"江南的造纸、印刷和图书收藏",分别说明了江南造纸业、书坊业、藏书楼和藏书家。他们指出:"17世纪中国社会生活特别是江南社会生活的一个基本特征,是普遍的世俗化和平民化,书籍的出版既受到这一特征的深刻影响,同时也从众多方面反映并且推动了这一特征的形成和深化。"该书对江南纸在江西、安徽的生产规模和生活方式提供了材料,如引用苏州的《评定纸坊条议章程碑》对江南纸坊生产规模和生产关系有详细的记载。对江南书业则着重分析了南京、杭州、苏州、徽州书坊的刻印特点和主要坊家,并得出结论:"商业性书坊所出书籍,是当时城乡居民所阅读书籍的主要来源。"对于江南藏书家则分别分析了江苏、浙江的主要藏书楼。该书作者认为江南藏书家类型以叶德辉的分为四类——著述型、校勘(出版)型、收藏型、赏鉴型较合适,所以该书就以四类分别说明各类之代表人物,如钱谦益绛云楼、毛晋汲古阁、范氏天一阁、钱曾述古堂。其中特别推荐的是文化著述型的人物对文化学术的文献,校勘型则说明其对图书出版发行业的贡献。因为作者在于说明:当时江南社会生活一部分的图书出版、发行、收藏、利用,是社会人士的不可缺少的生活,所以并未涉及他们在藏书、刻书上的全面评价。

江苏人民出版社《海外中国研究丛书》中有一部美国艾尔曼著《从理学到朴学——中华帝国晚期思想与社会变化面面观》[55]。该书作者引述了西方研究成果指出:"一个学术共同体要形成公认的话语就要求相关学科具有用途广泛的文献积累。知识系统必须积累有关文献才能加快新的学术著作发表、出版的速度。……考据学者还需要一个由藏书家、出版家、书商组成的交流网络,以促进学术研究的发展。藏书楼、出版业对江南学术共同体中考据学派的兴起发挥了重要作用。"他正是出于这种目的在该书中设立了一章"学术、图书馆和出版业",并指出过去中国学者"过分重视了印刷术的技术价值,还很少注意其产生的文化影响"。因此,该书作者首列"江南藏书楼"一节,指出:"江南藏书楼的长足发展,雕刻及善本翻刻业的进步,使学术交流更为顺利,还为之提供了新的资料来源。"这段分析是可取的,他论述的方法虽然没有增加什么新的资料,但比较着重分析一些藏书家的交流活动,证明藏书借阅是学术交流的先决条件,这种研究方法应该引起我们的重视。在谈到江南出版业时,该书着重说明了编纂丛书的作用,指出丛书的出版有点近似保存现代期刊文献论著的主要途径,所以一段时间内丛书编印非常盛行。此外,该书还谈到图书交易的问题,指出出版业的发达必然大大改善学术研究及教学的条件,并推动图书广泛收藏,系统史料的收集不仅推进了考据学的发展,而且对保存学术成果也起到积极的作用,对于官府藏书也有补充的作用。应该说江南出版、收藏、交流图书的事实,直接有利于清代文化学术的发展,这是符合事实的结论。作者把图书出版、交流放在学术文化发展中去看待和评论,对我们分析中国图书馆史的发展也有一定的启发作用。

五

以上对近年来图书和图书馆史研究的情况作了初步的分析。应该承认,作为专门史的图书史,因其牵涉面较广,故关于印刷、出版、发行等方面,需要研究的课题是很多的。特别是近期内某些国家和地区学者企图否定中国是印刷术发明的国家这一客观事实,那么,我们的研究就更富有现实的指导意义了。因此,如何使现有研究成果更加系统化,这已经是十分迫切的任务。至于中国藏书研究,中国近代、现代图书馆的研究,20世纪中国图书馆发展研究等,也应在现有研究成果上加强史料的挖掘和整理,创造条件，开展学术讨论，集中力量，写出更有分量的图书馆史专门著作。

参考文献：

[1] 郑如斯，肖东发. 中国书史[M]. 北京：书目文献出版社，1987.

[2] 李致忠. 中国古代书籍史[M]. 北京：文物出版社，1985.

[3] 谢灼华. 中国图书和图书馆史[M]. 武汉：武汉大学出版社，1987.

[4] 来新夏，等. 中国古代图书事业史[M]. 上海：上海人民出版社，1990.

[5] 张秀民. 中国印刷史[M]. 上海：上海人民出版社，1989.

[6] 李致忠. 历代刻书考述[M]. 成都：巴蜀书社，1990.

[7] 方汉奇. 中国近代报刊史[M]. 太原：山西人民出版社，1981.

[8] 韩仲民. 中国书目编纂史稿[M]. 北京，中国书籍出版社，1988.

[9] 魏隐儒. 中国古籍印刷史[M]. 北京：印刷工业出版社，1984.

[10] 叶德辉. 书林清话[M]. 北京：中华书局，1958.

[11] 叶昌炽撰；王欣夫补正. 藏书纪事诗（附补正）[M]. 上海：上海古籍出版社，1989.

[12] 谭卓垣，等撰. 清代藏书楼发展史·续补藏书纪事诗传[M]. 徐雁，等整理. 沈阳：辽宁人民出版社，1988.

[13] 伦明. 辛亥以来藏书纪事诗[M]. 上海：上海古籍出版社，1990.

[14] 王謇. 续补藏书纪事诗[M]. 北京：书目文献出版社. 1987.

[15] 北京图书馆业务研究委员会编. 北京图书馆馆史资料汇编[M]. 北京：书目文献出版社，1992.

[16] 李希泌，张椒华. 中国古代藏书与近代图书馆史料[M]. 北京：中华书局，1992.

[17] 严文郁. 中国图书馆发展史[M]. 台北：枫城出版社，1984.

[18] 卢荷生. 中国图书馆事业史[M]. 台北：文史哲出版社，1986.

[19] 郑伟章，李万健. 中国著名藏书家传略[M]. 北京：书目文献出版社，1986.

[20] 苏精. 近代藏书三十家[M]. 台北：传记文学出版社，1983.

[21] 钱承训. 中国科学技术史·纸和印刷[M]. 北京：科学出版社，1990.

[22] 曹之. 中国印刷术的起源[M]. 武汉：武汉大学出版社，1994.

[23] 吉少甫. 中国出版简史[M]. 上海：学林出版社，1991.

[24] 出版史志丛书[M]. 南京：江苏人民出版社，1993—1995.

[25] 顾志兴. 浙江出版史研究[M]. 杭州：浙江人民出版社，1991；杭州：杭州古籍出版社，1993.

[26] 中国近代现代出版史编纂组编. 中国近代现代出版史学术讨论会文集[M]. 北京：中国书籍出版社，1990.

[27] 中国近代现代出版史编纂组编. 新民主主义革命时期出版史学术讨论会文集[M]. 北京：中国书籍出版社，1993.

[28] 范慕韩. 中国印刷近代史[M]. 北京印刷工业出版社，1995.

[29] 程焕文. 中国图书文化导论 [M]. 广州：中山大学出版社，1995.
[30] 施金炎. 中国书文化要览 [M]. 长沙：湖南教育出版社，1992.
[31] 王余光. 中国文献史：第一卷 [M]. 武汉：武汉大学出版社，1993.
[32] 安平秋. 中国禁书大观 [M]. 上海：上海文化出版社，1990.
[33] 黄爱平. 四库全书纂修研究 [M]. 北京：中国人民大学出版社，1985.
[34] 中国大百科全书·新闻出版卷 [M]. 北京：中国大百科全书出版社，1990.
[35] 王酉梅. 中国图书馆发展史 [M]. 长春：吉林教育出版社，1993.
[36] 李朝先，段克强. 中国图书馆史 [M]. 贵阳：贵州教育出版社，1993.
[37] 刘少泉. 中国图书馆事业史 [M]. 成都：四川大学出版社，1993.
[38] 谢灼华. 中国图书和图书馆史教学大纲 [M]. 北京：高等教育出版社，1996.
[39] 当代中国图书馆事业编辑委员会编. 当代中国图书馆事业 [M]. 北京：当代中国出版社，1995.
[40] 刘渝生. 中国藏书起源史 [M]. 南昌：江西人民出版社，1994.
[41] 吴晞. 从藏书楼到图书馆 [M]. 北京：书目文献出版社，1996.
[42] 中国大百科全书·图书馆学情报学档案学卷 [M]. 北京：中国大百科全书出版社，1993.
[43] 周退密，宋路霞. 上海近代藏书纪事诗 [M]. 上海：华东师范大学出版社，1993.
[44] 王绍曾，沙嘉逊. 山东藏书家史略 [M]. 济南：山东大学出版社，1992.
[45] 薛愈. 山西藏书家传略 [M]. 太原：山西古籍出版社，1996.
[46] 骆兆平. 天一阁丛谈 [M]. 北京：中华书局，1993.
[47] 虞浩旭，等. 天一阁论丛 [M]. 宁波：宁波出版社，1996.
[48] 李性忠. 刘承干与嘉业堂 [M]. 北京：文物出版社，1994.
[49] 仲伟行，等. 铁琴铜剑楼研究文献集 [M]. 上海：上海古籍出版社，1997.
[50] 浙江省图书馆志编纂委员会编. 浙江省图书馆志 [M]. 北京：中国书籍出版社，1994.
[51] 四川省图书馆事业志编纂委员会编. 四川省图书馆事业志 [M]. 成都：四川大学出版社，1993.
[52] 张树华. 北京各类型图书馆志 [M]. 北京：北京燕山出版社，1993.
[53] 冯天瑜，等. 中华文化史 [M]. 上海：上海人民出版社，1990.
[54] 钱杭，承载. 十七世纪江南社会生活 [M]. 杭州：浙江人民出版社，1996.
[55] 艾尔曼. 从理学到朴学——中华帝国晚期思想与社会变化面面观 [M]. 赵刚，译. 南京：江苏人民出版社，1995.
[56] 松见弘道. 中国图书和图书馆 [M]. 黄宗忠，等译. 北京：书目文献出版社，1995.
[57] 杨布生，彭定国. 中国书院与传统文化 [M]. 长沙：湖南教育出版社，1992.
[58] 史全生，等. 中华民国文化史 [M]. 长春：吉林文史出版社，1990.

（原载于马费成主编：《知识信息管理研究进展》，武汉大学出版社，1998年）

三、目录学与文献学研究

中国古代目录学理论发展论纲

近来读经（目录学之经典如《汉书·经籍志》、《隋书·经籍志》）研史（目录学史之诸家论述），既深慨中国目录学遗产之丰富、内容之博大、影响之深远，又感叹史家评说之纷纭。倘能梳理一下，对若干理论意义彰明之作，予以简明扼要之说明，自是功德无量之举也，然此亦非毕一日之功可成事也。今特对此稍作条理，写成提纲式的记录，非为创新，目的在于就正于同好。

全文各节均由三方面内容组成：一为观点来源，说明该理论（思想）之出处；二为理论体系，叙述各家学说之主要内容；三为学说影响，评述这些观点和方法的历史影响。

刘向"条其篇目、撮其指意"的书目方法论

论点出处

"所校中书《说苑》、《杂事》及臣向书，……除去与《新序》复重者，其余浅薄不中义理，别集以为百家后，以类相从，一一条别篇目，……"（《说苑》叙录）

"向见《尚书洪范》，箕子为武王陈五行阴阳休咎之应。向乃集合上古以来历春秋六国至秦汉符瑞灾异之记，推迹行事，连传祸福，著其占验，比类相从，各有条目，凡十一篇，号曰《洪范五行传论》，奏之。"（《汉书·楚元王传》）

"诏光禄大夫刘向校经传诸子诗赋，步兵校尉任宏校兵书，太史令尹咸校数术，侍医李柱国校方技。每一书已，向辄条其篇目，撮其指意，录而奏之。"（《汉书·艺文志》）

"昔刘向校书，辄为一录，论其指归，辨其讹谬，随竟奏上，皆载在本书。时又别集众录，谓之《别录》。"（阮孝绪《七录》序）

"命光禄大夫刘向校经传诸子诗赋，步兵校尉任宏校兵书，太史令尹咸校数术，太医监李柱国校方技。每一书就，向辄撰为一录，论其指归，辨其讹谬，叙而奏之。"（《隋书·经籍志》）

理论体系

刘向的"条其篇目，撮其指意"，是一种书目方法论，其主要内容分述如下：

（1）条别篇目。汉代承继前代遗书，征集各地典策，自必内容有别，篇目不同。故刘向等工作首要是对书籍内容的甄别、选择和对篇章的整理与排序，以求得一完整的定本。此外，相应地对书名、篇名加以选定和统一。这是文献整理工作的必要程序，也是皇室藏书的物质基础。

（2）论其指归。汉代儒家学说分立，论争纷纭。要独尊儒术，必须一方面加强儒家学派的地位，势必考证评定某家学说之优势；另一方面要显示儒家经籍的地位，应指

出某书之价值取向,故有通过"序"、"叙录"等对某书的评论意见,此为"论其指归","辨其讹谬"。刘向等之"叙录"规范:书籍整理经过,作者和作品之介绍,书籍真伪、分合、流传之考定,书籍内容价值之评定、用途之分析。

(3) 比类相从。刘向等校书是按类分组,以类定人,充分体现了校书是专家才能做好的思想,适应突出儒家经典之需要,拟出典籍分门别类的构想,并应用于皇家藏书目录之编制。《七略》成于刘歆,其创意乃始于刘向。

有三点值得注意:①设立类目之原则是突出儒家经典与容纳当代学术文化图书相结合,这是一种认识上的较高境界,因为类目设置始终是服务于图书实际数量与品种的。②每类有序,叙述该类学术源流衍变,剖判流派与学术思想的联系,说明汉代设立学官的目的,这种"序"式,是一种学术思想发展史。前有辑略,即总序,则着重从制度史的角度说明,应该说,这是一种比较完备的书目体系。③各类书籍列举,既遵从出现先后、时代古今之通例,而且注意同类书相聚、同体裁集中之方法,虽未称完善,终属首创,构成一个系统分明之体系分类方法,影响深远。

学说影响

"依刘向故事",成为历代皇家藏书的中心工作,即编目工作。

"校雠"首创之功不可没,我国校雠学发展之轨迹自刘向始。

提要的程式,作为揭示藏书、指导阅读、评论图籍、保存文献的手段。

类例之确立,书目方法决定图书分类之发展,藏书保存之方式,以至成为了解学术、熟悉学科、辅助研究、利用藏书的手段。"内阁以为永制",非浮言也。

阮孝绪"总集众家、更为新录"的分类变革思想

论点出处

"每披录内省,多有缺然。其遗文隐记,颇好搜集。凡自宋齐已来,王公搢绅之馆,苟能蓄聚坟籍,必思致其名簿。凡在所遇,若见若闻,校之官目,多所遗漏,遂总集众家,更为新录。其方内经史,至于术技,合为五录,谓之内篇。方外佛道,各为一录,谓之外篇。凡为录有七,故名《七录》。"(阮孝绪:《七录》序)

"凡内外二篇,合为七录,天下之遗书秘记,庶几穷于是矣。"(阮孝绪:《七录》序)

"普通中,有处士阮孝绪,沉静寡欲,笃好坟史。博采宋齐已来王公之家凡有书记,参校官簿,更为七录。一曰经典录,纪六艺;二曰记传录,纪史传;三曰子兵录,纪子书、兵书;四曰文集录,纪诗赋;五曰技术录,纪术数;六曰佛录;七曰道录。其分部题目,颇有次序。割析辞义、浅薄不经。"(《隋书·经籍志》)

理论体系

"所撰七录,斟酌王刘"、"总集众家,更为新录",阮孝绪是继承刘向、王俭的分类体系,参考梁前诸官府藏书目录,加以调整改造而成"新录",故"七录"的"七"与"七志"的"七"有所不同,亦与刘歆的"七略"的"七"也有区别,表达了一种

适应当今与融汇此前的古的结合，即继承性。

"天下之遗文秘记，庶几穷于是矣"，这是阮孝绪的意愿，也反映了"七录"的包容性。书目分类体系的适用，就在于能包罗古今，因为典籍古今存在是客观事实，这就决定了书目体系要具备包容性，只有具备包容性，才能达到适用性。

"从"、"改"、"附"、"合"的设类原则：

"从"，即继承王刘之类，合理的加以接受，如"王以六艺之称不足标榜经目，改为经典"，今则从之，故序经典录为内篇之一。

"改"，即接受王、刘的部分类目，但加以调整，使之更加合适和科学。如"又刘有兵书略，王以兵字浅薄，军言深广，故改兵为军。窃谓古有兵革、兵戎、治兵、用兵之言，斯则武事之总名也，所以还改军从兵。兵书既少，不足别录，今附于子末，总以子兵为称。"

"附"，即调整部类，分合用类。这样做的目的，诚为分类最要紧的部类确立后，必以相同类目加以调整，使之合理、适用。阮孝绪在这里作了几方面的调整：把兵书附于子，即置兵家于诸子之中，这是合理的；把图谱之属多附本类下，这样做是适当的。

"合"，即根据类目与图书实际情况，作出调整方案。如把术数与方技合为一类，总称技术，颇为适当。

学说影响

四部类名和次序的确立，一经典、二记传、三子兵、四文集，适应汉以后图籍之变化。

先佛而后道。称"今则先佛而后道，盖所守有不同，亦由其教有浅深也。"

适应迭出史传之书，分出众史、序记、传录等门，注记之类附于记传之末，此类变革影响深远。

魏徵"盖有目录，以为纲纪"和"弘道设教"的目录功能理论

观点出处

"今考见存，分为四部，…其旧录所取，文义浅俗、无益教理者，并删去之。其旧录所遗，辞义可采，有所弘益者，咸附入之。远览马史、班书，近观王、阮志、录，挹其风流体制，削其浮杂鄙俚，离其疏远，合其近密，约文绪义，凡五十五篇，各列本条之下，以备《经籍志》。"（《隋书·经籍志·序》）

"古者史官既司典籍，盖有目录，以为纲纪。"（《隋书·经籍志》）

"夫经籍也者，机神之妙旨，圣哲之能事，所以经天地，纬阴阳，正纪纲，弘道德，显仁足以利物，藏用足以独善，学之者将殖焉，不学者将落焉。"（《隋书·经籍志·序》）

"夫仁义礼智，所以治国也，方技数术，所以治身也；诸子为经籍之鼓吹，文章乃政化之黼黻，皆为治之具也。"（《隋书·经籍志》）

理论体系

（1）经籍功用是"树风声、流显号、美教化、移风俗"。
（2）目录功用是"弘道设教"。
（3）类目次序要求：治国—治身—诸子—文章。
（4）利用隋录：辞义可采，有所弘益者，附入。文义浅俗，无益教理者，删去。参考历代目录："约文绪义"。
（5）"今考见存"的著录原则。

学说影响

确立目录成为"既司典籍，盖有目录，以为纲纪"之功能。
适应儒家经典"弘道设教"之用，通过目录成"为治之具"。
"今考见存，分为四部"作为目录编制之定式。"四部之名，至唐而始定。"（《明史·艺文志·序》）
"挹其风流体制"，把汉魏以来目录的优良传统如剖判条流之总序、类序及记存亡等，继承和发扬。

毋煚"使书千帙于掌眸，披万函于年祀"的目录特性论

观点出处

"夫经籍者，……苟不剖判条源、甄明科部，则先贤遗事，有卒代而不闻，大国经书，遂终年而空泯；使学者孤舟泳海，弱羽凭天，衔石填溟，倚杖追日，莫闻名目，岂详家代，不亦劳乎，不亦弊乎？将使书千帙于掌眸，披万函于年祀，览录而知旨，观目而悉词，经坟之精术尽探，贤哲之睿思咸识。不见古人之面而见古人之心，以传后来不其愈已。"（《古今书录·序》）

"窃以经坟浩广，史图纷博，寻览者莫之能遍，司总者常苦其多，何暇重屋复床，更繁其说。若先王有阙典，上圣有遗事，邦政所急，儒训是先，宜垂教以作程，当阐规而开典。"（《古今书录·序》）

理论体系

"邦政所急，儒训是先"，达到"垂教以作程"、"阐规而开典"作为国家书目的主要目的。
"审正旧疑，详开新制"应是目录编制之根本，故应记录古今，在"事"、"理"、"体"、"例"等克服旧目缺点。
"使书千帙于掌眸，披万函于年祀"，是对目录学的性能认识。
"览录而知旨，观目而悉词"，是对目录学的功用认识。
"剖判条源，甄明科部"的目录揭示原则。

学说影响

四部书目分类体系的确立。"四部之名，至唐而始定。"（《明史·艺文志·序》）毋煚对《隋书·经籍志》改动，立四部四十二类，释道之书另编。

对书目功能与作用的概括，准确地说明唐以后书目工作程序化、制度化发展的原因。

郑樵"编次必谨类例"的书目分类理论

论点出处

"学之不专者，为书之不明也。书之不明者，为类例之不分也。"

"书籍之亡者，由类例之法不分也。类例分则百家九流各有条理。"

"欲明书者在于明类例。噫，类例不明，图书失纪，有自来矣。"

"类书犹持军也，若有条理，虽多而治。若无条理，虽寡而纷。类例不患其多也，患处多之无术耳。"

"类例既分，学术自明，以其先后本末具在。"（上引均见郑樵《通志·校雠略》）

理论体系

"求书之道有八"作为文献资源建设的最初总结。

"求书遣使、校书久任"的总结，是古代藏书、目录、校雠工作的经验和人员使用的准则。

"编次必谨类例"，强调学术分类与书目分类之联系，强调书目分类之必要性与重要意义。

"编次必记亡书"，达到"广古今而无遗"。

"编次惟细分难，非用心精微，则不能也。""一类之书，当集于一处"，"每一类成，必计卷帙于其后"，"泛释无义"，统称为分类编目方法。

学说影响

第一部全面论述书目分类的理论著作，存留最早的目录学理论著作。

根据这种理论，设计古今图书目录之类十二，家百，种四百二十二，突破四部。立艺术类、医药类、类书类于诸类之列，卓有见识。

指陈历代书目得失，评说各种书目归类之错误，并明辨传记、杂学、小说、杂史、故事各类书之易混淆处，诚实践之总结。

胡应麟"文明之盛集，鸿硕之大观"的目录学史观

论点出处

"凡前代校综坟典之书，汉有略，晋有部，唐有录，宋有目，元有考，志则诸史共之。肇自西京，迄于胜国，纪列篡修，彬彬备矣。夫其渊源六籍，薮泽九流，䌷绎百

家。溯洄千古，固文明之盛集，鸿硕之大观也。"（《少室山房笔丛·经籍会通引》）

"大抵历朝坟籍，自唐以前，概见隋志。宋兴而后，通考为详。第其卷帙之数，往往异同。缘诸家辑录，或但纪当时，或通志一代，或因仍重复，或节略猥凡。故刘、班接迹，繁简顿殊。三谢并兴，多寡悬绝。即博洽之流，勤于论核，而疑似之迹，未易精详。"（《少室山房笔丛·经籍会通一》）

"原夫艺文之为志也，虽义例仍乎前史，实纪述咸本当时。往代之书，存没非此无以考。今代之蓄，多寡非此无以征。"（《少室山房笔丛·经籍会通三》）

理论体系

（1）目录之性质："渊源六籍，薮泽九流。绅绎百家，溯洄千古。固文明之盛集，鸿硕之大观也。"

（2）影响书目编制的因素。"中垒父子，奕叶青缃，纪例编摩，故应邃密，第遗书绝寡，考订靡从。隋志简编，每多散佚，而类次可观，论辩多美。旧唐之录本朝，大为疏略。新书间增新缺，颇自精详。欧阳宋志，紊乱错杂。元人制作，亡足深讥。大率史氏精神，全寓纪传，论序次之。表志之流，便落二义，至于经籍，尤匪所先，且人靡博极，业谢专门，聊具故事而已。"

（3）类例发展，因时代不同和制作繁简之影响。

（4）书目品类三种：①一家之藏目，"荐绅雅士，鸠集以广见闻。馆阁词臣，雠校以存故实。目录之纂，例不可无。"②史目，"隋唐诸史，通志一代之有无也。"③溯洄之书目，"《古今书录》、《群书会记》，并收往籍之遗者也"。

（5）评论历代重要史目、家藏目和重要目录学家郑樵、马端临。

学说影响

（1）藏书与目录、类例与目录、辑佚辨伪与目录之关系。胡应麟之论述与实践，实开清代校勘学之先导。

（2）类例说之影响：不同历史时代和著作的繁简，直接影响类例之调整，又前代简而后世繁，自然必须调整类例。

（3）对书目功用之见解有新意。

（4）关于藏书十厄、辨伪八法之说影响深远。

祁承㸁"目以类分，类由部统"的书目分类理论

观点出处

"部有类，类有目，若丝之引绪，若网之就纲，井然有条，杂而不紊。"（《庚申整书略例》）

"架插七层，籍分四部，若卒旅漫野而什伍井然，如剑戟縻霄而旌旗不乱，此吾之部勒法也。"（《庚申整书小记》）

"目以类分，类由部统，暗中摸索，惟信手以探囊，造次取观，若执镜而照物，此

吾之应卒法也。"(《庚申整书小记》)

"癸丑偶以行役之便,经岁园居,复约同志,互相裒集,广为搜罗。夏日谢客杜门,因率儿辈手自插架,编以综纬二目,总计四部,其为类者若干,其为帙者若干,其为卷者若干,以视旧蓄,似再倍而三矣!"(《澹生堂藏书约》)

"方余之藏书也,既与儿辈约,及吾之身则月益之,及尔辈之身则岁益之,书目每五年一为编辑,今其期矣!"(《庚申整书小记》)

理论体系

见《庚申整书略例》四则。

因。"因者,因四部之定例也。"说明依经、史、子、集之分,"简而尽约而且详"。又佛藏等亦依已出释藏总目,"条分甚析"。

益。"益者,非益四部之所本无也。"这里根据著作情况增加有关类目以统分图书。祁承㸁拟四部之部,增加类目如约史、理学、诏制、丛书、余集五目,他是出于一些著作内容"似经似子之间,亦史亦玄之语,类无可入,则不得不设一目以汇收"。

通。"通者,流通于四部之内也。"这是根据书有备于前而略于后,即流传中出现的分出、删节等情况,以及各种著作中包含部分可独立的篇目,作出"分载"(分析著录)之法。

互,"互者,互见于四部之中也。"这里是说各种著作中有不同的内容,"一部之中名籍不可胜数,又安得概以集收,涸无统类。故往往有一书而彼此互见者,同集而名类各分者"。因此,应于不同类中作出"互见"。

学说影响

(1) 祁承㸁袭四部,但单列四十五类之分类体系,有脱出四部的意图。
(2) 对某类书籍立类、列目颇有见地,如丛书之设一类。
(3) 注意学科内容与著作形式之结合,如原经部之易、书、诗、春秋、礼、孝经、论语、孟子和经总解类,都以著作形式列出子目,章疏类之分体裁,值得肯定。
(4) 分类中"区别品流"之突出意义,即强调一书之准确归类。

《四库全书总目》"等差有别、旌别兼施"的目录功能理论

观点出处

"其上者悉登编录,罔致遗珠。其次者亦长短兼胪,见瑕瑜之不掩。其有言非立训义或违经,则附载其名兼匡厥谬。至于寻常著述,未越群流,虽咎誉之,咸无究流传之已久,准诸家著录之例,亦并存其目以备考核。等差有辨旌别兼施。"

"是书以经史子集提纲列目,经部分十类,史部分十五类,子部分十四类,集部分五类。或流别繁碎者,又各析子目,使条理分明。所录诸书各以时代为次。"

"今于所列诸书,各撰为提要,分之则散弁诸编,合之则共为总目。每书先列作者之爵里以论世知人,次考本书之得失,权众说之异同,以及文字增删,篇帙分合,皆详

为订辨，巨细不遗。而人品学术之醇疵，国纪朝章之法戒，亦未尝不各昭彰瘅用，着劝惩其体例"。

"今所采录，惟离经畔道，颠倒是非者，掊击必严。怀诈狭私荧惑视听者，屏斥必力。"（上引均见《四库全书总目·凡例》）

理论体系

（1）编纂四库之目的："朕命纂辑四库全书，原以嘉惠天下万世，公请同好。""古今来著作之手，无虑数千百家，或逸在名山，未登柱史。正宜及时采集汇送京师，以彰千古同文之盛。"（《四库全书总目·卷首》）

（2）目录之作用。

通过目录甄别图书。"各省搜辑之书卷帙必多，若不加之鉴别，悉令呈送，烦复皆所不免。着该督抚等先将各书叙列目录，注系某朝某人所著，书中要旨何在，简明开载"。"应俟移取各省购书全到时，即令承办各员，将书中要指概括总叙厓略，粘开卷副页右方，用便观览。"

通过目录记录存书。所有进到各遗书并交总裁等，同永乐大典内现有各种详加核勘，分别刊钞。择其中罕见之书，…寿之梨枣，以广流传。余则选派誊录汇缮成编，陈之册府。其中有俚浅伪谬者，止存书名，汇为总目。""四库全书处进呈总目，于经史子集内，分晰应刻、应钞及应存书目三项。各条下俱经撰有提要，将一书原委撮举大凡，并详著书人世次爵里，可以一览了然。"

通过目录指导阅读。"自应以提要之外，另刊简明书目一编，只载某书若干卷，注某朝某人撰，则篇目不繁，而检查较易。俾学者由书目而寻提要，由提要而得全书。"

（3）目录之体系：部类之排列，总序、小序之写法。

（4）提要之内容格式。

学说影响

四部之体系既体现继承前代之成果，又说明根据时代发展、著作变化调整之必要。

提要之价值。

目录功能之发挥，封建统治思想传播，文献查找鉴别，相关文献的指引，文化成果的总清算。

章学诚"辨章学术、考镜源流"的目录任务观

观点出处

"叙曰：校雠之义，盖自刘向父子部次条别，将以辨章学术，考镜源流，非深明于道术精微，群言得失之故者，不足与此。"

"七略之流而为四部，如篆隶之流而为行楷，皆势之所不容已者也。"

"盖部次流别，申明大道，叙列九流百氏之学，使之绳贯珠联，无少缺逸，欲人即类求书，因书究学。至理有互通，书有两用者，未尝不兼收并载，初不以重复为嫌，其

于甲乙部次之下，但加互注，以便稽检而已。"

"书之易混者，非重复互注之法，无以免后学之牴牾；书之相资者，非重复互注之法，无以究古人之源委。"

"盖古人著书，有采取成说，袭用故事者，其所采之书，别有本旨。或历时已久，不知所出。又或所著之篇，于全书之内自为一类者，并得裁其篇章，补苴部次，别出门类，以辨著述源流。至其全书，篇次具存，无所更易，隶于本类，亦自两不相妨。"（上引均见《校雠通义》）

理论体系

（1）"六经皆史"论。"六经皆先王之政典也。"（《文史通义》）

（2）目录起源论。"私门无著述文字，则官守之分职，即群书之部次，不复别有著录之法也。""刘氏之旨以博求古今之载籍，则著录部次，辨章流别，将以折衷六艺，宣明大道，不徒为甲乙纪数之需。"（《校雠通义》）

（3）分类之必要与改变之必然。"家法不明，著作之所以日下也；部次不精，学术之所以日散也。"（《校雠通义》）

（4）"辨章学术，考镜源流。"

"一家之学，无不穷源至委，竟其流别。"

"部次流别，申明大道，叙列九流百氏之学，使之绳贯珠联。"

（5）著录之义是"详略互载"。

（6）"互著"、"别裁"之功用和意义。

学说影响

"辨章学术、考镜源流"可视为古代目录任务和特点之总概括。

乾嘉校勘学成就与目录学之兴盛。

对中国历代书目的评论与总结。

目录学方法实践之说明。

（原载于《图书情报论坛》1994 年第 3 期）

《中国古代书目词典》序

由上海师范大学图书馆目录学研究室编辑、卢正言主编的《中国古代书目词典》（广西教育出版社出版）终于和读者见面了，这是一项值得重视的文化建设成果，相信它的出版一定会引起广大读者与专业工作者的浓厚兴趣。

一

书目，作为人们揭示、报道文献的重要工具，它的出现，反映了人类文化成果的发达；它的发展，也展现了人类文化财富的丰富。书目，是人类文化发展的记录，同时也是人类社会生活的重要指南。书目成为世界文化发展史的重要组成部分，这是书目受到人们欢迎的真正原因。

书目是社会文化事业发展的重要标志。当人类社会发展到一定阶段，在文献积累日渐增多、种类空前繁杂的背景下，记录文化发展的书目便产生和出现了。可以想象，当人们制造的文献数量不大时，人们自然不必专门用登记的手段对文献作总的记录，只凭记忆即可应付查找，自然也就不会有书目出现。一般认为，孔子整理古代文献，可能序列一部书的目次，叙述一部书的内容，当时尚无必要统计所藏文献，进而编制目录。但到了西汉末年，皇家图书馆收集的文献数量庞大、种类繁多，人们单凭记忆是难以解决藏书有多少、有什么种类、要从哪里找等问题的，这样就有编制藏书目录的要求，这就是《别录》、《七略》产生的前提。推而论之，私人著述目录也出现于汉魏六朝，其根本原因，也是因为私人著述数量增加，有必要编制一定体制的目录，以供查询检阅之用。书目出现以后，由于它具备揭示文献的特殊功能，它又为文献积累、传播和利用创造了条件。所以，书目在一定程度上反映了文化发展的面貌，引起人们的重视。

书目是社会文献需求状况的晴雨表。读者由于学习、研究的需要，必然促进书目的多样化。人类在不断探求社会知识和生产知识的过程中，促进认识的提高和深化，这是人们认识发展史上的进步。文化遗产是继承发展的，正是由于学习各种知识和探求事物奥秘的需要，人们要前进、要创造，自然是在前人积累的知识和经验基础上的前进和再创造，所以掌握文献、利用文献是首要的步骤，因为文献是文字的可靠记录。书目则是利用文献的直接工具。中国历史上凡是书目种类繁富的朝代，往往也是文化事业繁荣的时代。所谓文化事业发达，不仅是学者哲人成群，作家诗人辈出，而且一定是创作繁荣，著述多样。这些文化成果都是依靠各种书目记录与报道。范文澜称《七略》为一部极可珍贵的古代文化史，其强调的意义正在于《七略》为我们记录了先秦至汉代文化学术思想之重要成果。

二

　　书目的社会功能是逐步完善的。早期书目的功能比较单一。书目发展到现在，已具备多种社会功能，这既是书目自身的完善化，同时也是书目适应社会需求的结果。大致说来，书目的社会功能有三：

　　书目是文献登记的重要记录。综观历史上出现的各种书目工具，我们可发现书目有一个共同的特性，即登记文献。它可以包括显示个人、团体的藏书而编制，或集中某种某类文献而编制，但都列示所藏文献种类、数量、类别、处所、归属。也就是说，它是一种显示文献数量和质量的标志。因此，书目编写并流传于社会以后，当时既是藏书质量的显示，也是某个图书馆某个藏书家的藏书数量的统计。而这种登记，对于以后的研究者，则是作为文化学术研究的重要资料加以利用。同时，也是据以分析、判断典籍流传、散失和演变的重要依据。胡应麟称辨伪中应遵循的"校之七略以观其源"、"校之群志以观其绪"，正是充分利用书目工具进行辨伪得到益处的可贵总结。

　　书目是文献报道的重要工具。书目作为联系文献与读者的桥梁，很重要的就是书目对读者可起到指引迷津、标明用途、检索信息的重要作用。试想在浩如烟海的文献中，如果没有一种揭示文献用途和价值、提供人们利用的参考工具，人们利用文献会遇到什么样的困难，会因之花费多少时日与精力！因此，书目对文献的报道是一把钥匙、一个指南针，它可为人们开启知识的宝库，为人们的研究找到一种快捷的方法和途径。人们之重视书目，往往就在这一点上。故而唐代毋煚论述目录作用时称目录"将使书千帙于掌眸，披万函于年祀。览录而知旨，观目而悉词，经坟之精术尽探，贤哲之睿思咸识"。他论述书目（目录）的功用的认识是很有见地的。

　　书目是利用文献的重要指南。随着书目种类的发展，书目变成利用文献的指南的作用已经是非常显著的了。古代的指导阅读的举要书目和近代兴起的辅导读书治学的推荐书目，都在各种层次的读者中发挥其巨大作用。到了现在，党和政府以及人民团体利用书目指导读书，借以对广大青少年读者进行共产主义思想道德教育，这对于社会主义精神文明建设正在发挥着巨大的社会作用。就是现在编制的大量国家书目、联合目录、专科书目、专题书目以及参考服务的书目情报，也在现实生活中发挥着巨大作用。读者读书不利用书目，往往是乱读；学者研究不利用书目，往往是事倍功半。我们认为，书目社会功能的发挥就在于读者利用文献时使用书目的广泛、准确和方便。那么，读者就可在读书治学中得到益处。书籍是提供阅读的，文献是提供利用的，而书目正是通过有目的的、有针对性的、有选择的文献收录，并以独特的编排体例，准确全面的揭示，从而达到为读者服务的目的。书目社会功能的发挥，必然有利于社会文化学术的繁荣，并促进社会经济的发展、文明的进步。

　　以上论及书目的社会功能，是对书目这种工具的特征的说明。当然，并不是每种书目都能达到并发挥这种功能和作用的。所以，如果综合研究历代书目遗产，开发书目情报资源，评介各种书目的特色、用途、价值，就能发掘书目情报价值，引导读者利用，相当于为读者提供一串钥匙，绘制一幅文献利用指南图，将为人们提供更为方便的条件，书目之书目、书目指南一类工具书就会应运而生。

三

《中国古代书目词典》的编制与出版，其意义是显而易见的，即前面所说的为读者配备好的一串钥匙。经过编者的不懈努力，这部书目词典是颇有特色的。

从实用出发选择条目。我国近两千年书目发展史，积累下来的各种书目是非常多的。我们如果有机会编制一部《中国书目总录》，总结和清算中国书目遗产，这自然是十分有意义的文化建设工作。我国有识之士正在努力作出贡献。但是，作为中华民族文化遗产的书目，不仅牵涉到数量、品种、类型的核算与识别，而且随着时间的流逝，历经兵火之灾，其存失、全缺和具体内容，考核也是颇费时日的。要在众多的书目中爬梳整理，也必须具有较高的学术水平，以及保证一定数量的经费，方能计日程功。因此，我们从及时满足需要的角度，也非常欢迎中国书目之书目的选本出现。《中国古代书目词典》正是适应了这种要求。《中国古代书目词典》遵循实用、精选的原则，选择介绍了我国古代乃至晚清的各种类型的书目，包括少量已失书目，总的要求是这些书目对读者比较实用，参考价值大，特点是比较容易找到，在读书治学中不可或缺，我们觉得这种想法是可取的。当然，"选择"总是具有一定的政治眼光和时代特色以及学术价值的不同标准，也就是说，原则可能是适用的，但具体标准上掌握不容易，而这只有通过读者的评判才能分出高下了。同时，为了配合学习之用，这本词典还选收目录学名词、历代目录学家和目录学著作。这也就是本书实用的特色，即着重介绍、评价书目遗产，对我国书目遗产作一初步总结。我想，《中国古代书目词典》对读者如果是一部实用性强的工具书，那是符合编者初衷的。

以求实的眼光评价书目。《中国古代书目词典》的编撰者都是长期从事图书馆书目工作的专家，他们既有一定的理论素养，且在长期与读者接触中，非常了解读者需求的习惯与方式。故而，他们在介绍书目时，比较着重从能为读者提供什么信息、读者利用有什么价值这些内容上说明。如他们对每种书目的介绍，除简略介绍作者生平事迹外，集中说明这部书目的体例、编制特点和使用上的特别注意之处，这样就为读者说明了书目的用途、参考价值。我们可以看到，词典条目释义语言比较朴实，对书目价值评价比较公允、中肯。这除了编撰者文化知识水平高的原因外，我还了解到，编者基本上做到看到书目后才决定取舍，研究了书目后才着手写作的，这种求实的精神是值得称道的。这部书目词典策划时间较长，广泛征求同行的意见，同时充分利用京、沪、宁、渝等地图书馆所藏文献，特别是利用编者所在的上海师大图书馆所藏书目，而上海师大图书馆藏书中的书目专藏，是很有特色的，这是世所公认的。这些基本条件对《中国古代书目词典》的编写是十分有利的，同时，也为《中国古代书目词典》的质量提供了保证。

此外，我们还注意到《中国古代书目词典》的编者在编制体例与方便使用上为读者着想的地方。如这本词典按书目类型编排，这样做是为了读者使用时，可在同一类型的书目中参考使用，而全书总体上又显示了中国书目发展的基本轮廓，这种办法是可以尝试的。即改变一般的文字排列条目，使读者在书目系统、类型、种类这些类的系列中把握书目。当然，必要的辅助索引是不可缺的，这点，词典的编者注意到了。同时，在书目介绍中，我们也会发现编者除介绍众多单本书目外，还注意发掘丛书、附刊和报纸杂志上的各种书目。我想，这也是编者方便读者使用上的做法，即介绍某种书目，并说明其可查找之地，以利检索之用。

  以上就是我初步阅读《中国古代书目词典》的一点粗浅看法。据我所知，目前我国尚无此类著作出版，故此不揣浅薄，略作序言如上，以推荐于同好。

（原载于《上海高校图书情报学刊》1993 年第 1 期）

信息社会中的书目工作

——建国 45 年来我国书目工作的成绩和进展

本世纪以来,随着社会生活和学术文化的发展,我国社会科学、人文科学和自然科学领域取得了很大成绩。专门研究的开展,学术论著的出版,大部头丛书的编纂,期刊报纸的大量涌现,改变了前人只靠记忆背诵的读书治学方式,而依靠书目、索引等工具书迅速获取研究资料,交流传播学术信息,积累丰富的文献成果,已成为必然。这不仅是作为个人的劳动力的解放,而且也是社会进步的标志。一段时期,目录学成为"显学",索引编纂成为热潮,其原因正是社会的要求,读者的推动。

中华人民共和国成立以后,科学文化得以长足发展,文献信息机构普遍建立,为书目工作提供了发展的基本条件;信息的社会化,广大读者对信息的利用,为书目工作展现了广阔的阵地。所以书目工作取得了显著的成绩。

一

1. 书目工作作为文献工作的一部分逐渐列入国家文化教育、科学研究的总体发展计划

如 1956 年国务院科委颁布《全国图书协调方案》,相应地组织全国性和地区性协作,开始编制国家书目、联合目录与专科书目的工作,直接推动了新中国书目系统的建立与书目编制技术的研究。1978 年,中国文献工作标准化技术委员会成立,正式参加国际标准化组织(ISO)、国际文献联合会(FID),并开始制定文献著录与检索等有关国家标准。1983 年,GB 3792.1—83《文献著录总则》、GB 3469—83《文献类型与文献载体代码表》,以及以后关于普通图书、连续出版物、非书资料、古籍、图书在版编目等标准正式公布施行,《中国图书分类法》、《汉语主题词表》的编制与推广应用,有力地推动了书目方法技术的科学化、应用化和规范化,提高了我国书目质量与水平,并使之逐步接近世界书目发展趋向。

2. 大型国家书目与联合目录有计划有步骤地编制和完善

1950 年,由中央人民政府出版总署图书馆编印《每周新书目》,1953 年改名《每月新书目》,1955 年定名《全国新书目》出版,及时报道全国新书出版情况。1956 年,记录年度性出版物的《全国总书目》属现行国家书目。80 年代以来先后出版的《中国国家书目》、《民国时期总书目》,产生了巨大的影响。由国家组织逐步完成的专题联合目录,如《中国丛书综录》、《中国近代现代丛书目录》、《中国古籍善本书目》、《中国地方志联合目录》、《全国中文期刊联合目录》（1833—1949）、《中国古农书联合目录》等，以及大量按文种、按地区、按行业系统编制的联合目录，如《全国西文期刊联合目录》、《全国俄文期刊联合目录》、《全国日文期刊联合目录》，包括新书新刊预订联合目录、馆藏联合目录，使我国联合目录逐步系统化。

3. 专题书目与推荐书目相辅并行，长足发展

解放以后，中国科技情报所开始翻译出版苏联有关科技专题书目索引，一定程度上满足了读者的需要。马克思恩格斯著作、列宁著作的索引在社会上产生了积极影响。40多年来，我国书目索引工作者着力于编制反映我国科学文化成果的书目索引，并为此作出了显著的成绩。比较著名的如中华书局组织编著与出版的二十四史索引系列、《中国史学论文索引》、《全上古三代秦汉三国六朝文》篇名与人名索引、重编部分先秦诸子著作索引、《全唐诗》索引、《古今图书集成索引》。与此同时，编印出版的近代现代期刊报纸索引和现代作家研究资料关于书目索引部分，如《中国近代期刊篇目汇录》、《十九种影印革命期刊索引》、《申报索引》、《红楼梦》和《水浒传》书目索引和《鲁迅著作索引》等都从方法技术上改革，检索途径上革新，受到学术界的广泛注意。至于运用计算机编目对专题书目、专书索引的探讨，更为我国书目工作现代化迈出了新的一步。

4. 引进国外技术与我国书目实践相结合

书目索引方法的研究和书目工作的探讨展现新的面貌。建国初期，我国引进苏联和西方国家的书目工作技术，曾经起过一定的作用。但总的来说，结合我国读者特点和文献情况进行书目工作的研究是比较薄弱的，因而，工作水平并无较为明显的突破。石宝军曾统计1949年10月—1989年12月期间我国公开发表的目录学论文，其中关于书目编制与使用类的论文有236篇，约占这一时期目录学论文总数的18.13%。但是，不应忽视的是，在1978年以来，我国专科目录学著作、总论书目工作的研究有了较大的发展，与此同时，书目控制、书目计量的研究也开始起步，这些都应看做书目方法技术研究的成果。80年代初，我国书目工作发展做到了吸收国外先进技术与总结书目编制工作实践相结合，如制定编印书目著录规程，翻译国外书目研究成果，探讨我国书目技术方法的改进，翻译出版了《文献与情报工作国际标准汇编》、《文摘的概念与方法》、《索引的概念与方法》。我国关于书目索引技术与方法的研究成果，如《目录学概论》、《目录学》的有关部分，系统地论述了书目索引方法。此后，《应用目录学简明教程》、《书目工作概论》、《古籍索引概论》、《文摘学》、《索引学》等专著则是在前人研究基础上，吸收实践的经验而写作的，体现了我国书目工作理论探讨与技术总结的新成绩。

5. 专业书目工作者与业余书目工作者结合，壮大了书目工作队伍，推进了书目工作研究

如果说50年代至70年代，书目工作基本上是图书情报工作者进行的，那么，80年代以来，书目工作的状况大为改变了。一部分作为国家文化建设的项目，如国家书

目、联合目录专题推荐与研究书目，仍以图书情报部门的书目工作者为主集中地进行，这是一支书目工作的基本队伍。同时，还应看到另一种可喜的景象，即部分文化、教育、科技工作者动手编制了大量的专题书目、专科目录，并以其熟悉专业文献、了解研究成果的优势，致使他们编制的书目索引具有比较显著的特色。出版、编辑、广播电视系统也做了大量的推荐书目、名著提要和论文索引、专书索引的工作，并引起社会广泛的反响，大型书籍书后引文文献、多途径检索方式等也花样繁多。

二

下面分析几十年来书目方法技术的进步和书目工作研究的成绩。

1. 关于文献揭示理论问题

文献揭示理论问题首先是由书目工作的根本任务提出来的。书目的任务是科学地揭示和有效地报道图书文献的信息，使读者即目求书，因书究学。因此，文献揭示方法总是不断前进的。当代书目工作的根本任务是多方面满足读者的书目情报需求，达到迅速准确、全面地检索文献。

书目研究者首先提出文献揭示要详尽著录文献外形特征，以此作为读者辨认某一特定图书文献的条件，提高图书文献检索的针对性，反对对图书文献揭示日趋简化的做法。

其次，书目研究者还提出方便检索是书目索引编制的起码要求，作为对某书、某种专题的检索利用，应尽量编制多种辅助索引，为读者提供多种途径，扩大书目的利用率。与此同时，配置好主要检索途径与其他检索途径，使之相互补充，充分揭示，也是应该注意的。

运用关键词索引法和主题索引法，这是使文献揭示从外部特征深入到内部特征的重要手段。这种方法有利于把篇名中含同一关键词的文献集中在一起，使含有多个关键词的同一篇文献得到多次揭示的机会。

主题目录对文献揭示的作用也为广大的书目研究者提倡。

文摘与综述的作用是十分明显的。从文献揭示的深度看，书目索引只能解决检索范围上的查全率和查准率，而不能完成直接揭示文献中"事实性情报"的内容。文摘则可以为读者获得所需情报资料，省时省力；综述则概述某一领域或某一专题的动态，评述已有成果的价值，预测未来的发展方向。所以，文摘与综述对读者无疑可起到向导和参谋的作用，被视为文献揭示的高级阶段。

书目研究者还提出文献揭示深化，提高书目索引质量，直接联系到书目工作现代化，即应用计算机编目，实现文献检索自动化的重要准备。

2. 文献工作标准的制定与推广问题

文献工作，不仅是一件技术性很强的工作，而且也是一种社会性的工作。比较长时间来，文献著录不规范、不科学，各行一套的做法必然影响书目索引的质量。80 年代开始，我国图书情报界协作推进了文献工作标准化的工作。

80年代以来，由中国文献工作标准化技术委员会组织专家、学者和实际工作者编制了系列的文献著录国家标准。计有：

GB 3792.1—83 文献著录总则

GB 3792.2—85 普通图书著录规则

GB 3792.3—85 连续出版物著录规则

GB 3792.4—85 非书资料著录规则

GB 3792.5—85 档案著录规则

GB 3792.6—86 地图著录规则

GB 3792.7—87 古籍著录规则

GB 12451—90 图书在版编目数据

GB 5195—86 国际标准书号

GB 9999—88 国际标准刊号

GB 3469—83 文献类型与文献载体代码表

这些有关文献的工作标准的颁布和推广，对于我国文献工作水平的提高，为文献资源的管理，交流和共享奠定了基础，并为文献工作利用计算机管理起着主要的作用。同时，这对我国目录学研究也带来了重大的影响。首先，从实践意义上说，文献工作标准颁布之后，不仅统一编发的印刷卡片得以推广，而且广大的图书馆目录、书目索引编制等都依此实行，从根本上改变了我国书目索引以至图书馆目录规则不一、目录质量高低不同的状况。其次，文献工作标准的颁布，促进了在版编目、报刊统一编号，有利于读者利用，也利于文献国际交流与资源共享计划的实施。从理论意义上说，文献工作标准的颁布与推广，有力地提高了我国书目工作的科学化水平，文献著录标准的研究，有利于高等学校有关课程从内容到体系的改革，也有利于全国性的文献著录标准知识的普及与学习，无疑地把我国书目研究提到一个新的高度。文献工作标准制定过程是参照国外文献著录规则，学习国外文献工作经验的过程，为总结我国文献工作的实践经验，探讨一个适合我国文献工作的科学方法打下坚实基础。所以，文献工作标准的制定与推广，也是我国书目工作和书目研究的重要成果之一。

3. 书目索引体系与类型问题

书目索引是一个大家族。从历史发展看，书目开始都是单一的，逐步走向多样化。近代社会由于图书文献类型多样，品种、数量、内容、形式变化，特别是读者需求多样而复杂，因而又出现如索引、文摘、综述等类型；根据读者需求和书目著录内容多少、优劣优择、藏书情况反映、出版物报导宣传等因素，又分为登记性、推荐性、指导性等书目类型。所以，书目、索引的划分，不仅具有认识的功能，而且也牵涉到不同类型书目索引的内容范围、编制体例、评价标准等。这样，书目索引类型的划分原则、方法，书目索引体系的构成，都成为书目研究者的研究课题。

部分研究者认为书目索引划分应从发展的眼光，用辩证的角度去认识和对待。书目索引种类和类型只是人为的一种划分，但具体对象可能只具备一种功能、性质、内容而划为某一类，也可能具备多种功能、性质、内容，亦可划入某一类，归入某一种，这是客观存在的。

目前比较通行的书目划分，大致有五种类型：①按照书目编制目的和用途划分；②按照书目收录文献的内容划分；③按照书目揭示文献的收藏情况划分；④按照书目收录文献的类型划分；⑤按照书目反映文献出版与书目编制时间的关系划分。此外，还有按收录文献的文种划分、按书目的载体形态划分等看法。

对书目类型划分的同时，目录学家们还就索引类型的划分进行了讨论。60年代以来，参照国外索引研究的情况，人们把索引大致划分为词语索引、内容索引、学名索引、术语和名词索引、人名索引、地名索引、著者索引等。以后人们又根据被检索对象的事项和内容，把索引划分为两类：篇目索引和内容索引。近期内，有人提出应按内容、形式、对象、排检方式、时间、载体、编制手段等七种类型划分索引类型。还有人提出以索引标目的性质，作为划分索引类型的基本标准，故可分为篇目索引、著者索引、语词索引、主题索引、专用索引五种类型。

文摘类型也因文摘的发展而出现划分类型的问题，大致认为可按照对文献内容压缩的程度，划分为报道性文摘和指示性文摘两种。此外，还可根据编写人、编写形式、编写时间等不同而区分文摘种类。

和文摘相类的提要类型，其划分问题既要考虑我国提要著作的优良传统，而且也应针对现代大量新出现的提要情况来划分类型。目前在图书提要的基础上，更应注意新出现的论文提要，对某一种出版物如报纸、杂志的提要，以至书中章节提要、主旨提要的种类和类型。

4. 书目编纂法研究

把一般的书目方法技术上升到书目编纂法去研究，有利于目录学内容的深化；把比较一般的操作方法总结成一种科学方法，对现实的书目编制和书目工作组织也有重要的指导意义。

应该看到，书目编纂法的研究也有着强烈的时代气息。现代书目工作的特点是：可以担负重大课题的书目索引编制任务，可以组织较多的书目员进行分工协作，可以运用数据统计与分析组织分工，检验成果。现代科学技术的成果对书目编纂应用的前景是非常广阔的。

综观书目编纂法的研究成果，最突出的印象就是研究者视书目编纂为一种系统工程的设计，这种方法论是有现代意义的。研究者认为，大型书目的编纂大致可分为四个阶段：①编纂阶段，包括确定书目主题、制定编纂计划、调查文献状况；②分析阶段，包括文献的一般分析、书目著录、编纂提要，进行标引和抽主题词，作出书目记录；③综合阶段，包括文献选择、书目款目的编排与组织、编制辅助索引；④结束阶段，包括编制目次、撰著序言，以至装帧、印刷等。这样，有层次地把书目编纂程序化了。

书目编纂法研究上还提出了一些书目编纂原则性的认识，如文献著录上应内容和形式兼顾，材料选择上应包罗较广；除推荐性书目外，一般应全面反映文献情况，切忌以主观意愿或强调某种标准而随意取舍；反映方法上应强调提要一项的编著，目的在于提供完整的书目信息；等等。

至于索引、文摘的编纂方法，大致与书目编纂方法是相似的。研究者在总结我国索引、文摘工作经验方面，做了大量的工作，如提出文摘编纂方法的五个过程：输入、存贮、处理、输出、控制等程序，都有一定的参考价值。

书目编纂法研究上的进展还应看到新的问题的提出，如关于书目、索引、文摘的使用者心理的研究，就是一种较新的研究角度。又如关于书目、索引、文摘结构的分析，也比以前有了新的认识。此外，关于书目、索引、文摘用机器编纂的研究，更是为书目编纂方法开拓了一个新的领域，引起了广泛的注意。

关于书目编纂法的成果，还应看到出现的大量检索内容深、信息量大、编排得体、使用方便的书目、索引、文摘，如善本书目的内容考证。联合目录的收藏单位增多，部分选读书目的提要编写、索引的深度标引多位检索等，都反映出我国书目编纂方法达到了新的水平和高度。至于文献著录国家标准的推广与应用，当然必定反映书目编纂的统一与规范，这也应看成书目编纂方法研究的重要成果。

5. 书目工作组织与管理问题

如果说书目编制与使用局限在个人读书治学活动的范围内，书目工作的组织与管理问题是不突出的。然而现代社会中，书目索引不仅成为人们读书治学的工具，而且也是信息传递的桥梁和文献控制的手段，它是一种社会现象，书目工作可以成为一个工作部门、一个产业机构。这样，对于书目工作组织的研究，不仅是工作效率提高的问题，实际上也是使书目工作与其他部门协调关系、促进职能发挥的重要问题。

书目工作组织与管理的研究首先是从图书情报部门书目工作机构的组织和管理谈起的，譬如书目部门经费、人员、计划、管理等。进而讨论到书目部门与同机构内其他部门之间的协调合作等。这一般可称为微观管理的研究。

随着书目工作范围的扩大、职能的增加，与此同时，针对文献数量的增加、读者需求的复杂化，研究者进一步从地区、国家、行业等方面考虑书目工作的进展、协调、监督的工作，因此，就有宏观管理的研究。如作为一个国家机构如何加强书目工作管理，政府对于书目工作体制、管理、人员的政策，从资源共享、藏书协调、读者利用等情况出发的管理体制与内容，都直接关系书目工作的发展和社会效益的发挥。这些研究也具有迫切的现实性。

书目工作管理最重要的是人的管理。近年来，关于书目工作者的知识结构、书目工作的人才要求，以至专业工作者培养问题、书目知识的普及问题，都进行了讨论。

书目工作管理与领导体制问题是互相联系的。研究者认为，书目工作是一项社会事业，不仅牵涉到图书情报档案等业务部门的管理，而且又涉及社会文化、教育、科学技术、青少年教育机构。因此，如何综合管理，实际上是适应社会发展，加强信息产业管理的重要问题。书目工作管理实际上是一个系统工程。

三

在总结了我国书目工作的成绩和分析了我国书目工作研究的进展以后，我们就当前的书目工作发展与研究提出一些建议。

1. 研究书目工作作为信息产业的一部分，积极投入市场经济的问题

信息是重要的社会资源，是社会进步的重要手段，书目情报之所以为人们所应用，就在于它在社会进步中有不可代替的作用。但是，要使书目工作成为社会信息产业的一部分，书目信息成为社会文化交流，信息传播、科学技术发展的参谋和耳目，关键就在于把书目工作社会化。

首先，应把信息社会中书目工作的政策与管理列为研究的重点，诸如书目工作进入经济大市场的政策保证，书目工作的认识与实践和社会信息化问题，书目工作改革的对策，书目工作队伍培养配置等问题。

其次，书目工作管理上的效率与功能发挥的评价问题。长期以来，书目工作被看成一种只是投入的行为，没有从市场经济的要求考虑它的产出成本和产品价值，自然不可能科学地计算其社会效益和功效。所以，研究用户的需求规律，用户需求的有效率、准确率，与之相应的信息供应周期、应用限度、交流传播的选择等，以满足社会需要，同时，进一步检验书目工作的有效劳动、书目情报与社会的适应程度，甚而用经济手段影响书目工作的发展，都是具有现实意义的课题。

2. 研究书目工作作为文献工作的一部分，积极促进文献资源共享的问题

文献工作包括文献生产、组织、协调、利用等问题，书目工作作为文献工作的成果与文献利用的手段，要认真分析文献发展的新特点，加强文献研究，以更好地揭示和利用文献。首先，应研究书目索引方法的科学化、理论化。用理论积极地指导书目索引的实践，诸如关于文献工作标准的制定与实施，解决好运用文献工作标准与制定书目工作规则的关系，制定出更多针对工作实际的规范化文件。同时，对于旧的文献著录的改进、新的文献著录的把握，也是应该解决好的。其次，关于书目体制和加工程序的研究，不仅有助于掌握书目编制与利用的问题，而且也是实现资源共享，进而运用计算机编目的要求。还有，书目选择文献运作计量方法的问题，运用书目评价标准进行书目效用的研究，调查用户，反馈书目效益，综合提高书目质量等问题。最后，对于新媒体的书目描述与著录以及受到读者喜欢的文摘、提要类型的编著要求、方法、步骤和质量的研究，也有待进一步完善与提高。

3. 研究书目工作现代化手段的应用问题

书目索引等工具的编制，停留在手工加工、制作、出版的初级阶层，是无法满足现代社会需要的。过去也曾产生过有重大影响的书目索引，但这样的费时费力的方法与技术，是远远落后于读者使用要求的。现在，电子计算机的广泛运用，是书目工作向现代化过渡的重要标志。因此，有关书目工作现代化问题，又成为我国书目工作发展的关键。

书目工作现代化是一个总题目。其中比较迫切的课题，如书目工作中基础问题的研究、文献著录标准化理论与实践研究，又如中国机读目录标准化与推广应用研究、书目情报系统与网络的研究、书目数据库的建立与开发，以及世界上先进国家书目控制、书目网络和国家组织的关系等。这些问题，有些是现实需要解决的工作问题，有些则具有一定的超前性，对以后书目工作发展以至图书情报事业发展都可能产生重大影响，所以，迫切需要我们进行切实的工作。只有如此，我国的书目工作才能达到新的发展水平和高度。

（原载于《图书馆》1994 年第 6 期）

省市公共图书馆书目部的任务和当前建设的问题

省、市、自治区公共图书馆是国家举办的综合性图书馆,是社会主义科学、教育、文化事业的重要组成部分。它在为本地区党政领导机关和科研、生产部门、文化教育机构的各项服务工作中,积极提供图书资料、解答咨询、编制书目索引,协助生产、科研、教学等任务的完成。同时,选择优秀著作,进行阅读指导,满足读者的阅读要求,是直接为读者服务的前方阵地。而在这些工作中,书目参考部门担负着极其重要的责任。目前,明确书目参考部门的具体任务,探讨书目工作中存在的诸种矛盾,以及讨论书目部门的基本建设问题,将会有助于促进书目部的组建和工作的开展,从而保证图书馆工作的完成,密切图书馆工作者与科学工作者的联系,更好地为四个现代化服务。

一

建国以来,省市公共图书馆书目工作取得了巨大的成绩,这些成绩的取得都与党和政府对书目工作的重视和支持分不开的。政府的主管部门在加强图书馆基本建设的同时,总是十分重视图书馆书目工作部门的建立和强调书目工作的开展。1955 年 7 月 2 日,文化部关于加强与改进公共图书馆工作的指示中,明确指示"省(直辖市、自治区)公共图书馆应根据本地区建设的需要,收集整理有关的图书、资料,特别是地方文献、地方出版物,编制或利用各种书目、索引等";同时,文化部社会文化事业管理局在向全国图书馆会议提出的《关于明确图书馆的方针和任务为大力配合向科学进军而奋斗》的报告中,也强调应迅速加强书目参考工作。在这份报告中,分析了当时图书馆书目工作的状况后,指出:"为了密切配合科学研究工作的进展,图书馆应该根据科学研究的需要与馆藏的情况,更多、更快、更好地编制各种书目和索引,如专题联合书目、专门书目、新书通报、报刊论文索引,如专题索引、专书索引等等","书目工作必须适应科学研究的情况,分清轻重缓急,有重点、有计划、有步骤地进行。当前最迫切需要的是各种专题联合书目"。1957 年经国务院正式批准的《全国图书协调方案》,就明确规定了编制联合目录和新书通报是中心图书馆的重要任务之一。为贯彻此方案,全国第一中心图书馆、第二中心图书馆和各地区中心图书馆,编制了一系列全国图书联合目录和地区性图书期刊联合目录。建国以来,我们曾经编制过《全国中文期刊联合目录》、《全国西文期刊联合目录》、《日文期刊联合目录》、《中国古农书联合目录》,以及《中国丛书综录》、《全国西文新书联合目录通报》等大型书目。各地区中心图书馆也相继编制了工业、农业、地方文献、作家著作等专题联合目录和本地区期刊联合目录或新书通报。这些回溯性书目和专题文献目录、联合目录,在为科学研究和生产服务中发挥了积极的作用,深受广大文化科学工作者的欢迎。全国各省市公共图书馆在做好书目通报和联合目录编制的同时,配合国家重大政治节日、文化教育和科学研究的需要，相继编制了大量的推荐书目和专题书目。如统计性书目《抗战时期出版图书书目》，地方性的如《湖南地方文献资料目录》、《北京地方文献联合目录》、《广东文献参考书目录》，地方著述书目如《湖南著者及其著述简表》、《安徽文献书目》，专题文献书目如《首都图书馆藏中国戏曲书刊目录》、《首都图书馆藏中国小说书目初编》。据南京图书馆不完全统计，从建国后至现在，该馆编制各种书目即达 400 种以上。此外，上海图书馆、南京图书馆、辽宁省图书馆、山东省图书馆的新书推荐目录，也曾在读者中引起较大兴趣，成为青年读者读书的良师益友。

大致在 1956 年前，省市公共图书馆书目工作是比较薄弱的，数量较少，表现在内容上反映资料不全，编制技术上也比较粗糙，同时缺乏统一的规划和协调，互相重复浪费。1958 年曾经一度号召人人编书目，所以有些馆的书目数量甚多，但质量不高。60 年代初期，一些馆比较注意大型书目的编制，选材上比较注意配合工农业生产和本地区地方文献的资料目录，书目方法上也不断研究改进。到 1965 年，书目工作逐步走上轨道，出现了可喜的现象。但总的书目协调和协作只是局限在联合目录上，其他类型书目仍然各自编制和印行。而省市图书馆成为地区书目中心的目标并没有达到。"文化大革命"的 10 年，省市公共图书馆书目部门撤销，人员下放，工作停顿，基本上是无书目工作可言，也无目录学研究。粉碎"四人帮"以后，从 1978 年开始，一些省市图书馆又开始组建书目部门，充实人力，规划书目工作和动手编制馆藏书目和少量专题书目。《中国古籍善本书目》的编制，则在全国性协调和合作上有了良好开端，《全国地方志联合目录》和《中国丛书综录》的补充，《中国近现代丛书综录》的出版，都说明书目工作开始进入新的阶段。

综论建国以来卅年省市公共图书馆的书目工作的基本教训：一是没有处理好推荐书目与专题书目的关系，往往把编制推荐书目理解成为政治服务、为中心工作服务，起之遍地开花，落之寂寂无闻，没有把推荐书目的工作列入经常工作范围。书目工作缺乏这种尖刀式的武器，往往使得书目工作生气不足，活力不够。但是，专题书目的编制又缺乏统筹规划，力量分散，有些馆有贪大求全的倾向，所以，有些课题编制过多，互相重复，有些课题缺门缺类，基本上没有形成专题书目的体系。特别是书目工作中没有把推荐书目的编制和专题书目的编制互为补充，协调统一，这样就产生了一时集中搞推荐书目，放弃图书馆书目工作的基本建设和资料积累，一时集中全力搞专题书目的编制，使经常性的推荐书目时搞时停。二是没有处理好书目工作与参考工作的关系，致使有些馆的书目工作脱离实际，对实际需要和读者要求了解不多，所以选题不准，反映的文献针对性不强，而参考工作又因缺乏必要的书目为读者服务，只停留在守摊子的状态。实际上，书目工作与参考工作是关系紧密的工作项目，无论如何分工，或分设在不同的工作部门，两项工作的紧密配合、互相支持和互相促进是十分必要的。三是没有处理好书目理论研究与书目工作实践的关系。建国以来，目录学理论研究中的书目研究是十分薄弱的，对书目原则、编制方法、收录范围、著录的规格即属于目录的方法和技术方面，研究和讨论得更少。我们有些书目，往往选题很好，著录的内容也很丰富，但就是著录规格不统一，检索途径单一，影响了书目质量和读者使用效果。有些书目出版后，人们既不关心它，更没有支持它，鼓励它。这种学术上的死寂状态，怎能繁荣目录学的研究，又怎能使我国书目质量不断提高呢？

二

　　1978年，国家文物事业管理局下发《省、市、自治区图书馆工作条例》（试行草案），明确规定省市图书馆的性质与任务，规定省市图书馆工作范围和内容，并在机构设置、人员编制上提出了建议。它对省市图书馆的建设是十分及时和必要的。条例中把开展参考咨询工作规定为省馆为科研服务的一项重要工作，规定参考咨询主要任务是：①根据读者研究的需要，编制各种书目索引，系统地提供有关课题的书刊资料；②解答读者有关图书资料的各种知识性咨询。这个文件对省馆的书目参考部规定了编制书目索引、指导读者利用检索工具和解答读者咨询等三项任务。条例针对"四人帮"的干扰破坏，结合省馆担负的任务所提出的各种具体任务，指出书目参考工作的努力方向，是省馆书目部门的工作方针和建设原则。

　　现在，全国各省市自治区图书馆普遍设立了书目参考部（有些称参考书目部或参考阅览部）。这对书目工作和参考工作的开展是必要的保证和条件。但是，目前在书目参考部存在几种情况是必须及时解决的。一是有关领导对书目参考工作没有具体要求和建议，具体业务部门不了解应做好哪些工作，开展哪些活动；有些图书馆配备书目部门人力过少，力量薄弱，往往不能开展正常的业务活动。二是有些图书馆把书目参考部门的业务范围划得过宽，使书目部门投入过多力量编制联合目录、新书通报等，或者设置诸多阅览室、参考室，这样书目部又陷入守摊子状态，无法开展书目编制工作。三是书目参考部工作无长远规划和工作计划，没有真正在业务职能上发挥应有作用；同时，又未能充分发挥现有干部的积极性，人未尽其才，力未尽其用，业务潜力尚待充分发掘和科学组织。所有这些，都与领导是否重视，对书目参考部门的任务是否明确有密切关系。因此，认真明确书目参考部门的任务是十分必要的。

　　顾名思义，省市图书馆设立书目参考部的意义，就是要承担书目参考工作方面的各种业务职能。因此，我们主张省市图书馆书目参考部应该办成书目编制的部门、参考工作的阵地、书目研究的中心和全省或地区书目协调的机构，它所承担的任务是明确的：

　　（1）编制书目索引，积极为科研生产服务，为四化服务。省市图书馆书目参考部是省市图书馆书目工作的业务机构，因此必须做到：①配合本省工农业生产需要、科学文化事业的要求和党政军领导机关的具体任务，开展各种专题书目的编制、联合目录的组织；②配合党和国家的重大政治活动，结合广大青少年的思想教育和自学需要，编制不同类型的推荐书目、导读书目，做好青少年和年轻科技工作者的各种阅读的指导和宣传；③针对本省工农业生产特点和各阶层读者的长远需要，结合本馆藏书特色和本地区藏书体系，编制较大型书目，如地方史料书目、地方志目录、专题资料目录等；④编制本地区出版物目录和本省市著作人的资料索引。

　　（2）做好参考咨询工作，解答读者疑难，主动提供资料。省市图书馆参考工作的内容是很广泛的：①及时回答党政机关各种事实咨询；②解答读者在阅读书刊中的一般性咨询；③主动解答和提供工农业生产和科学文化事业中的专题咨询，并开展开定题服务和长期服务；④定期调查企业事业部门的需要，提供专题书目索引和资料。总之，应为逐步建设成地区性的检索中心创造条件。

(3) 搞好工具书阅览室或文献检索室。省市图书馆书目参考部有没有必要办阅览室，要不要联系一部分专业工作者，这个问题各馆都有争论。我们认为，书目参考部门工作范围过宽，像现在有些图书馆那样，社会科学阅览室、科技图书阅览室、外文期刊阅览室都统入书目参考部，必然分散书目参考部的工作精力，因为书目参考部主要是搞好书目工作。但是，如果书目参考部能兼管工具书阅览室或文献检索室，无论从书目参考部工作条件和为专业读者提供资料来看，也是不无好处的。同时，提供书目工作者接触实际的机会，举办一两个属于检索工具性的阅览室，应在书目参考部工作范围之内。辅导读者使用书目工具，自然也是这项工作内容的一部分。

(4) 协调全省书目工作，推动书目研究工作的开展。这方面的工作大致有：①组织本省或本地区书目工作的编制，有些书目是要有一个部门进行组织的。以往存在重复浪费或缺门少类，不能满足读者需要的情况，就是缺乏必要的调查和组织。省市图书馆书目参考部应承担此项责任。②协调本地区书目编制，通报各地书目情况，使得本地区各图书馆在书目编制上克服盲目性和任意性，这对节省有限的人力物力，充分发挥书目效用是非常必要的。③组织书目研究工作，收集全国和本地区的各种书目，要把省馆书目参考部变成全省的书目中心，一是积累书目资料，二是积累研究资料。积累书目资料，能提供各地的高质量书目，借以参考，又能给我们借鉴。但还应不断研究书目理论和原则、书目类型和种类、书目工作方法和技术，并掌握国内外书目工作动态，从而促进和提高本地区书目工作。此外，培训书目工作干部、联系全省书目工作者，自然也应作为书目参考部的任务。

三

我们要搞好书目工作部门的各项工作，完成书目工作部门应担负的各种任务，规划书目工作部门的工作，还需正确处理好各种问题和矛盾。

当前，在我们工作中究竟存在哪些需要解决的矛盾呢？

1. 解决好服务中心与基本书目建设的关系

前面在回顾建国以来书目工作状况时，我们提出了过去曾经存在着有时重视书目工作，有时忽视书目工作，有时重视服务中心的推荐书目，有时又忽视为科研生产的专题书目的现象。这种现象的产生，大致有两个原因：一是政治因素造成的，即强调为政治中心服务，压倒一切；二是认识偏差造成的，要么觉得服务中心是暂时的、临时的配合，或者认为只有生产科研上的专题书目，才有分量和水平。我们觉得，这些想法都是需要纠正的。首先，作为社会文化教育机构的图书馆，宣传教育的职能是永远存在的。这样，作为服务中心，配合时事政治的推荐书目、新书通报永远具有生命力。同时，这也是服务读者、活跃书目阵地的最有效形式。其次，图书馆读者，特别是省市图书馆的读者面是很广泛的，各种读者群的需要是不同的，这也决定了图书馆要从诸方面去满足他们的需要，那么，推荐书目的编制自然是必须坚持的。最后，随着为四个现代化服务的深入，服务内容上就有各种差别。如为生产科研服务，可以有专题的大型的书目，为某一课题提供面广、材多、著录完备、检索方便的书目，为科学工作者解决疑难，提供资料；自然也可以有针对某一生产环节、某一农事季节、某一课题的阶段进展编制小型的推荐书目，这也是一种服务中心的方式，收效快，资料新，及时地解决问题。所以，服务中心与基本书目建设，即小和大是可以统一的。

2. 解决好书目工作与参考工作的关系

书目工作是编制和提供各种问题的书目索引，解决图书馆读者在利用图书资料中的矛盾；参考工作一方面是提供各种书目工作，另一方面也要为读者解决疑难，直接运用图书资料来为读者服务。因此，二者实际上是统一的。但是，现在有些书目部门，强调书目工作，往往忽略参考工作的开展，这是有待于改进的。诚然，利用兄弟馆的工具检索图书资料，这是没有疑问的。但作为具有一定藏书规模和较多的专业干部的省市公共图书馆，如果不能提供多种检索本馆藏书，联系本地区工农业生产实际，针对不同需要的书目索引，那也不能充分发挥图书馆藏书特色的优势，加强与兄弟馆的书目交流，研究与总结书目工作的经验。这样既不利于提高干部水平，也不利于图书馆任务的完成。所以，忽视书目工作是不好的。至于开展参考工作的任务，实际上是运用书刊资料为读者服务的重要手段，是图书馆服务质量高低的标志。我们认为，这两项工作都是必要的，如能安排得当，互相配合，对图书馆各项任务的完成是有重要意义的。

3. 解决好书目反映特色与多种选题的关系

这个问题是从书目编制的选材上提出来的。敬爱的周恩来同志谈到图书馆资料利用时，曾经多次提到地方文献的利用，提出要积极利用地方志这一地方文献遗产为社会主义建设服务。同时，他也提到要根据科学家的需要，进一步把历史文献中的科学技术等重要资料，用最新最科学的方法，有系统地迅速地整理出来，为国民经济建设服务。他提出要有系统地整理县志及其他书籍中有关科学技术的资料"古为今用"。在整理地方史料中的社会资料和科学技术资料方面，省市图书馆负有极其繁重的任务。整理的第一步，要编出必要的地方文献书目。因此，从馆藏特色中作为书目建设的重要课题，是省市图书馆书目部门的长期工作。脱离本馆收藏特色去编制书目，总是会产生种种困难，有时也会收效不大。所以，省市图书馆应把地方文献书目的建设工作列出长期规划，长年坚持。但是，进行地方文献的书目工作的同时，还应注意书目工作的多样性，平时应注意配合各种政治、经济、文化、生产和科研的课题项目，坚持不懈地为读者服务、为四个现代化服务。同样，书目工作做到了馆藏特色的全面反映，实际上也为各种选题的书目积累了材料，丰富了内容，甚至还会为提高书目质量提供条件。

4. 解决好书目部门与其他部门的关系

图书馆书目部门是联系图书馆其他部门最多的一个单位。编写书目必须掌握最新出版动态，了解图书出版和本馆收藏的变化，这就要与图书采购部门紧密配合；编写书目必须选题合适，了解读者多种需要和要求，这就要与图书流通部门紧密配合；编写书目要了解馆藏特色，掌握藏书精华与发掘宝藏，因此，也要与图书保管部门紧密配合。同样，掌握本地区书目编制，联系书目工作者，了解书目发展状况和动态，又必须与业务研究和辅导部门配合。这样，图书馆书目部门就绝不是一个孤立的部门。取得其他部门的支持，是书目部门搞好工作的重要条件。

书目工作要书目部门多做一些，但也不反对图书馆其他部门编制书目，宣传书目。譬如新书通报书目，采编部门就应主动承担；书目宣传和辅导，也是阅览借阅部门日常工作的范围。但一般书目工作应集中在书目部门进行，这样工作有分工，便于书目的规划和协调，也有利于提高书目质量。当然，适当集中人力，各部门合作进行编制书目，这个方法是完全可取的。

四

当前，处在为四个现代化服务的新情况下的书目部，应进行哪些基本建设工作呢？也就是说如何用新的管理技术来组织书目部门呢？

1. 工作规划和计划的建设

一个工作部门的效率和管理水平的高低，就看它有没有科学的实事求是的规划。因为只有科学的规划，才有预想的目标和奋斗方向，而工作计划的制定，又是实现规划的步骤，同时也是日常工作的短期部署和组织措施。所以，我们提倡书目部门在领导的支持下，制定三五年书目工作规划和设想。其基本内容应包括长期书目建设的指标、分期实施的设想、阶段性计划的项目等。其指导原则应体现出以下内容：①本省国民经济发展文化科学事业的规划对书目工作提出的要求；②反映本馆藏书或协调本地区藏书而需编制的书目和索引种类；③反映本馆藏书特色和地方文献资料的书目和索引种类；④积累文献检索工具的长期设想和利用措施；⑤协调本地区书目工作的建议和措施；⑥为实现书目编制检索现代化而做的准备和实施步骤；⑦为完成上列各项具体指标所需积累的资料工具建设和干部人力的安排意见等。在长期规划的基础上，再详细制定年度工作计划和专题项目编制的方案。这样，将会使我们的工作水平逐步走向科学和完善。

2. 书目资料的积累和整理

书目资料，不仅是书目研究的需要，而且也是书目工作者工作参考的有用武器。可惜，现在大多数单位对已有的书目资料收集不多，保管不周。需知前人编制的大量书目资料，正是我们利用查找馆藏，检查各馆藏书，研究专题文献，以至学习书目方法和技术的好材料。所以，我们提倡省市图书馆书目部门应设立书目专藏或书目专架，收集和保藏本馆的书目、兄弟馆的书目和别单位出版的书目资料，并在此基础上，做出专题书目目录、书目工具目录、文献目录等。

我们还认为，省市图书馆书目部建立本省地方文献资料目录是很有必要的，如逐步编出本省人物目录、本省作家著述目录、本省出版物目录，编出本省地方资料的专题目录，如工农业经济资料目录，文化教育制度资料目录，矿藏、灾害、特产的资料目录，著述和出版物目录等。这样，就可在为科研教学服务方面，为工农业生产服务方面积累宝贵文献。这种基本文献资料，是图书馆工作的基础。

3. 干部队伍的培养和训练

书目部门的干部要求是比较高的。无论从知识门类、文化素养、外文程度等方面，都应有起码的要求。所以，图书馆在配备书目部门干部时，应从工作质量和要求上做适当的安排。但是，现在的情况是，一方面，适合书目工作的干部变动频繁，影响资料的积累和书目计划的完成；另一方面，有适合的书目工作者又未能人尽其用，缺乏合理的组织。当然，最理想的办法是实行图书馆专业人员与其他门类的专业人员结合，提倡在完成总的书目计划前提下，根据个人专业特长编制有关书目。充分发挥个人专业特长的优势，进行书目编制是有利的。因为图书馆专题书目的编制实际上是一项重要的科学研究，本身就是一项繁重的科研劳动。不熟悉某个专业，不了解某个学科的动态和进展，不掌握某个专业的文献，要编出有质量的书目是困难的。所以，我们赞成专业干部根据专业特长来发挥优势。但是，一个书目部门要把各种学科门类的干部配备齐全，既不可能也无必要，所以，这也要求专业干部扩大知识面，不断学习新知识，逐步在某一个专业基础上成为通晓多方面的专家，那么，在图书馆就更能发挥其作用。当然，这里也有书目工作的领导为他们创造条件进修学习的问题。这里提出干部建设的问题，原因正是如此。

这里还有一个对干部进行新知识新技术培训的问题。现代科学技术的发展，图书文献数量的急剧增长，读者对图书馆工作的新要求，都迫使图书馆采取新的技术和方法。电子计算技术运用于图书馆，就在于不断解决这种图书馆图书文献收藏和利用与读者对图书文献的利用之间的矛盾。因此，从现在着手，组织各部门人力着手这方面的计划和试验，包括派出少数干部从事这方面的研究和学习，应该是可以进行的。

以上就是对书目部的任务和当前建设的粗浅意见。图书馆书目工作是图书馆为科学研究服务的主要手段，是沟通图书馆和图书馆读者的桥梁。它在为四个现代化服务中的地位是无庸置疑的。同时，书目工作是图书馆读者服务工作中的前哨阵地，所以，也是衡量图书馆服务质量的重要标志。这里提出的一些意见，如能引起一些同志对图书馆书目工作的重视，有助于书目部门工作的点滴改进，那我将是十分高兴的。

（原载于《广东图书馆学刊》1982 年第 1 期）

重民先生在中国目录学史研究上的卓越贡献

　　王重民先生（1903—1975），我国著名的图书馆学家、目录学家、文献学家、版本学家。生平著述繁富，史学研究尤以敦煌遗书、徐光启著作、太平天国遗书整理和古籍考辨与研究等方面为世所重；版本学、目录学研究则独步书林，不仅仔细收罗积累整理了丰富史料，而且因其高超的史学修养，认真的科学态度和严格的治学方法，使其研究成果得以古今相通，史论融会，理论与实践结合，达到该研究领域的新高度。重民先生的文史研究为我国学术领域留下了宝贵财富。

　　值此纪念重民先生百年诞辰之际，这里，以个人的学习体会谈谈重民先生在中国目录学史研究上的卓越成就与影响，以为纪念。

一、中国目录学史研究的思想遗产

　　中国目录学发展历史悠久，论著与成果相当丰富。就在20世纪的前半叶，目录学成为普通高等学校文史各门学科的基础学科，研究活动曾经相当活跃，也曾出现过多种目录学、目录学史的出版物。但是，如何全面地评价与总结我国悠久的目录学传统，整理中国众多的专门目录和分析附于其他著作中的目录遗产，并且比较科学地评价我国历史上的目录学家和目录学著作，等等，应该说还是有相当多的工作要做。姚名达先生在目录学研究上作出了相当的成绩，但是他英年早逝，他的《中国目录学史》限于写作体例，尚缺乏对重点书目和重要目录学家的全面评价。余嘉锡先生初步构建了目录学的研究体系，但同样未能详细地叙述中国目录学发展和总结我国目录学家的成绩。那么，作为新颖的、科学的中国目录学史研究体系的构建，就历史地落在新中国目录学家身上，而能担当此任者，正是王重民先生。

　　王重民先生对中国目录学史的研究，如以发表论著时间计，约为20世纪50年代中期至60年代中期（当然在资料积累、研究方法选择和相关学术的准备上是相当长的）。从其对中国目录学史的大量研究成果上，我们可以看出重民先生杰出的学术思想遗产：

　　（1）以史料、论著、目录等作为第一手资料，在此基础上考订辩证，总结研究，从中得出科学的结论。

　　（2）从政治、经济、文化发展中联系目录的编制与目录理论的发展，探求中国目录学发展的规律性。

　　（3）认真研究各种书目的类例、著录项目和文献记载的完备性，评论各种书目的学术价值和文化意义。

　　（4）分析各种书目的社会功能，评价其在目录学发展上的历史贡献，进一步勾画出中国目录学发展的历史轨迹。

　　（5）强调目录学家的思想和观念是与学术、文化的素养及个人书目实践等因素相关联的，认为评价目录学家要全面、准确，力戒门户之见和片面性。

（6）提倡目录学研究者还应是一个书目工作实践者。

二、科学的中国目录学史研究体系

正是由于有了以上的思想基础，王重民先生在构建中国目录学史的学术体系上体现出以下特点。

1. 指出了我国目录产生的时代和条件

论及目录的产生时，重民先生说："目录学的产生是在积累保存了一定数量的历史文献和图书以后。"（王重民：《中国目录学史论丛》第2页，中华书局，1984年）他还说过："目录是查考、登记、著录图书，批评、鉴定和宣传图书的工具，所以，它的起源和发展一定是在图书的起源和发展以后。"（王重民、朱天俊：《普通目录学》，《图书馆学目录学资料汇编》第244页，书目文献出版社，1983年）出于这种认识，重民先生把目录学的起源放在两个历史时期来研究：奴隶制社会时期——我国目录学的胚胎时期，封建社会初期——我国目录学产生和发展时期。

目录之所以产生，很重要的动因就是由于文献利用上需要查考。重民先生说："我国在奴隶制社会时期，史官们把记录当时政治、经济和文化的图书、文献都集中保藏。为了检查和使用上的方便，他们排列在一定的次序上，编定出相适应的数码，逐渐得出了固定的方式和规律，并且另外编成单据，这就产生了简单的著录图书文献的目录。"（《中国目录学史论丛》第2页）重民先生判断我国历史上殷商时代的这种目录，是一种"目录工作的雏形"，"代表我国古代目录工作的起源"。我们觉得，这种认识是客观的、公正的。因为严格意义上说，殷商时甲骨的制造、保存和查考，实际上还是一种初期文献的生产、利用和保存的活动。

随着社会的进步，特别是文献载体和文献记录方法的不断改进，必然促使文献数量不断增加，文献利用程度不断提高，目录的产生和发展成为必然趋势。

如果目录的作用不能发挥出来，目录的产生和发展必然是缓慢的。在奴隶社会的历史条件下，学在官府，文化典籍掌管在官府手中，没有得到充分的流通，目录的编制也就没有必要。到了封建社会初期，即王重民先生划定的春秋战国时期，目录学得到充分的发展。重民先生在分析其原因时说："由于目录学是以文化典籍为研究的对象，必须有了丰富的文化典籍，在阶级斗争中、在学术思想的辩论中、在图书文献的整理和宣传的实践中，才能促进目录学的发展。"（《中国目录学史论丛》第5页）重民先生视此为目录发展的规律，其意在于说明：第一，目录是在文献增长的条件下出现的；第二，目录是因学术文化的需要得以发展；第三，目录的发展与其社会作用的扩大影响至深。所以，重民先生把我国目录学的发展时间跨度放得较长，从多方面来考虑其发展的因素和条件，故其所作结论的可信度是相当高的。

2. 划分了中国目录学发展的阶段

重民先生对于中国目录学史分期的划分，最早出现于1957年南京的"省市图书馆工作人员进修班"的讲稿。他把我国目录学的发展划分为五个时期：第一时期，从远古到公元前1世纪末年《七略》的完成，为我国目录学从发生到建成的时期；第二时期，从1世纪到7世纪，即从《七略》完成以后到《隋书·经籍志》，为从六分法到四分法的时期；第三时期，从7世纪到1840年，为四分法时期；第四时期，从1840年到1949年，为从形变到质变时期；第五时期，1949年以后，为学习苏维埃目录学建立我国新目录学的时期。(《普通目录学》，《图书馆学目录学资料汇编》第245页)

1962年开始讲授的《中国目录学史》(只出版前三章)，历史分期上同1957年的划分大致相同，但各章标题有所改动。如相当于前引所称的第一时期，这里改称为第一章，标题为"我国古代目录学的发生、发展和系统目录的建成"。第二章标题称"古代中古前期我国图书目录事业的进一步发展"，相当于前引所称的第二时期。第三章标题称"古代中古后期我国图书目录事业的发展和繁荣"，讲了从《隋书·经籍志》到郑樵《校雠略》这段时期，即唐、五代以至北宋南宋的目录学发展，相当于前引所称的第三时期的前一部分。

两次所作的历史分期，重民先生关于目录学史研究的思想主张是贯穿于其历史分期中的。首先，他强调以社会、经济、文化为背景研究中国目录学史，因不同历史时期社会文化学术的发展，直接影响目录学发展，并形成不同的特点。如所说的唐代为重要发展时期。其次，关于文化学术发展繁荣的体现就是图书的编纂与出版这种观点，所以中国目录学史的分期基本上是与"书史"的分期相类。但是，把直接影响典籍发展的重大事件作为划分根据之一，当然也是十分必要的。汉代纸的发明与应用，开创了魏晋南北朝时著述的多样，故而出现书目的多样。而印刷术的发明和应用，当然也使官府与私人典籍积累十分丰富。因此，唐宋时期是我国图书目录的繁荣时期，应以专门章节论述。再次，1962年讲稿中改变了1957年讲稿以图书分类方法为划分标准的做法，而以一段时期目录发展的综合因素来考虑分期。如1962年稿每章下面的各节，基本上是以目录种类为序，突出了对各种目录的产生、发展与成就的评论。应该说，这种章节的序列是更加系统和科学了。

3. 突出重点（官修书目）、兼顾全面（专门目录）的研究内容

作为专门历史研究的中国目录学史，其研究体系（即纲目）如何建立，研究重点侧重在哪里，不仅牵涉到这本书如何写，而且实际上是如何正确对待历史遗产的问题。重民先生在中国目录学史的研究体系中，其鲜明特点之处在于：一是正视历史上出现的大量官修目录和史志目录，正确地评论它们的价值和影响；二是对于历史上出现的特种目录，如汉魏六朝到隋唐的佛教目录，宋元以后大量的私人藏书目录都给予足够重视，全面地反映中国目录学史的真实面貌。我们觉得，这种处理是客观的、公正的，因而也是可贵的科学态度。

中国目录学史的发展，由于两种很重要的社会因素，直接影响了各种目录的编制与利用。首先，中国官府藏书之建立和代代延续直接影响官修目录的编制与利用。如果

说，先秦时期由于周王室的衰微，诸侯立国、文化典籍散失，更重要的是先秦典籍数量相对较少，所以，还没有出现系统目录的条件。但是，秦汉建国，特别是汉代建立封建主义中央集权朝廷以后，所谓"建藏书之策，置写书之官"，必然使官府藏书充盈，藏书整理与编目代代相续。因之，汉代出现官府藏书系统目录是历史的必然，汉代官府藏书目录有称为《七略》、《别录》者，对后世影响甚大。重民先生不仅高度评价了《七略》、《别录》的影响，而且把中国史学传统，即正史艺文志、经籍志之惯例与官府藏书目录联系起来，作为中国目录学史的主线来研究。我们认为这是十分必要的，也是正确对待历史事实的求实态度。

其次，还应该看到，各种社会文化现象也会直接影响到目录学的发展，出现多种类的目录。所以，研究目录学史也必须兼顾它们。纵观中国悠久的封建社会，由于崇尚典籍保存和个人读书学习、研究的需要，先秦时期就有私家藏书的出现，汉代私人藏书逐渐发达，而到唐宋时就有私人藏书目录了。宗教的传播和交流，记录宗教典籍的目录也应运而生。这也就是中国目录学发展的多样性。到了唐宋以后，各种专科性目录相继出现，而担负特定任务而编制的目录，如指导阅读的书目、专记版本特藏的书目以至大量私人藏书目录纷纭杂陈，构成了一幅丰富多彩的目录学图景。但是，在封建社会里，相对于官修目录而言，各种专科目录、专题目录终究是处于次要地位，这也是历史事实。重民先生在中国目录学史研究中，做到了突出官修目录，对其他各种类目录的研究也不偏废。因而，其所写的中国目录学史是全景式的。

在重民先生中国目录学史研究体系中，我们还应注意到一种现象，那就是对于目录学理论与方法的关注。一般而言，我国目录编制历史漫长，关于目录编制的原理和方法的系统论述则相对较少，但是，关于目录编制原理和方法的文字还是零散地出现过。正因为如此，王重民先生十分注意挖掘我国古代目录学方法和原理的言论，并注意予以介绍和分析。如魏晋南北朝时，关于分类、提要的言论分析，特别介绍了宋代郑樵的目录学理论并评价他的影响，这样，就使中国目录学史的内容更为丰富和充实。

1963年，重民先生专门写作了《校雠通义通解》一书，并发表了《章学诚的目录学》的文章，全面、系统地总结了章学诚的目录学思想，特别说明了"辨章学术、考镜源流"的学术意义和价值，清理了自汉至清的目录学遗产。我们应该把这些研究看做中国目录学史理论研究的重要成果。如果这种研究没有中断，相信重民先生对清代及近代目录学史的部分关于目录学理论研究的内容将会是更加完备的。

4. 树立了古为今用、史论融会的研究范例

科学研究的目的，就是为了完善人们对事物的认识，提高对实践的指导作用。作为实践性很强的目录学，无论是历史研究或现实的总结，应该说都是为了更好地推动书目工作的发展，提高书目工作的质量，以便更好地满足读者的多种需求。重民先生的目录学史研究，无论从研究目的到研究方法上，都为我们树立了典范。

古为今用的应用，我们的理解是对历史事实、历史人物作出一个符合历史真实的解释，使历史面貌显现于今天，提供人们学习的榜样，作为人们认识现实的借鉴。同时，我们要对历史上流传至今的文化典籍，作出一种科学的梳理，使人们了解哪些是对我们有用的财富，

哪些是历史遗留的糟粕。史学研究的艰辛正是表现在所谓区分精华与糟粕的鉴别上。

重民先生研究上体现古为今用的思想，主要是充分认识中国目录学遗产的深厚内涵，而这是植根于中国传统文化的博大精深之上而出现的。所以，他对古代的书目、提要，以及类例的变化、种类的发展都予以全面的关注。与此同时，他又十分强调中国目录学的发展，其主要影响因素：一是社会的推动。譬如王朝建立以后的一段相对稳定时期，所采用的访书、藏书、整理图书和编制目录的制度，这些都是目录学发展的必要条件。二是社会生产的发展和文化科学的进步，也为文献图籍的产生、发展和繁荣创造了条件。如他多处分析简册的出现、纸张的发明和应用、印刷术的发明和进步对于中国图书的增长和传播的影响。这种研究方法改变了以前研究方法上的缺陷，使他的研究成果更具有社会意义。

值得我们注意的一点是，重民先生在分析中国目录学发展的不同阶段时，特别注意中国历史上的重大历史转折时期目录学的发展。如对于魏晋南北朝时《七录》的出现，唐初《隋书·经籍志》的出现，近代维新派人士为译介西书而编的西学书目，他都充分叙述了它们出现的社会背景以及文化变迁、思潮变革对书目内容和编制方法上的影响，并且评价了这些目录的重要社会功能。所以，他的中国目录学史研究，既说明了中国目录学的发展过程，而且也展示了中国文化的发展。

这里我们还谈谈历史研究中史论结合的问题，这方面重民先生的努力是很成功的。如何在对历史事实的叙述中点出某些精要的论点、结论性的意见，研究者是需要深厚研究功力的。中国目录学史所牵涉到的一些书目，因其记载的著作包含着各种学科门类，目录的记载形式也就有所区别，这样要说明某一书目的特点，或者要说明某一记载形式的变化，这就需要研究者触类旁通，眼光独到。举例说，孔子校书所作的序，诸子著作的自序，司马迁《史记》之《太史公自序》，班固《汉书》之《叙传》，他认为："在'叙录'中叙述著者历史，这就使校书叙录的形式和内容更趋完善。"（《中国目录学史论丛》第11页）他最后点出：这些序"实际上也起了提要目录的作用"。再如，对专科目录的说明，重民先生在叙述僧祐的《出三藏记集》以后，有这样评论："僧祐的《出三藏记集》是采取了我国目录学方法中以反映各种参考资料，扩大解题或提要作用的一部富有创造性的专科目录，后来马端临的《文献通考·经籍考》，朱彝尊的《经义考》，又变通了僧祐的做法，发展成为辑录体的解题目录；使这一编辑方式，在我国古代（元代以后）和近代的各种参考目录中，起了很大的作用。"（《中国目录学史论丛》第72页）从以上所述，我们可以看出重民先生治史方法上的独到之处。由于他博学多闻，故论述到某些问题时则可以举一反三，触类旁通；而且，论述到一些事物时，也能从原因、过程到结果，以扼要地点出，给人以一种豁然开朗的感觉。

三、余　论

此前，业界在讨论图书馆人才培养问题时，我曾谈及，20世纪前半叶我国图书馆界的代表人物，如刘国钧、杜定友等先生的成功之路，除了具有图书馆学基本理论的深厚功底，还有三点是我们部分人无可企及的：一是国学基础深厚，二是外语水平高，三是兼有丰富的图书馆工作经验。这种看法，放在王重民先生身上也是适当的。现在，我们纪念王重民先生及其他图书馆事业的先行者，我们就应该做到像他们那样，对图书馆事业高度热爱，对图书馆工作满腔热情，并在实践中，孜孜不倦地、精益求精地做好工作，并且积极地进行研究与探讨。那么，我们虽然没有他们那样的资历和机遇，也能完成时代赋予我们的责任，作出我们应有的贡献。

（原载于王锦贵主编：《王重民先生百年诞辰纪念文集》，北京图书馆出版社，2003年）

简论文学文献与文学文献学

　　中国文学有着悠久的历史，在我国漫长的文学发展过程中，各个时代的无数作家，包括不同风格和学派，不同地域和宗派的作家、诗人、文学评论家，创作了无数丰富多彩的文学艺术珍品，为我们积累了大量的文学典籍。历代的公私藏书家、出版家和书商，又通过征集、访求、编集、刻印、整理和收藏，为我们保存了大量的文学文献，并通过它们，使文学著作和作品代代相传，成为祖国宝贵的文化遗产的一部分。中华人民共和国成立之后，在中国共产党和人民政府的领导下，人民出版事业蓬勃发展，文学艺术图书、报刊已成为劳动人民日常生活不可缺少的精神食粮，文学成为人民文化生活的重要内容。这样，我国文学文献积累的数量之多，质量之高，可与世界上任何文化发达的国家相比而不逊色。这是十分值得我们自豪和骄傲的。

一

　　文学是社会的意识形态，是上层建筑的组成部分之一，它的社会意义和作用是巨大的，这是已经解决了的问题。但是，文学文献是什么，它包括哪些方面的东西，往往又是搞得比较混乱的问题。这不仅因为历史上人们对文学的概念理解有所不同，而且，文学的范围有大小、广狭之分。先秦诸子著作，可以列入哲学著作之范围，但从文学的角度，何尝不可收入我国文学发展的史册中呢？汉代司马迁之《史记》、班固之《汉书》，它是历史名著，但其中的叙事明晰、语言生动、形象逼真的大量篇章，又被人们视为汉代文学的重要成就。魏晋南北朝之轶事小说，唐宋笔记丛书，亦史亦子，说它们是我国史学之辅助材料、人物生平事迹的补充，当然是可以的，但这些又是小说、散文的一部分。总之，就在我们实际工作中，这些都是经常碰到和感到难于处理的。正因为如此，我在这里所说的文学文献，一般不从广义的文学范围去谈，比较集中地从讨论狭义的文学著作这点出发。

　　现在要准确地统计我国古代图书之总数是比较困难的，因而，要准确地统计我国古代文学著作有多少也是相当困难了。有的同志比较《四库全书总目》和《贩书偶记》等书，去其重复，推断我国现存古籍达63833种，这是一种最低限度的古籍数目。按这种推断，经部、史部、子部占64.95%，集部占35.05%。集部不尽是文学著作，因为文集中不乏经史子的内容。但是，集部书中有大量文学作品，这是无疑的。同样、经部、史部、子部中，有文学的类别，有文学的著作，这也是尽人皆知的。所以，我们大胆地说，古籍中至少有1/3的文学著作。新中国成立后，1949—1979年30年间，我国图书出版总数是336045种，其中文学图书107287种，占32%。而从1949—1965年的17年，全国文学图书出版总数约占全国图书总数的34%。那么，文学图书约占图书总数的1/3，是准确无误的了。

出版界出版了大量的文学著作，报刊杂志发表了大量文学研究的论文资料，图书馆收藏了众多的各种类型的文学文献，都存在着如何收集、分析、整理、利用文学文献的问题，因此，建立一个文学研究的辅助科学，即文学文献学是势在必行的了。

文学遗产的整理，必须借助于文学文献学的知识。我们要研究一个作家，整理他的著作，就必须充分地占有某个作家的全部著作和有关研究资料，不然，如何去校勘他的作品、考辨作品的真伪呢？必须占有他本人和他同时代人的有关材料，利用别人的研究成果，弄清楚作品的编年，准确地评价其作品的时代背景和影响，不然，如何能吸收过去的研究成果，使自己的整理有新的进展呢？所以，全面地反映某个作家创作成就的作品全集、选集，各种著作的单行本，或者是比较重要的文学总集，反映了这些作者的作品，以及现在又有的那些研究他的作品和生平事迹的文章，评价该作者文学成就和贡献的论文材料，这些都是文学遗产整理中应该了解和掌握的。文学文献学正是从文学史料、文学著作版本等方面，为文学遗产整理提供材料和线索。

文学研究的发展，必须借助于文学文献学的知识。文学研究包括文学理论、文学批评和文学史等方面。对这些方面的研究，首先应从已有的研究成果向前发展，要了解自己研究的领域有哪些别人已经做过了；哪些是别人做过了，但是还要继续去做的问题；哪些是别人还没有做过，应该着手去做的问题。那么，我们才能有的放矢，找到自己的主攻点和努力的方向。而文学文献学正是能给人们提供过去研究成果、当前研究动态，帮助选定科研课题和提供研究所需材料的线索。

文学阅读和欣赏，必须借助于文学文献学的知识。广大读者要求阅读和欣赏文学作品，阅读文学著作，这就有一个指导他们读什么、怎样读的问题。正如前面所引，文学著作是如此之多，文学作品是如此之复杂，对于一个初学写作者，应该指导他们读什么。是有关写作方法的著作，还是古今中外之名著，使他能得到借鉴和参考呢？而对于一般的阅读和欣赏，应该指导他们先读什么，后读什么，并需告诉他们：某书应如何读，注意吸收什么，扬弃什么；某书是较好版本，内容的准确性怎样；某书是较差版本，一般可略而不读。至于如何由浅入深，由易到难，这是很需要讲求和研究的。文学文献学可以提供各种书目材料，介绍书评资料，帮助读者选择文学著作，提高阅读兴趣和阅读能力。

正因为如此，围绕着文学文献开展研究，逐步形成一个研究文学文献的采集、分析、整理、利用的文学研究辅助科学，也就是文学文献学，应该是十分必要的。

二

文献一词来源甚早，现在也应用得十分广泛。所以，我们要讨论文学文献学，首先必须把文献的含义弄清楚。

文献一词，最早见于《论语·八佾》："夏礼吾能言之，杞不足征也；殷礼吾能言之，宋不足征也；文献不足故也，足，则吾能征之矣。"宋朱熹注云："文，典籍也；献，贤也。"孔丘这段话所说的文献是指史官记载、官府文件、档案等历史资料。唐代陈子昂也曾说过："文章道弊五百年矣。汉魏风骨，晋宋莫传，然而文献有可征者。"

(《与东方左史虬修竹篇序》）元朝马端临著书称《文献通考》，序说"凡叙事则本之经史，而参之以历代会要，以及百家传记之书，信而有证者从之，乖异传疑者不录，所谓文也。凡论事则先取当时臣僚之奏疏，次及近代诸儒之评论，以至名流之燕谈、稗官之记录，凡一话一言，可以订典故之得失，证史传之是非者，则采而录之，所谓献也。"这里马端临说的文献是正式官书和文件以及社会人士传闻记载，但集中是说明用文字记载的有价值的材料。他的说法与朱熹的说法略有区别。

查考宋以后之各种著述，特别是地方性的著作总汇，大多用文献二字标名。如明程敏政《新安文献志》、明李时渐《三台文献志》、明焦竑《中原文献》、明何炯《清源文献》、明张邦翼《岭南文献》、清胡亦堂《临川文献》。以上各书或汇辑一郡之诗文典故事实，或辑录以往各代有关本地诗文，都是从文字资料的角度去编辑的，都是步马端临的主张。清代孔继涵有《阙里文献考》，辑录孔丘有关事实，钱林《文献征存录》，专述文人儒者事迹，他们对文献的理解是追随朱熹的"献，贤也"的说法。所以，无论从历史上对文献的理解和对文献志的实际收集范围，总不外是历史上留传下来的有价值的文字资料。

现在对文献一词的理解，见解殊异。科技文献工作者普遍使用文献一词，用于行文、著书，并分级为一次文献、二次文献、三次文献，这里不准备讨论。而文史工作者使用文献一词，实际上仍然略有不同，有的同志认为文献学包括的范围是目录学、版本学和校勘学三部分，有的同志认为文献学包括的范围是图书资料的整理、编集和注释等方面，而有的同志认为文献学包括的范围是辨伪、校勘和注释。书目工作者应用文献一词，则系指包含图书、论文资料而言，如《考古学文献目录》，收集有关考古学的图书、报刊论文二部分的篇目；《日本文学研究文献要览》，收集有关日本文学研究的图书、报刊论文和基本工具书等部分的篇目。总的看来，社会科学文献工作者理解的文献工作和文献学，包括考证典籍源流，阐述学术渊源，分析书籍类别，辨析史料价值和内容，提供学术资料。看起来，这些看法也是各有侧重点和出发点。正因为如此，现在要统一对于文献学的看法，是比较困难的一件事。

综上各家论述，用比较简略的语言来说，文献应理解成一切历史遗留和现在有关某一问题、某一事实、某一作家的文学资料，而不管其载体是书籍或报刊，也不管其著作形式是专著、作品集或零星文字考证材料，而且也应包括作品本身和涉及作者本人，一切围绕着这个问题的、有价值的文字资料，都应看成文献。而把这种材料汇编成系统的有条理的目录，叫文献目录。研究文献的收集、整理、分析和利用的科学，可称为文献学。

中国文学文献学是文献学的一部分，是中国文学的辅助科学。它以中国文学文献为对象，利用史料、版本、目录等的成果，研究各时期文学著作的成果和流传，分析文学文献类型的形成和特征，介绍我国文学发展史上的重要著作和版本，评介各种文献汇编、书目索引的优劣，探讨文学工具书的编制原则和方法。它的主要任务是：①宣传优秀文学图书，帮助读者了解和挑选文学出版物；②辅导阅读文学著作，评价不同的出版物，选择和鉴定文学文献；③介绍文学文献，提供文学研究的线索和参考资料。

由此可见，中国文学文献的内容应包括：①图书类，如原著作、著作注释、评述以至改编、缩写、删节等本子，还有原作手稿、抄校和影写、复印等本。②资料类，如论文、书评、考证、研究资料汇编，作品研究综述和评介等。如果涉及作家本人的自传、年谱、著述考、著作目录，也应属资料类文献。③工具书类，如文学辞书、手册、著作目录、著作索引、研究资料目录、索引等。由于包括文献内容之广泛和类型之多样，单用文学书籍目录学，显然已不能概括，而用文学文献目录学，也会理解成是专门研究文献目录，所以，我们以为用文学文献学一词比较恰当和确切。

三

中国文学文献学既包括有以上各方面的内容，它的研究范围大致有哪些呢？

1. 研究各个时代文学书籍的出版情况，掌握文学出版物的演变流传

一个时代文学书籍出版之繁荣，有力地促进了当时文学的发展，同时，也为文学遗产的积累创造了条件。因此，要了解文学出版物的演变和流传，必须了解文学书籍的出版情况。文学史家非常重视文学书籍出版史的研究，通过它可以了解各个时代文学发展的概貌，洞悉作家作品的结集和流传变化，认清作家作品的影响，从而判断作家在文学史上的地位，所以，研究文学书籍出版史，是文学研究的基本功。

研究文学书籍的出版史，有助于我们认识某一时代文学书籍的面貌，帮助我们鉴别文学出版物的真伪。过去曾有《元本水浒传》的传闻，现存最早的《水浒传》版本却是明嘉靖本。元代流传话本小说，而话本小说之流行多为单刻单篇，尚无汇集成册的集子，从而推断元时尚不可能出版这大部头的长篇巨著，那么《元本水浒传》的可信程度就不大了。明代后期流行众多的一百回、一百二十回《水浒传》，从而可判断金圣叹的七十一回本是"腰斩"《水浒》而成。这些事例，都可说明了解文学出版情况是十分必要的。

要研究各个时代文学书籍的出版情况，一方面可通过公私藏书目录，如中国历代都有艺文志、经籍志，宋代以后又有大量的私人藏书目录，这些书目都不同程度记载了当时文学图书的出版情况。借此，可判断某书最早出现，某书应该佚失，某书在哪个时代又结集成册，或经过作家、学者、书商汇辑、补充、校订而成定本流传。另一方面，我们还要充分利用图书的序、跋、后记、校印说明和版本考证材料，从而了解某书的校印、流传和翻印的演变情况。总之，详细地考证其结集之起始、流传之变化、版本之分合过程，实际上就为我们提供了某一书、某一作家著作的演变历史。这种研究工作，无论对作品的整理校勘，还是作家的研究评论来说，都是有益的。

二、了解文学文献的种类，研究文学文献的类型

文学文献的种类很多，它们都反映在哪些类型的出版物中，这是弄清文学文献来源、查找文学参考资料必须了解的。古代文学文献种类基本是书类，近代以后，报纸、期刊又是文学文献的基本表现形式。现在，会议论文集、丛刊，以至学术评介文章、学术动态报导，都是了解文学文献最快捷的方法和途径。因此，我们必须弄清文学文献的类型和种类，以便得心应手地积累文献，分析和整理文献。

就是了解古代文学文献的种类，也是一件很复杂的事。古书类分基本是四部分类法，经部有文学类图书，史部有文学类图书，子部有文学类图书，集部更集中了文学类图书，但部类时有调整，类目时有分合。宋代郑樵曾谓："古今编书所不能分者五：一曰传记，二曰杂家，三曰小说，四曰杂史，五曰故事。凡此五类之书，足相紊乱。又如文史与诗话，亦能相滥。"（《通志·校雠略》）这种看法现在仍有现实意义。笔记杂录，有人分入小说，有人列入史杂，又有人称为综合性杂著，察其原因，不仅是因为图书内容上的混杂难辨，而且还有对文学文献种类的理解有分歧所致。所以，研究文学文献的种类，对于认识文学文献和利用文学文献是有帮助的。

三、介绍各种文学体裁的文献，评介重点作家的著作版本

文学文献学的重要功用在于指导阅读文学作品，辅导阅读文学文献。所以，它要介绍我国各种文学体裁的文献，向读者指出某类文学，其最典要的著作有哪些，反映其基本面貌的著作又有哪些，某类图书现在出版有哪些比较重要的著作，某类图书过去曾出版过哪些比较有参考价值的著作和资料。宣传、介绍、提示、比较、选择，通过这些工作，不仅可为初学者推荐入门读物，而且也为研究者提供必要的参考读物和待查找的资料，这就是文学文献学对读书治学的指南作用。

在文学作品等著作编辑、出版、流传过程中，常常会有某个书坊和出版家将自己掌握的比较好的本子刻印，这是值得称道的；但历史上也不乏其人，为了争利，或为了求名，假托古本，仓促成书，以讹传讹，支离割裂，使古代文学著作错误百出，无可卒读。图书有版本的问题，文学著作也有版本好坏、作品真伪、材料全缺等问题。所以，文学文献学中要充分利用版本学、校勘学的成果，评介重点作家的著作版本，使文学研究工作者、文化遗产整理人员和图书馆工作人员能了解哪些作家文集最早、最好、最全、最完备，或者注释最详细、评介最准确等情况，方便于推荐好书、指导阅读、选定全本、阅读精本。如果能做到这样，那文学的研究工作有资料保证，文学阅读和欣赏也有书籍供应，是普遍受益的了。

四、掌握各种文学工具知识，研究文学工具书的编制原则与方法

从事文学研究和文学作品阅读，图书馆在文学书籍的采集、分编、流通和编制书目索引的工作中，大都会遇到查找文学作品词语、典故的疑难，也会碰到查阅不同版本，以及希望提供某一作家、某一文学流派、某一著作研究资料等问题。文学工具书就是为了帮助读者解决学术源流、典籍存佚、文句事实的出处、作家作品流传、研究资料出处和来源等问题而编制的。我国曾经编制出版有大量文学类的词典、年鉴、手册、书目、索引等工具书。但是，如何辅导读者使用工具书，熟悉工具书的检索途径与方法，如何进一步提高工具书的质量，出版更多更好的文学工具书，图书馆又如何有针对性地编制文学推荐书目、专题书目，专业工作者怎样能够编制更多的作家著作研究和作家著作目录。这些问题都是实践中经常会碰到的问题，又是广大文学研究者共同关心的问题，所

以，文学文献学应在文学工具书研究中，针对文学工具书一些普遍性的问题探讨其规律，认识其特点，这样，既有利于文学研究事业的发展，又有助于广大读者治学的便利。

（原载于《图书馆学研究》1982年第4期）

文学目录与文学目录学

一、文学目录之产生

文学发展到一定的历史阶段,事业兴盛,作家辈出,创作日繁,文学著作得到广泛流传,这时社会上读者提出了查检文学作品的要求,而作家也有记存自己作品之需要,才产生文学专科之目录。

我国文学起源甚早,上古之神话传说,先秦之诗歌、散文、战国之辞赋,其思想之深刻,文辞之美妙,结构之谨严,用韵之讲求,是我国文学发展史上光辉之一页。但先秦著作大多是以纂述成某一种专门著作的形式出现,如诸子之书,或汇辑成一种文学总集,如《诗经》。某个作家,除专门著述外,个人文学作品尚未独立成集。所以,还没有出现专门记载文学著述之文学目录。

战国时伟大爱国主义诗人屈原开拓了诗歌的新天地。两汉时辞赋创作绵延不绝,同时,应用文体的文章与日俱增,这就使汉代作家的创作文体多样,数量繁多。但史传记载西汉作家著述亦为总篇数,并未言"集"。如《汉书·董仲舒传》称:"仲舒所著,皆明经术之意,及上疏条教,凡百二十三篇。而说《春秋》事得失,《闻举》、《玉杯》、《蕃露》、《清明》、《竹林》之属,复数十篇,十余万言,皆传于后世。"《汉书·艺文志·诸子略》著录儒家中"陆贾二十三篇"、"贾谊五十八篇",《诗赋略》中"陆贾赋三篇"、"贾谊赋七篇",《诸子略》儒家有"扬雄所序三十八篇(《太玄》十九,《法言》十三,《乐》四,《箴》二)",明确注明"入扬雄一家,三十八篇",也可证明刘歆《七略》未把个人著作当做一种集子收入,班固补入扬雄著作亦是如此。《汉书·艺文志·诗赋略》是专门记录文学作品的,尚未独立成一专门文学目录,著录"屈原赋二十五篇"、"司马相如赋二十九篇"等,仍然是采用某一作家作品合计篇数的著录,并不是注明"屈原集"、"司马相如集",可见西汉时未有个人作品集流传。

我国个人作品集出现于东汉,诗文总集出现于魏晋,相应地出现了供查找为目的的个人著述目录和诗文总集目录,从此文学目录开始走向定型化。五四以前编制的中国古代文学目录,基本上局限于此二种类型。

魏晋南北朝时编制的文学目录是很多的。据《隋书经籍志·史部·簿录类》记有《杂撰文章家集叙》十卷(荀勖撰)、《文章志》四卷(挚虞撰)、《宋世文章志》二卷(沈约撰)。此类簿录,姚名达谓荀勖"亦尝为秘书监,《隋志》载其'《杂撰文章家集叙》十卷',《新唐书》作'《新撰文章家集叙》五卷',虽无佚文可考,然叙录二字古义相通,故《三国志·王粲传》注又引作'《文章叙录》',新撰云者,前此诸家文章多单篇散行,今始撰为一集也。新集叙云者,新集之叙录也。故推原文学创作总目录之渊源应以荀勖为滥觞焉。"挚虞之《文章志》,亦是集合诸家诗赋文章之篇目为一志,姚名达推测，"其体例实与《别录》、《七略》相似，确为目录无疑"。（姚名达：《中国目录学史》第335页，商务印书馆，1957年）至于个人著述目录，据《三国志》、《晋书》之记载，有曹植著作之目录，嵇康亦有《嵇康集目录》。姚振宗推定"当时撰著繁富者，皆多自为目录"。

唐宋以后，文学总集与个人著述目录发展缓慢。只历代官私书目中略有著录，如专录一种文学作品之目录有《宋史·艺文志》中的《乐府诗集目录》（沈建），专集一代文集之目录有《千顷堂书目》中之《国朝名家文集目》，专集一书之著者或篇目之目录有《文选著作人名目》（〔唐〕韦宝鼎），《文选李注引群书目录》（〔清〕汪师韩），《全上古三代秦汉三国晋南北朝文编目》（〔清〕蒋壑）。个人著述目录有郑樵《夹漈书目》、杨慎《著述目录》、钱大昭《可庐著述十种叙例》等。总之，清末以前，大致文学书目以诗文总集目录和个人著述目录编撰较多，间有汇集一代文章之目录。

本世纪以来，随着文学作品的深入社会，读者的急剧增加，小说戏曲成为广大人民群众文化娱乐活动的重要内容。与之相适应的文学批评与研究日趋繁荣。文学目录从长期以来附属于综合性书目的状态下分离出来，成为各种书目索引中发展最快的一种。随着对作家评论和研究的逐步深入，大量发展了作家著述目录和考证作者著作、版本的著述考、版本考；对小说戏曲研究的日益加强，遂有小说戏曲的专门目录；民间文学研究的开展，则有民间文学的目录；报刊文学论文数量的不断增加，即产生了著录文学论文的索引；省学者查检、翻阅之劳，又出现了文学专题研究书目和专题索引；等等。但是，建国前文学目录的发展还是不平衡的，编写的体例和内容都还存在不少问题，种类也不够多。真正的繁荣兴旺，是在中华人民共和国成立后的几十年。

文学目录的产生和发展，说明了正是由于社会经济的发展，文学事业的繁荣，文学著作的广泛流传，才会出现各种反映文学作品的文学目录。

文学目录的产生和发展，必须有文学著作丰富与文学研究繁荣这两个基本条件。正是因为文学著作的增多，人们需要从各种不同角度查找文学作品，迫切需要解决研究中的疑难，了解和掌握已有的研究成果。这样，才出现了各种综合性或专题性的文学目录。而因为文学研究的深入，对作家作品的研究与分析，文学史家或评论家自编文学目录，把文学目录的编制作为科学研究的准备，从而发展了文学目录事业。

文学目录的产生和发展，正是在广大读者阅读与欣赏文学作品的迫切需要的条件下出现的。人们要阅读，但如何选择著作、了解内容，就要求有一种文学的推荐性书目；人们要进修文学学科，要深入了解某种体裁的基本著作，有选择性地阅读某种得奖作品，或某种有争议的作品，都希望有书目、索引帮助他们，以节时、省力。这样，各种文学专题书目和索引就应运而生。

文学目录的产生与发展，还必须有图书馆读者服务和参考咨询工作的基本队伍。近代、现代图书馆以服务读者、满足读者多种需要为职责，它们或介绍馆藏文学书籍，或推荐优秀文学读物，或汇辑文学研究的专题资料，编辑出版大量的文学目录。现在文学研究的文献目录大多出于图书馆系统便是明证。

文学研究和创作促进了文学目录的编制，文学目录的使用又有利于文学创作和研究的发展，相互影响，相互促进。文学工作者与图书馆工作者的合作与分工，共同发展了我国的文学目录事业。

二、文学目录之种类

　　由于文学创作的体裁多样，文学研究论文、专著的大量出现，文学书籍和期刊等出版形式的变化，以及读者需求的多样性，图书馆和藏书家藏书特色的不同，文学目录的种类和类型日趋多样和完备，相应地也就产生了文学书目的种类划分问题。研究文学目录种类的划分，有助于我们明确某种文学目录的职能和作用，而且也会更有利于文学目录质量的提高。

　　文学目录是整个目录体系中之一种，也就是一种专科（专题性）目录。关于目录种类的划分和含义，《目录学概论》一书已有所说明，可以参看。这里把文学目录再加以细分，并说明如下。

1. 从反映内容来划分

　　（1）文学总目。指包括文学理论、文学创作等文献，或包括各个历史阶段各种文学体裁作品的文学书刊目录和索引。如王浣溪的《中国文学精要书目》、刘修业等的《文学论文索引》。

　　（2）文学专题目录。包括著录某一个历史阶段文学著作的目录，著录某种文学体裁的图书、文章的目录，或围绕某一研究专题编制的参考书目和索引。如孙楷第的《中国通俗小说书目》、浙江省图书馆的《别集索引》等。

　　（3）文学专书目录。反映某一书的版本流传，记载某书研究资料的书目和索引。如一粟的《红楼梦书录》，又有《红楼梦评论资料索引》等。

　　（4）文学目录之目录。专收录有关文学书目之目录，如黄景行编的《中国文学参考工具书辑略》。

2. 从目录编制的目的和担负的职能来划分

　　（1）文学书刊登记目录。包括统计某一历史阶段文学出版物或某一地区文学出版物的目录。如阮恒辉编的《我国近代文学期刊编目》。

　　（2）文学推荐目录。针对一定的读者需要，提供优秀读物的目录。如四川省图书馆编的《请读中国古典文学》、王季思编的《研习元代戏曲必读书》等。

　　（3）文学报道目录。出版社、书店为报道文学图书出版而编制的目录。如上海杂志有限公司编的《中国文学珍本丛书书目样本》。

　　（4）文学藏书目录。指图书馆、藏书家等编制的文学藏书目录。如首都图书馆编的《馆藏中国文学古籍参考目录》、郑振铎编的《西谛所藏善本戏曲目录》。

3. 从著录文献的范围来划分

　　（1）某一时代作家著述目录。著录某个历史时期或某一历史阶段的文学家著作。如万曼编的《唐集叙录》。

（2）地方文学著作目录。如广西壮族自治区第二图书馆编的《广西作者及著作简介》。
（3）宗族著作目录。
（4）个人著述目录。包括作家全部著述、译作的目录。如梁启超编的《戴东原著述纂校书目考》。

4. 从文献出版形式来划分
（1）文学图书目录。
（2）文学报刊目录。
（3）文学译本目录。

5. 从文学著作流传来划分
（1）得奖图书（作品）目录。
（2）批判图书（作品）目录。
（3）提存图书目录。
（4）禁毁书目。

6. 从文学目录的著录形式来划分
（1）书名目录。
（2）解题（提要）目录。
（3）版本目录。
（4）征引目录。

三、文学目录之功用

文学目录起源甚早，而真正认识其功用并加以提倡，还是本世纪的事。

郑振铎在1932年写作《插图本中国文学史》时，曾就文学目录之功用作过宣传。他说：

> 近来"目录学"云云的一门学问，似甚流行；名人们开示"书目"的倾向，也已成为风尚。但个人的嗜好不同，研究的学问各有专门，要他熟读《四库书目》，是无所用的，要他知道经史子集诸书的不同的版本，也是颇无谓的举动。……但读书的指导，却不是绝对不可能的事。关于每个专门问题，每件专门学问的参考书目的列示，乃是今日很需要的东西。
>
> "索引"为用至大，可以帮助读者省了不少无谓的时力。古书的难读，大都因没有"索引"一类的东西之故。（郑振铎：《中国文学史例言》，《插图本中国文学史》，人民文学出版社，1957年）

郑振铎宣传文学目录之编制是不遗余力的，他在《研究中国文学的新途径》一文中亲自拟定一个文学的分类大纲，并呼吁："如能编一部如朱彝尊《经义考》之类的文学考出来，那当然是不朽之作。即作了一部简简单单的文学书目，把中国文学的内容分疏整理一下，却也颇可以有影响。"（郑振铎：《研究中国文学的新途径》，《中国文学研究》（下册），作家出版社，1957年）他在自己的著作中身体力行，如《插图本中国文学史》每章之后，列举若干必要的参考书目，其目的是"以供读者作进一步的探讨之需"。原准备该书总编一部索引，"以便读者的检阅"，因故未果。但他编了如《关于诗经研究的重要书籍介绍》、《中国小说提要》、《明清二代的平话集》、《佛曲叙录》、《西谛所藏弹词目录》、《缀白裘索引》等涉及文学领域的各种目录，对中国文学目录的贡献颇大。著名作家老舍曾在《一点期望》一文中说：

> 我想一个理想的图书馆或者应是这样的：它会指导读者读什么书和怎么读。比如说：一个文学知识不甚丰富的青年想要学习唐诗，我们就能告诉他先读哪一本唐诗概论之类的著作，而后读哪一种选集与专集，由浅入深，由易到难，引人入胜。这样，这个青年就不至望洋兴叹，不知从何处下手了。……
> 对于译本，一本世界名著可能有几种译本，我们应当告诉读者，哪一译本文笔好，而欠严谨；哪一译本极为忠实，而文笔稍差。
> 对于现代作家的作品，我们能说出哪些是他们的代表作，必须阅读，哪些水平稍低，可以暂且不读。
> 就是不能随便任人借阅的珍本图书，我们也应设法使大家知道它的版本的价值与内容如何，用处何在，并予以参观和利用的机会。（老舍：《一点期望》，《图书馆学通讯》1959年第10期）

老舍在这里提出的是对图书馆工作的期望，当然包括了图书馆各项工作中对文学书籍的宣传、指导、流通、参考等方面。要完成这些方面的工作，则有赖于文学书目的工作，即编制文学书目索引和善于利用各种文学书目索引。

那么，文学目录对文学之学习与研究有哪些功用呢？

文学阅读与欣赏，必须借助于文学目录。广大读者要求阅读和欣赏文学作品，阅读文学著作，这就有一个指导他们读什么、怎样读的问题。文学著作浩如烟海，文学作品汗牛充栋，对一个初学写作者，应该指导他们读些什么文学理论、写作经验与方法的著作，以及如何涉猎古今中外的名著，从中得到借鉴和参考，这就有一个指导问题。一般读者阅读和欣赏，应该指导他们先读什么，后读什么，告诉他们某书应如何读，注意吸收什么，扬弃什么；引导他们学习书中的主人翁什么东西，批判地看待书中人物的思想和行为。至于在众多的版本中则说明哪种最好，内容和文字的准确性如何，哪种较差，可略而不读。这样，就可指导阅读，提高欣赏和鉴别能力，达到文学"教育人"的目的。文学目录众多的类型中，推荐书目、专题书目都是针对一定的读者群的需要而编制的。它们在青年读者的读书活动、学习提高，以至进修某一学科中都起着十分重要的作用。

文学研究的发展，必须借助于文学目录。文学研究首先要做到在前人的研究成绩的基础上向前发展，要开拓新的研究领域，要针对某个阶段的文学现象和成就作总的分析，或者是分析评论批评某种理论观点和作品，这一些都必须借助文学目录。通过书目、索引、文摘等，了解某个问题前人已经做了，有的是没有做完要继续去做，某个作家的著作或作品有哪些，流传情况如何。或者了解某人的主要论点和使用的方法。因为只有这样，才能有的放矢。文学目录正是为文学研究者提供书目线索，反映动向，揭示研究发展水平的有力工具，打开文献大门的钥匙。文学目录是文学发展的产物，它是适应文学研究的需要而产生和演进的。现在，文学专题书目和索引，在编制的及时性、反映文献的专深性、解决问题的针对性等方面，不仅使文学研究工作者迅速获得某一专题的文献情报，帮助确定课题和研究重点，而且节省他们大量时间和精力，这已经有很多事例可以说明了。

文学遗产的整理，必须借助于文学目录。我们要研究一个作家，整理他的著作，必须充分地占有某个作家的全部著作和研究资料，不然，如何去校勘他的作品，考辨作品的真伪呢？如何去辑佚遗文，补充和订正著作内容呢？必须占有他本人和他同时代人的有关材料，利用有关记载和事实，弄清该作家作品的编年，编出作家著述考，准确地评价其作品的时代背景和影响，注释和解说该文的内容和价值，从而使自己的整理有新的进展。所以，文学研究者熟悉版本目录，了解作家著述目录，研究文学专题书目，掌握作家的著作类型、版本源流，过去的研究动态和成果等，这都要借助于文学目录才能事半功倍。

图书馆开展文学书刊宣传、辅导和文学参考咨询工作，必须借助于文学目录。图书馆开展读者阅读指导，针对一定的读者群进行文学书刊的宣传，组织有意义的读者座谈会、读书报告会和配合节日举办图书展览，都要参考和利用文学专题书目或编制文学专题书目，就是图书馆关于文学图书的采集、分类编目，加强藏书组织的科学性等工作，也必须利用文学书目。至于图书馆开展文学参考咨询工作，解答读者疑难，编制文学书刊目录和索引，文学书目更是不可缺少的参考资料。

四、文学目录学之意义

社会上出版了大量的文学著作，报刊发表了大量的文学研究论文，图书馆收藏了众多的文学书籍，文学研究者和图书馆工作者编制了多种类型的文学目录，这样就产生了以文学书籍和检索文学文献作为研究内容的文学目录学。

文学目录学是专科目录学之一种。因此，它是目录学原理在文学目录这一特定研究领域的深入和发展。目录学原理适用于文学目录学。

文学目录学根据特定的读者群的需要，研究文学目录如何揭示与报道文学学科的文献内容、种类和特点，研究文学学科目录的历史、现状与发展趋势，评价重要文学目录的编写特点和成就，从而在文学目录的领域内促进书目质量的提高，加强书目工作的开展，完善书目工作的组织与管理。

文学目录学既是文学的辅助科学，又是目录学的一个分支，它应体现文学与目录学的结合。所以，文学目录学的内容大致应包括如下几项：①文学基本著作的出版情况，如文学出版史、文学出版物的类型、各时期文学出版物的特点等。这是提供熟悉文学文献的基础知识。②文学基本著作和重要文学文献介绍，如各历史时期主要作家与作品，反映文学著作、论文、研究动态等各种文献来源、特点、作用。这是提供文学目录工作的基本条件。③文学目录的历史、现状与趋势，包括文学目录的源流、类型和编制、利用的分析。这是研究文学目录的总面貌和一般特点。④评价文学目录和研究文学目录的编制方法、技术。通过对各种类型文学目录的评述，了解各种目录的特点和功用，分析它们编制方法的成就与不足，改进揭示与报道文献的方法。这是文学目录方法论。

文学目录学是文学目录工作的概括与总结，它是反映文学目录工作实践活动发展变化的一般规律的科学。文学目录是在众多文学书籍流传过程中，解决读者查找、核对、参考书籍的篇目、内容、词句、事实的情况下出现和发展的。随着文学研究的深入、文学遗产的整理，围绕某一专题或一种专门著作，提供著作版本，报道研究成果，征引有关文献，揭示内容事实的文学书目和索引，它既方便检索，省翻检之劳，又指引研究方向，说明基本材料。所以，文学目录逐步成为学术研究的辅助工具，掌握文学目录学的知识，可以帮助我们查找资料、分析资料和鉴别资料，从而提高科学研究的能力，培养文学研究的资料积累与利用的技能，掌握资料组织和整理的方法。

文学目录学研究文学目录工作的一般规律，它还担负着评介与报道文学目录的任务。人们在编制各种文学目录时，不断总结与改进文学目录的方法和技术。文学目录工作的发展，促进了文学目录学的发展，文学目录学在文学目录工作中得到孕育以至成熟。所以，文学目录学重视文学目录的评介，研究文学目录在揭示和报道文献方面与特定读者需要的矛盾现象，因此，它是文学研究的指南与钥匙。文学研究工作者掌握文学目录学的知识，可以使我们了解历史上出现过哪些文学书目，自己研究课题中有哪些可参考的书目，哪些书目对掌握学术研究动态最有用，哪些书目只是提供了著作版本材料，而哪些书目工具是了解学术源流、指导读书治学的基本参考读物。

文学目录学是文学的辅助学科，也是一个急待开拓的领域。文学研究中，无论是编写文学史，还是开展文艺理论与批评，分析与总结文学史上重要作家的成就和贡献，都有必要从文献、目录、版本等不同角度去论证、引用、分析，才能使研究建立在科学的基础上。那么，文学文献学、文学目录学、文学书籍版本学为什么没有引起足够的重视，并加以必要的提倡呢？根本原因在于轻视实用之学，所以，重视宣传它的意义，组织研究它的功用，不仅可以直接提高文学目录的编制水平，使之出现更多更好的科研辅助工具，而且可以扩大文学研究的领域，充实文学研究的体系，同时也是培养和训练文学研究队伍的必要准备。

（原载于谢灼华编著：《中国文学目录学》第1～12页，书目文献出版社，1986年）

文学目录之编制

一、文学目录之分类

编制一本质量较高的文学目录，要求有一种较为适用的文学文献分类表。这种专用的分类表，既应具有通用分类表的一般体系要求、类目设置和类号配备等基本特征，更应具有文学文献分类的特殊性。所以，这里有必要探讨文学文献分类的特殊性质，以便编制文学文献专用分类表（或称文学书目分类表），以供文学文献工作者进行文学图书、论文、资料的收集、整理、使用时参考。

文学文献的范围，包括正式（非正式）出版的图书，发表的作品和论文、对作品和作家研究论文，以及大量作品和作家的考证、辨伪、校勘的文字资料，和作家有关的时间、地点、人物的材料。这是文学文献范围广的特性。

文学文献的范围，还包括大量派生性材料和作品影响、作家影响的材料。如一种小说，可以转化成同名的、同一故事的戏剧、电影、电视片，以及其他演、唱、画、书的不同形式的文艺作品；至于该作品得奖，就有宣传报道的文章；该作品受到批判，就有批判文章，甚或禁演、销毁的报道。这是文学文献形式多的特性。

文学文献的范围，还包括大量二次、三次文献，如文章摘要、内容提要、论文索引、著作书目以及争论问题综述、快报、发展预测、研究水平分析等材料。这是文学文献种类繁的特性。

根据上述文学文献的特征，文学书目分类表的类目设置和归类，有几个原则是应该考虑的：

（1）文学学科知识的逻辑次序。分类体系应充分体现文学的专门学科性质，即以文学文献的内容作为分类的标准。因此，它的分类体系应从文学原理、文学历史发展、文学体裁的区分上反映文学的固有特点和规律。

（2）文学文献类型多样，分类体系也应多样化。根据内容作为分类的标准，还应充分反映出文献形式的特征，如戏曲类的地方戏分列地区，小说类分列历史上小说类型种类，而文学作品的国别区分更应是首先考虑的问题。只有做到这些，才能使文献归类井然有序。

（3）文学文献联系面广，分类类目应有充分的适用性。文学作品与作品评论、文学家传记与作品评论、文学原理的研究与文学批评等，表现出内容上的联系，也反映了事物的联系，在分类体系上应充分考虑这些相关类目的处理。体系上体现了主次关系、上下属关系，还可考虑类目设置的详略、参照和说明。

（4）文学文献的时代性强，分类类目应有较大的灵活性。文学发展概况的政治性、阶段性很强，某一时期有新的文学体裁的出现，专门会议的召开，范围大的阅读活动和批评活动，某一课题的普遍重视，都直接影响文学文献的类型、数量，都应该在文学书目分类中得到反映。因此，文学书目（索引）的分类没有分类表作依据是不行的，但文学分类表经常加以变通，也是必要的。

为了寻求文学书目的分类方案，20世纪以来印行的有关文学书目都对文学文献分类作了很有意义的探讨。大致有如下几种处理原则：

1. 以文体为主的序列

如王浣溪编《中国文学精要书目》，其基本大类有：
参考类
文学史类
小学类
史类
文类
诗类
诗文全集及别集类
词类
曲类
小说类
新文艺类

2. 以论文内容性质为主的序列

如刘修业等编《文学论文索引》，其基本序列和大类有：
上编　文学总论
中编　文学分论
　　　　　　一、诗与歌谣
　　　　　　二、辞赋
　　　　　　三、词
　　　　　　四、戏曲
　　　　　　五、小说
　　　　　　六、神话故事
　　　　　　七、儿童文学
　　　　　　八、其他
下编　文学家评传
附录一　文学教学法
附录二　文学书目
附录三　文学书籍介绍
附录四　文学家介绍
附录五　文坛消息

3. 以出版类型为主的序列

如首都图书馆编《馆藏中国文学古籍参考目录》，其基本类别有：

总集类
别集类
楚辞类
词曲类
说丛类
民间文艺类
集评类

4. 以文学发展的时代为主的序列

如中国青年出版社编《中国古典文学名著题解》，其基本章节是：

先秦—诗·赋、文、神话·小说
汉魏六朝—诗·赋、文、小说
唐—诗·文·词、小说·变文
宋—诗·词·文、小说·戏曲
元—诗、戏曲
明—诗·文、小说、戏曲
清—诗·词·文、小说、戏曲·弹词
近代—诗·词·文、小说

5. 以论文主题和作家为主的序列

如中国社会科学院文学研究所编《1980年文学研究论文索引》（载《文学研究年鉴》1981年），其基本类目有：

文学理论
古代文学研究

现、当代文学研究 ｛ 概论
文学史
史料研究
作家与作品
选本
儿童文学
民间文学
少数民族文学

从以上五种文学书目（索引）的基本序列或基本类目来看，我们就可发现，在考虑文学书目分类问题时，有几个问题是值得注意的。

一是以地域区分为主线。即文学书目的列类，首先应区分世界文学中的不同国家和地区，故应分列出如中国文学、日本文学、美国文学、埃及文学、俄苏文学等。从实际应用上，分列国家和地区可以集中该国文学研究、文学家与文学作品的著作，便于专门研究。从读者使用上，分列国家和地区也可以方便阅读研究和馆员指导阅读。就是从出版类型看，一些总集往往也是按国别，按各个国家不同历史时期来选编的。故按国家集中文学文献是一种比较常用的方法。目前，我国一些分类表基本上按此处理，是可以应用于文学书目中的。

二是以时代为序。文学发展表现出的继承性是很明显的，一种体裁的写作可以绵延不绝于千百年，一种古典作品可以流传演变以至无穷。所以，按文学发展的时代线索，不仅可以体现文学书目的"考镜源流"的作用，实际上，它又是文学发展规律性的表现，即某一历史阶段必然有一种代表性的文学形式为主体。分类表中按文学发展的阶段序列，就给人以一种明晰了然的知识体系。我们认为，除了文学基本理论问题必须按主题分列外，大多数类目的排列和各类下小类的设置，都应充分体现时代为序的特点。

当然，以时代为序有两种方法。一种是序列某个国家的基本文学形式时，可以按该国文学发展的基本线索，列出先后次序，作为大类出现。如我国文学发展大致可列为：

诗歌
散文
小说
戏曲

另一种是在某一大类下按时代序列小类，如戏曲类可列出：

中国戏曲
  宋金元杂剧院本
  宋元戏文
  元代杂剧、明代杂剧、清代杂剧
  明代传奇、清代传奇
  清代雅部（昆曲）
  近代京剧
   地方剧
   话剧

三是以体裁为纲。文学作品与其他科学论文之主要区别在于它用各种艺术形式来表现主题思想和塑造人物形象、抒发感情。因此，往往同样一种题材内容，可以写出很多不同的艺术形式的东西，这就要求用体裁加以区分。体裁的不同，成为文学分类的主要依据。我们主张文学书目分类序列为不同的文学体裁，用以区分不同艺术形式的作品。

当然，以体裁为大类，下按国别列不同作品，还是依国别分列出不同的体裁设类，在图书分类表中一直是有争论的问题。根据以上以国别为区分文学文献的意见，我们是倾向于在国别下按体裁设类的。其主要理由是：首先便于集中该国的同种体裁的作品，方便研究和阅读。其次，各国的文学体裁的发展和演变是不同的，按国分列，具有特殊性。再次，按国分列体裁，从出版物实际情况出发，是适合的，从文学研究的角度，较多的是从一个国家的某种体裁出发研究某个国家的文学。

四是从总到分、从一般到具体的原则。这点在文学书目列类时是很有必要的。故现在大多数文学书目，都按文学理论（一般原理）——文学史（文学发展概况）——文学作家与作品研究（具体作品与评论）。这种排列次序符合文学学科知识体系的逻辑次序，又适用于突出具有指导意义的理论体系。

从我国的实际情况出发，从总到分的设类表现出明显的思想性原则。如文艺理论这一类，首先可列出指导性文件、政策性文件和经典性理论著作，这是十分必要的。其次，它适用性较强，针对某一历史阶段或某一年度带普遍性、全局性问题列类，比较真实地反映了书目的时代性和现实性。所以，我们强调从总到分、从一般到具体，是讲贯彻于整个分类类目设置中。如小说，在这一类中也应分小说总论、小说史等类目。当然，有些按体裁专列具体作品的图书分类表，那是另外一种处理方法。这里不讨论。

五是以形式分类作为辅助手段。前面介绍的以国别、以体裁、以时代等区分方法时，一般只是从图书（论文）的内容和体裁出发的，较少考虑文献的出版和编纂形式。文献从出版上看有不同种类，如总集、别集等，也有文献编纂的不同种类，如书目、索引、文摘等。因此，我们考虑文学书目的分类体系和类目设置时，要从处理文学类的各种文献综合分析。目前，国内外编制出版的专科文献目录，包括三个部分文献，即图书类、文章类和工具书类，是比较合理和妥当的。我们编写文学目录，应充分列出工具书的类目，以集中此类文献。

至于文献出版形式，如总集、别集，这是历史上流传的大量文学文献。现在无论是哪种文学体裁的图书，都流传有总集和别集，或选本（即以前的总集类图书中的一种），或专集。当然，现在用新的名词加以概括，如别集改称全集，总集改称选本，也是可以讨论的。

文学文献不仅有图书，而且还有图书以外的各种作品、论文、材料、研究动态等，这就决定了文学目录的分类应与文学图书的分类有所区别。文学目录的分类体系与类目设置考虑了文学文献的各种特点，这种文学书目的分类才是符合科学性的，才是具有适用性的，属于专题性的分类体系。

文学书目的科学性，是指文学书目的分类对象是文学这一专门学科的所有文献。它的科学性的表现，首先是分类体系和类目设置上，都以文学科学体系和文学史的发展作为基本内容，按文学的知识门类的逻辑次序，从总到分，从一般到具体，从低级到高级，从简单到复杂，层层划分，逐级展开的分门别类的形式。所以，它的体系上可以序列为：

文学
  文学理论
    文学理论与批评
      马克思列宁主义文艺理论
        文学是社会意识形态
          文学与生活

而从时间的顺序来看，可以序列为：

  中国文学史

中国文学史论
　　　中国古代文学史
　　　　中国中古文学史
　　　　　魏晋南北朝文学史
　　　　　魏文学研究
　　　　　　曹植文学研究
而从某种文学体裁的发展来看，可以序列为：
　　中国小说
　　　中国小说史
　　　　魏晋南北朝小说
　　　　　轶事小说
　　　　　志怪小说
　　　　唐传奇
　　　　宋元话本
　　　　明话本、拟话本
　　　　　章回小说
　　　　清文言小说
　　　　　章回小说
　　　　近代短篇小说
　　　　　长篇小说

　　依文学科学的知识门类编制一种反映文学科学体系的专用文学文献（书目）分类表，对于文学书目编制的科学性，必然会有所加强。

　　但是，文学书目作为专题性的书目，它的分类体系和类目设置上，还应充分强调适用性的问题。因为前已指出，文学论文的内容有时是并列关系，如有时知人论文，写成的文章是既论及某个作家，又论及这个作家的作品，又有时是以人论书，写成的文章是介绍其人，又评介其书，往往很难严格区分孰重孰轻。就文学批评的文章而言，有的侧重于分析某人的文学主张，有的则介绍某人的名篇佳作，也有的是从文学欣赏的角度去叙述某篇的写作技巧和语言艺术。其他情况还有许多。所以，文学书目的分类体系上，要有文学理论、文学史、文学作品几个大序列。也应增置如文学工具书、文学情况报道等，以适应多种文学文献的分类。至于类目设置上的多样性，更应充分体现出文学文献内容的繁杂与形式的多样。

　　类目设置的多样性，是根据文学研究的某一时期的繁荣与对某书的争论情况，必须收录众多图书与论文而出现的。例如，1954年，我国文艺界开始批判胡适、俞平伯的《红楼梦》研究的资产阶级思想。所以，1955年，全国各地报刊发表关于红楼梦研究的论文特别多。其他年度关于红楼梦研究的文章相对少些。因此，在编制年度索引或编制累积索引时，就应根据某年度论文资料的多寡，而设立较细的类目，以容纳众多文献资料，有利于读者检索。

二、文学目录之著录

作为揭示文学书籍外形特征的书目著录项目，究竟有哪些与一般图书著录一致的地方，或者有哪些与一般图书著录相区别的地方，在研究文学目录时，是应该加以注意的问题。

为了行文方便，这里把作为出版单元的图书、论文、资料、视听资料等统称为文献。从文学文献角度看，大致有如下种类：

——图书（文学史著作、文学创作作品、文学评论与批评论著）。

——论文（文学理论与批评论文、文学史专论论文、历代作家与作品评论、文体与文章作法等）。

——作家传记资料（人物的年谱、著述考、事实补正、文学辨伪资料，以至作家墓志铭、碑记、传状，有关作家遗闻轶事等）。

——著作资料（有关著作版本流传、版本考证研究、某书有关序跋文字、各种书目著录记载等）。

——视听资料（有关作家遗文遗像照片、遗迹照片、书影以及影片胶片、图片、书法、作品改编的题意诗画。其他艺术形式作品，如戏曲录音、录像带等）。

——文学研究工具（如作者笔名别名表、作者著译目录、作家研究目录等）。

就从以上几项文献类型来看，将文献著录多样化，如专门编制一种文学视听资料著录条例，这固然未尝不可，但著录多样化与使用上的适用性总是有矛盾的。为了使书目有利于文学阅读与欣赏，有利于文学研究，应该使著录统一规格，即著录标准化。

为了讨论问题，现列举若干文学书目之著录选例如下：

《中国文学精要书目》，王浣溪编。

明毛晋编《六十种曲》汲古阁本，翻刻本。

注　此书为传奇最大之汇刊，除《西厢》外皆系明人作品。

《中国通俗小说书目》，孙楷第编。

二刻拍案惊奇三十九卷三十九篇附宋公明闹元宵杂剧一卷

存　明尚友堂原刊本，图存三十叶。记绘工曰"刘鉴"，刻工曰"刘君裕"。正文半叶十行，行二十字。〔日本内阁文库〕〔日本佐伯文库藏本未见〕……

按：以上凌氏二书中，亦间有自旧本出者，唯十之八九为自著，实自著总集也。

上述二例，著录项目采取两种方式：①采取以作者为标目，然后接写书名；②采取以书名为标目，然后接写作者。

对于中国文学文献的著录，我们认为没有必要另外编制一套文献著录规则，只要采用中华人民共和国国家标准《文献著录总则》（GB 3792.1—83）、中华人民共和国国家标准《普通图书著录规则》（GB 3792.2—85）、中华人民共和国国家标准《连续出版物著录规则》（GB 3792.3—84）、中华人民共和国国家标准《检索期刊条目著录规则》（GB 3793—83）就可以了。这是文献著录标准化的要求，也是我国书目发展的趋势。

由于文学文献书目多数以书本式目录出现，故这里只引用《文献著录总则》中的书本式著录格式。也不解释其著录项目包括的内容和它们所用的标识符号。

如普通图书著录的书本格式是：

正书名＝并列书名：副书名及说明书名文字／第一著者；其他著者．—版次及其他版本形式／与本版有关的著者．—出版发行地：出版发行者，出版年、月（出版地：印刷者，印刷年）．—页数或卷册数；图；尺寸或开本＋附件．—（丛书名／编者，国际连续出版物编号；丛书编号）．—附注．—国际标准书号（装订）：获得方式

提要

举实例如下：

古典戏曲存目汇考／庄一拂编著．—上海：上海古籍出版社，1982，12．—3册；大32开．—7.60元

本书著录戏文三百二十余种，杂剧一千八百三十余种，传奇二千五百九十余种，较各种曲目增出不少，并标举正名，略作考证，有附录多种。

如连续出版物著录规则的统一格式：

正题名〔文献类型〕＝并列题名：副题名／第一责任者；其余责任者．—版本／与本版有关责任者．—卷、期、年、月或其他标识．—出版地：出版者，出版年（印刷地：印刷者，印刷年）．

文献总数：插图；尺寸（或开本）＋附件．—（正丛刊名，国际标准连续出版物号；丛刊编号）．

附注

ISSN＝识别题名：价格（年份）

举实例如下：

文学评论丛刊／《文学评论》编辑部．—1978.10，No.1～北京：中国社会科学出版社，1978～v.；32开

不定期

如连续出版物的论文著录格式是：

中文题名＝外文题名／著者／刊名（国别或地名）．—年，卷（期）．—所在页码

提要

举实例如下：

《沈吟楼诗选》和《广阳诗集》／赵昌著／／《中华文史论丛》．—1979，2辑．—372

对以上标准著录格式的应用，须作如下几点说明：

（1）著录格式中的各个项目除题名、著者、版本、出版发行、载体形态属于主要项目外，其余项目均可根据实际情况取舍。

（2）标准著录格式中，开头的第一个项目并不具有传统著录法的标目意义。不过，由于以上所引用的著录格式已将排检项（选择项目）略去，开头的第一个项目仍可作为排检项目看待。因此，选取这一项目的著录内容时，须注意其统一、规范。

（3）图书著录格式适用于各种文学研究资料的单行本著录。

（4）连续出版物的论文著录格式适用于识别和检索各类型文学文献的某一组成部分的分析著录。

为了使文学目录著录上充分揭示文献，并使它能真正起到记录文献、报导文献和检索文献的基本职能，这里着重谈谈文学目录的注释问题。

前面提到了文学目录的编制，往往是以书本式目录出现的。这样，必然要求它在著录项目上力求简化或省略。因此，如何充分利用注释，自然是十分必要了。

注释是目录款目正文著录的延伸和深化，它可以对文献的形式特征作必要的补充说明，并对文献内容进行简介、评述和摘录等。这里谈的注释大致包括著录中的附注项、提要项和文摘、子目等。我们在文学目录中充分使用注释这种补充说明性文字，往往对读者使用文献帮助极大。

文学目录著录中之注释，大致有如下几种。

1. 疑晦处注释

如《何从而闻见之?》一题，副题是《小说的叙述角》，篇题不明论述何事，故需加以注释，说明此文是"谈清代纪昀评《聊斋志异》"，这样就清楚多了。

又如《对一篇〈缘起〉的剖析》，不加注释自然是不明对何书之《缘起》进行剖析，故必须加注："指《刻忠义水浒传缘起》"。

又如《读〈玉抱肚·官悟〉》，不知何时著作，或可见原文何书，故应注明："小曲，见《明代歌曲选》，路工编"。

2. 版本补充注释

如《荡寇志》一书，曾题为《结水浒传》、《续水浒全传》，就应加以说明。

如《留青日札》三十五卷，但明隆庆刻本、万历刻本均三十九卷，而上海神州国光社《中国内乱外祸丛书》仅一卷，应加以说明。

如《栖云山馆词续一卷》，黄锡禧撰，光绪十年稿本。应注明收藏地点及补充文字，如"《栖云山馆词》一卷，收入清人李肇增辑《淮海秋笳集》（丛书）中"，使读者全面了解该作者的创作。

如《约轩诗存》二卷，叶丰撰，稿本。应注明收藏地点及稿本有"袁嘉谷评点，赵藩题识"。

3. 相关资料注释

如《评梁效的三篇黑文》，应分别注明"三篇文章是《刘禹锡的政治诗》、《论李商隐的〈无题〉诗》、《杜甫诗再评论》"。

如《曹雪芹卒于壬午说质疑——答陈毓罴和邓允建同志》，吴恩裕著，《光明日报》，1962年5月6月。应注明"陈文见《光明日报》1962年4月8日，邓文见《文汇报》1962年4月17日"。又如《红楼梦新编书录》，南京师范学院中文系资料室编。应注明"有附录二篇：一、《红楼梦》研究论著简介；二、《红楼梦》版本表。"

从上述各例可以看出，注释既是补充说明文字，它对于图书或文章，并非要求每个条目都加以注释，而是有必要加以说明时才使用它。同时，它的写法和内容是多种形式的，长短不一的，总是以说明问题为主。

第三节　文学目录之提要

　　提要是书目揭示文献内容的重要手段之一，文学目录撰写提要，更有其重要意义。文学目录的提要主要在文学书目中比较常用。

　　文学目录提要的作用大致有：一是推荐图书内容，为读者提供阅读线索，起到指导阅读的目的。这点在文艺推荐书目中尤为常用。二是介绍图书主旨，以备读者之顾问，起到使读者"览目而知旨"的作用。三是评介图书价值，说明某种读物的思想内容或社会作用，分析某书创作上的成就。四是记载图书版本，使读者了解某书的流传，明了某版的阅读与研究价值。总之，文学目录提要的编写，直接影响书目的质量，更直接影响到书目的社会价值，即书目的利用率问题。

　　提要撰写方式有多种多样，但注意内容的真实与语言的生动，无论采取哪种表达方式，都是应该切实考虑的。

　　所谓内容的真实性，即书目编者对所介绍图书的内容做到从政治思想上恰如其分地分析图书内容的高度，从创作成就上实事求是地说明图书内容的深度，当然，在叙述故事情节和人物典型时，能准确地、形象地加以描绘。只有这样，才能使读者阅读书目提要时得到启示，受到指导和帮助。

　　《四库全书总目》是一部官修书目，从全目体例到各书内容介绍，当然渗透着封建思想和文化的消极因索，这点在我们阅读时是要批判地看待的；但《四库全书总目》中对有些图书所写的提要，在介绍图书时，是比较真实地反映了图书内容和使用价值的。

　　如《乐府诗集一百卷》提要：

　　　　宋郭茂倩撰。《建炎以来系年要录》载茂倩为侍读学士郭褒之孙、源中之子。其仕履未详。本浑州须城人。此本题曰太原，盖署郡望也。是集总括历代乐府，上起陶唐，下迄五代。凡郊庙歌词十二卷、燕射歌词三卷、鼓吹曲词五卷、横吹曲词五卷、相和歌词十八卷、清商曲词八卷、舞曲歌词五卷、琴曲歌词四卷、杂曲歌词十八卷、近代曲词四卷、杂谣歌词七卷、新乐府词十一卷。其解题征引浩博，援据精审，宋以来考乐府者无能出其范围。每题以古词居前，拟作居后。使同一曲调，而诸格毕备，不相沿袭。可以药剽窃形似之失。其古词多前列本词，后列入乐所改，得以考知孰为侧，孰为趋，孰为艳，孰为增字、减字。其声词合写，不可训诂者，亦皆题下注明。尤可以药摹拟声牙之弊，诚乐府中第一善本。明梅鼎祚《古乐苑》曰：郭氏意务博揽，间有诗题恩列乐府。如《采桑》则刘邈《万山见采桑人》、……其说亦颇中理。然卷帙既繁，抵牾难保，……

　　从以上引文来看，《四库全书总目》对提要的编写体现了真实性的内容。首先，它全面介绍了此《乐府诗集》的内容，列举全书的主要篇目体系，有助于读者了解该书包括哪些内容、哪些项目，而不是笼统地说明此书是从上古到五代关于乐府诗的一部总集。简要而不繁琐，介绍而不是罗列，这点是很重要的。其次，它结合该书体例，说明这种体例的优点，使读者明了该书内容的同时，也了解该书的读法，这是指导性的体现，也是对图书内容的评价说明。然后，是征引其他人的评论和材料，进一步说明此书的内容，这就是所引梅鼎祚的一段文字，这是很必要的，因为说明书籍内容时，除了说明其使用价值外，还应说明其内容之局限，即实事求是地指出其缺点。我们觉得，如果对一书提要的编写能做到这些方面，对读者阅读是有帮助的。

当然，《四库全书总目》的编者当时是不可能对古典文学书籍分析其时代的局限性，或者说，比较难以做到全面地分析一部图书的优缺点，这个任务历史地落到了现代中国文学研究者的身上。

提要内容的真实性，就在于对所著录书籍内容的概括说明，切忌空泛的评论和介绍。如有介绍某古典剧本时，说"作者对荣华富贵的封建人生观是否定的，着重揭露了那个社会只靠权势就能平步登天的官场黑幕，和人们在专制制度下无法掌握自己命运的悲惨现实"，这种介绍就显得空泛和一般化。又如有介绍某种古典小说时，说"情节生动曲折"、"故事引人入胜"等，也是过于抽象而缺乏说服力。

施蛰存、周圣伟编《大学文科阅读书目介绍（五）：中国古典文学部分》（载《书林》1982年第1期），此目在介绍书籍内容上既做到了反映内容的真实性，又注意了阅读方法的提示。例如：

《古诗十九首初探》 "古诗十九首"本是东汉后期的一组无主名抒情短诗，因其感情质朴真挚而受到历代诗评家的一致推崇，竟至成为一个专有名词。马茂元《古诗十九首初探》（陕西人民出版社1981年版）乃作者积多年研习之心得体会而写就的一部专书，注释扼要，剖析细密，各篇的说明往往阐发意蕴，揭指幽妙，颇有启发。而且，本书前言还对"古诗十九首"作了比较全面的介绍评析，集评部分又把清以前的相关论述择要辑录，对阅读、研究均有裨益。

这种提要的特点是，明确提要是为初学中国文学的青年而写，故略叙书名之来由。其次，集中说明所介绍的这本书的内容特点和价值，便于读者明了书籍之重要性，揭示作者研究的情况、书籍写作的情况和本书之附录，真实反映了书籍之内容。

提要语言的生动性，是文学书目提要的一大特点。文学作品数量是丰富的，文学作品描写的内容更是千姿百态。如此繁富的文学作品，如果它们的提要干瘪无力、毫无引导性和启发性，那自然是大为逊色的。

如果把语言的生动性，仅仅理解成行文中使用华丽的词藻，写成一段十分有声有色的提要，那也是不现实的。我们这里所要求的生动性，是指提要中所运用的语言是人民大众的、活生生的、富有表现力的，通过这种富有表现力和感染力的文学语言，给读者以直观的和翔实的感受。在写作提要时更应力求做到文字上简洁明了。

鲁迅在中国文学发展史上的地位是无容置疑的，但他在中国目录学史上的地位，却未得到全面的评论。在鲁迅所作为数不少的各种书目中，有不少可供我们借鉴和学习的东西，如鲁迅开列的中国文学入门书十二部，对各书的介绍，有些方法是值得我们学习的。他所开列的十二种书中，第八至第十二是这样写的：

八、世说新语、刘义庆（晋人清谈之状）。
九、唐摭言、五代王定保（唐文人取科名之状态）。
十、抱朴子外篇、葛洪（内论及晋末社会状态），有单行本。
十一、论衡、王充（内可见汉末之风俗迷信等）。
十二、今世说、王晫（明末清初之名士习气）。（许寿裳：《亡友鲁迅印象记》，人民文学出版社，1953年）

我们从鲁迅开列书单中对各书的简要说明，就可看出其语言之生动性。往往是一句话概括了一书的内容。如《唐摭言》一书，是一部笔记体作品集，共103条。《四库全书总目》介绍时称："是书述有唐一代贡举之制特详，多史志所未及，其一切杂事，亦足以觇名场之风气，验士习之淳浇，法戒兼陈，可为永鉴，不似他家杂录，但记异闻已也。"应该承认，《四库全书总目》的该书提要写得还是比较好的。但鲁迅的介绍更有其独特之处，即用一句话说明全书内容，且叙述平实而生动。

《四库全书简明目录》之提要，对我们写作文学书籍的提要在文风上有很多可借鉴的地方。试举二例说明：

淮海集四十卷、后集六卷、长短句三卷
　　宋秦观撰。敖陶孙诗评，谓观诗如时女步春，终伤婉弱。吕本中童蒙训，则谓其过岭以后，诗高古严重，自成一家。盖早标新颖，晚洗浮华，自古文人往往如是。其策论神锋俊利，亦少年作也。

简斋集十六卷
　　宋陈与义撰。与义之名，不列江西宗派中，然其诗实江西宗派。特天分绝高，工于变化，能自辟蹊径耳。至湖南流落之余，汴京板荡之后，抚时感事，多近杜陵，于黄、陈之间，高置一席，无愧也。

上引两书提要，能做到针对图书之内容主旨，比较恰当地评价一个诗人的诗歌成就，且叙述中不过多堆砌词语，但又不失文采，所以，读者阅读中能受到启发。同时，提要注意形式多样，或引前人评说，或侧重作者成就较高之处，或记叙故事内容（对一些小说、戏曲作品而言），甚至记述该书版本优点等。总之，做到了体例大体统一，因书而侧重不同，其生动性就会显现出来。语言生动性还有一个基本要求，即遣词用句的准确。如果能做到这些，文学书目的提要必然富有文学性，读者阅读起来，也能起到似游览古迹名胜之导游书，而不是一种产品说明书。

（原载于谢灼华编著：《中国文学目录学》，书目文献出版社，1986年）

个人著述书目

一、个人著述书目概述

个人著述书目可以全面反映一个学者、作家、科学家的全部著作、翻译与编辑、校阅等方面的著述活动，并提供有关该作者生平事业活动及他人评论此人作品的一切文献。它之所以受到人们的重视，这是因为个人著述书目有如下的作用：①反映了作者全部著作，可以帮助读者了解和研究作者在社会政治生活、科学文化事业、文学艺术活动中的成就和贡献；②提供作者与同时代作者的联系和活动线索，为了解学术发展源流、政治集团的变化和他们在历史上的地位提供材料，帮助读者了解一定历史时期内作者的地位和影响；③全面系统地提供某个作者的文献目录，为出版部门编辑出版作者全集选集、选择版本、印行单行著作等提供全面资料和线索，并为各方面研究工作者提供系统研究资料，省翻检之劳。

个人著述书目也就是个人著述考。个人著述考向为我国古代学者所重视。历代作家别集按作品创作年代为序的编年本，一些个人文集附录的编年表，记载学术活动的学谱以及大量作家著述考、著作版本考，均可视为作家著述考。

建国前，我国学术界曾编撰我国学术发展史上有影响人物的著述考。如容肇祖撰《韩非的著作考》、吴其昌撰《朱子著述考》、顾颉刚撰《郑樵著述考》、何鹏撰《蒲松龄著述考》、梁启超撰《戴东原著述纂校书目考》、王重民撰《杨惺吾先生著述考》、储皖峰撰《王静安（国维）先生著述表》以及赵景深撰《朱湘著译编目》等。

学术界和文艺界十分重视作家个人著述书目的编撰。鲁迅曾自编《鲁迅著译书目》，附于《三闲集》。1936 年鲁迅逝世后，许广平广泛收集鲁迅著译的各种作品和未出版手稿，编成《鲁迅著译书目续编》，附于《鲁迅全集》第 20 卷。1941 年，柳倩编《郭沫若先生二十五年著译编目——1941 年 11 月止》系统收集了郭沫若从事创作以来廿五周年的各种著述、翻译、编校等方面的出版物。1945 年重庆《新华日报》亦有《茅盾先生著译目录》，总结了茅盾的著译活动的成就。

建国后，个人著述书目得到较快的发展。特别是在我国革命斗争历史上作出贡献的革命活动家和作家，都有人从事专门书目的编撰。建国初，唐弢在鲁迅自编书目与许广平增补书目的基础上，编出《重订鲁迅著译书目》，收集资料和分类编排上又超出许广平编的《鲁迅著译书目续编》。孙用、林辰等人，斟酌各家著录又对唐目有所补正，于 1958 年出版的《鲁迅研究资料编目》，收罗更加丰富，不仅包括鲁迅的著译编校等各种文字，而且收集了有关鲁迅生平传记资料和研究评论鲁迅及其作品的文献线索。至于图书馆编制的鲁迅生平年表、著译年表、著译书目、研究资料索引就更多了。北京图书馆和中国社会科学院文学研究所合编《鲁迅研究资料索引》，则是包罗国内外有关鲁迅文献，汇集各种研究鲁迅的资料，是目前国内影响较大的鲁迅著述书目。此外，反映李大钊著译情况的有张次溪撰《李大钊先生著述年表》。反映瞿秋白著译情况的有辛民编《瞿秋白同志年表（以著作翻译为主）》，丁景唐、文操合编《瞿秋白著译系年目录》。这些书目资料，在宣传革命先辈生平事迹，提供作家研究资料，配合开展对作家的研究、作品的评论方面，都有很重要的意义。

　　60年代初，配合现代文学的研究，曾经出现大量的现代作家著述年表和著述书目，如山东师范学院中文系编辑出版了一套《中国现代作家研究资料丛书》，收有《中国现代作家著作目录》，提供了五四以来重要作家的著译目录。另编有茅盾、郭沫若、巴金、老舍等10多个作家研究资料汇编，其中都附有作家著译年表。虽然这些书目收集资料不够完备，编排方法上尚待改进，但仍为研究新文学史者必备的参考资料。上海师范学院图书馆编《中国现代文学家资料丛编》第二种《茅盾著译作品及其研究》，以其取材丰富、分类细密等优点，深受文学研究者的欢迎。

　　近几年，文学研究逐步繁荣，史料、工具书的编纂活动受到重视，为表彰一部分党和国家领导人的革命业绩，开始收集和编纂革命活动家著作全集和著作目录，反映卓越科学家著作的科学家传记书目也受到重视。一大批著名作家、文艺战士的著述书目不断出现，如鲁迅、郭沫若、茅盾、巴金、老舍、阿英、何其芳、郭小川等著述书目都有出版。可以预料，今后个人著述书目将会受到学术界和图书馆界的重视。

　　个人著述书目又可分为两种：一是按专题内容编排的个人著述研究书目，这种书目应记载作者生平、著述状况和研究资料，这是比较完备的作家著述和研究书目；二是按年月编排的个人著述编年书目，这种书目记载作者生平和著译编年情况资料。下面将分别讲述它们的编制方法。

二、个人著述编年书目编制法

　　个人著述编年书目，称著译系年，亦称著译目录。收集作者著述文献按时间先后顺序排列，或著录书籍，或著录篇目，均为个人著述编年书目。

　　个人著述编年书目有重要的文献价值，它有助于读者了解作者思想发展和变化，有助于研究一个作者在历史阶段上的地位和影响，有助于读者了解作者的革命实践活动和生平事迹，提供一个作者的简历和著述活动的线索。同时，个人著述编年书目还可提供作者创作道路、科技成就的资料，有助于深入研究作者在各个领域中的贡献。从著作版本流传的情况，也可反映出一定历史阶段的思想文化史、科学技术史、文学艺术史的侧面。所以，现在学术界对个人著述编年书目比较重视。

1. 个人著述编年书目的收录范围

　　个人著述编年书目的范围主要是收录作者和著作有关的资料，一般不包括研究和评论作家和作品的资料。所以，它包括：①作者生平和创作有关的历史材料，如生平重大事迹和活动，与作者创作活动相联系的历史事件和人物，收集这些材料，目的在于把作者摆在一定的历史环境中，考察作者著述活动的地位和影响；②作者的著作、翻译、编辑、校阅、签发的各种文献的发表、出版、发行、改版、重印、汇辑等情况的变化，收集这些资料，可以看出作者全部著译活动和著作的流传；③和作者有紧密联系的人物和出版物。

2. 个人著述编年书目的体例

个人著述编年书目体例特点主要是按年月顺序排列资料，所以，一些书目严格按年月顺序著录作家的作品；但也有一些书目以年月为系，旁及事实，略论沿革变化，组织材料上比较灵活。一般的书目结构分为三项：①作者所处时代，以年月为序，逐年展开，此为书目的纲；②著录篇目，按作品写作或发表的先后，著录作品体裁、内容、写作情况和出版变化；③编者按语，包括对作品篇目、发表年月和出处考证、其他附加说明等。

试以《列宁著作编年索引》为例，此书严格按著作年月排列，每篇文献包括以下项目：①篇目（包括书名和副书名）；②年月日（指写作时间）；③写作地点（属于十月革命前的书信和电报）；④档案记载；⑤第一次发表；⑥作者认可的版本；⑦生前出版物（到伟大十月社会主义革命前）；⑧苏维埃时期最重要的再版。这种书目著录比较完备，基本上能从不同角度反映每一篇文献的写作、流传情况。

3. 个人著述编年书目的编辑方法

（1）收集资料和整理。个人著述编年书目的范围如上所述，因此，编制书目必须收集广泛的资料，如某一篇文献，都必须首先搞清写作和第一次发表的地方，以确定文献的著录时间和出处，便于收入作者的书目中。作品发表以后，陆续有编入选集、全集，或汇入其他著作中，改变和变化情况如何都应该全面收集。书目资料的整理包括考定出版（发表）年月，考定笔名别号，考定作品真伪，考定出版物的初版、再版等版本事项的变化，这些工作是编辑个人著述书目的基础工作。只有做好了这一步，才能保证书目工作的科学性。

（2）资料的排列和调整。当收集到丰富资料后，应把书目资料加以排列，从中检查书目中的问题，并调整其中的次序，一般的作品，除有具体写作和发表年月外，有好些只能作出推算的写作或发表年代。这样，可在有具体年月的作品后，附上无法确定月日的作品，使之尽量划入时间顺序的排列中。

（3）篇目的按语和介绍。在个人著述编年书目中，有必要附加按语和作出作品的内容介绍。这样便于了解作品价值，提供读者使用。编者按语一般写在篇目之后。

编制著述编年书目，应多方面反映作者著述活动。因此作为一个作家的著述书目，除按时间顺序编制收集全部著作的编年书目外，还可以编出著作编年、手稿编年，以及作者其他著述形式的目录。如《左联五烈士研究资料编目》中的柔石著作目录，就包括有《柔石著译系年目录》，这是完备地反映作者著述活动的编年书目；《柔石著译书目》，集中柔石著作和翻译作品已出版的书籍目录；《柔石作品改编本书目》，反映柔石的作品改编成其他文学形式，如电影、戏剧、连环画等的目录；《柔石作品未印书目》，著录柔石作品未印稿。又《柔石所编期刊画集丛书目录》，收集柔石本人和别人合作共同编辑的书刊目录。以上各种柔石著述书目，可以看成全套柔石著述书目。事实证明，以年月为纲，能反映作者著述活动的全过程。但有些著述活动，如编辑期刊、出版丛书年月较久，联系面较宽，故需用别的方法来反映它，因此就有必要编出编撰书目，出版书目等。

三、个人著述研究书目编制法

个人著述研究书目编制原则与方法，大致要注意如下几个方面。

1. 个人著述研究书目的要求

个人著述研究书目既要反映某作者个人著述全部活动和成果，同时还应兼备有关传记资料和研究资料。所以，它应在选材和内容上达到以下要求：①全面性。就是要收录作者的全部文献，既要反映出作者有重大政治影响和学术价值的论著译作和文件，同时也不应忽视作者写作的短小评论、简易条文和手令；既要反映作者修改定稿的著作，也应包括作者的著作准备材料，读书笔记等。所以，著述书目应包括作者亲自写作或参与写作、审阅定稿、校阅编辑等的一切著作方式的著作、文章、演说稿、书信、电文、题词等。②系统性。即应收集一切能说明该作者在一定时期内或一定学术文化领域的地位和贡献的历史文物、图片、手迹、档案记载等历史材料。同时，应收集有关作者思想发展和学术贡献的研究资料、与作品有关的书报出版物等。③准确性。即在收集材料上应辨真伪，如征集中不仅要提供作者的化名和别名线索，但也要注意不要弄错，先在选材上下工夫，以后在编辑时可省不少整理的工作。

试以郭沫若著作编辑出版委员会征集的书刊文稿资料为例，其范围有：①郭沫若同志未公开发表的诗歌、散文、小说、戏剧、政论、杂文、学术论著、翻译作品以及其他文稿；②郭沫若同志的书信、题辞、序跋以及讲话记录；③建国前出版的郭沫若同志著作和翻译的最初版本；④建国前已经报刊发表而未收入《沫若文集》或辑成专书的郭沫若同志的文稿；⑤汇集在他人著作中的郭沫若同志的文稿；⑥郭沫若同志亲笔写的一切手迹；⑦有关郭沫若同志的照片。当然，这个征集范围是属于著译活动的范围，并不包括作者研究资料在内。同时，也未列入有关出版物和传记资料。如果我们编制郭沫若个人著述研究书目，还应适当扩大范围。

2. 个人著述研究书目的资料收集和整理

要编制个人著述研究书目，必须全面收集该作者的全部文献资料。因此，我们要查寻和检索作者发表在报刊的文章，公开和内部出版的各种出版物，以便收集到各种有关文献，做到详尽无遗。其次，我们还要征询作者本人和有关亲友、家属等，要征集作者未发表的手稿、笔记等材料，查询关于著作中的问题，如笔名的核实、发表年代和刊期、报刊资料的收藏地点等。同时，还应广泛查阅或复制有关书刊报纸，以至不同的出版物的版本，以便反映该作者著述的全貌。

要使个人著述研究书目编制得具有思想性和科学性，还要对作家的著作篇目和内容进行整理。整理工作大致有如下几方面：①著作篇名的整理，如有些著作无篇名，有些著作篇名有出入，这些都应作著作篇名的整理。一般的从科学性要求出发，最好能准确地使篇名反映内容和实质，并具有易于查检的效果。如一些国家领导人的讲演稿、发言稿等，应明确标出作者讲演的地点、时间外，应着重标明在什么会议上的讲演稿、什么场合的发言稿。至于一些书信，在篇名上也应区别不同人物，分别运用不同字眼。当然，如发表于报刊上已有篇名，最好沿用原题，不宜作过大改动。②著作年代的整理，这方面的整理工作包括审定写作日期、发表日期，考证出版物版本年月等工作。③著作内容的整理。这方面的整理工作包括选定标准本，如一作品曾有初版、重版、改版的书籍，就有如何选定标准的版本，作为主要的著录，并附各版说明和评价。一种著作流传过程中有真伪的版本，某种著作亦有辨伪、考证、校勘等工作，这些都需在编制书目前认真做好，以免在书目中反映失实，造成混乱。总之，做好著作的整理工作，是书目工作的一项基本工作。

3. 个人著述研究书目的体例

个人著述研究书目，一般包含两大部分。一为个人著述文献书目，大致有按专题排列、按时间排列、按写作形式排列等多种。所以，我们现在看到的个人著述研究书目，既有作者著述文献的专题书目，如某作者的著译书目、所编报刊书目、作品未印书目等，也有作者著译系年目录。一为个人著述研究资料，这种研究资料包括关于作者生平事业的回忆、追述、档案文件，但是，比较重要的部分是该作家和作品研究、评论等资料目录。研究资料的收集应力求完备，使读者能从各个角度看到对作家和作品的评论意见，而编制方法上应考虑时代背景、作家生平中的关键年代、研究和评论过程中的争论等方面，使之从读者检索的角度上满足多方面的需要。

4. 个人著述研究书目的编排方法

（1）选定标目标。目一般以篇名为主，如登记作品，应力求反映作家的全部作品和出版物的各种版本，故选定标目要做到准确。一方面准确地表达作品的主题；另一方面也应尽量保持原作篇名，最好使用最初发表的篇名、最初版本的书名。同时，一篇作品篇名有必要的说明和副题时，也应尽量在著录上注明。

（2）篇目的分类。评价著述书目的质量，分类的细密和易于检索是一个关键。我们提倡应从多种角度去标识，如主要是按著作内容分类时，应辅之体裁分类、年代分类等方法。

分类应先拟订分类表。拟订分类表不仅要求书目编制者熟悉作家的全部文献，而且要从思想史、科学史、文艺发展史的角度去拟订类目表。《鲁迅研究资料编目》在统辖鲁迅著译活动的全部文献时，著译部分就分全集、选集、著作单行本、翻译书籍和文章、编辑校勘的书籍，以及编辑的报刊、杂志、丛书和艺术介绍、序跋等，也就是说这一部分是作者著译、编辑、校阅等文献；作品流传部分包括鲁迅著作选入本、少数民族文字翻译本、外文翻译本等；作品影响部分包括作品改编、作品的木刻插图、绘画等；此外还有鲁迅作品的盗版、偷版和集外佚文等。这种分类排列，使人能从不同角度了解鲁迅著作的产生、流传、演变和影响。

《茅盾著译作品及其研究》在划分茅盾作品研究部分的资料时，其分类有"茅盾传记及有关资料"，下分"一、自传，二、茅盾生平和创作，三、传记旧资料，四、笔名资料，五、文学研究会资料，六、著译作品及资料汇编"。"茅盾著译作品的各家评述"，下分"一、茅盾创作评论，二、《蚀》三部曲：幻灭、动摇、追求，三、子夜，四、农村三部曲：春蚕、秋收、残冬，五、腐蚀（小说与电影），六、清明前后，七、林家铺子（小说与电影），八、白杨礼赞，九、其他作品"。从这种作品研究资料分类情况看，是按主题和围绕重要作品立类，故方便查找和检索，比一些书目只按年代顺序编排显得更科学和严谨，这是值得提倡的。

在对研究资料进行分类时，除按类目编排外，还应该按年代排列，因为按时间顺序排列史料，既能充分反映出一个作者作品的流传，更能从历史发展阶段上看出作者在政治思想、文化科学等领域的地位。

（3）篇目著录。著录应详细注出书名、篇名（包括副书名）、写作时间或发表时间、著作方式、出版时间和出版者，以及其他版本记载。

如《郭沫若著译书目》（载《中国现代文艺资料丛刊》第4辑）的著录规则是每种列书名、丛书名称、作者姓名（只注用笔名的）、出版单位（出版年月及版次和篇名）。其中《蔡文姬》（五幕史剧），分别著录为：①1959年4月文物出版社第一版第一次印刷。②1959年7月第二版。③1959年11月中国戏剧出版社北京第一版第一次印刷。"仔细查对原书，文物出版社版有《胡笳十八拍》图版，并附郭沫若论蔡文姬文章多篇，而中国戏剧出版社版是演出本，未附其他文字；前者大32开本，后者小32开本。所以从内容到版式都有区别，如果只简略著录，是不能充分报道文献内容的。

（4）篇目解题。篇目下最好有必要的内容简介和说明，流传较少的或丛书、合集等应详注子目，以便读者了解作品内容。

今以《鲁迅研究资料编目》书中著录一例，说明著录之体制和方法。

朝花夕拾　未名新集　1928.9.　未名社初版

散文集，共十篇。一九二六年在北京和厦门时所作，原发表于《莽原》半月刊，原名"旧事重提"，单行本改今名。一九二八年九月北京未名社初版，作为"未名新集"之一。一九三二年八月三版时由上海北新书局重排印出。一至三版均由陶元庆作封面。一九三六年三月四版时，白书面上铅字直排书名，无图案。这十篇都是鲁迅先生回忆少年时代生活的最美丽的散文；在追忆父亲、保姆、旧师、故友中间，闪耀着反封建的光芒和伟大的爱和憎，解放后统一由人民文学出版社出版。

（5）书目序言的编写。一个好的著述书目，必须有一个好的序言，它应该说明作者的生平和著述活动、作品的价值和影响，使读者对作者有一个大致了解和认识，同时，应有编辑说明。如：①书目的用途和读者对象；②挑选资料的标准和范围；③资料编制的次序；④资料著录格式的说明和举例；⑤辅助索引的使用方法。序言和编辑说明一般可一起写。

（6）个人著述研究书目的审核。个人著述研究书目的对象多为马克思主义经典作家、党和国家重要领导人,或是文学艺术、文化教育、科学技术领域的杰出人物。所以,编制个人著述研究书目应做好篇目和内容的审核工作,书目质量的高低关系到重大的政治意义和学术价值。

首先,应尽量利用作者本人自编书目,并以此作为新编书目的依据。

其次,应尽量把收集到的各种文献用作者亲自编辑出版的书籍,或亲自审阅的原稿、认可出版的初印本等校对,增加书目的可靠性。

最后,应尽量利用作者本人的材料,作者亲友、师长等提供的材料,国家机关和私人保留的档案资料等进行复核。如有可能,应约请本人或作者亲友亲自审核条目和内容,校正事实和文献。

(原载于武汉大学、北京大学《目录学概论》编写组编著:《目录学概论》第244～257页,中华书局,1982年)

地方文献与地方志

我国有句俗话，"兵马未动，粮草先行"。要编好地方志，先要做好地方文献的搜集整理工作。这一点已经为许多同志所认识。什么是地方文献？顾名思义，地方文献就是有关一个地方的文献资料。

一般说来，地方文献具有三个特点：一是地方性。即某一地方文献必须与该地有关；相反，如与该地无关，无论其价值、内容如何，都不能列入地方文献。二是资料性。即有关该地的文献必须是有某种参考价值和使用意义。从历史角度，看其是否能反映某一地区某一历史人物或事件的发生、过程、结果和在历史上的地位，或者能说明、补充、订正某一事实。文献必须真实、具体、完整等。三是多样性。即形式上可以是体裁多样，文字各异，版式不一。如现有图书、杂志、报纸，具有价值的图片、照片、影片、画片、像片等，档案中的文件、表格、票据，历史文物中的拓片、谱谍、印模等。

地方志是地方文献的一种，但地方志又是地方文献的综合记录。章学诚说："方志属史体，为国史要删，会萃一方之事，较之国史具体而微也"。章学诚的主张，倾向于地方志是地方史的一种。我国历史上产生的大量地方志，大致都着眼于资料的保留，作为科学研究的成果还是不够条件的。所以，还不能把地方志都划入地方史内。

地方志是一个地区政治、经济、文化和学术、自然、生产、技术以及社会生活等各方面的资料书，或者说是一个地区的地方文献经过系统化的综合记录。

关于地方文献的范围。在我们开始搜集文献资料时，讨论一下地方文献的范围是很有必要的。因为地方文献收之过泛，往往耗费时日，对我们编写方志是不利的；但如果失之过窄，也直接影响地方志的质量。对于地方文献的范围，《湖北省地方志编纂委员会关于征求湖北地方文献资料启事》中规定了征集湖北地方文献资料的七条可作参考。这里只就收集地方文献中的一些问题，提出初步的看法。

一是处理好重点资料与一般资料的关系，首先做好重点资料的搜集工作。编写湖北方志，凡关于本地区过去和现在一切情况的反映和记载，例如自然地理、经济生产、社会政治、文化教育等资料，都应收集，特别是地方党委和政府的指示、决议，各地的新鲜事物，市政建设和经济发展的新成就，更要加以注意。但是，哪些资料是我们收集的重点呢？

例如革命斗争史料。从新修湖北方志的断限看来，辛亥首义，中国共产党成立，大革命时期，土地革命战争如湘鄂西、鄂豫皖根据地的斗争，抗日战争时期以至解放后，湖北武汉的革命事件和革命斗争，这些事件对全国有重要意义和影响，对湖北全省的形势更有着直接的关系。所以，像这些历史事件和革命斗争的资料，就应该作为我们收集的重点。

二是处理好局部与全局的关系。中国共产党成立后，湖北省党组织领导的各种斗争,都是由中央统一部署和安排的。特别在建国后,湖北省党的组织在党中央领导下,取得了社会主义革命和社会主义建设的伟大胜利,这一切胜利都是贯彻党的方针政策的结果。所以,在注意收集湖北革命斗争史料时,还应注意收集党中央和中央人民政府的各项法令政策,党政领导人对湖北工作的指示、谈话,他们在湖北的革命活动事迹和材料。

局部发生的事件,可能直接影响到全局,推动全局的发展。在收集革命斗争史料时,还应收集和本省事件有联系、有直接影响的材料。这样才能在编写方志时层次清楚,脉络分明。

社会政治史料。地处长江中游的湖北,长期以来是帝国主义垂涎之地,汉口、沙市、宜昌都曾是通商口岸。近、现代外国帝国主义的侵略活动,直接影响着湖北的政治、经济、文化的发展。所以,我们应该着重收集帝国主义对湖北省军事、政治、经济及文化侵略的资料,反动政府勾结帝国主义侵略势力压迫剥削人民、镇压革命斗争的资料,以及帝国主义者、买办阶级和他们的帮凶的资料。我们积累了这些材料,加以科学整理,才能完整地叙述近、现代湖北历史进程中正反两个方面的情况。

地方经济史料。湖北地处中原,武汉号称"九省通衢",亚热带的地理环境和江汉平原的优势,"两湖熟、天下足",这一切使湖北工农业在全国经济建设中处于重要地位。这就是地方特点。我们只有积累了反映地方特点的材料,才能编出具有地方性的方志。

三是处理好本地人著作和与本地有关的著作的关系,着重收集与本地有关的资料。

旧方志是非常注意本地人著作的,或收集本地人著作编成经籍志,或在志书中专设一志,如著述志。这在当时是为了表彰先贤、阐扬乡邦文化。我们今天修志,主要是记载自然、社会、政治、经济等多方面的情况。因此,我们主张不要按著作人籍贯这个标准来积累地方文献,而应以著作内容是否与本省有关作为收录标准。根据这种理解,凡是论及本地、联系本地、影响本地的著作,不管作者籍贯是否湖北,都应归入本地文献中。

地方志中还有人物志,要写出人物志,又必须积累相当的文献资料,这个问题怎样解决呢?首先应收集本地人物有关本地的著作,收集他们著作中有关本地史事和人物的记载,同时收集他们的著述目录和叙述他们生平事迹和贡献的年谱、传记、评述和回忆录。通过这些材料,可以大致说明这个本地人物的生平和事迹。

处理好本地出版物和与本地有关的外地出版物的关系,着重收集与本地有关的出版物。本地出版物是指本地区在这个历史时期内雕刻、印刷的书刊报纸等出版品,它们是本地科学、文化、教育事业发展的标志。但是,是否凡本地区的所有出版物都算作本地的地方文献呢?都要具体分析、具体对待。有些地方出版物是和本地有直接关系的,如湖北农业地理这类书籍,论及湖北中草药的这类书籍,当然是湖北地方文献的范围。关于这类书籍,不论其由本地或外地出版,都应收入本地地方文献,为湖北的地方文献。

反映湖北文化科学发展和成就,记载湖北地方文化艺术发展,富有地方特色的内容的出版物,都应作为我们收集的范围。如有关楚剧的出版物,无论本地出版或外地出版，都应作为地方文献收集。

此外，还应注意收集外省人、外国人关于湖北的著作。

四是有些出版物并不具有文献价值，尽管是本地出版的也无须收集，重点处理好本地的文献资料。

首先，应该收集现行行政区划的材料。区划有历史的，也有现在的，我们在收集地方文献时，两者都应考虑到，但应以现行的区划为主。湖北以前和湖南统称湖广，作为历史情况，我们要弄清楚，但要以现在湖北行政区划为界限，收集反映现在区域内的政治、经济、文化、生产建设等情况的资料。

同时，我们还要考虑自然情况。长江和汉水在湖北省地理上占有十分重要的地位。所以，湖北地方文献中关于长江、汉水的文献是我们收集的重要方面。但是，长江流经湖北，上游有四川，下游有江西、安徽、江苏等省，因长江的关系，这些地方都可能和湖北发生关系。在众多的文献中，首先应注意收集湖北省境内的材料，如水力资源、水旱灾害、航运水道和长江流域的规划与利用等方面的材料，然后再涉及邻省的有关材料。

历史事件中，也有个本地与外地的关系问题。在这种情况下，还是应以本地事件和人物的材料为主，但对和本地有直接联系的外地材料也不应遗漏。

五是注意收集反映地方性的学术著作和反映历史真实的文艺作品。

现代自然科学和社会科学中，有些著作是反映地方性、区域性的，如农业科学、地质科学、自然地理、动植物学、医学、历史考古等科学种类，我们应注意从中选取与本地有关的学术著作，收入地方文献中。

政治经济方面的著作，一般不带有区域性。但属于部门经济，如工农业经济状况、调查材料和有关政策法令，则与本地直接有关，亦为本地地方文献。

优秀的文艺作品，是收集、反映历史的真实性和本地人民的斗争活动。很多本地人的诗文、碑铭文字，反映了本地的有关事件和人物的古代本地人的诗文集，也可以作为本地地方文献。现代作家的小说散文集，则依其内容而定。历史上形成的文学派别和集团、集子和著作，则要注意其在地方文献中的完整性，如明代之公安派、竟陵派，就是一例。

地方戏剧带有浓厚的地方性，与本地历史发展、自然形势、人民活动和语言风俗等都有直接的联系。所以，凡本地地方戏剧的发生和发展、演技、唱腔、音乐、服饰、道具等文献，都是研究、改进、提高和发展某一地方戏剧必不可少的资料，这当然属地方文献。由于地方戏剧的发展离不开剧本创作，所以，这些地方戏剧的剧本，不论是本地人创作或外地剧本移植的，剧情与本地有关或无关，都应收录作本地文献。

六是注意收录本地考古发现的资料和有关本地手工工艺品的记载。

本地考古的成果，出土的古器物，保留的古建筑，负有盛名的名胜古迹，关于记载这些情况的资料，不要因其是实物，就不加以注意。当然，我们收集的是有关文字资料，如拓片、影片、图片、碑文和器物的图录。

七是收录稍宽，选择略严。在收集中注意保留前代遗物，为后代积累文化财富。

由于历史上的兵火之灾，封建王朝严酷的政治和文化压迫，国民党反动派的摧残，帝国主义的掠夺，祖国的文化遗产损失是惊人的。现在编写地方志，我们有条件在各级党和政府的领导下，广大人民群众的支持下，调查、访问、收集、积累大量的革命斗争史料、社会政治资料、敌伪档案史料、人民口头流传和长期保留的传闻和文献，所以，这也要求我们在工作中收录应该稍宽，尽量积累历史上留下的遗产，不要因暂时无用或暂时尚无法鉴别和分析而放弃。让我们都做有心人，通过我们的工作，留下本地区地方文献的综合记录——地方志，也为我们后人保留下一份比较可贵的有关本地方的文字记载的材料，造福后人。

（原载于《湖北方志通讯》1981年第9期）

论方志目录

本文旨在回顾方志目录编写之历史沿革，摸索方志目录揭示之特点和要求，评介重要方志目录之得失，借以进一步提高方志目录之质量，以便使它更好地为编撰新地方志的参考使用，更好地为四个现代化建设服务。

一、方志在历代书目中之反映

方志的范围各代多有变化，故在历代书目中之反映也是很复杂的。

顾颉刚先生在《中国地方志综录》序言中曾谓："前此各史艺文志中亦尝载录方志矣，而疏漏弥甚。"出现这种现象，原因当然是多方面的。我国方志发展，如从秦汉的全国性区域志算起，已有2000多年的历史。但宋以前，当时史和志互相交叉，各地虽有地纪、图经之编撰，究其书籍之数量，尚未能单独立类，故各种史志目录中只在史部地理类收入地纪、图经类书籍。所以，著录家对方志之反映比较疏漏，此其一也。编撰和绘制的地纪、图经，本身因史料价值之重要，往往秘而不宣，藏之官府。且因宋以前印刷条件之限制，这些材料也不能广为印刷流传，出现的往往是少量传抄之物。正因为其数量较少，往往也使著录家忽视此种图籍，未予在书目中单独立类。故历代史志目录中特别是宋代以前各种书目，往往简略记载，此其二也。

现在，从事方志目录历史之研究，了解本地方志编纂之历史，还得查阅历代史志目录和私人藏书目录。所以，历代著录对于方志虽嫌疏漏，我们还必须注意加以研究和总结。

方志在书目中之反映，魏晋南北朝以后才开始出现。

地纪一类著作，西汉已有发展，东汉以后有显著的增加。三国两晋时，地纪因地方豪强的崛起，地区政治、经济、文化的发展，已出现比较繁荣的局面。但当时书目如魏郑默《魏中经簿》还未加以反映。晋荀勖《中经新簿》虽分书籍为甲、乙、丙、丁四部，丙部据《汉志》六艺略中春秋类扩充，主要收录史部图书，如史记、旧事、皇览簿、杂事等类书，如收入地纪类著作，估计只入于杂事之类，并未能给予足够的重视。东晋李充《晋元帝四部书目》，调整甲乙丙丁次序，甲为经、乙为史、丙为子、丁为集，史部书籍入乙部。把史部书籍独立成一大类，一方面反映此时史部图书的增加，另一方面也说明史部书籍在整个社会的文化典籍中已占很重要的地位。

对地纪等图书比较重视的倒是一些私家目录。南朝齐王俭撰《七志》，分图书为七部，"七曰图谱志，纪地域及图书"，说明其注意各地方地理历史书籍和地图等资料。南朝梁阮孝绪撰《七录》，分图书为七部，"二曰记传录，纪史传"。整个书目结构严密，分类颇细，"其分部题目，颇有次序"。（《隋书·经籍志·序》）纪传录再分12小类，其第十二小类为土地部，方志之早期著作为各种地纪，谅已收入此目。

南北朝特别是南方各朝，都陆续编有官家藏书目录。宋元嘉间谢灵运撰《四部目录》，宋元徽时王俭撰《四部书目录》，齐永明间王亮等撰《四部书目》，梁天监间殷钧撰《四部书目录》，陈天嘉间撰《寿安殿四部目录》（佚名）等，虽沿用李充甲乙丙丁四部类分图书，且著录简略，但因沿袭旧制，于史部图书中均可收入地纪类图书，这是没疑问的。我们分析此一时期的书目，因散亡殆尽，不能了解其大概，是一大憾事。但此类书目记载亦较多反映在唐初编的《隋书·经籍志》中，如称地纪类图书，"晋世挚虞依《禹贡》、《周官》作《畿服经》，其州郡及县分野、封略、事业、国邑、山陵、水泉、乡亭、城郭、道里、土田、民物、风俗、先贤、旧好，靡不具悉，凡一百七十卷，今亡。而学者因其经历，并有记载，然不能成一家之体。齐时陆澄聚一百六十家之说，依其前后远近，编而为部，谓之《地理书》。任昉又增陆澄之书八十四家，谓之《地纪》。"（《隋书·经籍志·序》）《隋书·经籍志》设史部地理类，并在类序中叙述地纪类书籍编写之始末，登录大量地理类书籍，其中包括各种地纪类书籍，完全是继承南北朝时各种公私书目的传统，并利用它们的记载据以著录。

唐初魏徵等编《隋书》，特设"经籍志"一项，记载先代遗留，特别是魏晋以来之图书。《隋书·经籍志》分图书为四部，即经部、史部、子部、集部。史部在第十一设地理类，著录《山海经》至《并州总内诸州图》，内容包罗古地理书、地纪、图经、山水记、人物记、风土记，以及记述国外地理书籍，范围是十分广泛的。《隋书·经籍志》对方志类书籍，首先记载了州郡地记书籍，如《元康三年地纪》、《元嘉六年地纪》、《吴兴纪》、《吴郡纪》等，且著录梁任昉之《地纪》252卷，此书是地方州郡地纪的总汇辑。其次记载了图经书籍，如《冀州图经》、《幽州图经》和《隋诸州图经集》100卷等。此外，地方史和地理书，《隋书·经籍志》亦记载不少，亦可供我们参阅。《隋书·经籍志》史部地理类之设立，为我国1000多年史志目录定了程式，从唐至清，各种史志目录几乎都不能跳出此类目之限制。这虽然有其落后的一面，但其类目之稳定，也为我们查找方志图书提供了方便。

唐代图经发展很快。到了宋代，由于图经的文字增多，说明和记载之材料，因地理疆域扩充到人口物产，而人口民族必涉及姓氏人物，姓氏人物必有诗赋艺文之记载，进而说明官职、选举、科举等，这样就使方志体例逐步完善，方志这种类型的图书便出现了。

宋代由于社会经济的发展，城市的兴盛，图书印刷条件大为改善，图书流传遍及城乡，全国出现了浙、闽、蜀等出版中心地域，图书也成为商品出现于市场。这样，不仅官府藏书数量甚巨，私人亦坐拥书城，几挎国府。南宋尤袤、陈振孙、晁公武等私人藏书家的藏书目录，著录万卷以上，即是明证。郑樵的《通志·艺文略》，通记古今之有无，但对宋代图书还是着重收录的。《通志·艺文略》改变图书分为四部之通例，统为12类，史部第五类，在第五类中划分10个子目，地理目为第十，又细分地理、都城宫苑、郡邑、图经、方物等11小类。我们仔细考察，当时属方志类的图书分列地理类，如地理小类曾著录《地纪》、《地理书》、《隋诸州图经集记》等，是《隋书》中过录的，但也记载了如《元和郡县图志》、《太平寰宇记》等唐宋全国一统志。都城宫苑类曾著录旧京城志，但也著录宋朝宋敏求等编《河南志》、《晋安志》、《东都记》等书。

至于设立郡邑类，是郑樵根据方志书籍增多而设立的小类，其中除著录唐或唐以前之《邺中记》、《秣陵记》、《蜀志》、《巴蜀记》、《吴郡记》、《会稽记》等地方史志，还著录了《广西会要》、《广东会要》等后出之书。图经类大量著录《京东路图经》、《京西路图经》等当代志书20多种，即纯属方志类目。《通志·艺文略》虽未专设方志类目，但实际上在史部地理类中设郡邑图经小类，开后世书目专收方志之先例，并把前代书目中地理类书籍古今混编、各种内容之书混合为类的情况区分开来。所以，郑樵在方志著录上的贡献是很显著的。

明清二代，方志书籍发展迅速，除全国一统志书外，省会、郡邑、都城、乡镇均有志书。这种数量多、种类细的情况，必然要反映在官私藏书目录中，这方面反映比较合理的还是私人藏书目录。综观明清二代官私书目，对地方志之著录与分类大致有三种进步。一是在地理类中设立方志类。如朱睦㮮《万卷堂艺文志》，史部分为13类，其第十二类为"地志"；陈第《世善堂书目》，史部设"方州各志类"。这种设立新类，收罗方志图书是很值得注的现象。二是在地理类中设立方志类，且细分各体。如祁承㸁《澹生堂藏书谱》，史部分五类，第十四类为图志类，下分统志、约志、省会通志、郡邑志、边镇等，类目繁细，可类分出现的各种志书。三是在地理类中细分各种地理书籍，方志亦有类目可入。如《四库全书总目》，地理类分总志、都会郡县等类，亦可类分各类方志书籍，尤以提要参考价值较大。

《四库全书总目》把方志之书收入地理类。地理类共分总志类、都会郡县类，属地志一类图书。又分河渠、边防、山川、古迹、杂记、游记、外纪诸类，则收其他地理、游记等图书。地理类图书中，总志收全国性的地理书7部941卷，存目17部437卷（其中三部无卷数），都会郡县类收都城、省及下属府州县镇47部2572卷，存目108部2467卷（其中三部无卷数）。这就是说，《四库全书总目》可为我们提供近180部地方史志的基本情况，如总志和都会郡县两类，分别叙录了唐、宋、元、明、清前期五代曾经出现过的重要方志，各书提要说明其编纂者、内容纲目、史料价值和书目编者之考证，作为我们考证各书编纂源流、鉴别各书内容价值、分析书中资料线索的参考。同时，提要作者本着详近略远的原则，比较注意著录明代各地方志和清初各省新编通志，对我们考证清以前方志发展源流，研究各志得失，也是很有参考价值的资料。该提要附载一些地志考证纠缪一类图书，这种编例在于实用，是值得提倡的做法。使用《四库全书总目》时，把正目和存目两部分配合使用，相互补充，这是很必要的。

《四库全书总目》收书嫌少，闻台湾出版《续修四库全书总目》，收方志达1000多部，亦有一定参考价值。

方志在历代书目中之反映，大致经历了收书数量由少到多，进而设立地理类中之一小类加以统分。类目由粗到细，把方志图书区分总志、省志、府州县志等项加以类分的过程。只有到了近代，有些图书馆目录在经、史、子、集四部类外，增加方志一部，这种改革，比较多从数量上考虑；又有图书馆目录依据新的图书分类法，把方志图书归入历史类，比较多是从内容上考虑。这些问题都可进一步加以研究。

二、方志专目之发展

20世纪以后，随着历史科学、地理科学研究的发展，方志开始受到重视。故方志书之反映，开始脱离图书馆综合目录之局限，出现专门著录方志的方志目录，专门研究方志沿革之方志考录，以及联合各馆馆藏方志之联合目录。方志之有专目，并印行于世，学者得以使用，首推1931年故宫博物院出版之《故宫方志目》。此后，方志目录不断出现。20世纪以来，方志目录的发展比较繁荣的是1931—1937年，这是建国前比较重要的年代；1953—1957年，这是建国后第一次比较繁荣的年代；1978—1982年，这是建国后第二次比较繁荣的年代。各个历史时期编纂的方志目录与研究方志目录的成果各有特点。1931年《故宫方志目》出版以后，全国方志目录的研究与编纂开始出现初步繁荣的阶段，到1937年抗日战争爆发为止，出现各种方志目录。一是各地的大型图书馆相继编出馆藏方志目录。如继《故宫方志目》后，1932年有谭其骧等编《国立北平图书馆方志目录》、《国立北平图书馆方志目录二编》。1936年有《天一阁方志目》，冯贞群编；《国立武汉大学图书馆方志目》，武汉大学图书馆编。1937年有《国立中央研究院历史语言研究所图书馆方志目》。二是出现地方志考录性书目，如瞿宣颖《方志考稿（甲集）》，1930年天春书社出版；张维《陇右方志录》，1934年北平大北印书局出版。三是出现地方志综录，如1935年朱士嘉《中国地方志综录》。四是出现个人藏志目录，如天津《任氏天春园方志目》等。此外，还有朱士嘉的《中国地方志备征目》。从此可以看出，第一，当时方志目录的种类已基本齐备，可供读者各种角度的查阅和参考。第二，方志目录著录项目逐步完善，如《国立北平图书馆方志目录》和《中国地方志综录》，除考录书名、纂修者和卷数、版本外，注意划清各种方志的不同版本，附载志书的有关附录，并考核今地名，方便读者查考和利用。第三，《中国地方志综录》的出现，分别注明各种藏书处所，虽然当时朱士嘉先生于一人之力，完成此项调查，但著录藏书者除国内公私图书馆外，还远及日本和美国的大图书馆，大致当时主要收藏方志机构和个人，都已包括在内，所以《综录》已有联合目录的作用。第四，值得重视的地方志考录工作已有初步成绩。瞿宣颖《方志考稿》著录和考证河北、山东、河南、山西、江苏及东北各省方志600多种，提要地对各种方志详述编纂源流，列类目，评体例，分析各书之得失和介绍各书比较有价值的资料。张维《陇右方志录》则采录甘肃、宁夏、青海三省区方志256部，介绍内容，考辨体例。这些考录为方志学研究积累了材料，为方志利用提供了线索。第五，部分图书目录利用分析著录反映方志，如《江苏省立国学图书馆图书总目》就收录丛书中的方志。而有些方志目录注意分析各书史料，如《国立北平图书馆方志目录》附记各书金石书目（经籍、艺文）项。以后，《华西大学图书馆方志目录》附记各书"方言"、"谣谚"、"武功"、"堡寨"等项，都甚便读者。这种做法是方志利用的尝试，也是图书馆编目方法的应用。应该说，抗日战争前我国方志目录的编写，从实用价值来看，有利于反映馆藏，提供读者使用；从理论意义来看，也有利于方志学研究，初步作了资料性的积累和整理。所以，当时的方志目录曾引起国内外学者的重视和支持。

抗日战争爆发后，国内方志目录研究比较薄弱。

中华人民共和国成立后，由于党和人民政府重视文化建设工作，地方文献与地方志的收集和整理，受到有关教育、科学、文化机关的重视。1954年，我国各种大型图书馆，如省市公共图书馆、高等学校图书馆、科学院系统图书馆，分别于较短时期内整理本馆藏书，编出各种方志目录。1953—1957年，我国方志目录出版有20多种，如《中国图书馆方志目录》（1954年）、《天津人民图书馆方志目录》（1955年）、《中国科学院藏方志目录》（1956年）。就在1956年一年内，国内省市图书馆编方志目录者，计有上海、浙江、辽宁、甘肃、山东、广东、四川、云南等省区；高等学校图书馆编方志目录者，计有北京师范大学、中央民族学院、南京大学、华南师范学院、东北人民大学等学校。在此基础上，朱士嘉修订1935年《中国地方志综录》，于1958年出版《中国地方志综录》（增订本）。洪焕椿在长期研究浙江地方志的基础上，于1958年出版《浙江地方志考录》。

50年代方志目录的编辑，首先是目录数量上超过解放前。建国前，只有少数大型图书馆能编出方志目录。建国后不同了，全国省市公共图书馆，以至收藏方志较多的中等城市（如旅大市、温州市）图书馆，也编辑馆藏方志目录，更有不少高等学校图书馆、科学院系统图书馆也编辑方志目录。其次，收藏单位反映得更加充分，如朱士嘉编《中国地方志综录》一书，1935年初版时，只反映了约20个收藏单位的方志；1958年时，该书反映的收藏单位已达41个主要图书馆，这实际上是全国主要图书馆方志书籍的总汇。最后，著录项目准确性更高了。一般各馆收藏方志经过整理后编成的专藏目录，都经过版本鉴别、清理查对的各项工作，所以，方志目录的著录都比较准确。就如朱编《中国地方志综录》，1958年版改正了1935年版中之错误1000多条，也可说明工作质量是逐步提高的。但是，我们在总结此段工作时，也发现我国方志目录的传统方法已有所削弱。如方志目录中之考录工作，往往很多目录都来不及去做，著录项目简单化，虽能赶早出书，但往往成了藏书清册。同时，一些大型方志目录，缺乏必要的辅助检索手段，往往纯粹按地区排列，无法进行多途径检索，限制了使用效率。

粉碎"四人帮"以后，我国方志编撰受到各方面的重视，因而也促进了方志目录的发展。一九七八年，全国天象资料组在普查全国方志资料的基础上，汇编了《中国地方志联合目录》。随后，上海图书馆、天津人民图书馆、湖北省图书馆都出版了大型方志目录。加上早些时候出版的《中国科学院图书馆馆藏方志目录》，方志目录编撰出现了一个新的阶段。这些目录从收藏数量上基本上反映了建国30年来新的收获。例如《中国地方志联合目录》就著录了全国180个单位收藏的方志，达到了比较全面地反映我国方志书籍的目的。此外，从著录格式上也不断有所改进。如上海图书馆方志目录除著录单行方志外，还著录了见于丛书中的若干方志，是很便于读者使用的。最近几年，方志目录工作一种可喜的现象，是大量的文史工作者、图书馆工作者分别对各省方志做了考录、评介、研究的工作，分别写出几乎包括全国各省区方志的介绍性文章。当然，这项工作的发展是不平衡的，有些介绍还显得相当粗糙，这是要提出的。

三、继承优良书目传统，提高方志目录质量

方志目录发展到今天，可以说，类型已经齐备，各主要藏书单位的藏书得到充分的反映，方志研究和方志利用已可基本满足要求。但是，从方志目录的发展和今后更好地利用方志着眼，我国方志目录的工作还可在现有成绩的基础上，更快地编写地方志考录，以至综合全国研究成果，编出全国方志提要；同时，各馆方志目录还可以进一步完善和提高，以便更好地利用现有方志资料。此外，还可考虑着手新方志目录（如现代新编方志目录，方志艺文、金石、碑刻目录），以至方志中人名、地名索引等的编写。应该说，方志目录的工作还是很艰巨的。

综而论之，目前提高方志目录的质量，可以从以下几方面进一步改进。

1. 明确方志目录收录范围

目前，方志之含义和范围有不同的看法和见解。但是，在方志目录的编制上应充分体现具有高度的科学性和实用性，同时又要具有一定的思想原则和相对的稳定性。因此，进一步明确方志目录的收录范围，对于方志资料的充分反映，是一个很现实的问题。

方志目录的收录范围应该注意：①区分地方志和地方文献。一般方志目录应收集作为志书出现的著作，过于原始性的资料只能作为地方文献处理，不应收入地方志目录中。②区分地方志与地理书。记述山水、寺庙、边疆、海域等内容的各种书籍，都不属于一定行政管辖范围，应该说只是地理书籍。方志则应充分体现是一定行政区域的记录。所以，专类地理书籍不应收入地方志目录中。③区分全国一统志与地方志。全国一统志出现，有利于方志书籍的发展。但既称全国一统志，即意味着已超出地方范围，不收入方志目录也是可以的。

《国立北平图书馆方志目录·凡例》的收录范围称："一是编所载，以省府厅州县志为主，兼及边镇志、卫志、所志、关志、场志、盐井志等。其清末各直省州县所修之乡土志，及江南、浙西私家所撰之乡镇志，别为附录。一书有以志为名，而所记无关地方经制者，概不采入。一书有不以志名，而所载为一地方掌故者，视其体例，以定去取。"《中国地方志联合目录》的收录范围称："收录的地方志包括乡土志，其范围以省志、府志、州志、县志、卫志、关志、乡镇志、岛屿志等为限；其他如山志、水志、寺庙志、书院志、名胜志等等均不收录。""有的以山志、水志……名，但实属上述收录范围的方志者，应予收录。"此外，《中国地方志联合目录》对边疆各省、自治区和少数民族地区例限放宽一些，如综合记录一地的地理、历史、经济、人文资料者，悉要收录。而见有初稿性质的"志科"、"采访册"、"调查记"……也予收录。（《中国地方志联合目录编辑条例》）以上两目的收录范围都是比较严格的，体现了方志目录主要是收集方志的特点。但是，现在一些方志目录在收录材料上由于历史的原因，不够完备，似还可加以改进和提高。如有的目录不收私人编纂志书，未尽妥当。从方志编撰大多为地方行政长官组织人员编撰，并充分利用现有各种文件、档案、图书、记录，而私人编撰方志

也可能利用已有成果和有关材料。同时，应更详细地反映各种丛书中的方志。方志单行与收入丛书，只是出版方式的不同，所以，当编制新的方志目录时，应全面收录各种出版形式的方志。这点《上海图书馆方志目录》的处理是比较合理的。还有，不应因某种方志出于敌伪时期或外国人编辑而不收录。我们只要看其参考价值予以收录，因为从目录的实用性来看，全面反映是十分必要的。

2. 实现著录规范化

方志目录是方志的揭示与反映，如果著录规范化，在使用上提供方便，在发展上可为计算机检索创造条件。所以，研究一套方志目录著录条例实有必要。这里，只就以前方志目录中值得改进的地方加以评论。

（1）关于书名。方志目录中的书名著录根据是书的卷端，但卷端不明确，或卷端、书页、书口等各处提名不同时，则应选取最能说明该书内容的名字作书名著录。其中主要要求是不乱加说明性的文字，如一种方志，有称继修、补修，只是在原书版本内容上增加若干项目，重新刻印，似可不另说明。故此，建议在书名前省略"续修"、"新续"、"补修"等字样，但书名中有此种字样则应予保留，如《高陵县续志》。

此外，应提倡在方志目录中加纂修时代或年号，如〔道光〕保安州志、〔光绪〕广德州志、〔民国〕镇洋县志等，这对方志使用上是极为便利的，也是同一地方志书区分的标志。

（2）著者。著者著录的要求是准确揭示该书的实际参加者。但方志编撰方式都有地方官吏参加，故在方志目录著者著录中，一般应统一称×××修，×××纂。民国后的方志则可称×××编。这样著录既是客观情况的反映，也是方志这种著述体裁的准确说明。著者前标明作者时代也是必要的，如（明）、（清）……。

（3）出版者。出版者和出版时间都可联写。考虑到方志大量的印刷都是本地官署，所以清以前一般可不著录出版地；但民国后方志由出版社印刷时，则应于出版者前加上出版地。出版时间加上公元也是必要的。出版形式著录应规范为"刻本"、"抄本"、"稿本"、"铅印本"、"晒印本"、"胶卷"、"复印本"等。不要依文照录，记载各样。

（4）卷册。一般在方志目录中只注明×卷×册等。鉴于方志书名联写卷数，因此，在书名、著者、出版者等项后，只注明册数即可。但馆藏目录、联合目录中分明各种版本的全缺、污损、抄配、装订之变化也是十分必要的。其中，馆藏目录中一定要详细说明卷册缺失等情况，这是著录的基本要求，同时也利于读者使用。联合目录因反映很多馆馆藏情况，不一定能全部著录；但这是编排形式上的问题，通过改进也是可以的。如《全国中文期刊联合目录》（1833—1949年）的编例就可借鉴。该目录采取著录刊名和编者、出版者、出版时间后，全面介绍该刊沿革，然后分列各馆馆藏。其方法是藏全份的分列馆号，藏散份的分别馆号，使人一看就可了解该刊某期某号入藏于何馆。这种方法可用于方志联合目录，以充分反映馆藏，准确介绍藏书版本。现行方志目录的编排方法似可参考改进。那种纯属列举式的目录，确实给使用者带来不便。

（5）书号。这里说的书号是要给目录中每种书统编一种顺序号。这样做既可统计本目录收录数字，也给使用者因号取书带来方便。当然，是按顺序编号，还是分省区编号,都可以试验,但如果这样做了,好处当不少。

3. 加强附注和提要事项的著录

方志目录中加强对附注事项和提要事项的著录,是很有必要的,因为这两项可以补充书名、著者、版本记载之不足。如果是书本式目录,此两项补充材料更可以使读者了解该书版本和内容,明了著录事项的来源,辨别本书的价值。解放前,《国立北平图书馆方志目录》和《中国地方志综录》都在附注项上作过努力,因而受到学术界的重视。这种优良传统我们应该继承,并在此基础上有所前进。

《中国地方志综录》在附注项中做了如下几件工作:一是补充说明版本。如《安邱县续志》二十六卷,康熙六年任周鼎修、王训纂,附注说明"北平(指北平图书馆)又二部各二十五卷,其职官表、贡举表续补至康熙二十一年。然又删去卷二十六笃行传全二页"。二是补充说明装订形式。三是补充说明藏书处所。四是补充说明当今地名如《河州志》,著录现称临夏县。

《北平图书馆方志目录》的附注事项是很有特色的。一是每部方志如有艺文(书目、经籍)、金石(碑刻)等类,分别注明。如道光九年《东阿县志》二十四卷卷首一卷,注明"此志卷四古迹志附金石卷五艺文志附书目"(《国立北平图书馆方志目录》)。顾颉刚称这种做法"一检使知某志全部之内容若何,得随其所学而运用之"(《中国地方志综录》)。二是对版本考核较详。

我国目录学传统讲求"辨章学术,考镜源流",通过序、小序或提要,指明学术流派,分析学术渊源,指导读书门径。现在要求方志目录每部书写提要,确实是很困难的。但是,有特色的方志目录应力争做到对重点方志作些内容介绍,指明该书编纂特色,揭示资料收集范围和内容,说明该方志资料的可靠程度和参考价值。一省、一市范围的方志,数量终究是有限的,还是可以争取做到的。

4. 完善检索途径

现在各种方志目录的编纂,一般按省、地区、县排列。这种地区排列法适用于方志目录。但应该看到这种单一的检索方法并不利于读者使用,因此,应提倡方志目录完善检索途径,提高检索效率。

编制书名索引。书名索引一般按字顺法编排,有笔画笔顺法、四角号码法和拼音字母排列法,可选择使用一种或多种。

编制人名索引或传记索引。我们建议编制传记索引时,在字顺法排列的基础上,增加按学科分类排列。如能做到,无异于集中有关学科人物资料,将给研究带来便利。

(本文写作过程中蒙朱士嘉先生指教,特表谢意)

(原载于《中国地方志通讯》1983年第5期)

方志书后索引的编制

　　索引，有篇目索引、语词索引、主题索引等种类，都是帮助读者利用文献的检索工具。

　　索引，亦称通检、引得，是将书刊中的篇目、语词、主题、人名、地名、事件及其他事物名称，按一定的方式编排，并指明出处的一种检索工具。在现实生活中，索引使用非常普遍：大部头的百科全书、辞典、手册附有多种索引，以便人们从多种途径查检所需资料；就是一般书籍，也多编有关键词、主题词或专名的索引。这样做的目的，都是为了使一部书所有内容条理分明，一目了然，展现于读者面前，节省读者翻阅时间和精力，提高图书的利用价值。

　　从一书而至群书，从报刊的某卷某目以至全份，都可编制出一种综合性索引，进而从特定的专题或某一历史时期文献，也可编制出专题索引。此风遍及地方志书，也编制过多种类型的索引。如商务印书馆出版的几种"一统志"、"省志"，在书后附总索引，以便检阅。朱士嘉先生编《宋元方志传记索引》，高秀芳等编《北京天津地方志人物传记索引》，则是摘取群书中的人名而编成的时代性人名、地区性人名索引，对于查考所涉及的方志中的人物，非常方便。至于综合一代传记资料而编的人物资料索引，如《八十九种明代传记综合引得》，综合一代文集篇目而编的篇名索引，如《清代文集篇目分类索引》，用处颇大。但索引有一定的取材范围，限定排捡手段，突出使用功能，往往为其特色。

　　为了发挥方志的"资治"作用，为了充分发掘方志的丰富信息资源，满足读者多种需求，我们提倡志书编制索引。一般索引附于书末，称索引表，或书后索引。如部头过大的志书，索引可单独成册。这里只对方志书后索引的编制提出几个应注意的问题，供大家参考。

一、书后综合索引

　　书后总索引，一般编成综合性的索引，即把书中人名、地名、机构、事项、语词等分别勾出，按一定方法排列，指出各项条目在书中的位置。这种索引表的编制方法，由于编索引的时间、人员的水平和要求检索途径的不同，有繁简之分，但工作步骤和要求是统一的。

　　书后总索引能使读者从不同角度查出所需资料线索。读者要求编出词语、主题、人名、事项等综合性的索引，因为索引的功能可以充分发挥出来，虽然范围较小，如排检方法得当，也可发挥索引的作用。选定读者常用的检字法，如汉语拼音方案、四角号码法，作为排检方法是必要的。但汉字笔画笔顺法，以及其他方法，也应配合使用。

　　1934年商务印书馆影印张仲炘总纂的《湖北通志》，该书附四角号码编排的书后索引，这个索引对我们利用该书内容提供了方便。

如"赤壁"一条：

> 四〇三三，赤
> 　赤壁　六〇五上　六三〇下
> 　赤壁集（茅瑞徵编）　二二四四下
> 　赤壁岩　三九八上
> 　赤壁山　三四七上　三七三上
> 　赤壁之战　一七四一上
> 　赤壁志（贾鈺撰）　二二四五下
> 　赤壁怀古念奴娇词　二四七二上

上引"赤"字前四〇三三，是该索引按四角号码法"赤"字的取号。赤壁、赤壁集、赤壁岩、……后的数字，则是该书（《湖北通志》影印本）中上列名词（地名、书名、山名等）事项等所在位置。按以上各条，分别散见于该书《舆地志·古迹》、《武备志·兵事》、《艺文志》、《金石志》等不同卷次，一个人如果要凭记忆去查阅赤壁资料，按常识范围去有关卷次中翻阅，不知要花费多少时间和精力。但上引"赤壁"一条，就集中介绍了赤壁地理位置、保存古迹实物、历史上发生的事实、后人留下的著作和文字的线索，可见索引之功能是方便查考，扩大线索。

诸多索引种类中，以主题索引利用价值最高。主题索引是把出版物内论及的各方面内容以主题词标出（如前列"赤壁"中之"赤壁之战"即是所引《三国志·周瑜传》、《通鉴》二段有关赤壁战事记载之主题），指明其在出版物中的位置的索引，它的价值比出版物正文目次要详细深入地揭示内容，并把不同章节或条目中同一主题的有关资料按主题词集中起来，以一次系统周密的检索与揭示，代替了反复翻检和不可靠的记忆。但是，编制主题索引难度也较大。编制主题索引最重要的工作是标引，即把志书中有关主题的材料从书中勾出，做成卡片，标明所在位置。标引，不仅是一项科学性较高的工作，而且又是一项比较细致、繁琐的工作，准确是基本要求，但根据读者检索习惯选定主题词，同样也是必要的。故勾主题词时，采取数人分头进行，互查复核，最后集中统一用词，效果比较好。

标引完毕后，按著录要求进行著录，然后把卡片按预定方案（如拟定以汉语拼音方案为主的方案，但辅之以四角号码、首字笔画笔顺为次）排列组织，并做好"并见"、"参见"等补充说明，这种编成的索引正文，加上编制体例和检字说明，就可排入志书正文后。目前，如果要求每部志书都作出主题索引，既会推迟出版时间，也可能加重出版费用，这是有一定困难的。因此，每部志书后作出专名索引，如人名或地名索引、机构名称索引等都是很有用的。如果考虑以后使用计算机检索，集中一定时间作出主题索引，将是功德无量的。

二、书后专名索引

　　作为一个地方政治、经济、文化、社会情况总汇的地方志，其内容的主要特征表现是区域性和资料性，其篇幅一般都是巨大的。因此，从编制综合性索引来看，即牵涉到标引的难度，索引编制不易，而且因索引词语数量颇大，占全书篇幅过大，出版困难。故此，我们考虑如不能对方志作综合性索引时，只作方志的专名索引，也是可行的。

　　从目前方志编制情况看，书后索引可作如下几项。

1. 机构索引

　　所谓机构索引，是摘取方志中的各时期和各地区的政府机关、群众团体、企事业单位和以独立机构出现的名字，类编成统一的机构索引，提供读者查找利用。

　　编写机构索引时，应先划出各种机构名称，作出卡片后，统一排成。当然是按笔画笔顺，还是按汉语拼音排列，都是同一目的，为读者方便检索。这里有几点应注意：

　　抽词时，应取该机构的全称，切忌用简称。如××县人民代表大会常务委员会，不能简成"人大常委"。

　　抽词时，应取一独立性机构名称，无独立性的下设分支机构，可统入其上级机构。如××县财政局，可不列其下属××镇税务所。

　　抽词时，对一种机构的历史变迁，应全部列出，不能简化或合并，如某小学，曾称"城厢乡中心国民学校"（解放前），又称"城关完全小学校"（解放初），以后又称"××师范附属小学"，又称"城关第一小学"。应该说，都是不同时期教育制度和领导体制变化所致，应用全称。

　　选录机构名称，还应注意处理好本地与全国（省）的关系。有些机构，如中央广播电视大学，本县虽有人员上学，参加考试，但本地并无独立教学单位，本地学员学习、辅导、考试都受中央广播电视大学统一安排，不用作为本县机构列出；但如某省电视大学××县分校，则可视情况列出。机构名称排列应与其他专项索引排列方法一致，如统一用汉字笔画笔顺排列，则也应把所有机构混排。

2. 地名索引

　　方志编制地名索引，用处极大。方志无论是省志、市志，还是山水志或专志，都牵涉到大量地名。所以，从地名角度提供检索点，是提高方志利用率的捷径。同时，我们应该看到，地名的联系性极强，一地的名产，靠地名得以传播，一地的胜迹，亦因地名而代代相传。故此，从方志中标引出地名而编成地名索引，是很有现实意义的。

　　所谓地名索引，即从志书中摘出一切地名而编成索引，举凡志书中出现的古今地名、同地异名、概括地名都应标引，并用补充方法使之适于查找。在编制地名索引时，有几个问题也是应该注意的。

　　抽词时，应注意分析检索点。一般大的行政区域，只表明行政隶属，不用作为地名摘出。如×县在秦汉时属××郡、××国，似可不必标出；但汉以后立县，隶县，归属州、郡、府应该标出。

抽词时，对地名变迁情况，应同时标出古地名或今地名，即对应写出。

抽词时，对工程地名、山水名、庙宇名等应注明所在地区。工程地名因各种水利、电力、交通、建筑、规划等因素出现的新名，如胜利渠、黄龙陂、白果圳、沙湾堰、楠木桥、武长公路、麦大线等，如地名重复较多，加注所在地区，在排列索引条目时，方能显示不同地名。

抽词时，对不同时期的行政区域，应标写全称。如建国前某地称堡、站、都，或称区、乡、村、联保、保、甲等，建国后称乡、村、公社、大队、小队都应如实标出，才利于检索。

抽词时，对一般概括地名，如城关、下市、东厢，除已作为行政区划的单位出现，如城关镇、东厢乡外，都不用作为地名抽词，因这些地名往往是一种泛指。

3. 人名索引

人名索引是各种专项索引中查找最多的一种。因为人名可引出事项，如某人活动、影响所及、评价等；可引出任职，如某人何时任何职、任职建树、签发文件、组建团体等；可引出授予称号、得奖项目；等等。总之，历史舞台是人们活动的场景，离开人，也就无所谓历史和现实了。故此，地方志书作出人名索引，比之别的专项索引来得重要和迫切。

考虑到人的活动的纵向、横向联系，人名索引的标引广度一般是凡名即出，凡是书中出现的人名，即予以标引。但如省志等部头较大，不可能作出全部人名索引时，可作部分人名索引，编成重要人物索引；市、县志书，一般都应作出全部人名索引。编制人名索引时，应注意到：

抽词时，应抽出人名全信息，即该人姓名、字、号、别名，以及异名、谥号等，以利从不同角度的检索。

为避免同名异人、同人异名，在写卡片时，应连写生卒年、籍贯等以示区别。

封建社会出于歧视妇女的目的，有时妇女不称名，而用夫姓妻氏联称，如李王氏。故抽词时，应直接注明其某地某时人，才不致混同。

这里所说的全部人名，是指某人在志书中出现，并在该地历史上产生影响的人物；有些人物与当地关系极小，则可以省略。如曾有的县志书中说明某中学毕业生现获得高级职称人名，这种人物写进县志是有必要的；但从检索角度来查找这些人物是不多的，故可不作人物索引条目。

4. 图表索引

方志书中附载图、表、照片、名册等类直观性、记录性资料极多，且多分散于各章、节之中，检索不便，故编制一种图表专项索引，为读者查阅提供方便，是十分必要的。

图表索引如按图表题目字头顺序排列，必然分散于各处。因此，图表索引的编制应有特殊分类，这里提出按类再按年代排列的方法。如地图类可分为：

全图类（历史全图、绘制新图）

行政区划图类（政区变迁，各县、区、乡行政简图）

经济区划图类（地质矿产、交通、水利等）

人文区划图类（教育、少数民族、语言等）

图表索引的编制并不困难，但排列科学则有助于检索。故此，根据志书中各类图表进行有序化的排列，是很重要的。除前面说到的按类排列方法外，还可用按地区排列的方法、按行业排列的方法。总之，能从任何角度为读者提并方便，才是唯一目的。

以上，就方志书后索引谈了最重要的几种。我们首先是提倡编综合性索引；如条件不具备时，则在后面几种专项索引中选择人名、地名作出索引，是很有必要的。一般10万字以内志书，当然无必要编索引了。

（原载于《湖北方志》1990年第5期）

文献与社会

文献，作为记录知识的载体，在人类社会发展中显示了巨大的功能，它既是历史文化的记录，也是社会交流的重要媒介、信息传播的桥梁。因此，所谓"信息社会"的呼喊，一定意义上是文献数量增大、文献需求多样、文献利用广泛、文献作用显著的体现。所以，探讨文献与社会关系中诸如社会发展与文献、社会因素如何推动与制约文献、文献如何作用于社会等问题，有着重要的认识价值和现实的指导意义。

一

从根本意义上说，文献是人类社会的产物。在社会发展的漫长年代里，人类只有进入到文明时期，才能产生文献。文献进入社会以后，则成为社会发展的必要条件。

人类社会的不断发展，创造了无数光辉灿烂的文化。文化的积累，为人类发展和进步奠定了基础。我们可以看到，文化之所以能够积累，正是因为有一种记录方式把文化记录下来，流传开去，形成文化遗产的一部分。文献，正是一种记录文化的方式和手段。所以，人们称那一部分已经物化了的文化为文献，是宝贵的文化遗产，是丰富的文化资源。

被恩格斯誉为"伟大进步的奠基者"的美国学者摩尔根在《古代社会》（商务印书馆，1983年）一书中，开宗明义地说："最近关于人类早期状况的研究，倾向于得出下面的结论，即：人类是从发展阶梯的底层开始迈步，通过经验知识的缓慢积累，才从蒙昧社会上升到文明社会的。"（《古代社会》第3页）在分析人类文化的几个发展阶段时，他认为文明社会是"始于标音字母的使用和文献记载的出现。"（《古代社会》第11页）恩格斯在引述上举文化发展的阶段的论述后，在说明野蛮时代的"高级阶段"时说："高级阶段，从铁矿的冶炼开始，并由于文字的发明及其应用于文献记录而过渡到文明时代。"（《马克思恩格斯选集》第4卷第21页，人民出版社，1972年）

摩尔根所划分的文化发展阶段是符合科学的，恩格斯在评论摩尔根著作的影响时说："他给原始历史研究所建立的系统，在基本的要点上，迄今仍是有效的。"（《马克思恩格斯选集》第4卷第16页）这里，我们考察一下摩尔根关于文字、文字记载的论述，对于理解社会发展与文献这一问题是有启发意义的。

"人类必须先获得文明的一切要素，然后才能进入文明状态。"这个论断是准确的。摩尔根论述近代文明和古代文明进步的关系时，反复申明近代文明进步都是在此前的社会各种发明、发现和制度的基础上建立的，并且大量地吸收野蛮阶段这方面的成就。他说到文字时说："文字的使用是文明伊始的一个最准确的标志，刻在石头上的象形文字也具有同等的意义。认真地说来，没有文字记载，就没有历史，也没有文明。"摩尔根认为荷马诗篇是"作为希腊人进入文明的标志"。《伊利亚特》"有关人类进步过程的记载是现存材料中最古老、最详细的"。(《古代社会》第30页)他对于文字记载的功用,除了获得知识和经验的说法外,还对古代社会存留文献所表现出来的"在智力和心理方面所取得的进展"加以赞扬。当然,这方面,恩格斯还补充了一些例证,并对社会发展与文献的问题作了更为明确的叙述,对于我们的认识是很有帮助的。

文献与社会发展的诸多联系中,我们应当认识到:

人类社会是在生产力发展中得以不断进步和提高的,也就是说,社会生产方式的变革和生产力的发展改变着人类。

人类从长期的社会实践中积累经验,又从社会改革和对自然斗争中提高认识的能力,逐步形成系统的知识和加工整理各种社会意识。

由于记录社会意识和积累知识,当然更重要的因素还在于交流和传播。人类在探求一种记载手段,文字应用于文献记载,即为人类社会发展史上的一次伟大进步。

文献记载的出现,不仅是一种社会需要,还应看成一种社会条件的出现。首先,这样一种文明社会,由于生产力的发展、剩余产品的丰富,劳动阶级中除了体力劳动的劳动者,也分离出一批从事脑力劳动的劳动者,他们既是艺术产品的生产者,也是文化、教育工作者。同时,他们掌握文字记载的工具、材料,甚至垄断了文化,可以进行多样的理论、艺术、史事和自然现象等社会存在的物化工作,即从事文献生产、加工、保存、利用的全过程,文献出现成为可能。

人类社会的发展总是表现出一种物质文明与精神文明的交融。社会必须提供生产的剩余产品,人类可以赖于此而从事非物质生产的工作,这就是精神文明发展的基础和文献产生的条件。与此同时,生产技术的改进与提高,有利于文献活动的开展。文献活动的普及和深化,直接促进了物质生产的发展。

二

在文献与社会的关系中,有哪些方面可以作为文献发展的社会主要条件提出来讨论的呢?

1. 环境

环境是人类发展无止境的、经常的、"永久"的源泉,它既是人类存在以前就有的自然环境,又是由于人的创造活动而形成的人为环境。人在适应环境、改造环境的同时也必然使自己得到改造,人本身的改造,人的适应环境,以及人为了自身的利益改造环境的活动,所有这些过程,称之为文化过程。文化发展是如此,文献的发展也是如此。

首先,过去的环境和现在的环境,都是人类进步的必要条件。这是因为,环境在不断地变化,它在每个人、每一代人面前都以新的形式出现,因而,总的要求对它的变化作出适应,这些必然作用于人们对世界的认识和行为。

文献发展中生产文献必须在一定的环境下进行,文献的传播与交流也必须在一定的环境下进行。

任何社会,生产文献的基本条件是载体,因为只有载体,才能书写、抄传和扩散。

不同时代的载体是在一定社会的环境下提供的。不同环境下的载体，形成了载体的物质、数量和品种，当然也决定了载体的使用，构成了当时文献生产的规模、水平。古代巴比伦的文献载体是泥板，这是因为古代巴比伦处于两河流域，最便于选材的是泥土。运用泥土做成泥板，自然在泥板上刻写的是楔形文字，文字笔画始轻终重，明显是用力于泥板上形成的结构。这种载体虽然达到平展便于书写，但体积大而笨重必然使这种载体不便于携带，只得保存于官家和寺院。

古代埃及的文献载体是纸草纸。古埃及处于尼罗河流域，尼罗河两岸滋长着大片像芦苇样的野生植物，人们把它们采集下来，加以剥制、编连和压平，就成了一种面积较大而平整的书写材料，故称纸草纸。埃及文字书写则平行舒展，受制于这种载体的材料结构。这种载体比之泥板轻便，易于制作，但对长久保存是不利的。

古代中国在商周以至战国，文献载体可能为"各取所需"，选材上用龟甲、玉石、金属器物以至竹木薄片，都用于文献生产。这不仅因为当时神州大地，尚无一种材料遍及各地，可供选择使用，而且上述载体就地取材，方便易得。中国汉字以线形描画，分散性的特点很大程度上受制于载体。

不同的社会环境，对于文献传播与交流，其影响是显而易见的。

中国南宋以后，雕版印刷中心有三：南宋都城临安（杭州）、福建建阳、四川成都，因而形成三大版本系统，称杭本、闽本、蜀本。我们考察一下较长历史时期的三大出版中心的形成和发展，就可看出环境对文献发展的深刻影响。

文化环境。南宋临安既是当时的政治中心，也是官吏、士大夫集中活动之地，故可称南宋文化中心。社会需要对文献生产提出了广泛的需求，也就是说书籍需要量大，文献品种多样，因而文献生产集中、多样。由于竞争，更使文献质量不断提高。福建地处东南，南宋文化发达区域的江浙、江西、安徽都与福建交会，福建建阳处于闽北，过岭可到江西以至浙江，保证这个文化区域文化教育的需要，促成了当地印刷事业的兴起与发达。

工艺技术环境。它促成了三个印刷中心的发展。中国纸、笔、墨工艺技术的发展，除了技术工匠的参与，更重要的是原料产地和销售市场的提供。中国是造纸术的策源地，宋以前，纸的原料比较狭窄，多为麻类。宋以后，随着文化事业的发展，对纸的需要量增大。江南造纸选用树皮（如桑树、楮树）、竹子，达到了量大与价廉的要求。南方纸张和墨的生产以浙、皖、闽最为发达。因为浙、皖、闽众多竹木之材，为纸张生产提供了用之不竭的原料。文化环境的南移，浙、皖、闽、赣诸地则为纸、笔、墨等文化用品提供了广阔的市场。所以浙本、闽本的独特工艺的形成，应该说是在江南诸省广泛的工艺技术环境的背景下完成的。

交通贸易环境。文献产品总是具有二重性，即既有精神产品的特征，又具有物质产品的特征。所以，文献产品往往具有可以交换的价值。文献生产以后，没有交换和流通，就达不到传播的目的，也就无法实现其价值。所以，书籍作为商品，按最早记载，从汉代就有书市性质的交换和流通。到了南宋，处于南方各省的交流网络，特别是江河舟楫之利，临安府（杭州）、平江府（苏州）、建康府（南京）成为重要的出版物集散地。到了明代，同样依靠江河水运之利，政治中心的北京与这几个地区更为全国的书市："今海内书，凡聚之地有四：燕市也、金陵也、阊阖也、临安也。""燕中刻本自希，然海内舟车辐辏，筐篚走趋，巨贾所携，故家之蓄，错出其间，故特盛于他处"。"越中刻本亦希，而其地适东南之会，文献之衷。三吴七闽，典籍萃焉。""吴会、金陵，擅名文献，刻本至多。钜帙类书，咸会萃焉。海内商贾所资，二方十七，闽中十三，燕越弗与也。"（胡应麟：《少室山房笔丛·经籍会通》）

2. 国家

社会文献的发展，重要条件之一是国家的存在。国家是一定阶级手中的工具，在任何社会发展中，国家作为一定政治集团的利益和统治力量的体现，都积极地促进有利于它的利益的文化的巩固与发展，并且有力地摧毁和消灭敌对势力的文化。这一方面，可以表现为推行一种思想统治，推广一种社会道德和行为规范；另一方面，则集中建立一种有利于本阶级利益的文化体系，其中最明显的是建立文献体系。

国家作用于文献发展至少可以从下面几方面体现出来：

国家拥有数量众多的文献机构（如图书馆、档案馆、出版部门、文献信息中心等）。

国家拥有文献工作者队伍。

国家拥有培养与训练干部的学校。

国家通过政策的制定、经费的拨付、行动管理手段和社会舆论的监督，力图使它的文化价值、思想原则、道德规范在全社会都必须遵循实行。因此，我们可以看到，实际上，国家决定着文化产品的价值取向，监督社会的舆论，推行一种文化风尚，在某种条件下直接影响，甚至决定了文献生产、交流、传播和使用的进行，一句话，控制着文献的发展。

国家，一般由它的政府执行对文献的控制。大致上，什么时候运用牧师的面孔弘扬和发展文献，什么时候厉行刽子手的职能控制和摧毁文献，或者是两手并用，都是根据政府所处的政治形势、经济状况和社会文化发展势态而选择的。

对于一个国家通过政府控制文献生产与流通的例子，最典型的莫过于清乾隆年间纂修《四库全书》的事实。

《四库全书》编纂于中国封建社会末期，乾隆怀着"稽古右文"的目的，经过广泛的收罗征集、甄别鉴定、汇总编纂，对中国古代典籍进行了系统的整理编成的《四库全书》，对传统文化作了全面总结，进而有利于清代考据学的发展，促进了各种学术的繁荣，存留的《四库全书》为我们批判继承传统文化提供了便利条件。所以我们说《四库全书》的编纂是中国文献发展史上的大事，对世界文献发展史也有重要的意义。

清乾隆修《四库全书》一事，可见政府对文献发展的影响程度。第一，清廷推行一种统一舆论的制度，即用"寓禁于征"的手段，进行了全国性的征缴图书活动。当时上到王公贵戚、下到士夫百姓都在征缴范围内，选送书籍汇集朝廷。清廷运用各种力量查抄"违碍悖逆"之书，即利用这次各种图书荟萃之机，别择校勘，"备为甄择"，排斥不利于封建统治思想、道德和制度的书籍。据统计，"在长达十九年禁书过程中，共禁毁书籍三千一百多种，十五万一千多部，销毁书板八万块以上。"（黄爱平：《四库全书纂修研究》第78页，中国人民大学出版社，1989年）第二，组成四库全书馆，具体负责《四库全书》编选、整理、写定、入藏诸事。《四库全书》收入书籍3500余种，79337

卷。第三，编写《四库全书总目提要》，从选择、阅读、评判、利用价值各方面提出了"钦定"的意见。第四，为《四库全书》建立七阁，提供书籍保存、传播、利用的条件。四库全书研究者黄爱平对此书编纂作了一个基本用时、用人、用财的统计："自乾隆三十八年二月开馆，至五十二年四月续缮三分全书告成，在长达十四年的时间里，清朝政府动用大量人力物力，终于基本完成了七分《四库全书》的纂修和缮校工作。以参加人数计，历任誊录人员达三千八百四十一人（包括《四库全书荟要》誊录二百名在内），再加上数百名纂修、分校、提调、收掌、总裁、总纂、总阅等有关工作人员，总数不下四千二百余人；以全书册数计，每分约为三万六千册，七分总共二十五万二千余册；以全书页数计，文津阁全书二百二十九万一千一百页，七分合计一千六百零三万余页。"（《四库全书纂修研究》第157~158页）

从以上《四库全书》编纂的全过程看，国家（即清廷）干预文献发展集中在两个方面，一是建立体系，二是摧毁对立面。《四库全书》体现了保存、弘扬文化的一面，保存下来众多上古至清代重要的文化典籍，提供了人们阅读、利用的基本文献，江南三阁的藏书就是可以利用的。这一定程度上缓解了民族对抗，确实起到了一种平抑安抚民族反抗意识的效果。另一方面，《四库全书》集中了摧毁文化的诸种手段，又是毁灭文化的措施。通过征集、选择、判断以至直接对书籍加以抽毁、删削、纠正，伴之以连续性的文字狱，具有强烈指导意义的《四库全书总目》，全面摧毁汉民族的文化传统和文献记载，重新确立的一种新的统治思想体系与文献记录体系，都是牧师和刽子手职能交替使用的结果。其目的只有一个，即建立一套有利于封建统治的封建文化体系。

3. 公众

文献发展的社会条件之一是使社会成员获得精神财富，因而促使社会成员生产、利用和保存文献，这样，文献就得以不断延续和发展。我们可以看到，如果一个社会多数人没有掌握文献，不参与文献的生产与利用活动，他们自然不会对文献提出要求，文献脱离了社会需要，脱离了公众的直接干预，它的发展自然是一句空话。当然，如果社会文献处于停滞和衰落状态，公众对享用人类社会财富，包括各种文献的利用无法进行，新的文献自然无法更替旧的文献，文献发展也会逐步走向没落。

这里所谓文献发展中的公众，就是关心、支持并直接参与文献生产、整理、利用的人，历史上可以表现为一支学术工作者队伍，现在则包括一部分文献生产者和一部分文献消费者。这些人在不同的社会条件下，都是作为社会的一员参与文献活动，虽然他们属于不同社会阶级或集团的成员，但他们对文献活动的产生与发展都产生过积极的作用。

奴隶社会时期，巫，由于参与宗教活动并记录文献，就是文献的直接生产者、传播者。史官是一种文化职业，担负起草文件、充任顾问、保存档案文书、提供查验等工作任务，所以，他们是当时文献活动的主要参加者和保存者。到了封建社会时期，史官专司记录、编纂史籍，以后兼著作事务，仍然是文献活动的主要参加者。当然，随着社会事务的增多，公文档案的繁富，文化典籍的日渐充实，参与文献活动的人不断增多。但应该看到，阶级社会中的文献活动参与者总是有一定局限的。

随着社会文化教育的发展，文献的消费者也不断扩大。科举制度的实行，必然带来文献利用普及。著书立说和教育的发展，必然要求阅读的广博与专深。与此同时，随着城市的建立和交通的发达，适应市民阶层阅读、欣赏的通俗读物应运而生。这些都可视为文献消费的变化。而且应该看到，这种变化直接影响文献的生产、整理、传播与交流。所以，我们看到一个时期、一个地区、一个读者群的文献利用急剧变化，都应视为社会公众影响文献的例证。

4. 意识

由于社会成员对文献活动的参与程度，决定着文献的盛衰，并且总是表现出一种思想倾向。也就是说，由于社会的影响，文献总会有一部分是有强烈的社会意识。当然，部分文献并不一定具有某种思想倾向，如自然科学、技术科学的文献。

社会成员总是划分成不同的层次，分属于不同的社会集团和派别。根据社会成员所依据的社会地位和占有的社会利益，文献的参与者对世界、对人类、对道德理想和情操、对文化传统和社会思想的反响不同，因而文献内容总是表现出一定的社会集团的利益及阶级、政党、国家的意愿和要求。所以，我们说文献的思想倾向是客观存在的。无产阶级声明新闻、出版以至书刊文献的思想性，这是对客观事实的尊重。

因此，我们可以看到，由于不同社会集团和阶级的成员，他们在文献行政管理、生产、整理、利用活动中，分别站在不同的社会集团的利益的立场上，对各种文献作出不同的评价与判断，总的表现出来对文献记录的真实性、认识的准确性、评价的客观性都不同。"官书"中的"钦定"、"御纂"、"敕编"，固然分明地标出某种文献的生产者、使用范围、权威程度，更说明了文献生产者的身份、地位和政治意图。而一些文献的书写格式、字体、避讳等，则说明了某一时期文献生产、利用中的特殊现象，这种现象只能从当时的思想意识影响上找到解释。

长期以来，有一种机械的形而上学的认识，如用"封资修"说明某一种文献，其消极影响是非常明显的。作为封建社会时期的"官书"，是官方组织编纂的，自然会明显地打上统治阶级的烙印。但是，官书作为封建社会的产物，其中有封建性的糟粕，也会有民族性精华的存在。文化内涵是非常丰富复杂的，文献实在的含义，必须经过充分的分析与判断，任何简单的处置都可能造成重大的失误。

这里还必须提出一个社会文化财富的问题。长期的人类社会实践，积累了丰富的文化遗产，这是人类共有的财富。譬如自然科学、技术科学的成就，公共道德和准则，文明礼貌与社会交往语言，都应视为文化财富。这里有一个谁掌握它的问题，还有运用什么政策去发展，以及发展它的目的是什么等问题。但是，对这些文化财富的利用，对待这些文化财富的文献，它的保存、整理和利用，一般是不应带有阶级偏见而应兼收并蓄的。

三

文献发展的长河，总是表现出迂回曲折、百转千回的局面。社会与文献的关系是适应又不适应、利用又不利用、控制又不控制互相交错组合，形成一幅幅色彩斑斓的图像。

作为社会成员的读者，对文献需求或是高深，或是专门，或是粗劣，或是通俗，应该说总是一种无限的文献消费。然而，社会的文献编辑、出版、发行所提供的文献数量与品种则是有限的，或者说是有一定流向、规格与等级的。这样，就出现了我们常看到的现象：一方面，读者需要的文献不能满足，暂时不能供应，甚至奇缺待补，所谓著书难、买书难的呼声时常出现；另一方面，无用的、暂时不需要的、脱离读者需要的文献充斥市场，也就是一般所说的出书难、卖书难。总的是供求关系上的不适应、不协调。解决这些矛盾，当然主要是靠供的一方，即编辑、出版、发行文献部门的工作的改进与提高。目前，一些国家的出版发行部门，在对市场调查予以足够重视的同时，特别注意运用集团、组织的力量，进行读者的阅读倾向的引导；同时，加强指导性计划的调节，并且大力支持信息产业的发展，如文献信息部门的普遍建立，使广大公众享用信息资源和充分利用信息成果。此外，加强出版、发行部门运行机制的管理。应该说文献供求、适应只是暂时的，文献供求不适应是经常的，供求问题的解决总是促进了文献的进步与发展。

社会文献的数量总是逐步增多、不断积累的，但是读者对文献的利用往往是专门的、局部的。文献生产、加工、保藏单位的总目的是提供读者利用。但是，我们也可以看到，文献生产部门出版的文献，可能表现出一部分是畅销的、社会效益显著的、高质量的产品，有一部分可能就读者少、利用率低。这里还包括文献保藏单位收藏品种数量的增加和扩大，并不一定是读者的增加、书刊利用率的提高。这种现象是始终存在的。正因为如此，文献出版部门的两种效益的提法，文献保藏部门的"以书找人，以人找书"的做法，就是一种有针对性的办法。目前，正在出现的文献利用网络，资源共享计划；加强书籍出版的选题规划与监督，进行协作出版；图书发行市场的建立与完善，书刊宣传与文献报导体系的加强；进行文献流量、出版趋势的研究，评定核心期刊、推荐优秀图书，等等，应该说，都有利于读者有目的地、更方便地利用文献，并朝着更完善的文献利用体系而努力。

作为社会集团的政党和国家机构，总是根据自身的利益和价值判断，作出鼓励、支持、宣扬某种文献，或制定出限制、查禁某种文献的措施。然而，作为社会成员的读者，总是表现出两种心态，或表示拥护和支持某种文献，或是以一种反抗的行为对待某种文献的查禁与焚毁。社会上有时产生一种怪圈，某种文献屡禁不止，这种现象是很值得重视的。毫不讳言，无产阶级的政党或国家机构，对于图书文献的选择与掌握是符合人民大众的根本利益的，文献流传的社会效益是第一位的；同时，社会主义中国的文献交流与传播应适应社会主义制度的巩固与发展。因此，加强文献政策的宣传，充分地提供优秀的、健康的各种文献，满足读者的各种需求，并且动员社会各方面力量，保证社会主义文献事业的发展，及时准确地抵制不利于社会文化发展的图书报刊，这样，文献需求上的猎奇现象是可以逐步解决的。

（原载于《武汉大学学报》（哲学社会科学版）1994年第4期）

中国古代学者文献观念之演变

文献，作为人类社会发展到一定阶段的产物，是人类文化发展的重要体现，同时，也是人类文化遗产的重要积累形式和社会交流的中介。关于其推动人类社会发展和促进人类文化的巨大作用，我们已经讨论得比较深入了。但是，关于什么是文献，作为它的历史含义的限定性和它的普遍意义的抽象性，基本属性是精神产品还是物质财富，抑或两者兼而有之，大家并未达成共识；还有文献类型、种类的划分，文献规律的探讨，文献学的研究内容、体系和方法论也有待深入讨论。总的来看，文献学研究正处于起步阶段。

本文主要是从历史的视角观察我国学者对文献的认识，以及他们的文献工作实践，目的在于达到一种认识上的深入。写作中注意：①把与"文献"词语相关的事物联系起来，故此兼及典籍、文书、档案等词语，希望使我们的眼界更宽一些；②把对"文献"的认识与某些学者的文献工作实践联系起来，如分析一些文献汇辑等，这样可以看到文献观念影响之所及。关于现代文献学的讨论当另文阐明，此不赘述。

一、"文献——档案史料"观点的形成

我国历史上最著名、影响最大的文献学家孔子的文献工作实践活动和主要成果影响了中国文献历史二千多年，在《论语》中，又给我们留下了"文献"的记录："子曰：夏礼，吾能言之，杞，不足征也。殷礼，吾能言之，宋，不足征也，文献不足故也。足，则吾能征之矣。"（《论语·八佾》）

对于文中"文献"一词。历来解释繁多，理解不一。应当说，我们在理解这段话时，一方面不应脱离当时的社会条件和文献情况；另一方面，对于历代儒家经典的注解方式，即讲求师承家法的方式，应有所突破。

文，一般指彩色交错，如《易·系辞下》称："物相杂，故曰文。"引申为文雅、文辞、文字。又如《韩非子》："儒以文乱法，侠以武犯禁。"即指文字或文字中所阐发的思想、主张。文，也可引申为礼乐制度。如作动词，则可解释为做、作、撰述、写作。

献，亦作羲，意为供奉祭祀时的供品。又引申为贤者，如《尚书·益稷》："万邦黎献，共惟帝臣。"传注称"献，贤者"。这种把"献"理解为贤者的说法影响深远，如宋朱熹、清刘宝楠所注释的《论语》，都沿用不改。

所以，就"文"、"献"两字作分开解释。文，指有记录典章制度的文字资料。献，指贤者。贤者是饱读典籍、熟悉掌故的，故把"献"解释为熟悉掌故的学者贤人。如果从字面上分析，这种解释是通的。但是，我们如把孔子这段话中所称的"文献"置于更大的范围内去理解，那么，则可得出比前面更为接近事实的解释。

我国文字从发明到广泛应用于社会，史学界比较统一的看法是商代甲骨文辞所记录的文字已是比较成熟的。殷墟出土的大量甲骨实物以及学者的研究可以说明，商代是高度发达的奴隶制社会，但文化的创制和传播，比较集中于史官和卜筮等文职、神职人员手中，实行的是官守其学、学有其书的局面。章学诚曾谓："理大物博，不可殚也，圣人为之立官分守，而文字亦从而纪焉。有官斯有法，故法具于官；有法斯有书，故官守其书；有书斯有学，故师传其学；有学斯有业。故弟子习其业。官守学业皆出于一，而天下以同文为治，故私门无著述文字。"（《校雠通义·原道》）这种分析是符合历史事实的。学术在官，官师合一，反映了从三代到战国这段历史时期学术文化发展的基本面貌。官守其学，学有其书，则说明社会事物复杂多样以后，就是职司文化、学术以至典章制度的史官，必然有所分工，以利职掌和传播，史载史官分职，则是明证。所以，我们认为，我国三代以至春秋战国时期，记录文字的各种材料大都积累保存于官府。从这个意义上说，孔子所说的"文献不足"，是指记录文字的材料不够充分，不足以帮助他考证礼制。所以，孔子有"文献不足故也"之叹。

这里，结合当时的文献记录亦可佐证孔子的"文献"实指保存下来的各种文字记录。如《礼记·礼运》篇称："孔子曰：我欲观夏道，是故之杞，而不足征也，吾得《夏时》焉；我欲观殷道，是故之宋，不足征也，吾得《坤乾》焉。《坤乾》之义，《夏时》之等，吾以是观之。"郑玄曾注云："征，成也，无贤君不足以成也。"把这段话加以会解，即孔子为了释礼，曾亲往殷地考察。遗憾的是只能得到《夏时》、《坤乾》两件材料，总的来说，还不足以说明问题，故孔子有"文献不足故也"之感叹。郑玄不止一次释"献"为贤才，这种说法的合理性是：前引章学诚的论证，官师合一，官守其书，当然，要找到有关前代文献，必然要找到当时保管文献的人，而保管文献的人也是掌握和熟悉文献的人，故而贤才与文字材料并称，是很自然的事。一直到秦汉之时，这种官师合一的现象并未彻底改变。司马迁撰写《史记》时称：一方面，"百年之间，天下遗文古事靡不毕集太史公"；另一方面，司马迁还到处游历，所谓"二十而南游江、淮、上会稽，探禹穴，窥九疑，浮于沅、湘；北涉汶、泗，讲业齐、鲁之都，观孔子之遗风，乡射邹、峄；厄困鄱、薛、彭城，过梁、楚以归"（《史记·太史公自序》）。故司马迁有谓"余至江南，观其行事，问其长老"（《史记·龟策列传》）。从这点来看，郑玄解释的准确性如何可以继续讨论，但历史研究的材料包括书面材料与口碑材料，则是值得借鉴的观点。

从春秋至汉代的一些著述中可以看出，关于记录文字的材料，说法是多样的。如称典籍，有《孟子·告子下》："诸侯之地方百里，不百里，不足以守宗庙之典籍。"赵歧注云："谓先祖常籍法度之文也。"又《尚书·序》："及秦始皇灭先代典籍。"又《后汉书·崔寔传》："少沈静。好典籍。"可以说明，当时称的典籍是泛指记录有文字的各种材料。有称图书，如《史记·萧相国世家》："何独先入收秦丞相御史律令图书藏之。"有称图籍，如《汉书·百官公卿表上》："御史大夫，秦官，……在殿中掌图籍秘书。"而对一些具体书籍，则专指书名，如《诗》、《书》；统称图书典籍为艺文，如《汉书·艺文志》，也是泛指多于专指，可理解为记录文字的材料的总称。

总之，从以上的分析可以看出，三代至战国，由于官守其学，私门无著述，自然记录文字的材料都集中于官府。战国以后，诸子烽起，私门中有教育之传授，故也有著述汇辑之作品。到了汉代，各种著作更丰富、更繁杂，图书、档案逐步分离而独立。孔子的文献认识应该是记录文字的若干材料，故我们说先秦至汉代的文献观念的核心是档案资料，也即文献。

孔子不仅是我国最早使用文献一词的文献学家，也是促使档案文献过渡到经籍文献的实践者。经过秦、汉知识界的努力，我国文献已进入一个新的时期——包含诸多内容，但儒家经典又占主导地位的魏晋隋唐时期。

二、"文献——经籍图书"观念的建立

汉代以后，我国文献发展经历了重大变革，直接影响着人们对文献的认识，特别是文献在社会生活中产生的广泛影响，更加深了人们对文献的社会作用的理解。

汉代人工造纸术发明以后，纸这种质轻、平滑、易于书写和便于传播的材料，很快被人们广泛运用于社会，纸质文献从根本上促进了文献数量的增长和文献品种的繁富。

汉武帝奉行"独尊儒术"的统治手段，不仅确立了儒家几种重要著作的"独尊"地位，也影响了文献流传方式的变化，说明、注解和发挥经文的传注图书大量出现，儒家经书立于学官，实际上是突出儒家思想的统治地位。

由于社会生活的发展，朝廷政治、外交、军事等活动频繁，应用文体的写作，使文献种类有了长足的发展。外来宗教的传入，本土宗教的盛行，使经典翻译，汇辑经、律也相应地形成系列化宗教文献。

作为魏晋—隋唐时期文献观念的发展，文献以实指经籍图书为其主要特征。所以，我们现在所知的大量的论述经籍图书的观点，可以看做文献观念演变的例证。

1. 文献产生于史官

魏徵在《隋书·经籍志》之序中考证了文献之生成是史官制度的产物："是以大道方行，俯龟象而设卦；后圣有作，仰鸟迹以成文。书契已传，绳木弃而不用；史官既立，经籍于是兴焉。"魏徵这种看法，即文献（经籍）出于史官，长期以来是作为文献生成的观点为人们所接受的。他勾画出文字产生以前信息传播的方式，如结绳、刻木、造书契而写作，这是符合我国文献发展史的历史进程的。同时，他还说明文献产生过程本身就是人类文明发展的标志，那时，人类社会生产力发展，从社会分工逐步分离出体力劳动与脑力劳动。一部分从事脑力劳动的史、巫，既掌握社会文化的发展与变革，也掌握文化活动的工具和材料。文献，凝聚着文化发展的成果，积累了文化实迹和精神财富，完成了它的产生过程而独立存在。

2. 文献的作用在于"博通古今"

对于经籍（文献）的作用，隋唐时由于封建帝国的高度统一，文人的宣传、疏导作用显得特别重要。因此，首有牛弘之论述经籍的作用在于"弘宣教导"、"博通古今"。他说："经籍所兴，由来尚矣。爻画肇于庖羲，文字生于仓颉。圣人所以弘宣教

导,博通古今,扬于王庭,肆于时夏。"(牛弘:《请开献书之路表》)按这种说法,典籍,对于人类有"博通古今"的作用,这种认识作用是知往古、观现今,往古的了解是作为统治阶级统治经验的借鉴,现今社会秩序和道德准则,也应由往古的传统加以发扬,统治秩序的建立与社会制度的巩固,都是继承以前传统的结果。故牛弘最后称凡历史上有所作为的君王,有所图强的朝代,"曷尝不以诗书而为教,因礼乐而成功也"。

3. 文献的功能是传播与继承

对于文献功能的认识,人们主要将其归纳为人类社会的传播媒介。对文献的传播功能,早在我国唐代,刘知幾就曾有所论述。他说:"苟史官不绝,竹帛长存,则其人已亡,杳成空寂,而其事如在,皎同星汉。使后世之学者,坐披囊箧,而神交万古;不出户庭,而穷览千载。"(《史通·史官建置》)这里,刘知幾对文献功能作了非常恰当的描述,即如果"竹帛长存",自然,人已亡故,事实则仍然留存。他特别指出,如果有了"竹帛",后人阅读研究,可以博通古今,就是足不出户,也同样可以了解历史发展面貌。刘知幾为了说明这个问题,列举了历史上无数明王贤君与暴恶帝王、忠臣名士与不肖之人,说明如果没有竹帛记载,即历史文献的留存,则无法辨明与表示扬抑褒贬。这种认识是颇有见地的。

4 经籍"藏用足以独善"的认识

唐初名臣魏徵辅佐唐太宗建功立业,他对经籍(文献)的认识多从维护封建秩序、巩固封建制度出发。他认为经籍的作用是巨大的,可以"经天地,纬阴阳,正纪纲,弘道德"。但是,所谓"正纪纲,弘道德",即从统治制度和封建制度上收到预期效果,应该注意图书文献的一种转化,培养和造就一批学习与研究经籍图书的人,而通过这些人达到弘扬、宣教、训导、劝诫的目的。所以,他提出了"显仁足以利物,藏用足以独善"的看法。对朝廷的统治来说,此言一方面可以理解为凡是统治阶段都应该重视典籍图书,因为经籍图书"为用至大";另一方面,也是针对统治阶段的一般成员如士大夫等,告诫他们应该重视典籍图书,并通过典籍图书,修身齐家治国。他最后谓:"学之者将殖焉,不学者将落焉"!正是如此。

三、"文献——具有参考价值的史料"观点的形成与应用

宋元以降,随着封建社会的发展,儒家思想的统治地位更加巩固,经籍图书在日常生活中有着更显著的影响。但是,由于学术文化的发展,学者对文献基本作用的认识更为深刻了。因此,更广泛意义上的文献观,终于在社会上得到承认并为学术文化界所接受。

宋元时理学盛行,不同学派的哲人如陆九渊、程颢、朱熹等纷纷著书立说、自立书院讲学、刻印著作并建立藏书系统。可以看出,宋元理学仍是以注说儒家经典为主的,他们可以上承汉代经师而为学说,也可以另立新说而传授。朱熹对文献的解释,基本上是承袭汉代经师的说法,如解释《论语》中文献两字为"文,典籍也;献,贤者也"。

这里，文，指文献典籍，实际上是说这些载体上所记载的文字资料。献，指贤者。对朱熹的"贤者"之说，可以理解为一部分是熟悉史料、掌握文献著作与传播的文化工作者，一部分是他们这些熟悉文献史料的人所记忆的东西，如各种可以作为口碑资料留存的遗事轶闻。朱熹对文献的解释没有新意，但作为儒学大师，他的解释的历史影响是深远的。

宋代史学成就很高。我们可以看到，汉唐时期（甚至包括更远的先秦）官修史书一直占据主导地位的情况到了宋代已经改变，官书衰微，私书勃起。宋代史学不仅产生了影响远大的《资治通鉴》等书，而且对当代史的研究成绩更加显著。当代史书之编纂必须积累大量史料和深入挖掘各种类型的文献，故而引起人们对史料的重视。南宋毛开在论述书籍作用时说过图书是"识天道之精微，揆人事之始终，究物理之变化"的工具，同时，他还说到"六艺立言立德，九流经世之要，传注之学，辞赋之宗，技巧之方，氏姓之考，齐谐之志，邱里之谈，虽出殊途，皆为有用。"可见其眼界已经非常开阔，也就是强调书籍的作用是无尽的。而图书的各种内容都是有参考价值的。联系宋代史料笔记的兴盛，无论《容斋随笔》、《水东日记》还是《挥麈录》等都极富有史料价值。正因为这些笔记记录所见所闻，故可补正史记载之不足，可纠正史记载之讹误，可传名人贤者之言行，可叙学人著者之遗闻，都可看做宋代对文献需求的多样化，从而促进人们对文献理解的提高。

宋末，马端临撰写的《文献通考》使文献观念得以系统化。他在《文献通考》一书的序文中，说明了他为自己著述取名的缘由，并阐述了其文献观念：

> 昔夫子言夏殷之礼，而深慨文献之不足征。释之者曰：文，典籍也；献，贤者也。生乎千百载之后，而欲尚论千百载之前，非史传之实录具存，何以稽考？儒先之绪言未远，足资讨论，虽圣人亦不能臆为之说也。……
>
> ……凡叙事则本之经史，而考之以历代会要，以及百家传记之书，信而有证者从之，乖异传疑者不录，所谓文也。凡论事则先取当时臣僚之奏疏，次及近代诸儒之评论，以及名流之燕谈、稗官之记录，凡一话一言可以订典故之得失，证史传之是非者，则采而录之，所谓献也。其载诸史传之记录而可疑，稽诸先儒之论辩而未当者，研精覃思，悠悠有得，则窃以己意，附其后焉。命其书曰文献通考。

上引马端临的《文献通考》之序，至少有几个问题是值得我们重视的。第一，马端临强调的是文字材料的留存。第二，马端临对文献范围的解释是以文字记载的材料为界。所谓文的范围，比较着重于史传诸子；所谓献的范围，比较着重于各种体裁的史料。第三，马端临的"通考"，从他自己所申述的理由来看，是一种写作方式，因为他要"订"、"证"史实，载之文献，使之信而有证，传疑不录，故有"考"；但实际上，仍应视之为积累文献、整理文献和记录文献的方法。所以，我们在这里将其文献观概括为凡具参考价值的材料（史料）才是文献。马端临的文献观，不仅因其所著《文献通考》的流传而得以传播，而且因其在文献方法论上的独特见解，影响到他身后的各个历史时期。

分析宋至明出现的各种文献汇辑本，对于我们了解宋元明文献概念的发展是很有帮助的。

南宋吕祖谦编《宋文鉴》，在宋一代很有代表性。据《建炎以来朝野杂记》所载，当时临安书坊有《圣宋文海》一书，为江钿所编，宋孝宗得到此书，命官府校正刻板。但周必大提出异议，谓该书取舍有差误之处，遂改由吕祖谦编纂。吕尽取秘府及士大夫诸家所藏文集，旁采传记等类书籍，按类编排，后因有些文词涉及朝廷政事，故曾删削部分。此书名为《宋文鉴》，有如《资治通鉴》之鉴戒作用，朱熹曾谓"此书编次，篇篇有意"。实际上是书中所选文章关系朝廷政治、军事大事，可作为政治参考与评论统治得失之材料，故而影响甚大。这部书作为断代文总集，不仅在编纂体例上树立了一个范例，而且在选录当代文献提供利用上也是十分可取的。我国诗文总集或说起源于晋挚虞之《文章流别集》。但自唐以后，诗文总集才注重其保存文献的功能，逐步衍化成通记各代作品的诗文总集，或记一代作品的断代诗文总集，或为一地一邑之地方文献汇辑。应该看到，诗文总集在保存文献方面的贡献是很显著的。

地方文献类的文献汇辑成为风尚，特别在明代尤其突出。宋代汇辑一地文献的有《成都文粹》五十卷，袁说友纂。袁称此书"摭诸方策，裒诸碑志"，说明作为一地方文献之汇辑，收集面广，积累材料丰富。

明代地方文献的汇辑非常盛行。如《新安文献志》一百卷，程敏政纂。新安即明之歙县，此即有关新安一地之文献汇辑。《四库全书总目》称此书"征引繁博，条理淹贯，凡徽州一郡之典故，汇萃极为赅备，遗文逸事，咸得籍以考见大凡"。与程敏政《新安文献志》相似的地方文献汇辑有明李时渐的《三台文献录》，焦竑的《中原文献》，何炯的《清源文献》、张邦翼的《岭南文献》等。

丛书的兴起，也是宋元明各代学者对文献整理的实践活动。宋左圭编《百川学海》、元陶宗仪编《说郛》等书，不仅可以方便读者使用，省翻检之劳，更显的目的是广采博收，选择编排。到了明代，丛书编纂的突出特点是反映当代人著作，如《记录汇编》、《今献汇言》。或适应专门需要而编纂专门丛书，如《古今说海》、《顾氏文房小说》等。

从以上对文献观念之分析和文献工作实例的叙述，我们可以了解到宋至明代文献观念的基本特征。第一，文献就是有价值的史料的观点逐步确立。我们认为，这种认识是符合客观实际的。就宋而言，由于印刷术的推广应用，社会上文献数量的增多和品种的多样化，必然提出一个选择问题。所以，具有参考价值、具有保存意义的文献品种受到人们的瞩目是非常自然的。明代的文献情况更是如此，相应的文献编撰工作也开始有所分工。第二，文献编纂工作的重点是一代文献或一地文献。当社会文献量增大时，要网罗散佚，包举古今，一般是缺乏可行性的。所以，对一代文献、一地文献或一类文献的汇辑，则是可行的。这从宋以后的断代诗文总集、地方诗文总集以及综合性丛书中以某代文献为主的专题性丛书和地方（郡邑）丛书的编纂成为风尚，就可以得到证明。第三，那种认为文就是文字记录、献就是贤才之士的看法仍然具有相当广泛的影响。这不仅可从相当长的时间内笔记体书籍之编纂与流传得到说明，而且各代所出现的总集与别集除了集中作家创作的作品部分外，还有大量有关作家的资料，如史书记录、碑传文字以及有关传闻遗事、行迹留存等材料。这种做法一方面是提供研究资料，另一方面也是重视文字与口碑传说相结合的文献观的继续。

四、"文献——古典文献"观念之发展

清代乾隆、嘉庆时，文化学术发展史上的重大成就是关于古典文献学的建立和实践活动。它的影响，不仅是古典文献学的理论与方法的确立与完善，而且还表现在繁富的学术成果对人类的贡献。可以说，清代文献工作的成绩是对中国古代文化成果的总清算，也是中国文化遗产的总汇集。当然，由于受制于当时的历史条件与文化氛围的背景及学者的主观因素等，文献工作的发展也是有局限的。

梁启超在《中国近三百年学术史》一书中，大致概括了清代乾嘉时期古典文献整理与研究种类与成就：①经书的笺释。"大部分是用笔记或专篇体裁，为部分的细密研究。研究进步的结果，有人综合起来作全书的释例或新注新疏，差不多每部经传都有了。"②史料的搜补鉴别。"关于史籍之编著源流，各书中所记之异同真伪、遗文佚事之阙失或散见者，都分部搜集辨证，内中补订各史表志，为功尤多。"③辨伪书。"许多伪或年代错误的书，都用严正态度辨证，大半成为信谳。"④辑佚书。⑤校勘。"难读的古书，都根据善本，或厘审字句，或推比章节，还他本来面目。"⑥文字训诂。⑦音韵。⑧算学。⑨地理。⑩金石。⑪方志之编纂。⑫类书之编纂。⑬丛书之校刻。梁启超所谓举其大略，但据此，可以看出清代学者在整理文献，特别是古典文献方面的卓越功绩。张舜徽先生在《中国文献学》中将前人整理文献的具体工作总结为六项：①抄写；②注释；③翻译；④考证；⑤辨伪；⑥辑佚。他还说明作为整理文献的成果表现在修通史、纂方志、绘地图、制图表、编字典、辑丛书。看起来，这也是围绕文献所作整理、考证、编纂的结果。这里要作出补充的是，文献整理成果还有如版本考核、目录编制以及研究文集的出版，它们都对学术文化的发展具有深远的影响。

梁启超在分析清代乾嘉朴学兴起的原因时说："明季道学反动，学风自然由蹈空而变为核实——由主观的推想而变为客观的考察。客观的考察有两条路，一自然界现象方面，二社会文献方面。以康熙间学界形势论，本来有趋重自然科学的可能性。当时实在也有点这种机兆，然而到底不成功者。其一，如前文所讲（指科举制度、康熙的政策变化等——引者），因为种种事故把科学媒介人失掉了。其二，则因中国学者根本习气，看轻了'艺成而下'的学问，所以结果逼着专走文献这条路。"（《中国近三百年学术史》）梁启超这里所说的文献这条路，是指史学研究，特别是指古代史学研究而言的，但范围是指章学诚所归纳的"六经皆史"的"史"，即广泛的古代文献研究。

现在，我们可以回到清代学者对文献的认识与理解上来了。

首先，我们分析他们对"文献"这一历史名词的解释。从历史根源上看，作为儒家经典的《论语》，清代学者在整理研究上花力不少。故像刘宝楠的《论语正义》一书，可视为《论语》研究的集大成之作。这里就有关于文献的诠解。刘宝楠在该书《八佾》一章注中指出"文谓典策，献谓秉礼之贤士大夫"。这种说法仍沿用汉代郑玄、宋代朱熹的传统说法，但他又征引各种材料加以证明。他援引子贡的说法：贤者识大，不贤者识小，皆谓献也。又引《礼记·礼运》篇（见前引）之记载，最后评论说：孔

子研究两代礼乐制度，因感到文献不足，故不能以文献（古之论著）作为说明之根据，而只能以运用礼制，作为考定之参考而论述。此外，如焦循说：文是典籍，献是贤士大夫的记述；徐灏说：载诸典籍者文也，传诸其人者献也。所以，综合起来，清代部分学者论述文献的概念和含义，大致是沿用历史上的说法。但可以明确看出，他们以为文献二字，如果"文"解释为典籍、典策，"献"则是士大夫，这种士大夫或是"秉礼"者，或是传播者，都是作为掌握、熟悉文字材料的人。可以看出，从文字材料上着眼较多，不是指一般的士大夫而言。所以，对文献的认识是有所进步的。

清代学者运用"文献"一词，可以看出他们实指的"文献"是指历史史料和广泛的古典史料而言。

全祖望评论黄宗羲之治学时称：黄之治学，"以濂洛之统，综会诸家，横渠之礼教，康节之数学，东莱之文献，艮斋止斋之经制，水心之文章，莫不旁推交通，连珠合璧，自来儒林所未有"（《鲒埼亭文集·梨洲先生神道碑文》）。

马骕著《绎史》一书，前有《征言》一篇称："纪事则详其颠末，纪人则备其始终。十有二代之间，君臣之迹，理乱之由，名法儒墨之殊途，纵横分合之异势，瞭然具焉。除列在学官《四子书》不录，经传子史，文献保存者，靡不毕载。"

上引两则，实际上都牵涉到书籍。如东莱之文献，意指吕祖谦之编纂活动，吕编纂著名之总集是《宋文鉴》。《宋文鉴》收录北宋2500多篇诗文，范围涉及当时的各种文体作品（不载词曲小说）。从这里看，全祖望称黄宗羲注意"东莱之文献"的意思，实际上是指吕祖谦注意选录当代各种文章，因为这样的选录，对政事、外交、经济、文学都富有参考价值。黄宗羲仿其例，变其类，编成明代文章汇辑《明文海》，可以说明"文献"是指文字资料而言。至于马骕的《绎史》一书，是记上古至秦末之事，依本末体，采编年、纪传之长，广泛征引各种书籍记载辅之以成书。马骕这里所说的"文献"，非常明确地是指传存下来的文字记载。所以，清代"文献"观念上的变化，也并非袭用汉宋诸儒之陈说，而根据实际研究需要，强调文字记载之参考价值。

主要活动于清乾隆和嘉庆初的史学大家章学诚，由于当时社会的学术氛围、多种的文献工作实践和个人的艰苦努力，不仅在史学研究上创立新说，成果累累，而且在文献研究上也建树颇多，启发后学。章学诚在文献研究上的成绩，主要可从其《文史通义》、《校雠通义》两书得以了解。

"六经皆史"的学说，是章学诚针对当时考据学、理学研究中的偏颇之见而提出的著名论断。章学诚还说过"六经皆先王之政典也"，又说过"六经皆掌故"。可以看出，针对封建统治者推崇儒家经典为"日中天"的情况，章学诚不可能直接予以公开否定，而只能从历史资料的价值上说明。但这些"六经"的利用，对于后代学者，只是提供一种史料，这实际上也是一种大胆的否定，即打破了对封建经典的偶像崇拜。同时，章学诚这种说法，也表现出他治学方法上的一种实事求是的精神，对儒家"六经"之看法，既不抬高，也不盲目摒弃，分析这些书籍产生的背景及写作的意图，可以看出这些书籍的真正价值在于史料。

"辨章学术，考镜源流"。章学诚在《校雠通义》一书中开宗明义地说明："刘向父子部次条别，将以辨章学术，考镜源流，非深明于道术精微，群言得失之故者，不足与此。""辨章学术，考镜源流"是作为目录学的根本目的提出来的。同样，"辨章学术，考镜源流"作为文献学的重要内容，也是可以接受的。因为没有内容校勘、讹误校正，人们就无法正确理解文献的内容。没有版本鉴别、优劣识别，人们就无法识别文献的价值，当然也就无法判断文献的可靠程度。自然，没有目录去反映校勘学、版本学的成果，考证作者、著作内容、版本和学术师承、思想传授，要达到"辨章学术，考镜源流"也是困难的。从清代乾嘉时代文化学术的发展来看，版本、目录、校勘等不同学科已发达为成熟的学科，所以，未有以一总的名称，如"文献学"概括之。但是，"辨章学术，考镜源流"用于现代意义的文献学，自然有其新的活力。

《州县请立志科议》则是章学诚在文献工作上的重大贡献。"志科"即为了保存地方文献，以备修撰方志而设立的地方文献馆。章学诚设计的方志的编纂体例，大致包括志、掌故、文征三部分。这些内容都要掌握充分的资料，而作为政权最基本级别的州县，既是直接从事史料汇辑的单位，也是地方志书编写的基层单位，故有设立志科的建议。建议内容为各科公文收存副本，官吏行事记录始末、家谱传记等属也要收藏副本，又本郡人士著述，也应收藏，至于城乡建筑物、古物遗存、碑帖铭记也一并收录其原始材料。总之，有关当地各种文献资料都要收藏保存。为了使文献采集制度化，还建议四乡设一"采访"，专司文献的收集与送呈。可见，这种建议以保存地方文献，并利用文献材料为修志服务为目的是很明显的。

以上，我们对中国历代学者关于文献的观念演变，作了比较集中的探讨，从中可以看出：

第一，长期的封建社会中，比较单一的文献类型限制了人们对文献的认识。由竹木、缣帛到纸张的采用，文献载体逐步变革，但文献类型终究主要是图书，虽然还有大量文书和档案。典籍文献在社会生活中产生过重大作用，人们也曾不断地阐述和宣传其意义，但这种对文献的认识并不是站在整个文献系统之上进行的一种高度的概括。所以，这些论述带有相当的局限性。

第二，由于对文献的认识集中在图书典籍的"人文"、"教化"作用，即比较强调了儒家经籍的作用，所以，忽略了图书典籍范围广泛的内容，特别是人类生存发展的生产活动和科学探讨内容的书籍。自然，这种文献的认识是不全面的。只有到了现代工业社会，信息意识与日俱增，我们对文献的认识才能是本质性的。

第三，长时期存在于中国学者认识中的"轻技艺"偏见。人们对文献这种兼具内容与形式的社会交流中介，实际上只是探讨其内容，宣传其功用，而往往忽视了组成文献的各种材料、文献制作方式和形态。所以，20世纪前各代学者留给我们的各种文献研究材料，基本上是一种文献功能、作用的论述。

（原载于《图书情报工作》1994年第2期）

中国近现代学者文献观之发展

20世纪前半叶,文献学(确切地说是古典文献学)几乎成为一种显学,在整个社会中显示出一种异常的魅力,影响了社会文化、教育和研究的各个领域。

分析一下这一时期文献学研究得以发展的背景,是十分有意义的。辛亥革命以后,延续达2000年的封建制度虽然宣告结束,但长期作为封建思想和制度基石的儒家思想,仍然深刻和顽固地在社会生活中起作用。新文化运动和五四运动的冲击,曾经强烈地振荡当时的文化学术界,但是,科学地分析哪些是优秀文化传统,应该去继承与发扬,哪些是封建性糟粕,应予以摒弃,却是一件比较细致的工作。所以,保存国粹、整理国故的声浪时起时伏,绵延不断。这是其一。其二,文化的积累和继承是始终延续的,中国传统文化表现出特别强烈的民族文化心理,始终吸引着学者的注意力。中国学者怀着继承优秀传统文化的愿望,通过编纂、印刷、传播、收藏、利用的途径,完成中国文化遗产的积聚和传递。所以,这一时期出现的文化遗产研究,有时甚至可以看成一种心理惯性在起作用。其三,近代社会激烈的变革不仅体现出一种社会制度的变革,同时也体现出一种文化转型的变革。20世纪初,中西文化交融,古今文化的过渡,都深刻影响着当时的知识阶层和社会人士。所以,开拓新的阵地,建设新的文化,成为人们共同关心的问题。总结前人的研究成果,自然也是建设的一方面。古典文献学研究正是在这种环境中受到重视的。

综观20世纪前半叶文献工作的成绩,大致可从两方面考察:一是大量古典文献整理成果显著,如古典儒家经典的研究,史学著作的整理,新的哲学、文学、史学论著的出现,大量古典小说、戏曲的整理与普及,大部头丛书如《四部丛刊》、《四部备要》和《丛书集成》的出版等;二是理论化、系统化的文献学论著的出现以及各种专题文献学研究的开展,导致了近代文献学学科的建立与学术地位的确定,并直接影响和推动着文献研究的发展。

程千帆先生1941年曾谓:"治书之学,旧称校雠。比及今世,多称目录。核其名实,歧义滋多。"(程千帆、徐有富:《校雠广义(目录编)》,齐鲁书社,1988年)这大致是符合实际情况的。关于文献学的研究,在近代既有直称"文献学"的,又颇多以校雠命名,或加"广"字的;还有统而称之"治书之学"的。我这里对有关版本、目录、校雠、藏书等范围的著作初步疏理,约有以下四类:

第一类,总论文献学的:如刘咸炘的《校雠述林》、《续校雠通义》(1928年),郑鹤声、郑鹤春的《中国文献学概要》(1930年),杜定友的《校雠新义》(1930年),张舜徽的《广校雠略》(1945年)等。与此类著作有关的,有孙德谦的《刘向校雠学纂微》(1923年)、钱亚新的《郑樵校雠略研究》(1948年)等。

第二类,总结文献历史的:如孙毓修的《中国雕版源流考》(1918年),陈彬和、查猛济的《中国书史》等。部分专书、专题、分代研究未记。

第三类，专题研究的：如目录学方面有刘纪泽的《目录学概论》（1931年）、姚名达的《目录学》（1933年）、汪辟疆的《目录学研究》（1934年）、姚名达的《中国目录学史》（1938年）以及余嘉锡写成于40年代的《目录学发微》、蒋伯潜的《校雠目录学纂要》（1944年）等。版本学方面的有叶德辉的《书林清话·余话》、钱基博的《版本通义》（1933年）等。校雠学方面有蒋元卿的《校雠学史》（1935年）等。藏书方面有杨立诚、金步瀛的《中国藏书家考略》（1929年）、陈登源的《古今典籍聚散考》（1936年）等。

第四类，相关工具书的：如杨家骆的《四库全书学典》（1946年）、卢震京的《图书学大辞典》（1940年）有关部分等。

以上所列各书，大致可划入近代文献学研究的范围。目前，从考察文献学理论的角度，暂时对各种专门论著不作评论，而集中对文献学的认识，文献学的范围、体系、内容和方法论等进行讨论，是十分必要的。本文特选取四个有代表性的人物及其著作，逐一进行评述。

一、新旧转型时的文献观——梁启超的广义史学

近代民主主义的先行者、思想家梁启超在进入20世纪后，参加过多种文化教育活动，如担任京师图书馆馆长、北京高师与清华大学教授等职。主要是作为学者的梁启超对中国古典文献特别是清代文献研究工作的成绩作了系统的总结，先后写出了如《中国近三百年学术史》（1923年）、《清代学术概论》（1920年）、《中国历史研究法》（1923年）、《中国历史研究法补编》（1926—1927年）等著作。这些著作体现了梁启超在这一特定时期的文化观念与见解。

梁启超在各种专题著述中，有时集中谈到他的文献观点、文献学观点，有时则在论述古典文献研究成果中，透露出他的文献观点。综而论之，大致可从两方面来说明。

1. "广义的史学——文献学"观点

梁启超在《中国近三百年学术史》一书中，总结了明末清初学风的转变，探讨了学术思想演变的根源，如清朝的闭关政策，自视高大，把西洋学术统统看成天朝固有的而加以排斥；同时，残酷的政治压迫，也迫使当时的知识界转向脱离现实较远的古典文献研究。他在分析造成这种原因时说："明季道学反动，学风自然要由蹈空而变为核实——由主观的推想而变为客观的考察。客观的考察有两条路，一自然界现象方面，二社会文献方面。以康熙间学界形势论，本来有趋重自然科学的可能性。当时实在也有点这种机兆。然而到底不成功者。其一，如前文所讲，因为种种事故把科学媒介人失掉了。其二，则因中国学者根本习气，看轻了'艺成而下'的学问，所以结果逼着专走文献这条路。"（梁启超：《中国近三百年学术史》，中国书店，1985年，据中华书局1936年本影印。本小节相关引文皆引自该书）

他又补充说："明清之交各大师，大率都重视史学——或广义的史学，即文献学。"在这里，梁启超提出了两个问题：一是按梁文所指，文献实际上是指中国存留的古

典文字材料，当时学者专走文献这条路，是集中于古代史料的范围，并不是对所有的文字材料；二是古典文献的研究，又集中于"专务注释古典"，即对留存典籍进行研究，就是人们所称的考证学。

梁启超在总结清代考证学术成果时，列举了清乾嘉时期考证学的成绩。他认为：乾嘉间学者，实自成一种学风，和近世科学的研究法极相近。我们可以给他一个特别名称，叫做"科学的古典学派"。其间，主要成果可分为三：一是考证学范围的，主要有：①经书的笺释，"经和传记，逐字逐句爬梳，引申或改正旧解者不少，大部分是用笔记或专篇体裁，为部分的细密研究。"②史料的搜补鉴别，"关于史籍之编著源流，各书中所记之异同真伪、遗文佚事之阙失或散见者，都分部搜集辨证，内中补订各史表志，为功尤多。"③辨伪书，"许多伪书或年代错误的书，都用严正态度辨证，大半成为信谳。"④辑佚书，"许多亡佚掉的书，都从几部大类书或较古的著述里头搜辑出来。"⑤校勘，"难读的古书，都根据善本，或厘审字句，或推比章节，还他本来面目。"⑥文字训诂。⑦音韵。以上现在都大致归入古籍整理工作的范围，亦即通称的古典文献学范围。二是古典科学史研究，如所引之"算学"、"地理"、"金石"，亦可归入古典文献研究；历史地理学、金石学与史学紧密相关，亦与考证学研究方法相类。三是著述新体式的，如方志、类书、丛书的编纂等。这些新的著述体式，既是乾嘉考证学研究成果之积累，也是古典文献流传之新途径。因此，我们可以把这三方面的成果看成文献学研究的新成果。当然，梁启超在这里多次使用广义的史学，其意义在于强调，这些研究都是在古典文献范围内的研究。援用章学诚"六经皆史"的说法，可演化为"六经皆史料"，亦即运用历史史料作研究。所以，梁启超用广义的史学——文献学来表述。应该说，关于广义史学——考证学——文献学的同义，是说得很明白、透彻的。

2."国学——文献的学问"的观点

1923年，梁启超赴南京各学术机关讲学。其中《治国学的两条大路》一文，显示了梁启超的文献观念上的特殊意义。

经过新文化运动和五四运动的洗礼，对待中国古典文化传统，学术文化界有国学研究之出现。胡适、梁启超及其他文化学术界人士纷纷以指导阅读、研究入门之名义开列国学书目。梁启超在批评胡适的《一个最低限度的国学书目》时，亦开列了《国学入门书要目及其读法》、《最低限度之必读书目》等书单。同时，梁在《治国学的两条大路》中，实际上对国学范围、治学方法和所达到目的作了解释。他说的治国学的两条大路，一为文献的学问，二为德性的学问。现只就文献方面的观点作些讨论。

首先，梁启超认为研究国学之一的"文献的学问"，仍是从史料学观点出发的。他认为："我们许多文化产品，都用我们极优美的文字记录下来。虽然记录方法不很整齐，虽然所记录的随时散失了不少，但即以现存的正史、别史、杂史、编年、纪事本末、法典、政书、方志、谱牒，以至各种笔记、金石刻文，……一切古书，有许多人见而无用的，拿他当历史读，都立即变成有用。"他还认为，"和史学范围相出入或者性质相似的文献学还有许多"，如文字学、社会形态学、古典考释学、艺术鉴评学。他指出做这类文献学问，要达到三个标准：①求真，即"要用很谨严的态度，仔细别择，把许多伪书和伪事剔去,把前人的误解修正,才可以看出真面目来。"②求博,即择一两件专门之业去做,称为"好一则博";运用方法把资料驾驭掌握,称为"以浅持博"。③求通,即注意学问之间的联系,通过表面求得本质之认识。至于梁启超治国学之两条大路的另一个德性的学问,即是运用传统文化加强自我修养,"内省与躬行"。这可能是梁启超认为做学问应从文献学问做起,最终达到运用文献的思想与精髓去改造理性,提高素质的目的。(夏晓虹编:《梁启超文选》(下),中国广播电视出版社,1992年)

综而论之,梁启超所说的文献学,可理解为史料学,或概而言之为古典文献学,并没有特别的新发展。但应该看到,梁启超在中国文献学发展上的贡献是:①总结了乾嘉考证学的方法,注意从学术系统、科学方法上肯定其意义和重要性,这对于处于20世纪初的学术界是有启示的;②阐述了文献学的研究对学术文化以至国民素质的提高都具有重要作用,这就影响了人们的认识,提高了文献学的地位。

二、构建文献学的新体系——郑鹤声、郑鹤春的《中国文献学概要》

1928年,郑鹤声、郑鹤春合著《中国文献学概要》(以下简称《概要》),这是近代以来以文献学命名的一部专著,具有重要的理论意义。

1. 关于文献和文献学的定义

《概要》对文献的理解衍源于历代对文献之解释,但最重要的影响乃是马端临关于文献之解释。《概要》是这样说的:"结集翻译编纂诸端,谓之文。审订讲习印刻诸端,谓之献。叙而述之,故曰文献学。"(郑鹤声、郑鹤春:《中国文献学概要》,上海书店,1983年,据商务印书馆1933年本影印。本小节相关引文皆引自该书)

《概要》的作者以为讨论文献应从《文献通考》一书谈起。《文献通考》谓:"凡叙事则本之经史,而考以历代会要,以及百家传记之书,信而有证者从之,乖异传疑者不录,所谓文也。凡论事则先取当时臣僚之奏疏,次及近代诸儒之评论,以至名流之燕谈、稗官之记录,凡一话一言可以订典故之得失,证史传之是非者,则采而录之,所谓献也。"作者虽称其书"亦采其说",但看得出来,《概要》只是沿用文献二字,完全脱离了马端临所著《文献通考》之文献含义。

马端临所谓的"文",是从文献内容的重要性和文献价值的判断上而言的;《概要》的所谓"文",则主要是从文献的生产方式,换言之是从文献构成的主要形式有结集、翻译、编纂来说的。马端临所谓的"献",是从文献内容的可靠性与史实相关的参考价值而言的;《概要》的所谓"献",则主要是从文献的传播形式来说的。所以,《概要》作者实际上是脱离马端临的"文献"释义而重新构建文献观念的。

试观《概要》对文献诸方面关系的说明,便可看出其文献学体系的构建理论。

总论文献价值与研究文献之意义,作者称之为"以总其要",即总论文献的意思。

次论"结集",犹如现在所称的"文献积累",这是首要的。文献研究,归根到底是要提供现实的参考和利用,因此,总要对历史遗产作一番清算,这就是研究文献积累和文献保存。作者称这是"文献学最重大之事业"。这大致是对的。要结集成文化宝藏，必然会有文献的鉴别、整理、编目，故有"审订"。作者认为："不施以审订，则无以取精而用宏，择要而弃微。"

又次之以"讲习"一章，这是从文献传播的角度说的。作者称"结集"是表，"审订"是里，"讲习是表里相兼"，这是申明讲习，即现在所称的学习、研究、传播、交流，促进了文献的积累。因为学者既是文献生产者，也是文献传播者。生产过程有结集文献的成果。讲习过程也进一步整理文献，提高文献价值，所以也应将之理解成"审订"文献的工作。

此外，《概要》作者还增列"翻译"、"印刷"两章，这是针对文献生产与传播问题而言的。"翻译"包括"佛典翻译"与"科学翻译"二节，简略说明了中外文化交流的情况。能看到中国文献在这方面的变化，并加以研究，这是文献研究的重大突破。至于印刷方面，则探讨印刷与学术发展的意义，也属于有见地的认识。

2. 关于文献价值的讨论

《概要》作者在构建文献学体系时，还提出了中国文献价值和它在世界文明史上的地位的问题，显示了《概要》的认识高度。

首先，作者认为，学术思想可以看成一个国家民族的精神表现，而政事、法律、风俗、历史等现象，则是表现出来的形质。所以，考察一个国家的强弱与文明的高低，通过学术思想是一个途径。"典籍者，思想之结晶，学术所由寄也"。同时，考证制度，研究文化，探讨政治，都得有文献作为根据。这也就是说，文献是学术文化和各种研究与探讨的根据。

其次，发扬中国文献之优良传统，也必须通过宣传中国文献之价值以确定它在世界文明中的地位。作者认为："中国之完备，世界各国殆莫之享，此为中国文明之特色，即典籍之完美是也。"

《概要》作者在关于文献价值的讨论中，还提出了一个非常有意义的课题，即"中国文献之世界化"。作者的这一立论是根据这样的情况出发的：西方世界正努力研究西方文化，探讨西方文化的发展，他们要探讨世界文化问题，对中国文化的研究是必然的。所以，作者预言，中国文化的研究必将引起世界文化学术界的重视。中国历史悠久、典籍繁富，对人类文化之贡献卓伟，舍中国文化而言世界文化，是不全面的。作者指陈利害，多方呼吁：如果我们自己对自己文化的整理与研究都不予注意，那么，要西方学术文化界对中国文化全面认识与介绍，自然是困难的。作者的这些认识是难能可贵的。

当然，《概要》作者著书的宗旨，曾说明是因为20世纪初年，"学士大夫，群以科学救国相提倡，或有废绝线装书之论，以吾国固有文献，为腐败物质之渊薮，非廓而清之不为功"。作者认为，这种"因噎废食"的情况是很值得担忧的。同时，由于学科繁兴，国人对本国文献兴趣减弱，甚或出现了对中国文献之要略"不知所对"的情况。正因为如此，作者才著作《概要》，虽只是提供入门之知识，但希望达到"考文献而爱旧邦"之目的。

《概要》产生于20世纪20年代，其内容组织和体系结构存在着缺陷和不足，那是必然的。但这本著作在文献概念、文献价值和文献学体系方面，还是提出了一些较为新颖的看法，代表着当时文献学家对新旧文献价值的认识，反映了文献行业的新动态。故此，《概要》不失为一部具有历史意义的文献学论著。

三、旧瓶装新酒——杜定友的《校雠新义》

杜定友是我国著名的图书馆学家，生平著作等身，涉及文字学、教育学、图书馆学、历史学等领域，其中涉及古典目录学、校雠学、古代藏书方面的有《校雠新义》（中华书局，1930年）一书，其内容大致可约束在文献学（古典文献学）的范围内。通过该书，可以窥见20世纪30年代文献学研究的成绩。

20年代初，杜定友先生留学菲律宾，专攻图书馆学；回国后服务于广东文化教育界，并筹设新的图书馆，致力于图书馆新人才之培养。《校雠新义》一书，是迎接某些广东文化界人士讥讽杜先生是洋学生，不懂古书的挑战而作的。当然，更重要的是，杜定友接受中西学术的熏陶，面对图书馆工作碰到的问题予以研究和解决，如应用新分类法时，应如何对待中国古书的处理；应用西方的编目条例时，又该如何看待中国传统的书目方法，等等。所以，他作《校雠新义》，一方面是回答某些人的讥讽，另一方面则是希望总结中国传统文化，为图书馆工作找到一些可借鉴的方法。

1. 关于文献学的理解

杜定友在《校雠新义》自序中说："近来欧化东渐，图书之学，成为专门，取其成法融会而贯通之，亦我国言校雠者之责也。"该书共分十章：类例第一，四库第二，经部第三，史部第四，子部第五，集部第六，编次第七，书目第八，藏书第九，校雠第十。每章下面，类分各节，结构紧凑。在编写体例上，虽主要是辑录有关资料于某一问题下，但各章节均有导论性短语或按语或结论，其中不乏真知灼见之谈。这里，仅就其中与文献有关的问题进行讨论。

关于历史上的校雠学。杜定友认为，校雠是校对之法、校雠之术，也就是治学之法，这种方法比比皆是；书有书之校雠，目有目之校雠，版有版之校雠。所以，他认为校雠"似未可以专成一学也"。

必须辨析类例、目录、书目、校雠之义。作者认为，当时的研究者对上列各种的实际情况不了解，而把分类、编目、书目、校雠混为一谈，引起歧义杂乱。

要辨析学术源流，更要注意图书之应用，使学者即类求书，即书究学。作者认为古代图书馆重在典守，所以目录之兴，重在传习；今之图书，重在致用，目录的意义在于"备于稽检"，类例（分类）、目录（编目）都有所不同。

2.《校雠新义》之内容

前文指出，杜定友为了纠正前代论及校雠的错误，汇合了中外分类、编目之方法，进而建立自己的文献学体系。但他为什么不直接用文献学之名，而仍用校雠之名呢？这实在有不得已之苦衷。所以,他着重在"新"字上做文章,写成了《校雠新义》。下面从该书的内容结构上进行分析。

(1) 文献分类是首要问题,故书中有类例的重要性与学术分类和书籍分类、具体分类方法等篇章。更重要的是,书中提出了图书分类和书目分类并不一样的看法,故有"中国无分类法"之宏论。

首先,杜定友指出:"类例之法,重在辨章学术,部次甲乙,使图书馆典籍按类而归,以见学术之范围,各科之关系,考镜源流,犹其余事。"这里,他讨论了分类学与书目学(目录学)之主要区别。按他的认识,分类重在从学术关系上给学者指出门径,便于治学,故与书目学着重以考镜源流为目的是有区别的。

其次,分类应讲求辨体、辨义。所谓辨体,即分析书籍之体裁;所谓辨义,即了解书籍的内容。他的看法,是符合现代意义的分类学理论的。

再次,"今人立类在成一系统,以括已有未有之书。"这是杜定友对文献分类的认识。他还提出了几条分类原则:一是离书而立类,因类而求书,"不能以现有图书为准"。二是总括群学,不能只就现有图书立类,而要以学科群体加以统括区分,这样才能适应需要。三是包容中外学术,不能只以中文书籍为准。四是要有预见性,"应以已有之书以测未来之书,就已有之类以备未来之类"。

此外,杜定友还对分类的类目、类号以及"分类宜详"等问题——进行了讨论。

(2) 四库流别与各类之辨析。

(3) 文献揭示方法论。杜定友在《校雠新义》第七章、第八章中,分别就文献揭示问题进行了讨论,提出了下面两个方面的问题。一是藏书目录与书目有别。他认为,典籍浩繁,藏书丰富,如不分类编目,就无法检用,故有图书编目之法。但是,目录所载,以一时一地所藏为限;书目所载为泛指一地之书或特种之书。二是书目学问题。杜定友认为,"书目之编,以书为目,其学不限于一科一门,其书不限于一时一地。"他认为这就是书目学与图书编目学(杜有时又称此为目录学)的主要区别。他还列举书目种类有八:史家书目,学术书目,引用书目,书目之书目,版刻书目,书目考证,书目解题,毁阙书目,并分别加以辨析与说明。

(4) 公私藏书史料。

(5) 校雠正名。此卷集中说明了校雠之为术,"不可以名家"。

综而论之,杜定友先生构建的关于文献之学问,包括了分类、编目、藏书、校雠等项,犹如我们现在所称的文献工作之内容。我们把《校雠新义》放在文献学范围内讨论,意义正在于此。

20世纪30年代初,文献载体上已有显著变化,报刊和其他文献载体已出现。杜定友先生无暇讨论新型文献载体,而只就古今图书作为研究对象,这必然具有一定的局限性。且前已说明,该书实是有所为之作,故过多地谈论古代文献学术中如目录、分类、编次等之弊病,有些判断亦有可商榷之处。但是,《校雠新义》在融汇中外、变通古今的结合上,作出了一定的成绩,比之《中国文献学概要》,在内容深度上是有所发展的。

四、用校雠包举其余的文献学——张舜徽的《广校雠略》

当代著名文献学家张舜徽，80年代以《中国文献学》一书确立了文献学（古典文献学）的体系和内容，并以中国历史文献学会会长的身份，推动了中国古典文献研究的发展。张舜徽终生从事古典文献研究，并涉及语言文字学、历史、文学、哲学的研究，影响深远。他著于本世纪40年代的《广校雠略》，实际上已经初步讨论了文献学的内容，划定了文献学的范围，是一部研究性著述。

张舜徽在1945年出版的《广校雠略》中，曾叙述其治学生涯。他说："舜徽少时读书，酷嗜乾嘉诸儒之学，寝馈其中者有年。其后涉猎子史，兼览宋人经说，……乱中逃窜四方，饥寒相捣，温经校史，流览百家，穷日夜不辍，积之十年，始于群经传注之得失，诸史记载之异同，子集之支分派别，稍能辨其源流，明其体统。"（张舜徽：《广校雠略》，中华书局，1963年。本小节相关引文皆引自该书）所以，《广校雠略》是作者长期治学研究之归纳和发挥，对于汉宋诸儒，他"独崇二郑"（郑玄、郑樵），仿郑樵《通志·校雠略》之体，故称《广校雠略》。

1. 校雠学——文献学

张舜徽对于从汉代刘向开始，历代相沿持续之校书事业，统称之为校雠事业。他认为："目录，版本，校勘，皆校雠家事也。但举校雠，自是该之。"之所以得出这个结论，是鉴于学界有称目录学之名。作者认为，目录学不能独自成一学。这是因为，第一，校雠的最重要作用，在于辨章学术，考镜源流，校书成才有目录出现；如果从学术角度看，校雠是学术，目录是成果。第二，从历史角度看，郑樵、章学诚皆不用目录之名，因目录是从校雠而来，用校雠两字，已包含目录在内。

作者认为，"审定书籍，约为三途"，即目录之学、版本之学、校勘之学，"揆之古初，实不然也。盖三者俱校雠之事"。

张舜徽先生囿于乾嘉章学诚、全祖望之偏见，认定目录学不能独立成为一门学科。这是有局限性的，这里暂不讨论。但从作者划定的文献整理之内容，大致符合于文献学之范围。据此，可了解其文献学之范围包括：①著述体例论；②注释流别论；③书籍流布论；④目录体例论；⑤部类分合论；⑥校勘方法论；⑦审定伪书论；⑧搜辑佚书论。

我们认为，以上篇目题名及所及内容，确是总体的文献研究，犹如现在的文献学研究的范围。张先生当时虽未用文献学这一名词，但实际上划定了文献学的范围。80年代，张先生整理旧稿，重新补充归纳，写成《中国文献学》一书，看来是名实符合了。

2. 文献体式研究

《广校雠略》在文献研究上的贡献，首先是提出了文献体式研究的重要问题。他在《著述体例论》十篇中说明，著述是一件非常严谨郑重之事，而古代著述都可视为史料，这主要来自章学诚的"六经皆史"的说法。作者把著述体例大致分为著述、编述、钞纂三种。著述的标准是研究性著作，即能做到发前人之未发，自成体系。编述则是参考前人著作，进行新的体系组织和内容加工。钞纂则是"比叙旧事，综录异闻"，实际上是汇辑编排史料成书。他指出钞纂的体式是一般性的书籍，不可比之著述。

对于书籍重要组成部分的序，作者指出，序是一种认识书籍的重要工具。序有几种：作者所作的序，如《太史公自序》；编者所作的序，如《诗序》；还有校雠家所作的序、传注家所作的序。作者在这里混同了书序与书目提要两种体例，但注意到了书籍结构上的有关部分，亦是文献研究之一得。此外，作者对解释性著作进行了总结，举出了10种注书形式，如传、注、记、说等，以及集解、义疏等著作体式之特点。应该说，这些方面亦是文献学研究的范围。长期以来，学界只是把这些注述形式遍及子、史、集各部，并不局限于经学一门；张舜徽先生把它划入文献学研究之范围，是有见识的。

3. 关于文献分类与著录的见解（略）

4. 关于校勘、辑佚的讨论

张舜徽在《广校雠略》中，用比较大的篇幅讨论了校勘、辑佚、辨伪等问题。作者总结了历代校勘的重要方法，在掌握丰富史料，并亲自从事校勘工作的基础上，提出校书方法六篇，如《不可轻于改字》、《取相类之对校》、《据古注以校正文》、《类书及古注不可尽据》、《旧本书不可尽据》、《宋刊本不可尽据》，都是颇有见解的认识。

搜辑佚书，即辑佚之学，张舜徽把它划入校雠学之范围，是很适合的。因为文献整理工作实际上是文化遗产的继承与创新，它包括对已有成果的提高，也有发掘遗产的工作，所以辑佚工作是值得重视的。作者特别提出辑佚一事乃学成之后的事，意即读书治学有一定年份，才能有见识、有途径地从事辑佚。这可能也是张先生的经验之谈。

以上大致把张舜徽先生所作《广校雠略》对于文献研究之观点与内容要点作了介绍。作者写作此书体例，注重史料之引证，而观点往往通过各章节之标题注明，部分论断富有启发性，诚为治学经验之结晶。作者于80年代写作的《中国文献学》，改变了那种札记式写法，以叙述式阐明内容，识见更加广阔深邃，此是后话。

（原载于《图书情报知识》1994年第4期）

胡应麟在中国文献史研究上的贡献

一、胡应麟与二酉山房

胡应麟,字元瑞,浙江兰溪人。生卒年不详。明万历丙子(1576)中举。他的著作《少室山房笔丛》的《三坟补逸》序作于万历甲申(1584),《经籍会通》序作于万历己丑秋(1589),《玉壶遐览》序作于万历壬辰仲冬(1592),可知他是活动于万历年间的作家。他与焦竑、杨慎、陈耀文齐名,是万历四大博学家之一。诗文得王世贞赏识,并得到王的提携成名。与李维桢、屠隆、魏允中、赵用贤等称"末五子"。著作集有《少室山房类稿》一百二十卷,又《续稿》十五卷。另有笔记杂著《少室山房笔丛》四十八卷流传于世。传记附《明史》王世贞传后。

胡应麟中举后,屡试不第,因而遍游南北,交结书友,回到老家,筑室山中,藏书四万多卷,号曰二酉山房。

二酉山房藏书是胡应麟自己长期积累的。王世贞谓:"余友人胡元瑞,性嗜古书籍。少从其父宪使君京师,君故宦薄。而元瑞以嗜书故,有所购访,时时乞月俸,不给则脱妇簪珥而酬之,又不给则解衣以继之。……盖十余岁而尽毁其家以为书。录其余资以治屋而藏焉。"这当然是作为友人的赞美之词。但胡应麟确是从长期购访中历尽千辛万苦,才积累了达四万卷的藏书。

"余自髫岁,夙婴书癖,稍长,从家大人宦游诸省。遍历燕、吴、齐、赵、鲁、卫之墟。补缀拮据,垂三十载。近辑山房书目,前诸书外,自余所获,才二万余。大率穷搜委巷,广乞名流,录之故家,求诸绝域。中间解衣缩食,衡虑困心,体肤筋骨,靡所不愈。收集仅兹。至释、道二藏,竟以非力所及,未能致也。"(《少室山房笔丛》。以下未注明者均引自该书——笔者)

"张文潜《柯山集》一百卷,余所得卷仅十三,盖钞合类书以刻,非其旧也。余尝于临安僻巷中,见钞本书一十六帙。阅之,乃文潜集,卷数正同。书纸半巳溴灭,而印记奇古,装饰都雅,盖必名流所藏,子孙以鬻市人。"胡应麟正欲购买,以补全帙,但当时身上"不持一钱",他算计囊中有绿罗二匹,不一定能买下,又立即"解所衣乌丝直裰青蜀锦半臂罄归之"。正在成交时,被官长勾唤,故约定于次日买进。当夜,胡"通夕不寐,黎明不巾栉访之。则夜来邻火延烧,此书倏煨烬矣"。他"大怅惋弥月"。

胡应麟也曾记载与同时代藏书家交往之情况。

"王长公(王世贞)小酉馆,在弇州园凉风堂后,藏书凡三万卷,二典不与。构藏经阁贮焉,尔雅楼庋宋刻书皆绝精。余每读九友歌,辄泠然作天际真人想。"

"次公(王世懋)亦多宋梓。一日,燕汪司马,尽出堂中,并诸古帖画卷列左右,坐客应接不暇。"

"邺下宗正灌父，最蓄书，饶著述，宾客倾四方，尝饷余秘籍数种。"

"黎惟敬博雅好古，尝罄秘书俸入。……余有元人陈君采、柳文肃二集。黎过谷水并携去，约刻成寄余。余以二集刻本湮灭，因举赠俾完此举。"

童子鸣，"藏书二万五千卷。余尝得其目，颇多秘帙，而猥杂亦十三四。至诸大类书，则尽缺焉。"

祝鸣皋，"束发与余同志，书无弗窥。无燕中朔望日，拉余往书市，竞录所无，卖文钱悉输贾人，诸子啼号冻馁罔顾。"

胡应麟谈到与王世贞兄弟的交往，谈到黎惟敬、童子鸣、祝鸣皋等时，曾称"四君俱余生平同志，余箧笥所载，往往与互易者。"

谢肇淛说到胡应麟藏书之收集情况。"胡元瑞书，盖得之金华虞参政家者。虞藏书数万卷，贮之一楼。在池中央，以小木为彴，夜则去之，榜其门曰'楼不延客，书不借人'。其后子孙不能守，元瑞唊以重价，给令尽室载去，凡数巨舰。及至，则曰：'吾贫不能偿也。'复令载归。虞氏子既失所望，又急于得金，反托亲识居间，减价售之，计所得不十之一也。元瑞遂以书雄海内。"（谢肇淛：《五杂俎》卷十三）按谢肇淛之记载，可知胡应麟在积书过程中是耍尽手腕，巧取虞氏藏书，其手段是卑劣的。

胡应麟回到家乡，刻意于自己藏书楼的建设。王世贞说他建房而藏书，"屋分三楹，上固而下隆其阯，使避湿，而四敞之，可就日。为庋二十又四，高皆丽栋，尺度若一。"可见，当时的二酉山房之建筑是充分考虑了采光、避潮，而楼内设备亦极讲究的。明代后期，藏书家总结历代楼多厄于水火之灾，故讲求书楼建筑之避火防灾以及防虫防潮等问题。由宁波天一阁之建设可以看出其技术方法之讲究。胡应麟广交书友，遍览南北书家，故其书楼建筑颇有特色。

胡应麟把明代藏书家略分数等，其中，好事家"列架连窗，牙标锦轴，务为观美，触手如新"；赏鉴家"枕席经史，沈湎青缃，却扫闭关，蠹鱼岁月"。那么胡应麟属于哪一类呢？据王世贞对胡之记载，他是具有赏鉴家之风的。但胡应麟藏书为了实用，即为自己编纂、考证、写作而收集藏书，应用藏书，这是值得称道的。

胡应麟自称平生无癖好，唯独嗜书。他对书到了迷、痴的地步，他信奉宋代藏书家尤袤的信条：饥饿时把书当做食粮，口喝时把书当做饮料，诵读时可以当做音乐歌曲来欣赏，阅览时可以当做奇花异草来观览。他甚至把书当做陶冶性情培养心性的东西，忧愁时借书以解忧，悲愤时借书以解愤，患病时亦借书籍得以康复。所以王世贞称他的书斋里"书之外，一榻、一几、一博山、一蒲团、一笔、一研、一丹铅之缶而已。性既畏客，客亦见畏。门屏之间，剥啄都尽。亭午深夜，坐榻隐几，焚香展卷，就笔于研，取丹铅而雠之，倦则鼓琴以抒其思。"由这段描写大致可看出胡应麟之读书生活。所以王世贞称胡应麟"负高世之才，竭三余之晷，穷四部之籍，以勒成乎一家之言。上而皇帝王霸之猷，贤哲圣神之蕴，下及乎九流百氏，亡所不讨核，以藏之乎名山大川。间以余力游刃，发之乎诗若文，又以纸贵乎通邑大都，不胫而驰乎四裔之内，其为力之难，殆不啻百倍于前代之藏书者。"所以，他称赞说：藏书到胡应麟时才能说是真正的藏书，读书到胡应麟时才能说是真正的读书，即读尽了藏书，利用了藏书。

胡应麟的二酉山房藏书数达四万多卷，经部书有 370 种、3660 卷，史部书有 820

种、11244 卷，子部书有 1450 种、12400 卷，集部书有 1346 种、15080 卷，合计 42384 卷。

二、胡应麟与《少室山房笔丛》

明统一中国后，使元代衰微的文史之学复振。历史琐闻类的笔记成为明代笔记中最茂盛的一枝。自元末明初至明末清初大约 300 年的朝政兴废、典制变迁、文坛面貌、士人言行以及里巷传说、民情风俗等，都有具体的记载。明中叶后，不如以前崇尚实学，故发空论、志杂感的随笔增多。考据辨证类的笔记，以丛谈杂著之类为成就较高。明代笔记中有一种兼载丛考杂辨与琐闻故事的综合性著作，篇幅较大。因为是考据辨证类著作，号称博学，也就是贪多，记载失实、考辨错误、张冠李戴的情况时有发生。但这类著作通过材料综合、分析、考辨，还能为我们积累材料，发现线索，解决疑难，特别记载的轶事琐闻，现在仍富有参考价值。

明代考据辨证类笔记较多，其中综合性的笔记比较著名的有：何良俊的《四友斋丛说》38 卷，谢肇淛的《五杂俎》16 卷等。其中，胡应麟的《少室山房笔丛》48 卷，在学术上影响较大。

《少室山房笔丛》全书共分 12 部分：《经籍会通》四卷，考论图籍的撰著流传收藏情况；《丹铅新录》、《艺林学山》各八卷，为驳斥杨慎考据的误谬，《史书占毕》六卷，论史书、评史事；《九流绪论》三卷，考论诸子百家的源流、得失；《四部正讹》三卷，辨订古代伪书；《三坟补逸》论述汲冢遗书，即专论及《竹书记年》、《逸周书》、《穆天子传》等书的情况；《二酉缀遗》是采掇古书中的奇闻怪事；《华阳博议》杂记古人博闻强记的故事；《庄岳委谈》议论杂事，以纠正俗说之附会；《玉壶遐览》和《双树幻钞》分别谈论道教、佛教。由以上各类可知其内容之广博。不仅如此，书中有些记载也是参考价值较大的，内容的综合性、资料的可参考性往往为后人重视。鲁迅在开给许世瑛书单中列出中国古典文学 12 种参考书中，就开列了胡应麟《少室山房笔丛》一种。

《少室山房笔丛》共分 12 类，每类有一小序，概述本题的内容和主旨。有些类下分卷，又说明主题于卷首，体例较严，且引书注明出处，比之同类著作又稍胜一筹。陈文烛作序称此书 "索诸九丘之远，论于六合之外。称文小而旨极大，举类迩而见义远，辨往哲之屈笔，闻者颐解。反先代之成案，令人心服"。当然是夸张之辞，但此书比之同类著作，从内容到编辑体例较好是公认的。《四库全书总目》称此书 "征引典籍，极为宏富"。但也指出其中引书错误不少。

胡应麟写作《少室山房笔丛》的态度是比较严肃的。他谈到写作的经过时，曾说 "余少而好史，占毕之暇，有概于心，辄书片楮投箧中，旷日弥月，骎骎数十百条。" 正因为长期积累材料，所以一旦集中分析运用材料，就能写成包罗面广、涉及各方面的著述。如《史书占毕》部分共六卷，共分四个专题，内篇，外篇，冗篇和杂篇，"内以辨体，外以辨时，冗以辨诬，杂以辨惑，于前人弗求异也，亦弗能同也。" 为什么书中能做到 "于前人弗求异也，亦弗能同也"？正是由于胡应麟长期积累材料，充分占有材料，不盲从古人的说法，所以能够大胆地提出自己的见解。

此外，胡应麟还广泛地利用书证。这种方法是可取的。如写作《九流绪论》时，"于诵读之暇，遍取前人铨择辩难之旧，以及洪氏《随笔》、晁氏《书志》、黄氏《日钞》、陈氏《解题》、马氏《通考》、王氏《玉海》之评诸子者，及近粤黎氏、越沈氏题词，复稍传诸作者履历之概，会为一编，时自省阅。"至于写作《丹铅新录》、《艺林学山》时，正因为广泛阅读典籍，且态度认真，不强解辞语，不妄下判断，虽然是辩驳性著作，故也能做到指出杨慎的错误，又能有所阐发，学术价值提高了。

三、胡应麟文献史研究之成绩

《少室山房笔丛》中《经籍会通》四卷，作序引于万历己丑（十七年）孟秋，即今元1589年秋。他作此篇的目的是考史实、记见闻，借史实以发感慨，存文献提倡重视图籍。他说："凡前代校综坟典之书，汉有略，晋有部，唐有录，宋有目，元有考。志则诸史共之。肇自西京，迄于胜国。纪列纂修，彬彬备矣！"他肯定了历代书目"渊源六籍，薮泽九流，绅绎百家，溯洄千古"，是"文明之盛集，鸿硕之大观"。但他看到明代一些士大夫往往以为经籍艺文志"义非要切，体实迂繁，笔研靡资，岁月徒旷"。也就是说怕编制书目费时费力，又不为人们所重视，因此，他"掇拾补苴，间以管窥，加之棁藻，稍铨梗概"。总之，以为博雅之前驱。正因为如此，《经籍会通》这一部分是胡应麟对历代书籍编纂源流，图籍散失遗亡，典籍散乱、混杂，各代图籍刻印、收藏等情况作综合性、比较性的研究成果，是一种议论与记载合编、考辨与传闻相互为伍的古代文献史笔记，可供图书史、图书馆史、目录学史等研究者参考。

胡应麟在《经籍会通》中关于古代文献史研究的成绩，主要表现在如下几方面。

1. 记文献

《经籍会通》之编制，观其主旨在于考文献源流，记当代史实。故胡在各卷中抱着存文存事的目的，保留了有关书籍流传的重要文献记载。综而论之，胡记文献的方法主要有三种：一为全录。保留有关记载典籍的重要文献的全文，这方面有《旧唐书经籍志序》、《旧唐书后序》，这是反映唐代典籍聚散情况的文字。又有陆子渊的《统论》一则，记古今书籍梗概。王世贞的《二酉山房记》、欧阳修的《集古录序》、苏轼的《李氏山房记略》、李清照的《金石录后序》，这些是反映个人收藏的重要文献，胡应麟也照录了。它们分别反映了一个时代的典籍流传全貌，或反映了某个私人藏书家的典籍聚散，故全文照录，以资考证。二为摘录。有关典籍流传、图书分类、私藏聚散等资料，如叶少蕴、王明清、魏了翁、周密等之言论，荀勖、阮孝绪、郑樵、马端临等的图书分类类目，胡应麟都采取摘录的形式，并运用这些材料，作典籍聚散源流的研究，作图书类例的研究。三为记闻。记载所见所闻之当代材料。胡应麟记载自己所见所闻的明代中叶后书籍刻印流传情况，如书市的记载："今海内书，凡聚之地有四：燕市也，金陵也，闾阖也，临安也。""凡刻之地有三，吴也，越也，闽也。……其精，吴为最，其多，闽为最，越皆次之。其直重，吴为最，其直轻，闽为最，越皆次之。"这些记载和分析是中肯的，也是他长期收集资料、比较异同的结果。这些说法都为后人所重视。

2. 考源流

《经籍会通》中之材料，胡应麟是作为融合古今、考证典籍源流而积累的，故考证源流，说明典籍起源、书目编制沿革、公私藏书聚散，才是真正的目的。

胡应麟由博返约，在收集大量资料的基础上，运用发展的观点，集中地对典籍历史作了比较性的研究，所以，书中有些看法是参考价值较大的。

（1）用发展的观点看待典籍的流传与演变。在谈论到典籍起源时，胡应麟说："六经删修尼父，授受孔门，卷轴篇章，类崇简要。三坟丘索，湮没不传，以大《易》、《尚书》较之，其体制居可识也。盖古文峻洁，迥异浮靡，圣笔渊玄，亡资藻饰，故卷之不盈箧笥，而扩之函冒乾坤。春秋而降，诸子百家兴而道术离。楚汉以还，骚人才士作而文学盛，此其盈缩之大都也。"他说明的观点是："则古人文籍，不必尽减今时。顾世类弗传者，良由洪荒始判，楮墨未遑，竹简韦编，既非易致，灵文秘检，又率难窥。"以上一段话，集中地说明了先秦至两汉时典籍的发展情况。按胡应麟的看法是典籍起源甚早，早期典籍流传由于受到制作方式的限制，所以留传下来的往往言简事赅，也就是篇幅不大，或遭受其他原因，未得流传，故不能认为古代没有什么典籍流传。与此同时，他对印刷术的发明和应用，是抱着极为赞赏的态度看待的。他说："三代漆文竹简，冗重艰难，不可名状。秦汉以还，浸知钞录，楮墨之功，简约轻省，数倍前矣。然自汉至唐，犹用卷轴，卷必重装，一纸表里，常兼数番，且每读一卷，或每检一事，细阅展舒，甚为烦数，收集整比，弥费辛勤。至唐末宋初，钞录一变而为印摹，卷轴一变而为书册，易成难毁，节费便藏，四善具焉。遡而上之，至于漆书竹简，不但什百而且千万矣。"他不仅肯定了典籍流传新的必然要胜过旧的，而且认为印刷术对人类文化的发展也是有贡献的。

（2）用比较的方法观察典籍聚散情况。胡应麟在评论典籍聚散时，运用比较的方法说明历代典籍之流传。他说："大抵历朝坟籍，自唐以前，概见《隋志》，宋兴而后，《通考》为详。第其卷帙之数，往往异同。缘诸家辑录，或但记当时，或通志一代，或因仍重复，或节略猥凡。故刘、班接迹，繁简顿殊，三谢并兴，多寡悬绝。即博洽之流，勤于论核，而疑似之迹，未易精详，今绅绎群言，旁参各代，推寻事势，考定异同。"他举出了汉以来各代典籍之记载不同，及自己的考证评定的数目。如：

"西汉三万三千九十卷。刘歆《七略》总目。《旧唐书》九十作九百非是。据班志所省十家三百余篇，而所增又数十篇，仅得后数，与此不合，然他无可考。"——这是对西汉时典籍的数目考定之意见。

"宋万四千五百八十二卷。谢灵运所校。《隋志》以为六万。案六代间书尚难得，晋渡江才得三千。孝武时三万，恐亦重复，宋初何遽能尔，当以《旧唐书》为正。阮氏《七录》数同。"——这是通过各种材料分析而判断宋的藏书数目。

（3）用材料补充前人记述之疏略。这是胡应麟考源流的主要方法。胡应麟在摘引前代史志和学人记述历代典籍散亡之材料后，总评曰："牛弘所论五厄，皆六代前事。隋开皇之盛极矣，未几皆烬于广陵。唐开元之盛极矣，俄顷悉灰于安、史。肃、代二宗，洊加鸠集，黄巢之乱，后致荡然。宋世图史，一盛于庆历，再盛于宣和，而女真之祸成矣。三盛于淳熙，四盛于嘉定，而蒙古之师至矣。然则书自六朝之后，复有五厄，大业一也，天宝二也，广明三也，靖康四也，绍定五也。通前为十厄矣。"这里大略地把明代以前典籍聚散之发展史勾画了一个轮廓。

在补充说明问题时，胡应麟很注意运用书面材料，以明言之有据。如评论历代书籍之厄时，他认为除了火之灾外，还有水之灾一项。他引用《旧唐书·经籍志》后序之记载唐初书籍西运时漂没之事，又补充说董卓迁都亦是载舟西上，书籍因遇寇盗，亦沉溺河中，仅数船存。又隋代书籍焚之广陵，亦引杜宝《大业江都记》之说。总之，以博学家的旁征博引风格，多方引证材料以明事实。

3. 评得失

胡应麟在检阅历代史志目录、公私目录的基础上，综合评论各家书目优劣，分析类例得失，对中国目录学史的研究作出了比较科学的总结。长期以来，人们对宋代郑樵、清代章学诚在目录学研究上的贡献，多所论及，而对胡应麟在明代承先启后的作用无所论及，这是不公平的。

胡应麟在目录学研究上注意分析历代书目编制的客观因素，从而评论各种书目的成败得失。他说："历朝诸史，志艺文者五家，《前汉》也，《旧唐》也，《新唐》也，《隋》也，《宋》也。班氏规模《七略》，刘昫沿袭《隋书》，《新唐》校益《旧唐》，而《宋史》所因，则《崇文》、《四库》等目也。"他指出历朝史志目录之因革后，接着认为"中垒父子，奕叶青缃，纪例编摩，故应邃密，第遗书绝寡，考订靡从。"这就肯定了刘氏父子的《七略》、《别录》体例上的完善，但因为当时遗书不多，无从参互校订。接着他肯定隋志"类次可观"，而《旧唐书·经籍志》著录本朝著作"大为疏略"，参考价值受到限制，但对新书间增补新，可称"精详"。"欧阳《宋志》，紊乱错杂，元人制作，亡足深讥。"他认为造成史志目录的疏略，主要是因为历代编写史书的人，主要精力都集中在纪传里，又论序也花气力不小，志、表都是放在第二位的，当然经籍一类就不会费很大力气。而且一个人也不能通晓各种学科门类的知识，所以，史志目录中的分类、著录必然会出现一些缺点。

史志目录之作用是很明显的。胡应麟说："原夫艺文之为志也，虽义例仍乎前史，实记述咸本当时。往代之书，存没非此无以考，今代之蓄，多寡非此无以征。"肯定了史志目录在考察文化学术发展上之功绩。他认为刘知幾批评《隋书》的经籍志，不是正确的看法。

胡应麟注意比较不同书目编制的特点，从而评价书目的优劣。如他认为："郑氏《艺文》一略，该括甚巨，剖核弥精，良堪省阅。第通志前朝，失标本代，有无多寡，混为一途。"同时，因只记载以前著作，没有提要，所以，前人著作的宗旨，则无从讨论。他指出《通志艺文略》体例上是严密的，但著录较简，则是一缺点。而对于马端临的《文献通考》一书，他说："番阳《通考》，以四部分门，实因旧史，而支流派别，条理井然，且究极旨归，推明得失，百代坟籍，烨如指掌。倘更因当时所有，例及亡篇，咸著品题，稍存故实，则庶几尽善矣！"肯定了马端临《文献通考》的编例完善，但因对过去亡佚图书没有考证，也有所不足。

胡应麟综合比较公私书目和各家艺文志，以及郑《志》、马《考》等，他设想中的目录要能起到"庶千载简帙之废兴，万氏编摩之得失，一目可以尽其大都"。按照他的设想，编制书目应该广泛收集遗书，参考各家书目记载，记述各家的评述意见，对当朝文献全部收录，然后以己意列其指归，析类分门，总为一集，也就是综合郑、马之优点，通记古今之有无，分析门类，评述主旨。应该说，这种工作以一人之力是较难完成的。但是，他的看法已具有"辨章学术，考镜源流"之认识，而他设想的目录，到了清乾隆年间，经过众人之手，才得以编成评论古今著作之目录学巨著《四库全书总目提要》。

（原载于《武汉大学学报》（哲学社会科学版）1986年第2期）

四、典籍纵横与图书评论

汉魏两晋南北朝时期中外图书交流

一、佛教典籍的传入与翻译

1. 佛教传入与佛教典籍翻译

中国封建社会初期，由于封建王朝的封闭政策和交通的阻隔，加之图书载体笨重，特别是中外文化交流极少，所以，从秦至西汉，迄今尚无发现中外图书交流的事实。可以作为中外图书交流的开端的，应该是东汉之佛经传入。

佛教产生于古印度境内，随着时代的发展，逐渐成为具有广泛影响的宗教。佛教约于西汉末传入中国，文献记载如《三国志·魏书·乌丸鲜卑东夷传》篇末裴松之注引鱼豢的《魏略·西戎传》说："昔汉哀帝元寿元年，博士弟子景卢受大月氏王使伊存口授《浮屠经》，曰复立者，其人也，浮屠所载临蒲塞、桑门、伯闻、疏问、白疏间、比丘、晨门，皆弟子号也。"《浮屠经》，即佛经，汉明帝时（58—75）屡有信佛之事，并有汉明帝"遣中郎蔡愔、羽林郎中秦景、博士弟子王遵等十二人于大月氏，写佛经四十二章，藏兰台石室第十四间"（《牟子理惑论》，僧祐：《弘明集》第5页，上海古籍出版社，1991年）之说。明帝异母弟刘英信佛，崇奉浮屠，盛宴伊蒲塞、桑门，所谓"诵黄老之微言，尚浮屠之仁祠"（《后汉书·楚王英传》）。这些文献有些说法是应该存疑的，但有些佛教文献语言如浮屠经、伊蒲塞、沙门的通用和天竺僧人到中土的事实，至少说明在1世纪时，佛教传入中国，并已在统治阶级和贵族上层得以流传。汉末桓、灵之世，由于社会动乱，人们愈益需要佛教感情的慰藉，汉桓帝（147—167）是一个好神权的皇帝，《后汉书·孝桓帝纪》称其"饰芳林而考濯龙之宫，设华盖以祀浮屠、老子"。佛教既受提倡，佛典的翻译自然格外受到重视，西域各国印度、月氏、安息、康居高僧相继东来，在洛阳和汉族沙门、清信士合作，开始佛经汉译，揭开了中外图书交流的序幕。

印度佛教典籍传入中国以后，如果不把这些梵本、胡本通过翻译手段变成"秦言"、"晋言"，总之即汉文，那是无法在中土流传的。汉文经典，不仅僧侣要依据它宣传教义、传播佛法，并作为培养徒众的教材，而且就是一般信众，也迫切要求得到这些经典，得以默念诵读，希冀修成正果。可以说，僧众每日不可须臾离开的佛典，就是由中外僧侣合作，或中土僧侣独立完成，并通过抄写、装潢，一部部地出现在中土的。而这些佛典的收集、翻译、收藏、流通的过程，构成了早期中外图书交流史的重要部分。

撰于510—514年间的《出三藏记集》，是一部重要的佛教经典传播的文献集。该书编著者僧祐在序中说到："原夫经出西域，运流东方，提契万里，翻传胡汉。国音各殊，故文有同异；前后重来，故题有新旧。而后之学者，鲜克研核，遂乃书写继踵，而不知经出之岁；诵说比肩，而莫测传法之人，授之受道，亦已阙矣！"（《出三藏记集》卷一）僧祐的说法，是符合实际情况的。因为佛典流传过程中，因不同之传本、不同的译者，或不同的社会文化环境，以至政治影响，都会对佛典翻译、流传造成影响。而翻译的发展，一般是由粗到精、由直译到意译、由外僧独译到中外合译，以至中土僧侣独译的过程。所以，佛教典籍的翻译牵涉面相当广泛。我们这里着重从图书交流的角度谈及翻译佛典，并非全面评价佛教典籍的翻译。这点需在这里加以说明。

宋赞宁撰《宋高僧传》有一篇《译经篇论》，对于佛教在中土翻译的发展作了概括，指出汉地译经大致经历三个阶段。"初则梵客华僧，听言揣意，方圆共凿，金石难和。"这相当于东汉初译经时的情况。"次则彼晓汉谈，我知梵说，十得八九，时有差违。"这相当于三国、西晋和东晋中期译经的情况。"后则猛（智猛）、显（法显）亲往，奘（玄奘）、空（不空）两通。""印印皆同，声声不别，斯谓之大备矣。"即东晋末至唐代译经时华梵皆通、文理俱精的情况。

汤用彤先生也曾指出："然古时译经，仅由口授，译人类用胡言，笔受者译为汉言，笔之于纸。故笔受者须通胡语。""古时译经，或由记忆诵出，或有胡本可读，善诵读者，须于义理善巧，但不必即通华言。故出经者之外，类有传译者。"（汤用彤：《汉魏两晋南北朝佛教史》第66、69页，中华书局，1955年）这实际上说明从汉到晋一段时期有一种背诵某种佛典者，旁有一人译成汉语，叫做"传言"、"度语"，再由"笔受"记载汉语于纸上成文的做法，当然也有直接由梵文宣译成汉文的翻译方式，这就是早期翻译佛典的一般情况。南北朝时，我国译经事业有了新的发展，翻译组织工作上也有了进步。如记载姚秦时鸠摩罗什译经情况时说："什以高世之量，冥心真境，既尽寰中，又善方言。时手执胡文，口自宣译。道俗虔虔，一言三复，陶冶精求，务存圣意。"又有校对旧译的工作，"法师乎执胡本，口宣秦言，两释异音，交辨文旨。秦王（姚兴）躬览旧经，验其得失，谘其通途，坦其宗致，与诸宿旧义业沙门释慧恭……等五百余人，详其义旨，审其文中，然后书之。"（《出三藏记集》卷八）翻译工作由个人翻译转入集体翻译，有利于提高质量。这一时期翻译工作更加严密，《出三藏记集》卷十三介绍了当时僧伽跋澄等译经的情况："僧伽跋澄，罽宾人，……符坚之末，来入关中。……坚秘书郎赵政……崇仰大法，曾闻外国宗习阿毗昙毗婆沙。而跋澄讽诵，乃四事礼供，请译梵文。遂共名德法师道安集僧宣译。跋澄口诵经本，外国沙门昙摩难提笔受为梵文，佛图罗刹宣译，秦沙门敏智笔受为汉文。以伪建元十九年译出，自孟夏至仲秋方讫。初跋澄又赍婆须密梵本自随。明年，赵政复请出之，跋澄乃与昙摩难提及僧伽提婆三人共执梵本，秦沙门竺佛念宣译，惠嵩笔受，安公、法和对共校定。故两经流布，传学迄今。"按照僧伽跋澄的翻译方式，有人宣读佛经梵本，有人记录梵文，再由一人传译，由"笔受"记录为汉语，并有"正义"、"校对"者参加。这种工作程序保证了从原本的读出，并加上讲解，使参加翻译的人能够理解和掌握文义。而传译是关键，即由梵文转成汉语，有记录梵文一节，可能是为了互校时的参考。"笔受"是汉文的记录者，"正义"和"校对"，则有汉，亦有胡，可以从汉文修饰，也有梵文与汉文核对。由于翻译工具的改善，有佛经目录参考，有字书和过去译出经典的核对，保证了译经的准确和精美。至于有关翻译理论的探讨，对于译文质量的提高是有帮助的。

东晋、南北朝时的译经事业大为发展，译经质量亦大有提高。范文澜曾评论说："没有东汉以后大量佛书的输入，就不会有隋、唐以后内容革新的中国哲学。大抵东汉迄南北朝是佛教的吸收时期，在这一时期里，佛教徒的贡献，主要是翻译经典，其次才是阐发义理。"（范文澜：《中国通史》第71页，人民出版社，1965年）

中国佛教僧侣历来十分重视佛典翻译工作，其中，最有意义的是不断编出"经录"（佛教目录），借此，使我们可以明了中国对于佛教经典的翻译和影响的详细情况。这里我们引用一些佛教目录的记载，了解这一时期总的译经情况，然后再分阶段说明译经的发展。

唐麟德中，西明寺僧人道宣撰有《大唐内典录》，记载了汉末至唐代的译经情况；

后汉朝传译道俗12人，所出经律等334部（416卷，失译经125部148卷）；

前魏朝传译僧6人，所出经律等13部（24卷）；

南吴孙氏传译道俗4人，所出经传等148部（185卷，失译经110部291卷）；

西晋朝传译道俗13人，所出经戒等451部（717卷，失译经8部15卷）；

东晋朝传译道俗27人，所出经传等263部（585卷，失译经53部56卷）；

前秦苻氏传译僧8人，所出经传等40部（239卷）；

西秦乞伏氏传译僧1人所出经等14部（21卷，失译经8部11卷）；

后秦姚氏传译僧8人，所出经传等124部（662卷）；

北凉沮渠氏传译道俗8人，所出经传42部（224卷，失译经5部17卷）；

宋朝传译道俗23人，所出经传210部（490卷）；

前齐朝传译道俗19人，所出经传47部（346卷）；

梁朝传译道俗21人，所出经律等90部（780卷）；

后魏元氏传译道俗13人，所出经论传录87部（302卷）；

后齐高氏传译道俗2人，所出经论7部（53卷）；

后周宇文氏传译道俗11人，所出经传天文等30部（104卷）；

陈朝传译道俗3人，所出经论传疏等40部（347卷）。（《大唐内典寻》卷一）

《隋书·经籍志》称："以佛所说经为三部：一曰大乘，二曰小乘，三曰杂经。其余似后人假托为之者，别为一部，谓之疑经。又有菩萨及诸深解奥义，赞明佛理者，名之为论，及戒律并有大、小及中三部之别。又所学者，录其当时行事，名之为记。"以上各代所谓译经道俗，自然是包括佛教人士中僧人及其他人士，而"所出"即译本是佛教典籍中经、律、论三类，译品颇杂是其特色。这是因为原本来源不同，取材有别，当然更因译经根据需要，又或因译人自己选择所致。部类之多少、篇幅之大小则因译人能力与时间的影响而异。但是，总的目的是全面地介绍佛教文化，阐述佛家宗旨、教义，以至宣弘佛法，吸引听众，弘扬精神，各类著作得以层出不穷。

2. 佛教典籍的翻译分期与名家

（1）汉末的佛典翻译。

汉魏以来，人们对于佛教翻译的起始时间、翻译人、译经名目等说法各异。一般认为西汉末为我国接受佛经传入的时间，这是为多数学者接受的看法。

据《大唐内典录》，言经出起于后汉孝明帝，至于汉末献帝时，经152年，华戎道俗12人，合出经律334部、416卷。记载失译经咒125部148卷。据此，可以把1世纪中至3世纪初的译经,称为我国佛典翻译的初始发展时期。汤用彤先生曾对汉末佛经翻译要言之曰:"佛教自西汉来华之后,自己有经典。惟翻译甚少,又与道流牵合附益,遂不显其真面目。故襄楷引佛经,而以与黄老并谈也。及至桓灵之世,安清、支谶等,相继来华,出经较多,释迦之教,乃有所据。"(《汉魏两晋南北朝佛教史》第61页)谈论此时译经,大致有三件事是颇为史家注目的。

《四十二章经》,梁僧祐《出三藏记集》著录。《四十二章经》是真是伪,是全译还是摘译,此经对佛教典籍的影响,以及与其他宗教之关系,争论颇多。汤用彤先生以为此经并非根据梵文原本比照翻译,"乃撮取群经而成"。又引内容论证,"东汉时本经之已出世,盖无可疑",并认为"明帝时于大月氏写译此经"。此经以后经过窜改,但"为研求最初释教之至要资料"。(《汉魏两晋南北朝佛教史》第32~34页)这些看法是可以接受的。

安世高,为安息王嫡后之子,聪明好学,外国典籍莫不该贯。专研佛典,"尤精阿毗昙学,讽持禅经,略尽其妙"。到中国后,"至止未久,即通习华语。于是宣释众经,改胡为汉"。(《出三藏记集》卷十三)汉桓帝建和二年(148)至灵帝建宁中(168—171),20余年译出30余部经(又有称经35部,见《出三藏记集》),他译的主要是禅观如《安般守意经》、《阴持入经》、《禅行法想经》、《大道地经》等,还有阿含如《人本欲生经》、《十报经》、《普法义经》、《四谛经》、《七处三观经》、《八正道经》、《转法轮经》等,以及阿毗昙学等经。安世高译经被认为"义理明析,文字允正,辩而不华,质而不野",僧祐称安世高"出经为群译之首",被称为翻译佛经的最早者。

支娄迦谶,是与安世高同时到汉的译者,本月支国人,"汉桓帝末,游于洛阳。以灵帝光和、中平之间,传译胡文"。出《般若道行品》、《首楞严》、《般舟三昧》等三经,又有《阿阇世王》、《宝积》等十部经。支娄迦谶所译"皆审得本旨,了不加饰",基本上是大乘经,对中国佛教影响深远。

汉末译经者还有安玄,来自安息国,汉灵帝(168—188)末与严佛调出《法镜经》,玄口译梵文,佛调笔受,开中外合作翻译佛典之先例。汉末译经,首先具有传播佛教之意义,或者说是中国人阅读汉译佛典的开始,这点是很值得重视的。当时佛教僧侣还巡行各地,宣扬佛法,如安世高就曾到过广州、会稽、丹阳、豫章等地。有记载译经《四十二章经》"藏在兰台石室第十四间中。其经今传于世"。这证明佛教典籍除民间流传,还被收集于皇家图书馆中。当然,作为初始译经,一般都是篇幅较小的经文,容易译出,而且也多是从梵文大本中节抄出来,而非独立的经本。如安世高译的《道地经》,即用外国三藏众护撰述的经要27章,世高乃剖析成7章,这样显得零碎而不够完整。至于译书的准确性也存在一定问题。且译出的经典,也不是涵盖了佛教典籍的全部。但是,汉末译经,在中外图书交流上,是以初始的面目出现,其历史地位是无法动摇的。

(2)三国译经。

魏、蜀、吴三国,主要是魏、吴二国有译经活动。《大唐内典录》统计细分魏译经6人,译经律等13部24卷,吴译经4人,所出经传等148部185卷,失译110部291卷。主要译经人士有康僧会、朱士行、支谦及昙柯迦罗等。三国译经可看做汉末译经的延续，仍属早期译经，译经大多是小部头的一卷本、二卷本，最大部为《六度集经》九卷。支谦，大月氏人，汉灵帝时祖父归化。"十三学胡书，备通六国语"。以后在孙权时任博士，从黄武元年（222）至建兴（252—253）中所出《维摩诘经》、《大明度无极经》、《大阿弥陀经》、《瑞应本起经》等27经。支谦译本最多，且有些译出经如《维摩诘经》等，具有相当大的影响。三国时，朱士行是中国第一位西行求法的人。"朱士行，颍川人也。……初，天竺朔佛，以汉灵帝时出《道行经》。译人口传，或不领辄抄撮而过，故意义首尾颇有格碍。士行尝于洛阳讲《小品》，往往不通。每叹此经，大乘之要，而译理不尽，誓志捐身，远迎《大品》。遂于甘露五年（260），发迹雍州，西渡流沙，既至于阗，果写得正品梵书，胡本九十章，六十万余言。遣弟子弗如檀，晋言法饶，凡十人，送经胡本还洛阳。……遂得送至陈留仓垣水南寺。河南居士竺叔兰，善解方言，译出为《放光经》二十卷。"（《记三藏记集》卷十三）从朱士行的这段活动大致可以看出，3世纪时汉译佛典和运用的情况。因为当时译经多为外僧，本身对汉文没有深通，而"笔受"之人又不通梵语，朱士行感到讲不通，可能是因为接受的原本不够好或翻译不准确的缘故。而朱士行西行求法，对文化交流的意义来说就相当重大了。朱士行叫弟子送回正品梵书，经译出后，"《放光》寻出，大行华京，息心居士翕然传焉。中山支和上遣人于仓垣断绢写之，持还中山；中山王及众僧城南四十里，幢幡迎经"（《出三藏记集》卷七）。《宋高僧传》附有《译经篇论》叙述汉地翻译时称"初则梵客华僧，听言揣意，方圆共凿，金石难和"，"次则彼晓汉谈，我知梵说，十得八九，时有差违"。这些大致反映了汉末至三国，以至西晋时译经的情况。但这一时期译经对佛教的推广与传播还是起到了很大的作用的。

（3）两晋译经。

隋费长房《历代三宝记》统计两晋有译经13人，译出经籍450部717卷，失译经8部15卷。东晋译经27人，译出经籍268部578卷，失译经咒53部56卷，与《大唐内典录》统计基本一致。但是东晋时期，北方十六国所译佛经亦为数不少。如前秦、后秦，按《历代三宝记》统计，译出经典达163部914卷。前秦有著名译经人士如道安等，后秦有著名译经人士如鸠摩罗什等，至于其他北方小国译经也是种类繁多的。两晋译经在中国佛教典籍翻译史上有重要地位。两晋译经，就其内容的重要性以及它们在以后中国佛教发展史上所具有的重大影响而言，大致有如下几点：①《阿含》的翻译。汉译的四部《阿含》，除第四十八卷的《杂阿含》为刘宋时译出之外，其余3部，即《中阿含》（第六十卷，僧伽提婆译）、《长阿含》（第二十二卷，佛驮耶舍译）和《增一阿含》（第五十一卷，昙摩难提共竺佛念译），均系这个时期译出的。《阿含经》基本上概括了小乘佛教的全部经典和教义。②《般若》、《四论》的翻译。就这一时期的译经说来，《般若》系再译，而《四论》是创译。③《华严》的翻译。60卷本的《大方广佛华严经》，晋代首次译出。④《法华》的翻译。《法华经》凡三译，而晋有其二。⑤律藏的翻译。晋代方才把各部《律藏》译出。（郭朋：《汉魏两晋南北朝佛教》第243～247页，齐鲁书社，1986年）

两晋译经比较重要的人士是法护和鸠摩罗什。

竺法护，先本月支人，世居敦煌郡。时晋安帝崇佛，但佛教经典"蕴在西域"。法护"随师至西域,游历诸国。外国异言三十有六种,书亦如之。护皆遍学,贯综古训,音义字体,无不备晓。遂大赍胡本,还归中夏。自敦煌至长安,沿路传译,写为晋文。所获大小乘经《贤劫》、《大哀》、《正法华》、《普耀》等凡一百四十九部"。(《出三藏记集》卷十三) 法护不仅通晓各种语言,具备了翻译经籍所必需的最有利的条件,而且在各地译经,如译《修行道地经》在敦煌,译《圣法印经》在酒泉,译《须真子经》等在长安,译《文殊师利净律经》在洛阳。据称法护译经近 74 部、177 卷,(吕澂:《中国佛学源流略讲》第 279 页,中华书局,1979 年) 他的译本有般若经类,有华严经类,有宝积经类,有大集经类,有涅槃、法华经类,有大乘经集类、大乘律类、本生经类,又有西方撰集类,几乎具备了当时西域流行的全部要籍,从而扩大了佛教典籍的传播。法护所翻译的经典不少具有重要的意义,如《正法华经》10 卷是印度大乘佛教的重要经典首次传入中国。《法华经》普及了对观音的信仰。同时,法护还培养了众多佛教研究专家,因此他在佛教界享有很高声誉。

鸠摩罗什(344—413),生于龟兹国。后长住于长安。姚兴时被尊为国师。从弘始四年到十五年(402—413),共译出经典 35 部 294 卷(《出三藏记集》),又有称"七十四部三百八十四卷"(《开元释教录》)。鸠摩罗什所译经典如《大品般若经》、《妙法莲华经》、《阿弥陀经》、《思益经》、《佛藏经》、《维摩经》、《金刚经》等大乘经典,《坐禅三昧经》、《禅秘要法经》、《禅法要解》等禅经典,《十诵律》、《十诵比丘戒本》等律典,龙树《中论》、《十二门论》等论著和传记,这些经典对佛教影响很大。如"三论"(《中论》、《十二门论》、《百论》)为三论宗主要依据,《成实论》为成实学派主要依据,《法华经》为天台宗主要依据,《阿弥陀经》为净土宗主要依据。

两晋时还有不少西行求法的取经僧,对于中外图书交流起过很重要的作用。其中著名的是法显、智严、宝云、智猛、法勇等。最有影响的是法显。法显(约 337—约 420),平阳人,他慨叹缺乏律藏,发誓要寻求经典。东晋隆安三年(399),他与慧景等从长安出发,经 30 余国到达北天竺、中天竺,取得《摩诃僧只律》、《萨婆多律抄》、《杂阿毗昙心论》等,到师子国取得《弥沙塞律》、《长阿含经》、《杂阿含经》及《杂藏经》等梵本。412 年由海路回到广州,以后又至建康译出部分经典。其他僧侣从陆路赴西域而回,或从陆路而行,从海道而回的也有。他们从师受教,朝拜圣迹,取回经典,回国后又译经弘法,表现了佛教僧侣的顽强、执著的精神。

(4) 南北朝译经。

5 世纪初至 6 世纪末,我国历史上称南北朝时期。延续东晋以来混乱和战争的局面,文化上呈现出纷纭复杂的面貌。建立于南方的宋、齐、梁、陈诸朝,承继晋代以来士大夫重视文化的传统,发展了中国经学、史学和文学,对佛教的提倡与佛典的翻译也有成绩。处于北方的北魏、北周、北齐,加强与中原汉族的文化交流,发展了北方和边远地区的经济,也出现振兴佛教和译经的重要事件。汤用彤先生称"本期(南北朝)译经,甚为进步,后世所流通奉行之经典,非隋唐所出,要即晋以后译家所办"(《汉魏两晋南北朝佛教史》第 408 页)。这种看法是符合历史事实的。

据唐代智昇的《开元释教录》统计,属于南北朝时之译经情况如下:

宋代传译缁素 22 人,所出经律论等并新集失译诸经,总 465 部,合 717 卷(《大唐内典录》计23人，所出经律210部，490卷）。

萧齐传译沙门7人，所出经律，总12部，合33卷（《大唐内典录》计19人，所出经律等47部346卷）。

梁代传译缁素8人，所出经论及诸传记并新集失译经律集等，总46部，合201卷（《大唐内典录》计21人，所出经论等90部780卷）。

元魏传译缁素12人，所出经论总83部，合274卷（《大唐内典录》称有13人，所出经论等87部302卷）。

高齐传译缁素2人，所出经论总8部，合52卷（《大唐内典录》统计基本一致）。

周朝传译沙门4人，所出经论等总14部，合29卷（《大唐内典录》计11人，所出经论天文30部104卷）。

陈代传译缁素3人，所出经律论及集传等总40部，合133卷（《大唐内典录》计3人，所出经律等40部347卷）。

南朝译经有着比较合适的社会环境，南方诸朝如梁、陈，都是崇尚佛教的朝代。梁武帝"舍身"、"讲经"是为佛教界称道的。这样自然有利于佛典的译述。陈朝武帝信佛事实也屡见记载。至于僧尼寺院之多，在南方各朝中也是最多的。佛经宣讲、经律翻译和著述，自然也是代代相传。至于北朝如北魏，据《魏书·释老志》记载："自魏有天下，至于禅让，佛经流通，大集中国，凡有四百一十五部，合一千九百一十九卷。"这是属于"流通"之数，但也看出佛教典籍之流传。现略举这一时期主要译经人士如下：

宋世求那跋陀罗，译经达77部，161卷。求那跋陀罗，中天竺僧人，435年到中国广州后，为宋文帝迎至京师，译出《杂阿含经》、《法鼓经》，又在丹阳郡译出《胜鬘》、《楞伽》经，其中《楞伽》经的译出，补足了汉译的四部《阿含》。

梁、陈时的真谛，也是天竺人，译经有称64部，合278卷（或称译出48部合232卷），曾被称为中国佛教史上的"四大译师"之一。他译经范围包括了经、律、论《三藏》，具有重大影响，是唯识论的重要译人。而且，"其出经时，行翻行讲，弟子记其师义，号为义疏，或号为注记，或称为本纪，或称为文义"（《汉魏两晋南北朝佛教史》第626页）。也就是说其翻译特点，更重于把佛典的注释解说等内容译出或说明，有利于佛典的研究与流传。

南朝时有部分僧人以西行求法的真诚，在西域求得真经，并亲自译出，这样就使佛经翻译的质量更有所提高。如智严，"于西域遇得前经梵本，赍至扬都，于枳园寺共宝云出"（《大唐内典录》）。宝云"少历西方，善梵书语，天竺诸国字音、训释，悉皆备解。后还，复至江左。晚出诸经，多云刊定。华戎兼通，言音允正，众咸信服"（《大唐内典录》）。

北魏菩提流支，北天竺人，魏永平（508—512）初来华，受北魏宣武帝迎至京师，至东魏孝静帝（元善见）天平年间（534—537），译出经论30多部，100多卷。有记载他的译经情况称"房内经论梵本，可有万甲；所翻新文，笔受稿本，满一间屋"。他的译文水平也得到称赞，被称为"虽石室之写金言，草堂之传真教，不能过也"。（《洛阳伽蓝记》）

以上就南北朝时之译经情况作了简略介绍。从中可以看出，这一时期是承继汉魏传统、开隋唐风气的重要时期。所以，积累的佛典数量更是非常可观的，就译文质量看，也是具有较高水平的。究其原因，是重视文本的搜集，参与人员包括中外人士，语言水平亦胡汉相通，特别是译场组织的完善，保证了译文的质量。

3. 图书交流的方式和影响

大凡图书交流，一为由原著解译成别种文字，各种著作得以广泛流传，达到传播的目的；二为原本流传，由各国人士直接阅读。应该说，在各国语言交流不多的条件下，后一种情况在图书交流中是少数，主要交流途径就是翻译。汉魏两晋南北朝时，中国与国外图书交流主要是由梵译汉、由胡译汉的翻译工作。下面分述此时图书交流的主要途径和方式，即从收集原本、翻译本形式和其他交流上说明。

（1）收集原本。翻译都得由原本译出。汉魏以来，从各国直接取得佛教经典和其他典籍的记载有：

汉明帝永平七年（64），帝勅郎中蔡愔、中郎将秦景、博士王遵等18人，西寻佛法。愔等至印度国，请迦叶摩腾、竺法蓝等，用白马驮经并将画释迦佛像，永平十年（67）至于洛阳。

支娄迦谶和安世高于灵帝时至洛阳，并从事译经。现无法肯定当时二人带有多少佛经原本。

大魏颍川朱士行，甘露五年（259）出家学道于沙门，出塞西至于阗国，写得正品梵书胡本90章、60万余言。以太康三年，遣弟子弗如檀，晋言法镜，送经胡本至洛阳。（《出三藏记集》卷十三）

天竺僧竺佛朔，携《道行经》来洛阳。昙果于迦维罗卫国得梵本，由康孟祥、竺大力译为汉文。（《高僧传》）

支法领游历西域，得《方新》等新经200余部至长安，由鸠摩罗什传译，又送于阗所得《华严经》至江南。（《高僧传》）

僧纯于龟兹得《比丘尼戒本》，昙摩侍等译出。（《出三藏记集》）

法显于中印度及斯里兰卡得经律多部，由佛陀跋多罗等译出。（《隋书·经籍志》）

智猛自天竺携归《泥洹经》《僧祇律》等，于凉州自译《泥洹经》为20卷。（《隋书·经籍志》，但汤用彤认为智猛译书不可信）

昙无竭在印度得《观音受记经》，后译出。

道泰往葱西，获《毗婆沙》梵本及诸经论多种，后译出。（《开元释教录》）

昙无谶自西域至凉州，携有《大涅槃经》前分《菩萨戒经》等，后译出。（《开元释教录》）

法献在于阗得梵本及佛牙。经后由达摩摩提译出。（《开元释教录》）

曼陀罗自扶南至建业，携来大批梵本，后译出。（《续高僧传》）

惠生与宋云往西域，采得经律170部。

宝逻于北齐时经西域得梵本260部。

真谛携经至中国，多罗树叶凡有240夹。

（2）另创新体。图书交流重要的是效果，即直接的宣传作用。所以，汉魏以来翻译的佛教典籍，在中国本土的流传，就带有明显的汉籍特色。即除佛教原典外，还有各种体裁的佛教用书，其目的也是适应中国佛教僧侣的阅读习惯，以达到更明显的宣传效果。当然，其中的体裁发展既有从印度佛教原典中学习与继承的，如装帧形式的梵夹装，更有中国汉籍固有形式的改进与发展，从这里也反映出文化交流的积极成果。试略举佛教典籍的新体如次：

合本。从三国时代支谦起，佛教徒为了研诵方便起见，常常把同本异译的佛经合在一起，如"上本下子"或"上母下子"，本、母即指大字正文，子是指小字夹注，这样实际上就把别本意义相同而文字不同者列入小注中，与大字正文互相比较。这种著述体裁直接影响了中国以后的图书出版，改变了以前经注分离的状况，而成了经注合刻的本子。

总集。我国总集起于汉魏两晋之时，佛教僧侣用此种体裁甚多。如刘宋时陆澄将东汉至刘宋的260余篇佛教文章汇成16集103卷的《法论》，梁宝唱撰《续法轮论》70余卷、《法集》140卷，僧佑的《法苑杂缘原始集》14卷、《诸寺碑文》40卷等，形成一种汇集文献、保存文献、提供阅读的资料库。

类书。佛教类书又称"经论会要"、"众经要钞"、"诸经要集"，是一种钞集性质的撰述。类书起源于三国魏时，一般汇集众书，从中抄录出若干史实、诗文、论要，加以分门别类排比而成。佛教僧侣也是多采用类书编纂方式，汇集经律论中要义、论述和内外书中的史实、材料而成。如综合性内容的齐《三宝记》10卷，梁《众经要钞》88卷，《经律异相》50卷，《义林》80卷，《法宝联璧》200卷等。这类书籍"皆使以类相从令览者易了"。(《中华大藏经·经律异同序》) 囊括了该类书籍内容的主要门类，更注重于资料排比，方便读者阅读利用，故受到广大僧众的欢迎。

（3）译讲经典。这里介绍一下当时翻译经典中杂有讲解、咨询的活动（一般按汉文经典讲法的不涉及，因此类事例太普遍），从中可见当时图书交流的事实。

唐以前在翻译佛经活动中讲经的，一般都是来自国外但又懂华语的高僧。唐以后，西去求经僧多，则中土僧人讲授多些。

鸠摩罗什，"能晋（汉）言音译流利"。姚兴时组织"沙门僧肇僧略僧邈等八百余人咨受什旨，更令出大品，什持胡本，兴执旧经，以相雠校，其新文异旧者，义皆圆通，众心惬服，莫不欣赞焉！"（《出三藏记集》卷十四）从这里就可看出译经中鸠摩罗什是相当繁忙的，即一方面要口译梵文，另一方面则要接受僧众的各种咨询，这可能有教旨教义的请教，也可能有新旧译文异同之诘难，但是鸠摩罗什皆应对自如，难怪众人皆叹服了。

昙无谶，中天竺人，到中土后，学语3年。翻译经典时，也是"道俗数百人疑难纵横，谶临机释，未常留碍"。按此记载，昙无谶的讲授佛典，实际上已经与当时的宣扬佛法、驳辩机理紧密联系着。

求那跋陀罗，中天竺人，南北朝时备受重视。"于祇洹寺集义学诸僧，译出《杂阿含经》，东安寺出《法鼓经》，后于丹阳郡译出《胜鬘》、《楞伽经》，徒众七百余人，宝云传译，慧观执笔，往复咨析，妙得本旨。"（《出三藏记集》卷十四）这也是译经中接受咨析之一例。

作为图书交流的最直接的形式是译文宣讲，译文解释，汉魏六朝时基本上都有这些形式。这些形式对于佛典的流传有着巨大的导读作用，故而这些形式到唐代也一直被广泛采用。

（4）目录揭示。我国官府藏书重视图书内容揭示与报道，且有官府编制藏书目录之传统，如西汉末的刘向、刘歆编《七略》、《别录》，魏郑默编《中经》，晋荀勖编《中经新簿》。南北朝时，公私藏书编制目录更蔚成风气。因为目录不仅可揭示藏书内容，而且可以统计分析，窥见文献之盛况、文化之发展。这种编制目录之风气，影响所及，佛道人士也争相效仿。佛教典籍目录由于僧众参与，不断改进，体制更形完善，编制相当精密，成为中国目录学史上的一大成就。

佛教典籍目录的编制，其初始在于记录，如西晋时竺法护，携带大量梵本佛经来长安，随后他翻译佛经100多部，他编撰的《众经目录》是用以记录自己翻译的经典，这也是中国佛教最早的经录。以后出现众多的登记性目录，如道安的《综理众经目录》，就是总集名目，标列译人、诠品新旧的一部佛经目录，自然，这也就扩大了佛经目录的用途和范围。推而广之，因书及人，因人及地区、时代，就有统计、登记某时代、某地区、某机构的佛经目录等。与此同时，为使受众了解佛教典籍，区分真伪，起到导读解说之功，也就有解题的出现。当然，这种解题有的侧重内容，有的则集中著者、译者翻译事实等相关资料而成。大致看来，魏晋南北朝时佛教典籍目录约可分为专录一类，包括单记一人译经之译经录，校录一寺藏经之寺藏录，偏录一地区流传佛经之区域经录，或专录一代译经之断代经录。又有综录一类，为通记各种译经之目录，单集某一宗派典籍之佛典目录。此外，还有收入官府藏书目录和私人藏书目录之佛典录等。这些目录全面起到了佛典目录的登记、备存、对勘，以至提供查考、网罗文献、梳理典籍的作用。

兹举其著名经录如次：

《综理众经目录》，东晋释道安撰，约编成于晋孝武帝宁康二年（374），此目录是一部著录佛经译者和译经时间的目录。其体制称"始述名目，表时其人，铨品新旧，定其制作"。说明此目是着重评论译书水平。此外，还对译经进行初步整理分类，分译经论录、古异经录、失译经录、凉土失译经录、关中失译经录、疑经录、注经及杂志等类。这样就扩大了收录范围，著录了译本、不同地区、不同时代的异译本，而且搜罗疑伪经最多，为鉴定、利用和传播经典提供了方便。道宣称此目"众经有据自此而明；在后群录，资而增广"。梁启超评论此目优点时说："其体裁足称者盖数端：一曰纯以年代为次，令读者得知斯学发展之迹及诸家派别；二曰失译者别自为篇；三曰摘译者别自为篇，皆以书之性质为分别，使眉目犁然；四曰严真伪之辨，精神最为忠实；五曰注解之书别自为部，不与本经混，主从分明。凡此诸义，皋牢后此经录，殆莫之能易。"
（梁启超：《佛家经录在中国目录学之位置》，《图书馆学季刊》第1卷第1期，1926年）

《出三藏记集》，南朝梁释僧祐撰，此目录是一部综合性的佛教典籍目录。他在述作此目录时有称："……夫一时圣集，犹五事证经，况千载交译，宁可昧其人世哉？昔安法师以鸿才渊鉴，爰撰经录，订正闻见，炳然区分。自兹以来，妙典间出。皆是大乘宝海，时竞讲习，而年代人名，莫有铨贯，岁月逾迈，本源将没，复生疑惑，奚所取明。"僧祐此序，看来是想通过目录编制，把译经沿革、佛典流传以至有关佛典文献和人物加以包含囊括。全目体制除总序外，分缘起、名录、经序和列传四部分，并在名录下又分12类，为佛典目录开创二级类目。他说："缘起撰则原始之本克昭，名录铨则年代之目不坠，经序总则胜集之时足征，列传述则伊人之风可见。"从这可以看出，撰缘起是叙述佛经经藏情况及译经起源；铨名录是在道安目录基础上增加律部佛典，叙次历代出经名目；总经序则辑录各经之前序后论，起到解题、提要的作用；述列传则记译经人生平。姚名达在评论此目时说："考其优点，约有四端：一曰葆有多方面之第一手史料，……二曰使用多样之体裁，……三曰分析经书为多数之部类，……四则于一切经论皆曾作一番考索。"（姚名达：《中国目录学史》第247～248页，商务印书馆，1957年）

佛经目录主要作用在于记录了佛教经典在中土之流传，这实际上就为中外文化交流史留下了宝贵的文字记录。佛教目录又是一种报道手段，向人们展示了丰富的佛教典籍宝藏。

三、中国图书流向国外

宋代大诗人欧阳修曾写过一首《日本刀歌》的诗，他由赞颂日本宝刀再追溯中国与日本的往来，其中有这样的诗句："前朝贡献屡往来，士人往往工词藻。徐福行时书未焚，逸书百篇今尚存。令严不许传中国，举世无人识古文。先王大典藏夷貊，苍茫浩荡无通津。令人感激坐流涕，锈涩短刀何足云。"（《欧阳修全集·居士外集》卷四）这里欧阳修感情复杂地叹息典籍失散于异邦，以至说出虽然看到了日本宝刀，但比之先王典籍，其价值是无法比拟的。正因为据说秦始皇时有徐福东渡的故事，因此又有徐福携书东去的传说。甚至有些学者以为徐福东去携书，可以看成中国典籍外传之开始。不过，就我们现在了解的情况分析，徐福东传典籍于日本是不可能的。这里可以从两方面分析。一方面，秦汉以前，我国通行典籍载体是简策，秦时亦用简策，故携带困难，要用船舶载运大量典籍，这在当时是相当不易的。而在以后，亦未见日本有任何典籍记载有汉籍和类似内容的书籍。在早期主要依靠个人携带实物流传的情况下，没有文献记载，没有实物保存，秦时就有汉籍在日本流传是难于令人信服的。另一方面，从汉籍东传路线看，一般是通过陆路即由中国中原起，假道朝鲜半岛，再由朝鲜半岛渡过对马海峡而达九州等地登岸，这是两汉时直到魏晋较长时期的路线，到南北朝时才有从山东半岛经百济而至日本的。因此，如果没有文献流入朝鲜半岛的记载，似难肯定徐福携书东渡的事实。因此，我们对于汉魏两晋南北朝这一时期中外图书交流的事实，是倾向于认为是二三世纪后才有可能出现的。

（1）日本应神天皇时期从百济传入中国《论语》、《千字文》等。

据《日本开国五千年史》记载："应神帝之朝，百济王遣阿直歧至日本。阿直歧善谈经典，尚言其国有王仁者，胜于己。帝即征王仁。翌岁，王仁来朝，献《论语》十卷，《千字文》一卷。在践阼十六年之时，太子菟道稚郎师事王仁，而得通晓于典籍。"（转引自冯瑶林：《中国文化传入日本考》，自印本，1947年）但一般研究者都感到此史实值得怀疑处有二：一是应神天皇年代问题，二是千字文是谁写的。如果可以肯定应神天皇十六年是 285 年，而这篇千字文是钟繇所写，那么日本通过百济王仁输入《论语》、《千字文》的事实是可信的。录此待考。

（2）高句丽接受前秦典籍。前秦建元八年（372），苻坚遣使送佛像及经论至高句丽。

（3）百济王余毗得宋文帝所赐典籍。宋文帝元嘉二十七年（450），百济王余毗"上书献方物，私假台使冯野夫西河太守，表求《易林》、《式占》、腰弩，太祖并与之"。(《宋书·夷蛮传》)

（4）日本继体天皇七年五经博士段扬尔由百济至日本传授儒学。此为 513 年之事，至继体天皇十年（516），五经博士汉安茂来代段氏讲学。日本此时才有五经之名。

（5）日本钦明天皇十五年（554），百济五经博士王柳贵、马丁安，易博士王道良至日本，讲授经学。

（6）百济数次接受梁武帝赐予经籍，并接受梁派来的讲经博士。534—541 年，梁武帝屡次应百济王之请，派出讲授《诗经》的毛诗博士和讲授《礼记》的讲礼博士去百济授经。与此同时，并有医学、百工、伎巧等专业人才相继去百济。(《梁书·诸夷列传》)

以上介绍了中国图书在汉魏两晋以至南北朝时流向国外的事实。其主要流向是东向的高句丽、百济，以至倭国。这是因受当时社会环境和交通条件局限而造成的。

不难发现，汉魏之际，图书主要只是单向传入，两晋以后，则开始有了中国图书的输出，虽非国与国之间的双向交流，但毕竟有了传入和输出两种方式。

（原载于彭斐章主编：《中外图书交流史》第 1～21 页，湖南教育出版社，1998 年）

隋唐时期中外图书交流

一、佛典翻译与其他书籍的传入

1. 佛教典籍的翻译

隋581年立国，589年灭陈，统一中国。唐建国于618年，至907年亡，近300年。隋、唐二代是我国中世纪的强盛封建王朝，经济发展，国力强盛，文化上儒、道、佛各呈异彩，文学、艺术、书法、绘画、音乐的水平居于世界领先地位。图书的编纂、抄写、流传和收藏更是进入一个新的历史时期。唐代政治、军事方面堪称当时的世界强国，文化上的成就和对外影响，也是当之无愧的文明大国。

就宗教书籍而言，交流的最主要标志是中国僧侣对佛教典籍的重新翻译，佛学研究著作的多样，以及中国的佛教典籍输出至高句丽、百济（以后是新罗）和日本，并直接影响着这些周边国家的宗教和社会生活。中国的译经，从后汉到唐代，经历了五六百年的历史，众多僧侣和其他人士参与，翻译了大量佛教典籍。但是，由于大多数佛经是由过往于中亚和中土西部的僧侣携来，并不是直接从印度当地取回的经典，因而存在一个数量全缺和内容正误的问题。唐代玄奘等正是从印度取来原本经典，并直接翻译成汉文，加之朝廷的重视和外国僧侣的参与，文化氛围和佛学研究的加强，译经组织的严密，使唐代译经活动达到高峰，译经质量也大为提高。唐代与国外文化交流的内容是多方面的，其中佛教典籍的新译，佛学研究的繁荣，新译佛典的传播扩大到周边国家是非常重要的一方面。

唐代图书的研究资料有《新唐书》、《旧唐书》的经籍、艺文两志，但两志以道家类统佛道二家典籍，收录皆不全。如《旧唐书·经籍志》序称："其外有释氏经律论疏、道家经戒符篆，凡二千五百余部九千五百余卷。亦具翻译名氏，序述指归，又勒成目录十卷，名曰《开元内外经录》。"这是说，唐时除属于皇室藏书目录，也还有其他佛、道书籍目录可以据以考查。确实如此，唐代留下的大量佛教经录为我们考查佛教典籍提供了便利。

麟德元年（664）西明寺僧所编定的《大唐内典录》统计了历代佛教典籍的情况，"都合一十八代，所出众经总有二千二百三十二部七千二百卷，失译经三百一十部五百三十八卷"。其中分析隋代译经20余人，译出经论90余部510余卷。唐代到编目时译僧11人，译出经论等220余部1500余卷。而《续大唐内典录》所记则略有增加，隋代译经31人，译出经论170部700卷；唐代译经18人，译出经论120部1721卷。

开元十八年（730），智昇撰《开元释教录》，记录了自汉明帝永平十年（67）至唐玄宗开元十八年（730）共19代664年佛教译述："传译缁素总一百七十六人，所出大小二乘三藏圣教，及圣贤集传并及失译，总二千二百七十八部，都合七千四十六卷。

其见行、阙本，并该前叙。"贞元十六年（800），圆照撰《贞元新定释教目录》，记录了自东汉明帝永平十年至唐德宗贞元十六年凡734年的佛教译述："中向传译缁素总一百八十七人，所出大小二乘三藏圣教及圣贤集传并及失译，总二千四百四十七部，合七千三百九十九卷，其见行、阙本并该前数。"

以上所引统计说明，隋唐继承了汉以来所译各种佛教典籍，包括佛经和中外人士的佛教著述。特别值得注意的是730年智昇撰《开元释教录》、800年圆照撰《贞元新定释教目录》所统计的，包含隋、唐两代新译的佛教经典和其他佛教书籍。新译包括唐初玄奘等的译本，其影响是相当大的，成为朝廷颁赐各地和国外僧侣携回其本国的主要佛教典籍。我们把7世纪初的《隋书·经籍志》所统计的与8世纪初智昇所统计的比较，唐代新译经部数可增400多，卷数可增1000多，是相当可观的数目。如编于武则天时的《大周刊定众经目录》称："其后唐朝至圣朝新译经论，及有虽是前代旧翻而未经入目，虽已入目而错注疑伪审其详校事项改正者前后三件，大小乘经律记合一千四百七十部，二千四百六卷。"而从唐高祖武德元年（618）至唐德宗贞元十六年，兼天后朝凡经183载，"传译缁素已有四十六人，所出经律论及传录等，总四百三十五部，二千四百七十六卷"（《贞元新定释教目录》）。因此，马祖毅谓唐代共出经428部，合2412卷，大致数目是接近的。（马祖毅：《中国翻译简史》第68～69页，中国对外翻译出版公司，1984年）

（1）隋代翻译佛教典籍。

隋代自隋文帝建国以后，崇奉佛教成了巩固其统治的手段之一，故佛教经典受到重视。但因隋代统治时间不长，除少量佛教经典翻译以外，只可看到崇佛、讲经、抄写佛经之事。然而，这些也是佛经传布之事件。

581年，隋文帝杨坚开国后，有释智周、宝暹等10人以北齐武平六年（575）西游返国，自西域带回梵本260部。杨坚即立翻译馆，立翻译学士。隋代翻译佛经开始。

582年，有中天竺僧达摩般若到长安，杨坚建大兴善寺译场。此后，继有北天竺僧那连提黎耶舍来长安，参加译事。589年，那连提黎耶舍卒，前后译经论15部，80余卷。585年，请北印度犍陀罗国名僧阇那崛多，以及婆罗门僧达摩笈多等，配置中土僧人，共主译事，至600年阇那崛多卒，共翻译佛教经典37部，176卷。据唐代统计，杨坚在位时，写经46藏，132086卷，修故经3853部。

隋炀帝杨广登基后，606年，于东都上林园建翻经馆，以彦琮主其事。入藏从新平、林邑所获佛经，合564夹，1350余部，并昆仑书、多梨树叶。至610年彦琮卒，彦琮参与译经23部，100余卷，并总结翻经事而成《辨正论》。据唐代统计，杨广修故经612藏，29172部。《开元释教录》则称隋二代共译经64部，又有称82部的。

（2）唐代翻译佛教典籍。

唐代建国以后，佛教与道教等均甚流行，故曾有数次反佛以及唐武宗会昌三年（843）废佛经，埋佛像、菩萨像，遣僧尼还俗之事件。然而从总体看，佛教在唐代仍是影响非常巨大的宗教。正因为如此，佛教典籍的翻译和抄写也是绵延不绝，广及全国。并因佛教大师玄奘等参与，对我国佛教典籍传播影响深远。所谓佛教经典翻译之四大家（鸠摩罗什、真谛、玄奘、不空），有二位是在唐代，而所译经典，更有其与前代不同的特点。

626年，唐高祖李渊时，中天竺僧波颇到长安。629年，太宗李世民诏波颇于兴善寺开始译经。至633年，波颇等译出《般若灯论释》等3部35卷。

唐代一部分僧人是直接从天竺等国带回佛经从事翻译的。629年，玄奘赴天竺求法。645年返回长安，得经论520夹，657部。计有：大乘经224部、小乘论192部、上座部经律论15部、大众部经律论15部、三弥底部经律论15部、弥沙塞部经律论22部、迦叶臂耶部经律论17部、法密部经律论42部、说一切有部经律论67部、因明论36部、声论13部。此后开始翻译佛典，至664年，共译经律论纪传总75部，1335卷。这个数字，比其他三大译师鸠摩罗什、真谛、不空所译经数总和还多600余卷，占唐代新译佛经总卷数的一半以上。如性宗《大般若论》，玄奘译成600卷。相宗六经，玄奘译其《解深密》5卷、《菩萨藏》20卷。相宗论一本十支，一本《瑜伽师地论》100卷，十支玄奘译其八，即《显扬》、《中边》、《五蕴》、《百法》、《杂集》、《二十唯识》、《摄大乘》、《成唯识》。华严则有《佛土功德经》。一切有部玄奘译出《发智论》，又译其释论《大毗婆沙》200卷。六足玄奘译其五，即《识身足论》、《法蕴足论》、《品类足论》、《集异门足论》、《界身足论》，又译有《显宗论》、《顺正理论》。因明则译有《理门》、《入正理》。外道则译有《胜宗十句义论》，咒则译《诸佛心陀罗尼》等。玄奘自翻译佛典以来，一方面及时将译出经典表奏，如贞观二十一年（647）玄奘译出《瑜伽师地论》，请李世民作序，李撰《大唐三藏圣教序》，这自然提高了佛教的地位，扩大了佛教典籍的传播。另一方面，玄奘的翻译组织非常完善，协助其工作的弟子如窥基、普光、法宝、嘉尚等均是佛门高才之士，甚而收日本僧人求学，实际上培养了一大批翻译人才，并进而扩大了佛教经典的传布。

义净于唐高宗咸亨二年（671）从海路到天竺，又到室利佛誓、末罗谕（今印度尼西亚）搜集佛经，历时25年，695年归国，携回梵本经律近400部，合50万颂。700年开始，自主译事。译出《金光明最胜王经》、《能断金刚般若波罗密多经》、《弥勒下生成佛经》、《曼殊室利菩萨咒藏中一字咒王经》、《庄严王陀罗尼咒经》、《长爪梵志请问经》等经，《根本说一切有部毗奈耶戒经》、《根本说一切有部尼陀那目得迦》、《根本说一切有部百一羯磨》、《根本萨婆多部律摄》等律，《掌中论》、《取因假设论》、《六门教授习定论》等论，及《龙树劝戒王颂》，共20部。705年（唐中宗神龙元年）在洛阳内道场译《大孔雀咒王经》。又在大福先寺译出《佛为胜光天子说王法经》、《香王菩萨陀罗尼咒经》、《一切功德庄严王经》四部。此后又重译《药师琉璃光大佛本愿功德经》二卷和《俗佛功德经》等20部。睿宗时还译《称赞如来功德神咒经》，自天后久视至睿宗景云年间，共译出56部，230卷。义净专攻律部。汤用彤先生评论说："义净译律，于中土似无多大影响。"（汤用彤：《隋唐佛教史稿》第186页，中华书局，1982年）但亦可看出当时中外图书交流之一斑，即各种佛教典籍亦有人予以译介。

746年，不空自印度求得密藏经论500余部，带回长安，于净影寺安置。771年，不空进译经表时自称：屡次奉二帝（指唐肃宗、唐代宗）令搜访前代外国梵文，残缺的修补，未译的翻译。从天宝至今，共120卷77部。不空译经有《金刚顶一切如来真实摄大乘观证大教五经》、《金刚顶五秘离修行念诵仪轨》、《发菩提心论》等。

唐代翻译佛经的僧人,还有一部分是来自外国的僧人。这些翻译经典的活动,则是中外图书交流、中外僧人合作的事例。

626年,中天竺僧波颇来长安。629年,唐太宗组织人员与波颇一起译经,共译出《大庄严经》等3部,合35卷。

652年,中印度僧无极高携梵本来长安。后从《金刚大道场经》撮要钞译,又译成《陀罗尼集经》12卷。

655年,中印度僧那提三藏携大小乘经律论500余夹、1500余部抵长安,住慈恩寺。

659年,印度僧智通译出密教经典《千转陀罗尼观世音菩萨咒经》等3种,又曾译《千臂千眼经》。

692年,吐火罗国僧弥陀山共法藏等译出《无垢净光陀罗尼经》1卷。

693年,南印度僧菩提流志到长安,译出《宝雨经》。713年,译出《大宝积经》120卷。

693年,北印度僧宝恩维至洛阳开始译经。曾译出《陀罗尼经》7部9卷。

695年,实叉难陀与菩提流志等译《华严经》。

705年,中印度僧般刺密帝译《楞严经》。

716年,中天竺僧善无畏携梵经来长安,735年卒,译经4部14卷。

720年,南天竺僧金刚智至长安,732年卒,共译密教经典5部14卷。

以上就隋唐佛典翻译的情况略作介绍,从中可以看出隋唐佛典翻译具有明显的特色。

1）统治者的提倡与重视。隋唐作为封建专制的封建政权,统治者非常重视佛教、道教等的精神作用,因而一般都把佛教经典与儒家经典一样予以宣扬、传播。这方面比较突出的如唐太宗对佛教大师的礼遇,对佛教的支持,这完全是出于政治统治的需要。武后特重佛教,当然也是认为宗教有利于她的专制统治,故颁《大玄经》于天下,令两京各州各置大玄寺,各藏《大玄经》一本。所以,唐代翻译佛典,规模之大,制度之密,以至出经数量和质量都超越了前代,其中很重要的原因是佛典译事,大多是在统治者庇护支持下完成的。

2）主要依据原本翻译,这方面从上引事例都可看出。佛经原典来源,一部分是由天竺僧及其他地区僧侣携来梵夹,另一部分是玄奘等大师自西域、义净等自南路求得原典。能否求得佛教原典,是保证翻译质量的第一步。汤用彤先生在分析唐代译本之根据时称:"隋唐中所译原本,多系华人自西方携来,既合印土之需要,又直接原本,如玄奘所出不仅丰备,而又不经西域之媒介致有失真,此唐译之所以可贵也。"（《隋唐佛教史稿》第75页）

3）翻译人才数量和质量均称优秀。翻译人才的质量,就佛教经典而言,一是要通梵语、精汉语,这样使翻译得以尽善;二是在此专门领域堪称奇才。就唐代佛经翻译而言,一些翻译大师梵汉俱精,义学佳妙。如玄奘、义净等长期在天竺诵习、求法、讲学,对梵语可称精通,自然译事得以顺利进行。唐代译经师甚而有专业化的译经，这方面本身是由于宗派的关系，更由于时势之变迁，故而出现玄奘主译大乘经，义净专重律藏，而不空专于密典的不同译事。这种专业化翻译保证了佛典翻译的准确性。

4）翻译组织完善。隋时朝廷组织译经院，唐代时有专门翻译分工和制度的订立。而翻译事务，其中有关官吏，是由朝廷选聘而任命，保证了译书的正常进行。如翻译职司有九：①译主，掌握译事，译本题其名氏，译主一定要精通汉语和所译佛经的文字，并要教理娴熟，戒行精严；②笔受，受所宣译之义而著于文，亦称"缀文"、"缀辑"；③度语，佛所宣义，凡译主为外人时则需之；④识梵本，校所宣出，反证梵本，此外还有证梵义一人，职责是判断经义是否丧失；⑤润文，依所笔受，刊定文字；⑥证义，证已译之文所诠之义；⑦梵呗，开译时宣梵呗，以为庄严；⑧校勘，校对译文；⑨监护大使，监阅总校，实是钦命大臣，译本由之进上。（《隋唐佛教史稿》第75～76页）由此看来，唐时翻译院之组织和翻译事务的分工和程序，不仅继承了汉魏以来翻译事务的经验，而且也适应了唐代译事扩大的需要，从而保证了唐时翻译佛典的质量。

2. 佛教典籍的纂集和注解

佛教典籍的传布，大致是从两方面进行的。一则通过僧侣的讲习，也就是口头传授为主。当然，这种形式必须诵读经文，理解才能讲习、研究，但相对来说可以依靠经文，依文讲习；也可以脱离经文，主要讲授研究心得，讨论佛义。二则是诵读和研讨，这方面要求提供必要的经典，故我们看到佛教传布的大量经典，就不同文字而言，有大量的汉文佛典，同样也有大量的各种民族文字佛典。从文献传播类型而言，还出现大量针对不同读者需要、不同使用目的的书籍，如佛教类书、语录、以及记载不同文献的总集、不同作者的别集。同时，为了帮助僧侣理解原著文义，读懂文献语言，或了解必要的典故事实，还编辑出版了大量佛教典籍的注解本，出现了帮助阅读、利于查检的工具书。我们把这些书籍的出现，都归之于中外图书交流的范畴内，它也是佛教典籍翻译成果的体现，以及佛教典籍传布、收藏、研读的物质基础。

（1）总集。

总集的编纂目的，一是保存文献，二是选择文献。从佛教典籍中的总集一类分析，大致也是以这二者为主，特别是从保存佛教典籍的角度看，宗教总集是很有价值的。隋大兴善寺僧琨编集《论场》31卷，东都上林园翻译馆彦琮与陆彦师等编纂的《内典文会集》是隋代出现的佛教典籍总集。唐慧净编《诗英华》，是诗总集。印宗编《心要集》，收梁代至唐初"天下诸达者语言总录"。圆照编《唐朝传法三学大德沙门碑记集》15卷，则为碑记总集。而宗密所编《禅源诸诠集》，则是收集禅宗各家"诠表禅门根源道理"的文述的总集。（陈士强：《佛典精解》第732页，上海古籍出版社，1993年）以上隋唐二代出现的佛教典籍总集这种类型，一般是按专题编辑的，如护法、碑记、诗歌等，都从系统、全面的角度提供资料。可以想见，这类文献是宣传宗教的一种实用性较强的类型。

1）《弘明集》14卷，梁代僧祐编。此书选辑从东汉末至南朝梁代关于佛教的论著，也收了少数非难佛教的文章。所收文章如牟子《理惑论》、郑道子《神不灭记》、范缜的《神灭论》等，都是研究佛教的重要资料。

2）隋灌顶《国清百录》4卷。此书编成于隋大业元年（605），是一种佛教文书方面的总集。内容包括天台宗智𫖮所撰的制法、礼法、训示、书答、发愿文和遗书，陈、隋两朝皇室以及臣僚众僧对智𫖮（包括他的弟子）的敕文书疏及碑文等。

3）唐《□□寺沙门玄奘上表记》1卷。此书是玄奘自印度取经回归长安以后，到临终时所上的多种表启以及皇帝的敕答的汇编，全书共收表敕41编。

4）《广弘明集》30卷，道宣编，收南北朝至唐代134人的有关佛教的文章，文体有书义、序疏、诗赋、诏敕、铭文，收佛教传入至唐的兴废，佛道斗争及佛教义理讨论等内容的文章，是研究此时佛教的重要资料。

5）唐圆照《代宗朝赠司空大辨正广智三藏和上表制集》6卷。此书简称《不空表制集》，收密宗创始人不空及其弟子在唐肃宗、代宗两朝所上的奏表，以及皇帝的制令、答批的汇编。共收录表制133首，附皇帝对奏表的答批53首。

（2）纂要。

此类称"经论会要"、"众经要钞"、"诸经要集"，是一种钞录性质的书籍。其编辑目的是为了省却他人翻检浩瀚的原著，并迅速为人们提供必要的资料。这实际上是属于专科类书范围。其方法是翻阅大量经典，将汉译经律论及东土集传中的精义、要点和适合修持需要的各种记述一一摘出，然后分类排纂。这类书如隋杨坚敕有司编撰的《众经法式》10卷，智果等撰《香域甘露》500卷。唐代则有玄则编《禅林妙记集》20卷，会稳等编撰《禅林要钞》30卷，一行编《释氏系录》1卷，骆子义编《经记纂要》10卷。就此中诸书看来，主要要求是必须摘录准确、全面、多样，其次是各书编排系统要便于使用，这样，就能适合读者之需要。

1）《大乘义章》20卷，隋慧远编。全书按教、义、染、净、杂五聚（类），解释佛教大小乘的各种教义、术语，引征广博，义旨明晰，是研究佛教和佛教史的重要参考资料。

2）唐道世《诸经要集》20卷。此书编集于唐显庆年间（656—660），是一种采摘佛典中有关教法修行仪轨和善恶业报事缘方面的论述，分类编次的佛教类书。全书共分三宝、敬塔等30部，每部下分"缘"，共185目，每缘汇辖若干条佛典原文，据编者自称汇编原文1000条。据陈士强先生介绍，书中采录的佛典原文，大多是关于在家和出家修行的意义、内容、要求、方法的，都从属于教法教规的理论阐述，并不自成系统，而且好些是编者对原话的摘述或改述（《佛典精解》第762页），正如编者所称，"冀道俗依行，传灯有据"。

3）唐道世《法苑珠林》100卷。此书编成于唐总章元年（668），是一部总括大藏经典，旁搜世间典籍，卷帙繁多而事理淹博的大型佛教类书。全书分100篇，篇下设部，部下又分部，全书共668目。此书不仅分门别类介绍了佛教的各项教理和一般知识，而且还根据大乘佛教的精神，讨论了各种社会现象和伦理是非，集出世与入世于一书。《法苑珠林》引用内外经籍有四五百种，且引用大量佛教以外的诸子百家的著作，成为一部影响相当大的佛教类书。

（3）注疏。

注疏为就原书注解、解释和串讲等方式的著述。汤用彤先生曾对佛教书籍注疏一类加以划分：其专分一经之章段者曰科文，其随文解释字句者曰文句，其随文解释义理者曰义疏。而此中因师口授，笔记所得，则谓之述记；其总记一经之大义，恒不随文出疏，而分门以释全书的内容，则常曰玄义；其集前贤注疏而成一书者曰集注，如唐道世之《金刚般若经集注》，敦煌本道液《净名经关中疏》等。又疏之注释常曰疏抄，其字音之训释则称为音义或音训。(《隋唐佛教史稿》第79页）他在分析出现众多注疏类著述的原因时，认为一是因翻译佛经多样，研究著作多样，故而有集合各家之言而成一书，或因佛教翻译译人口翻梵文，常加以讲解，这也出现注疏类著述；二是因为宗派分立派系，同一经往往因不同的解释发挥，也成为注疏类著述。因此，这一类的书籍成为宣扬佛教的重要书籍，犹如儒家经典之注疏类著述众多，有些逐步成为佛教流传中的重要典籍。

正如汤用彤先生的分析，注解佛典很重要的因素是佛教宗派的出现，正所谓师承关系上使得佛教典籍注疏类著述不断涌现。因此，这里只就一些重要宗派的注疏类著述略作介绍，以窥见佛教典籍的传播。

1）三论宗。三论宗之传播以隋代吉藏最著名。吉藏"讲三论一百余遍，《法华》三十余遍，《大品》、《智论》、《华严》、《维摩》等各数十遍，并著玄疏，或疏于世"（《隋唐佛教史稿》第122页）。所列经疏如《三论序疏》、《三论玄义》、《三论略章》及《法华经释义》、《法华经游玄》、《法华经玄记》、《法华义疏》、《法华新撰疏》、《法华玄谈》、《法华统略》、《法华论疏》等。据汤用彤先生统计共38部百余卷，此中27部现存，11部已佚。

2）天台宗。隋时天台宗智者大师有《净名经疏》，至《佛道品》为28卷。唐代湛然有《法华玄义释笺》20卷，《止观辅行传弘诀》40卷，《法华文句记》30卷，《维摩经疏记》6卷，《维摩经略疏》10卷等。

3）法相宗。唐时玄奘弟子甚众，各弟子有记经疏者。如窥基，参与（玄奘）译场，造疏可百本，后世有百疏论主之称，其著作知名者有48部，现存28部，如《无垢称经疏》6卷，《法华经记略》1卷，《妙法莲华经玄赞》10卷，《法华音训》1卷，《法华经为为章》1卷，《法华经文科》1卷等。又有圆测，亦为玄奘弟子，亦有《唯识论疏》10卷、《解深密经疏》10卷、《仁王经疏》3卷等。

4）华严宗。唐时如法藏，有《华严探玄记》20卷，《华严经旨归》1卷、《〈华严经〉文义纲目》1卷，《华严策林》等，所撰现存23部，知名已佚者亦20余部。再如澄观、宗密等亦多有注疏著述。

至于戒律、禅宗、净土宗等的注疏性著述则相对少些。

3. 佛教典籍的收藏与编目

佛教典籍传入中国以后，中土僧人除了翻译外还独立进行著述、研究，但佛教传播最主要的特色是普及性。因此，佛典传布一方面由佛教僧侣讲习，另一方面靠经典诵习，决定性的是要有佛教经典，所以收藏佛典是佛寺的一项重要事业。

佛教经典的传布，在佛教的推广上占着十分重要的地位，而佛典收藏又是佛教推广的基础。因而，本节主要谈佛典的收藏、抄写和编目情况，分析中外图书的交流活动。

隋文帝开皇元年（581），杨坚建国后，继承南北朝时宗教为国策的措施，巩固皇朝统治。是年，隋文帝普诏天下，任听出家。并令计口出钱，营造经像。此外，"京师及并州、相州、洛州诸大都邑之处，并官写一切经置于寺内，又别写于秘阁"。这样，把佛教经典以官书的形式分置于四方重要寺院，更入藏于皇家图书馆——秘阁，给佛教经典以崇高的地位。正是由于上行下效的轰动效应，"天下之人，从风而靡，竞相景慕，民间佛经，多于六经数十百倍"（《隋书·经籍志》）。到604年，隋文帝卒。据汤用彤先生统计，"文帝在位计二十三年，度僧尼二十三万，立寺三千七百九十二所，写经四十六藏，十三万二千零八十六卷，修故经三千八百五十三部"（《隋唐佛教史稿》第7页）。

隋炀帝杨广继承父业，对佛教典籍更事张罗。如于东都上林园设立翻译馆，大业二年（606）新平林邑，所获佛经合564夹，1350余部，并昆仑书、多梨树叶，有敕送馆，付琮披览。大事翻译佛经，并编制目录。（《彦琮传》，道宣：《高僧传二集》卷二）就是在宫廷内也有专门收藏宗教佛典的内道场，收集佛道书籍和编制目录。杨广在位13年，修故经612藏，29172部。

唐建国后，佛教盛行，故抄经和收藏事实屡见记载。唐高祖武德九年（626），中天竺沙门波颇携梵经至长安。唐太宗贞观三年（629），沙门波颇于兴善寺开译佛经。唐太宗贞观十九年（645），玄奘游学天竺等国归，带回经论520夹，657部，并开译场。以后又迁入慈恩寺，中有翻经院专事翻译经典。652年，中天竺沙门无极高携梵本来长安，于慈恩寺安置。655年，中天竺沙门那提三藏携大小乘经律论500余夹，1500余部达长安，安置慈恩寺。679年，中天竺沙门日照请译所携经夹。695年，义净游学天竺等归国，带回梵本经律论近400部，于佛授记寺翻译。再如唐玄宗时亦有佛典入藏诸寺院。716年，中天竺沙门善无畏携梵经来长安，安置于兴福寺南院，后住西明寺。746年，不空从印度求得密藏经论500余部，住净影寺。748年，杨贵妃兄杨铦为五台山清凉寺写一切经5048卷，般若四教天台论疏2000卷。德宗时（789），悟空回国至长安，进上佛牙舍利与经本。

至于佛教寺院藏经，是一个十分普遍的现象，也就是说，凡是有佛教僧侣居停诵习必备有佛教典籍。当然，因寺院地位的不同，规模之大小，以至住院主持之名分等，往往其收藏之典籍数量、质量都会有不同。

唐代对于佛教典籍的收藏，说明了当时佛教典籍的传播是非常广泛的。我国唐初开始出现雕板印刷，这对于佛教文献的流传自然是提供了必要条件，而实际情况也是佛教流传促进了雕板印刷术的产生，佛教传播加快了雕板印刷术的推广。但是，社会原因也时常影响一种新的技术方法的采用与推广，如朝廷查禁限用，就是一例。唐代佛教传播中，曾有唐玄宗禁民间抄写佛经和唐武宗灭佛的直接影响，但佛教典籍的流传与收藏，在唐代是相当普遍的，略述如次：

（1）皇家藏书。一般指收藏于宫苑内的佛教藏书和官办大寺院藏书，这方面情况是相当普遍的。而且皇家收藏一般收藏数量大，写经质量高，并且有专人管理，甚或编出目录，可以说是一专门宗教藏书楼。据文献记载，唐代皇家收藏有如下数处：

唐太宗贞观五年（631）时"敕法师玄琬于宛内德业寺为皇后写佛藏经。又于延兴寺更造藏经，并委琬监护"（《大正藏》第49卷）。贞观九年（635），"奉敕苑内写一切经"（《大正藏》第55卷）。此外，贞观十六年（642），"又敕为穆太后写佛大藏经，敕选法师十人校正"（《大正藏》第49卷）。由此可知唐太宗统治期内，就曾在宫苑内设立佛藏多处。

唐高宗时，据记载有在西明寺、敬爱寺写一切经典。道宣所撰《西明寺录》记载有大量佛教典籍，并分为单译、重翻、梵集三大类，此外还有杂藏，说明藏书是非常丰富多样的。而敬爱寺的藏书主要是新旧各种典籍，如"写旧经论七百四十一部，二千七百三十一卷；又写大唐三藏法师新译经论七十五部，一千三百三十五卷。合新旧八百一十六部，四千六十六卷入藏。其古来有目而无本者，合三百八十二部，七百二十五卷，随访随写"（《大正藏》第55卷）。

安史之乱后，宫中藏书多有散失，但一些官办寺院得以发展，故佛教藏书中宫廷藏书受到损失，京都及大都市寺院藏书颇有规模。如唐代宗时，为爱女华阳公主皈依大兴善寺而赐给大兴善寺《大藏经》一部，不空在《谢恩赐琼华真人一切经一藏表》中说："沙门不空言：内谒者监吴休说奉宣圣旨，琼华真人真如金刚一切经一藏，凡五千五十卷，并是旃檀香轴，织成彩帙，众香合成经藏。香木经案，金宝香炉。云霞相辉，日月间错，光明芬馥充溢街衢。并赐不空，当院安置。"（《大正藏》第52卷）从这里可以看出官家寺院藏经之豪华气派。

（2）各地寺院藏书。出于崇奉宗教、安定境内的目的，唐代各朝皇帝除在宫廷建立宗教藏书，京都兴办大寺院外，各地普遍建立寺院。寺院内藏书一则多靠朝廷颁赐，一则靠自己抄写，而皇朝赐书则是隆重而系统的。唐高宗时向栖霞寺颁赐"新旧翻译一切经入藏"。武则天时，天授元年（690）十月，"壬申，敕西京、诸州各置大云寺一区，藏《大云经》"（司马光：《资治通鉴》卷二〇四）。唐玄宗天宝七年（748），杨国忠"奉为圣主写一切经五千四十八卷，般若四教，天台疏论二千卷"，送往五台山清凉寺。此外，各地寺院收藏佛典的记载是非常多的。如鉴真"写一切经三部，各一万一千卷"。（《大正藏》第51卷）又大兴唐寺花严院，"写古今翻译大小乘经论戒律合五千三百二十七卷"。白居易记载的寺院藏经有苏州南禅院千佛堂："千佛堂转轮经藏者，先是，郡太守居易发心，……大和二年秋作，开成元年建成，堂之费计缗万，藏与经之费计缗三千六百。堂之中，上盖下藏；盖之间，轮九层，佛千龛，彩绘金碧以为饰。环盖悬镜六十有二。藏八面，面二门，丹漆铜锴以为固，环藏敷座六十有四。藏之内，转以轮，止于枕，经函二百五十有六，经卷五千五十有八。"（《白居易集·苏州南禅院千佛堂转轮经藏石记》）又有香山寺新修经藏堂，"（白）乃于诸寺藏外杂散经中，得遗编坠轴者数百卷帙，以《开元经录》按而校之。于是绝者续之，亡者补之，稽诸藏目，名数乃足。合是新旧大小乘经律论集，凡五千二百七十卷，乃作六藏，分而护焉。"（《白居易集·香山寺新修经藏堂记》）又《东林寺经藏西廊记》云："元和初，江西观察使韦君丹于庐山东林寺神运殿左、甘露坛右，修建多罗藏一所，土木丹漆之外，饰以多宝。相好严丽，邻诸鬼功，虽两都四方，或未前见，一切经典，尽在于内。"（《白居易集·东林寺经藏西廊记》）另据元和七年李肇《东林寺经藏碑铭》称："初彤公受具于庐山浮槎寺，常讨大藏，恶其部帙繁乱，将理之而不可。遂发私誓，四十余夏，果得志焉。于是搜远近之逸函坠卷，目在辞亡者得之，互文合部者兼之，断品独行者类之，本同各异者存之，以伪乱真者标之。又病前贤编次不以注疏入藏，非写师之意。并开元庚午之后洎德宗神武孝文皇帝之季年，相继新译大凡七目，四千九百余卷，立为别藏，著杂录七卷，以条贯之，合开元崇福旧录，总一万卷，举藏以志函，随函以命轴。"（《全唐文·东林寺经藏碑铭》）从以上所引可以看出，庐山东林寺经藏包括中土译经及章疏，是完备的经藏。

关于佛教目录的编制，隋唐时期是颇为盛行的。姚名达在《中国目录学史》中有《中国历代佛教目录所知表》，兹据以列出隋唐两代之佛教目录如下：

隋代佛经目录：

名称	卷数	编者	年代	部数	卷数
大隋众经录目	7 卷	释法经	594 年	2257 部	5310 卷
开皇三宝录	15 卷	费长房	597 年	6417 部	—
隋仁寿年内典录	5 卷	释彦琮	602 年	2109 部	5058 卷
译经录		释灵裕	581—617 年	—	—
林邑所得昆仑书诸经目录		释彦琮	606 年		
众经目录		释智果	隋炀帝大业间		

唐代佛经目录：

名称	卷数	编者	年代	部数	卷数
唐众经目录	5 卷	释玄琬	635 年	—	
大唐京师西明寺所写正翻经律论乘传等		释道宣	658 年	799 部	3361 卷
大唐内典录	10 卷	释道宣	664 年	2487 部	8476 卷
大唐东京大敬爱寺一切经论目	5 卷	释静泰		2219 部	6994 卷
古今译经图记	4 卷	释靖迈	650—683 年	1620 部	5552 卷
大周刊定众经目录	15 卷	释明佺	695 年	3616 部	8641 卷
大周刊定伪经目录	1 卷	释明佺	695 年	228 部	419 卷
续大唐内典录	1 卷	释智昇	736 年	—	—
续古今译经图记	1 卷	释智昇	730 年	—	645 卷
大唐开元释教录	20 卷	释智昇	730 年	2278 部	7046 卷
开元释教录略出		释智昇	730 年	1076 部	5047 卷
大唐贞元续开元释教录	3 卷	释圆照	794 年	—	—
贞元新定释教目录	30 卷	释圆照	794 年	1213 部	5390 卷
内典目录	12 卷	王彦威	唐文宗开成中	—	—

如何理解隋唐时期佛教目录特别兴盛，且达到佛教目录发展之顶峰？如果我们了解了当时僧众对目录之认识，以及目录编制之体例，则可明了一切。

智昇编制有《开元释教录》等目录，在《开元释教录》的自序里称："夫目录之兴也，盖所以别真伪、明是非，记人代之古今，标卷部之多少，摭拾遗漏，删夷骈赘，欲使正教纶理，金言有绪，提纲举要，历然可观也。"唐代由于文献多种，宫廷和政府藏书机构编制目录多种，在总结历代目录的作用上，充分认识到目录对保存文献、指导阅读是有巨大功能的。有些目录学家专门阐述过目录之功能，其中以毋煚的《古今书录》之序说得最为透彻："夫经籍者……苟不剖析条源，甄明科部，则先贤遗事，有卒代而不闻，大国经书，遂终年而空泯。使学者孤舟泳海，弱羽凭天，衔石填溟，倚杖追日，莫闻名目，岂详家代？不亦劳乎！不亦弊乎！将使书千帙于掌眸，披万函于年祀，览录而知旨，观目而悉词，经坟之精术尽探，贤哲之睿思咸识，不见古人之面，而见古人之心。"从上引智昇与毋煚两人对目录的看法，应该说是相当深刻的。一方面可以看出，智昇编《开元释教录》是一种宗教目录，毋煚编《古今书录》是朝廷藏书综合目录，但他们都一致认定，目录必须从存留文献、以备查考的角度去认识它。智昇所谓"记人代之古今，标卷部之多少"，毋煚所谓"将使书千帙于掌眸，披万函于年祀"，都是说明目录是为了备查，就像现在各种目录之功用，在于提供读者查考书籍之用途。另一方面则是目录应起到指导阅读的作用，智昇谓"提纲举要，历然可观"，毋煚谓"览录而知旨，观目而悉词"都是同一道理。对于佛教典籍的传播，长期的写译经数量极多，复译也不少，且因来源的差异，译者水平之高低，始终存在一个选择好的版本，或者说推荐一种最优秀版本提供僧众诵习的问题，而这种任务只有通过目录的指导作用才能解决。故而智昇在此强调"提纲举要"，正是针对佛教典籍的状况，强调目录的巨大功用是指导阅读。最后，智昇强调目录的作用还要"别真伪、明是非"，也就是要通过目录学家对文献的鉴别分析、版本考核和内容的评价，指出哪些经典是真的，哪些则是伪经，哪些译本准确、可靠，哪些译本则存在缺点和错误，阅读时必须注意。这样既是完成前面指明的目录功用是指导阅读的作用，也是对佛教文献流传情况的清理和整顿。所以，从以上分析智升的目录学观点，就可看出其学说的认识水平是相当高的，是可与当时官府藏书目录的编制者如毋煚等人相比较而不分高下的。更重要的是要看到这些目录编制的目的正是为了佛教典籍传播的需要。

智昇撰《开元释教录》时，运用他对目录学的认识而针对佛教典籍的实际，作出了新的努力：第一，"总括群经录"，主要说明自汉至唐各代翻译和撰作的佛典。第二，"别分乘藏录"，包括七录：①有译有本录，收录经录上有著录或经本上署题译人，并有传本行世的佛典；②有译无本录，收载经录上有著录，但无传本行世的佛典；③支派别行录；④删略繁重录；⑤补阙拾遗录；⑥疑惑再详录，收载有疑问的佛典；⑦伪妄乱真录，收载托名伪造的佛典。第三，"入藏录"，收载经甄别以后，确认真实无伪，可以作为诵持、抄写、收藏的正本的佛典。从以上简略卷次的介绍可以看出，《开元释教录》是历代佛经目录中编得最好的一部，如他的分类体系是以部类为次第，编载大乘经和小乘经，将大乘经区分为般若、宝积、大集、华严、涅槃五大部和五大部外诸经，将小乘经区分为长阿含、中阿含、增一阿含、杂阿含四大部和四大部外诸经，使得大小乘经，各有统归；同时，辨释了大乘律与小乘律的主要区别，并采取以本摄末的原则，编定小乘律的次第。此外，还有对大乘论与小乘论的区分等。所以，《开元释教录》的分类法则，成为后世经录和《大藏经》相沿的规式。梁启超称："要之《开元录》一书，踵《内典录》之成规，而组织更加绵密，资料更加充实，在斯学中，兹为极轨。"（梁启超：《佛家经录在中国目录学之地位》）

4. 医学、天文历数书籍的传入与翻译

试检阅《隋书·经籍志》、两《唐志》的记载，我们可以了解到唐代翻译与保存的国外科学知识的读本和著述。

（1）天文。

据《隋书·经籍志》子部天文一类，著录有印度的多种天文书籍：《婆罗门天文经》21卷（原注：婆罗门舍仙人所说）、《婆罗门竭伽仙人天文说》30卷、《婆罗门天文》1卷、《摩登伽经说星图》1卷。历数一类则有《婆罗门算法》3卷、《婆罗门阴阳算历》1卷、《婆罗门算经》3卷。而宋欧阳修撰《新唐书·艺文志》历算一类，还有《都利聿斯经》2卷（原注：贞元中都利术士李弥乾传自西天竺，有璩公者译其文）、陈辅《聿斯四门经》1卷，这些书籍，因原本散佚，无法知其内容。

从唐代天文学发展来看，印度天文学家来到中国，并参予制定历法，侧面反映出当时天文学书籍流传于唐代。印度天文学家有瞿昙氏，几代人服务于唐天文台，瞿昙罗、瞿昙悉达、瞿昙譔世代任司天监。据《旧唐书·历志》载，瞿昙悉达于开元六年（718）官太史监，受诏译《九执术》。宋人王应麟《玉海》中称："唐二百九十余年间，若瞿跃之作光宅，南宫说之作乙巳，至德创于韩颖，九执译于悉达。"《新唐书·艺文志》天文类载有《大唐开元占经》111卷，瞿昙悉达集。可以想见，能汇集数量如此巨大的天文类书籍，说明其在唐天文学上之贡献。其翻译之《九执历》也在此集中。唐代历法变革数次，729年正式颁布施行《大衍历》，其实制定《大衍历》参照了《九执历》，就是《大衍历》施行后，《九执历》仍通行于民间。

印度的占星学经由中亚粟特传入中国。据称，唐代占星学留下的著作，有759年北天竺沙门不空译，弟子杨景风注释的《文殊师利菩萨及诸仙所说吉凶时日善恶宿曜经》。794年西天竺沙门舍俱吒译《七曜禳灾诀》以及题僧一行撰的《梵天火罗（horā）九曜》、《七曜星辰别行法》。而前者据伯希和考订，是874年的著作，晚于一行一个世纪。至于前称《都利聿斯经》，都利是吐火罗的异译，大致都属占星术方面的著述。

从天文学方面著作的传入可以看出，由于唐代文化交流的结果，一方面提高了天文学的水平，另一方面也促进了中国和外国学者的学术交往，有利于唐代文化科学的发展。

（2）医学。

唐代医学发达，但对印度、拜占庭医学亦能吸收。据《隋书·经籍志》所载医方类，就有《龙树菩萨药方》4卷、《西域诸仙所说药方》23卷、《西录波罗仙人方》3卷、《西域名医所集要方》4卷、《婆罗门诸仙药方》20卷、《婆罗门药方》5卷、《龙树菩萨养性方》1卷、《耆婆所述仙人命论方》2卷、《乾陀利治鬼方》10卷、《新录乾陀利治鬼方》4卷，这些书籍均已失传，无法确知其内容。

出于却病延年，求治长生之术，唐代医学上中外交融出于两种原因：一是帝王迷信长生不老之术，广求秘方药石，常派人到各地求丹问药，这样，促使当时各种僧道人士贡献神丹秘方；二是唐代僧人、道人的鼓吹与施行，也使神丹秘方得以流传。就从上引《隋书》、《旧唐书》的经籍志所载书目，一个很重要的特点是通过翻译而汇编成集的，

也就是作为医学上参考使用的。此外，中国的一些重要医药书籍也汇集有外国的药方，如《千金翼方》有波斯方悖散汤，即用牛奶和荜茇末煮成汤，并注明"波斯国及大秦甚重此法"。唐代《新修本草》、《本草拾遗》等国家药典，也收录外国药物。从这些都可看出中国唐代对于国外医学知识的吸收和消化，并说明了当时国外科技书籍传入的一些情况。

二、中国图书流向国外

隋、唐两代是统一的封建制度中央集权的强大帝国，延续300年有余，上承汉魏六朝文化的传统，文化事业辉煌灿烂，思想学术兼容并蓄，开创了中国中世纪堪称世界文化大国的局面。文化大国的巨大影响，不仅吸引了东方诸国的学者、文人、僧侣等来唐留学、进修和讲学，而且以直接的文献交流活动，影响了中国周边国家的文化发展。有的学者认为，汉文化圈的主要影响和形成，应把唐作为主要的坐标。

中国文化的巨大影响，像巨大吸盘吸附着众多的外国来华人士。这些来华人士一般被称为"遣隋使"、"遣唐使"，他们主要是周边国家为求得与隋朝、唐朝友好相邻而专门派遣的文化使节。如隋时值日本推古天皇在位，由圣德太子主理政治。他推行儒学，以为立国之本，宗教则推崇佛教。故此，仅隋代短短的20多年，日本就有四次遣隋使到隋，并有13个学生作为留学生到隋。而这些遣隋使，到中国主要是学习中国文化。如607年，遣隋使是把"买求书籍"作为主要任务。因为学习文化首要的是得到中国的典籍。(《善邻国宝记》卷上，引《经籍后传记》。转见陈玉龙：《汉文化论纲》第280页，北京大学出版社，1993年）这些到隋的留学生，甚至有滞留中国20多年，直至唐代才回国的。我国唐代，日本到唐的人士更是络绎不绝。唐初尚属少量，唐中叶时，规模之大、人数之多，盛况空前。到唐人士中，有使团性质的来唐人士，如隋至唐末，日本来华使团共16次（有3次未成行），其成员主要是来唐的留学生、学问僧。他们来唐的主要任务就是进行文化交流。8世纪日本政坛上的名人吉备真备，曾随第九次遣唐使赴中国，与阿倍仲麻吕一起在华学习长达10余年，回国后于751年再任第十一次遣唐使团副使来华。他两次到中国，搜罗经、史、子、集各类书籍，最后写成专门目录《将来目录》，即是例证。所以，这些贵族知识分子不仅是中日文化交流的使者，也是日本文化的促进者。日本学者谓："日本中古之文化，全系由唐移植之文化，无论何人，均无异议。其直接移植之文化者，则赴唐留学生也。"（木宫泰彦：《中日交通史》。转引自冯瑶林著：《中国文化输入日本考》，1947年）这是符合当时实际情况的。

现在要弄清楚唐代流传于日本究竟有多少种类、多少数量的中国图书，确实是一件不容易的事了。但唐代中国汉文典籍流入日本是大量的。如据池田温研究，唐代时，日本有中国典籍1800余部，18000余卷。隋唐时经史子集各部均有，大致已摄取隋唐时宫廷藏书的一半。（周一良主编：《中外文化交流史》，河南人民出版社，1987年）我们现在可做的工作，大致可从三个方面着手。第一，利用当时日本来华人士（高级使节、高级知识分子、僧侣）所编的书目，据以考察当时由中国携回、运回多少书籍，这方面有大量的佛教经录，如唐贞元间来华的最澄回国后编的在中国台州、越州所寻访佛典目录

《传教大师将来台州录》、《传教大师将来越州录》，又唐贞元间空海回国后所呈的《请来目录》，这类目录重要的特点是记实，即携回之典籍、法物的目录，这理应成为我们研究中日文化交流中图书交流最准确的材料。但这些目录一般都是收录佛典目录，涉及面是不广的。但当时日本来华使团，特别是大量学问僧、还学僧等，主要是到唐朝求法取经。所以，这些目录虽然只记载了佛典，但应视为很长时期文化交流的重要方面，不应忽视。第二，利用当时日本人所编公私书目，从中找出流传于日本的中国典籍。值得注意的是现在仍留存有编于9世纪的《日本国见在书目》（原称《本朝见在书目录》）。《日本国见在书目》编者藤原佐世曾于876—886年间任天皇的文学侍从，兼任大学寮大学头，终迁式部少辅，了解当时公私机构藏书，于876—884年间编成《本朝见在书目录》，此目主要记载当时的汉籍。全目按《隋书·经籍志》分40家。著录图书1568种，合计16725卷。如果把这个数字与《隋书·经籍志》、《旧唐书·经籍志》作比较，"那么九世纪时代在日本流传的汉籍，已分别为隋代的50%及唐代的51.2%，即当时中国文献典籍的一半，已经东传日本"（严绍璗：《汉籍在日本的流布研究》第20页，江苏古籍出版社，1992年）。这种目录现已成为我们研究中国图书流传日本的重要根据。第三，调查现存日本的各种隋唐遗留典籍。目前，日本学者和中国部分学者都在作一些综合调查工作，据称有目录面世。这方面也是我们研究唐代中外图书交流的直接材料。当然，由于时日变迁，最后保存下来的汉籍不可能很多，但毕竟是中日文化交流的重要见证。

1. 从《日本国见在书目》看中日图书交流

编于公元9世纪的《本朝见在书目录》（后称《日本国见在书目》[①]），全面记载了当时保存于政府机构，如大学寮、图书寮、弘文院、校书殿、太政官文殿以及天皇私人藏书处的汉籍。《本朝见在书目录》是一种登记性目录，如注明藏书处所的冷泉院。其体例基本按《隋书·经籍志》的经、史、子、集四部再分40家，只作个别类的改动，如将《隋书·经籍志》中的"七纬"改称"异说家"，"地理类"改称"土地家"，但内容仍同为律书和地志类书籍。同时，该目亦有少量图书重出，并记有日本人著作。而现在留传的是手抄本，有些类下有所谓"私略之"，即抄本者私自省略和"如本"即照录原来的各种记录，但基本反映了当时汉籍在日本的总情况。现在我们主要是讨论中国汉籍流传到日本的问题，故在这里不全面研究该目录的价值、体例和方法，而只是从记载的类别进行分析，并辅之于典型图书的流传事例，这是需要说明的。

经部类书籍（表1）中，"易类"著录的收录是相当多样的。既有易经一类书籍，如《周易》10卷（汉魏郡太守京房章句），也有《周易》10卷（魏尚书郎王弼注64卦6卷，韩康伯注系辞以下3卷，王弼易略例1卷），还有《周易正义》14卷（唐国子祭酒孔颖达撰）。严绍璗先生把此目"易类"与《隋书·经籍志》、《旧唐书·经籍志》和《新唐书·经籍志》相比较，查出有21种不见于《隋书·经籍志》、《旧唐书·经籍志》和《新唐书·经籍志》，说明这些书为《隋书·经籍志》等漏记或在中土佚失。

[①] 这里据以研究的是收入黎庶昌《古逸丛书》的《影旧钞本日本国见在书目》。

表1 《日本国见在书目》经部类图书统计

类目名	标明目录卷数	目录注明	实际著录卷数	多（缺）卷数
易	177卷	如本	33种177卷	
尚书	113卷	如本	14种113卷	
诗	166卷	如本	15种168卷	多2卷
礼	1109卷	如本	46种1172卷	多63卷
乐	207卷	如本	23种207卷	
春秋	374卷	如本	35种379卷	多5卷
孝经	35卷	如本	20种51卷	多6卷
论语	269卷	如本	35种285卷	多16种
异说	85卷	如本	17种95卷	多10卷
小学	598卷	如本	158种613卷	多15卷

资料来源：严绍璗：《汉籍在日本的流布研究》，江苏古籍出版社，1992年版。

"小学类"书籍种类之多和收罗之广是令人十分惊奇的。从中可以看出唐代文化对日本的影响，更可以看出在日本文字的形成过程中中国图书特别是文字类图书的影响。"小学类"书籍值得注意的是文字音韵类书籍，以及一些中国书法家的真迹。另外就是文章作法、诗歌作法等类书籍，如果我们把它与许多求法僧携带的文字书和诗文作法的书联系起来，可看出文字、音韵和诗文作法的图书是当时各个阶层的寻访对象和收藏重点。如文字、音韵方面有《文字苑》10卷、《古今文字苑钞》1卷、《古今字》1卷、《古今杂字书》1卷、《古今五十四种书体样》1卷、《集字》20卷、《四声韵音》1卷等。如《切韵》有陆法言、王仁煦、释弘演、麻杲、孙偭、孙伷、长孙纳、祝尚丘、王在艺、裴××、陈道固、沙门清澈、卢自始、蒋×、勋×、韩知十等16种。真可谓收罗不计种数了。诗文作法有讨论体式、诗韵、评论病体、摘编秀句等，表现了对唐代诗歌形式和方法的探求与学习。这方面收集的图书，也超过了《隋书·经籍志》、《旧唐书·经籍志》和《新唐书·经籍序》的著录。

在流传于日本的中国图书中，史部类书籍（表2）值得注意的是"正史类"，其影响如《史记》等是很显著的；又如职官、仪注、刑法等类的图书，都因可供借鉴和切合时用而数量较大。

表2 《日本国见在书目》史部类图书统计

类目名	标明目录卷数	目录注明	实际著录卷数	多（缺）卷数	备注
正史	1372卷	如本	35种1590卷	多218	
古史	240卷	如本	9种240卷		
杂史	610卷	私略之	516卷	缺94卷	
霸史	122卷	如本	3种122卷		
起居注	39卷	如本	3种39卷		

续表2

类目名	标明目录卷数	目录注明	实际著录卷数	多（缺）卷数	备注
旧事	20 卷	如本	4 种 20 卷		
职官	70 卷	如本	4 种		《大唐六典》不著卷数
仪注	154 卷		113 卷	缺 41 卷	
刑法	580 卷	私略之	513 卷	缺 67 卷	
杂传	437 卷	私略之	306 卷	缺 131 卷	《清凉山传》未注卷数
土地	318 卷	如本	37 种		《十洲记》不注卷数
谱系	16 卷	如本	7 种 7 卷	缺 9 卷	
簿录	22 卷	如本	7 种 22 卷		

资料来源：严绍璗：《汉籍在日本的流布研究》，江苏古籍出版社，1992 年版。

如"正史类"图书，收《史记》及各种纪传体史书。《日本国见在书目》著录共计 1372 卷。此类书对唐代的注解本多有收录，如《史记音义》等卷，刘伯疮撰；《史记索隐》，司马贞撰；《汉书》120 卷，颜师古注。对唐代新撰史书也有收录，如《晋书》，称"唐太宗文皇制"；《齐书》50 卷，李白药撰；《隋书》85 卷，称"颜师古撰"；《陈书》36 卷，姚思廉、魏徵撰；《周书》50 卷，令狐楚、德棻等撰。其中对刘珍等撰《东观汉记》143 卷，特说明"在《隋书·经籍志》所载数也。而件（此）《汉记》，吉备大臣所将来也"。但《旧唐书·经籍志》著录该书为 127 卷，可知此件为另一种抄本。《后魏书》100 卷，后说明"在经籍志所载数也"。从这里也可看出《日本国见在书目》是以《隋书·经籍志》作为根据编制，并作为校勘的参考。

"刑法类"书籍多为隋唐法令、公文和判案等参考书。如有《唐永徽律》12 卷、《唐永徽律疏》30 卷、《唐永徽令》40 卷、《唐永徽格》5 卷、《唐永徽式》20 卷。而《旧唐书·经籍志》，刑法类上有《永徽时散行天下格》等四种，而无"律"、"律疏"二书，这可见日本国收罗之齐全了。

子部类达 14 类（表 3），其中杂家类最值得我们研究。此类共收有图书达 2359 卷，按原目达 2617 卷，数量是相当可观的。原因是此类收有大量类书，如《华林遍略》620 卷、《修文殿御览》360 卷、《类苑》120 卷、《类文》213 卷、《艺文类聚》100 卷、《群书治要》50 卷、《群书疏》22 卷。虽然无《皇览》，但《类苑》是刘孝标所撰，也是较早的类书。《华林遍略》是梁代编撰，《修文殿御览》是北齐编撰，《初学记》称"三卷"，可能是残本，而《艺文类聚》、《群书治要》，都是大部头的类书。中国类书的博大，使日本也仿效而作。823 年至 833 年，淳和天皇时由朝臣参议兹野贞主编纂了一部汉籍类书《秘府略》，从现残存的内容看，百谷部引用刘向《别录》、蔡英《本草经》、氾胜之《氾胜之书》等 124 种典籍，锦绣类引用郭颂《世语十种》、陆翔《石虎邺中记》、扬雄《蜀都赋》等 98 种。于此可见日本国当时对我国各类典籍的利用，而直接从类书中摘引资料，更是利用典籍的捷径。

表3 《日本国见在书目录》子部类图书统计

类目名	标明目录卷数	目录注明	实际著录卷数	多（缺）卷数	备注
儒家	134 卷	如本	15 种 134 卷		
道家	458 卷	如本	62 种 491 卷	多 33 卷	
法家	38 卷	如本	4 种 38 卷		
名家		如本	2 种 4 卷		
墨家			3 种 3 卷		
纵横		如本	1 种 3 卷		
杂家	2617 卷	私略之	2359 卷	缺 258 卷	《真言要诀论》未注明卷数
农家			2 种 13 卷		
小说			10 种 49 卷		
兵家	242 卷	私略之	221 卷	缺 21 卷	
天文	461 卷	私略之	406 卷	缺 55 卷	《日月晕食私记》未注明卷数
历数	167 卷	如本	56 种 186 卷	多 19 卷	
五行	919 卷	私略之	524 卷	缺 395 卷	
医方	1309 卷	私略之	1159 卷	缺 15 卷	

说明：实际著录数字用严绍璗先生统计数。

最后，《日本国见在书目录》的集部，依《隋书》分三类："楚辞家"共著录《楚辞》（王逸）注 16 卷等 6 种；"别集家"，标明著录 1568 卷，实际是 152 种 1619 卷，比类名下数字多 51 卷；"总集家"，标明著录 1568 卷，实际是 85 种 2835 卷，多出 1267 卷。我们对集部三类著录的评价是不高的，如别集类各代作家前后杂陈，全无次序，首列陶潜等集，后有陈子昂等集，再出现曹植集、沈约集，这是不辨作者时代的缘故。9 世纪初，嵯峨天皇即位，出现汉诗集《凌云集》、《文华秀丽集》；827 年时，淳和天皇敕命编撰《经国集》，成为日本文化史上之重要事件，都是因为当时日本收集了不少我国诗文别集、诗文总集的缘故。而白居易集有《白氏文集》70 卷、《白氏长庆集》9 卷，与作者自序之数不合，与《新唐书·艺文志》所记之数也不合，估计是另外的抄本流传而到日本的。

2. 日本僧侣携带佛教经典归国

佛教自传入中国后，其经籍屡次被汉译，从而得以流传于中土。唐时，名僧玄奘、义净等更事翻译，佛教经典在中土得到张扬传播。中国近邻的高句丽、百济、新罗和日本（倭国）均以信奉佛教为一国政务之本，故屡有僧侣到中国求法取经，汉文佛典得以传至周边各国。

唐时国外僧侣有来自现中亚各国和南亚印度，多携带佛经来中国，是为传入。而来自周边各国如日本、高丽、新罗者，主要是来中国学习佛法、修行佛性的学问僧。此外还有还学僧，即学成归国之僧侣，又随遣唐使来到唐朝，随遣唐使回归。唐有称请益僧，是已经受教复返中国请益问经问学。这些僧侣回国，带回大唐经典，传播各家宗教学说，建筑宗教寺院，致使佛教在该国大为盛行。同时，还有中国僧人渡海到日本等国弘扬佛法者，那更会携带佛教经籍随行，也使佛经典籍流传海外。这些方面，可以说是中国唐宋较通行之交流方式，其中尤以唐代佛教经典之交流至为繁荣。

现在保存下来的日本僧侣到唐朝的求法目录，称将来目录，记载了各批僧侣到唐朝各地搜寻到的佛教典籍和其他经典。这为我们分析这一段时期中日图书交流提供了十分准确的资料。

载于《大藏经》（大正藏）的将来目录，计有：

《传教大师将来台州录》一卷，日本最澄撰。《佛教大师将来越州录》1卷，最澄撰。这两种目录都是最澄于唐贞元二十年（804）至翌年入唐将来的典籍、道具目录。最澄在《进官录上表》称："最澄奉使求法，远寻灵踪，往登台岭，躬写教迹。所获经并疏及记等，总二百三十部四百六十卷。且见进经一十卷。名曰金字妙法莲华经七卷，金字金刚般若经一卷，金字菩萨戒经一卷，金字无量寿经一卷，及天台智者大师灵应图一张……"这里包括向台州求得128部345卷，向越州求得102部115卷。这两种目录都附有请台州印信之文、请越州印信之文，说明当时唐代对图书出口之管理制度。

《御请来目录》。空海于贞元二十年（804）至元和元年（806）入唐所请来的典籍、道具之目录，内容为不空、般若等之新译诸经典、梵字仪轨、真言、赞文等，经律论之疏章等，佛、菩萨、金刚诸天等像（曼陀罗），传法阿阇梨等影及道具，传法、阿阇梨付嘱物等之目录，空海所请来计新译等经都142部247卷，梵字真言攒等都42部44卷，论疏章等都32部170卷。以上3种总216部461卷，又有《根本大和尚真迹策子等目录》，是将空海将来之经籍概括起来保存的《三十帖册子》的目录。

《常晓和尚请来目录》。常晓于唐开成三年（838）到翌年入唐请来之经律论之疏、仪轨等及佛、菩萨等像与其他法具等之目录。

《灵光寺和尚请来法门道具等目录》。圆行于开成三年（838）至翌年入唐请来的真言经法、梵字、显教之经论疏章、佛舍利、佛像、曼陀罗、图样、道具等之目录。总计佛典而言达69部，123卷。

《日本国承和五年入唐求法目录》。圆仁于开成三年（838）至大中元年（847）入唐收来之目录。主要是在扬州城内诸寺书写的经典、论疏、仪轨、真言、赞文、传记等，又由全雅阿阇梨嘱授的念诵法门并两部曼陀罗及圣者像、舍利等之目录。此录计经疏章传等137部201卷，曼陀罗并印契坛样诸圣者像及舍利等。

《慈曼大师在唐送进录》。这是圆仁入唐后在扬州海陵县搜集的大乘经律论、真言、仪轨、赞文、章疏、传记、曼陀罗坛样并传法和上等像、外书等之目录。

《入唐新求圣教目录》。此录记圆仁于长安、五台山、扬州求得将来的经论、章疏、传记、曼陀罗、诸尊坛样、高僧真影、五台山土石等，典籍以密教关系者居多。

以上3部目录都是记录圆仁在唐求得的佛教典籍和其他物件的目录。值得注意的是这些目录虽然主要记载佛典，但还记载了"外书"的目录，即其他内容的书籍，是唐代图书外流的重要记录。这件《入唐新求圣教目录》记载所求经论念诵法门及章疏传记等，都计584部，802卷。胎藏金刚界两部大曼陀罗及诸尊坛像、舍利并高僧真像等，都计50种，为各种目录中记载种数最多者。

《惠运禅师将来教法目录》。此录是惠运于会昌二年（842）或自开成三年至大中元年入唐将来的以仪轨、陀罗尼为主之典籍目录。又有《惠运律师书目录》，为不同写本，并可参考。

《开元寺求得经疏记等目录》。圆珍于唐大中七年（853）至大中十二年（858）在福州开元寺等书写的经疏及其他经律论疏的目录。记载圆珍书目录的还有：《福州温州台州求得经律论疏记外书等目录》、《青莲寺求法目录》及《日本比丘圆珍入唐求法目录》，都是不同地方求得的经籍目录，或整理之目录。大中十二年六月八日圆珍乘船归国时，把求得之典籍、法具编了总目录，向台州刺使严修睦请验的清单。他回国后进呈太政大臣，故名曰《智证大师请来目录》，据此目记载"前后总计四百四十一本，一千卷。道具法物等，都计一十六事"。由此看来，圆珍所求书之数量为历来求法僧中最多者。

《新书写请来法门等目录》。宗叡自唐咸通三年（862）至咸通六年（865）入唐求法之目录，系密教关系之典籍、图像、道具为主。此目记录有134部143卷，一纸书十九张。

唐代佛教的兴盛，对于周边国家如日本的皇室及僧侣是有巨大的吸引力的。从以上所引将来目录、求法目录、携来目录的不同称呼，大致可以看出当时来到唐朝的僧人的不同目的。如最澄携带回的书籍称将来目录，他明显的是作为专门来唐的使者，故带回书籍主要是佛教典籍。再如空海携回的书籍比较集中的是所谓新译，即唐代僧人不空、般若等所译经、律、论、疏、章、传记并多种佛像法具。他们还带回大量的梵字佛经、梵汉佛经。空海曾言："释教者本乎印度，西域东垂，风范天隔，言语异楚夏之韵，文字非篆隶之体，是故待彼翻译乃酌清风，然犹真言幽邃，字字义深，随意改义赊切易谬，粗得仿佛不得清切，不是梵字长短难别，存源之意其在兹乎。"（《大正藏》第55卷）这就说明，他们携返日本的不仅有汉文经籍，还有梵字经籍，是留作备考的。作为一般求法僧人，是不会要这些种类的佛典的，而作为皇朝出使的求法僧，则自然收罗力求全面多样。

至于部分求法僧、还学僧，他们携回的经籍则多是在各地方搜求、抄写的，如圆仁等入唐后经扬州，又到长安，至五台山，从各地收集积累了大量经籍后返回日本。他到长安，求得经论章疏传等423部559卷，还有胎藏金刚二部大蔓荼罗及诸尊蔓荼罗坛像并道具等21件。在五台山，求得天台教迹及诸章疏传等34种37卷，并五台山土石等3件。在扬州，求得经论章疏传等128部198卷。胎藏金刚两部大蔓荼罗及所尊坛样、高僧真影及舍利等22件。如圆珍在中国到过福州、温州、台州等地，在他的求法目录里，有记载某经某物为福州开元寺舍与，某经某物为温州横阳县张德真宅求得，温州永嘉郡求得；而有些经籍则称从福州向温州海中写取，或从台州峤岭屈宗古宅写取，明显是通过向寺院、僧侣或藏经人士求得，或自己写抄积累下来的，最后这些经籍通过海路运回日本。

为了携回中土所译佛教典籍，这些来唐僧侣既表现出一种精神追求的顽强意志，也为完成如此重大的使命而自豪。求法僧最澄在《进官录上表》中称："最澄奉使求法，远寻灵踪,往登台岭,躬写教迹,所获经并疏及记等……"空海《上新请来经等目录表》亦谓:"空海以去延历二十三年,衔命留学之末,问津万里之外,其年腊月得到长安。二十四年二月十日,准敕配住西明寺。爰则周游诸寺,访择师依。……今则一百余部金刚乘教,两部大曼荼罗海会请来见到。虽云波涛浸漠风雨飘泊,越彼鲸海平达圣境,是则圣力之能说也。"(《大正藏》第55卷)

日本僧人留唐请经学法,回国后在日本佛教传播中产生了巨大影响。唐高宗时,智通入唐跟玄奘学法相,归国后为日本法相宗创始人。道慈于武则天时来长安学三论、法相,后为日本三论宗创始人。荣叡、普照开元时在唐求学,后邀请鉴真去日本,对中日文化交流作出了重大贡献。前面提到的编目录的日本僧人,其对日本宗教特别是佛典的传播是有着深远的影响的。

前面已经指出,隋唐时日本曾十数次派出使团到中国,以求友好交往及采集汉文典籍。此外,众多的僧侣,在中国求法学佛后,往往携带众多汉文典籍回日本。处于文化繁荣时期的唐代诗歌、小说和大量艺术品,也得以在日本流传,并直接影响日本文化艺术各领域。

试看留学唐代的日本僧侣携回的中国各类典籍。

据《日本国承和五年入唐求法目录》载,有《大唐新修定公卿士庶内族吉凶书仪》1卷、《开元诗格》1卷、《祗对义》1卷、《判一百条》1卷、《祝元膺诗集并序》1卷、《诗集》5卷、《法华二十八品七言诗集》1卷,共12部41卷。而承和七年之《慈觉大师在唐送进录》,则直接指明"外书"有《杭越寄和诗并序》1帖,《祗对义》1帖,《任民怨歌行》1帖(白居易)、《寒菊》1帖、《揽乐天书》1帖、《叹德文》1帖、《祝元膺诗》1帖、《杂诗》1帖、《前进士弛肩吾诗》1卷、《汉语长言》1卷、《波斯国人形》1卷,亦为14部14卷。承和十四年之《入唐新求圣教目录》有《百司举要》1卷、《两京新记》3卷、《五百字千字文》1卷、《皇帝拜南郊仪注》1卷、《丹凤楼赋》1卷以及《诗赋格》1卷、《碎金》1卷、《京兆府百姓素索徵上表论释教利害》1卷、《建帝幢论》1卷、《杭越唱和诗》1卷、《王建集》1卷、《进士章解集》1卷、《仆郡集》1卷、《庄翱集》1卷、《李张集》1卷、《杜员外集》2卷、《台山集》1卷、《杂诗》1卷、《白家诗集》6卷(《大正藏》第55卷)。

以上三件目录,都反映圆仁和尚到唐求得了除佛经以外的"外书"。承和是日本仁明天皇时的年号,约当于唐文宗大和年间,即838年(承和五年)至847年(承和十四年)间的搜寻所得,分几批返回日本后,由日本僧人或圆仁本人呈上的目录。从这批"外书"目录看,其主要特点是:①实用,即由唐代取得官吏可参考的各种官制、刑法、书仪的图书,如《判一百条》(称骆宾王作)、《祗对义》等;②学习参考。如出现《诗格》一类,都是为了提供一般士人学习唐诗所用的。当然,最大量的是文人诗文集,如个人诗集有王建、庄翱、祝元膺、弛肩吾以及杜甫、白居易等的诗集和总集,这都说明当时我国文学的广泛影响。

3. 中国图书在周边国家的流传

作为古代文献传播的途径,主要是通过文献载体的直接传播。所以,中国的周边国家如东边的高句丽、百济，以后统一的新罗，海上的日本，由于地理位置靠近中国，从陆路直达比较容易，都比较早地接受中国文化典籍，促进了两国的文化交流。

新罗灭高句丽、百济后，统一全半岛，对汉文化极为重视，采取的措施是派出使节向唐求文、购书，另外则直接派出人员到唐朝学习文化、进修佛学，引进礼仪制度。

648年，新罗派使赴唐。唐太宗将新撰《兵书》送给使者。686年，新罗曾派使节赴唐，求唐时诗文，唐皇武则天送给新罗50卷书籍。（《三国史记·新罗本纪》）

唐时文人张荐有文名，日本、新罗使至长安，"必出金宝购其文"（《新唐书·张荐传》）。白居易的诗文也受到新罗商人的重视，"居易于文章精切，然最工诗。……当时士人争传。鸡林行贾售其国相，率篇易一金"（《新唐书·白居易传》）。

从唐代直接学习文化，回国后建立政治制度、教育制度，进而创制文化典籍，实际上都离不开直接利用汉文典籍，因而也应看成典籍的交流。

唐建国后设立的大学，吸取了大量新罗、日本的留学生。如837年，在唐国学中修业的新罗学生达216名。（《唐会要》卷三六）840年，一次回国的学生与质子（宿卫）竟多达105名。（《旧唐书·新罗传》）这些留学生返回新罗，在政治思想、法律、教育方面也多方学习唐代，形成了利用中国图书进行学习和运用于实际的情况。如682年，新罗仿唐设立国学，讲授中国五经三史。747年，改为太学监，设博士助教讲授儒学，儒学以《论语》、《孝经》为必修，《周易》、《尚书》、《毛诗》、《礼记》、《春秋》、《左氏传》、《文选》为选修。而科举考试制度亦仿唐代制度，选定儒家经典作为选士之标准。①

唐代佛教对新罗影响巨大，这不仅表现在大量新罗僧侣到唐求法，参与佛事，加入译经行列，还表现在大量佛教典籍传入新罗。如新罗僧人圆测，627年赴唐，并从玄奘学法。676年，参与印度僧人地婆诃罗携来的18部34卷梵本佛经的汉译。693年，参加印度僧菩提流志携来的《普雨经》的汉译。695年，参加于阗僧实叉难陀携来的《华严经》的汉译。成为唐代有名僧人，并最终死于唐。又如新罗僧人慧超，723年入唐求法，并西行到印度求法，回到中国长安后，与金刚智共同研究《大乘瑜珈金刚性海曼珠实利千臂千钵大教王经》的汉译，最终死于唐。唐时新罗僧慈藏从唐取回《三藏》400余函，举国欢迎。僧侣实际上是中外文化交流的使者，他们的参与佛教典籍的访求、翻译、讲授，促进了佛教典籍的交流。在讲到新罗佛教传播事件中，还有一件印刷佛经的例证。1966年，在韩国的新罗旧都庆州佛国寺释迦塔内，发现了雕版汉译《天垢净光大陀罗尼经》。经专家鉴定，此件约为704—751年的印刷品。这一汉译佛经的雕板如果是新罗雕版的话，则证明了唐代印刷术已迅速传入新罗，新罗对唐代雕版印刷技术之应用非常迅速而且成绩很大；如果是唐代印刷品流传入新罗，那么，说明当时唐代与新罗的图书交流是相当多的。②

（原载于彭斐章主编：《中外图书交流史》第22～58页，湖南教育出版社，1998年）

---

① 此处引用了杨昭全著《中朝关系史论文集》（世界知识出版社，1988年）的资料。
② 对此件印刷品，张秀民认为"它是唐朝的东西，而不是新罗产品"（《中国印刷史》第34页，上海人民出版社，1989年）。

明代文学书籍的出版

明代是我国文学书籍出版的重要时期，文学书籍数量之大、品种之多，都超越前代。特别是对文学总集和别集的整理出版，文学种类中的小说、戏曲和民间文学的刻印，文学书籍刻印插图和版画，都使明代文学图书出版在中国出版史上占有重要地位。我们现在能够看到大量的古代文学典籍，不能不归功于明代图书出版界。

明代图书出版业继承元代发展的优势，并在此基础上有所提高。经过元末的激烈阶级斗争后，明初全国出现了一个统一的政治局面，这是十分有利于图书出版事业的。同时，明初的几代皇帝，如明太祖和成祖，尚能顾及图书文献的编辑和出版，所以，客观上为图书出版创造了一些条件。明中叶后，社会经济的迅速发展，城市经济的繁荣，市民阶层的增多，市民阶层要求图书的数量激增，而一些作家、戏剧家迎合了这种市民阶层的需要，加工整理话本和创作拟话本，编辑戏剧集，甚至编纂市民通俗书籍，使文学书籍的出版出现了新的面貌。文学图书的出版能做到继往开来，就能对文学发展起积极作用。因为对我国古典遗产的整理与继承，为当代作家提供了借鉴，而当代作家的创作，又必须通过图书出版进行传播，图书出版界及时出版文学著作，一方面满足了读者需要，另一方面也进一步促进了文学创作的繁荣。我们说，明代文学书籍的出版成就最大、贡献最大，不仅是从提供我们后代的出版物数量最多而言，还包括文学图书的出版在促进文学艺术的发展中的地位和作用。

粗略地把明代文学书籍的出版划分几个阶段，大致是明初、明中叶、明末三个时期。这些不同时期代表着各种不同特点的发展、图书品种的变化以及印刷方法的进步和提高。

第一个时期大约从明太祖洪武以至孝宗弘治的 100 多年（1368—1505）。这一时期刻书基本沿袭元代风格，出版者由元代的官刻、坊刻较多而改为官刻较多，较有名。明初书籍的官刻本主要有经厂本和南北监本，经厂和国子监这些官方机关供应宫廷用书，所以刻印经史读本和国家政令典制书籍，既不屑顾及文学书籍，而且也为宫廷所不容。南北监是当时政府的最高学府。南监在南京，为朱元璋时所集中刻印书籍的重要地方。当时朱元璋把各地从元代遗留的书版运至南京，保存于国子监，派专人管理，并利用这些书版翻印经史之类书籍，所以，质量是较高的。北监是北京国子监，主要翻刻当时南监的书籍，如《二十一史》等，但也翻刻《临川文集》、《淮海集》、《樊川集》、《楚辞》、《唐诗》。南北监的刻书虽然不是大量出版文学图书，但对以后文学图书的发展有影响。

官刻本中值得注意的是藩府刻本。明代诸藩王中有些好学的，曾编辑翻刻各种图书，其中有些对文学图书特别爱好，也刻了好些文学书籍。如明宁献王朱权的《太和正音谱》，就是一部研究我国戏剧史的重要著作。又如宣德间周藩刻《诚斋乐府》，成化间唐藩刻《文选》，中期嘉靖时蜀藩刻《栾城集》、徽藩刻《词林摘艳》等。当时藩王刻书多据朝廷所赐宋元旧刻翻雕，所以质量还是比较高的。

总的看来，明初图书出版中文学书籍的出版并不占重要地位。

第二个时期是明代武宗正德至穆宗隆庆的六七十年（约1506—1572）。这一时期文学书籍的出版在整个图书出版界占据着重要地位。当时，文坛上复古之风盛行，有前七子如李梦阳、何景明等，提倡"文必秦汉、诗必盛唐"；以后又有后七子，即李攀龙、王世贞等人，他们一次次地发动复古运动。他们既要复古，就要效法古人，所以，对于唐以前的文学总集、别集的出版非常重视，翻刻宋版文集视为风尚，各种文学的选本也相继出现。如李攀龙有《唐诗选》，是一个号召，以后关于唐代的文学书籍刻印甚多。《文选》在明代刻本就不少，如唐藩本、晋藩养德书院本、金台汪谅翻元本、汲古阁本等。而关于唐代诗歌的刻印，更是不乏其人。如选本就有《唐十子诗》14卷，明嘉靖刊本；《二十六家唐诗》，嘉靖黄贯曾刊本；《中唐十二家诗集》，嘉靖蒋孝思刊本；《十二家唐诗》，嘉靖黄㷆刊本；又有《唐百家诗》146卷。这些诗集的出版，说明了当时文学书籍的盛行。

小说、戏剧著作的大量出版，也是这一时期的显著特征。明代嘉靖以后，城市经济更加繁荣，工商业更加活跃，城市人口激增，市民阶层日益扩大，文化亦较普及。这样，由于他们对自己所喜爱的书籍要求迫切，不仅刺激了作家加工整理当时留传的宋元话本，而且逐步出版大部头小说，而至编刻小说、戏剧方面的总集、丛书，文学书籍出版呈现了一片空前繁荣的局面。

原来，宋元留传下来的话本都是单篇单行出版的，由于需要量的扩大，人们更要求有篇幅较多的话本集出现，所以，我们现在看到的《京本通俗小说》、《清平山堂话本》以至《熊龙峰小说四种》都相继出现了。大部头小说如《三国志演义》、《水浒传》也都在这一时期刻印。小说丛书如《顾氏文房小说》、《古今说海》等都刊印出版。明代陆容的《菽园杂记》曾说："宣德、正统间，书籍印版尚未广，今所在出版，日增月益，天下右文之象，愈隆于前已。但今士习浮靡，能刻正大古书以惠后学者少，所刻皆无益，令人可厌。"封建文人心目中的"无益"之书，正是为一般市民阶层所喜爱的通俗小说、戏曲、传奇等类书籍。

明代中期活字印刷是最活跃的时代，其中主要在江苏无锡等地较为流行，著名的华燧会通馆和华坚兰雪堂，还有安国桂坡馆，他们用铜活字等摆印了不少书籍，文学著作中的《渭南文集》、《白氏文集》等最有名。

第三个时期是从明神宗万历至毅宗崇祯的七十年（1573—1644），称为明末。

明末是明代文学书籍出版的重要时期，表现在当时刻印书籍非常盛行。一些士大夫以刻书为风尚，有的专门搜罗古籍秘本，校刻印行；有的则剪裁旧籍，汇编辑纂成大部头类书、丛书。每个出名的文人有自己的文集；就是没有名气的人，死后也有子孙给他刻印文集。所以，明末文集的刻印是很多的。《四库全书总目》指出集部书刻印"明万历以后，侩魁渔利，坊刻弥增，剽窃陈因，动成巨帙"，是说得对的。随着时间的推移，明代文人汇辑刻印的书籍，虽然质量较差，但为我们积累了文学典籍，提供了研究明代以前文学的各种文献，这种作用也是明显的。

明末大部头丛书和总集，主要内容是收集汉魏六朝和隋唐的诗文辞赋，比较著名的是唐诗的总集,如胡震亨的《唐音统签》,收集唐代诗人的诗篇编成1000多卷。此书为清编辑《全唐诗》一书积累了材料。汇刻诗人著作也不少,如万历后就有《十二家唐诗》,许自昌刻;《唐十二家名诗》,杨一统刻;《中唐诗晚唐诗》,贞隐堂刊本。毛晋汇刻各种诗人著作更多,满足了社会对唐代诗歌的要求。收集汉魏六朝文的有梅鼎祚的《历代文纪》,此书收集了从上古经两汉至三国魏晋南北朝各时期的文章;张溥编刻《汉魏六朝百三家集》,是汉魏六朝各家文集的汇辑,虽过于芜杂,但已是我们上古文学著作的主要参考书。此外,当时出版商还注意宋元以来的诗歌著作的出版。明潘是仁编,万历四十三年(1615)自刊的《宋元诗六十一种》273卷,又毛晋编刊《元人集十种》53卷,都可补宋元一段时间文学书籍的不足。

戏曲小说书籍的大量出版是明末图书出版的重要成绩。当时南京、北京、杭州、福建等出版中心,有为数众多的书坊,而且有专门出版文学书籍的书坊。万历以后,福建建阳书坊如熊大木熊龙峰的忠正堂、杨氏清白堂,书林杨敏斋、刘求茂、刘龙田等,特别是余氏双峰堂,都迎合社会上市民读者喜欢戏曲、小说和通俗文学的要求,刻印很多文学书籍。就全国而言,建安余氏双峰堂、杭州容与堂都曾刊印精图小说,金陵唐氏富春堂、陈氏继志斋,则以刊印插图戏曲著名,以上四家书坊无异于文学书籍专门出版商。苏州的冯梦龙,是作家兼出版者,他把毕生的大部分精力用在搜集、整理和介绍民间文学和通俗文学上,除《三言》的编辑和加工外,他还改订《东周列国志》、《平妖传》及《墨憨斋定本传奇》14种(其中二种是冯氏自作的)。吴兴凌濛初则是拟话本创作的名家,他创作《二拍》虽是为了牟利,但刻印精美,亦是明末文学书籍的佼佼者。据胡士莹先生的统计,这一段时间出版话本集很多,现存达六十余种之多,由此可见当时文学书籍出版之繁荣。

书坊为了牟利,千方百计在书籍装帧插图上下工夫,用以吸引读者。所以当时文学书籍很多富有精美的插图。如明版《三国志演义》有240幅精美、生动的插图,《水浒传》的插图也有200多幅。这些小说戏剧作品附有插图,不仅提高了作品的艺术性,而且有利于文学作品的普及,使得文学作品可以更广泛地流传。

明末文学著作还有一种批注本。原来当时一些作家如李卓吾、冯梦龙等,都喜欢通过批注文学作品,一方面借以阐发自己的文学主张和见解,另一方面也利于文学创作和文艺学习,因为通过评点可指出创作意图和表现手法。这些评点批注的文学作品或文学著作,通过像吴兴凌、闵二家的套色印刷,黑白分明,满纸丹黄,便于阅读和欣赏,很受读者的欢迎。

综上所述,明代文学著作和作品的出版,确是获得了全面的、突出的成就,为我们留下了宝贵的文学遗产。同时,明代文学书籍出版的技术和风格,也有力地推动了清代的图书出版事业。

明代胡应麟曾说:"今海内书,凡聚之地有四:燕市也,金陵也,阊阖也,临安也。闽、楚、滇、黔,则余间得其梓。秦、晋、川、洛,则余时友其人,穷诹历阅,大概非四方比矣!"胡的说法,大致符合明代各地书籍出版的情况。明代两都,即北京和金陵,当时是全国性的书籍市场,江浙的苏州、杭州是明代江南出版业比较集中的城市,因为社会经济的发展,政治的、文化的因素,直接影响图书出版业。胡应麟在比较宋元和明代出版情况时,曾说:"凡刻之地有三,吴也,越也,闽也。蜀本,宋最称善,近世甚希。燕、粤、秦、楚,今皆有刻,类自可观,而不若三方之盛。其精,吴为最,其多,闽为最,越皆次之。"所以,从全国各省情况分析,江苏、浙江、福建刻书最多,北京、广东、陕西和湖北亦有刻书。现据当时各省刻印文学书籍情况分述如下。

江苏刻印文学书籍主要集中在南京、苏州、无锡、常熟等地,而以南京刻书最多。明太祖建都南京,集中江苏和附近各省刻工,建立庞大的刻书机构,所以,当时监本是十分有名的。明代中期以后,江南文学家活动较多集中于南京,故文学著作在南京刻印不少。万历以后,金陵刻书更盛极一时,当时湖州、歙县等地刻书事业发展,一些刻工流入金陵,把刻印文学书籍的插图、版画推向高潮,而各地书业的发展也促进了金陵书市的繁荣。"吴会、金陵,擅名文献,刻本至多。巨帙类书,咸会萃焉。海内商贾所资,二方十七,闽中十三,燕、越弗与也。"说明了这些情况。南京刻书的书坊很多,刻印文学书籍著名的有富春堂、文林阁、广庆堂、世德堂、继志斋、大业堂、万卷楼、长春堂、师检堂、人瑞堂等,他们以刻印戏曲小说和民间应用类书互相标榜,这是因为他们比一般刻书家更了解市民需要,深知那些用通俗语言写成的白话小说,是群众喜闻乐见的文化必需品。金陵唐氏富春堂、陈氏继志斋,以刊印插图戏曲著名。万历初年,富春堂刻印《新刻出像增补搜神记六卷》,《新镌增补全像评林列女传八卷》、《新刻出像音注花蓝南调西厢记二卷》、《新刻出像音注岳飞破虏东窗记二卷》。此外,还刻有演述范雎、须贾故事的戏曲《绨袍记》和演述刘知远李三娘故事的诸宫调《白兔记》。富春堂共刻书100多种,质量最高的数戏曲小说类文学书籍,书籍附有插图,相当精美。版式与众不同,均是回文拦,并改变以前流行的上图下文的二节版,变成半幅或整幅图,构图以大型人物为主,深受读者欢迎。金陵书坊继志斋,主人陈大来,万历间刻印《新刻出像音释点板东方朔偷桃记二卷》、《重校十无端巧合红蕖记二卷》、《重校旗亭记二卷》、《重校侠义记二卷》,又刻有《新镌半夜雷轰荐福碑》等。明中叶后,南京不仅是文学书籍的重要出版地点,也是全国性的书籍市场。

明代江苏苏州刻书也是很有名的。如明中叶陆元大刻《花间集十卷》,据宋绍兴十八年建康郡斋本翻雕。还刻有陆机、陆云的《二俊集》,李白的《李翰林集》,质量都很高。袁褧嘉趣堂刻书多且精,如所刻大字本《六臣注文选》、《世说新语》、《金声玉振集》等。沈与文野竹斋刻《韩诗外传》、《唐荆川集》、《诗品》等。又有黄贯曾刻《唐诗二十六家》,收李峤、苏颋、虞世南等26人诗集,所选大多二三流作家,有另辟一途、以广推销的意图。此外,还有徐时泰东雅堂刻的《韩昌黎集》,郭云鹏济美堂刻《柳河东集》,合称"韩柳文",都是影刻宋末廖莹中世采堂本韩柳集,是很为藏书家所喜爱的。济美堂还刻有《李太白诗集》、《曹子建集》、《欧阳先生文粹》等书,也是世人所称道之家刻精品。明末苏州冯梦龙是一位著名的文学著作编纂家,他一生编纂的文学著作集很多,最著名的是编选改订的"三言"(《喻世明言》、《警世通言》、《醒世恒言》)和《新列国志》、《平妖传》等,这是属于话本类的书;又有《挂枝儿》、《山歌》,是属于民歌类的书;还有创作和改编明代流行之传奇类书籍。冯梦龙的编辑出版文学创作集,是有书坊商人为其后盾的,他编辑的书籍,给书商出版,而且还主动要书商刻印其他文学著作。当时苏州的书坊不下几十家,他们除了大量刻印士人所需的经史子集类书籍，还迎合市民需要，大量刻印市民所需之话本小说，戏曲和通俗读物，所以，书商牟利和作家的编辑活动，一起推动着当时的文学书籍的出版。

无锡以铜活字印书著名，如华珵用铜活字排印宋代诗人陆放翁的《渭南文集》、《剑南诗稿》，深得当时文人的赞扬。华珵的侄子华燧的会通馆排印《容斋五笔》、《文苑英华纂要》等书，而华坚的兰雪堂排印个人文集较多，如唐代类书《艺文类聚》、汉蔡邕的《蔡中郎集》、唐白居易的《白氏文集》、元稹的《元氏长庆集》等。安国的安氏馆（亦有用安桂坡馆）排印有《初学记》、《颜鲁公文集》，还有《魏鹤山集》、《石田诗选》。此外，无锡还有顾起经、顾起纶兄弟的奇字斋，亦刻有《王右丞集》，此集不下五六百叶，如两叶一板，有300多片，但所用刻工多至24人，用了五个半月的时间，可谓工细而慎重了。无锡还有顾元庆刻《顾氏文房小说》、《四十家小说》，对小说的汇集和流传，也是贡献不小的。

苏州刻书还发展到县镇，如明末常熟汲古阁之毛晋，是最有名的文学书籍出版商。据说毛晋刻书的工场规模很大，藏书楼称汲古阁，阁后有楼九间，多藏书板，楼下两廊及前后，俱为刻字工人居住。其子扆曾称："吾家当日有印书作，聚印匠二十人，刷印经籍。"毛晋亦谓其家有书板已逾10万，可见其刻书之多。现可看到，毛氏刻唐人著作集有《三唐人集》、《四唐人集》、《五唐人集》、《六唐人集》，又有《唐人八家诗》、《唐三高僧诗集》、《唐人选唐诗八种》，宋人集有《苏门六君子集》，元人集有《元人十种诗》、《元四大家诗集》。刻印的文学总集有《文选李注》、《六十名家词》、《六十种曲》等。代人刻印的大部头文学总集有代张溥刻《汉魏六朝百三名家集》，代张潜刻《苏门六君子文粹》，代冯班刻《冯定远全集》，代钱谦益刻《历朝诗集》等等。这说明毛晋对文学书籍的刻印和流传是卓有贡献的。他的刻书一般多据流传宋元本刻印，故接近书籍原来面目。毛氏对文学书籍的汇辑成绩也是不可磨灭的，如刻印《津逮秘书》，多收宋元说部书；刻印《六十种曲》，主要收集明代流传的传奇作品；刻印《六十名家词》，选印《词苑英华》，则在词集的流传上起了很大的作用；汇刻的多种唐人集，更有着保存文献的功绩。

除江苏各地刻书比较兴盛外，东南各地以浙江的杭州、吴兴两地出版事业较发达。杭州在宋元时曾出版过不少文学书籍，明代出版事业已有所衰落。但因其地理位置的缘故，"楚、蜀、交、广，便道所携，时得所异。关、洛、燕、秦，仕宦橐装所挟，往往寄鬻市中"，书市比较发达，出版商亦不少。据知杭州书坊杨尔曾刻有《新镌东西晋演义十二卷》，50回，书前附有插图，刻印俱精。藏珠馆刻有《新刊徐文长先生评唐传演义八卷》。比较著名的容与堂，刻印戏曲小说很多，如万历刻《李卓吾先生批评红拂记》，又刻《李卓吾先生评忠义水浒传一百卷》，100回，刻印俱精。洪楩的清平山堂，刻有《清平山堂话本》、《唐诗纪事》等书，特别为我们保留了很多宋元白话小说，为研究小说史积累了宝贵的文献。浙江的吴兴有凌、闵二家，他们都以套印刻书著名。如闵氏刻《文心雕龙》、《世说新语》，是四色套板，又刻《孟子》、《楚辞》、《战国策》、《杜子美七言诗》等是三色套板。套色板是分别刻一书的正文、评点、批注等各种板子，分别着色套印，最后印出的版面上，往往正文黑色，批注红色，评点绿色等，琳琅满目，醒目易读。凌家则以凌濛初编写《初刻拍案惊奇》、《二刻拍案惊奇》较著名，在通俗小说的流传上是有贡献的。

明代福建书坊仍然集中在建阳，该地承宋元代刻书传统，对刻印文学书籍也是卓有贡献的，特别对长篇章回小说的刻印，较之南京、杭州等地来得方便，故明代长篇章回小说往往赖福建书坊刻印和流传。章回小说导源于说话唱本，缀演增补，使其成为演义。这一工作是书坊所能胜任的，有些是书坊主人自编，有些是书坊主人请作家编辑，他们互相配合，推动着文学书籍出版事业的发展。如建阳书坊忠正堂主人熊大木，是一个文学书籍的编刊者。他编印了不少小说，如《全汉志传》、《唐书志传》、《大宋中兴通俗演义》等。建安的余氏双峰堂，刻印《新刊京本编集二十四帝通俗演义西汉志传》等小说，也颇有名。此外，福建还有其他书坊如杨敏斋、刘求茂、刘龙田、郑以桢、占秀闽等家，也刻印不少戏曲小说书籍。那时有一种风气，某一小说刻成后，各书坊争相仿效，只是加以少量删节增补，改头换面出版，现在《水浒传》等版本之复杂正是这些原因造成的，如《三国志》福建刻本就有刘龙田、余象斗、黄正甫等多家。《西厢记》的刻本也很多。福建书坊刻书还有一个特点，戏曲小说等书籍往往加插图，甚至一个回目附一插图，有些则是上图下文，便于在市场推广，加速文学书籍的流传，同时也有力地促进了我国绘画艺术的发展。

明代北京是明王朝的京城，虽然出版事业不算发达，但其书市在全国是很重要的。胡应麟曾谓"燕中刻本自希。然海内舟车辐辏，篚筐走趋，巨贾所携，故家之蓄，错出其间，故称盛于他处"。但北京既是文化人士汇集之地，自然对文学书籍需求迫切，而市民阶层对通俗文学书籍之需求更是迫切的。如明中叶成化刊本说唱词话中，就有讲史类、公案类多种唱本。据记载北京书坊有很多家，如岳氏书坊、汪氏书肆、叶氏书铺等，刻印较多文学书籍。如岳氏书坊在弘治十一年（1498）刻《新刊大字魁本全像参增奇妙注释西厢记》，是传世《西厢记》最早的本子。汪氏书肆刻过《文选注》以及杜诗、苏诗等。

综上所述，明代对文学书籍的出版贡献是多方面的。如对文学总集的汇刻，在继承宋元文集的成果上，加以编辑汇刻成系统的、专题的、综合的、分体的各种总集，为我们保留了不少文学文献。此外，在戏曲小说等书籍的刻印上也超越前代，这方面的贡献也是不可磨灭的。与此同时，盛行文学书籍的插图和版画艺术，为文学书籍增添了新的光彩，在文学的普及上是非常有益的。所有这些，都说明对明代刻印的文学书籍，不能以清代士大夫讲求宋元秘籍、菲薄明代版刻的观点来对待，应该实事求是地分析其优劣。只有这样，才是符合客观实际的。

（原载于《图书情报知识》1980年第2期、1981年第1期）

清代刻书、藏书与文学

清代文学书籍的出版与流传,在继承明代出版业的优良传统上,更有多方面的扩大与提高,故对中国文学遗产的继承和发扬,不仅积累了大量的典籍,而且也为文化发展和社会进步作出新的贡献。

清代刻书的成就是多方面的。① 就文学著作而言,仅就对历代诗文总集、丛书的编辑与出版,对前代文集、诗集的整理、校勘、注释、解说和通俗读本之编印,当代文人诗文集的及时汇集、整理与编印,都做出了巨大的成绩。至于戏剧、小说、民间文学的抄写、刻印、翻译、传播,更是不遗余力,繁荣昌盛。王绍曾先生主持编辑的《清史稿艺文志拾遗》(中华书局,以下简称《拾遗》),主要编辑目的是增补《清史稿艺文志》和《清史稿艺文志补编》之缺失,更全面地反映清代著述的状况。其全目共著录清人著述54880部,375710卷,不分卷10888部,较之《清史稿艺文志》和《补编》两目,几增加著录数目5倍。我们这里主要对《拾遗》的集部作些分析,《拾遗》中集部分成总类、楚辞、别集、总集、词类、戏曲、弹词鼓词、宝卷、小说、文评类,基本上接近现在的文学分类类别。其分类统计如下:

总　类	33 部,513 卷	不分卷 1 部
楚辞类	53 部,137 卷	不分卷 13 部
别集类(细分时代)	14232 部,48914 卷	不分卷 1218 部
总集类	2141 部,22370 卷	不分卷 351 部
词　类	1502 部,3345 卷	不分卷 81 部
戏曲类	1633 部,1284 卷	不分卷 1115 部
弹词、鼓词类	773 部,3622 卷	不分卷 532 部
宝卷类	242 部,324 卷	不分卷 21 部
小说类(分创作、翻译二类)	1303 部,307 卷	不分卷 1065 部
文评类	623 部,2635 卷	不分卷 57 部

集部计 10 类 22535 部,83451 卷,不分卷 4354 部。这里当然不可能包括清代全部文学典籍的数目,因为目录中经、史、子和丛书四部中也有大量可编入文学类的著作(如子部小说家类就包含大量笔记小说),但就以上列举的清人著述中的集部一类,其数目实已远远超越前代(参见王绍曾:《清史艺文志拾遗·集部》,中华书局,2000 年)。

没有著作出版,不可能有藏书活动,丰富的藏书又是必要的出版资源。文学著作出版的及时,流传之广泛,必然影响着整个社会文化的普及和文献的积累。因此,清代私家藏书的发达也是超越前代的。现在要比较准确地说明清代有多少藏书家,着实是一件

---

① 这里包括雕版印书、活字印书和近代印刷技术出版的书籍。

不容易的事。清代藏书家遍布南北各地。宋以前北方藏书发达，宋元时南方藏书发展迅速，到明代时藏书家遍布各地。清代的情况如清中期藏书家孙庆增就说："大抵收藏书籍之家，惟吴中苏郡、虞山、昆山，浙中嘉湖杭宁绍最多。金陵、新安、宁国、安庆及河南、北直、山东、闽中、山西、关中、江西、湖广、蜀中亦不少藏书之家。"（孙庆增：《藏书纪要·鉴别》）藏书家多，藏书的品种和数量则远比前代为多，不仅有收藏繁富的所谓收藏家，也有边收藏典籍边编辑出版书籍的出版家，还出现了以收集前代文献为职志，或专门收集专题文献的藏书家。清初曹溶、钱谦益、朱彝尊等对明代文集的收集是很有特色的，顾嗣立对金元人文集的收集亦为众人称赞。晚清出现的四大藏书家，对文集兴趣颇高。藏书家对文学发展的影响是直接的、巨大的。一方面，藏书家积累、继承大量的历代文学典籍，传承和发展了中国文学的优良传统，特别是当官府藏书历经战乱、水火的浩劫，藏书散失和损毁，文学典籍必赖私家藏书家的传承；另一方面，文学的传播，在封建社会，主要靠抄写和印制，作为出版事业中有着特殊地位的私人藏书家，往往担负着汇集整理前代人著作，出版和传播当代人著作的重要任务。这样，藏书和出版互为支持，形成了清代文化事业的显著特色。清代文学的发展、出版业的繁荣和藏书家的兴盛，有着非常直接的关系，这是明显的事实。

一、清代内府整理编印文学总集、别集

清军入主中原以后，面对的是南方广大地区明代遗民的反抗、明军将领受降后的拥兵自重，所以，必然表现出政治上的高压、军事上的扫荡，加之文化上的禁锢，以巩固和维护其统治。故清初对书籍编印出版多有限制，其禁例之严是相当突出的。到康熙中期以后，随着政局的稳定，经济的逐步恢复，文化上相应有了一定的建设。康熙、雍正、乾隆三朝，官府集中力量，对前代典籍作了大规模的搜集、整理、编纂、印刷的运作，产生了大量的御选、御定的文学总集，对古典文献作了一次清理。同时，组织大量人力编撰《古今图书集成》、《四库全书》等类书、丛书，使文学典籍得到搜集、整理和汇集，一定程度上保存了大量文献。至于汇集皇帝的个人文集、诗集，更是详尽无遗。这些文学著作由内廷组织刻印、排印或托外地刻印、排印，刻印精美、装饰华丽，有些保存于内廷，有些颁赐各地官学、书院，流传相当广泛。特别至清代后期，南方开始组织官书局，推广到各省，也刻印重要典籍，更使一些文学著作得以传播。官书局的出版物在古典文学书籍的市场份额上，是有相当地位的。

发达的官府藏书，也使清代在文学典籍的保存和流传上发挥重要作用。清内廷乾清宫的"天禄琳琅"，保存《四库全书》的文渊阁、文源阁、文津阁、文溯阁和江南三阁，以及翰林院等，完整地保存了从全国各地收集到的诗文集，从历代类书中辑存的宋元秘籍，实际上了就是完成了古典文学遗产保存的任务，让中国传统文化得以继承和发展，这也是我们研究清代文学典籍的状况时应该注意到的。

1. 内廷编刻文学著作集

傅增湘比较明清两代刻书的发展，认为清代刻书特别是内廷刻书成绩很大。他说：

"余尝谓有清一代,文治之盛,远迈前古,即以刻书言之,亦迥非明代所能几及。……至圣祖御极,研精性理,博综词章,旁涉天文、历算、格致、物理,靡不贯通。凡纂修编订之役,皆妙选儒臣,专领其事,一时鸿才硕彦,若李光地、徐乾学、王鸿绪、熊赐履诸人,各用其所学,勒成简编,而缮手剞工,亦精妙独绝。"(《故宫殿本书库目题辞》,傅增湘:《藏园群书题记》,上海古籍出版社,1989 年)至于内库书籍,他称乾隆时最为发达,大致有三类:一为写本,如御制诗文;二为活字本,如乾隆时之聚珍版丛书;三为刊本,如武英殿刻本、扬州诗局本、袖珍本等。到了道光咸丰以后,内廷刻印书籍逐步冷落。

内廷编刻一些文学总集、别集,最初是出于保存性目的出发的,如一些御制文集之类。随后,则逐步扩大到编制文学总集,或综合,或专题,有些是通记整代文献,有些则是推荐某类、某种文献。可以说,内廷编刻的文学典籍已经形成系统,成绩相当可观。

保存性文学总集,大多是历代君王的诗文作品,如康熙帝《御制文集》40 卷,收康熙元年(1662)至二十二年(1683)的各种文件批示的文字及诗赋;康熙帝《御制文二集》50 卷,收康熙二十二年(1683)至康熙三十九年(1700)所作诗文;康熙帝《御制文三集》50 卷,则收康熙四十年(1701)至五十年(1711)所作诗文。康熙帝《御制文四集》36 卷,则是雍正时收集康熙五十一年(1712)以后康熙所作诗文、杂著。这些文集大量是敕谕等公文批件文字,从保存文献的角度,是有重要参考价值的。

另外一种情况,从当时编集刻印目的看也是纯粹保存性质的。《国朝宫史》和《续编》记载,① 乾隆帝弘历有《御制文初集》30 卷,收文 570 余篇;《二集》44 卷,收文达 410 余篇;《三集》16 卷,收文 100 余篇。自认为作诗最多的弘历,有乾隆《御制诗初集》48 卷,收乾隆元年(1736)至乾隆十二年(1747)时所作诗;乾隆《御制诗二集》100 卷,收乾隆十三年(1748)至乾隆二十四年(1759)所作诗。乾隆《御制诗三集》112 卷,收乾隆二十五年(1760)至乾隆三十六年(1771)所作诗;乾隆《御制诗四集》120 卷,收乾隆三十七年(1772)至乾隆四十八年(1783)所作诗;《御制诗五集》100 卷,收乾隆四十九年(1784)至乾隆六十年(1795)所作诗。此外还有《诗文余集》22 卷,有文 2 卷,诗 20 卷。乾隆自称所作诗总数达 41800 首,超过白居易、陆游,甚至可与《全唐诗》所收 48000 多首不相上下。但是,历史自有公论,社会鉴别是最为准确的,弘历所作诗歌,在社会生活中,其影响是微乎其微的。此后,历朝此例沿袭下来,故以后帝王均有文集、诗集的编印。

清廷编刻的文学总集、别集,最值得称道的是组织力量整理前代遗留的文学典籍,如从《永乐大典》等类书中辑出已经散佚的文集,并广为刻印流传,甚至专门组成文学典籍整理的机构如《全唐诗》、《全唐文》的编辑机构,或由翰林院等专事编辑事务。故清代出现一批以保存文献为目的的重要总集和作家诗、文别集,有些单行印刷,有些则编入丛书中,为千秋万代文化传承作出了贡献。

清代内廷编撰的比较有影响的诗文总集有康熙二十四年(1685)内廷编的《古文

---

① 《国朝宫史》、《国朝宫史续编》,各集所收诗与弘历《鉴始斋题句》所说微有不同。

渊鉴》64卷，此书虽称御选，实由内阁学士徐乾学等所编。究其编撰意图，在于提供一种古文范本，康熙在为此书所作序中称："朕留心典籍，因取古今之文，自春秋以迄于宋，择其诗义精纯可以鼓吹六经者，汇为正集。即间有瑰丽之篇，要皆归于古雅，其绮章绣制，弗能尽载者，则列之别集。旁采诸子，录其要论，以为外集。"（《国朝宫史·书籍十二》）按这种考虑，再加上正文外还有补充注释，往往就提供出一种标准文章选集。故《四库全书总目》评论该书是"词类之金桴，儒林之玉律"。正是出于提供范本的目的，选本的编辑是不停顿的，如康熙四十五年刻的《御定佩文斋咏物诗》486卷。刻于康熙四十六年的《御选唐诗》32卷、附录3卷。到了乾隆时，更有《御选唐宋文醇》58卷，《御选唐宋诗醇》47卷等。

　　清代内廷编撰的文学总集，尤以保存文献为主的大部头集子为著。康熙四十四年（1705）春，康熙命曹寅等于扬州组织《全唐诗》编撰机构，利用明胡震亨所编唐诗汇编本和季振宜新编唐诗辑本为基础，经过一年多的时间，于康熙四十五年（1706）十月编成了基本上收集唐代流传下来的诗歌48900多首，共收集诗人2200余，并附以小传的《全唐诗》900卷。这部书包括唐代还涉及五代各个诗歌种类，作者涉及帝王将相、各代各家以至名媛、僧道诸色人等，应该说是唐诗从流传至清代保存、整理上的一次总结，同时也为唐诗研究与普及作出杰出贡献。《四库全书总目》在评论此书时称："义例乃极谨严，至于字句之异同，篇章之互见，根据诸本，一一校注，尤为周密。得此一编，而唐诗之源流正变，始末厘然。"（《四库全书总目·集部·总集类五·全唐诗提要》）虽然《全唐诗》的错误缺失是存在的，但《全唐诗》保存唐诗文献的价值是不容置疑的。除了《全唐诗》的编撰外，康熙年间，还辑纂了大量各代各体文学文献的大部头总集。《历代赋汇》140卷，外集20卷，选句2卷，补遗22卷，康熙四十五年（1706）编定。《四库全书总目》称此书"上起周末，下讫明季，以有关经济学问等为正集。分三十类，计三千四百十二篇。其劳人思妇，哀怨穷愁，畸士幽人，放言任达者，别为外集，分八类，计四百二十三篇。"（《四库全书总目·集部·总集类五·历代赋汇提要》）又加上其他片语单词者编为逸类。这就是说，此书编辑上完全是从赋这种文体的沿革和影响出发，企图集中此体于一编。此外还有《御定历代诗余》120卷，康熙四十六年（1707）编定。此书收录唐代至明代1540调9000余首词，共100卷，另附词人姓氏10卷，词话10卷。虽不能说完备，但大致从此可看出词风之演变，而历代精华之作基本具备。

　　此外，清内廷还辑录了若干的诗词总集，如收集清代前少数民族建国的各种诗歌，如《御定全金诗》74卷，康熙五十年编定，收诗1900余首，共有作者240余人，可视为金朝诗歌之较为完备者。又有《御定四朝诗》312卷，康熙四十八年（1709）编定。此书共收宋诗78卷，金诗25卷，元诗81卷、明诗128卷，收入共700多年中5000多人的诗作。编者本意可能在于把诗歌从唐代后的发展作一清理，对于读书来说，可"沿波以得奇，于诗家正变源流，亦一一识其门径"。但是，我们更看重的在于此书汇辑了部分金元两朝诗歌，这对于中国文学发展中少数民族文学遗产的清理提供了一定的参考。

　　嘉庆十三年（1808）至嘉庆十九年（1814），内廷又沿袭前代故事，组织编撰了

《全唐文》1000 卷。此书收集唐代（包括五代）作者 3042 位，18488 篇作品。这部总集从书名上也可看出，是承继康熙《全唐诗》的传统而作的。其主要特点在"全"上是很突出的，此外，并注意对作品的校勘整理，为后人提供了一部比较完全的唐代文章总集。虽然，该书也存在遗漏和缺失，但仍然是一部值得重视的总集。

2. 朝廷辑印前代作家作品集

傅增湘称内廷编制书籍，"其源实肇于康熙，至乾隆而遂臻于极盛。虽时挟雄猜之见，肆其抑扬褒贬，以钤制人心，于后代不无遗议。然其规制之崇闳，志力之伟异，未始非数百年来文学昌隆之极轨也。"（《故宫殿本书库目录题辞》）傅的分析是符合事实的。正是因为经过康雍朝之积累，乾隆时所谓"文治武功"达到极盛，其中最值得称道的则是《四库全书》的编撰。与此同时，武英殿作为编制书籍的机构，也因有众多文人学士主持，充足的经费支持，丰富的稿本印本资源，以及专人管理，使刻书印书数量超越前代。

康熙十九年（1680），内廷设立修书处，掌管刊印装潢书籍，因处于武英殿左右廊房，后武英殿成为内廷编刊书籍重要之所，故所刻印本称殿本。武英殿刊有多种御纂、御选、御定、钦定诸书，其实称御选、御定等，大多为诸臣工所编辑、汇纂。

武英殿刻书印书大规模运作，是在乾隆修撰《四库全书》时期。本来，在开始辑出《永乐大典》佚书时，曾提出将其中辑出各书按应刊、应抄、应删三项处理，因此，各种辑本出来后经过勘定，即由武英殿次第刊刻。但四库全书馆、军机处也发现从各地征集、收缴和购置的大量书籍中，也有所谓可以"嘉惠士林"、"启牖后学"的书籍，或是流传极少的珍本秘籍，应予刊刻印刷以广流传。因此，乾隆令金简等办理，金简等运用活字摆印，达到既省工又省费的目的。乾隆特将活字摆印之书称为聚珍版。"武英殿聚珍版"刊印由内廷辑出的诸书，如从《永乐大典》中辑出之唐人文集有张说《张燕公集》、颜真卿《颜文忠公集》，宋人文集有赵湘《南阳集》、宋庠《宋元宪集》、宋祁《宋景文集》等。宋氏兄弟二集乾隆帝甚至写诗题词，称二书"佚之于七百余年之前，而完之于三百年之后"（《宋景文集题诗序》,《国朝宫史续编·书籍四·宋元宪集》，北京古籍出版社，1994 年）。又如宋人刘敞《公是集》、刘攽《彭城集》，也是从《永乐大典》辑出，无论从篇章数量到内容完整来说，都是最为完善的。如果从"武英殿聚珍版"这套丛书的集部新刊来说，应该是值得重视的本子。据统计，该丛书集部收唐人集 2 种，宋人集 30 种，此外还有数种诗话等诗文评著作，都是流行极少，或篇章内容上比较完备的集子。

此后，为了扩大流通，武英殿聚珍版本又有江西本、福建本、广东版等之称，这些地方版往往补充数种著作，故聚珍版书有数量差异之情况。如刘敞、刘攽之集子，就有福建本、广东本之流传，这种做法是相当有影响的。

3.《四库全书》保存文学典籍

乾隆三十七年（1772）开始征集图书，稍后乾隆接受朝臣建议，从《永乐大典》等前代典籍中辑出图书，从全国各省征集图书，并全面清理内廷所藏图书，网罗国内专家学者，组织了四库全书馆，开始了所谓"搜罗遗籍、包罗古今"的丛书编纂。经过十几年努力，最终编成一部汇集 3461 种著作，卷数达 79309 卷的丛书，即《四库全书》。(《四库全书总目·出版说明》，中华书局，1965 年) 这部书网罗古今文化遗产，汇集了全国公私藏书精华，自然是中国古代以来至清初各门各类著作的宝库。因此，我们从《四库全书》中保存大量文学著作这点看，说《四库全书》是中国文学宝库的重要组成部分，也是可以接受的。

以集部为例，《四库全书》集部类类序堪称一部文学发展的简略史，它指出集部类之起源、演变。特别区分别集之种类，也说明集部各种著作之弊病。至于区分小类的楚辞、别集、总集、诗文评、词曲五类，也各有小序，即"辨章学术、考镜源流"传统的充分体现。为说明《四库全书》集部收书之实际情况，我们以郭伯恭《四库全书纂修考》一书所统计为例，以说明该丛书中所收集部图书之价值。

郭伯恭认为《四库全书》收书有 3470 部，79018 卷。他分析说集部楚辞类收书 6 部，65 卷，别集类收集汉至五代作家集 111 种，1518 卷；北宋建隆至靖康作家集 122 种，3381 卷；南宋建炎至德祐作家集 277 种，4978 卷；金元作家集 175 种，2112 卷；明洪武至崇祯作家集 238 种，4207 卷；清代作家集 42 种，1799 卷。总集类作品共 165 种，9947 卷。诗文评作品 64 种，731 卷。词曲类共分词集、词选、词话、词谱词韵和南北曲五小类，共有 81 种，473 卷。以上只就收入《四库全书》集部书统计，即达 1281 种，29211 卷。集部种数约占全书总种数的 1/3 强，集部卷数也占全书总卷数的相当分量。① 如果加上《四库全书》其他类里收的文学著作，如经部类的、子部类的，那么《四库全书》保存下的文学著作之数量是相当可观的。因为《四库全书》抄成七份，分藏南北七阁，客观上保存了我国文学遗产，扩大了文学典籍的传播。

收入《四库全书荟要》集部的，亦有大量文学类著述，从保存的价值上看，尤多善本精本为多，《四库全书荟要》有两部分藏于宫内，这也可看成典籍保存的举动。

二、清代私家藏书兴盛与文学典籍的整理出版

清代私家藏书就数量而言，当推各代之首。就质量而言，更集中了中国古代典籍的大成。可以称之为我国封建社会私家藏书发展最高峰时期。究其原因，可以从多方面进行分析。首先，从文献积累规律看，历史发展时期越长，文献积累必然越来越多。清代是我国最后一个封建王朝，中国历史上不同时期、不同文字、不同民族文献的沉积非常丰厚，毫无疑问，担当封建社会文化继承与发展的私家藏书，必然积累了丰富多样的文献。其次，作为传承文化的各种载体的保存与传播者——藏书机构，封建社会有官府的，有私人的，也有社团的、宗教的各种机构。但是，封建社会统治者出于垄断文化的目的，官府所设文献保存机构往往不是集中于一地，就是单独存于宫室，社会文化传播的任务只有分散于各地的大量私家藏书和书院藏书担当。在印刷出版事业发达的清代，

---

① 郭伯恭：《四库全书纂修考》，上海书店出版社，1992 年重印本。集部各类是原作统计的，集部书共有部数和卷数是笔者统计的。

一部分藏书家实际上又是出版家，因为只有丰富藏书才能做好书籍出版工作，这样，在某些地方出现出版家和藏书家林立的局面。

当然，从学术发达的角度，也可看出清代私家藏书超越前代。清初学风崇尚明末清初启蒙思想家所主张的"经世致用"之学，如清初顾炎武、黄宗羲、王夫之等对程朱理学的批判，确实开一代风气。但是，由于清王朝对程朱理学的提倡，并鉴于文化压制的影响，部分学者研究重点移向考据、训诂、音韵之学，"汉学"得以兴盛。戴震、惠栋、钱大昕等支派繁衍，经学、史学、小学、子学、地理、金石诸学科得到长足发展，目录、版本、校勘、辨伪、辑佚、编纂、考证等专门学问全面开展，硕果累累。治学必须博览群书，读书就要广收典籍，要做好版本考证、文字异同、篇章分合的准备工作，最终才能探求内容真谛。一般学者都要藏书，并要求藏书内容广博、版本多样，以至亲自校勘文字、鉴定版本、著录编目，以保证学术之研究。这样，东南沿海江苏、浙江、福建等地，民间藏书家辈出，更因明清政治中心逐步转移北方，所以直隶（今河北）、山东、山西等地，藏书家也很多，就是中原、西南各地，也普遍出现藏书名家。

正如前所述，清廷不断地做了古典文献的整理与总结的工作，这种所谓"搜罗遗籍"、"包罗古今"的工作也直接影响了清代藏书家的藏书活动。因此，清代私家藏书对中国古典文学文献清理做了繁重而细致的工作，不仅收罗、辑佚了部分不见流传的文学典籍，而且花大力气对唐宋等朝文学名著作了注释、补充、调整、辨证的研究。此外，更因市场的迫切需求，出版技术的改进与提高，清人文集、诗集得以广泛出版和传播，古典文学的总集、选本得以普遍传播。

1. 清代学者对前代诗文集的整理

梁启超称清代学者整理旧举之总成绩中有一项校注古籍，他举的成果大多为经书或子书。实际上运用校勘学方法整理文学总集与别集，清代学问家作出的贡献是相当突出的。郭绍虞就曾评论陶渊明的诗文集流传，大致经历了南北朝梁代的传写时期，唐以前的补辑时期，宋元为校订注释时期，明代为评选时期，清代则为汇集与考订时期。（郭绍虞：《陶集考辨》，《照隅室古典文学论集》，上海古籍出版社，1983年）清代是中国文学总集、别集的流传与研究非常关键的时期。唐人杜甫著作的流传，唐及北宋，是搜集、辑佚、校勘、整理与编纂的阶段。南宋时则出现大量编年、分类、集注、评点及编写年谱、诗话等著作。元明两朝，则偏重于选注、评点。到了明末清初，在校勘、考证、系年、注释、解意和评论诸方面，成绩不小，形成杜诗研究的鼎盛时期。到乾嘉以后，则发展势头渐弱。（郑庆笃等：《杜集书目提要·前言》，齐鲁书社，1986年）总之，清人在对古典文学中个人著作的汇集和校勘、辑佚和辨伪、系事与编年、诗意与研究诸方面，都表现出一种特有的成绩。

现在要详细地列举清代汇总的比较著名的历代作家诗文集是困难的。这里只能略举清代出现的著名作家诗人的集子：《靖节先生集注》10卷，陶渊明的诗文集，清陶澍辑本；《李太白诗集注》36卷，李白的诗文集，清王琦辑本；《杜诗详注》25卷，附编2卷，杜甫的诗文集，清仇兆鳌辑本；《王右丞集笺注》28卷，附录2卷，王维的诗文集，清赵殿成注本；《白香山诗集》，40卷，附录年谱2卷，白居易集，汪立名编订；

《李长吉歌诗》4卷，外集1卷，李贺的诗文集，王琦汇解；等等。这里以王维的集子为例，看看清代学者与藏书家对这一位唐代诗人的集子是如何在不断搜求、补充、辨正、解说的。王维的集子经康熙时赵殿成笺注，大致说该本是不错的。但作为一个作家集的流传，一方面可能有众多版本，有时某校勘者无法看到某一版本，这可能留下若干错误与缺失；另一方面，学术研究也是代代发展、不断提高的。校勘学实际上的兴盛和发达，清代应是乾、嘉之际。故王维集流传至乾嘉之世时，我们就看到当时学问家和藏书家对流传王集不同版本的批评与纠正。乾隆四十六年（1781），校勘学家卢文弨针对《王右丞集注》一书说："此吾乡赵松谷先生所笺注也。余贫不能买书，此本亦未之蓄。今主晋阳讲席，架上旧有此书，因得纵阅。其校正视旧本诚远过之，征引亦详赡，不过于删节，致使本事之原委不明，此尤注古人书者所当取法也。"但书中有些错误、脱失，特别是"书梓成亦不得人复校，故其误字尚多云"。（卢文弨：《抱经堂文集卷第十三·书王右丞集笺注后》第180～181页，中华书局，1990年）王维集钱曾有南宋麻沙本《王右丞文集》10卷，这个本子也曾经季振宜、徐乾学所收藏，以后又为黄丕烈所收。黄丕烈称王维集"元刻止诗六卷，见藏周香岩家，香岩又藏何义门校宋本，亦止诗无文，虽同出传是楼，而叙次紊乱、字句不同，非一本矣！"并认为是"此刻最善"。（黄丕烈：《荛圃藏书题识卷七·王右丞集十卷宋刻本提要》）此外，黄丕烈还收藏有《王右丞诗集》6卷，明刊本；《王右丞诗集》6卷，校宋本。他收集这些异本，并不断校勘整理。再晚些时候，汪士钟所藏一本《王摩诘文集》10卷，与前面提到的各本也有区别。万曼在评论王维集各种本子后称："清代刻本，当以乾隆二年（1737）仁和赵松谷（殿成）《王右丞集注》为最有名。"（万曼：《唐集叙录·王维文集》第53页，中华书局，1980年）我们就从书籍流传的角度看，清代涉及王维集的就有也是园主人钱曾、宜稼堂主人季振宜、传是楼主人徐乾学，以至晚清铁琴铜剑楼主人瞿镛、皕宋楼主人陆心源、善本书室主人丁丙、海源阁主人杨绍和等。已知参与王集校勘者也有大校勘家顾广圻、卢文弨、何焯、何梦华和黄丕烈等人。这就足以说明，清代能积累下来数量众多，且多方校勘、整理过的前代文集、诗集，完全有赖于众多学问家的多方探求，藏书家的积聚众本，而且是两者结合起来，共同搜集、积累、校勘、印刷，从而为我们积累下如此丰富的文化遗产。

2. 清人选编的诗文选本

前已指出，清代文学书籍出版的基本条件是有大量藏书家搜藏与整理文学典籍，同时，也因为拥有广大的文学著作的读者群，所以，直接刺激了编辑者、出版者。必须指出的是，这方面出版物往往是家刻和坊刻分别进行，但是，藏书家、书商（出版者）有着广泛的合作，是相当普遍的现象。

清初，某些藏书家抱着保存明代文献的复杂心情，曾有汇集明代文章、诗歌成为大部头总集的。如江苏常熟藏书家钱谦益曾编辑有《列朝诗集》，做这件事实始于明末，但完稿于清初。全书选录明代200余年2000多诗人的代表作，并为这些人写了小传。此后，浙江藏书家黄宗羲所编辑《明文海》482卷，此书共收集明代各朝作家2000多家作品。黄宗羲称编辑此书时，曾得到各地藏书家的帮助，如昆山徐乾学所藏明人文集特多，黄宗羲充分利用得以完稿。藏书家既有丰富藏书，更从事多年的辑佚校雠，因此，从辑佚成篇到系统成通代总集、断代总集以及单行著作者非常普遍。如浙江乌程（吴兴）藏书家严可均，因愤于朝廷编纂《全唐文》未被录用，自己发愤独立编纂总集。他搜罗史料、类书，旁征博引，多方探求，编辑成一部包罗上古以至隋朝止的古代文献总集《全上古三代秦汉三国六朝文》746卷。这部书因包罗广泛，收集齐全，成为中国唐代以前文学篇章的渊薮，为广大研究者和文学读者所重视。清代像这类以保存文献为主的总集，或以推荐文献为主的选本大量出现，比比皆是。

正是因为藏书家的专门收藏，也就促成了出版物上的多样性和专门性相映成趣。清代，出现部分藏书富有特色的藏书家，以收藏宋版元版为特色的藏书家大有人在。钱谦益至钱曾，以及黄丕烈的"百宋一廛"和吴骞的"千元十驾"属于此类。与此同时，还出现专藏文人集为特色的藏书家，如曹溶所编书目宋元集达300多种，朱彝尊则编有《潜采堂宋金元人集目》，著录宋人文集160种，金人文集6种，元人文集150种。一方面是刻意收藏，另一方面则集中文献，汇编新书，有益于文化积累。其中江苏藏书家顾嗣立，则对宋金元明各代诗歌兴趣特浓，自称所见文人之集400余家。他不仅参与朝廷编辑宋金元明诗的选本，而且收集元代诗集凡300家，编成《元诗选》，初集68卷，二集26卷，三集16卷，癸集收零篇。他游历南北，历经29年完成。这可以看做填补空白的举动。清代部分藏书家和考订家，往往注意地方文献的收藏，因而出现了多种收集地域文学作品的集子，如胡文学辑《甬上耆旧诗》30卷，专门收集宁波一地历代所遗留诗歌，终于明季，共430人，3000多首诗。沈季友辑《檇李诗系》42卷，则是收集嘉兴一地所遗留的诗歌。至于藏书家汪森，因官桂林府通判，故收集广西一地诗文编成《粤西诗载》25卷，《粤西文载》75卷，附《粤西丛载》30卷。由于收罗广泛，体例明整，成为广西地方文献之最重要的参考，也是研究广西文学发展的必备资料。

清代文学著作的编选，常因文学流派的不同而逐步形成体系。如词的发展，有词在清代中兴之说。先有朱彝尊的浙西词派，以后又有张惠言等的常州词派，他们往往都有词的选本以作为弘扬前辈词作精华，提供后代创作示范的作用。如龙榆生称："康、乾之间，海内词坛，几全为二家所笼罩。彝尊倡导尤力，自所辑《词综》行世，遂开浙西词派之宗，所谓'家白石而户玉田'，亦见其风靡之盛矣。末流渐入于枯寂，于是张惠言兄弟起而振之，另辑《词选》一书，以尊词体，……周济继兴，益畅其说，复撰《词辨》及《宋四家词选》以为圭臬，而常州词派以成。"（龙榆生：《近三百年名家词选》后记，上海古籍出版社，1979年）同样，诗歌在发展过程中，对唐诗的学习和推崇，亦有尊盛唐或尊中唐之区别。提倡"温柔敦厚"诗风的沈德潜，为了提倡诗歌发展的所谓正轨风范，分别编选有诗"别裁"系列，他和他的同好编有《唐诗别裁集》、《宋诗别裁集》、《元诗别裁集》、《明诗别裁集》和《清诗别裁集》。清代文坛有方苞，继之刘大櫆、姚鼐形成桐城派，他们标榜"道统"，宗唐、宗宋，所以有从古文源流演变，但主要是推崇唐宋作家文章的总集《古文辞类纂》。但是，稍后的李兆洛则又主张取法汉魏，编成《骈体文钞》，有人称李"一心复古，其所选最精"。以至到了近代社会，曾国藩有《经史百家杂钞》等选本，虽是继承桐城派传统，文章涉及面则稍加开阔。随着时代的的变化，选本的目的就从主张某一流派、风格以至从文学源流、文体种类、作家等多方进行选择，使之更适应于社会需要。

由于注意文学作品的普及性，则有众多通俗选本的出现。如流行甚广的古文选本《古文观止》、唐诗选本《唐诗三百首》等。这些文学著作的选本，都具有通俗性、普及性、广泛性等特点，因此受到社会读者的欢迎。当时，还出现一种套色印刷的选本。如《文选》一书，是一本文献价值颇高、涵盖内容相当广泛的文人必读选本，故一些出版商就有详注《文选》的印刷，用不同颜色印刷原文、注释、批注、解说、读法等所谓五色本。于此，也可说明清代出版印刷事业的繁荣和图书发行渠道的畅通，出版和传播了大量文学著作的选本。这不仅促进了文学事业的繁荣，而且也为我们积累了宝贵的文化财富。

3. 清人对编刻本朝人诗文集的重视

王绍曾先生主编《清史稿艺文志补遗》，是补充《清史稿·艺文志》的缺失，此书所收别集类 14232 部，48914 卷，不分卷 1218 部，数量之多，远远超过清前各代。张之洞所编《书目答问》时曾说"国朝人集派别太多"，"近人诗文选本太多"。（张之洞、范希曾：《书目答问补正·集部》，中华书局，1963 年影印本）张舜徽先生也说过"清人文集夥矣"（张舜徽：《清人文集别录自序》，中华书局，1963 年）。确实如此，要比较准确地说明清人所刻所印诗文集有多少，是有一定困难的。清人重视文集之编印，大致有自编与亲友学人代编和书坊编印等几种方式。自编是希望表达一个愿望，即"存文"。封建社会里，作为最可炫耀于社会的，一是德行，二是文章。故出于保存文献的目的，作者往往自己编印诗文集。作者后人及门生故吏同样也着力编印诗文集，这是因为编印先人文集，是最好的纪念方式，只有文字才能绍述家学，发扬风格或派别主张，流布千古。至于坊间书商，更多的是从营利的观点，不断视社会需要而编辑、翻刻、重印。这样，使清人文集越积越多，其中优劣杂陈，良莠不齐。现在，我们可以看到清人文集的刻印，包含时间长，数量庞大，体例多样，是一种普遍现象。而某种家族为光耀门庭，留传后世，讲求精刻精印的家刻本也屡见不鲜。如当时流行一种手书上版之文集，就是很有价值的。如汪琬所作《尧峰文钞》50 卷、陈廷敬《午亭文编》50 卷都是请林佶写刻本，因汪琬、陈廷敬是名家，加上林佶手写，这种刻本是精刻本，经常把它们作为清代刻本的代表。黄裳谓这种写刻有些是作者自写，有些是请高手书写，他指出如惠周惕的《研溪先生诗集》，每卷后有"小门生王薛岐谨录"一行，书法之精，殊不下于林佶。又有文学家张劭，手写其父张致中的《符山堂诗》。（黄裳：《清刻之美》，《榆下杂说》第 72 页，上海古籍出版社，1992 年）这些集子一直为人们所重视。琉璃厂书肆"以京刻本（亦称写刻本也）最获利。所谓京刻本者，即乾嘉人写刻唐宋人诗文钞及《六朝文絜》，又如缪刻《李太白集》等书，动需数十元"（张涵镜：《琉璃厂沿革考》，《琉璃厂小志》第 14 页，北京出版社，1962 年）。总之，从清代刻本抄本，数量最多当推个人别集和市场需要量大的总集。

三、清代小说的出版与官府查禁

我国古代文学作品中，称为小说类作品品类是相当复杂的。其中，有一些人物形象丰满、情节曲折生动的比较纯粹的小说，如宋代流行以迄清代的话本，如明清长篇章回小说。同时，也有大量诙谐风趣、谈神仙说鬼怪的寓言、讽谕、惩戒类文言小说。但是，话本小说长期以来往往受到传统道学家和官府的歧视，官府收藏及书目中只保存下部分文言小说，白话小说尽被摒弃和遭受排斥。实际上清代小说写作与出版是相当发达的。

1. 清廷多次查禁小说戏曲

清初，小说类书籍屡受官府查禁。明代后期小说创作空前活跃，大量反映社会问题和农民、市民反抗的故事，往往对封建统治是一种威胁。乾隆时曾有朝臣奏称："阅坊刻《水浒传》，以凶猛为好汉，以悖逆为奇能，跳梁漏网，惩创蔑如。……梨园子弟，更演为戏剧；市井无赖见之，辄慕好汉之名，启效尤之志，爰以聚党逞凶为美事，则《水浒传》实为教诱犯法之书也。"（王利器：《元明清三代禁毁小说戏曲史料》第44页，上海古籍出版社，1981年）所以，官府查禁此类小说，主要是害怕人民的反抗与斗争，通过查禁以达到愚昧群众、巩固封建统治的目的。

宋元以来，戏剧成为人民文化生活的重要内容。杂剧、传奇的演唱在清代也相当盛行，各地城市居民的主要文化娱乐活动就是戏曲，入关满族的子弟往往沉湎其中，这种情况引起朝廷的警惕。如《西厢》等戏曲，统治者以为其语尚风流，大乖风化，必然败坏风俗，蛊惑人心，同样不利于统治。总之，在推崇正学、禁止邪说，以正人心、厚风俗的目标下，对于戏曲的演出、小说的印刷和流通民间，从中央到地方政府，都制定了严惩的法令。我们现代查考小说类书籍刻印情况，就可看到一部分明代遗留的小说曾遭受查禁。如"三言二拍"遭受查禁，故有其选本《今古奇观》的出现与流传。《水浒传》的言简事繁本、言繁事简本出版很少，而经过金圣叹"腰斩"水浒，则得以在社会上流传。但就是这种腰斩本在乾隆时也遭受查禁。

清代查禁小说、戏曲以康熙时所定法令最为严酷。查禁方式首先是朝臣申奏有关禁书奏件，并指出此类书籍的危害是相当大的。其次是皇帝准许主管部门的所请，定出禁书范围和禁书方式。再次是规定禁书期限和对官员办理案件的考核等。其中，以康熙五十三年（1714）四月准礼部所奏而定出的惩办方法较为典型："凡坊肆市卖一应小说淫词，在内交与八旗都院、都察院、顺天府，在外交与督抚，转行所属文武官弁严禁查绝，将板与书，一并尽行销毁。如仍行造作刻印者，系官革职，军民杖一百，流三千里。市卖者杖一百，徒三年。"（《元明清三代禁毁小说戏曲史料》第27～28页）这种印者流、卖者徒、官员查管不严受罚的办法，经过康、雍、乾等朝，有些还不断扩大补充，使得小说类书籍的流传、戏剧类书籍的刻印遭受相当的打击，直接妨碍了文学事业的发展。

道光、咸丰以后，清统治江河日下，社会阶级矛盾日益尖锐，清廷对小说戏曲的查禁更加严厉。因为他们把民众阅读小说、观看戏曲，看做社会矛盾尖锐、社会秩序混乱的重要原因。咸丰时太平天国农民起义，朝廷和地方官吏，除镇压之对策外，就提出端风俗、正人心、维护风教、安定社会的文化政策，严禁小说戏曲就是这种所谓振兴圣学的重要措施。道光年间，多次查禁小说。咸丰年间，不断重申禁令。其中表现尤为积极的江浙等省地方官，就采取设局（设立禁书局）、公布禁书目录、收买（部分书籍版片）、严密查抄、限期收缴、公开焚毁等手段，希望通过这些严密的手段，查禁小说戏曲。道光二十四年（1844）浙江巡抚、学政等协同各地知府，开始了清代从乾隆编纂《四库全书》以后又一次征书禁书之举动。其时，开列的禁毁书目中，属明以来流传的淫书是一部分，但是也有部分属于中国小说宝库中的著作，如《红楼梦》和系列续补之作、《水浒》等小说、《牡丹亭》等戏剧，甚至不分青红皂白地禁绝福建版小说，等等。到了同治七年（1868）五月，江苏巡按丁日昌先后发出两道禁毁小说、戏曲的"通饬"，所禁书目有269种，基本依据道光时所列出书目进行办理。阿英称当时禁毁小说书籍，"并不止于淫词一类，大概有关于秘密结社，攻击贪官污吏，讲儿女私情，写淫秽行为，怪诞不经，以及所谓有关风化的全都在禁例之内"（《关于清代的查禁小说》，阿英：《小说二谈》第140页，上海古籍出版社，1985年）特别应引起注意的是，丁日昌等称设立专门机构，还要"略筹经费，俾可永远经理"。这就是说，准备长期查禁小说、戏曲和其他民间文学作品。

我们并不是一概地反对禁书，如清代出现的部分小说戏曲作品，涉及内容淫秽、色情，通过查禁手段，遏止它们的流传，消除其影响，这是必要的。但是清代查禁小说戏曲的法令和实际操作，查禁品种的扩大化，在查禁手段和惩治方式上的残暴，以及因查禁书籍而株连良民、坑害无辜的扰民事实，对社会发展是一种危害，对文学著作的流传则是一种灾难。

2. 小说出版之繁荣

文学事业的发展深受社会的影响，文学著作的出版受市场的调节，这是十分明显的。清代康熙、雍正时，白话小说市场相对衰微，但是仿效前代记述趣闻轶事的杂事笔记也时有出现。到乾隆朝，由于文字狱的影响、讳言明末清初之史事，作家写作相当谨慎。部分作家就转向谐趣异闻、神仙鬼怪的文言小说，致使这一时期出现大量的文言小说。如袁枚的《子不语》、沈起凤的《谐铎》、和邦额编《夜谈随录》、纪晓岚的《阅微草堂笔记》、金棒闻编的《客窗偶笔》、许秋垞编的《闻见异辞》。其中，成就最高的则是蒲松龄的《聊斋志异》。《聊斋志异》不仅以其诡异神奇的构想，秀雅文美的言词，尤以故事情节丰富、塑造人物丰满而广泛流传，除有大量抄本外，可看到有乾隆三十一年（1766）麦柯亭刻本、乾隆三十二年（1767）金范刻本等。

乾嘉时出现曹雪芹的《红楼梦》、吴敬梓的《儒林外史》，稍后的李汝珍《镜花缘》，则是中国古典章回小说发展的代表作。这里只能以红楼梦为例说明小说出版的巨大成绩。

《红楼梦》正式印出的是《新镌全部绣像红楼梦》120回，这是乾隆五十六年（1791）萃文书局活字本。第二年，即乾隆五十七年（1792）萃文书局又有活字本。一般称这两本为程甲本、程乙本。当时,程伟元作序时称此书多有抄本,为方便阅读,"复为刊板,以公同好"。次年再版时,程伟元、高鹗写了引言,比较详细地反映了《红楼梦》流传初期的情况:"是书前八十回,藏书家抄录传阅几三十年矣,今得后四十回合成完璧。缘友人借抄,争睹者甚夥,抄录固难,刊板亦需时日,姑集活字刷印,……是书刷印,原为同好传玩起见,后因坊间再乞兑,爰公议定值,以备工料之费,非谓奇货可居也。"(一粟:《红楼梦书录》第24~25页,上海古籍出版社,1981年)《红楼梦》一书正式印出后,从清嘉庆初年至光绪末年,约当19世纪为限,该书出版地域之广、版别之多、重版时间之短、市场之广诸方面是相当值得重视的。一是出版地域广。《红楼梦》以北京出版为多,如较早的抱春阁、东观阁、宝兴堂、凝翠草堂、双清仙馆等版本。京城之外,还有金陵藤花榭、湖南卧云山馆、济南会锦堂、聚和堂、佛山连元阁、上海广百宋斋、铸记书局等版本。也就是说,《红楼梦》出版遍及南北各地,覆盖面极宽。二是版别多。如有活字本、雕版,在19世纪80年代上海等地,则利用先进印刷技术,印刷《红楼梦》,故又有石印本、铅印本等区别,说明了这本书流行之广泛。就是清末江苏等地查禁《红楼梦》和《红楼梦》续书,市场上仍然大量出版与发行。三是商业性强。一种小说,受到社会的欢迎,当然书的质量是一方面,但另一方面市场炒作,往往也会出现销售的奇迹。《红楼梦》一书,原称《石头记》,平淡一些,自然不吸引读者,自改称《红楼梦》以后,其号召力增强,甚至书商为改版又称《金玉缘》等。但在长期的书籍流传过程中,主要通过书名改换以吸引读者。又称"新刊"、"新增批评"、"增评加注"、"批评新奇",来说明该版本之突出特色。更重要的是增加图像以吸引读者,故又有"绣像"、"全部绣像"等。有一个材料,说某书商一次印刷《红楼梦》印数即达2500部。① 从上可以看出,这部小说的流传,达到了相当广泛的程度。正因为《红楼梦》的巨大吸引力,清代乾嘉年间出现相当多的《红楼梦》续补之作。如《后红楼梦》、《红楼重梦》、《红楼复梦》、《红楼园梦》、《红楼梦补》、《补红楼梦》和《红楼幻梦》等。这些著作都带有明显的仿效成分,想借名著成名,但确也有市场因素,即书商约人写作,以此谋取利益。总之,从《红楼梦》及其续书的大量出版,我们可以看到,清代中后期小说出版、流传之广泛,这一方面是印刷技术之进步促进文学书籍的出版,另一方面,小说市场的扩大,读者阅读的迫切需要,也促使文学事业日益发展。

四、晚清报刊发表外国文学作品

我国自1840年进入半封建半殖民地社会后,西方印刷技术传入中国,并被广泛应用于社会生活的各个领域。由于中国政治、经济、社会发展的不断变化,中国文化领域发生了重大变革。列强侵略中国,国人纷纷研讨挽救民族沦亡之对策,西方政治、社会学说被翻译和介绍到中国,同样国人的各种政治主张和救亡图存的呼吁,以至感于情、动于心和发于声的诗词歌赋在报刊大量出现,出版事业上这种内容和形式的改革,深刻影响着中国社会。

---

① 此处参考一粟《红楼梦书录》所记的刊本部分版本记载。

整个中国近代社会文化思潮是相当丰富的。在这些时候，中国传统的诗词创作、戏曲创作，特别是传统的章回小说，是相当繁荣的。譬如出现较多侠义、公案小说，如北京聚珍堂1878年活字印刷的《儿女英雄传》、1879年活字印刷的《三侠五义》和以后出现的《彭公案》等，开创了侠义、公案小说的盛行。大量文人创作的戏曲剧本（传统的杂剧、传奇和适应当时舞台演出的京剧剧本），民间文学中的曲本唱词，也得到大量出版和比较广泛的流传。

最值得注意的是，由于西方政治社会学说传入的同时，外国文学作品也通过报刊被介绍到国内。从时间上看，大致从19世纪80年开始，真正在社会上影响广泛则是在20世纪初年。开始是外国人办期刊，逐步发展到专为中国人阅读的报刊不断出现文学方面的文章，或有辟专门栏目介绍国外文学著作，晚清时更出现专业性文学期刊。这种发展反映了市场的需求和办报人眼光的转变。

1857年，上海《六合丛谈》创刊，刊物中有介绍荷马史诗、希腊三大悲剧和阿里斯托芬的喜剧。但是这种常识性介绍，读者不能接触原著，影响是不大的。1872年11月，《瀛寰琐记》出刊，这种由申报馆作为报纸附刊性质的月刊，刊载诗词，兼刊小说、散文和笔记论说，体裁相当多样。有人称这是中国最早的文学专业刊物（郑方泽：《中国近代文学史事编年》第101页，吉林人民出版社，1983年），或称是"最早一批附于日报的综合性副刊"（方汉奇：《中国近代报刊史》第56页，山西教育出版社，1981年）。但其影响是相当大的。此后，《字林沪报》、《同文沪报》、《顺天时报》等报，也很注意刊载这一类作品。1871年王韬翻译法国、德国之诗歌。《瀛寰琐记》于1873年用《昕夕闲谈》的栏目，发表由英文译成白话的篇幅较长的小说。1888年，赤心畸士译的《海国妙喻》（《伊索寓言》）发表。这都可看成我国翻译外国小说的开创。

外国文学作品翻译和介绍，真正繁荣时期是在20世纪初的一段时间内。据钱存训先生的统计，《十九世纪后期译书的科目和语文（1850—1899）》表中文学类有3种，《二十世纪初期译书的科目和语文（1902—1904）》表中文学类有英8种、美3种、法2种、俄2种、日4种、其他翻译7种，共26种，两相比较差别甚大。（钱存训：《近世译书对中国现代化的影响》，《中国图书论集》第311～312页，商务印书馆，1994年）

20世纪初至五四运动时，外国文学翻译与出版出现高潮。据东海觉我（徐念慈）在1908年《小说林》第七期上刊载的《丁未年（1907）小说界发行书目调查表》。列出该年出版小说达120种，其中翻译小说80种。《涵芬楼新书分类目录》统计收藏创作小说120种，翻译小说达400种，这些书都是1911年前出版的。（马祖毅：《中国翻译简史》第286页，中国对外翻译出版公司，1984年）辛亥革命以后，翻译出版外国文学作品更多。20世纪初期最主要的文学翻译家是林纾，共译出国外各种文学著作达180多种。如《巴黎茶花女遗事》、《鲁滨孙飘流记》、《黑奴吁天录》等世界名著，都通过他或他与友人合作，介绍到中国，并广泛传播，成为家喻户晓的文学读物。这些工作也对20世纪新文学发展产生巨大的影响。

中日甲午战争（1894年）后，列强瓜分中国，民族矛盾日益尖锐。一批维新派人士，除了学习西方政治学说，宣扬变革政治、社会，也充分认识到小说对社会发展的巨大作用，故一批维新派人士创办各种小说刊物，发表论文讨论文学以至小说与社会的关系，并尝试创作新的小说。当然其他社会人士也都重视小说，鼓励小说创作，故此时有关小说类期刊大量涌现。1902年11月，梁启超创办《新小说》出版。以后又有《绣像小说》(1903)、《月月小说》(1906)、《小说林》(1907)，时称晚清四大小说期刊。辛亥革命后，一度以《礼拜六》为代表的消遣性期刊出现，中国文学作品的发表与出版已是相当普遍了。综览20世纪初期文学期刊的出刊，有些问题是值得我们注意的。首先，文学作品（包括小说）的创作与出版已走向专业化，如《新小说》发表吴趼人的《二十年目睹之怪现状》、《九命奇冤》，《小说林》发表曾朴的《孽海花》，《绣像小说》发表李伯元的《文明小史》、《官场现形记》，还有刘鹗的《老残游记》。这些作家实际上是专业作家，他们的作品不仅发表于报刊，而且由期刊社印出或由出版社出版，他们致力于小说创作与出版，促进了晚清小说的繁荣。其次，这些刊物注意发表国外文学翻译作品，除法国雨果、大仲马等小说，特别对英国、法国的侦探小说情有独钟，并因之引发国人也进行此类作品的创作，对我国公案小说等的发行起到推波助澜的作用。再次，这些文学期刊注意发表诗歌、戏剧剧本，及时地反映了民众对国家、民族、社会的呼声，有力地说明了文学作品的巨大社会功能。至于资产阶级民主革命时期，革命党人、大批知识分子和各界人士都普遍地运用文学这一工具，创作大量诗词，写作戏剧剧本和民间文艺作品并发表于报刊。我们可以看到，近代文学书籍的出版与流传，产生了广泛的影响，推动了社会进步，提高了民众的意识，一定程度上促进了社会革命的进程。

（原载于蒋寅主编：《中国古代文学通论·清代卷》第350～374页，辽宁人民出版社，2005年）

简论鲁迅著作的版本特点

鲁迅著译的作品是丰富多采的,数量也是十分庞大的。由于鲁迅作品的广泛传播,鲁迅著作的版本也是种类繁多的。如果从1903年在日本东京出版《月界旅行》算起,到现在的70多年中,鲁迅著作的出版品达300多种。从著作形式看,有全集、选集、单行本、专题汇编、语录,以至手稿影印本;从版本区分看,有初版、重版,也有改版甚至偷版、盗版之分;从装订形式看,有平装、精装、线装等;从出版目的看,有纪念版、展览版,还有普及版、少儿版等;从文字区分看,则有中文版(如汉文版、少数民族文版)和外文版。同时,还有特殊出版物,如盲文版。总之,从我们接触的材料看,几乎每种著作,少则几种,多的达10多种不同的版本。所有这些都说明,我们在继承鲁迅的遗产方面,不仅要学习鲁迅的革命思想和战斗精神,而且从鲁迅的著作出版物上也十分值得我们重视和总结。

了解鲁迅著作出版物的特点,首先,能从出版史的角度,使我们认识出版界错综复杂的斗争,我党领导下的革命同志是如何历尽艰辛,协助鲁迅著作的传播,而国民党反动派是怎样疯狂地进行文化围剿,妄图实行文化专制主义,毁灭进步文化事业。其次,能帮助我们正确地选定鲁迅著作的最好版本,识别假造、删削鲁迅著作的偷版、盗版本,借以提供出版鲁迅全集、选集的底本和单行本再版的依据。再次,能从鲁迅著作出版物中,吸取对我们今天可以借鉴的东西,如出版物的装帧大方,版式的疏朗醒目,毛装的采用,都可进一步提高我们出版物的水平,为绚烂多采的百花园增添美色。我们研究鲁迅著作出版物的特点,目的正在于此。

本文着重从鲁迅生前出版的著作版本进行初步的分析,因为鲁迅对自己著作的出版是十分重视的,除少数著作外,鲁迅的大部分著作均经自己亲自编辑、校勘,核对无误,并大多亲自设计装帧,有些是设计封面,缮写书页。可以说,鲁迅著作出版物长期形成的特点和风格,在鲁迅生前已经形成。至于鲁迅逝世后各种出版物的情况和特点,则另文进行探讨。

鲁迅著作版本的第一个特点是,大部分单行著作均经作者亲自编辑、校勘,内容准确、完整,所以初版本应定为鲁迅著作的范本。

解放前,由于国民党的疯狂镇压,反动文人的攻击和谩骂,社会的腐败堕落,资本家的巧取豪夺,鲁迅著作的出版是极为困难的。但是,鲁迅为了战斗,为了革命,总是千方百计地争取把著作出版。如在1926年6月间,鲁迅写给李秉中的信中说过:"我近来忽然还想活下去了。……是自己还要发点议论,印点关于文学的书。"(《鲁迅书信集》第83页,人民文学出版社,1957年)直至1936年,鲁迅在总结回顾自己的斗争生涯时,也说过:"凡是为中国大众工作的,倘我力所及,我总希望(并非为了个人)能够略有邦助。这是我常常自己印书的原因。"(《鲁迅书信集》第1017页)鲁迅正是从战斗的需要出发,十分注重自己著作的出版,并讲求出版物的质量。为了保证出版物的内容能配合当时的形势，反映作者的思想，参与当时的斗争，鲁迅在编辑出版文集时，对每篇文章内容都精心校勘，或略有选择。如有的文章在报刊发表时被国民党检查官删改或抽掉，那么，鲁迅在编辑某一时期的文集时，一定收进去，这一方面表示了鲁迅对国民党反动派的轻蔑，另一方面也是对读者高度负责的精神。同时，鲁迅对一些讲演记录稿，除经自己校核过，一般都不愿收入自己的集子中。如《集外集》，鲁迅就不同意编者杨霁云收入他在广东的讲演记录稿，鲁迅说那个讲演记录稿"记得很坏，大抵和原意很不同"（《鲁迅书信集》第550页）。所有这些，我们都可以看出，鲁迅为了保证著作内容的全面准确和完整，十分注意单行本的质量。

鲁迅在编辑自己的著作集时，很注意用"前言"、"后记"来补充说明一些问题。如《中国小说史略》一书，初版有说明，再版亦有说明，三版仍有补充说明，逐步形成一种编辑体例，即我们看到的，凡鲁迅著作的单行本，都在结构上表现出"前言"、"正文"、"后记"三段，这是鲁迅运用优秀的传统，并加以继承和发扬的结果。如鲁迅喜欢用"后记"，一些"后记"往往很长，甚至包括报章新闻的摘编、别人文章的摘录，鲁迅以为这样"用《后记》来补叙些因此而生的纠纷，同时也照见了时事"。（《鲁迅全集》第5卷第337页，人民文学出版社，1957年）此外，鲁迅在编辑自己文集时，提倡把讨论辩驳对方的文章和书信作备考附入集子，如《准风月谈·感旧》之后，附施蛰存之《〈庄子〉与〈文选〉》，《伪自由书·透底》之后，附祝秀侠来信等。就是翻译的著作集，也附有"前言"和"后记"。这些文章中，鲁迅或简述作者生平，评介作品思想倾向，或说明文章主旨，介绍源流，有些也指出其思想局限，实是一篇篇最好的书评，对读者了解作者生平思想和作品内容价值，都有极大的帮助。再如《桃色的云》一书，书末有《记剧中人物的译名》，更可看出作者严肃认真的态度和为读者解答疑难的负责精神。

鲁迅著作版本的第二个特点是，大部分单行著作经作者校勘审定，部分文章与初发表于报刊时的内容差异较大，应把初版本视为著作的定本。

伟大领袖和导师毛主席说过："鲁迅是在文化战线上，代表全民族的大多数，向着敌人冲锋陷阵的最正确、最勇敢、最坚决、最忠实、最热忱的空前的民族英雄。"（《毛泽东选集》第三卷第691页，人民出版社，1952年）所以，20世纪以来，从封建军阀到国民党反动派和隐藏在革命阵营内的叛徒、特务，都毫无例外地把鲁迅和鲁迅著作看成眼中钉、肉中刺。鲁迅著作大量出版是在国民党统治时期，国民党反动派对鲁迅著作肆意进行删改、查禁，以至封存、销毁，目的就是要缩小鲁迅的影响，妄图以反革命的文化"围剿"来扑灭鲁迅光辉思想的传播和鲁迅著作的出版。正因为如此，就构成了鲁迅著作的一些版本内容上与报刊发表时差异较大的种种复杂情况。

如1931年"九一八"事变和1932年上海"一·二八"事变之后，国民党消极退缩，导致日本帝国主义向关内步步进逼，民族危机日益严重。在这中华民族生死存亡的紧急关头，鲁迅以大无畏的革命精神，及时揭露帝国主义和他们的走狗蒋介石的反动嘴脸，号召人们坚决抵御外国侵略者。所以，鲁迅运用杂文这个犀利的匕首，"议时事不留面子，砭锢弊常取类型"。自然，这些杂文遭到国民党反动派的种种手段的压迫。当时，鲁迅发表的《外国也有》、《新秋杂识（二）》、《帮闲法发隐》、《踢》、《"商定"

文豪》、《同意和解释》、《青年与老年》等篇，都曾被删削，尤其《同意和解释》一文删得更多，整整砍去了两段。还有《关于翻译（上）》、《双十怀古》二篇，甚至不让发表。但是，这吓不倒鲁迅，也阻挡不了革命思想的传播。鲁迅在编辑这一时期的杂文集《准风月谈》时，都一一添加进去，在被国民党"老爷们"删削之处，旁加黑点，以示揭露。并在《准风月谈》中揭露国民党反动派手段之卑劣，他说："日本的刊物，也有禁忌，但被删之处，是留着空白，或加虚线，使读者能够知道的。中国的检查官却不许留空白，必须接起来，于是读者就看不见检查删削的痕迹，一切含胡和恍惚之点，都归在作者身上了。"（《鲁迅全集》第5卷第156页）

1933年以后，国民党反动派加紧对革命人民进行文化"围剿"，如公布书报检查法令，查禁大量的革命和进步的书籍。当然，对鲁迅著作的发表和出版的查禁手段更是无所不用其极，由原来删掉少许句子到大砍整段文章，以至禁止发表，所以，鲁迅著作的发表遇到更大的困难。如1934年8月，鲁迅作《门外文谈》，在《申报·自由谈》发表时，第一节被删去末一行，第十节开头被删去200余字。正如鲁迅后来将此文编入《且介亭杂文》所附的《后记》所说："《门外文谈》是用了'华圉'的笔名，向《自由谈》投稿的，每天登一节。但不知为什么，第一节被删去了末一行，第十节开头又被删去了二百余字，现仍补足，并用黑点为记。"我们查一下《门外文谈》第一节被删之处，原文是"一九三四年，八月十六日夜，写完并记。"（《鲁迅全集》第6卷第166页）想不到寥寥15字，也并无触犯当局的词语，竟遭检查官先生的删削，足见国民党反动派对鲁迅著作的恐惧。

此后，鲁迅的文章被删削查禁的就更多了。如1934年9月，《不知肉味和不知水味》，发表时被删掉后半篇，登在《太白》上只有前半篇。又如《中国人失掉了自信力了吗?》，在《太白》刊登时，亦被国民党检查官删掉一段。还有《脸谱臆测》被禁止。12月的《病后杂谈》，原文共五节，结果只刊出第一节，其余四节也不见了。鲁迅紧接着又写了《病后杂谈之余》，结果被改名《病后余谈》，付题"关于'舒愤懑'"也不见了。这年冬天，鲁迅写作的散文《阿金》，亦被禁止发表。1935年，鲁迅在谈到这些遭遇时，极端愤慨地控诉说："在今年，为了内心的冷静和外力的压迫，我几乎不谈国事了，偶尔触看的几篇，如《什么是讽刺》，如《从帮忙到扯淡》，也无一不被禁止。"（《鲁迅全集》第6卷第172页）由于这些情况，鲁迅只得着手编辑著作单行本，把文章尽量收入，以此扩大革命思想的影响，并以此回击国民党反动派的压迫。所以，我们现在看到《且介亭杂文》、《且介亭杂文二集》等书，收集那一时期的文章是几乎没有遗漏的。鲁迅把被敌人禁止发表的文章一一编入文集，而且把被敌人删削的文章段落都用旁加黑点或加黑杠予以揭露。

大致说来，鲁迅20年代的出版物，如小说、散文、古典文学研究论著，以至部分杂文集，遭到当权者的删削较少，一般还是完整的，最早在报刊发表的和以后结集的，文字差异较小。但鲁迅30年代的出版物，特别是杂文著作遭当权者删削查禁较多，单行著作初版本与最早在报刊上发表的文字差异较大，这是与当时鲁迅所处的历史环境有关。所以，我们在使用鲁迅这一时期的著作时，一般应以手稿和著作初版本为准，不能以报刊发表时的文字为准。这种版本情况是与一般作家的作品出版有显著不同的。

鲁迅著作版本的第三个特点是，大部分著作单行本都经作者设计装帧，内容与形式浑为一体，应视为鲁迅著作通行本的标准本。

鲁迅对自己出版的每一部书，在版本上都极力讲求，无论从书籍封面、插图，以至版式、装帧都在他严格要求和注意之下。所以，我们看到的鲁迅著作，除少数几种外，封面设计无一俗套，版式统一整齐，装帧朴素大方，达到革命的思想内容和完美的艺术形式的统一，这是很值得我们学习和继承的。

鲁迅十分注意从我国古代民间艺术和外国书籍装帧艺术中吸取营养，并身体力行，在极端困难的条件下付诸实践。如对于封面，是一书的外表，特别是文学艺术书籍和少儿读物，书籍封面的装帧不仅能吸引读者阅读之兴趣，同时，如果设计得好，也能丰富书籍内容，加深对书籍论述主题的理解。所以，鲁迅对许多书刊都是亲自设计或参与设计，就是书上的题字，运用什么字体，也是自定，充分表现了鲁迅的高度艺术素养和对读者严肃认真的态度。如《热风》封面之艺术字，《且介亭杂文》之行书，虽然只是白底黑字，但因装帧大方、位置适中，给人以清新的感觉。又如《域外小说集》，除配以美丽的希腊图案，书名用篆文作"域外小说集"，非常别致新颖。又如陶元庆装饰的《坟》、《彷徨》，鲁迅曾参与设计，故封面装饰恰到好处，鲁迅自己也十分满意。

为了"增加读者的兴趣"，鲁迅也提倡在书籍里插图，作为装饰。如《朝花夕拾》中就印有鲁迅自绘的"曹娥投江寻父尸"、"活无常"、"死有分"等插图。而《坟》一书内页有鲁迅自绘小图，四边用猫头鹰、雨、天、树、月、云和年份记载的装饰，别具一格，饶有风趣。翻译著作中如《毁灭》等也保留原书插图。

对于书籍的版式和版权页，鲁迅也有自己的独到见解，并在印行各种书籍中予以实行。正如鲁迅追述此事时说的："我先前在北京参与印书的时候，自己暗暗地定下了三样无关紧要的小改革，来试一试。一是首页的书名和著者的题字，打破对称式；二是每篇的第一行之前，留下几行空白；三就是毛边。"鲁迅早期在北京印行的《呐喊》、《彷徨》等书，确像鲁迅所说的那样，版式疏朗醒目，并且规定一页十二行，每行三十字，犹如我国传统雕版书的行款整齐划一。特别是毛边，加上优美的封面，重磅道林纸的分量，书品极好，真使人有爱不释手之感。鲁迅在《华盖集·忽然想到》一文中，曾对国外图书和当时国民党统治区出版物作过比较，他说："我于书的形式上有一种偏见，就是在书的开头和每个题目前后，总喜欢留些空白……。较好的中国书和西洋书，每本前后总有一二张空白的副页，上下的天头也很宽。而近来中国的排印的新书则大抵没有副页，天地头又都很短，想到写上一点意见或别的什么，也无地可容，翻开书来，满本是密密层层的黑字；加以油臭扑鼻，使人发生一种压迫和窘促之感，不特很少'读书之乐'，且觉得仿佛人生已没有'余裕'，'不留余地'了。"（《鲁迅全集》第3卷第11页）

鲁迅著作版本的第四个特点是，部分著作流传中多次改版，版本情况复杂多样。

由于鲁迅生前处于半封建半殖民地社会，特别是遭受国民党反动派的残酷迫害和摧残，鲁迅著作的出版情况是复杂的。前期，鲁迅较多介绍外国文学，借以唤醒民族，振奋人民。但作为一个穷学生，既无资金开设书铺印刷书籍，更无靠山绍介给有名的出版商，所以，五四运动前鲁迅的著作出版，一般是售去版权，或托以假名。以后，适应斗争需要，往往又必须改换书名，假托书店，以冀及时出版发行。因此，鲁迅的著作版本查考上出现许多复杂情况，给我们带来一定困难。但这种情况，也形成鲁迅著作版本的一个特点。

一种情况是改名版，如《二心集》改名《拾零集》，《伪自由书》改名《不三不四集》等。1932年，鲁迅把在1930—1931年所写文章结集成《二心集》，回击反动文人对他的攻击和污蔑，并表示对自己出身的本阶级的背叛，引以自豪。这部集子锋芒所向是指向国民党反动派和他们的形形色色的走狗文人，所以，一些出版社出于高压，对这部书采取回避，或巧立名目以压制作者。鲁迅将此书稿与北新联系，北新书局不愿印。鲁迅又与合众书店联系，合众的条件极端苛刻，迫着鲁迅"售去版权"，这样才把《二心集》出版了。但随即遭到国民党查禁，合众书店把书中文章由原来的38篇删去22篇，成了16篇薄薄的小册子，并改名为《拾零集》出版。所以，现在看到的那种《拾零集》，原本为《二心集》。《伪自由书》亦有两种名字。《伪自由书》出版后的第二年，即1934年，被国民党列入应禁止发售之书目内，查禁理由为"内共有杂志文四十余篇，多讥评时事，攻忤政府当局之外，以《伪自由书》为书名，其意亦在诋毁当局"。所以，《伪自由书》初版在青光书局出版时，书名为《伪自由书》。到了1936年11月，联华书局出普及本时，曾改题为《不三不四集》，这是为了避开国民党反动派的检查和扣压。以后，此书又改回《伪自由书》，但为了使读者了解是同书异名，因此又在《伪自由书》上加了"一名《不三不四集》"的字样。

一种情况是托名版，如《南腔北调集》，实为联华书局出版，为了躲开国民党的耳目，改用"同文书店"名义出版。但就是如此，也遭到国民党反动派的查禁。

还有一种情况是许广平出资自印的版本，如《且介亭杂文》、《且介亭杂文二集》、《且介亭杂文末编》，都是用三闲书屋名义出版，由内山书店经售的。

以上就是对鲁迅著作版本特点的初步认识。

（原载于《武汉大学学报》（哲学社会科学版）1978年第4期）

再谈鲁迅著作的版本特点

《武汉大学学报》（哲学社会科学版）1978年第4期曾刊载拙作《简论鲁迅著作的版本特点》一文，该文比较集中分析了鲁迅在世时著作出版的情况。本文接续前篇，着重分析鲁迅逝世后著作出版之特点，目的仍着眼于从出版史的角度，说明鲁迅著作出版之演变，探讨不同历史阶段鲁迅出版物之风格，进而认识鲁迅著作的版本特点，作为我们今后出版工作的借鉴。

鲁迅生前对自己著作的出版是十分重视的。鲁迅著作传世有自选集、单行著作、编校古籍和书信、日记等，除未出著作全集外，基本具备了完整的著作的体系，而这些著作，大部分均经作者亲自编校、设计和审核，因此，鲁迅著作出版物的风格，生前已经形成。我们现在讨论鲁迅著作的版本特点，自然是不能离开这个基础的。

鲁迅逝世40多年来，中国人民经历了从民主革命到社会主义革命的艰难历程，中国社会也已经从半殖民地半封建社会进入到社会主义社会。社会性质的变化，深刻影响着出版事业。只有社会主义的中国，才能为革命家、思想家和文学家的鲁迅著作的出版，创造了深厚的物质条件和拥有广大的读者，鲁迅著作出版物也以前所未有的面貌出现在中国出版史上。因此，建国30多年来鲁迅著作的出版，是本文论述的重点。

综观鲁迅逝世后出版的著作版本，大致有如下四个特点。

第一，逐步搜集、不断完善，完成鲁迅著作全集的建设，是40年来鲁迅著作出版的最主要成就。

1936年年底鲁迅逝世后，上海文化界人士蔡元培、宋庆龄等，就会同鲁迅夫人许广平，开始筹备鲁迅全集的编辑工作。经过多方的努力，1938年8月1日，反映鲁迅著译活动全部成果的《鲁迅全集》（20卷本）出版了。经过将近20年，注释本《鲁迅全集》（10卷本）出版。1981年，新版注释本《鲁迅全集》（16卷本）即将问世。《鲁迅全集》的出版，是鲁迅著作出版史上的里程碑，也是鲁迅著作体系建设成就的最重要标志。

出版作家著作的全集，是文化思想建设的一项基本工作。作家全集是反映作家文化学术成就，提供研究作家创作道路和在文化学术史上贡献的基本材料。同时，它也是编选作家著作选集，出版单行著作，选录专题文集、资料汇编的依据，因此，出版作家著作全集是一项极为严肃和科学性很强的工作。综观《鲁迅全集》的出版，经历半个世纪的努力，几代人的辛勤劳动，直到1981年新版注释本（16卷本），才算完成了全集的建设。

鲁迅生前曾计划汇集30年来创作的成果，编印出版"三十年集"，并曾手订"三十年集"目录。当时作者意图只收创作的小说、诗歌、散文、杂文、文学史著作和古籍辑佚和校勘等各方面，而不包括译作的内容。1936年，鲁迅又作了修正，但因作者去世，未能编定出版。但鲁迅手订《三十年集》目录，为以后编辑全集提供了基本材料。

　　1938年8月鲁迅全集出版社出版的《鲁迅全集》（20卷本），是鲁迅著作出版史上的重要版本。该版出版于鲁迅逝世后不久，材料收集较易，各种著作版本齐全，且编辑同人大多是鲁迅生前友好和同志，所以，该版在纪念鲁迅的不朽业绩，扩大鲁迅精神的影响，以唤醒国魂，争取光明，鼓舞人民进行伟大的斗争方面，是起过重要作用的。正如鲁迅先生纪念委员会指出的，全集"是一个火炬，照耀着中国未来的伟大前途；也是一个指针，指示着我们怎样向这前途走去"。[1]此版共为20卷，把鲁迅生平著作及述作，依照年代先后，分为10卷；翻译作品，依照翻译年代先后，分为10卷。全书结构，大致第一卷至第二卷为小说、散文、历史小说、回忆文等；第三卷至第六卷为杂文集汇编；第七卷为两地书和集外集；第八卷至第十卷为古籍辑佚和文学史研究著作，收入未刊稿《古小说钩沉》、《汉文学史纲要》，是颇为珍贵的。第十一卷至第二十卷为翻译外国文艺作品和文艺论著。该版在文献价值上是很突出的，它基本上收录了作者全部创作、译作和古籍辑佚、校勘的成果，在那民族危机深重、国内环境险恶的条件下，为我们保存了完整的鲁迅著作，其功绩是不可磨灭的。此外，该版在出版装帧上富于特色，同时出版甲种纪念本、乙种纪念本和普及本三种，全书整体设计庄重、大方，排版统一格式，印刷精良，版面疏朗醒目，错误较少。特别是纪念本，目前已成为新的善本。书后附印"年谱"、"书目"、"名、号、笔名录"等各种有关作者的资料，为读者提供了最重要的材料，这种体例也是值得继承和发扬的。当然，此版因处于当时的历史条件，存在着内容的收集欠全，如书信收集较少，编校也有缺点，缺乏必要的注释等问题。但《鲁迅全集》（20卷本）一直是鲁迅著作流传的重要版本，该版又有1946年作家书屋的再版，1948年光华书局的再版，1973年人民文学出版社的重排版，影响是深远的。

　　1941年10月，鲁迅全集出版社出版了《鲁迅三十年集》，这是一套包括鲁迅29种著作分装30册的丛书，故每种著作亦可单行出版。该书根据鲁迅手订《三十年集》目录分题出版，统一书名和计算分册，合起来亦可视为鲁迅著作的全集，内容比鲁迅手订《三十年集》多了《会稽郡故书杂集》和《且介亭杂文末编》二种，版式统一，但各书保持原来初版的封面设计和装帧，独具风格。

　　1946年10月，上海出版公司出版唐弢整理编辑的《鲁迅全集补遗》，此书至1949年增出至三版。1952年上海出版公司又出版唐弢编《鲁迅全集补遗续编》。这两种书选录《鲁迅全集》未收，散见于各报刊上的文章。唐弢是鲁迅生前友好，熟悉鲁迅文章风格和背景，并从许广平收藏材料中选择，一般都经过校证和推定，可补《鲁迅全集》因当时条件、时间等因素而漏收之不足，亦可作编辑《鲁迅全集》新版时之参考。

　　中华人民共和国成立后，出版总署设立专门机构，着手整理出版新的《鲁迅全集》。1956—1958年，注释本《鲁迅全集》（10卷本）由人民文学出版社出版。此版只收鲁迅创作的散文、小说、诗歌、杂文和文学研究著作，选收数量较多的书信，全书编排主要依作品的题材和写作时间顺序为次，大致全书结构第一卷至第二卷为小说、散文、历史小说等，第三卷至第七卷为杂文作品集，第八卷为文艺论著，第九卷至第十卷为书信集。此版主要特点一仍1938年全集编例，专收作者自己创作的作品，不收译作和古籍辑佚校注著作,这样内容精粹,卷帙不过于浩繁,适合广大读者的需要。其次,全书编例严谨,补充的材料,如包括著作的题解、注释、事实订正等,给鲁迅著作的教学、科研和广大读者提供了十分有用的材料。该版分皮面精装纪念本和绸面精装本两种,华丽庄重,侧面反映了我国出版技术的发展水平。但此版尚存在材料收集、注释和文字校勘等问题。鲁迅译文则另出《鲁迅译文集》10卷。

今年是鲁迅诞辰100周年,人民文学出版社将出版《鲁迅全集》(16卷本)。据报道,此版以1958年《鲁迅全集》(10卷本)为基础,保留了原有的成果,同时吸收了多年来在鲁迅著作的注释、研究方面发现的新材料,因此,在内容和编排、出版上均有新的特色。例如,一是将作者为自己的译文和编校的古籍所写的序言、后记、附记,分别辑为《译文序跋集》和《古籍序跋集》二种,集中保存作者在这两个方面的专门文章。二是恢复作者生前开始编辑、后由许广平完成的《集外集拾遗》的原貌,将1938年版以来搜集到的过去没有结集的零星文章和考订有据的全部佚文,编为《集外集拾遗》补编。三是编入已收集到的全部书信1450多封。四是增收了作者的日记。这样,鲁迅的全部著述,除摘编的《中国矿产志》等二种外,都已全部收入了,比1958年10卷本,新增6卷,约200万字。此外,在全书注释的校核、事实查对和准确地叙述,以及全书校勘等都有明显的改进和提高。再如全部著作,都作了注释,并统排于每面之末。[2]但现因未看到全书,还不能详作评论。

第二,不同历史时期的选本,反映了各个时期编选者的思想倾向,选本扩大了鲁迅作品的流传,有利于鲁迅思想的传播。

作家的作品选集,是依据作家全集为底本,通过介绍作家各个时期重要著作和作品,反映作家创作成就和战斗精神,从而提供学习和研究作家的准备。因此,作家选集之编选,要求具有高度的严肃性和科学性。同时,作家选集是一种普及性的工作,面广、精选、引导的特点,更要我们认真地做好。1933年,鲁迅应天马书店的约请,亲自从《野草》中选出《影的告别》等七篇散文,从《呐喊》中选出《孔乙己》等五篇,从《彷徨》中选出《在酒楼上》等五篇,从《故事新编》中选出《奔月》等二篇,从《朝花夕拾》中选出《狗·猫·鼠》等三篇,共22篇成集。这部自选集包括作者的散文、小说(短篇小说)、回忆文几方面,自然是因为当时杂文集比较易得,所以着重选录小说、散文,这是可以理解的。1952年开明书店出版的《鲁迅选集》(三卷本),是《新文学丛书》之一,此选集编辑目的和该丛书编辑目的是一致的,即"选辑五四以来具有时代意义的作品,以便青年读者得以最经济的时间和精力获得新文学发展的初步的基本的知识"。《鲁迅选集》第一部分编选属于散文小说的作品,即利用1933年《鲁迅自选集》加上《狂人日记》等四篇;第二部分编选属杂文的作品,全部收瞿秋白编《鲁迅杂感选集》的所选文章;第三部分编选鲁迅后期作品,如杂文、书信等,这部分由许广平编辑。从以上编选情况来看,全书篇目并无较严格的调整,只是利用原有出版物进行编辑。同时,没有必要的题解和注释,是其缺点。但选集中收入作者的部分书信,这种做法是值得提倡的。

1956—1959年,鲁迅选集的出版有着明显的变化。当时,出版有《鲁迅选集》(四卷本)和《鲁迅选集》二卷本。这两种选集的主要特点是根据作家选集的要求全部重新编排，基本反映了作家"从革命民主主义走到共产主义……，这是中国的爱国知识分子经过事实的教训以后所选择的道路。"（茅盾：《鲁迅——从革命民主主义到共产主义》）体例上考虑以写作（或成书先后）年代为纲，分别编录比较重要的作品，既可以看到作者经历战斗的记录，同时也是鲁迅著作的缩影。其次，充分利用解放后出的《全集》10卷注释本的成果，这些题解、出版记载，人物事实的注释，附载年表等，对于选集的读者是提供了方便的。比较而言，人民文学出版社两卷本有《出版说明》，中国青年出版社四卷本有《鲁迅的文学道路》一文，指导意义是很好的，但以人民文学出版社两卷本《出版说明》的形式对读者理解题意、了解作品背景较有帮助。两种选集都未收入鲁迅古籍辑校片断、书信日记选辑，仍属一种缺憾。

70年代中期，全国各地方出版社和高等学校内部，都分别印行自行编选的鲁迅作品选辑，其中以杂文选辑最多。当时，这些选本配合鲁迅作品的教学，适应读者的需要，曾经满足了读者无书无报可读的部分要求。但选编多数侧重反孔、批儒的内容，解说迎合"四人帮"的政治需要，甚至歪曲鲁迅著作原意，附会穿凿，含沙射影，实际上把鲁迅研究引向了歧途。十年动乱中，控制着文化出版大权的"四人帮"，阻挠鲁迅著作的出版，并且"无视广大群众学习鲁迅的迫切要求和出版工作者的建议，用扣压报告、反对注释、砍杀选本、禁出书信、诽谤鲁迅著作的鬼蜮伎俩，疯狂破坏敬爱的周总理十分关怀的鲁迅著作的出版规划的顺利进行"。[3]这一切都说明，正是由于"四人帮"的干扰和破坏，致使鲁迅著作的选集，目前尚无比较理想的版本。

第三，著作出版形式的多样化，为鲁迅研究提供了全面资料。

中华人民共和国成立以后，由于党和政府的重视，鲁迅著作出版物品种之多，数量之大，确实超过了以前各个历史时期。同时，为了提供鲁迅研究的特别需要，运用现代出版技术，影印了鲁迅的日记、书信和其他文稿，为研究鲁迅提供了全面、准确的资料，这也是鲁迅逝世后著作出版的另一特色。

鲁迅著作手稿的影印，解放前只做了一小部分。最早是1937年6月许广平用三闲书屋的名义影印出版的书信69封。解放后，著作手稿的影印主要有《鲁迅日记》、《鲁迅手稿全集》。前者出版较早，影响较大；后者包罗无遗，收集现存全部作者手稿。此外，还单独出分册本《鲁迅手稿选集》多种，以及出版专题本，如《鲁迅〈阿Q正传〉日译注释手稿》、《鲁迅批判孔孟之道手稿选集》等。

《鲁迅日记》是鲁迅生活状况、社会活动、友朋交往的真实记录。鲁迅从1912年开始，毫无间断地写作日记，到1936年止，共有25年，装成25本，其中1922年全年日记在1941年失落。这些日记有记事、有见闻、有交往记载，亦有买书账目，不乏对社会时事的议论，亦有感情的抒发，对于我们了解鲁迅生活的经历、思想品质和精神面貌，核对查考作者的著作文章和书信，都具有重大的文献价值。因此，1951年上海出版公司据现存手稿全部影印出版，分装三函共24册。此版保存了鲁迅日记的全貌。1959年人民文学出版社排印出版了两册本《鲁迅日记》，出版据上海出版公司影印本排印，鉴于1922年全年日记手稿已经遗失，故用许寿裳手抄片断作为补充，共补进47篇，尚缺大部分。全书并加标点。1976年7月，人民文学出版社再出《鲁迅日记》排印本。此版仍然根据1951年影印本重排，并进行核校和标点，对稿中古体字，除必要保存者外，都改成今体字，并调整篇次，把许寿裳抄补片断作为附录，最后全书附人名索引，以便查考。总之，《鲁迅日记》的出版，为鲁迅研究提供了方便。

总辑鲁迅手稿的集子有近年出版的影印本《鲁迅手稿全集》，这种多卷本的手稿全集，包括了迄今收集到的全部鲁迅著作、书信、日记等文稿，是研究鲁迅著作和思想发展的重要版本。此书由文物出版社出版线装本，已出第三函书信、第四函书信。另有平装本，已出书信和部分日记，共编入鲁迅书信1389封，包括未发表过的致许广平信和新发现的一些书信。据报道，全书第一、二函收集文稿，第三、四函收集书信，第五、六函为日记、译文和辑录手稿。该书的出版对过去流传之文稿印刷品、书信集等出版物，都可起到核正的作用，同时，还在数量上有所补充，编辑体例上还在某些信件中附印有关信件、文稿、图画，便于利用来研究作者的原文、原信。这些也是鲁迅著作出版上的改进和提高。

第四，随着我国国际地位的提高，中外文化交流的发展，鲁迅著作外文译本数量有了很大的增长。

鲁迅在世时，他的作品就曾被译成多种外国文字，但当时以单行著作较多。如《阿Q正传》，1929年出版两种俄文译本，1931年出版三种日文译本。但当时外文译本，有些曾经作者亲自指导解释或校阅文句，是值得重视的外文译本。如1931年出版的日人山上正义译本《阿Q正传》，译文由鲁迅作了"严密的校阅"，亲自为译稿写了85条校释。1929年列宁格勒"激浪"出版社出版之瓦西里耶夫俄译本《阿Q正传》，鲁迅专为此书译者写了《著者自叙传略》和《俄文译本〈阿Q正传〉序》。这些文章已成为研究鲁迅的重要史料。此外，比较重要的译本还有日人增田涉译《中国小说史略》，该书是在鲁迅亲自讲解和协助下翻译成日文的。一般的说，鲁迅生前著作全集和选集译文不多。有些以全集、选集命名的出版物，收集作品并不多，并不是作者著作的全部或大部，如1932年日本改造社出版的井上红梅编译的《鲁迅全集》，实即《呐喊》和《彷徨》两书之合集。[4]

鲁迅逝世后，其著作的外文翻译工作有了较大的发展。主要标志是我国解放后成立的外文出版社，在介绍鲁迅著作方面作出了巨大的成绩。这些国内出版的外文译本，对于扩大鲁迅著作的传播，增进世界人民对于伟大鲁迅和中国人民的了解，推动鲁迅的研究和评论，都有着重要的意义，而且，这些译本，也为国外翻译家和出版者提供了选集和翻译的参考。至于国外出版的数量庞大的鲁迅作品译本，在中外文化交流史上，更是值得我们称道的。

中华人民共和国成立后，我国外文出版社先后组织翻译鲁迅主要作品20多种，文种有英、法、德、西班牙等多种文字。鲁迅著作选集方面计有，1954年英文本《鲁迅短篇小说集》。1956—1961年英文四卷本《鲁迅选集》。1956年法文本《鲁迅短篇小说集》，1974年德文本《鲁迅小说选》，1974年日本文本《鲁迅诗歌选辑》，单行本则更多了。

鲁迅著作日译本，数量最多，品种最全。单是以作品全集和选集为例，就有1937年日本改造社《大鲁迅全集》（七卷本），1946年东西出版社的《鲁迅作品集》（两卷本），1953—1954年青木书店的《鲁迅选集》（五卷本），1956年岩波书店的《鲁迅选集》（12 卷本，以后又出 13 卷本）。此外，还有以丛书形式出版的鲁迅作品集。这里不一一列举。

50 年代开始，世界各地出版鲁迅的著作翻译本更多。据不完全统计，60 年代初，世界已有 29 个国家用 40 多种文字翻译出版了鲁迅的各种著作。[5]可以这样说，鲁迅的著作遍于全世界。各种鲁迅著作外文本，有些译文是较好的；但有些译者随意删改，或译文笨拙不可读，则也是存在的。

参考文献：

[1] 鲁迅全集出版委员会. 鲁迅全集发刊缘起［J］. 文艺阵地，1938，1（3）

[2] 李文兵. 谈谈新版鲁迅著作注释本［M］//中国出版年鉴（1980）. 北京：商务印书馆，1981

[3] 人民文学出版社鲁迅著作编辑室. 投一光辉　群魔毕现［N］. 人民日报，1977-05-21

[4] 戈宝权. 鲁迅作品外文译本书话（1-6）［J］. 南开大学学报，1977—1979

[5] 戚志芬. 鲁迅作品在国外［J］. 新建设，1961（10）

（原载于《武汉大学学报》（哲学社会科学版）1981 年第 5 期）

《项弋平论文选》序

吉林省图书馆学会准备编辑一套《中国图书馆学论丛》丛书,我是支持这件事的。因为无论从汇辑我国图书馆学研究资料来说,或是从作者本人总结研究经验来说,这都是很有意义的。

在近年来的图书馆学研究领域中,项弋平同志是一位比较活跃、比较勤奋的同志。他涉猎书史,漫步学林,写下了好些对我们有启迪的文字。现在他也应吉林省图书馆学会之约,准备将其部分著作汇集成册,作为《中国图书馆学论丛》之一出版,我认为是有价值的。也愿在此对他的学术思想谈一点粗浅的看法。

紧密地结合图书馆工作实际,勇敢地探索新的领域,这是项弋平同志的最大特点。图书馆学是一门年青的科学,它还有许多未知的领域需要我们去开拓;图书馆学又是一门发展着的科学,它需要随着时间的推移不断发展进步。因此一边实践,一边研究,在实践中找出课题,在研究中得到提高和改进,这应该是我们图书馆界的同志共同努力的方向。我们正处在一个变革的时期,各方面的改革对于理论提出了很多新的要求,我们的理论研究应该满足这种要求,应当去阐述去回答改革的实践中提出的各种各样的问题。项弋平同志正是这样做的。他思想比较敏锐,能经常抱着探索的眼光去观察研究事物,所以他能在比较平凡的工作中发现问题,进行若干有意义的探讨,如岗位责任制、定额管理、读者工作的改革、采用《中图法》改编图书以及图书馆专业人才的培养等这样一些问题,都是大家比较关心的,他都提出了一些对大家有启发作用的见解。

既勇于探索图书馆领域的重大课题,又致力于普及图书馆学知识,这是项弋平同志的另一特点。我知道他文笔流畅,又能广泛阅读,有一段时间对科普创作也颇感兴趣。因为图书馆学领域并不为社会上的人都能了解,就需要我们从事这个专业的同志通过报纸、刊物、电台进行广泛的宣传,反复的说明,以引起世人的重视。所以我对他能效力于普及工作,也是提倡的。事实上他的一些科普文章(如《书籍的变迁》)在社会上已产生了广泛的影响。

清代学者章学诚说过:"后人之学胜于前人,乃后起之智虑所应尔。"我们的学术研究自然应超过前人,但超过前人首先要批判,要继承,要学习,在前人的基础上有所创新。项弋平同志也研究传统的东西并为现实服务。他正当盛年,期望他在继承前人的基础上创新,有更多的科研成果问世。

(原载于《项弋平论文选》,成都东方图书馆学研究所,1988年)

《彭斐章论文选》序

　　这本文集是彭斐章先生在图书馆学园地里近40年辛勤耕耘的业绩，同时又应看成作者从事目录学研究的重要成果。

　　我国目录学研究历史悠久，在清代乾嘉学术风气的熏陶下，逐步形成比较系统的知识。但是，如果从现代科学意义来看，目录学仍然只能认为是缺乏理论体系、内容尚未完备的一门辅助学科。只有到了20世纪初叶，目录学才逐步汇集、融合、改造成一门独立的学科。应该说，遗产是丰富的，内容是充实的。新中国建立以后，目录学如何适应现代科学技术发展的要求，建立完善的科学体系，在社会生活中发挥应有作用，历史的任务落到新的一代学人身上。斐章先生正是在这样一种条件下成长起来的目录学家，文集选录的这些文章，大致可以说明。

　　本世纪60年代，作者在苏联国立莫斯科文化学院专攻目录学，介绍、宣传列宁目录学遗产，介绍苏联书目工作成就成为一项义不容辞的责任。作者这些早期的文章，我觉得可宝贵的就是从目录学的党性原则上影响了我国目录学研究，同时也为我们图书馆书目工作的开展提供了借鉴。

　　进入80年代以后，作者在目录学基本理论问题方面发表了系列文章，影响了我国目录学有关方面的研究，其主要方面有：①深化目录学理论研究，促进目录学体系的完善。如目录学对象看法中的矛盾说，即认为"揭示与报导图书资料与人们对图书资料的特定需要之间的矛盾，构成了目录学领域里诸矛盾现象中最主要的矛盾，也就是目录学研究的对象"。这种看法已逐步为更多的人所接受。如又论述目录学的社会功能上，结合当代科学技术的发展、文献数量的增长和内容的深化与综合、读者阅读需求的变化，做到更系统地说明目录学在读书治学上的作用，在社会生活中的影响。②评述和总结我国目录学研究现状，促进我国目录学研究的开展。作者在我国新时期的历史阶段中，注意结合目录学研究的已有成果，总结过去，指陈利弊，这是作者一系列文章的集中点，特别是在各种不同意见争论中直接提出自己的看法。如一段时间里的目录学"危机"说，作者认为这种说法是不合适的。又如一段时间里盛行新构想和新思考，作者认为应坚持创新与严肃的态度，只有如此，才能促进目录学的繁荣。又如肯定60年代目录学对象的讨论等。作者作为新中国目录学教学与研究的参与者，但从历史总结的角度去评论事件与过程，应该说更能集中地指出问题，说明教训。③介绍苏联目录学研究，帮助人们利用人类积累的成果。俄国目录学有着比较长的历史发展过程。十月革命后，在列宁的文化思想指引下，提高了目录学理论和基本问题的研究水平，特别是作为社会主义国家图书馆书目工作上取得了丰富的经验，故此，学习和借鉴苏联目录学的成就，应该说是重要的。随着改革开放的深入，西方国家的目录学理论、方法和苏联目录学理论、方法同样是我们的借鉴，作者这种坚持不懈的介绍与评述苏联目录学的工作，是应该予以肯定的。

作者从 1978 年开始招目录学硕士研究生，10 多年来，结合教学与研究，注意目录学研究趋向，作出专题性研究，概括历史进程中目录学研究的重大事件，而且结合发展状况发表自己的意见和建议。学术研究上贵在创新，但紧密结合现实发展，作出理论的说明，同样也是一件新的工作。我们要做到对老一辈目录学家的研究成果予以充分肯定，同时也应对现实中涌现的新成果予以充分注意与肯定，自然，对存在我们队伍中的问题，更应毫无保留地指出来。学术研究的健康风气，是靠广大学术工作者共同造成和促进的。作者对一些问题的看法妥当公允与否，自然是读者评论的权利了。

我国图书馆学领域包括图书馆学基本理论、文献整理技术与方法、图书馆历史与现状、图书馆情报服务的进展等方面的研究，建国 40 年来，成绩是相当显著的，与图书馆学紧密相关的目录学、文献学、情报学的研究，也已经枝繁叶茂，这也是有目共睹的事实。现在，我们在许多方面，终究有不尽如人意之处；但基本点上，战斗在图书馆学领域和其他领域的几代人，改变了旧中国图书馆学落后、分散、不成系列的状况，这是谁都否认不了的。正因为如此，吉林省图书馆学会、四川省图书馆学会、成都东方图书馆学研究所组织出版一批图书馆学、目录学、文献学、情报学家的论著，是保存文献、嘉惠士林的好事，是应该积极支持的。

作为在目录学领域与作者合作过一段比较长时间的同志，作者亲索序于予，不惴粗陋，谨志数言如上。

（原载于《彭斐章论文选》，成都东方图书馆学研究所，1988 年）

《续补藏书纪事诗传》序

《续补藏书纪事诗传》原以《续补藏书纪事诗四种》（顾廷龙先生题签）为名列入北京大学学海社1985年编印的《北京大学学海丛书》之中。内部印行以后，流传所及颇受学者欢迎。确实，把散见的纪事诗体藏书家传编校撰补而成为《续补藏书纪事诗传》，为学术界提供一部研究近代私家藏书和学术文化发展的文献，这是一件很有意义的工作。

我国的私人藏书是十分发达的。当历史社会发展到分离出从事脑力劳动的士人以后，由于聚徒讲学和个人修业的需要，就必然重视积累历史文献，私人藏书于是就会出现。

根据现有文献记载，我国私人藏书活动在春秋战国时已经出现。所谓"惠施多方，其书五车"；"今境内之民皆言治，藏管、商之法者家有之；……境内皆言兵，藏孙、吴之书者家有之"。正是私人藏书的反映。然而，从先秦至汉末，私人藏书未见盛行。这是因为图书载体多为竹帛，制作困难，传写不易，更因官守其学、世守其书，个人得书颇多艰难而造成。魏晋以后，纸写本流传，个人得书较易，学者著作日多，社会交往频繁，收藏图书不仅成为一种文化生活的需要，而且日渐成为了一种社会雅习。宋代开始关于私人藏书的文献记载日益增多。我国雕版印刷始于唐代，但到了宋代才得以在社会上广泛应用。由于书籍印制比较快捷，图书数量激增，书坊书市设立，图书市场扩大，使社会人士得书较易。访书、购书、聚书以至贩书、传抄、校录、整理等一系列图书活动，促进了私人藏书的发达，私人藏书开始成为古代藏书史的重要部分。所以，一些文士开始注意这种现象并加以记载，如宋之洪迈、周密、郑樵等的著作中，均记述了私人藏书的事实；晁氏《读书志》和陈氏《书录解题》多涉及诸家版本。这些记载虽然失于简略，且比较零散，但为我们研究古代文化发展提供了可贵的资料。明清两代，私人藏书极盛，藏家辈出，私人藏书已可分类。当时，私人藏书和学术文化发展息息相通，而且与图书编纂、出版、贩运活动，即现在称之为图书出版业、图书发行业者有密切关系。私人藏书与官府藏书、寺观藏书、书院藏书也相互交流、辗转承受，共同组成了一幅纷纭复杂的封建社会后期藏书事业发展图卷。由于私人藏书与学者文人的生活紧密相连，所以，在他们的著作中叙述藏书家事实、表彰藏书家功绩、评论图书版本优劣、介绍图书内容兼及藏家、出版家生平的文字屡见不鲜。一些综合性著述如地方志中，也记载着当地藏书家史实。地方性藏书史料如《吴兴藏书录》、《武林藏书录》，综合性藏书史料如纪事诗体藏书家传相继出现，表明藏书史开始独立成为一个历史研究的领域。吴晗《两浙藏书家史略》、《江苏藏书家小史》，杨立诚、金步瀛《中国藏书家考略》以及卢震京《图书学大辞典》中藏书室词条，则是私人藏书研究工作的发展，即文献资料的综合工作，这些工作曾经受到学术界文化界的重视与关注。

我国历史进入半封建半殖民地社会以后，由于战乱连年，社会经济凋蔽，封建官僚士大夫家道中落，特别是帝国主义者的掠夺，私人藏书受到很大冲击。但是，沿海城市的发展，近代买办阶级和资产阶级的形成，也使私人藏书在地域变化、藏书承递、利用保管和典籍流传上形成新的特点。当然，由于文化的连续性和继承性，我国近代私人藏书并没有衰落下去，就是近代图书馆兴起后，仍然是社会文化的一种强大力量。所以，近代私人藏书史实的研究，自然十分重要。本世纪20年代以来，伦明、王謇、徐绍棨、吴则虞等人搜集和积累了大量藏书家史料，撰成若干纪事诗体藏书家传，所记述的藏书家虽间或连及前代，但终以近代私人藏书家为主体。这样的一些纪事诗体的藏书家传，参考价值是很高的。叶昌炽编撰的《藏书纪事诗》的主要特点是摘取史志稗乘的有关私人藏书史料，贡献在于存史实、资考证。由于《藏书纪事诗》取材广泛，内容丰富，且时代跨度较大，确是一部关于封建社会私人图书编纂、印刷、流传、收藏方面的资料汇辑。通过作者案语，对史料的真实性作了评判，并适当地补充了自己闻见的事实，体例大体是完善的。伦明《辛亥以来藏书纪事诗》、王謇《续补藏书纪事诗》、徐绍棨《广东藏书纪事诗》及吴则虞《续藏书纪事诗》，虽仍沿用叶昌炽《藏书纪事诗》之体例写作，但内容和集录范围与叶著已经有了不同了。

首先值得重视的是伦明等撰辑藏书史料内容的真实性。由于伦明、王謇、徐绍棨诸人，均为近代文化学术界人士，他们所撰述的藏书史料，改变了叶昌炽的以文献史料为主要依据的情况，而以贤人学者见闻纪实为主，辅之以查检所得文献，经耳的同行见解、书坊信息，事未久远，人亦相近，自然，这里所记述的材料可靠性就大多了。这一点，伦明所撰《辛亥以来藏书纪事诗》最为明显，也最足称道。

其次值得重视的是伦明等所撰藏书史料的广度问题。伦明等生于20世纪前后，亲身经历社会的变化，亲见藏书家兴衰事实和风气转变，他们的记述在一定程度上反映了近代图书事业发展变化的历史面貌。我们从伦明等的续补藏书纪事诗著作中应该充分重视如下五个方面的问题：①关于东南沿海图书市场的发展；②关于东南沿海藏书家队伍的变化，收藏兴趣、藏书兴衰的沿革；③关于近代藏书家与近代图书馆的兴起；④关于近代藏书家活动与近代出版印刷事业发展的关系；⑤关于近代藏书家与文化学术发展的关系。

再次需要注意的是伦明等撰辑的藏书家传较之叶著的辑录有了新的深入。如反映私人藏书家的著述，如朱师辙祖孙三代所著书目录、平步青所著书目录和未刊著作目录、王仁俊著作目录等，这些著述目录有的是编撰者经眼的，有的直接抄自作者，这是很可宝贵的；又如列出一些藏书家所藏珍善本目录，如吴梅藏书中较珍贵者；列出一些著作家的著述稿本书目，并示入藏处所；等等。凡此种种，都很有价值。

最后不能不特别指出点注校补者为此集所付出的辛勤劳动。通过如今印出的这部集子，我们不难发现它的体例已较如今陆续出版的那些续补藏书纪事诗的单行本有了较大的改变，即变得更加充实丰富和更加方便使用了。先不说为所有旧式纪年、有关历史名词加注公元纪年和史实释文的做法，也不说以传主为标目而集中相关藏书纪事诗和藏书纪事传的体式，单说徐雁和谭华军同志合作增补的那些传记材料，其精细谨严就令人叹服。无疑地，这种处处为研究者着想的整理古籍的精神，是值得发扬光大的。

中国藏书史的研究，对于了解古代中国的文化发展、学术成就，研究我国图书的历史发展，总结我们今天可供借鉴的精神财富，是有极其重要的意义的。徐雁（秋禾）同志搜集徐绍棨、王謇、伦明、吴则虞等人的藏书诗著述汇编成册，并率领北京大学学海社暨北京大学学海联谊会（青年校友会）诸学友本着"光大先贤学术劳绩、服务当代学者劳动"的美意，编辑出版《北京大学学海丛书》等学术材料，这是一桩值得十分鼓励和提倡的工作。我衷心希望这个事业蒸蒸勃勃、天天向上。

（原载于谭卓垣等撰：《清代藏书楼发展史·续补藏书纪事诗传》，徐雁等整理，辽宁人民出版社，1988年）

《影响中国历史的三十本书》序

苏格兰作家斯迈尔斯（S. Smiles）曾说过这样一段话：

> 书是人类奋斗史上最为不朽的硕果，多少的殿堂，多少的雕像已经随着年代湮灭，只有书，还始终屹立着。伟大的思想，伟大的灵魂永远经得起时间的考验，从几世纪前，在作者的心中孕育成熟，直至今日，始终是经久而常新，字里行间依然跳跃着当年的思想和宏论，仿佛先哲就在眼前。

古往今来，多少先贤哲人、儒林士夫，徜徉于书林卷册，乐而忘返，沉溺于文字篇章，皓首穷经，他们品评书籍之精妙，感叹人类精神财富的伟大，叙说古往今来的业绩。书，确实太迷人，又太不可思议了。

作为人类文化现象重要表征的书籍，无论古代用简册、缣帛写成，或是木版、活字印就，应该说，都是人类精神财富和文化遗产的积累。书籍，作为人类用一定物质材料记载信息的一种最为有用的工具，在世界文明史上是产生过重大作用的。书籍的产生和流传过程，犹如一条源远流长的江河，它起始于原始知识的积累，生产经验的总结和政事的记录，随事记述，积篇成册，开始了它作为社会文化流传的最早形式。这种情况，未尝不可称为涓涓细流。但是，社会在发展，事物在演进，人类记载文字的能力增强，复杂的社会交往与信息交流，独立著述以表达思想见解，综合评说以概括历史进程，总结归纳以形成思想学派，往往促进了著作的繁富，文化的创新。我国的所谓诸子争鸣，百家蜂起，正是这种文化学术繁荣、著作丰富的最有力说明。正如涓涓细流流入江河，蔚为奇观。此后，书籍形成文化的流传方式，人们或注释旧说，形成新派，或翻译原文，散成名体，或创立新意，确定领域，或变迁文风，追本逐源，或汇辑成篇，集合众言，成为丛林。这就是所谓汹汹江河，直下千里之势。世界文化之林，为人类积累了多少精神遗产，我们是无法统计清楚的，而中华民族悠久的文化精华，实际上也远远未能加以估算。因此，人们用浩如烟海之说的模糊语言加以描述，未始不是有难以明说的苦衷的。

随着历史的演进与发展，书籍不断增生，代代翻新，如五经、六经、九经、十三经之说，六经注我、我注六经，形成中国儒家经典的丰富多样，又因代代沿袭，语言阻隔，产生出经书的传、注、笺、证，或汇为正义、集解，或追求本义的阐发、大要的说明，故有发微、大旨、本义的著述。总之，书籍的增生是无止境的。这种永无止境的增生、繁衍，追其原因，主要是某种书籍的价值是不朽的，它经历时间和空间的考验而流传下来，就是在以后的历史长河中，也可能会成为人类精神的共同财富，载入人类思想宝库而永存。如《易》、《尚书》、《诗经》等本书根源篇所列各书，编者从中国文化史发展的渊源上选择诸书，我想其本意正是从文化发展的源流上推出这些著作，说明其价值，进而引导我们从文化传统的发展观上读这些著作。

书籍是人类文明的记录，而人类文明是不断发展进化的，没有不变的社会，因而就会出现种种适应时代潮流的著述。所以，我们从中国文化的源流发展，可以看到某种学术思想的变革、文化的兴衰，更可以看到中国文化发展中形成的新思想、新格调、新文风。正是这些合潮流而歌的著作，以其清新、明快，寓于战斗精神，与人民同呼吸、共命运的著作，充分引起了社会的重视、读者的欢迎，从而在中国文化史上产生了积极的影响。本书编者的创变篇，正是从这种意图出发，介绍诸如《论衡》、《明夷待访录》、《红楼梦》等篇章。这些书籍可宝贵之处，就在于是一种喷薄欲出的曙光，它给人以启示与借鉴，以及变更现实的企望和要求。

中国历史上书籍之变化，在时代风云变幻的岁月中最能显出它的端倪。当然，我这里所指的是书籍内容的变化。同样，书籍内容的变化，也会多少促使书籍制度的变革。中国近代社会，由于封建制度的行将崩溃，西方文化学术思想的传播与吸收，新的生产力的发展，促使人们不断去批判旧的制度的积弊，从中理出其衰败的根源，同时借鉴新的学说与主张，摸索一条可以医治社会的道路，探讨建立一种新的理论与方法。所以兴利除弊，或曰破与立，必然深刻地反映到文化学术著作上来，书籍的作用再也不是一种消闲解闷的消遣品，书籍应该是一种战斗武器，是一种力量的较量。因此，我们从近代社会中就可看到，一部部富有创造精神的著作相继问世，是闪电、是飓风，以其精神力量，引导人们走向战斗前沿阵地，而义无反顾地出生入死。本书编者选择了近代社会影响巨大的《天演论》、《建国方略》、《新民主主义论》等书，正是向人们昭示，在我国近代社会的巨大变化中，这些书籍的巨大社会作用。

当代最有影响的科学哲学家波普尔曾经指出知识增长问题的三个世界的学说，我们在这里不可能全面评价其学说的价值，但是"三个世界"的学说，特别是世界3的看法，与之比较我们前面提到的影响中国历史的书籍的流传，还是足资借鉴的。中国历史上由于政事更迭、兵火连绵，甚或人事喜怒之中，往往藏书楼湮没，图书馆废停，对人类文化的传播产生过重大影响。然而仍有大量的图书资料保存下来了，人们还可代代增续，重建文明。可以看出，这种现象形成了的知识体系，具有客观的、自主的固有模式，表现了知识增长是发展的。综观中国书籍发展史，我们可以看到，某种图书的流传影响，可能是有形的，如通过官方的宣传，民间的传递，或教化臣民、启迪后学，都是靠的那种典籍，形成了阅读、研讨、融化为一代代的思想潮流。但是，也可以看到，历史上产生和发展的多元化文化模式，人们形成和规定的文化传统，通过口授心领，靠自身修养和社会薰陶，又演变和凝聚成一种新的文化。这种文化同样在人类社会中得到发展，最终又反映在诸如书籍、档案等文献中得以传播和存留。这样，我们在评价历代书籍的影响时，就能比较充分地认识某种书籍的价值，本书某些篇章的编者正是在这点上给我们做了工作。即对某书既说明其本身的流传，而且说明了其思想主张、独到见解和理论体系的长期影响。《孙子兵法》可以治军，同样可以管理企业；《礼记》是古代礼制之书，但未尝不可从中引申出精神财富。古为今用，定是通例。

从社会学的角度研究书籍发展，我们看到著作者的思想高度和内容深度，同时也要看到书籍通过出版、发行渠道，在读者中引起的巨大的社会作用和它对社会政治、文化、学术、生活的影响。任何著作离开了读者利用，实在很难说明其真正价值。所以，对于中国书籍的研究，除了从书籍内容、书籍制度本身去研究外，我们还要加强对书籍的社会效果即流传、影响的研究，这样，才会使我们的研究更深入，更准确，更系统。正是因为如此，我对本书各位作者共同努力撰写的这本《影响中国历史的三十本书》，对这种新的工作——着重从书籍的影响上评价，追溯书籍对历史进程的影响——是表示赞许的。同时，这种工作也是一种尝试，即用比较通俗的语言介绍历代名著，借以引起大家对中国古今文化研究的兴趣，从而逐步组织深入的研究课题，繁荣文化研究。我想，出于这种目的，这本书也是应该引起重视的。

本书作者都是学校中比较年青的同志，我们感谢他们所作的劳动。索序于予，谨志如上。

（原载于王余光等著：《影响中国历史的三十本书》，武汉大学出版社，1990年）

《中国图书馆史话》序

　　行仁同志编著的《中国图书馆史话》得以出版问世，这是我们都要表示祝贺的。

　　图书馆，不管它们曾以何种称呼，或者经历过什么样的社会形态，都是以保存文献、提供使用、弘扬文化、促进人类进步而发挥其社会职能，因此，它逐步成为人类社会文化现象的重要组成部分。探求其发展过程，分析其表现状况，评价其社会作用，往往成为图书馆学基础研究的重要课题。图书馆史研究之所以连绵不绝，著作成林，我理解正是因为研究是一种历史的总结，又是一种现实生活发展的参考，读史可以明智，不为过誉。

　　行仁所编著的这本读物，其主要特点可归纳为通俗性和知识性。所谓通俗性，即从史的角度，分析中国图书馆发展的全过程，但这是通俗化的解说，着重给读者一种比较明晰的历史发展线索。这样，对于阅读时间不多的读者可以起到省时、节力而收效大的目的。所谓知识性，即编著者虽然写史，却很注意讲明某种历史现象的背景，叙述一种文化形态的图书收集、整理、利用的状态，同时，花较大篇幅介绍现代图书馆，让读者了解现在中国图书馆的性质、作用和社会地位，对于读书，治学，这种知识是很有必要的。

　　对于中国图书馆史研究，行仁同志多处说到，很多事情没有做完，这种谦虚态度是可贵的。他正值壮年，相信他如果持之以恒，坚持不懈，是可以把一些事做得快些，好些的。值此书出版之际，谨志数言如上。

（原载于行仁编著：《中国图书馆史话》，武汉出版社，1991年）

《中国印刷术的起源》序

中国印刷术的发明与应用，对于人类历史的推动和影响是巨大的。关于中国印刷术发明的研究，不仅是中国学术界探讨的问题，而且也是世界文化学术界研究的重要课题。

印刷术的起源问题，从文献发展史的角度看，是一种新的技术方法的应用，但它对社会发展和文化发展造成的巨大影响，则是一种社会文化现象。所以，从人类文化发展史的角度看，它又代表着一种信息技术的变革，是推动人类社会发展的动力。因此，历代史学家以至现代各领域的学者都很重视它。例如，图书情报界从印刷术的发明分析它对图书情报的巨大推动；文化学、社会学界从印刷术应用于社会研究新的文化原因与社会文化类型；印刷、出版部门研究印刷术的使用和推广，认识、掌握生产发展的一般原理与发展方向；世界文献学家与文化史家则从印刷技术的交流与发展探讨文化交流与传播的足迹与前景。所以，印刷术起源与应用的研究，已经汇成多种学科结合、多种语言交流、多种文化融合的一种专学。现在，如果把印刷术的研究看成一种图书出版界的单项研究课题，不仅缩小了它的范围和影响，而且也会限制它的实际意义与社会作用，这是显而易见的。

一段时间以来，一部分有识之士，经过认真的回顾与思考，认识到像印刷术这种技术的产生与推广，是有诸种因素影响和制约的。因此，既应从更广阔的社会现象上，去分析这种技术产生的基本条件，也应从这种技术的内在因素上，去解剖印刷技术的变革原因。这样，就可避免局限于某种文献记载、某种出版物的具体年代而下一种结论。这里，既不是反对利用文献考证的科学方法，也不是反对利用实物例证所进行的种种研究。

作为封建社会技术方法的发明与应用，印刷术是一种实例。其发明的记载与实际发明的时间可能是有相当距离的，这主要是信息传播上的局限，如具体发明的主人是否载之典籍，重视这种发明的人能否及时加以宣扬推广。同时，发明与推广这两者又是有区别的，发明创造是一回事，加以推广应用又是一回事。印刷术的起源，有人曾定为五代冯道之刻儒家经典就是例证。实际上冯道是刻印儒家经典，是印刷术的应用者，前此印刷术早已发明是有充分理由的。培根在《新工具》中说："在这一种发明的进程中，人心方面有着这样一种别扭情况和不顺当的根性，开始是不信赖它自己，随后又蔑视它自己；起初不相信任何这类事物能被发现，既经发现以后则又不能理解何以人世与它迷失如此长久。"在这点上，中国文化传统的重社会轻自然、重经学轻技艺的现象，往往造成某种技术的发明创造或遭到扼杀，或长期湮没无闻，侥幸有些文人加以记载，又可能笼统而言，语焉不详。这种历史悲剧，作为印刷术也概莫能外。

曹之先生是一位中年学者，专攻古代文献研究，孜孜以求，日夜攻读，已有《中国古籍版本学》一书问世，得到社会的良好反应。今作《中国印刷术的起源》，又是一

部颇有特色的学术著作。我有幸读到这部新著,感到在以下几个问题上颇具特色:

首先,广泛的资料查考。作者为了取得有关资料,下苦工夫查考了二十四史中有关著书、读书、藏书、抄书等资料。为了更加充分说明此类事实,他还把《全唐文》、《全唐诗》中有关诗文勾划出来,还有杂史笔记中的有关资料。因此,这本论著不仅重视理论上的推导,而更重视实际例证的说明。这种钻研精神对于今日的学术研究,应该是更加难能可贵的了。

其次,多角度的思维论证。作者在考证印刷术起源问题时,注意文献记载的分析、审视,说明哪些记载是可靠的,哪些记载是值得怀疑的。同时,又从另外的视角,即从教育(如科举制度和学堂)、文化(如读书和藏书)、技术(如碑刻和印章)诸方面来看待对印刷术的呼唤和要求,这样,就能从社会需要上说明印刷术发明和推广的原因,进而得出较为平实、充分的结论。这种方法是值得称许的。

另外,有分析地对待已有研究成果。作为一种论辩性的著作,作者既分析了过去学术界的成绩和不足,也注意指出其中某些论证之不周和材料之不实。正是如此,才使作者在此基础上得出更新的结论。

我热烈地期望,本书的出版能给学术园地里吹进一股新风,这是我们读者愿意看到的,可能也无悖于作者之本意。

(原载于曹之著:《中国印刷术的起源》,武汉大学出版社,1994年)

《中国图书文化导论》序

焕文同志的新作《中国图书文化导论》得以问世，这是令人十分高兴的。

作为人类文化的记录——文献（包括图书、档案和其他文字记录、音像版片），究竟具有什么样的文化意义，这是人们一直在探求的重要课题。出现在人类发展的各个历史阶段的图书，都是以不同的社会内容和特定的形式，受到特别的重视与爱护。因为没有图书，人类繁衍生息，将无以借鉴往事；社会发展进步，将难得以交流与沟通。这已经是属于常识性的问题。但是，从更高的层次上，审视图书文化的形成与发展，从更深的意义上，探讨图书文化的社会影响、历史作用，往往是不大容易办到的事情。譬如，历史上有诸多相反相成的事件，如中国封建王朝在文化政策上推崇儒家经典与查禁百家学艺，历代文人的立德、立志、立言、创作和著述大量图书与违反圣道、有悖正统的言论，以及典籍收藏、整理的多次豪举与大规模的禁书、焚书的扫荡性事件。这些，实际上从图书的文化学角度去研究，可能就会得出比较恰当和实事求是的解释。近年来有关文献文化学、图书文化学、文化传播学、读者社会学的研究之所以引起研究者的兴趣，可能正是希望探讨图书以至整个文献的社会性，进而认识图书的文化意义的动因所致。

图书是一种社会现象，因此，它的出现就具有强烈的社会意义。图书，又是一种文化的记录，同样，它具有强烈的文化内涵，又因其流传、交流、阅读、保存上的文化行动，所以，图书是一种文化，自然是顺理成章的事。总而言之，图书是一种文化，至少可从下面几方面加以认识：

图书是人类文化活动的结果。纵观世界各文明国度的发展，一般都经过了生产发展与提高后的文字的创制与用于文献的记录，那么这种文献记录的内容实际上就是文化活动内容的反映。因为文化活动的形式可以多样，表达的思想、感情以至艺术的感受与体验，都得有一定记忆和保存的手段，不然，不能传之久远，限制了传播和交流的效果。同时，不能记录和保存，必然无法利用。人们正是在这样一种需要，即既要传播，又要加以保存的条件，取材于近身，随意地用刻划、涂抹、描绘等手段，保存了人物、生灵、自然和社会事件，这就是最早的文献记录的前奏。而创制文字，并用于记录，则成为文献，或者可以说是图书的雏型。所以，从这个意义上说，图书是人类文化活动所创造的，又记录了文化活动的成果。

图书是人类文化生活的需要。"开卷有益"，这是人们最乐于接受的成语，正是因为图书开启了人们心灵的窗户，图书教会人们生活、工作和奋斗。图书给人智慧、力量和勇气。现代社会的信息化和信息的社会化，人们更感到掌握信息、使用信息的真实意义就是了解得更多、知道得更快、掌握得更准确。那么这些信息，很大范围上就是通过图书（大概念的图书）而取得的。图书的文化意义，就在于它是作为人类生存、发展的一种手段，而且进而上升为一种需要，一种文化素质之所在。

图书是人类文化财富的宝库。图书的出现，本身就是人类保存文化的手段，而图书的发展，一直承担着保存人类文化财富的重任。图书的载体、形制经历着各种新陈代谢，但是，图书的内容，记载的思想和经验，通过历史的积淀，构成了文化财富，"汗牛充栋"、"浩如烟海"只是一种比喻，但世界上、历史上和现实环境中，我们拥有多少财富，这是任何计算都难于统计清楚的。人类正是在这个巨人的肩上不断登高望远，得以繁衍发展和进步，人类离开这些文化财富，那将是不可想象的。

正因为如此，我们从文化学的意义上探讨图书文化，就显得特别需要和迫切了。前已指出，图书文化是一种综合性的研究，就愚见所及，至少有如下方面可着手研究。

一是理论的探讨。如研究图书的文化特质与本质，图书在文化环境中生成与发展的因素，图书文化的区域性、民族性问题等。

二是体系的建立。如作为图书文化学的构建，就必须讨论其对象、范围和内容，图书文化学的内容体系则是首先必须阐明的。

三是专题的研究。图书文化中涉及的政治、经济和社会问题研究，图书专门种类的研究如历史上的收书与禁书，专门图书如丛书、类书编纂的研究，官书如史书、方志的研究，又如中国图书的传播与交流、它在世界文化史上的地位等。

四是历史的总结。如不同历史时期图书产生、发展的过程，不同制作方式的图书的出现及其社会文化价值等。

总之，我们所说的图书文化研究是有别于图书学、图书史和版本、目录的研究，而是从图书的文化意义上和文化价值上的研究，那么，我们图书文化研究就会给人们一个全新的图书形象、图书观念、图书价值的认识。

然而兹事体大，牵涉到理论、历史和方法的诸方面，又关联到文化学、社会学、传播学，以至社会、环境、思想、技术等因素，如果不这样去努力，那么图书文化学的研究又将回到以往的孤立地以论说史、以史代记的局面，那当然是没有新意的。正是如此，历史的责任就放在现代学者的身上。当然，近年来，文化学研究的发展与进步，给了当代文化研究者一种很好的借鉴与启示。这样，我们就可看到目前文化研究上新老合作或年青一代学人另辟蹊径的一些别开生面的著述，繁荣了我国文化学术的研究，推动了社会的发展与进步。对于这些，我们应该表示由衷的高兴。

焕文同志所著《中国图书文化导论》，是一本有明显特色的图书文化学论著。我在阅读该书清样后，至少给我留下了如下几点印象：

理论力量凝重。作者给自己写作上规定了争取的目标是力图构建图书文化学的新的体系，同时，在一些基本的问题上作出新的认识和概括。如在论述图书之所以称为图书文化问题上，他提出了自己的看法。他说："图书文化是人类在其发展过程中所创造的一种以物化了的精神产品为形式而不断反映、复制、放大、传播人类精神成果的文化。"这一概念的确立，正是考虑了两方面的因素，一是图书本身的研究，二是有关图书成为文化现象的研究，因而就显得理论的深度增加了，较之图书学等范围又扩大了。还有，如论述到图书这个文化成果时，他分析了这种成果的二重性，即精神和物质的二重性，而强调了精神性是主要的，物质性是次要的。这种看法是符合客观实际，因而也是科学的。此外，集中于本书第二章的图书文化意义和第三章图书文化特征的论述，也具有较强的理论探讨的尝试。这些都应看成本书的特色所在。

辩论风气平和。作为一种探索性的著述,一方面表现出继承前人成果的吸收,另一方面也要进一步推动研究的发展,所以,必然要涉及对一些论点、事物的评价,应该说,这是一种十分正常的现象。焕文同志的著述中力求持论公允,做到讨论时就问题讨论问题,这是很可贵的。如在分析中国图书文化的历史分期时,提出了必须坚持发展的观念、联系的观念、具体分析的观念,用以说明其所提出的以中国历史阶段划分中国古代、中国近代、中国现代,因而图书文化也应于此为划分。对于中国图书文化的分期,是一个可以深入讨论的问题,见仁见智,各抒己见。但是,我们要提倡的是讨论过程中的实事求是和有的放矢,真理是愈辩愈明的。程焕文的著作在这点上力求摆事实、讲道理,我认为是很值得提倡的。

解说明白透彻。本书另一特点是史论结合来论说中国图书文化。这样必然要求材料充实,说理透彻;但是,既是从文化学角度研究中国图书,又不能完全写成图书的历史。所以,作者在本书第五章开始分述前图书文化、简帛文化、卷轴文化、雕版文化与近现代图书文化时,以制度、内容为线索,从发展中联系有关事件,如文化学术与图书发展的关系,文学艺术成就与图书发展的关系,以至政治、经济、文化教育对图书的内容与体系的影响等,总的是在图书文化上去认识和解说,力图说明一种图书制度上的变化是有诸多因素相互影响的。我觉得,这样就改变了史体的繁复,结合了专题叙述的优点,脉络清楚,要而不繁。

以上是就《中国图书文化导论》的总体印象上而言的。当然,如作者能在本书中加上中国图书文化在世界文化中的地位这一问题,说明中国图书文化除纸张发明、印刷技术发明的世界意义外,还有实物(图书)交流与传播的巨大影响,这自然是更为完备的。作者年富力强,自当会持续不断地做下去。

秋日晴朗,南风拂面,乡思无绪,谨记数言如上。

(原载于程焕文著:《中国图书文化导论》,中山大学出版社,1995年)

《文献生产的社会化及其管理》序

　　修铭同学所著《文献生产的社会化及其管理》一书得以出版，这是我们很高兴的一件事。

　　文献是人类文明进步的主要标志。摩尔根称人类进入文明社会是"始于标音字母的使用和文献记载的出现"。恩格斯则说明人类由野蛮时代进入到高级阶段是"从铁矿的冶炼开始，并由于文字的发明及其应用于文献记录而过渡到文明时代"（《家庭、私有制和国家的起源》）。但是，人类社会进入到文字发明以及应用于文献记录，是早期文献阶段，由此阶段到日后有多种功能，如保存、传播、利用知识（信息），并以传播作为主要目的的现代文献时代，还是有相当长的历史发展过程的。

　　要严格划分哪些是以保存知识（信息）为主的文献，哪些是以传播知识（信息）为主的文献，本身是十分困难的。因为世界上产生以文字（或其他符号）记录知识（信息）的各种载体，也可能主要目的是为了保存（如档案），但同样为了保存的目的，也会兼有为了利用的意图。任何生产文献的个人都不会，也不准备把自己所创作、编辑、出版（抄写）的文献，永远不提供使用。所以，我们就此可看到文献的社会作用是客观存在的。

　　可以这样说，文献是人类文明的产物，它是与人类社会紧密相联的。文献是社会的产物，文献产生之初，虽然谈不上社会的普遍性，但文献产生以后的社会作用是显而易见的，并朝着具有广泛的社会性方向发展，从而显露和出现社会性的明显特征。这正是为什么我们探讨文献起源时，总是把它的阅读、查询作用加以说明；这实质上就是说明其社会性的倾向。随着文献的发展和进步，文献与社会的关系表现出一种相互依存和相互制约的关系。一方面，文献一旦进入社会，不仅表现出它是人类文化的积累、文化的记录，同时也是文化的创造的见证，它与人类社会的发展是休戚相关、荣辱与共的，自然，更成为人类生存与发展的物质条件和社会结构的组成部分。这就是说，人类创造了文献，而文献又促进了人类发展，所以，我们说，文献是人类重要的文化现象。另一方面，社会对文献产生重大的影响，参与利用文献的公众及不同时代意识和思想的发展，都深刻影响着文献的发展。这就是文献社会化研究中经常要涉及的区域、民族、思想性等问题，所以，研究文献的社会化正是希望在这些基本问题上作一深层的认识。本书作者在这方面的努力，具有十分积极的现实意义和深远影响。作者对文献与社会的关系的探讨其角度和切入点是文献的社会化过程。这正是作者用力之处，因而书中内容更显其特色。文献生产的社会化，实际上是文献生产与环境、政治、法律和文化之间的关系，即作用与反作用的问题。作者认为作为社会产品的文献，它是在一定的社会条件下出现和形成的，文献生产本身有内容的确定、材料的选择、载体的构成等因素，但它总是与技术的进步、政治环境的影响、人类文明进步的进程有密切的关系，所以，它总是表现出是一定文化阶段的产物。这样，就把文献的产生、积累、传播与交流和社会发展联系起来，找到了文献赖以发生发展的客观因素和内在特点。当然，文献生产还有其内在的规律性，如作者的促进、读者的选择、社会文化机制的影响，以及文献生产的社会影响问题。应该说，以上这些认识问题的方法是客观的，而且是符合科学认识论的。

　　文献生产的社会化管理，也是文献社会化研究的重要问题，作者注意探讨了文献产品的价值、市场价格机制与调节系统、文献生产的经营与决策、文献生产的组织与管理等问题。这是一个普遍性的问题，但作者注意将当代管理学理论与我国经济改革实际相结合，这就使得理论的探讨具有重要的现实意义，即作为文献生产管理工作上有哪些问题是应该注意调节与改革的，而哪些生产管理上的工作是应该加以规范和制度化的。文献产品具有精神产品与物质产品两重性。如何在现实生活中既坚持精神文明建设的原则，鼓励发扬社会主义主旋律的产品的生产，又适应市场经济的要求，从文献产品的经济价值上讨论产品价格和利益取向，这是一个很值得探讨的现实问题。作者在这里作出的努力虽然是初步的，但这种探讨的思路是应该肯定的。

　　修铭同学年富力强，勤奋好学，学业上涉及面广，对专业研究兴趣浓厚。我有机会作为他的老师与他朝夕相处，教学相长，取长补短。这次遵嘱对其《文献生产的社会化及其管理》作一序言，既祝其学业有成，更甚欣慰的是文献学研究又添一成果流传于学界。

　　　　　（原载于贺修铭著：《文献生产的社会化及其管理》，湖南教育出版社，1997年）

悠悠千古事　笔底起波澜

编者按：中国的四大发明是古代中国对世界文明所作的重大贡献。火药、指南针和造纸术，这些发明的所有权属于中国，较少有异议。可是，有人提出德国的谷腾堡是"印刷之父"，即印刷术应以西方之发明为最早，其争论时间之长，涉及面之广，远远超过某些学术问题的讨论。最近，韩国某些学者企图用庆州发现之古印刷品来说明印刷术起源另有新说，这是对历史的篡改。事实胜于雄辩，人类历史的面目是不能随意装扮的。现刊发谢灼华先生评述美籍华裔学者钱存训先生《纸和印刷》一书的文章。该书对印刷术起源于中国作了极为有力的论证。

到目前为止，研究中国造纸和印刷术的专门著作，影响最大、系统性最强的，当属美籍华裔学者钱存训先生所著的《纸和印刷》。钱先生是著名的中国书史、印刷史研究专家，60年代就写成 Written on Bamboo and Silk（芝加哥大学出版社1962年英文版），1975年译成中文版《中国古代书史》（香港中文大学出版）。《纸和印刷》是钱存训先生为李约瑟先生主编的《中国科学技术史》（剑桥大学1985年出版，中文译本于1990年由科学出版社和上海古籍出版社联合出版）写的第五卷第一分册。该书对纸和印刷术的发明和应用、传播和影响等方面的研究，不仅比《中国古代书史》更为专门，而且更为深入和系统，是钱先生研究中国书史、印刷史、出版史的新成果。

一

钱存训在撰写《纸和印刷》时，曾给自己提出一个任务，即研究中国文化中造纸与印刷的起源与发展，时间跨度从印刷术的起源一直到19世纪，即造纸与印刷术为现代技术替代时为止。他采取了对文献进行广泛研究，对考古发现、科学报告和可能看到的产品实物进行考察的方法，着重对一些空白作出说明，如在中国纸和印刷对社会、经济和传播知识的作用和影响，这两项发明的起源及对东西方文化的影响等。作者指出，中国造纸术研究"很少有人研究当地造纸的运销的历史；对纸张的多种不同用途的起源，也没有作过系统的探讨"。对中国印刷术的研究，过去"以它的起源和西传为重点，对印刷术的发展和贡献，则不是写得过于简略，就是没有给予应有的重视。很多遗漏了的技术和艺术问题，特别是雕版和活字制备及印刷的多道工艺，都应该逐个环节地详细加以介绍并且附以图解。对印刷中的书体、版式、用材、印法这些作为印刷年代和古印刷品真伪提供鉴别标准的事项，也应该分析研究"。作者正是努力在这些方面填补空白的。

作者在自序中称，收录参考文献近2000种，插图或照片约200幅。"对每一具体事物都着重叙述所涉及的技术和艺术方面以及该事物在社会中的作用。凡前人已有著述的，就扼要加以介绍；前人疏漏之处，则以比较多的篇幅详细分析讨论。"如果我们把钱著与同类著作相比较，至少在三方面是颇有特色的：一是对各种影响造纸和印刷术的条件进行了充分的论证，给人以比较信服的结论；二是对各种意见进行综合评论，这种辩论分析是有见地的；三是对造纸和印刷术的影响作了深广的评述。因此，可以认为，钱著不仅在充分运用史料和实物的基础上，对我国古代造纸和印刷术作了科学的分析，而且，在确定中国印刷术在世界文明史上的地位具有深远意义。

二

历史研究的重要任务，就在于辨明事实，指出其真实面目。造纸是中国人发明的，纸张在中国得到广泛的应用，而造纸术又通过东传和西渐，逐步成为人类共同的财富，并在社会生活中发生巨大的影响。钱著在这些方面为我们认识封建社会中纸张的用途和生产的规模、市场的流量作了宏观的分析。

钱先生对纸张生产和消费问题，运用丰富的文献记载，作了总体的分析。他论及唐代纸张的运用："全国不下十一州经常把这类纸贡入政府。长安的宫廷藏书和后来的洛阳藏书，一律用最佳蜀纸抄写。而宫内学术部门均设专职来染纸、装潢、加工，以利保藏。政府还在南方长江流域广设造纸作坊。仅今天的江、浙、皖、赣、湘、川等省，当年即有作场90余处，又制成尺寸一律的标准纸，供商贾、寺院、官绅府邸制作账册之用。"至于到了明代，纸张生产和消费的数目已相当大了。

钱先生在著作中分别对纸张用途作了详细的分析，这种研究也是别开生面的。在比较长的时期内，我们的研究有时过于宏观化，过于抽象化。这种方法是有缺憾的，譬如纸张、印刷技术的研究，如果不能描绘出当时纸张生产工艺、技术的各种细节，就不能比较详细地提供现代借鉴和参考；同样，如果不能分析纸张的各种用途，也就不能有力地说明纸张的社会价值和文化影响。钱先生在这方面作了巨大的努力。

他概括地说，纸张的用途有：①书画纸和笺纸；②交换媒介用纸；③礼仪用纸；④纸制的衣饰；⑤壁纸和家庭用纸；⑥工艺和文化娱乐用纸。第3种、第4种用途，钱先生给我们提供了一幅生动的社会生活图景，"纸品成为昂贵实物的廉价替身"，纸品有纸制冥币，用以代表金属等贵重货币。纸品进一步发展到扎制祭物，如纸靴、纸鞋、纸制头饰、纸帽、附有装饰物的纸带、彩色纸衣和纸写的《目莲经》。总之，人世间有者，阴间要享用均可以纸品代替。此外，纸品中有神灵和英雄图像、行业崇拜偶像等，其社会影响的普遍性和深刻性，有时甚至超过具体的寺院。至于纸制的衣饰，钱先生给我们提供了纸制品的广泛用途。我们总结一下钱先生的写作特点，就可以看到这部著作的学术价值了：①追根溯源，根据文献记载、考古出土文物等，较详实地介绍了纸的最早应用；②引用文献广泛，如对官书、方志、笔记、现代研究报告、调查材料等进行综合分析；③图文并茂，有极强的直观性，给读者留下深刻的印象。

三

16世纪初，西方开始了关于印刷术的发明问题的讨论。1620年，弗兰西斯·培根高度评价了印刷、火药和磁石这几种发明对人类文明的影响，但培根当时并不知道这几种发明都来自中国。16世纪中叶，欧洲人开始写有关印刷术的书籍时，已经注意到印刷术早在中国见诸实用。但可能是出于对一种技术背景和影响的全面估计，或是出于一种文化的偏见，他们不承认中国是印刷术发明最早的国家，不少人认为谷腾堡是活字印刷的创始者。钱存训先生在自己的著作中，客观地评论印刷术出现的条件和背景，使人们了解中国是最早发明印刷术的说法是有根据的；并通过分析中西两种印刷术发展道路的不同，进一步说明中国和西方对印刷术之应用是有所差异的，从而使读者对印刷术的发明和流传的过程有了清晰的认识。

中国在发明印刷术之前就有了镌刻和用印。用印的历史可以追溯到商代，铸铜和石刻在中国也是历史久远，墨拓与漏印是复制方法。中国在6世纪以前已经出现这些技术。钱先生从征引文献、实物证明等多角度分析中国发明印刷术的可能性，并用出土实物证明8世纪时中国已有印刷术。在此基础上，钱先生论述了印刷术的发展以及技艺、工序，全景式地描述了印刷术东传与西渐的途径，说明纸牌、印花织物、版画和雕版书籍等印刷品，"在谷腾堡以前就已经在欧洲出现"。"欧洲史学家及其他作者还认为，欧洲出现印刷是由于中国的影响。"朝鲜庆州发现的古印刷品，是704年由弥陀仙译毕后在中国印好，再于751年以前作为礼品带到朝鲜的。

关于如何看待活字印刷与雕版印刷的关系，钱先生指出，首先，中国的雕版印刷印成的书籍在欧洲出现活字印刷之前已传到欧洲，因此，欧洲印刷者即使没有见过东方印刷的实际情况，至少对它的原理是知道的；其次，欧洲的木刻镌刻知识一定是从中国学到的；最后，印成的书籍，雕成的印版和金属活字，都可能是不知名的旅行者由陆上或海上贸易路线带到了欧洲。"这一切都是有力的旁证，说明欧洲印刷的根源和中国有联系。"

谈到印刷术对西方文明的影响时，钱先生说："15世纪后期及16世纪早期，印刷术使书籍成本降低得以大量出版发行，这对欧洲人的思想和社会都有深刻的影响，它激发了文艺复兴和宗教改革的精神，而这两项运动又反过来进一步促进造纸和印刷术发展，直到形成兴旺发达的出版工业。印刷还有助于民族语文和本国文学的建设，甚至也助长民族主义。印刷还使教育普及，各地文盲减少，增加了社会流动的机会。简言之，西方世界现代文明进程中的几乎每一项成就都以不同方式与印刷的引进和发展有联系。"那么，就以这一段总结性的文字作为本文的结束吧！

（原载于《书与人》1998年第1期）

《晚清图书馆学术思想史》序

焕文同志的新作《晚清图书馆学术思想史》出版了,这是一件值得高兴的事情。学术思想史的写作,是一项耗时费力的工作,他认真地去做了,而且做得较好。所以,我们大家都感到高兴,并特别地予以赞赏。

学术思想史的研究是一项艰难困苦的工作。学术史的研究,不仅要求作者全面地掌握文献,深入地阅读和分析写作者的本旨,也就是正确地解读,而且还要求作者了解学术发展的社会文化背景,深入探讨学术发展的源流演变,并且还要有特别的眼光识别写作者的创新与开拓,分析著述的因承与传袭。因为只有这样,才能综观全局、细致分析,把握全面与局部、著作与写作者以及前因后果,写出符合历史真实的学术评论,而这样的学术史才有借鉴意义。以上只是就一般学术史而言,具体到图书馆学术思想史,则又是别有一番滋味在心头了。

图书馆(古代称藏书楼)是一种社会文化机构,就行业特点而言,具有附属性、服务性、公共性,这是一种共识。正因为如此,长期以来人们把论及藏书的制度、典籍的分类与编目的文字,都是归之于"术",不是"学",称之为"器",不称它为"道"。确实,中国古代藏书方面的有关论述很少说明藏书的功用与典籍的功能,比较多的是叙述藏书的演变,或者是讨论典籍的整理。这也就是说,关于图书馆学术、思想、观念等我们可以称为学术思想的内容是十分单薄的。到了晚清,才逐步出现有关建立图书馆的目的、意义的讨论,才开始认真分析图书馆与社会、与教育、与民众意识的关系,或者说,到了这时,才有比较完整的图书馆学思想出现。当然,晚清以前的藏书思想在本质上同样是学术性的,否认它的学术性是不全面的。只不过那时这方面的有关著述相对比较缺乏,这只是学科发展的先后问题。

晚清图书馆学的发展与晚清图书馆事业的发展是同步的。19世纪后半叶,随着列强侵入中国,一些沿海城市中出现过一些传教士办的图书馆,当时称为藏书楼或图书馆,大致都是"Library"的意译。19世纪八九十年代,随着西方政治、经济学说的传入,朝野开始重视对东西方的考察和介绍。作为一种对民众教育的工具,图书馆与博物馆、读书与翻译、出版西书,被视为提高民众意识,提升民族素质,进而富国兴邦之大计,并因此而受到重视。对图书馆这一新的事物,维新派加以推广,革命派力图掌握,都是从教育民众、团结队伍的目的出发的。20世纪初年,图书馆是公众文化机构逐步成为人们的共识,办图书馆是一件有利民众、振兴国家的事。1909年,清廷学部颁布《京师图书馆及各省图书馆通行章程》,把近代图书馆事业推向了一个新的高潮。从晚清图书馆的发展来看,要推进图书馆的发展,就有讨论、介绍、评论图书馆之文章,也有向朝廷呈送的奏折、申请办理图书馆之呈文,或是图书馆之章程、规定、条例和文告、启示,它们共同构成了可以称为思想、观念的东西。因之,也就构成了晚清图书馆学思想的多样性和复杂性。

晚清是中国近代社会的一个重要发展阶段，它既是新与旧的交接，革命与反动的较量，更是社会生活急剧动荡，人们意识变化极为复杂的时代，所以，反映在图书馆学术思想上也是多样的。在借鉴西方图书馆之发展，检阅中国历史之历程的过程中，一些学者看到了西方图书馆建设之进步，同时又认为我国图书馆之发展也不落人后。一些办理图书馆之官吏，言称依乾隆之故事，成效可观，又欣赏英美之成规，以便增益人才。包括当时创办图书馆之士大夫阶层在内，办理图书馆的人士一直是将"存古"、"开新"之意贯串于各种工作中，落实于日常行动里。因此，在近代图书馆学术思想中，反映旧的观念，试图将其落实到办馆思想、宗旨和工作内容之中者有之；反映新的思想、观念，力图按近代西方图书馆办理的主张、言论，也是不乏其人的。这反映在晚清图书馆学术思想中，则更为集中、更为典型了。这也可以认为是晚清图书馆学术思想的复杂性。

正是因为以上的一些客观情况，我前面指出晚清图书馆学术思想史的写作是费力的，正好说明了焕文同志所作研究的现实意义和价值所在。

从20世纪初年到现在，在几乎近一个世纪的图书馆学论著和文章中，关于中国图书馆学术思想的论述是相当少的。1931年，也是在广州的中山大学图书馆，何多源先生连续发表了《中国图书馆学术史》的文章，何先生针对20世纪一二十年代，主要是20年代图书馆的各个业务领域的研究成果作了初步的回顾，也对某些方面的不足作了评价。所以说，何先生对图书馆学术史研究的贡献是功不可没的。20世纪80年代，谢灼华、徐雁、况能富关于中国古代藏书思想的研究，一度引起了同行的关注，但是，终因研究力量的薄弱而未能开展系统的工作。90年代，关于图书馆学思想的研究状况时冷时热。相对来说，也未有比较全面和深入的论著。这种局面，到世纪之交才有所改变。譬如，一部分学者比较注意研究中外图书馆学思想的变化与发展，写出了有一定力度的研究论著。同时，部分学者从总结20世纪图书馆学术的角度，作了分专题的、分问题的研究成果分析，这是十分有用的研究，而且也为全面的研究打下坚实的基础。此外，关于文华图书馆学专科学校成立80周年纪念，关于沈祖荣先生的相关研究，关于刘国钧先生、王重民先生的纪念活动，也有利于图书馆学术思想的研究，也正是在这样的学术发展大环境中，焕文同志关于晚清图书馆学术思想发展的研究，得以顺利地完成，并比较快地呈献于读者面前。这是我们感到高兴和欣慰的。

《晚清图书馆学术思想史》的写作特点大致有以下几个方面：

注意一种文化现象的社会关系，引导读者从本质上研究问题，这是《晚清图书馆学术思想史》写作的重要特点。图书馆是一种社会文化机构，它的产生、发展，离不开整个社会经济、文化和政治制度的影响，这是大家都比较熟悉的认识。但是，不同的历史时间里，不同的地理环境中，不同的文化氛围下，图书馆的建立、发展及其社会影响有着明显的差异性。近代中国由于列强的侵略，清王朝的腐败，国力日衰，世变民穷，故近代作为进步努力的改革与革命，大致都集中在所谓"富国强民"的目标上，而这样的主张和号召又都集中在利用相关书刊和组织出版物上。故办理阅览室、藏书楼（晚清称呼图书馆的特殊名称），不仅是一种启迪民智的举动，同时也是组织成员、完成团体目标的基地。如戊戌变法时各地办的学会藏书楼，民主革命运动时革命派办的阅览室、阅报室等。因此，我们在分析这些图书馆建立时的主张、观念，评价当时的阅览制度等问题时，就应该不仅要联系该团体的政治主张、组织原则与活动方式，更要注意分析它们办理图书馆（室）的实际效果，即宣传舆论中组织民众、团结团队的重要作用。如果我们的研究能做到这点，就表明我们在学术研究上态度是认真的、方法是科学的，因而研究结论也是可信的。《晚清图书馆学术思想史》的写作力图做到这一点，是相当可贵的。其中有些问题是研究较多的，如戊戌变法中的维新派办图书馆的分析。这样，作者利用了已有的研究成果，又进一步探讨了他们的办图书馆主张之特有认识，为我们了解这个问题提供了参考。当然，有些问题是今天，包括以后可以继续探讨的问题，如西方传教士在中国办图书馆的意图、办馆主张和办馆制度、规定，这些图书馆与中国官办、私办图书馆之间的联系，以及它们在读者中的直接影响，等等，我们如果弄清楚了这些问题，对我们理解近代社会中各种类型图书馆的发展是有帮助的。

重视个案研究，从中找到某种趋向、特质，从而认识晚清图书馆学术思想的内容，这也是该书作者努力的结果。晚清有关图书馆之言论是相当复杂的，其中从进言之人看，有朝廷命官，也有民间绅商；有维新志士、革命党人，也有赶潮流的封建顽固派。如果某个历史时代大家都谈典籍，讲藏书，大致总是有人是为自己讲的，有人是为别人讲的。晚清倡言图书馆，其目的有差异，其内容有区别，其效果大不同。因此，我们讲要具体情况具体分析，就是希望加强个案研究，在此基础上作总的研究和分析。焕文同志在分析晚清各种图书馆言论时，很注意个案的分析。如关于图书馆介绍方面影响颇大的王韬，作者就为之作了比较细致的分析。又如辛亥革命前各行省创办省图书馆，一些省级行政官吏是抱着不同目的在操作的。因此，对这次称为公共图书馆建设高潮的举动，也必须比较详细地分析。我们觉得这样的做法是可取的。

科学研究的最终目的是发现新知，我们的研究是一种追求，也就是通过研究，探求历史的真实面貌，认清历史的发展走向。在这里，我又回到本文的开头，搞学术思想史难，所谓难，就如章学诚称目录学为"辨章学术、考镜源流"一样，学术思想史是认识某个学科之钥匙，也是评判某个学科发展水平的标尺，所以说它难。但是，工作总是要人去做的，如果想到自己曾经搬过一块砖，盖过一片瓦，那么，当人们感叹建筑物之雄伟而只记得建筑设计师时，我们这些当过小工的人们，也可自豪地说，这幢楼房我也参加过劳动。其实，有这种自我安慰，也是一种成就感。我这种认识，不知大家以为然否？我说这段话的意思是，晚清图书馆学术思想史研究，现在有人做，以后还可继续做；而民国时期图书馆学术思想的研究，建国50年图书馆学术思想的研究，以至分专科、专题，分专人、团体的学术思想研究，同样也是要有人去做。那么，图书馆学研究必然更为丰富和全面。是为序。

（原载于程焕文著：《晚清图书馆学术思想史》，北京图书馆出版社，2004年）

《湖南图书馆百年志略》序

　　中国几千年的历史发展中，曾经出现过作为皇朝文化中心、学术中心的官府藏书，辅助读书、著述和印书的书院藏书，也出现过收藏数量和质量上有重大影响的私人藏书，以及为宗教传播和文献保存的宗教藏书，这些藏书类型基本上是封闭型的，它与图书馆服务大众的真正目的还有相当的距离。作为社会公共机构的图书馆、博物馆的建立，不仅有其必要的社会经济政治条件，更重要的是应该有民众阅读意识和读书习惯的普及，这也就是说应该有民众文化教育水平的普遍提高。我们探讨中国近代公共图书馆的建立和发展的进程，就可以看到处于沿海的江苏、浙江和上海，长江中游的湖南和湖北，这些地区都是我国图书馆发展的重要地区，不仅公共图书馆发展规模和数量居于全国的领先水平，而且其他类型图书馆也颇有影响，直接推动了中国图书馆事业的发展。今年，恰逢湖南图书馆建馆100周年，回顾100年的发展历程，探讨湖南图书馆历史发展的一些特点，为今后图书馆的发展提供借鉴和参考，应该是有所裨益的。

　　19世纪末叶到20世纪初年，面对列强侵略、国事日衰的状况，中国曾经有过多次的、广泛的社会活动，其中影响最大的是戊戌变法和辛亥革命运动。当时，维新改良派和深受改良影响的人物，仿照西方的文化教育制度创办报纸、兴办学会学堂、筹建藏书楼和博物院，他们这样做的目的都是希望通过这些机构和活动，向国人传播知识、培养人才，达到救济社会、富强国家的目的。因此，在维新派比较活跃的地区如浙江杭州、上海、湖南长沙、湖北武昌等地，也建立了一些学会藏书楼，这些藏书楼通过一些活动曾经在社会上产生过积极的影响。与此同时，社会上也有一些热心文化教育的人士，他们兴办学校，筹办藏书楼、博物馆，他们希望公众阅读兴趣提高、文化观念进步，使之与学校教育共同进步，达到兴贤育才的目的。所以，我们看待20世纪初年建立于杭州以藏书楼命名的浙江藏书楼，建于长沙以图书馆命名的湖南图书馆，建于武昌以图书馆命名的湖北图书馆，这些具有省级公共图书馆意义的图书馆，是中国近代公共图书馆发展史上新的一页，也是中国近现代图书馆发展史上的重要篇章。

　　湖南图书馆的建立，是清末政治改革和社会运动促进的产物。图书馆这种机构，它必须有一定的馆舍，充裕的资金，一支管理队伍，才能建立和持续地发展。这样就决定了它一定要依附于相应的机构和团体。湖南图书馆的开办就深受当时清末新政的影响，所以，当1904年长沙士绅提出募捐建立湖南图书馆时，即得到了当时地方官吏的支持。1905年，当时的湖南巡抚端方鉴于图书馆规模不大、藏书不多，因此，派员直接到日本考察图书馆事业，并派专人管理馆事，拨付款项，这样就使得图书馆建立在有章可行而逐步走向正轨。1906年，湖南巡抚庞鸿书向清廷奏建湖南图书馆时，就附有湖南图书馆章程，从这些情况可以看出，清廷的几任巡抚都对湖南图书馆的建立予以直接的支持。他们为什么对建立图书馆给予支持？一方面是因为他们要完成清末建立新式的文化机构的要求，把它们和新式的学堂相辅而行，也就是推行新政；另一方面是因为他们为了满足社会民众对新知识的追求，士绅对建立文化机构的热情。这样上下结合，官民共建，促使湖南图书馆得以比较正常的发展。

办图书馆能够得到群众的支持，是非常重要的一环。湖南地处中国腹地，是楚文化的发源地之一，物华天宝，人杰地灵，并有"唯楚有材，于斯为盛"之美誉。深厚的人文环境，世代相传的兴学育才的传统促使湖南民众对藏书和建立图书馆具有浓厚的兴趣和社会责任。所以，他们对湖南图书馆的建立和发展都起了非常重要的作用。1904年正月，长沙的士绅倡议募捐建立湖南图书馆，在启示中反复申明图书馆对社会之意义，对输入文明、实验教育的作用，并提出"改良社会不一术，而效果莫捷于图书馆"的看法。这就说明，通过清末的较广泛的社会宣传，民众对图书馆的重要作用有了新的认识。我们现在回头看过去的100年，湖南图书馆得到了省内外人士的持续不断的捐书、寄存、惠赠等等，使得它的藏书达到全面、多样，并富有特色而成为国内比较重要的藏书基地。这应该感谢湖南民众对图书馆的支持和热心帮助。湖南图书馆创办是参酌中外制度，在比较高的起点上运作的。我们现在可以看到湖南图书馆开办时的两件重要文献，一件是1904年的《湖南图书馆兼教育博物馆规则》，一件是1906年的《湖南图书馆章程》。我们分析这两个文献就可以知道，当时在办理这座图书馆时，其办馆宗旨、定名、人员配置和职责、藏书补充和整理、借阅制度等等，都有了比较明确的规定。虽然说这些制度和规定并不一定得到完全的执行，但足见其起点之高。这为湖南图书馆以后的发展打下良好的基础。首先，定名湖南图书馆，不用藏书楼的名称，这是符合世界潮流的称呼。其次，办馆宗旨的提法也是不断完善的，1904年称："本馆以输入文明、开通知识，使藏书不多者得资博览，创兴学校者得所考证为第一主义。"1906年则称："以保存国粹、输入文明、开通知识，使藏书不多者及旅居未曾携带书籍者，得资披览，学校教员学生得所考证为主义。"在办馆宗旨中加入"保存国粹"，这种提法显得更全面，因为图书馆除了阅览和参考，提供读者服务这种职能，同样也应该有保存文献、继承文化传统的重要职能。最后，两个规章对图书馆人员的配置和职责都作了比较明确的规定，如当时就规定图书馆的人员有监督、提调、收掌、收发和书记等不同的管理人员，他们分别有不同的待遇和应尽的责任。与此同时，对于藏书的补充，除了购买的途径，还有赠送方式的规定。因为当时图书馆除了可以保存永久性的捐书，也可以接受暂时性的寄存图书，这必须通过一定的奖励制度和不同的保存方法，以广泛地大量收集社会的图书，在图书馆发挥其应有的作用。至于在读者的管理方面，当时也规定了读者的权利和义务、图书馆的借阅制度和规定、关于借阅的收费和押金制度；为了满足女读者的要求，还专门制定有对女读者借书的规定。所以，这些制度为图书馆的借阅活动创造了良好的基础。

以上这些工作章程和规定，当然会有修改和补充。但是，湖南图书馆在管理水平和服务质量上，是在执行这些章程和规定中不断提高的。新中国成立以后，特别在近20年来，图书馆在管理制度化、规范化和现代化等方面，都取得了长足的进步，并且有了明显的效益。湖南图书馆正是在这种科学管理的基础上，迈向现代图书馆的新高度。

经过多年的积累，湖南图书馆的藏书是丰富多样的，而且具有鲜明的地方特色。经过一代又一代的图书馆工作者的呕心沥血的努力和艰苦卓绝的工作，湖南图书馆积累了数量众多的图书、报刊和大量的电子出版物。这些无价的精神财富和物质遗产正在发挥应有的作用，并具有永远保存的价值。这里，我们可以看到，湖南图书馆的藏书体系是具有鲜明特色的。第一，古旧图书量大质高。湖南是我国历史上藏书传统浓厚的地区，加之近代湖南涌现有一批著名的藏书家，这些藏书家的藏书，通过成批的转移，或流散于社会，图书馆工作人员通过书店购买，或通过图书馆间的相互转让、复制和传抄，就使得湖南图书馆积累了大量的古旧图书。据统计，湖南图书馆现存古旧图书、报刊、字画、手稿达80万册（件）之多，其中善本书近5万册，如此数量在省级图书馆中占有非常突出的地位。第二，特种文献收藏丰富。湖南图书馆经过多年的努力，共收集到毛泽东著作各种文字版本2600种，1万多册。此外，还有大量的各个历史时期的报刊，其中有非常珍贵的革命战争时期的报刊。而且还保存有经过整理的"文革"资料10多万份。这些积累，为湖南的文化学术的发展积累了丰富的研究材料，对中国文化和世界文化的发展也必然会发挥一定的作用。第三，地方文献积累全面系统。地方文献的收藏和利用是湖南图书馆非常有特色的工作，通过图书馆工作者卓有成效的工作，湖南图书馆共积累有全国各地的地方志近2500部，23700多册，而通过征集、购买、复制等手段，使湖南一省的地方志达近500种、11600余册。这些地方志对于弘扬湖湘文化，服务当代经济建设，促进社会主义文明都有重要的意义。第四，建立专门收藏室。湖南图书馆1984年开始建立徐特立等名人收藏专室，1990年正式设立湖南名人文库，至今已与国内外湖南名士建立了广泛的联系，收到国内外2000多人寄赠的著作、手稿、书画和藏书等近6万册（件），已建有张舜徽先生文库、吴相湘专柜、谭戒甫专柜，等等。此外，为了保存国际交流所得的资料，湖南图书馆还设有滋贺文库等，收藏日本滋贺县赠送的日文原版书刊即达3万多册。

  丰富的藏书，卓有成效的工作，使湖南图书馆成为湖南的信息中心、文化中心，是湖南读者心目中的知识宝库，是读书人的天堂。伟大的无产阶级革命家毛泽东同志早年就曾苦读于湖南图书馆，他在回忆青年时代这段读书经历时说："我的学习生活中最有收获的时期是在湖南图书馆自学的半年"，他很形象地说，在图书馆读书"正像牛闯进了人家的菜园，尝到了菜的味道，就拼命吃菜一样"。直到1971年，毛泽东还向湖南图书馆借书，也许就是因为在青年时代湖南图书馆给他留下了深刻印象。历史推进到20世纪80年代，为庆祝图书馆建馆80周年，湖南图书馆的同志请时任中共中央总书记的胡耀邦同志题写馆名。胡耀邦同志写下"湖南图书馆"五个大字，体现了党和政府对图书馆的关怀和重视。由于湖南是近代革命风云的中心地区，所以，不同时期的革命也给图书馆带来了新的风气和活力。1926年冬至1927年春，担任湖南革命重任的何叔衡同志，就曾担任过湖南省中山图书馆（即现在的湖南图书馆）的主任。可以想象出，在那样的革命年代里，湖南图书馆所起过的重要作用。在革命战争年代里，从湖南的土地上走出去的不少革命前辈，他们在新中国成立后也是非常关心湖南图书馆的发展，如革命老人徐特立同志就把自己收藏的15000余册珍贵书刊捐赠给了湖南图书馆，为馆藏增添了新的内容。此外，湖南图书馆还接受过湖南籍人士和关心湖南建设的人士捐赠的大量书刊，其中有些是非常稀有和非常珍贵的文献。这不仅是湖南的宝贵财富，也是人类的优秀文化遗产。

长期以来，湖南图书馆十分重视读者工作，在做好传统服务工作的同时，还为广大读者组织讲座、开展读书活动、举办知识竞赛和开办各种培训班，多方丰富读者的学习生活，提高读者的阅读水平。他们还积极开展为"星火计划"服务，坚持不懈地举办送书下乡、科技兴农活动，拓宽服务领域。与此同时，他们还利用馆内外力量，做好对员工的继续教育，培育了一大批图书馆工作者。其创办的《图书馆》杂志，以其清新的风格、扎实的内容，获得了同行的称赞。从这些可以看出，湖南图书馆不仅已经成为湖南省图书馆事业的组织者和促进者，也成为了湖南省社会主义教育、科学、文化的重要阵地。

一个世纪以来，湖南图书馆经历了两种制度，发生了翻天覆地的变化。新中国成立50多年来，湖南图书馆的馆藏，已由解放初期的10多万册发展到现在的300多万册，并建立了具有浓厚地方特色的藏书体系；它的服务手段已由手工操作转变到利用现代技术；它的服务内容也由传统的借借还还发展到丰富多彩的读书活动。特别是湖南图书馆工作者的敬业精神更得到了社会各界的赞誉。可以相信，湖南图书馆在新的21世纪的发展中，在信息社会的前沿阵地，必将会展现出更灿烂的明天。

湖南图书馆为纪念百年馆庆，组织编写了《湖南图书馆百年志略》这部著述，比较全面地反映过去的重要历史事件，记述了以往工作的经验与教训，这是一件十分有意义的事情。作为最早看到这本书的读者，我怀着对湖南图书馆崇敬和感谢的心情写下了上面这些感想，是为序。

（原载于湖南图书馆编著：《湖南图书馆百年志略》，北京图书馆出版社，2004年）

《地方文献学刍论》序

　　最近几年来，地域文化研究引起了学术界的重视。一个地域文化的研究，对于认识一个地域的历史发展特点和文化的形成过程，对于一个地区经济、文化和社会发展都是有十分重要指导意义的。同时，这种认识也有助于对中华民族文化的认识和理解。所以，地域文化研究将会以一个新的面貌出现在学术之林。对于地域文化研究提供全方位帮助的就是图书馆界长期以来积累和整理并服务于学术研究的地方文献。骆伟先生新著《地方文献学刍论》的出版，不仅对于地方文献工作具有指导意义和参考价值，而且对于地域文化的研究也是有帮助的。

　　文献是人类社会发展到一定阶段的产物，是人类社会由野蛮时代进入到文明时代的重要标志。文献既是人类文明进步的产物，同时，文献也推动了人类的文明和进步。在世界文明古国的历史进程中，我们都可以看到这种现象。当社会发展到一定阶段的时候，人们迫切需要进行交流，但是，只靠口耳相传已经不能满足交流思想、传播信息、记载经验的时候，都曾尝试过应用图像、符号等手段来记录思想与事物，描绘自然现象与生产、生活过程。他们把这种图像、符号直接刻画在，或者描绘在任何可以记载这些信息的自然物体上。这些自然物件上所保存的信息，既是一种对历史的时空记忆，也是对现实的真实的记录。那么，这样一种可以保存、交流和传递信息的载体就可以理解成早期的文献。

　　人类历史绵延流长，远古社会人们应用各种材质记载各种文字和图像，制成各种形态的文献，如我们了解的泥板文献、纸莎草文献、甲骨文献、石质文献和用自然物加工的金属器文献。以后，随着对自然物加工技术的提高，就出现了用纸张作为记录文字和图像的载体，这就是我们现在保存并仍然广泛应用的纸质文献。纸质文献对于记载思想、经验和社会生活的内容，不仅可以保存和传递，更主要的是它为人类阅读和写作提供了非常便利的条件，而且也是学习过去历史经验、继承文化传统的教材，进行新的创造和发展的一种最直接的动力和源泉。

　　文献的载体可以是多种多样的，文献形态也是不断地发展变化的。文献的功能主要是记录信息，所以文献具有传播与流通的价值，也就是通过文献保存的内容人们才真正认识到自己创造和积累的精神财富和物质财富，也只有通过内容的传播和交流，才能真正体现文献的社会价值，发挥文献的社会功能。文献的交流和传播加深了人类对自然事物的认识和总结，我们现在大量的自然科学和技术科学的成果，在一定意义上是靠文献加以记录和保存的。人们正是通过利用这些文献，学习这些成果，利用这些技术，从而促进了人类社会的发展和进步。文献的交流和传播提高了人类对社会事物的认识水平和分析能力，从而大大地促进了社会关系的调整和加快了对社会生活的规划和管理，使人类进入到新的社会发展阶段。所以，我们说，文献最终就是为了记录和保存信息并进行传播和交流。因此，人类创造和积累了多少精神财富和物质财富，可以通过文献的发展去了解、去学习、去总结和提高，而人类文明和进步的脚步也可以从文献的流传中去感受、去欣赏、去体验。

从前面讨论的文献的社会价值和社会功能中，我们就可以体会到研究和开发地方文献的真正意义了。所谓地方文献，就是整个文献资源中的一个重要组成部分，换一个比较通俗的说法，就是特定地区领域信息资源的汇合。一般的，从地方文献的内容和形式来看，大致包含了特定区域的事物记录、区域人物及其著述、区域出版物。从这个范围出发，我们可以看出地方文献的显著特点：从时间上来说，它具有历史性和现实性；从空间上来说，它具有区域性和多样性。前面我们已经指出，地方文献是一个特定区域的信息资源汇集，因此，它积累了该地区的地方史、地方志的著述，大量的家族谱系、档案，大量的人文和地理资料，以及现在保存下来的文化遗址、名胜古迹、名人故宅的图文记录，还有流传于世的当地出版的珍本秘籍，加上大量的名人手迹、书信和其他文物，以及有关当地的出版物。大家可以想象，这么丰富的文献资源，它经历了多少时日的洗礼，这种文献积累是非常深厚的，因而对我们的现实的指导意义是非常显而易见的。同样，时代愈近，则文献收集愈容易。所以，现实的社会经济、政治和文化等各方面文献的积累，则更会丰富多样、纷纭复杂。那么，这些新颖和全面的文献资料，为我们进行社会主义革命和建设提供了最新的参考和借鉴。以上所说，就是地方文献相比于其他类型文献的特殊之处。

那末，从空间上说明地方文献的特点，就是它的地域性。地域性有历史的区域变化，也有当下的区域范围，这些都对当前这个地区产生影响。地域性的特点影响文献的则会有该地区自然地理、人文地理的多种记录，也有历史上发生于该地区的政治、军事、经济和文化事件的记录。这就是地方文献一个很重要的历史积累。至于说到多样性的问题，因为一个地区是特定领域，是一个小区域的社会，所以，反映这个小社会的各种文献是多种多样的。如我们大家比较熟悉的各种出版物，当地出版的报刊，反映这个地区的多媒体，如影片、录像带、录音带和各种电子产品等。此外，还有各种团体、企业和政府部门保管下的大量档案、图表、统计资料和各种文献。

为什么我们要在这里讨论地方文献的特点？目的是希望说明它在社会生活和社会发展中的特殊作用，如地方文献的信息为有关部门制定政策和规划提供参考和咨询，地方文献的信息对于本地区青少年进行历史传统、革命传统的教育提供良好教材，地方文献的信息为本地区进行科学研究、文化教育等方面的工作提供全面的帮助。此外，地方文献还可以为本地区企事业单位的生产和发展提供有用的信息。最后，地方文献的信息为本地区地方史志的编写、各行业专门史志的编写提供了坚实的史料支持。

对于地方文献的特点和社会作用的认识只是问题的第一步。下一步真正要做好的事，是如何征集多种多样的地方文献，如何鉴别和分析这些文献的价值和用途，如何对这些文献进行整理与揭示，以及如何开发和利用这些文献资源，真正使它们为社会政治、经济和文化发展服务。这就是所谓问题的第二步，这是一件真正的、艰巨的、长期的科学工作。人们呼唤地方文献研究的深入，正是出于这一点。骆伟先生的《地方文献学刍论》，在一定程度上可以满足我们这种要求。

《地方文献学刍论》是一本关于地方文献学通论性的著述。首先，它对当前地方文献学研究进展中讨论比较多的问题，提出了作者自己看法，这实际上反映了作者多年来对地方文献研究探讨的成果。同时，作者把注意力集中在对地方文献信息资源的特点和作用进行分析，他的意图就是要使大家对地方文献信息资源作更为深入的了解。至于对地方文献的开发与利用，作者更是把它放在当代文献开发与利用问题上进行讨论。所以，他提到文献资源共享、共建的问题，文献资源现代化建设的问题。这样，就研究的角度从理论联系到实际，使实际工作部门更具有可操作性。这种研究实际上涉及文献学、图书情报学、档案学的有关学科内容，同时要联系到当代数字技术、电子技术和网络技术等方面，作者都希望能在这些方面促使地方文献工作更好、更快地得到发展。作者的这些愿望应该是难能可贵的。

　　我在阅读骆伟先生的著作中，还感觉到他在地方文献研究中的一种努力，即他力求做到使研究内容古今汇通。他把地方文献这一事物作为一个研究整体，改变以前研究文献学或者侧重于古代，或者侧重于现代的情况。作者在书中，除了探讨地方文献的特性、功能、作用等基本理论问题外，还对当代社会普遍关心的问题作了新的说明。如对于族谱、宗谱等姓氏文献作了重点分析，他就是希望这种分析和研究使地方文献这类文献提升其价值，焕发出新的光彩。此外，作者在探讨地方文献的现代技术应用的问题也作了努力。他介绍了港澳台在地方文献应用现代技术方面的进展，并介绍了《广东文献数据库》、《岭南文献数据库》、《广东人物数据库》、《珠江三角洲文献数据库》等，分别说明这些数据库的特点和使用价值。所有这些努力，说明地方文献是珍贵信息的宝库，更强调要把这些珍贵信息加以开发和利用。所以说，作者在书中为我们提供了研究地方文献的范例。

　　最后，我还要谈谈作者在研究中所遵行的求新求实的精神。骆先生长期从事图书馆工作，对古籍整理和古典文献的研究用力颇勤。他到广东工作后，又对广东地方文献的研究下了不少工夫。所以，他在古典文献学和地方文献研究上具有厚实基础，在讨论问题上，总是体现出一种用事实说话、用实例说明问题的风格。同时，他对地方文献研究上一直追求求新求实、不断充实研究内容，这是十分难能可贵的。如关于地方文献范围的讨论，早些时期大致用事件、人物、出版物三项来概括。这样的说法当然是可以接受的。但是，随着时间的推移，人们对地方文献范围包含的具体内容就应该有新的说法。作者在他的著作中，对于人物作了新的阐述。他认为：人物是某一行政区域或某一地理范围内，甚至是一个国家的民族素质的体现。民族素质的高低反映了该区域的物质文明与精神文明的基本状态，因此，有关区域人物的记载是地方文献的一个组成部分。他的这种认识主要是出于人是构成一个地区最活跃最重要的因素，是建设和开发这个地区的主要力量。从这个意义出发，那么这个地区出版的著作，或是别的地区出版的著作，关键是否和本地区人物有关。同样，某个人物是出生于此地，以后离开此地在外地工作，或者是外地人在此工作，关键是是否与本地人物与事件有关。活动在本地历史舞台上，也可能有官僚政客，也可能是先进的模范人物，关键是看他和本地发生的人和事的关系。因此，应该有针对性地对与本地有关的人和事进行分析与研究，不应该简单从事。进入本世纪以来，作者与时俱进，他结合社会可持续发展的问题的讨论，对地方文献可持续发展的问题也进行了探讨。如提出图书馆地方文献收藏的重点应该反映地方特色,目的是提高地方文献的品位,增强馆藏特色的优势,更好地为地方经济发展和科学研究服务。同时,他也多次强调地方文献资源共享的问题,并提出了解决这些问题的意见和建议。我们认为这些意见和建议都是值得重视的,因为这确实是当前地方文献资源建设利用中需要解决的问题。

  以上,就是我阅读《中国地方文献学刍论》的一些粗浅看法。骆伟先生是我的学长,他在地方文献研究方面学有专攻,以上的一些看法,只能算是一个同好的感言。

(原载于骆伟著:《地方文献学刍论》,澳门图书馆协会,2008年)

《清代江南藏书家刻书研究》序

桂平所作《清代江南藏书家刻书研究》正式出版了，这是很值得我们高兴的一件事。

近些年来，特别是2000年以来，学术界非常注意藏书的研究，陆续出版有《中国藏书通史》、《中国藏书楼》等大部头著述。《浙江藏书史》、《苏州藏书史》等分省区藏书史，以及专述宫廷藏书的《清宫藏书》，还有讲述书业变迁的《中国旧书业百年》和人物传记性的《文献家通考》等相继问世。此外，专论某个藏书群体、某个藏书家故实的文章和著作也引起人们的注意。接续上世纪90年代关于古代藏书楼的研究，中国图书馆学会、天一阁等都分别召开专门学术研讨会。和藏书研究有关的，如版本研究、目录编制、刻书影响等也作为研究课题引起人们的关注。这些情况说明，贯穿古今、影响上下的藏书活动是一个非常重要的文化现象。藏书研究引起学术界和文化界的重视，从一个侧面反映出改革开放以来，我们社会风气逐步走向文明和进步。当然，社会上，对名家书画、珍稀古籍、过期书刊等视为收藏品种，这是一种投资、鉴赏和爱好，与学术界的藏书研究是有区别的。我们的学术文化界如果在藏书学术研究上花大力气，对一些具体个案和藏品作出合乎历史事实的、准确的结论，提供了理解、认识和评价某个事物的主要依据，对历史遗产、珍贵文物、传统文化产品等方面从文化价值和一定的商品价值作出正确的估量，那也是有助于文化建设和市场规范的工作。

此外，我们更应该注意对传统文化的各方面，注意挖掘、发现更深层次的成果和价值。从藏书方面而言，譬如说，搜求典籍、版本流传、藏书传递，以及读书风气相联的藏书事迹、文化交流、学术研究等等。如果都能从更高的角度作出应有的成果，这对于推动文化进步和促进学术研究应该是非常有意义的。可喜的是，前些年河北教育出版社组织出版了《书林清话文库》，江苏古籍出版社组织出版了《中国版本文化丛书》，都是具有相当文化学术价值与社会影响的举动。

对于清代刻书的评价，上世纪60年代以来，我国文化学术界都以发展的眼光对清代出版物作了符合历史事实的结论。如赵万里先生在《中国版刻的发展过程》一文中说："明清两朝各地所刻的书籍，数量之大，品种之多，比之前代，不知超越了多少倍。"他还指出，当时江浙部分藏书家又是刻书家，他们翻刻了许多对学术研究有益的参考书。(《人民日报》1961年5月4日)。毛春翔先生说："（清代）三百年来，刻书之多，超乎前代，而且考证校雠之学，至乾嘉而极盛，校刻之书，多精审可靠。"(《古书版本常谈》第60页，中华书局，1962年)。刘国钧先生全面评价了清代刊本的成绩，他认为清代官刻质量很高，私人刻书以藏书家刻书成绩最著，家刻本"底本好，校勘精，刊工良，纸墨都上乘"。(《中国古代书籍史话》第105页，中华书局，1962年) 清代印刷出版的成绩，是中华民族伟大文明的积累，也是几千年典籍流传和选择的结果，更是唐宋以来印刷术不断进步与提高的总结。从发展的眼光看，文化总是不断进步和提高的，技术也是不断更新和发展的。明清两代印刷技术的全面发展，与社会学术研究日益发展密切相关。当时，官府、学者、文人和出版商相互配合，交通的发展促使了学术的交流和文化的进步，这样就使得印刷出版和书籍的流通与利用变得非常的方便和可能。所以，我们可以看到清代刻本的历史地位和社会影响。进入到新的世纪，我们距离封建制度的最后一个皇朝消亡也有百年的历史了。特别是近代，这个封建帝国经历了帝国主义的欺凌和侵略，多少祖先的宝贵财富被抢夺和破坏。正是出于这种情况的考虑，清代的出版历史和藏书历史的研究，受到社会的重视和关注，不仅是对一个历史时代面貌的正确认识和了解，而且也是我们为子孙后代提供一个比较符合历史事实的材料，我们觉得这是一个时代赋予我们的历史责任。桂平原来在东北师范大学就曾从事过清史的研究，在武汉大学准备博士论文时，她就提出以清代刻书为研究内容，在广泛征求老师和专家的意见以后，把论文内容圈定在清代藏书家刻书这个范围，最后，以江南藏书家刻书为重点。这样，既体现了这个典型地区的特殊性，同时也对清代刻书事业发展的认识有普遍意义。有了这种想法之后，桂平同志很顺利地进入论文写作阶段。此后，她广泛利用已有的研究成果，注意文献的调查和整理，按时完成预定的研究任务。桂平毕业以后，又不断地对论文进行修改和补充，现在呈现在读者面前的这本著述较之原作有了充实和提高。

　　作为《清代江南藏书家刻书研究》的最早读者之一，我深深感到桂平的努力是可喜的。这部著述的特点是相当突出的。

　　全面、系统地对清代江南藏书家刻书的特点作了历史性的分析。清代的出版史研究，特别是近代出版史的研究，学界曾予以充分的注意，如清代私人刻书成就、清代各地方刻书的特色和清代版本的特征都曾有专门的研究。桂平此书则集中在对江南私人藏书家的家刻作了系统的分析。她指出了清代家刻的普遍意义，分析了江南文人、学者、藏书家和出版家、技术工匠等密切合作，产生了大量的社会需要的丛书、选本，整理和出版各种学术性的著作和文集诗集，他们还整理和出版地方文献，编撰和出版地方志书，其中出现了大量的精本和大家公认的著作。此外，对于早期，中期、后期藏书家刻书的内容作了比较客观的分析，书中对早期的李渔，中期的卢文弨、鲍廷博，后期的缪荃孙等人的刻书作为重点论述的内容，这样就使我们不仅对清代家刻的积极影响有了认识，而且也可以帮助我们对清代文化发展的面貌有比较全面的了解。

　　社会地、历史地认识清代江南藏书家兴起的动因，并注意解剖藏书家刻书发展的社会条件。明清江南诸郡由于社会经济的发展和文化的积累，又有科举应试的需要，不仅府州县学十分普遍，私塾遍及城乡，更由于教育、阅读、学术等原因必须收藏书籍，以利参考和阅读，故藏书成风尚。同时，出于发扬文化学术传统，整理先祖家旧遗文，积累乡梓文献，发表研究成果。所以，他们也积极地刻印图书，这就是形成家刻的重要因素。桂平认为，清代江南藏书家刻书是时代政治、经济、学术文化发展的晴雨表。她在文中注意了一些藏书家刻书对学术文化的推动，同时也分析一些图书类别和典型著作的特殊影响，这样就使读者了解家刻对推动当时文化和学术发展的作用。这些分析是有新意的。

　　注意宏观地把握事物发展的脉络，但更重视细小的文献积累与分析。总的看来，这部著述对清代藏书发展史上的江南各地藏书家的功绩作了充分的肯定。但是，我更肯定作者对于一些藏书家刻书的具体分析。作历史研究强调史料的积累和分析，没有典型的事例就不能作出具体的分析。如果不是对原始资料的分析和理解，我们也不可能对一个具体事物有准确的认识，更不可能提升到一种规律性的理解。这些都是前辈学者反复教诫我们的，我们希望年轻学者认真地打好基本功，踏踏实实做学问。

作为一项比较大的研究课题，清代藏书家刻书的研究以至清代刻书的研究，其实还有很多工作是可以做的。譬如，能否从一些藏书家刻书的动因、编辑意图、编辑程序与方法等来分析刻书的全过程，从而更深入地了解某种书籍出版，进一步研究其思想意义与文化价值。又譬如，可以从一些藏书家刻的同类型图书中分析其流传和影响，研究它的社会影响，并分析当时的社会思潮和阅读倾向，这样就可以找到文化发展的轨迹。这就是说，从书籍的文化学、社会学、教育学等方面作深入研究，那么，我们的出版史研究、藏书史研究可能就更丰富和深入了。当然，我在这里并不是对作者求全责备，而只是表示一种愿望而已。

特此为序。

（原载于王桂平著：《清代江南藏书家刻书研究》，凤凰出版社，2008年）

百年变迁的忠实记录

——读《20世纪以来中国的图书馆事业》

北京大学张树华、张久珍编著的《20世纪以来中国的图书馆事业》一书问世了，这部为业界关注的专业历史著述，受到读者的欢迎是非常自然的。

新世纪已经陪着我们走了一段路程了，但是，人们对上一世纪的留恋总是表现出一种难以割舍的亲切感。对于中国图书馆事业而言，20世纪不仅是它的培育、成长和壮大的历史进程，也是它经历两个不同社会制度下发展和完善体系的过程。更重要的是，中国图书馆事业在百年变迁中，经历了由一个近代图书馆形态转为现代图书馆形态的艰难洗礼。中国近现代图书馆的发展几乎与近现代的历史是同步的，图书馆的重大事件往往都可以从中找到近现代历史发展的轨迹，丰富、艰辛，为全行业几十万从业者亲身体会。所以，人们关注和重视这百年历史的总结。张树华等老师的著述正是在这个时间上和这个问题上满足了人们的期待。

20世纪是人类历史上的一次伟大的变革进程。那是因为，人类千百年来，虽然不断地在自然领域、社会领域做出惊天动地的革命与创新，直接推动社会生产的飞跃、生活的变革和观念的更新，有力地促进人类文明的进步和发展，可是，这是人类社会进步的长期积累，也是人类社会变化的积极成果。我们可以看到，人类只有到了20世纪，社会生产的质和量才达到一个新的水平，社会财富的创造才迈进一个新的等级，社会文明的进步才升华到一个新的境界。这些成果都是前人难以想象的，只要举出我们这个世界已经进入到信息社会这个标志性的事件就可以说明了。当然，人类社会还有问题种种，20世纪还不是人们的乐园。但是，人类在过去百年的经历和创造，是超越前代的。

正是因为20世纪是一个不平凡的世纪，那么，成长、壮大以及发展成一个影响巨大的社会事业——近现代图书馆，正是20世纪百年的成就与力量之所在。我们知道，作为文献积累与传播的重要阵地，古代称之为藏书楼，近代以后才称之为图书馆。一个封闭的、不开放的独立藏书体系，其社会影响是有限的。只有到了近代成立了图书馆，藏书才成为公共的社会的财富，阅读才成为公众的社会权利。那么，它的社会作用就扩大了。相对来说，利用网络系统是整个社会的公共权利，信息资源也成为全社会共同利用的资源，图书馆的这种充分开放、平等、不限时空和个性化的服务，这就是人们所说的现代图书馆。可以想见，这些都是在近百年走过来的历史进程。正如《20世纪以来中国的图书馆事业》开篇中所说的："20世纪是中国图书馆事业迅速发展的一百年，尽管中间经历过一些挫折，甚至是灾难，但是从总的发展趋势看，图书馆事业是在不断发展、不断进步、不断成长壮大的。"这种认识和判断是准确的。那么，我们回顾与总结这100年历史，就显得非常必要了。

历史发展是曲折的，20世纪初年至20世纪中叶这50年间，大致经历了这些事件：晚清图书馆酝酿，民国初年公共图书馆建立和图书馆章程的颁布，五四运动对图书馆的推动，新图书馆运动。20世纪30年代，中国图书馆进入到第一个发展高潮，到了抗日战争时期，图书馆发展就基本停顿了。这是中国图书馆发展的重要时期。张树华教授在处理1900—1949年这段历史时，划分为四个阶段进行叙说：中国近代图书馆的萌芽和创始，辛亥革命后我国图书馆事业，五四运动后我国图书馆事业的大发展，抗日战争时期我国图书馆状况。这样的划分从时间上是有序的，从内容上也可根据该时期的重点加以展开。如抗日战争时期，图书馆状况侧重介绍我国各地图书馆遭受日本侵略者的破坏而造成的惨重损失，这就是真实的历史。客观的记述给我们一个沉重的记忆，也是历史研究的责任，这是一。张树华教授在叙述个体图书馆发展时，能从历史的背景和影响进行评价。如介绍京师大学堂藏书楼时，指出当时（1898年）创办的意图是办成"新型的官学藏书"，但是到了1902年，张百熙等正式接办时，由于时局的变化，也可能是观念的演进，正式创办的藏书楼和制定的章程，就已经使京师大学堂藏书楼具备"广天下风气"的示范作用了。而且京师大学堂藏书楼也为以后的大学图书馆产生了积极的影响，我们觉得这种评论是客观的，这是二。该书在论述20世纪上半叶图书馆发展的内容方面，把重要的篇幅放在图书馆学教育与图书馆学研究上。图书馆的发展历史悠久，但是，中国古代把典籍搜求、版本鉴别、目录编制、文献传承等工作称之为"术"，而未称之为"学"。中国近代图书馆发展非常重要的组成部分，就是西方图书馆的传入，并逐步与中国图书馆工作与技术结合起来。这样就逐步形成了中国的近代图书馆事业。张树华教授介绍了西方图书馆学的传入，同时也评价了学界的领军人物杜定友、刘国钧、沈祖荣、李小缘、韦棣华等人的学术贡献和图书馆业绩，也介绍了他们对图书馆教育的贡献。此外，还介绍了20世纪上半叶全国图书馆学期刊的类型和内容等。这样，就为我们认识20世纪上半叶我国图书馆事业的发展提供了全面的材料，这是三。我们觉得，这本著述的最大特点就是把图书馆事业的发展与当时的历史背景联系起来，并分析当时事件的内容和特点。这样，就能够给读者启发和教育，这是该书成功之处。

1949年，中华人民共和国成立，中国图书馆事业迈进了一个新的发展阶段。20世纪后半叶，中国图书馆事业的历史经历了由近代图书馆向现代图书馆过渡的革命性变革。50多年的历程是不平坦的，我们的事业有高潮也有低谷，但总是向前的。进入到20世纪80年代，中国图书馆事业以公共服务为标志，利用互联网络，走上信息高速公路，网络信息资源全民共享，并以建立数字图书馆为目标，加快图书馆工作的变革，这就使得中国图书馆和世界各国图书馆融为一体，共同成为全球资源共享的有机组成部分。对于这段历史时期的叙说，张树华教授在《20世纪以来中国的图书馆事业》一书中，用了约3/4的篇幅。这种独具匠心的安排，充分说明了作者对这段历史的重视。

该书是这样客观地纪录了20世纪后半叶中国图书馆事业的发展的：

首先，系统地反映了20世纪后半叶中国图书馆发展面貌。该书以时间为序，分别叙述了20世纪50—60年代图书馆的发展状况，着重分析了新中国图书馆建立过程中，关于图书馆方针和政策、工会图书馆的建立、图书馆分类编目的改革、图书馆的协作与协调等问题；有针对性地分析了 20 世纪 50 年代出现的图书馆"大跃进"问题，60 年代图书馆在"文革"期间的状况与问题。在这些问题上，对当时图书馆工作不尊重客观规律、不尊重知识、不尊重人才等表现，作者作了实事求是的评价。与此同时，作者也客观地介绍了当时图书馆工作的发展。如该书第 10 章介绍图书馆读者工作时，为读者说明了读者服务工作有三个发展阶段：传统的图书馆服务方式、复合型图书馆服务方式和变革、数字图书馆的服务观念和服务特点。这就给读者一个比较全面的认识，我们认为这种写法是可取的。

其次，重点叙述改革开放 30 年来我国图书馆事业的变化，这个问题不仅是百年图书馆发展的重点，也是百年图书馆发展的难点。作者把这个问题作为研究的重点是具有时代特点的。

该书注意用历史的眼光看待事物的发展。首先，对于当今的一些图书馆如何走上现代图书馆道路的这个问题，书中一般都介绍它们 20 世纪 80 年代以后工作改革的成果，介绍这些图书馆现代化的措施和办法，这就给人一个逐步演进的、逐步提高的印象。如叙述北京图书馆作为国家图书馆的发展过程，特别突出它建设数字化图书馆的工作。对于高等学校图书馆，书中分析了北京大学图书馆、清华大学图书馆等，介绍了它们进行图书馆建设的措施和步骤。同时，书中还介绍首都图书馆、上海图书馆等大中型图书馆建设现代图书馆的进展。这给我们了解全中国图书馆的发展一个清晰轮廓。其次，作者在论述现代图书馆的建设时，既分析图书馆建设中理念的变化、规章制度的建立、人才的培养与训练，也说明图书馆藏书布局、图书馆网络建设、图书馆技术装备和数字图书馆的状况，这就使读者大致了解了现代图书馆的发展水平和规模。最后，书中还讨论了目前欠发展地区图书馆事业的问题。这实际上呈现出一个当前我国图书馆事业发展状况的图景。这样的写法实际上告诉读者，要面对发展的不平衡性，要充分认识我国图书馆发展是长期性的问题。

第三，以发展的眼光看待图书馆工作与技术的进步。图书馆工作与技术的进步是漫长的，图书整理加工过程经历过手工操作、半机械加工、集中编目、在版编目等一步步的发展。图书阅览流通过程也经过馆内阅览、半开架借阅、全开架借阅，以至采用网络借阅等方式。这些都是逐步完善与发展的。与工作和技术方法相联系的，还有工作的组织与分工、工作规程与质量评定，以及图书馆管理理念与管理系统等。我们谈到的这些过程，和现代图书馆工作实际上是有区别的，却也存在着必然的联系。

作者在选取说明问题的材料时，很注意运用典型事例来介绍图书馆的发展。如第 7 章介绍首都图书馆的读者服务特色时，有针对性地叙述了服务理念的变化和读者工作的特色。第 9 章介绍中国地质图书馆的专题特色数据库给读者产生的作用与影响。

以上，就《20 世纪以来中国的图书馆事业》一书的特点作了一些分析，这只是一些粗浅看法。就现代图书馆而言，对我们这些人来说其实是一个新课题，有些问题是要学习和继续探讨的。张树华教授长期从事图书馆学教学和研究，特别是近年来以一种求真务实的精神，调查北京地区各类型图书馆，编写了《北京各类型图书馆志》，同时，上溯近百年中国图书馆发展历史，编写了《中国图书馆百年纪事》。现在，他又把注意力放在改革开放 30 年来我国图书馆事业的发展和变化研究上，最终写成了近百年来我国图书馆发展的历史著述，史料丰富，条理清晰，既有丰富的历史感，也有最新的典型材料。我认为，这项工作是具有时代意义的，因为它使我们可以看到中国图书馆是怎样走过来的，其中经历过怎样的成功之处，有过哪些错误的做法，今后的发展可借鉴的是什么。应该说，以史为鉴，就是说回顾过去，认识昨天，都是为了光辉的明天。所以在这个问题上，我们要感谢作者的辛勤劳动。当然，我们要认识到近百年的中国图书馆事业，还是有不少问题可以继续讨论与研究的。如近代中国图书馆为什么没有与西方图书馆同步发展，是什么原因造成中国图书馆事业发展不平衡等问题。我在这里不是苛求于作者，而是希望我们的研究在新的起点上有更好的发展。

（原载于《大学图书馆学报》2009年第3期）

《嘉兴藏书史》序

陈心蓉老师所著的《嘉兴藏书史》即将出版了。这不仅是地区藏书研究的新收获，而且也是嘉兴地方史志研究的补充和发展，相信一定会得到读者的关注。

世纪之交的10多年来，中国古代藏书研究一改过去相当冷落的局面，逐步在学术之林引起了广泛的重视。由文化热引起的一阵阵的读书热、藏书热，也可能会引起研究者对古代藏书楼和藏书家的兴趣。但是，根本原因在于古代藏书活动的多层次、多角度涉及古典文献工作深厚的内容。所以，古代藏书研究的热潮必然会由恢复古典传统、发扬民族精神的提倡而兴起。至今，藏书研究仍然不断引起学者的关注和社会人士的关心。有关研究成果是相当丰富和影响深远的，其中，浙江学界对古代藏书研究的成果又是特别引人注目的。

我们探索了一下浙江学界对于藏书研究的逐步升温是非常有意义的。此前，有些学者对这个问题的研究还不是群体行动。1996年，宁波天一阁举办"天一阁与古代藏书文化研讨会"，促成了集体编写《中国藏书通史》的举动。1997年，杭州大学历史系举办"中国古代藏书楼国际研讨会"，其成果是由中华书局出版的《中国古代藏书楼研究》。此后，引发了对浙江藏书楼研究的系列行动，如探讨古越藏书楼、皕宋楼等的演变和消亡，又如"纪念浙江图书馆建馆一百年"等学术活动，以及出刊《天一阁文丛》，都可以看成浙江藏书研究的发展步伐。浙江学人对古代藏书的研究，可以应了一句"天时、地利、人和"古语。所谓"天时"，是由于改革开放以后文化教育的迅速发展，学术上的开放和繁荣，在发扬传统文明、继承优秀文化遗产的社会发展中，读书和藏书成为人们共同关心的问题。因此，作为社会生活的基本内容和优秀文明行为的读书和藏书就引起人们的反思和探讨。从历史的角度探讨人们读书和藏书的行为、思想、观念的演变，也是人们十分感兴趣的问题。所谓"地利"，浙江是文化之邦，人文荟萃之地。宋朝以后近千年间，浙江成为中国文化的重要载体，也是文明的传承根据地。明清以来，浙东史学的发扬与继承、浙西词派的文风余韵，都是人们熟识的话题。文澜阁、天一阁东西相映，嘉业堂、玉海楼享誉学林。浙江学者推动古代藏书研究自然是责无旁贷的。至于说到"人和"，自然是浙江深厚的人文底蕴和博大的包容精神，浙江的学者和文人建造了历史上影响巨大的藏书名楼，保存了绵延史册的鸿篇巨制。更重要的是，浙江一代一代的藏书家，他们关于造纸、印刷、藏书、读书的观念、思想、技术和管理方式，这些都是中华文明的重要组成部分。深厚的藏书余风和人文学养，促使浙江出版了藏书研究的专著和其他研究成果，如近年来出版的《浙江省图书馆志》、《浙江藏书史》、《嘉业堂志》、《天一阁藏书史志》，以及记载天一阁研究成果的文集《天一阁文丛》。这些成果都给我们提供了了解和研究浙江藏书历史的重要材料。这些著作给我们鲜明的印象是：作者执著的探讨精神、深厚的文史功底和严谨的研究态度。他们以事实说话，用材料解读，所以这些著述具有较大的影响。我所认识的骆兆平、李性忠、顾志兴、方建新和我们的同学黄建国等诸位先生，年纪较轻的袁逸、虞浩旭等同志，都是活跃在藏书研究领域的辛勤耕耘者，他们所付出的劳动是十分难能可贵的。

要在历史研究中做出一些成绩，不经过刻苦努力确实是不容易的。梁启超在论及作史方法时曾指出："善为史者之驭事实也，横的方面最注意于其背景与其交光，然后甲事实与乙事实之关系明，而整个的不至变为碎片。纵的方面最注意于其来因与其去果，然后前事实与后事实之关系明，而成套的不至变为断幅。"(《中国历史研究法·第三章史之改造》)梁启超的说法实际上是要我们在研究具体历史事件时，既要看到它的历史背景，也要看到当时发生的事件的来龙去脉，并注意分析其前因后果。这些话对我们进行中国藏书研究应该是有一定参考意义的。中国古代藏书制度经历了如此漫长的历史时代，更因为是发生在不同的地区或者是不同统治政策影响下，所以，既会出现有不同的藏书类型，又会有不同的藏书目的和工作内容、不同的管理制度和工作方法，由于他们的工作不同，肯定会产生不同的社会作用。

藏书的内容影响着不同的读者，不同内容的书籍通过各种传播途径会发生各种思想和影响。所以，我们就可以看到一个时代有一个时代的藏书特色和藏书类型，这样就出现了按一个朝代或一个时期编写的断代藏书史，也可以按一个地区或一个类型来写的地区藏书史或专门藏书史。

前面是从时间上来说的研究内容，下面，从空间上来说藏书史的研究内容。那么，和藏书有关的直接的或间接的事件、人物，以至和这个事件或人物的相关内容都可以是我们考察的对象。譬如说，一本书籍产生和流传的过程，首先是作者进行写作或编辑，然后书商或出版人进行书籍的编辑和出版，并将其推广到社会。作为一个藏书家选择到某种出版物，或是通过买卖、交换、抄写、补配等等，最终进入到他的藏书内。这只是完成了第一步。此后，藏书家经常要对自己的藏书进行整理，诸如考察版本、校勘文字、编目分类、撰写提要等工作。而为了要提高藏书质量，还不时要对书籍进行形式上的加工和装潢。这些工作实际上就是整个古典文献研究的内容。所以说，藏书史研究也是书籍流传史的研究、文化发展史的研究。当然，要求作者对一个地区一个时代藏书史的研究做到这么全面和深入，那也是比较困难的。但是，这些研究内容恰恰说明藏书史的研究是如此丰富和有趣。

作为最早读到《嘉兴藏书史》的读者，我在阅读之余，感到这项研究可以为浙江藏书研究增添新的内容。因为从现在出版的浙江藏书研究成果来看，有概括全省古今藏书的全省藏书史，也有叙述一个藏书楼的发展史。但是，像古今藏书活动非常兴盛的地区，如杭州、宁波、嘉兴等却缺乏一个比较详尽的地方藏书史。而《嘉兴藏书史》恰恰补充了这方面的缺失。以下我试从几个方面探讨这部著作的特点：

第一，全景式地描述了千年嘉兴地区藏书的活动。作者在著作中分析明清五六百年来嘉兴地区经济文化发展对官府藏书和私人藏书的影响，并指出学术文化发展是直接推动该地区藏书发展的重要因素。而官府藏书和私人藏书的发展对于当地的社会文化和学术又有非常重要的影响。作者在论述该问题时直接追溯到宋元官府和私人藏书，因为这是明清时发展的基础。同时，作者还把藏书研究的视角延伸至20世纪初年，我国近代图书馆兴起以后嘉兴地区图书馆的发展，特别指出，这些图书馆在保存历史上遗留的文化典籍是起着非常重要作用的。这种叙述方法既突出了重点，展现了嘉兴地区藏书事业最繁荣的面貌，也没有割断历史，给人一个完整的历史面貌。我认为这种做法是应该肯定的。

第二，重点记叙了嘉兴藏书史的名楼与大家。嘉兴藏书史上出现过数量众多的著名藏书楼，这些藏书楼有些是世代相传的藏书家建设起来的，有些即使是一个人建立起来的，但是它是惠及乡里的。这些藏书楼实际上起到了一种教育、传播和文化积累的重要作用。作者在叙述藏书名家时，着重分析了他们的精善本收藏，说明他们在校勘和刻印典籍方面的贡献，同时也记述了藏书家之间的相互交往，友好地相互借阅和传抄书籍，相互研究和讨论学术问题，甚至互赠书籍，共享收藏和阅读的乐趣。作者在书中还设立专章，列举了清代修《四库全书》时嘉兴藏书名家的献书和收入《四库全书》的情况，这是非常有意义的重要事件。此外，作者还列出了某些藏书家的藏书目录，以及他们所撰写的书籍题跋。所有这些工作，为读者具体地了解藏书家的生活、认识藏书家的历史功绩提供了丰富的感性材料。像这些努力都是值得称道的。

第三，作者广泛地利用嘉兴地方文献的纪录，吸收学术界的研究成果，从而使研究内容相当丰富和充实。全书结尾部分，集中分析嘉兴藏书家对纸本文化传承的杰出贡献。这对于读者理性地理解藏书家的历史贡献也是很有帮助的。以上是笔者阅读《嘉兴藏书史》的几点粗浅体会，如有不当，敬请批评指正。

（原载于陈心蓉著：《嘉兴藏书史》，国家图书馆出版社，2010 年）

《清代藏书思想研究》序

　　王蕾博士所作《清代藏书思想研究》即将出版，从选题到内容看，这部著作都可以说是近年来图书馆学术思想史研究上的重要收获，相信它的出版将会受到读者的欢迎。

　　书籍是人类文明进步的产物，这是人们从不同角度解释"书籍"时一致肯定的事实。书籍的出现、发展和演化，或者说，人类在不同历史发展阶段运用不同的材质，使用不同的工具，记录内容各异的信息、图像、文字，最终的目的是记录和保存思想、传承经验，这样保存下来的人类精神财富和文化积淀，都是为了当下的使用和永久的保存。一部人类文献进步的历史，包含着人类利用各种手段创制文字、记录事物、选择载体、改进形制，从而形成千姿百态的典册（或称书籍）的过程。因为只有这样，才能保存和发展文化成果，也才能传播文明。所以我们说，书籍的发展、演变，丰富了人类文明的图册，深化了人类文明进步的内容，也扩展了人类文明的进步历程。

　　藏书的观念和形成一种行为，比之于书籍的产生当然是稍后的事实。可以设想，典册（或称书籍）一旦出现，一方面可以帮助人们记忆，促进人们思维并产生新的行为；另一方面，典册又是一种重要的凭证，它是一种需要反复查考，并值得永久保藏的物件。典册成为人类思想和文化创新的重要媒介，把书籍说成人类进步的阶梯，其意义正在于此。典册成为政治活动、经济交流、文化艺术创造必不可缺的因素。因此，人们对典册的认识肯定是不断变化的，由起始阶段的单页、集合称为典册。典册数量增多，必然产生保存观念，又从保存发展到检索，这样多次使用、永久保存的需要，由低级向高级发展，由无序到有序化的管理，由单纯的收藏进而主动收集、整理、保藏、利用，就会要求一定的次序、等级和分门别类的管理秩序，藏书思想就在这种情况下产生了。当然，我们也不认为，有了藏书行为和藏书事实就一定会产生出系统、完整、符合事物发展规律的管理观念和藏书思想。我们现在说的藏书思想，"藏书"是指代中国古代的各种藏书活动，藏书思想则包含中国古代藏书发展过程中出现的各种思想、观念、管理制度和技术程式、工作规程等，也就是我们称之为学术的东西，它也可以包含在中国图书馆学思想史中。我们所以用"古代藏书"是因为古代出现的藏书形态与近现代图书馆形态有所不同，应该加以区别。

　　人类的一切知识来源于实践，人们在实践中直接取得经验，又通过继承、吸收、分析、批判前人的各种经验并加以综合概括，使之成为对某一事物规律性的认识。这种认识发展成一种知识体系，可以称之为思想或科学。藏书思想的出现和形成，受各种社会条件、因素和行业的影响，更重要的是人们社会实践的推动。我们回顾一下中国古代藏书活动的发展，无论先秦的个人藏书还是官府的文献积累，初始阶段并无系统的积累和完善的管理，只有到了官府藏书的系统建立、工作制度的完善运作、服务功能的多样实现，并出现称之为"建藏书之策"的时候，才开始系统化。而这时的工作管理和业务成果，能否称之为藏书思想，这点是可以讨论的。早些时候，我对中国古代藏书思想（当时用图书馆学包含）的发展过程曾经作过如下的表述：汉魏六朝是酝酿时期，隋唐五代是形成时期，宋元是体系建立时期，明清是体系完善时期。我觉得把中国藏书体系的发展看成一个比较长久的时间历程，看作中国文明发展进步的产物，这种认识可能是比较客观的。为什么说明清是体系完善的时期？这是因为从社会发展来看，明清时期是中国封建社会发展的最后阶段，社会经济、文化的发展都达到封建社会发展的最高水平。社会的发展、文化的进步，提供了藏书发展的条件和基础，明代和清代两代互相比较，清代应该是古代藏书发展的顶峰时期。首先，清代的官府藏书十分发达，体系相当完善，管理有序，对中国数千年文化积累作了总结。当时因《四库全书》的编纂和收藏而建立起来的北方四阁和江南三阁，与众多的殿阁藏书、皇苑专藏，以及遍及各地的官学和部分书院，实际上组成了一个完善的官府藏书体系，这可以看成中国封建社会官府藏书发展的高峰。管理这些藏书，服务于当时的政治统治和文化教育事业，自然会有一套可称之为管理思想的东西。其次，由于封建文化和教育的发展，藏书成为社会上广大读书人读书学习的必备条件。私人藏书成为风尚，家族藏书也变成家族基本建设的组成部分。在这种社会氛围下，不仅讲求品种多样的基本藏书，而且逐步形成专门藏书的规模，如追求宋元善本、精抄旧刻的赏鉴家。即使是一般士人藏书，由于要讲求质量，同行间也经常交流和互通有无，这样就形成一个读书网络。我们可以看到当时一些地方的读书人，由于讲求书籍的质量，研究版本的价值，并互相交流管理经验，形成了某个藏书的流派。有些藏书家对这种管理经验进行了系统总结，这就形成了藏书实践的著述或是藏书管理系统的著作。清代私人藏书家有了藏书专门著述，这与私人藏书发达是分不开的。最后，藏书活动成为学术研究与文化传承的一种途径。我们大家比较熟悉的传承中国经学的汉学或宋学，是与当时提倡的各种政治学说、学术主张互相联系的。这些学人用文献做研究，用事实讲道理。著名的浙东史学那几位大师，既是学问家又是著名的藏书家，他们四处搜求文献，南北利用典籍，表现出对文献的高度热爱和追求。至于乾嘉盛世的考据学成果丰富，应该说都与典籍的丰富多样和藏书的兴盛有关。我们说，学术的繁荣促进了藏书的兴盛，藏书的兴盛又带动了刻书的风行。所以，清代藏书思想著述多样。可以说明清代是我国古代藏书思想发展的集大成时代，在一定意义上说，也是中华文明传统的重要积累的时代。

清代藏书思想的研究属于清代藏书史的范畴，也可说是藏书学术思想研究的一部分。在这个问题上，我也曾有过一种看法，即学术思想的研究相对于事业发展的研究似乎要费力一些。这是因为，学术思想史的研究，如果只是集中于某个学术的流派、某个学术人物的思想主张，这是一种思想史研究方法，这当然是很重要的。但是，人们研究学术、学习历史人物，可能还有一个很重要的期盼，那就是还能在他们身上学到什么，也就是对我们的启示和教育，这又是一种思想史的研究方法。有一种说法，学术史研究要做到辨章学术、考镜源流，同时也要达到继往开来的作用。所谓继往开来，我理解"继往"的基本意思是：我们做学术思想史的研究，首先要联系时代、社会、文化，因为只有在一定的历史背景下，才能看清某些学术流派产生的根源，了解学者的文化背景、学术传承、时代思潮的影响。与此同时，还要具体分析某个学人的思想、主张、行为和著述的传承和社会影响，并在学派、思潮和思想、学说、言论等方面看其发展方向和实践活动，从而做出合乎历史本来面目的评价。至于所谓"开来"，中心思想就是对原本思想、主张、学说的联系实际，评价其学说、思想、主张的现实价值，并提出这种学术发展的时代意义、发展前景。如果我的这种理解可以接受的话，学术思想史研究要求高一些、细一些和深一些，那自然是应该的。

王蕾博士所作《清代藏书思想研究》，作为中国图书馆学术思想发展的重要阶段——清代藏书思想的专题，其学术思想深度和所涉及的层面，都达到相当的程度和范围，特别是其著述具有如下几个显著特点：

第一，全面梳理了清代藏书思想的源与流。

前已指出，清代是中国古代藏书发展的顶峰时代，也可以说，清代藏书思想的发展也是中国古代藏书思想的成熟与完善阶段。因此，我们十分期盼，作为清代藏书思想的研究，一方面应该理清清代出现的多种藏书思想的源；另一方面，也要说清楚各种藏书理念、主张的流，譬如藏书收集的思想，注重完整、系统、多样的原则，其实它是有历史渊源的。我们研究者如果全面学习藏书思想，不仅可以帮助我们了解历史真实，也可以为今后图书馆工作提供重要的借鉴。《清代藏书思想研究》的作者在研究中注意追根溯源，对某种思想的提出作了比较仔细的分析，并比较深入地评述了这种思想产生的影响和社会效果。如文中讲到的儒藏思想，其研究角度是相当宽泛的。作者先追溯明代丘濬在《大学衍义补》中阐述的藏书三分的思想来说明曹学佺的儒藏说，特别指出曹学佺的外佛内儒的特点，故借佛藏道藏之鉴提出建立儒藏之说。然后分析周永年提出儒藏之说的核心思想、基本思想、管理思想，从而肯定周永年是中国公共图书馆思想最早的提出者。作者也分析了儒藏说的影响，说明儒藏说在清代藏书思想上的重要地位。作者的这种努力我是肯定的。

作者分别对清代公私藏书活动中的藏书收集思想、藏书保藏思想、儒藏思想、藏书开放流通思想等几个方面作了全面的清理，并注意从某些思想、主张的源流发展上加以评说，这样就使读者能比较全面地了解清代藏书思想的发展脉络，从而得到一定的启示与借鉴。

第二，重点评介了清代藏书思想中的精髓。

作为出现在特定历史时代的思想和观念，由于人们认识的不同，更由于受到某种条件的局限，思想观念是会有精华和糟粕之别的。对此，我们的研究目的应该是十分明确的，那就是突出弘扬民族精神，继承民族文化传统。与此同时，对于历史上出现的各种观点和论断，也应该用今天的眼光判断这些思想的先进性、全面性、科学性，从而摒弃一些落后思想和片面观点，也就是说，对历史上的思想发展作出比较全面的认识。本书作者在论述清代藏书思想诸问题上，往往选取一些重大问题进行分析论辩。如关于善本问题，较长时间里出现过反映不同作者立场爱好和选取角度不同的看法。作者在这个问题上比较冷静地分析了清代以前的看法和清代各家各派的看法，以发展的眼光指出：清代学者、藏书家的善本观念，皆兼重书籍形式和内容的精善，尤其注重通过对书籍内容真伪、完阙的鉴别考证来进行善本的鉴定和收集，特别强调清代学者提出的四重标准：足、精、旧、校。这样的分析能够帮助读者了解清代学者与藏书家对善本的认识，并且可使读者在阅读和研究书籍的版本时有所参考。

第三，客观地分析了清代藏书专著的价值。

一种学说能立于学术之林，有学术著作是个很重要的标志，思想、学说之传承，没有全面、系统的理论性著述，其影响力必然会受到一定的限制。清代学术思想的多样和丰富，可以从众多的藏书专门著述到大量的作家文集、杂著、传记和书目题跋中反映出来。《清代藏书思想研究》的作者突出评介了《流通古书约》、《藏书记要》等藏书论著，并对比较少见的《说剑轩余事》作出分析。作者对这些著作内容和价值的分析，不仅可以使我们找寻到清代藏书学者在古代藏书学术发展上的脉络，而且也可以看到他们在总结当代藏书实践上的新的发展。作者对藏书专著的思想体系、理论意义进行了深入分析，一方面使我们可以认识到清代藏书思想的特征，另一方面也可使读者了解到学术的传承和发展。

以上对王蕾博士的《清代藏书思想研究》作了简单的述评。作者在其著作中牵涉的问题还很多，这里就不一一谈了。从该书内容可以看出，作者是花了相当多的努力的，在写作中不仅广泛地找寻一些相关著作，而且对一些重点作品作了比较深入的解剖。应用材料说明问题比较准确，相关问题的解说也能利用有关的研究成果，对一些问题能够有独立的见解，这是非常难能可贵的。可以说，该著作是图书馆学术思想史研究上的重要收获，是具有重要意义和参考价值的。相信该书的出版是会受到读者欢迎的。

（原载于王蕾著：《清代藏书思想研究》，广西师范大学出版社，2013年）

书籍的文化与古旧书业的价值

——谢灼华先生谈荟

(李雅笔录)

自从1983年图书发行专业设立，放到大学本科目录上，就一直有这样一个议论：图书发行专业是不是一个学科？卖书还有学问吗？这样的看法比较普遍。因为在此之前没有高等学校有这样一个学科，学科体系、研究内容、研究范围大家都不是很了解。随着专业的创办和发展，1983年创办到招生，新华书店总店一直很支持，安排学生到长沙、南京、上海等地参加毕业实践，对知识水平、行业理解等方面都是有帮助的。

1956年，刘国钧教授就提出，国外学术界甚至可以对叶子进行研究，对昆虫进行研究，为什么图书馆管理就不能是一个专业呢？书籍能否成为一个研究对象，是不是学问，能不能占有一定地位？20世纪以来这已经不成为一个问题，但的确经过了一系列长远的道路和摸索过程。但是，把书籍当做对象来研究，需要派生一系列研究课题，如对书稿进行编辑加工、装帧印刷后成为以物质为载体的精神产品，派生出以出版物为研究对象的编辑学；发行是一种渠道，书籍如何到读者手中，读者读什么，而图书馆则是对精神产品进行科学整理，使读者寻找方便，使用长久，从而使文化与知识得以传播和保存。科学的阅读、整理和保存书籍是图书馆读者服务很重要的方面。

作为一本书的作者和读者，两者关系看来很简单，而从社会文化学来看需要有一个中介，这个中介就是通过出版机构对手稿进行编辑、出版，通过发行渠道使书籍到达读者和图书馆手上。研究所需书籍不可能只从作者或者出版社那里得到，要使图书馆藏书更完整，需要依赖发行渠道。作者要通过发行渠道找到出版者，使作者的研究成果等形成著作，读者对作者作品发表后产生一定的反响，通过评论等手段形成新的作品。比如围绕《红楼梦》出现的《红楼真梦》、《红楼余梦》等，某些绘画作品、雕塑作品和电视剧围绕某种书籍作品进行再创造，通过一定渠道又回到作者阅读范围内，形成一个"回路"。但凡一个出版物，如果不通过出版工作者的加工，是不完善、不完美和不准确的；而不通过发行渠道传播，那也是存在很多遗憾的，读者看不到，图书馆没有保存，就形成知识积累和知识传播的千年遗憾。由此可见，创作与编辑出版是作品流传的两个重要环节，发行也必不可少。这样看来，南京大学信息管理系教授徐雁，依据自己长期的积累，从事古旧书业研究这个课题，并撰著成书《中国旧书业百年》(科学出版社，2005年)，它的意义就已经非常明显了。

第一方面，从时代特征来看，20世纪，从中国近代历史来看是很值得注意的历史年代，是变革最激烈的，民族矛盾异常尖锐，文化设施更替频繁的年代。回顾历史，这些特征是很明显的，封建制度灭亡，建立新的社会制度，政权不断更替，战争频频发生。文化学术的根底，即"旧学"退出历史舞台，"新学"登上历史舞台。"新学"的出现，当时表现在新旧文化的冲击、中西文化的碰撞和古新书籍的变化上；到当代则表现为传统与现代的更替，如信息高速公路、互联网的出现。

第二方面，从书籍这个个体来看。书籍的研究，要谈到书籍的特点，即书籍具有商品和非商品的两重性。书籍作为商品的特点，表现在它编辑出版发行的过程中，体现了一个商品的价值问题，任何书都有一个定价；非商品的一面，书籍提供的信息和作为精神产品的这一点很难估价，并且这样的价值会随着时间和空间的变化而变化。爱因斯坦当年写的一篇有关相对论的文章超越时间成就了卓越的学术成果，当时的编辑未必能意识到，这篇文章会成为20世纪社会科学技术的最高成就。书籍提供系统的知识，对读者的培养和教育，一种文化信息对人类精神文化的建设和文化的推动，很难用我们所说的多少价值进行衡量和判断。这种价值如何判断，既不能用字数也不能用页码，知识文献的价值是很难准确估计的。在这点上对书籍的研究就出现一个新的课题。不仅要研究书籍的编辑出版发行过程，书籍作为社会商品出现后，通过个人购买形成私人藏书，通过图书馆购买成为图书馆藏书，中间经过它不同的变化形成的社会商品具有怎样的文化价值？譬如古书成为图书馆的收藏物后，图书馆就会比较珍贵地进行保存。

书籍的文化价值可以从三个方面来判断。

一个是时代。宋代的刻本，是中国历史上的珍宝。20世纪90年代后，收藏成为一种时尚。20世纪20年代，不同文学流派和文学主张的书籍很多。到了50年代，社会情况发生变化，中国新文学成为主要的流派，研究新文学版本价值凸显了出来。可见随着时间的推移，图书在市场上成为商品，显现出它不可替代的作用。徐雁研究视野里的古旧书业，是一种进行文化积累和文化传播的职业。宋代后书籍大量流传，坊刻本盛行。19世纪，中国社会灾祸连连，作为社会文化传播系统之一的图书馆还未普遍出现，书店成为当时学术研究和文化研究的途径，如北京琉璃厂、隆福寺、天津劝业场、南京夫子庙等。学子要博取功名，主要通过书店，因此书店担当着很重要的作用。

我曾经到莫斯科和华盛顿访学，发现真正从图书馆里流传出来的东西不多，因为美国没有很大的灾难性历史。而中国不同，抗战之后可以在书店找到很多自己需要的东西，很多是从图书馆里流传出来的。1956年后，"公私合营"把中国所有书店都捆在一起，从业人员的经营积极性受到打击，书店利益和个人利益没有挂钩，买不买和自己没多大关系，就不可能有像孙殿起那样到处搜书的情况出现。在这样的情形下，书业经营者的触角虽然延伸到社会各个方面，但是，譬如武汉的旧书店，我感觉就远远没有以前那么方便。

二是内容。书业繁荣了，文化才能发展。书籍作为一种商品，内容是质量评判的一个重要方面。一张纸没有文字它只是一张纸，而不是文献。书籍有内容后进行文化流传，它就有价值。从发展的观点来看，内容也会随着时代的不同不断丰富不断发展，不同文献在不同的时代也有不同阐释，如唐宋诗词对封建社会的反映、鲁迅杂文对旧社会的批判等。此外，书籍经过初印，再印，不同地方的印刷，乃至官印、私印等，再到现在出现的盗版，内容会因为印刷者的不同而不同。内容不同造成不同的解读，如对《红楼梦》内容的不同阐释。因为内容不同而追求不同的版本，书业为版本爱好者提供不同时期不同内容的版本，图书馆为保存文化历史而搜集不同时期的版本，作为书籍流通渠道这点来看，内容的发展形成了一种生产力。

三是形态。读者现在所看到的精装、平装以及以前看到的种种不同的书的形态，是书籍编辑加工出版印刷等过程的反映，也从一个侧面反映了出版物经过时间变迁后，为了某种目的而发生的形态的改变。一般读者看到书的简装本，图书馆会收藏一些书的精装本，而作为礼品，有些书还出现了豪华本，比如作为国际图书展览的展品等。

书籍因为时代的不同，内容的不同，又产生了不同的形态，使得书在市场上产生了不同的社会价值和对精神文明建设产生不一样的影响。而图书馆的收藏不可能满足图书作为商品的多样性而面面俱到。古旧书业这个选题有难度有挑战性。通过对书籍的评价、流传和积累作研究，它对图书馆藏书具有独特的借鉴意义。

通过以上时代背景和选题内容这两点来看，古旧书业的研究内容是很有价值的。徐雁所著《中国旧书业百年》是一部厚重的学术著作，我的基本印象可以概括为三个方面：

第一，学术视野广阔。可把该书看成一个时代的文化发展史、书籍的流传史和行业的变迁史。

书籍在20世纪经历了很多变化，从形态看从线装本改成平装本和精装本，单一的图书变为期刊报纸或其他出版物；更关键的是在内容上，表现为新旧文化的碰撞，中西文化的交流和古新书籍的变迁。作者正是选取了这种具有时代性变化的古旧书作为研究对象，从中可看到文化发展和书籍的流传过程，从事书籍的流通渠道的发行行业，包括当时出版界、书商和一些从事书籍流通的人的情况。在那个书籍变化快的时代，同时以报刊和平面媒体作为研究对象。所谓视野广阔，是指从多方面来窥探20世纪文化发展的面貌。

该书《弁言》中有一段话写得特别好："'可遇而不可求'，永远是人类社会的一个铁律。我以为，正是古旧书那种史料上的差异性、文献上的多元性、版本上的趣味性，乃至品种上的偶遇性和书价上的不确定性，才使爱书人有了与古书和旧书结交为良友、发展为故人的情感基础，才使得看似艰辛、看似琐碎的淘书访书和读书话书生涯，有了成为人生乐事之一的潜质。"

这一方面说明了为什么书业和文人学士有重要的联系。有些文人学士为了要找到某书或者一本书的某个版本，往往是通过书商来获得；某些藏书家藏书是有选择性和目的性的，比如郑振铎之研究清代文学，阿英之研究小说书报和民间文学，藏书界有要求，卖书人通过收集一些少见的、难觅的甚至就是某些藏书家急需补配的品种来满足其要求，这样藏书家和书商就结成了一种比较亲密的关系。学术研究是多元的，对书商的要求是多元的，这也从侧面反映出我国图书馆事业的不发达。书商从事古旧书业一方面是因为爱好，另一方面的确能满足社会的购书要求。书业的变迁，从第一章、第二章燕京旧书业和江南旧书业的情况以及后面章节提到建国后各地书业的情况表现出来。1956年"公私合营"，书籍零售业由新华书店统一经营，这样的时代变迁使古旧书很少再在市场上出现。当时我在上海福州路古旧书店，只看到八个"样板戏"、封建渣滓等文字，你说当时可能有旧书业吗？

作者在书里说,"旧书业的发展一直与社会治乱保持着休戚相关的联系",这是说得很准确的。"八国联军"的侵略,抗日战争的破坏,对当时书商、藏书家、图书馆造成了巨大的影响,对当时北京、上海和地方旧书业形成了致命的打击。还有之后的"文革"造成的伤害。20世纪的旧书业和整个社会发展联系紧密,往往经历了一个社会大动乱之后,要么全军覆没,要么一息尚存,这从另一个角度又显示了旧书业的重要作用。有幸保存下来的可以投入市场,进入图书馆的收藏中,可见有些事物是两面的。作者在里面比较集中地讲到"文革"以后的旧书业,如北京的中国书店、上海的上海书店;作者也讲到"文革"中,各地图书馆书的损失、藏书家的遭遇,还牵涉到重要的官员等。所谓文化发展史、书籍流传史、书籍的兴衰史,以旧书业折射出当时图书出版和文化发展的一些情况。书籍流传实际上是和整个社会的发展密切相关的,作者在这些地方始终贯穿的是书业与文人学士的关系,也从一个侧面反映了书业与文化学术发展的关系,对了解整个社会发展也是很有意义的。

作者同时对古旧书的现状有些分析,希望通过对古旧书一个世纪的变迁,反映出我国20世纪文化的变化,书籍在社会流传过程中的变异、经历的一些大起大落的过程,如政治形势、民族矛盾、行业变化所造成的影响。从书业的历史来看,比如新华书店的历史等,把对古籍书店的改造作为重要的一部分,作者就这样把古旧书业100年的发展过程展现在我们面前。把古旧书业史从文化史、图书馆史和博物馆史中挑出来作为社会文化的历史来单独解剖,比为我们提供的单独文化史、中华民国文化史要具体多了,相比图书馆史也要丰富多了。一方面反映了社会文化,又是社会文化的很重要的部分,古旧书作为文化载体体现了社会文化的方方面面,同时也受社会政治、文化、经济多方面的影响。所说视野广阔,是因为作者提供的信息,远远超过了旧书业的范围,不仅包括文化发展、书籍流传,同时还涉及党的文化政策、从业人员的素质等多方面。单独从发行方面来看,关于出版史的著作是很多的,但都没有徐雁同志从旧书业角度反映书籍流传的更丰富的内容。

第二,著作者在学术方法论上探伪求真。《中国旧书业百年》反映了旧书业兴起、变迁、衰落的过程,从一个侧面说明了它对社会文化的影响,叙说了20世纪社会事件对藏书的直接影响,特别是作者充分搜集了广大学人对旧书业的记载,实地调查了旧书业在不同地区的现状,使这部书史料非常丰富,内容非常充实、厚重,所记录的事件十分可信。学术上下了大工夫,史料的引用和经过研究所得出来的史识都很难能可贵。

20世纪30年代,由于中国社会的特殊情况,中国古代的大量典籍流传到美国、英国、法国等。当时有很多学者出国访书,王重民等让我们看到流传到国外的中国典籍的情况,朱士嘉在美国看到了一些地方志。在本书中,作者对古旧书是怎么流出去的,通过什么途径流出去的,作了说明。据我所知,他在北大图书馆找到燕京大学和哈佛大学合作的燕京引得编撰处的资料,通过姚伯岳同志的帮助,对当时买了什么书、通过什么方式买的、花多少钱买的等等这些情况做了调查。做学问不但要看到流,同时也要探其源,这才是"辨章学术,考镜源流"。有些人回忆当时怎么卖书,但回忆只是笼统的,作者能探其微,寻找史料弄清原委,同时也反映了当时书店的情况,当时买了些什么书,价格是怎么样的,其内容比较详细和准确。

注意引用相关史料来说明某个问题，使得他讲述的某些历史事件显得更加完整。典型的如阿英那一节。阿英是很著名的藏书家，有他本人自己的记述，比如买书记等；作者在写这一段的时候，又把旁人的记述收录进来，比如姜德明的记述。还有就是一个藏书家的藏书流传下来有整理者，整理人可直接反映出来他前面的藏书情况；有些读者利用藏书家的这些藏书等。多角度来记述同一件事，不仅包括当事人的记述，还有相关的旁人的记述。从旧书业这方面来看，藏书对藏书家来说是个人行为，如果只靠本人记述，信息量是很少的，往往藏书家对自身藏书以内容介绍为主，而收藏经过、书籍价值等通过旁人来了解就更详细些。作者从各不相同的角度来说明旧书业的种种史实，在方法论上起到了很好的示范作用。

"求真"是指探讨事物的真实面貌，以全面、系统、完整为研究目标。作者讲旧书业百年，有勇气把"文革"作为一个方面来写，我认为很好。"文革"时期"破四旧"，作者都写到了。我现在还保存着当年武汉大学图书馆的目录，像这样的东西还可以写得更多些。书籍在流传过程中是遭受过坎坷命运的，从季羡林先生的《牛棚杂忆》到巴金先生的《随想录》都可看到。该书写到"文革"中有的书被烧了，有的被禁了。时代变化了，文献的"价值"也出现变化，有段时间是"香花"，过段时间就成为"毒草"，过一段时间又成为"香花"，如《青春之歌》等即是。大量旧书业从业人员的情况是很难写的，但研究有关他们的一些内容还是值得提倡的。能研究到什么程度，和作者的个人具体情况和所处时代的不同来作不同的考虑。

"文革"后旧书业的情况很曲折，本书的记述比较详细，内容也比较丰富。

第三，该书可读性很强，其中《弁言九章》最有文采。我更欣赏他在写作方法上的三个"结合"：一是文献与实际调查见闻相结合。如该书第五篇中"版片与古旧书"一节中，就有现存江苏版片资源的调查。到一地注意考察当地书业的现状，同时也直接购买，说明作者不仅注意自己发现的和别人记载的文献，还特别注意实地调查，这样的研究就能在比较坚实的基础上进行。书中还记录了20世纪最后时期旧书业的有关信息。

二是把不同的社会面貌与文化景象相结合。书中比较多地运用了当事人的回忆，提供了很丰富的内容，展现了比较直观的景象。随着时间的推移，有许多东西在变化。但读书人总是和书联系在一起，和书商联系在一起。这些联系可以从书话、书评、买书、卖书等文字材料中看到，也可以从不同阶层、文化水平的人买书，和书商打交道等场面来描绘，比如书中提到的晚清、20世纪二三十年代、抗战大后方的旧书书市情况，都比较真实地再现了当时的文化风貌。

三是做到了古和今的结合。这里所说的古不是远古，是包括在这100年中的。作者分析北京琉璃厂旧书业选择的角度比较好，能以现代商业眼光来看历史问题，同时始终围绕着旧书业的主题。20世纪八九十年代，我国古旧书业慢慢复苏，作者在书中又提出了当代古旧书业的特点，特别是经营特点等，对于古旧书这个行业的不断发展，提供了一份内容 充实的专业教科书。

（原载于《图书与情报》2006年第2期）

五、岁月留痕

谢灼华与图书馆学研究

　　谢灼华，男，1935年7月生，广东省梅县人。1958年提前毕业于武汉大学图书馆学系，现任武汉大学图书情报学院教授、博士生导师。曾任武汉大学图书馆学教研室主任、图书馆学系主任。兼任中国图书馆学会学术委员、目录学分委员会主任委员、《中国大百科全书·图书馆学卷》编辑委员、武汉大学学术委员等。参与的有关著述和成果，获1988年国家教委优秀教材一等奖，1989湖北省优秀教学成果一等奖、国家教委颁发国家级教学成果奖。

　　谢灼华长期从事图书馆学教学与研究工作，曾在国内外报刊发表专业性文章近百篇，主编、独著和参编著作共10部。其主要研究成果可分为：一是图书馆学，主要是历史图书馆学研究，即中国古代藏书史、近现代图书馆事业研究；二是目录学，主要是书目工作研究和专科目录学研究；三是文献学，主要是文献学理论、地方文献学。现分述如下。

一、历史图书馆学研究

　　关于图书馆学史，谢灼华从两个方面作了关于中国图书馆学史的研究。他先从图书馆学家作个案研究，分别有对郑樵、胡应麟、章学诚、孙庆增，以及现代的杜定友、李小缘等人的研究论文。他集中说明中国古代积累了丰富的典籍收集、整理、利用的经验，这些著作或文章的出现，是我国图书馆学的先期成果，也是现代图书馆学的准备。他从中国图书馆学发生、发展的特征和不同时代特点出发，把中国图书馆学史划分为古代和近现代两段。古代图书馆学可分为四个时期：一是古代图书馆学思想酝酿时期——汉魏六朝，二是古代图书馆学思想形成时期——隋唐五代，三是古代图书馆学体系建立时期——宋元，四是古代图书馆学体系完善时期——明清。以上中国古代图书馆学史的四段划分，构筑了中国古代图书馆学史的框架，故图书馆学界称之为"四分说"。

　　在界定中国古代图书馆学的内容上，谢灼华提出包括五类：一是藏书沿革与馆阁制度的记述；二是藏书建设原理与方法的研究；三是藏书管理方法的研究，如典籍鉴别是分类、编目与典藏技术；四是典籍利用观念、利用方式；五是公私藏书史料与人物。如果按这样的设计，中国古代图书馆学史是历史久远、材料充实的。而藏书相关学术，如目录、版本、校勘的研究和文化学术需求的相互推动，促进了内容的逐步丰富与体系的逐步完备。谢灼华研究的立足点是，中国图书馆事业发展一二千年，必然会有发展成为一种实用性较强的图书馆学思想和理论、技术和方法所包容的学科。

　　关于中国图书馆史。藏书是人类社会的一种重要文化现象，有文献产生，必然导致文献的积累，图书馆、档案馆是早期的文献积累中逐步形成的专门机构。但是，由于收藏目的、所有关系、服务对象和管理方法上的不同，逐步有官府藏书、私家藏书、书院藏书和寺院藏书的类型。近代以来，"图书馆"一词出现，旧有的藏书类型或蜕变、或消失，总之，典籍收藏、整理逐步演变，利用藏书的机构也逐步变为社会公众利用的图书馆。谢灼华反对把古代藏书与近现代图书馆割裂开来的说法，故在一段时间内把古代藏书与近现代图书馆统称为中国图书馆，研究其历史发展即称图书馆史。

"公藏是主流"，这是谢灼华提出的一种观点，并因此引发了相关范围的争论。他认为：中国封建社会图书馆（即古代藏书）的主流是公藏，即皇室藏书和中央及地方政府的官府藏书。其主要原因是封建专制主义的中央集权制，思想统治的特点是儒学独尊的地位，这决定了皇室藏书和官府藏书的管理与利用重点是儒家经籍。这种文化设施建立的目的，也就是为了巩固王权统治，提供政事参考，编纂政书、理学及有益文业之书，培养统治阶级接班人等。同时，朝廷可以运用政策的力量宣传有利于统治的典籍，或查禁、焚毁"有碍"内容的典籍，文化学术上的"破"与"立"，都可以利用官府藏书进行运作，文化上的统治有时则通过官府藏书的运作得以实现。清代修纂《四库全书》就是典型。此外，封建王朝拥有发展官府藏书的经济实力，可以组织从事编纂、校勘、抄写、刻印等的众多的学者与刻印工匠，加上雄厚的文化用具的供应，历代秘书监、馆阁都成为一朝一代的文化学术中心。从这些情况可以看出，封建社会诸多藏书类型中，官府藏书一直起着中坚的作用，并且影响和左右着其他的藏书类型。

封建社会私家藏书是一种重要的文化现象，私人藏书是社会文化的一角，直接影响和推动了当时文化学术的发展，也影响了我国文化学术的兴盛和繁荣。谢灼华总结私家藏书主要功绩时称：在保存文化遗产方面，私家藏书是封建社会文化学术的主要保存者；在推动学术研究方面，私家藏书是封建社会学术研究的中坚力量；在传播思想学术方面，私家藏书是封建社会出版事业的重要队伍。1996年，他在区分私家藏书的种类时，针对胡应麟、洪亮吉、杨守敬、缪荃孙、叶德辉诸家的分类，提出私家藏书种类的"三分说"，即著述家、收藏家、出版家，并说明了这三类藏书家的收藏目的、工作重点、利用特点和历史地位。

在分析古代藏书的优缺点时，谢灼华坚持一种观点，即图书馆是为读者使用文献而建立的。他着重廓清人们流行的一种看法，如称封建社会官府藏书、私家藏书是秘而不宣、藏而不用的。他认为，这种看法违反了历史事实，因为任何社会的官府或私人收藏典籍，都是提供给别人或自己使用的，没有收藏而不读的。同时，这种看法也有只见树木不见森林的片面性，即只见到其局部。历史上的确有珍护图书、不借不抄的现象，但大量的私家藏书广泛利用的事实比比皆是。所以，就是对历史上的官府、私家藏书也只能是这样地评论它们：以藏为主，以用为辅，开放与封闭二者兼备。

在中国图书馆史研究上，谢灼华把研究重点放在中国近现代图书馆发展上，他分别撰有《近代我国封建藏书楼的衰落》、《维新派与近代中国图书馆》、《辛亥革命对我国图书馆事业的影响》、《论古越藏书楼在中国近代图书馆史上的地位》等文章。这些文章集中探讨了我国封建社会藏书楼衰落的动因，近代图书馆的尝试和社会政治、文化学术对图书馆发展的影响。他认为，中国近代社会政治因素和经济制度的影响，晚清救亡图存的声浪，特别是维新派改良运动的推动，促使我国出现了一批学会藏书楼。这些藏书楼，从性质上看，已经具备供读者共同使用的近代图书馆特征；从读者对象上看，已经是士大夫和部分市民；从藏书内容上看，除了经史子集四类，还补充了大量新学、新政书籍；从藏书管理上看，也已采用了有秩序、有制度的管理：故可称它为一种社会文化机构。然后经过多年的提倡、施行，直至辛亥革命的直接推动，中国近代图书馆得以建立和发展。

在这些研究的基础上，1984年，谢灼华集合了部分有关研究者，开始了从一种全新的角度，即从文化史的角度研究中国图书和图书馆历史，其主要理由是：从历史发展的渊源看，图书和藏书（图书馆）的发展是紧密相连的。图书是图书馆工作的物质形态，是图书馆对读者服务的基本条件。图书的出版与流传，为图书馆的建立和发展提供了物质基础。而图书馆的建立和所开展的各种工作，又扩大了图书的影响，促进了图书的传播，提供了发展文化和学术的条件，保存了大量图书财富。他们总结了图书与图书馆结合、互动的历史现象，分析了中国图书和图书馆史发展阶段、特点，以及各个历史时期的表现形式，最后，集体编写了《中国图书和图书馆史》一书。此书出版后，为国内高等学校选为专业教材；1992年，又被确定为高等学校图书馆学专业核心课程教材之一；1996年，国家教委组织了该课程教学大纲的编写，并由高等教育出版社出版。《中国图书和图书馆史》一书，曾由台北天肯出版公司出版繁体字本，并有韩国学者翻译，准备出版韩文本。

二、目录学研究

谢灼华对目录学的研究，一方面是密切注意目录学的发展，提出一些建设性意见；另一方面是侧重于专科目录学的建设，探讨书目工作的成绩和问题，在推进目录学发展上起了一定的作用。

谢灼华与彭斐章教授合作，曾在新的历史时期撰写过多篇文章。他们在1980年合写的《关于目录学研究的几个问题》，讨论了目录学的对象、近现代目录学应当是研究的重点、书目著录上应注意全面性，以及专科目录学建设的问题。该文在拨乱反正、建设新的学科体系和发展图书馆学教育的新起点等方面，都提出了带有方向性的问题，故而引起了同行的关注。

1984年后，针对目录学的发展，谢灼华又与彭斐章教授合作撰写了《对当前目录学研究的思考》，进一步提出把目录学研究引向深入的问题。其中特别指出，由于新技术革命的冲击，目录学将面临新的变革，故应大胆革新，深入研究，促进目录学的发展。谢灼华还发表了多篇有关目录学的论文，如《发展我国书目工作的几个问题》、《省市图书馆书目部的任务和当前建设的问题》、《信息社会中的书目工作》、《中国古代目录学发展论纲》等。这些文章主要探讨了书目工作的组织、书目工作机构的任务和管理，对于中华人民共和国成立以来的书目工作成绩作了客观的评述，也指出了一段时间内书目工作存在的问题；同时，也对古代目录学家的目录学思想遗产作了分析。

谢灼华认为，书目是揭示、报道文献的重要工具，它的出现，反映了人类文化成果的发达；它的发展，也展现了人类文化财富的丰富。所以，书目是人类文化发展的记录，也是人类社会生活的重要指南。总而论之，书目的社会功能有三：第一，书目是文献登记的重要记录，既可以显示一个时代文献的数量和质量，供当代查询、检索的利用，也是后人进行文化学术研究的重要资料。第二，书目是报道文献的重要工具，所以，它是联系文献与读者之间的桥梁，对读者可以起到指引迷津、标明用途、检索信息的作用；第三，书目是利用文献的重要指南，社会对书目信息的广泛需要，表现了它的社会价值。

谢灼华于1986年出版了《中国文学目录学》，该书是专科目录学的专门著述。由于该书包罗内容的广泛和编写体例的独特，出版后得到较大的反响，并被湖北省评为优秀研究成果，也受到中国图书馆学会的表彰。

出于应用性是目录学学科的主要特色的考虑，谢灼华认为，专科目录学是目录学发展的重要方向。由于专门学科与目录学的结合，不仅深化了目录学的内容，而且强化了目录学在读书治学方面的功能，也能更好地继承书目工作的传统。所以，他选取中国文学目录作为自己研究专科目录学的领域，当然，他更考虑到文学阅读与研究的社会性更强的因素。

谢灼华在《中国文学目录学》一书中，阐述了文学文献与文学目录的关系，说明了只有文学事业的繁荣，文学著作的广泛流传，才能出现反映文学著作、作品的文学目录。文学目录与读者的关系，是广大读者迫切需要阅读与欣赏文学作品的情况下发生的。同时，文学目录与书目编制者的关系上，作为书目编制者，既是文学作品的利用者又是宣传者，专题书目应是文学研究的深层成果。所以，就有一般性书目和研究性书目的分别。

在《中国文学目录学》的体例中，作者实际上构建了文学目录学的体系。该书体现了书目理论、书目类型和书目方法的结构。理论部分包括文学目录学的对象与内容；作为基础知识，还包括了文学书籍的类型、出版特点和文学书籍的积累等内容。书目类型主要是关于各个时代、各种体裁的文学书目，这样可以使读者了解可利用的书目有哪些。至于书目方法的部分，主要讲书目编制的原则与技术。所以，可以说，该书做到了理论阐述与方法研究并重。

《中国文学目录学》内容充实，共收录了关于中国古典文学领域的书目和索引861种，其中有227种作了提要性说明。这些书目和索引的提要是在广泛调查国内馆藏，并认真阅读作品后编制的，因而是可靠的，也是实用的。

三、文献学研究

谢灼华在20世纪60年代，曾从事"地方文献"课的教学。一段时间内，他曾集中对鲁迅著作版本进行研究，写有《鲁迅著作的版本特点》、《再谈鲁迅著作的版本特点》等文章，先后发表于《武汉大学学报》。80年代以来，他着重于文献学理论、方志文献学的研究，分别担任湖北省地方志编纂委员会顾问、湖北省地方史志协会理事等职，曾多次在湖北省方志编纂系统授课、参与方志的编纂活动，以及作方志成果评介工作等。90年代，他主持国家教委的"文献学理论研究"课题。

1980年，谢灼华就地方文献的特点与范围提出了"三性"的说法。也就是说，地方文献具有三个特点：一是地方性，即某一地方文献必须与该地有关。相反，如果某一文献与该地无关，无论其内容和价值如何，都不应列入地方文献之列。二是资料性，即有关该地的文献，必须是对该地有某种参考价值和使用意义。要看其是否能反映某一地区某一历史人物或事件发生、过程、结果和在历史上的地位，或者能说明、补充、订正某一事实，文献必须真实、具体、完整。三是多样性，即形式上可以是体裁多样、文字各异、板式不一。所以，他认为地方志是一个地区政治、经济、文化和学术、自然、生产、艺术，以及社会生活的资料书，或者说，是一个地区的地方文献经过系统化的综合记录。这从关系上说明，地方文献是编撰方志的物质基础，地方志即是地方文献的综合利用。那么，对于地方文献的范围，谢灼华提出了征集、甄别、整理各种文献时应处理好的几种关系。他说：第一，处理好重点资料和一般资料的关系，即集中注意于该地的革命斗争史料、社会政治史料和地方经济史料；第二，处理好局部和全局的关系；第三，处理好本地人著作和与本地有关的著作的关系，着重收集与本地有关的资料；第四，有些出版物并不具有地方文献价值，尽管是本地出版物也无须搜集；第五，注意收集具有地方性的学术著作和反映地方历史真实的文艺作品；第六，注意收集本地考古发现的资料和有关本地手工艺品的记载；第七，收录稍宽，选择略严。谢灼华谈的这些意见，受到有关史学家的认同，也为湖北省方志资料工作提供了参考。

谢灼华于1983年写作了《论方志目录》，发表于《中国地方志通讯》。该文回顾了方志目录编写之历史沿革，探讨方志目录揭示的特点与要求，评介了重要方志目录，目的在于总结我国方志目录的遗产。文章中除了分析史志目录、官私书目中对地志、地理书的著录特点，而且着重说明了方志提要目录、方志馆藏目录和方志联合目录的主要体例和编写方法，并认为方志索引有特殊功用。该文做到了理论与实际的结合。他在以后发表的多篇方志书评和方志索引编制方法的文章中，同样也是从文献学、目录学的角度对方志学作了多方位的研究。

与地方文献研究同时，谢灼华也开始了文学文献的研究。他在1982年发表了《简论文学文献与文学文献学》一文，他认为：由于文学文献的多样与丰富，广大读者阅读文学文献的热情和文学研究的迫切需要，有必要建立一种文学研究的辅助科学——文学文献学。

谢灼华把文学文献学定位为文献学的分支学科，它的任务是宣传优秀文学著作，辅导阅读文学作品，介绍和评介文学文献。它的研究范围是：一是研究各个时代文学书籍的出版情况，掌握文学出版物的流传变化；二是了解文学文献的种类，研究文学文献的类型；三是介绍各种体裁的文献，评介重点作家著作的版本；四是掌握各种文学工具书知识，研究文学工具书的编撰方法。谢灼华初步探讨了文学文献学的内容和范围，构建了文学文献学的体系。此后，他完成了《中国文学目录学》专著的写作。1990年前后，谢灼华与他人合作，编写了《人文科学文献学》一书，该书流传相当广泛。由于文献学研究的深入，有关文献学基本理论问题，如文献的概念、本质、规律和文献学的对象、范围和内容问题，文献学与其他学科的关系，文献与社会经济、政治、学术等的关系，文献的传播与交流等问题，都有待深化和提高。1993年，谢灼华主持了国家教委人文社会科学研究课题"文献学理论研究"，围绕着文献学基本理论的一些问题发表了多篇文章，一些观点受到同行的重视。

关于文献定义，谢灼华等由原来比较强调文献价值，转而有了更广泛的视角，故提出：文献是将知识与信息通过记录方式存储在一定物质载体上，文献是能够传播与利用的文化符号系统。他明确提出了文献是文化的记录的观点。

关于文献观念的形成与发展，谢灼华发表了《中国古代学者文献观念之演变》、《中国近代学者文献观之发展》、《中国文献学研究述略》（合作）、《关于国外文献工作和文献学研究的思考——论国外学者之文献观》（合作）等文，分析了中国文献观念的演变，评述了当代文献学研究的进展。他认为：我国先秦至汉初，为"文献——档案史料"观念形成时期。汉代至唐代，为"文献——经籍图书"观念建立的时期，其主要标志是提出了文献出于史官，文献作用在于"博通古今"，文献的功能是传播与继承，特别强调经籍"藏用足以独善"的观点，引起社会重视。宋元以后，由于文献的大量产生，出现了具有参考价值的史料才是文献的观点。一直到清代，文献一般指古典文献的观念确立，引发了对古典文献的汇集与整理。到了19世纪末至20世纪初，文献研究非常广泛，成果显著。由于西方学术的输入，文献学研究应用了新的方法与技术。本世纪后半叶，情报学的发展，图书馆工作的深化，以及古典文献学的影响，改变了文献学的观念、体系与研究重点，建立一门现代文献学的迫切性更加突出了。

关于文献与社会，谢灼华论述了文献与社会四个方面的关系：环境、国家、公众和意识形态。他说明了文献与社会的相互影响、相互制约的关系。他的论文发表后，为多人所引用。

谢灼华关于文献学基本理论方面的研究，其影响可以从两方面分析：一是应用文献学原理探讨专科文献学的一些基本问题，二是应用社会学、文化学的方法探讨文献学的实用性。

——1998年6月约稿

博导系列访谈：谢灼华教授

唐小兵　江翠平

子曰："见贤思齐焉。"拜访谢老，也正是我们发扬名家风范，向图书馆学前辈看齐的重要途径。由远及近，相向而谈，我们把名家请到了眼前，来为我们讲解他一以贯之的研究体验和治学精神。

图书馆学：主要是历史图书馆学，即中国古代藏书史、现代图书馆事业发展史研究

本刊特约记者：您和傅璇琮先生担任主编的《中国藏书通史》获得了第十三届中国图书奖，学界认为它填补了中国藏书文化通史的空白，可见它的成著意义非凡。那么您主编这套书时，经历了怎样一个漫长的整理与成文过程？

谢灼华教授：我想首先应当是研究思路的形成过程，这个过程相当漫长。《中国藏书通史》不是一个简单的工程，确切地说它是近40年教学经验和研究成果的集汇。1958年我提前毕业留在武汉大学，从1959年就开始了图书馆学的教学与研究工作。当时有一门课程叫"中国图书馆事业史"，这就涉及对古代图书馆的形式、延续与发展状况的探讨。按照我们一般的理解，可能古代图书馆指的就是国家公办的一些藏书楼，像清代的文渊阁、文津阁等。但其实古代的藏书楼并不单单局限于政府办的，还有一些是私人办的、寺观办的，其中不乏大量的文人和学者办的。但是它有不同于我们近现代图书馆向全民开放的特点。所以，这就需要我们用不同的视角来看待特定历史时期的图书馆。这样，对图书馆史的研究就需要了解政府藏书，需要了解文人藏书和寺观藏书，于是各个时期的藏书政策和藏书制度就成为主要的问题摆到了研究层面上。所以，最后我就把特定藏书制度下的藏书史实作为研究的对象，来解释藏书家和藏书楼所代表的藏书文化。

说《中国藏书通史》是多年研究成果的集汇，主要可以从我以前的研究成果中得到体现。自从1959年在《武汉大学学报》（人文科学版）上发表第一篇专业学术论文《关于图书馆事业史研究的几个问题》起，我就开始了对古代图书馆的关注。于是就有了1964年的《"古越藏书楼"在中国近代图书馆史上的地位》。成果就这样零零散散地出现了，像《公藏是主流》、《私藏的功绩》，直至20世纪90年代中期在《人民日报（海外版）》发表的《历史悠久的中国藏书制度》。这些成果一方面丰富了《中国藏书通史》的内容，为它的集成提供了各种史料；另一方面也逐渐促使我形成了对中国藏书史的基本观点和看法，进而影响到了研究视角和研究思路。可以说这对做研究的人来

说就显得特别重要了。

这套书直接形成的原因就是 1996 年宁波的"天一阁及中国藏书文化研讨会",主要讨论天一阁在中国和世界图书馆中的地位以及中国藏书事业的文化内涵。在这个会议之后,南北两派学者就分别组成两支队伍参与到中国藏书史的研究当中来。一队就是以任继愈先生为代表的北派学者,编著了《中国藏书楼》;另一队就是傅璇琮先生和我为代表的南派学者,催生了《中国藏书通史》。

本刊特约记者:我们也曾听说过在中国藏书史研究的领域里,这两本书分别被称为"南史北楼",从中也可以看出它们对中国古代藏书文化的意义。从两本书各自的研究体系来比较,我们发现《中国藏书通史》直接是从藏书历史的延续来构建体系的,似乎更偏重藏书文化,每个历史时期的藏书都在叙述藏书史料和事实的同时,指出特定的文化背景和文化政策。这是否得益于您长期以来形成的把文化史、图书史和图书馆史结合起来研究的方法?

谢灼华教授:说到把文化史、图书史结合起来进行研究,这点我非常赞同,我的确也做过这样的研究。主要是在长期研究图书馆的过程中,我逐渐认识到单纯从图书馆的演变来说并不能完全理解图书馆的作用和功能,必须联系到图书的演变过程,包括它的内容和形式的变化历史。其实这样的研究才使得研究思路越来越清晰,研究视野也越来越开阔。在 1984 年我就明确开始把图书和图书馆结合起来研究,原因有两个。第一,是因为图书和图书馆联系在一起的历史非常悠久,不单因为图书馆是文人学者查阅大量资料、典籍的最普遍和最有效的场所,更重要的是历史上大型的著述活动几乎都是与图书馆紧密相联的。汉代司马迁编《史记》,没有史官的地位他是编不了的;班固编《汉书》也是一样,他也是在史馆和图书馆里泡出来的。这样的传统一直延续到唐代,编者与图书馆、史馆的联系都是相当紧密的。到了宋代以后,许多大型的图书编撰活动都是直接由图书馆里的人才担任的,重要的著述与图书馆也就合而为一了。《太平御览》就是这样,还有明代的《永乐大典》。清代编《四库全书》还成立了《四库全书》馆,由文渊阁大学士亲自编撰,《四库全书》馆和古代图书馆也就是合署办公的性质了,这也就是我把图书和图书馆结合起来研究的第一个原因。第二,是图书馆、图书与中国文化的发展相当紧密,而文化又与历史、经济相互作用,共同发展。这就促使我不能单单来研究图书馆史,应当把图书史和文化史也纳入图书馆史的研究体系当中。这也就是我在研究图书馆史的过程中经常提出两个问题的原因。一个问题是历史上的图书馆在当时的社会条件下有什么特定的历史作用,另一个问题是它对我们今天的图书馆事业的发展有什么影响。图书馆史对图书史和文化史的发展有举足轻重的作用,对整个社会文明的演进也功不可没。或许也正是在这种以书为伴的研究氛围当中,我们才具备了这种特定的人文情结,也浑身透出文人的这种特定的执著和迂腐。

本刊特约记者:所以这也就是您为什么用人文关怀的态度和精神来构建《中国藏书通史》的体系了?

谢灼华教授:可以这样说吧,而且这样说并没有什么不好。一个研究者只有爱书,他才能用自己的心去看书,去研究书,从而具备精深的人文学术素养,这种学术素养就会渗透到他的研究成果当中去。你们所看到的《中国藏书通史》是按照历史分期的研究思路进行的，每个时期都是联系到当时历史发展的背景，在这种经济与文化背景中来透视古代图书馆的发展轨迹。刚才你所提到的它更偏重对藏书文化的研究，其实是我们有意把图书馆史提升到整个文化史的高度来研究，把它作为文化构成与建设的重要的一个组成部分来研究。这样也就更容易把它和经济、政治联系起来，在这个框架内来思考经济基础和上层建筑的作用与反作用的关系。这也许是《中国藏书通史》研究思路上最大的特色吧。

本刊特约记者：北京师范大学古籍研究所的周少川教授评价《中国藏书通史》的时候，曾经称赞说它是"高屋建瓴地提出了建立'中国藏书学'或'藏书文化学'的创议……标志着中国藏书史和藏书文化研究已经有了渐趋成熟的理性规范"；中国社会科学院文学研究所的邓绍基研究员认为"编著出版这部《通史》的重要意义正在于编著者们本着建立'藏书文化学'的宏观目标……这部通史在我国藏书文化学建立与以后的发展过程中，有着重要的历史意义"。那么您是怎么来看待它对藏书文化学的意义的？

谢灼华教授：在《中国藏书通史》中，我们曾经在"导论"中对中国藏书史及藏书文化的基本概念、学术范畴和研究体系进行了概括和归纳，让研究者能够明白它是把藏书现象作为一个特殊的研究对象来构建独立的研究体系的，不以任何单独的视角或者学科研究思维来对它定性。同时，在最后一章"方兴未艾的中国藏书史"研究中，我们把握了近百年来中国藏书文化研究的成果和发展走向，可以说对中国的"藏书文化学"这样的学科的建立抱有很大的研究兴趣。周教授和邓教授给予这样的评价也反映出对这个学科的关注和期望。其实我们所做的工作多半是总结了多年来研究者对藏书文化研究的悠久历史，不过也只是说出了大家长期以来建立藏书学或者藏书文化学的愿望而已。不过能够得到这么多人的响应，我也感觉到了这个学科队伍的庞大，也就加深了对于建立这个学科的信心。

其实在长期的研究过程中，我们也觉得单独的图书馆学、目录学和版本学都没有把文化研究作为藏书的一个主题来研究。实际上在图书、目录和版本演变的过程中都伴随着特定的文化现象，而这个现象的背后又隐含着一种历史事实和文明进程，这对于我们建立大文化观念来说又是一种新的研究视角了，也符合人文社科领域的学科在细化的同时又逐步综合的趋势。所以说，研究藏书文化学这个主题非常有意义，就算从实践的角度来讲，也很富有实用性。它可以直接从教育与教学的角度来普及社会科学和自然科学知识，使社会各界的人士不再受单一学科专业或行业的资料的局限，对于引导人们读书会起到相当大的作用。《中国藏书通史》只不过是提出了一个设想而已，假如这个设想能够成为现实的话，我们也就感到欣慰了。

本刊特约记者：我们看了您的专著《世界与中国图书馆事业发展趋势》，主要从借鉴国外图书馆的发展经验来对我国的图书馆事业的发展提出建议。请问您是从哪些方面来展开对它的论述的？

谢灼华教授：在这篇专著里，我主要谈的问题其实也就两个，一个是世界图书馆的发展趋势，再一个就是中国图书馆发展的对策。这两个问题是具有相关性的，研究世界图书馆的发展，其目的就是为给中国的图书馆发展提供可行性对策。这篇研究成果对世界图书馆的发展进行了四个方面的概括：一是传统图书馆与数字化图书馆共存趋势，二是图书馆功能具有文化保存与展示作用、知识教育作用、信息中心作用以及文化娱乐作用等多元化趋势，三是图书馆信息知识资源的网络化趋势，四是图书馆事业发展的社会化趋势。可以看出，其实第一点是对目前图书馆界所争议的热点进行了有力的解答，通过对国外图书馆发展的态势指出，不但各国文化和经济发展的不平衡性能够说明图书馆的新旧形态必将长期共存，就连未来读者的多元化需求也限定了图书馆的新旧两种形态存在的合理性。第二点和第四点是把图书馆作为社会文化和社会生活组成的一部分来看待的，从它的多元化功能来指出它对现代社会发展的不可替代的作用。第三点主要是从计算机网络发展的角度来谈图书馆对于知识信息资源的利用的，而这也是目前我国正在大力进行的图书馆建设工作。

关于对策方面，我想主要可以从几个方面来谈，也可以从国外图书馆发展的脉络中看出我国图书馆的发展动向。首先是重点建设核心馆，在城市化进程中推进图书馆的发展步伐。其次是强调图书馆的多功能服务和特色服务，增强为读者服务的能力。再次是推进图书馆的自动化与网络化发展。最后是加强图书馆专业队伍的继续教育，提高专业人才的素质。这几点建议基本上都是从分析中国的国情与研究外国图书馆的发展动向中总结出来的。国外的图书馆经历了怎样的发展历程，它在发展中有哪些得失，这些都可以作为我们发展图书馆事业的重要借鉴。特别随着信息社会的到来，传统的图书馆怎样达到现代化的服务水平，以及在信息化发展的过程中新的图书馆怎样超过原来领先的图书馆，达到后发制人，这些都要作为我们研究的重要课题，而且这也是保证我们在信息社会精神文化服务水平不落后的一个重要方面。

目录学：主要是书目工作研究和专科目录学研究

本刊特约记者：评论界认为您的专著《中国文学目录学》是专科目录学的开创之作，为专科目录学的研究内容、范围及学科体系的确定积累了宝贵的经验。请问您是怎样看待文学目录学研究的？

谢灼华教授：评论界讲它是开创之作，其实是指20世纪80年代文学目录学研究的风气再次兴起之后它的价值。早在上世纪50—60年代，我们也有一批研究文学目录学的学者，并且也出了相当一批成果。我的这本著作主要是重新梳理了文学目录学研究的思路，提出了在改革开放的新时期文学目录学研究的意义和方法。当时也恰逢我接受了"文学文献学"课程的讲授任务，所以研究文学目录学就更能从实际资料中来观察它的发展变化，更能体会到文学目录学的意义和价值。加上读书也就养成了习惯，对于图书馆学和目录学的经典著作要熟读。像《汉书·艺文志》、《隋书·经籍志》、《文献通考·经籍考》等都是熟读的，这样才能熟悉古代目录学研究学者的研究思路和方法。专科目录学本来就是一个发展不完善的领域，我当时写了这部著作，也确实是在为整个专科目录学在探索和铺路。对于专科目录学的研究内容与学科体系的建立，也提出了一点看法，这都是在长期研究图书馆学和文献学的基础上积累起来的。可以说，这三者之间具有极大的共通性，我在目录学工作和专科目录学研究领域里的一点点成果也是三者结合起来研究才获得的。

文献学：主要是文献学理论和地方文献学

本刊特约记者： 谢先生在文献观念的演进方面曾著文进行过专门的研究，其初衷是出于对文献观念和文献基本属性作一个定论。请问先生是如何进行这方面的分析的？

谢灼华教授： 从历史的角度，对古代到近现代的文献观念的变化作详细的阐述，注意了两个方面：①把与"文献"词语相关的事物联系起来，兼及典籍、文书、档案等词语，可以放宽我们的眼界；②把对"文献"的认识与某些文献工作者的实践联系起来，分析一些文献汇集等，可以看到文献观念影响之所及。

本刊特约记者： 古代文献观念到近现代文献观念之间是如何演绎发展的？

谢灼华教授： 在古代，我国历史上最有名的、影响最大的文献学家孔子的文献工作实践活动和主要成果影响了中国历史2000多年，在《论语》中留下了关于"文献"的记录。通过史学界和当时的文献记录，我们可以证明孔子的"文献"实指保存下来的各种文字记录。三代至战国，由于官守其学，私门无著述，自然记录文字的都集中于官府。战国时期，诸子烽起，故也有著述汇集之类的作品。到了汉代，各种著作更多了，因此图书、档案分离。总之，先秦至汉代的文献核心观念是档案资料。由于社会生活的发展，政治、经济、文化、军事、外交等各个方面的进步，在魏晋至隋唐时期，文献以实指经籍图书为主要特征。宋元以降，儒家思想占统治地位，经籍图书的重要性日益突出。但由于学术文化观念的发展，学者对文献观念的认识更为广阔，文献就是有价值的史料的观念逐步确立。由于印刷术的推广应用，文献数量的增加，必然会提出一个选择的问题，同时，文献编纂工作也开始分工，重点是一代文献或一地文献。清代主要是古典文献观念的发展，既包括古典文献学理论与方法的创建，也包括繁荣的学术成果对人类的贡献。

在近代，20世纪前半叶，文献学（确切地说是古典文献学）几乎成为一种显学，在整个社会中显示出一种异常的魅力，影响了社会文化、教育和研究的各领域。综观20世纪前半叶文献研究工作的成绩，大致可从两方面考察：一是大量古典文献整理成果显著，如古典儒家经典的研究，史学著作的整理，新的哲学、文学、史学论著的出现，大量古典小说、戏典的整理与普及，大部头丛书如《四部丛刊》、《四部备要》和《丛书集成》的出版等；二是理论化、系统化的文献学论著的出现以及各种专题文献学研究的开展，导致了近代文献学学科的建立与学术地位的确定，并直接影响和推动着文献研究的发展。

在现代，文献学研究是在古典文献学研究的基础上，把研究的范围扩展到文献的产生、发展、储存、传递和利用及其规律的探讨上。1964年，袁翰青在《图书馆》杂志（北京图书馆编辑出版）的文献学专栏上发表了《现代文献工作基本概念》等几篇文章，分别论述了文献的级别、文献及文献工作概念的来源和定义、文献工作与图书馆工作的关系等问题，其论点和论据成为后来学者们讨论文献学时经常引用的经典资料，现代文献学研究初见端倪。在此基础上，开展了宏观文献学、应用文献学、专科文献学等方面的研究，文献学研究给人一种耳目一新的感觉。

不难看出，人们对文献与文献学概念的认识在不断丰富和扩展。人们对"文献"的总体轮廓日趋明朗，在描述方式、构成方式等基本问题上趋于一致。人们对"文献学"的研究也是从其本质入手，对文献产生、分布、交流、发展、利用进行探讨，对社会大环境下动态文献、文献体系及整个文献现象进行探讨。

本刊特约记者：从先生的分析中，我们不难看出，文献是记录一切知识的载体，光是从图书研究、保存的角度来理解是不够的。文献是社会文化的组成部分，书、报纸、网上的信息等等，这些都是文献。那么，文献以什么样的形态出现、演变，对社会的演变有什么作用呢？

谢灼华教授：从根本意义上说，文献是人类社会的产物。在社会发展的漫长年代里，人类只有进入到文明时期，才能产生文献。文献进入社会以后，则成为社会发展的必要条件。文献记录社会意识和积累知识，当然更重要的还在于交流和传播。社会生产力的发展，生产技术的改进与提高，有利于文献活动的开展。文献活动的普及和深化，直接促进了物质生产的发展。社会环境、国家机关的作用、文献生产利用者的增多、公众对文献的参与度等都是文献发展的社会条件。例如，从文化环境的角度来看，南宋临安既是当时的政治中心，也是官吏、士大夫集中活动之地，故可称南宋文化中心。社会需要对文献生产提出了广泛的需求，也就是说书籍需要量大，文献品种多样，因而文献生产集中、多样。由于竞争，更使文献质量不断提高。当然，文献发展的长河总是表现出迂回曲折的历程。社会与文献关系是适应又不适应、利用又不利用、控制又不控制的互相交错组合。由于不同的人、时代、角度、立场的不同，对文本的评价标准会不一样。社会上出现的禁书、扫黄打非等现象，表明党政机关会根据自己的利益和价值判断，对某种文献进行鼓励或限制。我们应提供各种健康、优秀的文献，满足读者的各种需求，适应最广大人民的利益，推动文献事业的发展。

本刊特约记者：文献对社会的巨大作用是不言而喻的，社会对文献学的发展也提出了更高的要求。您能不能就文献学的发展谈谈自己的看法？

谢灼华教授：好的。每一门学科的发展，都有自己特有的规律，大致要经历一个分—合—分的逐步完善的过程。文献学科的发展也不例外。随着人们对文献内在机制探讨的深入和各类型文献利用的需要，专科文献学以及多角度探讨文献科学的实践日益丰富，有力地促进了文献科学的发展。我曾主编过《人文科学文献学》，这同当时王余光的《历史文献学》、胡昌平等的《科技文献检索》等论著的出现一样，是适应了社会对各类专科文献知识增长的需要。我国高校曾掀起各类文献检索课程及相应教材的编写工作，如苏桂亮等人的《军事文献检索》、施正洪等人的《化学化工文献检索教程》等，对应用学科之文献学的发展起了巨大的作用。各学科文献的日益丰富及学科的研究需要，是专科文献学研究存在的基础，专科文献学研究的前景非常广阔。

图书馆学学者研究

本刊特约记者：杜定友先生（1898—1967年）一生精研图书馆学，且勤于笔耕，是中国图书馆学集大成者,享有"北刘(刘国钧)南杜(杜定友)"和"中西两杜(中国杜定友、美国杜威)"盛誉。请先生给我们介绍一下他的情况。

谢灼华教授：杜定友先生是我国著名的图书馆事业家、图书馆学家和图书馆学教育家。他在发展图书馆事业，研究图书馆学、文献分类学、目录学、检字法、地方文献、图书馆建筑设备和培养图书馆学人才方面都作出了杰出的贡献。杜定友先生说过："就我个人著作而言，以图书分类为最多，平日研究亦较深入。"据统计，他前后共编制图书分类法8部，其中包括《世界图书分类法》、《图书分类表》等，出版图书分类理论著作3部，发表文献分类学论文多篇，这说明杜先生对文献分类学有极深的造诣。杜先生目录学的代表作为《校雠新义》。在书中，他提出"目录学的对象"这一问题，认为"目录学之对象为图书，其目的在于致用"，开目录学研究对象"图书说"一派，对后来产生很大影响。这部专著是一部继往开来的目录学著作，为近代目录学拓宽了前进的道路。杜定友先生研究汉字检字法持续半个世纪，写出的有关专著，据统计有68种，对检字法的发展有重大的意义。总的说来，杜定友先生是热爱图书馆事业、忠诚图书馆事业、发展图书馆事业的先驱者。他永远是我们图书馆工作者学习的榜样。

本刊特约记者：皮高品先生是我国著名的图书馆事业家、图书馆学教育家和图书分类学家。他在发展图书馆事业、研究图书分类学和培养图书馆学人才方面都作出了杰出的贡献。先生也曾对他做过专门的研究。请您给我们谈一下与皮先生的有关事情。

谢灼华教授：皮高品先生一生从事图书馆工作、图书馆学教育和研究图书分类学70多年，勤勤恳恳，兢兢业业，夜以继日，笔耕不辍。总计共编著出版图书4部，论文50多篇，300多万字，对人类作出了杰出的贡献。1934年，出版了中英文对照的《中国十进分类法》一书，约100万字，从而奠定了他在图书分类法研究领域的学术地位。皮先生编撰的《中国历代名著名家评价》一书，这部巨著共80万字，其内容涉及我国历代哲学、经济、教育、文学、史学、医学、农学和工程技术等领域的文化典籍，全书资料丰富，内容充实，论证精辟，观点明确，文字简炼，具有很高的学术价值。同时，皮先生在图书馆组织管理、图书分类法编制、图书分类学评论、中国图书史研究、图书馆学教育等方面，都有巨大的贡献。皮先生的治学态度、敬业精神，都为同行和他的学生所敬仰。1996年9月，在由武汉大学等主办的信息资源与社会发展国际学术研讨会上，皮高品教授提供了一篇《论市场经济体制下图书馆的改革》的文章，这位96岁高龄的老人对外面的世界竟是那样地熟悉和了解，令与会学者惊叹和佩服。

本刊特约记者：李小缘先生（1897—1959年）是中国图书馆学的先驱者之一，现代知名的历史学者、文物专家和目录学家，也是南京文献史上自传统私家藏书楼向近代图书馆转型以后所产生的第一代图书馆学家。请您对李先生的成就给我们作一个大致的介绍。

谢灼华教授：好的。除了你刚才所讲的，李小缘先生长期主持金陵大学图书馆业务，先后担任过金陵大学图书馆馆长、金陵大学中国文化研究所主任和南京大学图书馆副馆长等职务。李先生生平"爱馆如家，惜书如命"（匡亚明为纪念李小缘先生90周年所题词），赢得了南京文化教育界人士的广泛尊敬。李先生在70年前图书馆学刚刚形成，旧式图书馆、藏书楼向近代图书馆转轨时期，就提出了图书馆是传播消息、知识的总机关，具有参考咨询和情报服务职能等思想，并直接提出 information 和 information service，具有超时代的意义。李先生虽然不是专门的文献学者，但是，他在许多方面还是旁类涉及，留下了丰富的学术成果。如《书的演进》、《藏书史》、《二十四史版本》、《善本书藏书票考》、《读书画语》、《版本研究》、《书籍制度考》、《中文类书研究》等，都有一定的学术参考价值。至于李氏在图书馆学和书目学方面的成就，就更是有目共睹的。最为瞩目的是他的"公共图书馆"思想，积极提倡建设动态的、平民式致用的，设在城市、民办且注重精神娱乐和文化宣传的图书馆。他素有"个人必灭，公众长存"的理念，所以个人的藏书活动也有着极其明确的目的性。在他去逝后，他的儿子秉承他的遗嘱，将遗藏图书 5600 余册，捐献给了南京大学图书馆。

看到了高山，才知道天空的高远；见过了大海，才知道地域的无边。同样，读懂了名家，我们才明白学术殿堂是多么的神圣和庄严，也就会加倍努力地付出自己读书与治学的勇气和信心。

（原载于《高校图书馆工作》2003 年第 6 期）

书海中的探索之路

——访我国著名图书馆学家谢灼华先生

（本刊特约记者邰向荣）

问：谢先生，您好！今年是您的七十寿辰，首先祝您健康、长寿。您能否先给我们谈谈您的近况，尤其是您退休后的生活和身体状况，图书馆业内人士对此是很关心的。

答：70岁对一个人来说是个很重要的阶段，一些同学想要庆祝一下，我说庆祝不庆祝也无所谓，关键是我走过的历程很漫长，经历了很多，也有很多的感慨。2001年，我们1956年入校的同学，搞了一个毕业40年的庆祝会。我在会上感慨万千，想了一幅对联表达我几十年的感受。对联是这样的：热血青年，苦难中年，平平安安度晚年；回顾昨天，议论今天，欢欢喜喜看明天。横批是：此生不易。我出生于抗日战争前，从记事起，就慢慢感受到了战乱的冲击，生活的艰辛，使我从小就有了一种改变自身和摆脱贫困的愿望。

我是广东梅县客家人。客家人将中原的文化传统保存了下来，如尊师、重教，所以客家人对读书很重视。20世纪30年代，梅县全县人口有30多万，在校人数占了1/5。梅县历史上也出了很多文学家和艺术家，如清中叶诗人宋湘、晚清诗人黄遵宪。到了上世纪30年代，有蒲风、李金发、张资平等文人和画家如林风眠等等。我就是在梅县这种文化氛围中成长起来的。当时社会中浓厚的文化氛围和社会上良好的读书风气对那一时代的人影响是很大的。我上的是广东梅州师范学校的附属小学。之后上中学、工作，到1956年我到武汉大学上大学之前，有20年左右的时间。这是我打基础的阶段，在这一阶段我认真学习，刻苦读书，也有机会上山下乡，接触社会，锻炼自己，通过努力改善自己的条件，通过学习提高自己的文化素养。

1956—1976年，我20岁至40岁左右，主要是上学和教书。1956—1966年这10年我在大学读书，并留校工作（1958年提前毕业并留校任教）。60年代初，在专业上已初露头角，1959年在《武汉大学学报》上发表论文《关于图书馆事业史研究的几个问题》。1961—1963年在全国性的报刊上不断发表文章。1964年被评为讲师。"文革"十年什么也没有做成。1972年恢复图书馆学专业，我和其他几位老师回到教学岗位。当时的情况是：既无教材也无实习场地，每个老师都是多面手，一人上许多门课，还要带学生外出实习。1978年图书馆学专业以彭斐章、谢灼华二人的名义招收研究生。招收的学生有乔好勤、倪晓健、张厚生、惠世荣（已逝）。1979年情报学专业也开始招研究生。1978—2000年，在这20多年，我的学术成果较多，也算是我学术生涯中的旺盛阶段。

退休后，2001—2002年在美国一年，2003年完成了最后一位博士生的指导工作，我才真正结束了教学生涯。2001年出版了《中国藏书通史》，该书于2002年获得了中国图书奖（此奖项是两年一评），《中华读书报》、《中国图书商报》等报纸上都有评论，社会反应比较热烈。2003年开始修改《中国图书和图书馆史》教材，2004年12月出版了文集《蓝村读书录》。每年写几篇文章，参加一些会议，如去年参加了湖南省、湖北省图书馆建馆百年纪念会议。好像日子过得也是蛮快的。

  我的身体状况嘛是马马虎虎。所谓马马虎虎是我有心脏病、高血压，但还可以自由地走动，与其他老师谈笑风生。主要还是保持乐观、开朗、宽容的心态，注意休息和锻炼。现在生活质量很好，无生活担忧和病痛折磨等。70年来生活充实，参加共产党快50年了，政治上经受过考验，工作上兢兢业业、诚诚恳恳，回想起来问心无愧。生活上平平淡淡，过着普通教师的生活。总的来说呢，我从小有良好的受教育的机会，学术上也还顺利，事业上比较稳定，和同龄人相比我还算是很幸运的。

  问：您是我国著名的图书馆学专家，是图书史和图书馆史研究方面的权威。面对当前图书馆学界普遍对图书和图书馆史研究的冷淡，您有什么看法？您认为这个研究领域的前途如何？

  答：研究历史具有提供借鉴、提醒、反思、警戒的作用，这方面的知识显得太重要了。任何一个国家、民族、个人都必须站在国家、民族的立场和尊严上来研究一些问题，处理一些问题，所以历史方面的知识是非常重要的。图书的历史揭示了文献的发展历程，从古代巴比伦的泥板书、埃及的纸莎草纸书到现在的各种载体的书刊，其漫长的发展历程中，可以看到很多值得警戒、借鉴的东西。比如从文献角度讲，美国著名的文献学家兰开斯特在1978年提出"无纸社会"，但是，现在纸还是我们普遍应用的文字载体，因为文本并没有被替代。再如，阅读是人类生活的需要，文献载体不同，阅读方式也不同（阅读本身也是个社会问题），可以从网上读，也可以读报刊、图书。但有个阅读保障的问题，需要多种文献的出版、保藏，藏是为了使用，要有序化，要科学化，这就是藏书即图书馆的问题了。图书馆管理形成图书馆学科。现在的管理是如何发展过来的呢？"求书专官，校书久任"（郑樵）思想就是从藏书整理活动中逐步形成的。搜求图书是涉及很多知识的事情，需要有专人来做。校雠是非常复杂的事情，不能经常更换人员，所以图书馆员也不应该经常换来换去。懂得历史的人就可以从这两点上受到很大的启发。"辨章学术，考镜源流"（章学诚）是从目录活动中总结出来的，图书资料是记录知识和信息，并作为人们进行研究和创造的根据和条件。因此，人们了解某个事物的来龙去脉、前因后果，改正认识的缺憾，找到新的路向和方法，就有了努力的方向了。

  20世纪90年代以来，"史"方面的教育受到了一些冲击。计算机、网络等前沿的东西，编目分类等实用的科目都要开，"史"的方面"好像"不那么重要了，在许多专业课目录中被挤掉了。但因为"史"方面知识的欠缺，有的人写出来的论文没有深度、厚度。作为高等学校的学生，如果历史知识欠缺的话，其以后的工作和研究都会受到很大的影响，他不能从历史的角度客观地看待现实，不能从历史发展规律的角度来预测事物的未来发展趋势。所以，有些学生从事这方面的研究是十分必要的。加强图书馆史教育也有助于明确和稳定专业思想。2004年是我国图书馆发展史上非常重要的一年。湖南省图书馆、湖北省图书馆分别纪念建馆100周年，其口号是"百年同行，世纪情怀"。此前浙江省图书馆、绍兴图书馆等也先后迎来建馆100周年。这也就是说，中国公共图书馆运动大致经历了一个世纪的历程。如果从历史反思的角度来看，100 年来，我国公共图书馆的成绩有哪些呢？我觉得有三点值得总结的：①100 年来，民众对图书馆的认识大大提高了。人们对图书馆由知之甚少到逐步了解，由不习惯利用图书馆到充分利用图书馆。图书馆是文明的标志、学习的园地、研究的助手和社会发展的支撑，已经逐步成为人们的共识。②100 年来，图书馆网络的建设成绩显著。现在不仅有公共图书馆系统，还有科学研究、教育机构以及各种类型图书馆组成的服务体系。而且通过信息技术、通讯技术、计算机技术与互联网络组成了文献信息服务网络，这种网络的发展使图书馆以新的面貌呈现于世。③100 年来，图书馆积累和建设的文献资源品种和数量堪称世界一流。事实证明，图书馆只有丰富的文献资源，才能保证高质量的服务。以上这些思考，难道对我们图书馆事业的发展没有借鉴的意义吗？总之，学习好"史"方面的知识可以增强责任心，提高自信心，扩大知识视野，积累经验和财富。

我从事教育的时候，经常有学生问：学习史到底有没有用？我觉得现在不能狭隘地理解"用"，不能从功利上理解它。现在如果不讲一点功利的人好像要被人看成已经落伍了，就要被边缘化，孰不知急功近利的人往往是捡了芝麻丢了西瓜。社会本身是有底蕴的，不能只靠时髦的东西来支撑。我觉得历史的东西是很有深度的，我们从事图书馆工作，研究我们专业的历史，研究我们学科发展的历史，应该是很有价值的。

问：您在 20 世纪 80 年代主持编写的《中国图书和图书馆史》现在仍有很大的影响，是研究图书史和图书馆史的人经常翻阅的一本书。我注意到在本书出版以前很少有将图书史和图书馆史结合起来的专著，您当时是如何想到将二者结合起来编写的，您认为这样编写有什么优点？

答：做学问要注意事物之间的联系，善于把握全局，就是说要全面认识历史，比较全面地认识事物的真实面目。我们编写《中国图书和图书馆史》就力图体现这一点。我们就是从当时的文化学研究中，特别是中国文化史研究中得到启发，确定从中国文化史的视角把图书和图书馆两种事物联系起来，看到它们的区别，更重要的是看到它们的联系，再从文献产生、流传、积累、利用的诸方面去看待中国历史上的图书和图书馆。具体来说是基于以下几点考虑将历史和图书馆史合编的：

书籍的编辑、出版，是图书史的内容；但整个书籍的流传过程包括编辑、出版、流传到收藏利用，这又是和图书馆的发展密切联系在一起的。讲图书馆的发展，不附带将图书史讲清楚，只是局部地了解了图书馆史。作为图书馆学研究者，不仅要了解图书馆史，而且要了解图书史是比较自然的。比如说讲汉代图书馆收藏的是简策，那就要对简策进行一番解释。讲四库七阁，还要还原到《四库全书》的编纂。"文化大革命"前我主要作图书馆史的研究，慢慢发现图书史和图书馆史是密切联系的，所以，我想二者内容是能够合在一起的。

从图书和图书馆的关系上看，图书馆不仅收藏图书，而且通过它的活动来推广图书的内容，并使图书产生新的价值，推动社会前进和发展。同时，读者对图书的利用也能作出新的贡献。就是说不断创造新的文献，制造新的图书品种。所以，考虑能否将二者联系在一块儿，进一步拓宽图书馆作为一个文化机构在图书出版、流通方面的作用。从图书馆的社会功能问题看，图书馆与教育的关系非常密切，图书馆是一个社会大学，不同的年龄、不同的文化程度、不同的兴趣和爱好的读者都可以在图书馆得到满足。图书馆的藏书被长期反复使用，体现出其辅助教育的作用。

目前，一些高等学校图书馆学或其他专业，对图书史和图书馆史的课程内容，有的分作两门课，有的则是合上的，都还是作为重要课程看待。在国外，如日本，图书史和图书馆史放在一起讲的还是有的。天津来新夏的《中国图书事业史》包括编纂、出版、书目、藏书的内容，实际上也是几方面内容的结合，当然范围更广了。《中国图书和图书馆史》最近两年正在修改，补充一些新的材料，改正一些旧的错误，今年秋季可由武汉大学出版社出版。

问：《中国藏书通史》是由您和傅璇琮先生主编的一部百余万字的通史专著。这在中国藏书史上可以说是一部兼具总结性、开创性的著作。为完成这部书您肯定倾注了不少心血，付出了很多努力。能否谈一下该书的学术价值？

答：《中国藏书通史》相对于以前出版的中国图书馆史，中国官府、私家藏书史等方面的著作，内容上有了深化和突破。首先是我们把藏书解释成对书籍的采集、收藏到版本校勘、整理、编目等的系列工作，最后是收藏书籍的保存和利用。现在的图书馆工作与古代的没有本质上的区别，所以人们阅读后可以对古代学术文化活动有一个全面的了解，同时对如何从事学术研究的前期工作，也有一个基本的把握。特别是这本书中对私人藏书家的特点和贡献的概括，也得到了人们的认可。主要观点是"长期积累，日增月益；搜真求异，百宋千元；互相传抄，通假有无；勤于校勘，讲求版刻；题跋编目，有条有理；建造书楼，管理库房"。这是在论述清代私家藏书风尚时，对藏书家与藏书楼的历史贡献的概括。希望从不同事物之间的关联中，看到封建私人藏书活动的全局。其次是这本书对中国从先秦至当代藏书事业的发展作了全方位的描述。此前，同类著作或侧重官府藏书，或侧重私人藏书；时间上有些写古代，有些则写现代。这本书称为"通史"，也就是希望通过它给读者一个全面的认识。同时这本书还注意以前较少涉及的少数民族刻书、藏书事实和书院藏书部分，同时也注意藏书目的、管理制度、读者使用，使之更加充实和生动。最后，这本书编纂方法上也值得注意。一是多兵种作战，编写成员中有文史学科相关专业的同志，也有长期从事图书编辑出版的同志。二是确定总框架，但各部分有较充分的余地给执笔者，编校中也充分尊重作者的成果。因此，各个部分有特色，合起来则是一部有一定水平的著作。

问：我知道由您主编的《世界与中国图书馆事业发展趋势》是国家教委人文社会科学研究"九五"博士点的重点项目研究成果，透过该书知道您一直密切关注着全球范围内图书馆事业的未来发展趋势。事隔五年，发生了很多变化，您对世界图书馆事业的未来发展趋势有什么新的看法？

答：我是个中才，不聪明但还算勤奋。孔子说要学而思，我不太满足于走别人走过的路，希望做些创新。到现在我也不固定于某个学科，当然主要还是图书馆学。但对现代图书馆的变化也能把握。我总是对两个世纪之交的图书馆事业发展问题很感兴趣。一是对19世纪末20世纪初封建藏书楼向近代图书馆转变的研究较多，程焕文的《晚清图书馆学术思想史》中提到有"谢灼华现象"，可以看出我的研究重点。二是对20世纪末21世纪初图书馆事业的发展也作了研究。这就是我与王子舟等合写的《世界与中国图书馆事业发展趋势》。新世纪到了,图书馆的作用越来越受到重视。20世纪90年代以后,信息技术、通讯技术、计算机技术、网络技术等方面的突飞猛进,图书馆对新技术的运用,普遍使用网络进行信息交流和知识传播,图书馆在其中的作用会进一步加强,这是显而易见的。现在图书馆不仅仅是一座建筑,还是一个信息交流的中心、文化活动的基地。我在美国看了一些图书馆,它们的社会作用是十分明显的。特别是美国国会图书馆,它对我的震撼很大。在华盛顿美国国会大厦周围,不同历史时期建造的三个大楼矗立在那里,它如果没有起到作用,不在其国家的政治社会中起到作用,不在广大读者中产生巨大的效应,它的存在状态是不会那样的。

随着我们国家的发展,对图书馆事业的发展也会越来越重视。目前,我国政府为图书馆事业的发展提供了一个良好的环境。加大了对文化教育事业的投入,并且提出了建设两个文明和构建和谐社会,和谐社会和图书馆建设是应该联系在一起的。这都是图书馆事业发展的有利因素。随着我国社会老龄化的加剧,老年人的增多,社会普遍重视教育,文化水平的提高,利用图书馆的人会越来越多,图书馆会成为城市、城镇居民生活中重要的一部分,图书馆的作用会越来越重要,这也是大家有目共睹的。但目前也存在一些问题,如社区建设中对图书馆的建设重视不够,这确实很令人遗憾。还有,一些图书馆经费不足,致使文献资源更新不快,图书馆人才不足,或者其能力不能充分发挥,这样就使得图书馆的管理水平不高,读者的需求得不到满足。因而使图书馆在整个社会生活中未能发挥其应有的作用。我们相信,随着经济的发展,中西部地区、少数民族地区图书馆的建设必然会加快。总的来看呢,现在我国图书馆发展的外部环境已经改善了,政府政策上的重视,图书馆先进技术的应用,这将预示着图书馆事业将逐步进入繁荣发展的状态。

问: 谢先生,您最近出版了一本《蓝村读书录》,收集了您写的一些书评、书话和相关的专业论文。能否谈谈您的读书和治学方法?

答: 在读书和治学方法上,我主要谈三点。一是要以广博的文史知识来打好图书馆学研究的基础。图书馆工作的对象是文献,如果不了解书及书的内容,那要深入地进行研究是相当困难的,很早我就意识到了这一点。

读书首先要泛读,打好专业基础,拓宽专业方向。图书馆学属于社会科学体系,是一门涉及面较广的学科,特别是从事与图书馆学相关学科的研究,更要求知识面广博,因为只有如此,才能触类旁通。在对人类各时代的文化机构——藏书楼阁和图书馆的研究时,从文学和历史的角度,从中国传统的文化历史遗产中,从长期的文化积淀的基础上,结合专业基础进行研究,才能站在较高的角度去分析,也就是有"海阔凭鱼跃"的感觉。另外,研究也要有较好的文字功底,文史打通,才能提高素养。刘国钧是哲学博士,我们在看他的文章和著作时,他对图书馆学名词术语的提炼的精确,对内容表述的逻辑清晰,令我们叹服,显然这与他的哲学功底有关。王重民的史学基础很扎实,因此在敦煌学、目录学方面能取得巨大的成就。再如皮高品,也学过哲学,同样讲图书史,但他对先秦哲学、诸子讲得很生动,很有深度。故文史方面(经史子集)要泛读。如果说我在图书馆学史和文学目录学的研究方面取得一定成绩,也是得益于自己有较深厚的文史基础。我从文学目录学的角度举个例子,如李白、杜甫的诗集,宋以前写本较多，宋以后雕版技术使许多散页零篇的诗文更容易成为选本专著；明以后，注释、解释本也多起来；到清代由于对李、杜的诗的不同理解，出现了汇集不同时代的评论的集子，形成了汇评本。从图书馆学的角度来看，就不能仅从《唐诗三百首》来揭示，要对李、杜的诗篇什么时候成集，怎样流传，后人注解如何，一路了解下来。作为图书馆工作者，要了解其文献内容才能更好地服务。所以，读书治学，首先要注意宽博。

其次要精读。一是本专业的经典著作必须认真读。如目录学的经典《汉书·艺文志》、《隋书·经籍志》、《四库全书总目提要》。藏书史的方面，牛弘的《请开献书之路表》、郑樵的《校雠略》、马端临的《文献通考》、胡应麟的《少室山房笔丛》、章学诚的《校雠通义》等应该是要精读的。只有精读才能深化材料，找到思想，才能理解不同时代人们的不同认识。牛弘提到图书的五次厄运，胡应麟补充为十次，这样的观点只有通过精读才能深刻理解。因为所谓文祸，都是由它的政治背景和统治政策所引起的。另外，专业方面的重点文章也要精读。只有精读文章才能了解别人的观点，了解学术发展的趋势。读书或写文章时，要知道书或文章中提出了哪些观点，与其他的书或文章相比有哪些特点。这样才能使自己思路开阔，从而得到启发和借鉴。

二是要从个案研究入手，逐步把问题深入下去。我从 1959 年就开始编写教材，那时候就注意从某些特色图书馆入手深入了解，如上海通信图书馆，我就抓住进行过深入探讨。此后广被引用和提及。1963 年写了《古越藏书楼在中国近代图书馆史上的地位》，提出 1902 年筹办、1904 年开馆的古越藏书楼是一所公共图书馆。80 年代以后，我着重对一些人物进行了研究，如胡应麟、孙庆增。孙庆增的《藏书纪要》相当于我们现在的《图书馆学基础》或《图书馆管理》。这样具体化的研究就必须对原著进行精读，而且还要深入地理解，才算读通读懂了。

三是从历史发展中找到一些主线，争取对一些问题的研究有所突破。在精读中你就会发现问题，关注规律性的东西。80 年代我提出"公藏是主流"，就是将古代不同类型的藏书机构进行比较研究后，认为只有"公藏"是起主要作用的，是主流。官府藏书机构的规模、管理水平、工作人员的能力、它们在社会生活中所起的作用，都大于其他类型的藏书机构系统。宋代的崇文书院就起到了国家图书馆的作用。收集图书、编辑图书、出版图书，充分利用藏书教育士人，提供编书参考、朝廷施政顾问等一系列活动，都在其中进行。相对来说，私人藏书要比官府藏书弱些，处于第二位。90 年代我又提出私人藏书家（洪亮吉、杨守敬都曾分过类）可以划分成三种的观点：一是学问家的藏书家，其藏书是为了做学问、著述而用。二是收藏家，其收藏成系统、有特色，有专藏宋版书的，有专藏名人手稿的。三是出版家的藏书家。过去没有出版社，除了官府、书院刻书外，一些个人的研究著作只能由私人刻印。出版图书的私人，有时为了出书也要藏书。毛晋就是这样的一个代表，既是藏书家，又是刻书家。从历史发展中找到主线，这也是科研工作者的一个重要责任。有的人说封建藏书楼是："藏而不用"、"秘而不宣"。这个观点我就不赞同，藏而不用，那为什么还要藏呢？藏是因为有它的用处嘛，关键是看怎样用的问题。

问：您从事图书馆学研究近 50 年了，取得了非常显著的成绩。据我不完全的统计，您已经发表论文和文章 120 多篇，出版的著作和参与编写的教材 10 多部，对我国图书馆学作出了很大的贡献。能否谈一下您的治学经验及对我们青年一代图书馆学研究者的期望？

答： 关于治学我已经谈了一些，下面就谈一下我治学过程中的感受。首先要耐得住寂寞。我经常说："我这个人是个中才，不算聪明，但还算勤奋。"在图书史和图书馆史研究方面大家对我似乎还是比较认可的。认定一个方向，觉得对国家、民族有利，单位需要，就要努力做好。对任何问题的研究，不经过10年、20年的刻苦努力是做不出什么的。所以一定要耐得住寂寞。我1959年在《武汉大学学报》上发表的文章《关于图书馆事业研究的几个问题》，文中划分了中国图书馆事业发展的历史阶段，勾画了图书馆历史的面目。该文曾被一个大学编的一个文集（1979—1980年）收录。1963年写的《古越藏书楼在中国近代图书馆史上的地位》，2003年还有文集将其收录进去了。一篇文章，二三十年后仍有人引用、介绍，我看到这些自己是很欣慰的。

其次读书治学的面要宽一些。如研究文献学，不了解时代、社会环境等，你说不清文献的发展。文献在不同的历史条件下，其社会作用不同。这使我了解到文献发展不仅是自身的问题，还有其他社会因素的制约。文献流传以后，就有阅读、传播和社会反映等问题。这就导出了"文献社会学"的想法。文献的主要功能是传播知识，其编写是有一定的目的性的。如教科书是为了教学和传递知识，小学课本应语言通俗易懂，图文并茂。文献有自己的特性，因此研究文献要考虑其传播的重要作用和目的性。如果将自己的研究从比较宽的角度联系，会有豁然开朗的感觉，但"宽"不是没有"边"的。

讲中国图书馆的发展，要联系世界图书馆的发展，这是非常重要的，只有进行比较研究后，才能更清楚地看到中国图书馆发展的特点。19世纪西方国家掀起了公共图书馆运动，而我国在20世纪初才有运动。原因是我国的客观条件不成熟，有许多因素制约，其中，与当时出版物自身情况和群众文化水平的限制也是有关的。交通也制约着图书馆的发展。在交通发达的城市，人们不仅可以建设公共图书馆，而且正因为交通发达，人们就能够充分利用图书馆，并可能发挥巨大的作用；交通闭塞的地方，就是建立了图书馆，也不可能使其发挥作用。事物之间是相互联系的，研究上要"眼观六路，耳听八方"，使自己有新的眼光和新的发现。

说到对青年一代图书馆学研究者的期望，我倒是想多说几句。现在学习条件好了，可以大学毕业后读研、攻博。有好的学习研究环境，又有老师、导师的指导，但关键还要靠自己的努力。即使条件再好，自己不努力，也出不了重要的成果。首先要树立自己的目标。如果是搞教学的，要与研究结合起来；如果是从事图书馆工作的，也要既搞好工作又做好研究。要给自己定个发展目标与计划，否则，时间过得快，几年过去后，回头看看就这样过去了，没有留下一点痕迹。有目标和无目标是大不一样的。有目标的人可以审视、检查自己，做事也比较有效率。这中间有个信心的问题，特别是女同志，信心不足，感觉自己水平不高、条件不够。什么叫水平？每个人都有水平。对自己自卑，不对自己加以总结，则会无信心；多研究，则会增加信心。"文章是写出来的，高水平的文章是改出来的"，所以要对自己有信心。我们这一代人不断摸爬滚打，认识到：首先要自信，另外要有计划，坚持下去就会见到成效。图书馆工作者学习时间很少，但学会读有字之书时也要学会读无字之书，实践就是无字之书嘛，要在实际工作中注意总结经验，提高自己。

  还要严格地要求自己，人都是有惰性的，要逼着自己做些事情。如今的诱惑比较大，比较平安地度过一生也可以，但要有所成就就必须严格地要求自己。比如今晚可不看电视，写个论文提纲，明天不休息去图书馆查资料，要逼着自己去作点研究，一年写一两篇文章，三年五年以后积累就多了。当然，最好研究的主题要关联，内容要深入，这样成绩就更为明显。

（原载于《图书馆理论与实践》2005年第6期）

老骥伏枥　自强不息

——访武汉大学信息管理学院谢灼华教授

（本刊编辑　韩淑举）

韩淑举（以下简称韩）：谢老您好！谢谢您能接受我们的采访。在采访您之前，我翻阅了有关您的资料，发现关于您在中小学阶段的情况很少有人提及，但这个阶段是一个人学习成长的基础时期，请先生回忆一下当时的生活和学习情况。

谢灼华教授（以下简称谢）：谢谢你，谢谢《山东图书馆学刊》给我这样的机会，回忆一下我在中小学上学的情况。虽然经过了五六十年，一些事情现在仍然历历在目，我只能就主要的谈几点。

我祖籍是广东梅县，也就是通常说的中国客家人居住的中心地区。梅县这个地区是宋元以后发展起来的，明清时期文化教育相当发达，到了上个世纪30年代，已是全国闻名的教育大县。当时全县教育体系相当完备，比如说，有多所普通高中，有几十所中学，还有农、医、商等技术学校，此外，还有教会学校。当时，东山中学、梅州农校、梅州师范等学校闻名遐迩。而这些学校恰恰是在我们乡里，这样就给我们受教育提供了一些相对优越的条件。我们上的小学就是梅州师范附属小学。这间小学好像总排在全县的头一两名内，教育设备和教学方法比较先进，教师多是百里挑一的，因而教育质量相对较高。

我上小学时正值抗日战争高潮，小学里无论教学氛围和教学内容都有着强烈的抗战声浪，这些都给我们留下非常深刻的印象。抗日战争胜利之后，地处东南一隅的山区梅县，相对整个中国大地来说是平静的。但是，经济生活的动荡，求学的艰辛和学习内容的变化，都是非常现实的。所以，给我们留下只是一个比较淡薄的印象。

老家梅县也是文化之乡，我们小时候印象最深的就是中秋节、春节和元宵节等各种节日文化活动。这些节日，在县城和各种大的集市上都有各种表演，如舞狮、玩龙灯、唱山歌和体育比赛等。特别是在元宵节，一些世家大族都在宽大的祖屋展示其家族的谱系、先祖遗像和书画珍品，以显示他们家族的显赫历史。这样就使我们有意无意地接受了一些道德礼仪、宗族规范和科举制度的知识，这也就相当于上了一次民俗博物馆。我们家乡也流行一种业余的文艺形式，即不定期的民间音乐演奏。夏天在晒场上每天晚上一般都有聊天会。那时，经常有一些年长者为主角，他们没有主题地天南地北闲聊，不仅使我们增长了知识，也使我们懂得了读书和学习的乐趣，运气好时还向他们借到一些书来读。我们小时候曾读过《三国》、《水浒》，也读过《薛仁贵征东》、《薛丁山征西》等小说。那时候，是否读懂都不是很紧要的，重要的是我们领略了阅读的快乐。

现在回想起中小学的教育，我的体会就是：学习不要光限于课本，还要尽量扩大阅读面，把课堂学习和向社会学习结合起来。同时，我觉得老师对学生的指导，不仅是在课堂内，还应扩大到课堂之外，引导学生学习社会。

韩：先生是1954年参加工作的，工作两年后，为何又报考武汉大学并选择图书馆专业？

谢：中华人民共和国成立后，政府为广大工农群众接受教育提供了极好的机会。但是，每个人的家庭情况是不一样的。我们这样的家庭，当时考虑既要上学时可以免费，同时毕业以后也能找到一份工作，所以，我就选择了读中等技术学校这条路。1951年，我进入梅县农业学校的高级森林科学习。

梅县农业学校是一所名校，它有雄伟的校舍、实习农场、实习林场，而且师资力量也是相当雄厚的。我有幸进入这样的学校学习，不仅使我学习了专业知识和技能，而且也使我开阔了眼界。学校有藏书比较丰富的图书室，这样，在当时比较单调的学习生活中，我把大部分课外时间都消磨在图书室里。我基本上在这里阅读了新文学重要作家的作品，同时也养成了阅读的习惯。

1954年，我们毕业了，由国家统一分配，做了一名公务员。当时的工作是指导群众进行农业生产的技术工作，但更多的还是发动群众参加社会主义改造的运动。所以，下乡是经常的。如果是参加重大的政治运动，往往还要集中一段时间。干这些技术含量比较少的工作，不是说不喜欢，但静下心来总有些不爽。心想，如果有机会，能够再到高一级的学校去学习提高，那是非常有意义的事。1956年，中央号召向科学进军，为年青干部提供了进入学校学习深造的极好机会。但是，我在报考时，由于身体条件所限，只能报考三类（文科）。所以，我就只好放弃原来所学专业和工作，考入武汉大学就读图书馆学专业。现在回想起这一段故事，经常有一种"人算不如天算"的感觉。因为个人的人生道路，并不是一定按照自己设想发展的。人是会受到环境影响的，人的发展和成长是受到各种条件制约的。所以，人要适应环境，要抓住机遇。我个人的体会，就是要把人生的经历当做财富。有机会学习的时候要抓住机会，充实自己、武装自己，这就为以后的发展创造了条件。我在大学期间，好像没有像一些同学那样闹专业思想，觉得图书馆学没有什么学头。相反，我觉得大学里的许多课程都那么有味道，渴望深入地学习。同时也发现，那么大的图书馆里有那么多的书，这该是多好的一件事呀！这样也就把心沉静下来了。

韩：能够在武汉大学提前毕业并留校任教，先生学习成绩肯定特别优异。请您介绍一下在大学的学习情况，有哪些老师对先生影响较大？

谢：1956年9月，我进入武汉大学学习。武汉大学有山有水，风景优美，特别那傍山建筑的层层叠叠的学生宿舍，山顶上巍峨的图书馆、文学院和法学院，这环境确实使我们陶醉了！进入学习阶段以后，才知道图书馆学专业培养的是三大类型图书馆的工作人员。而看到物理系、化学系那响亮的标语口号——向未来的物理学家学习！向未来的化学家致敬！相比之下，我们图书馆学系的培养目标当然要逊色多了。1957年，我们在学习时，图书馆到底算不算一门科学，还在我们同学中引起过争论。但是，我们看到了《中国科学院图书馆通讯》上发表的刘国钧先生的《什么是图书馆学》，他那平实的说理对我们有极大的启发。刘先生说："人们不否认一条蚯蚓，一片树叶，以及吃饭睡觉都可以成为科学研究的对象，为什么要否认客观存在着上千年而在社会生活中起着作用的图书馆可以成为科学研究的对象？"他的这种说法确实给我们这些躁动的心带来些许平静。当时我们也有一种比较朴实的想法，那就是：好不容易上了大学，那就安下心来好好学习吧。

随着正规学习生活的开始，我们逐步了解了关于图书馆的基本知识和工作技能，逐步认识到图书馆这个文化教育机构在社会生活中是有重要作用的。特别是当时的一些相关课程，对我们是有相当吸引力的。如文化课有"中国文学史"（两年）、"中国通史"（一年），专业课有"中国图书史"、"普通目录学"，加上"外国文学"、"外国历史"等课程。所以，我们觉得要学习的内容是相当多的。而且，这些涉及中国传统文化内容的课程，我们不仅课堂上认真听课，课下也扩大阅读的范围。如讲唐诗宋词的时候，我们饶有兴趣地读相关的范文，还借来《唐宋名家词选》、《唐诗选注》等书来阅读。当时也只不过是出自兴趣，但几十年后，真的要做些研究，也就感到这些文史知识是非常有用的。

讲到专业课方面，图书馆学系的老师都是我国图书馆界的宗师和前辈了。如曾给我们上"中国图书史"的皮高品先生，他介绍先秦的图书发展史时，首先给我们讲老子、庄子，以及白马非马的公孙龙子，他介绍这些著作的同时加以评论，这对当时的我们是有难度的。以后了解到皮先生是学哲学出身的，难怪他对这些哲学家如此熟识，对这些哲学著作如数家珍。皮先生数十年如一日地耕耘写作，晚年还出版了一本80万字的《中国历代名家名著评价》，影响颇大。从皮先生的教学科研来说，我感到他的知识面是很宽的。以后我慢慢体会到，知识面宽对于一个教师和一个图书馆工作者都是十分重要的。那时，"普通目录学"是由张遵俭先生讲授的。张先生给我们最初的印象是一口纯正普通话，他的表达虽然平和缓慢，却非常准确。这样，我们在听课时，自然是很专心的，当一个问题完了以后，很自然地还想下一个问题。他在讲《七略》和《别录》时，结合先秦和两汉的著作来讲解，这就使我们既了解了目录的功用，同时也知道从学术文化史的角度来学目录学。张先生学养深厚，中西贯通。80年代以后，我经常向他请教一些问题，他都能使我受益匪浅。我们的系主任徐家麟先生，他讲课效果不太好，因为他口才不太好，但他的学养是很深厚的。他不仅在中国的大学里当老师，而且还是美国哥伦比亚大学图书馆学专业学习归来的。我们经常向他请教一些问题，他一般都非常详细地回答。可能当时纸张比较紧张，或者徐先生出于节约，他给我们的条子多是香烟盒子的纸翻过来写的，至今我还保存着他给我的一些条子。当看到他那工整的字体和那些详尽的内容，不由得想起徐先生认真执著的精神。

现在我们已经退休在家，想起来曾经教过我们的中小学老师，他们是那样的毫不利己、专门利人，默默地为教育事业贡献自己的一生。而教过我们的大学老师，表现出来的那种执著、认真、一丝不苟的精神，确实值得我们永远学习。我算是一个一辈子从事教学的老师，但恰恰是一个不够合格的老师。

大学里当老师，既要教书更要教人。教学的同时还要进行研究和探讨，只有这样才能给同学们最新、最精的相关科学知识。所以要求老师们要有完全、彻底地为人民服务的精神。

韩：作为图书馆学史研究的开拓者，您开始是怎样对这一领域产生兴趣的？

谢：我曾经说过，所谓一个人的机遇，就是能抓住机会做一些事，因为成功必须有一定的基础和条件。换句话说，没有这种主客观的结合，那就会是一事无成的。我从事古典文献的研究，具体到对古代藏书和图书馆史的研究，那是一种任务，因为要我教这方面的课；当然也是一种责任，我是一个教师就必须把课教好。应该说，我们这一代人，这种责任感是相当强烈的。

1956年，我国科学界规划十二年的发展远景时，听说图书馆学这个领域里就有图书馆史研究的项目。这必然会反映在图书馆学教学方案上。当时，刘国钧先生在论述图书馆学内容时，把图书馆事业史看成图书馆学理论的一个部分。到了1958年，北京大学和武汉大学两个图书馆学系都有开展这方面的研究和写作。我在这个时候进入这个领域，这可能就是需要吧。武汉大学图书馆学系领导要我做这方面的准备时，也没有详细计划和安排。所以，接受这个任务后，我首先查了一些相关的文献，我记得当时马宗荣的一篇文章《中国图书馆事业的史的研究》给我以很大的启发。从该文章里，我算是搞清楚了什么是中国图书馆史，原来是写从古到今的官府藏书的发生、发展和演变过程。同时，也看了袁同礼的宋元明清私家藏书的文章。当时廖延唐老师出差去上海，他非常热心地给我收集了好些有关上海进步图书馆的材料。这样，我们就按照自己的理解构建了中国图书馆发展轮廓，即把中国图书馆发展划分成不同的发展阶段，内容上主要是包括古代官私藏书和近代图书馆发展。当时自己的理解，认为应该区分不同的图书馆，从而分析不同的文化状态和社会作用，从中可以看到它们的积极的进步作用或是消极的反作用。我记得当时非常强调劳动人民的进步作用，而讲到中国近代图书馆史时，十分强调李大钊在图书馆的活动，上海的上海通信图书馆、申报流通图书馆、蚂蚁图书馆的革命文化活动，一直到延安的图书馆的发展。讲这些问题当然是对的。但是，把古代的藏书家分析出一些是出身地主的藏书家，还把国民党统治下的图书馆当做批判的对象，那是不够妥当的。当然，这不是我们的发明，当时整个大气候就是这样的，讲阶级和阶级斗争。比较长时间以后，我们才逐步认识到对如此纷纭复杂的历史简单化是不对的，也是不符合客观实际的。

在教学之余，结合当时所能收集到的材料，我写出了《五四运动—第一次国内战争时期的上海通信图书馆》，从研究时间看，这应该是我国对进步图书馆、革命图书馆较早的研究成果。现在看来，有些认识是拔高了的。当然，更主要的是在教学和研究中，对解放前出现的教会图书馆以及活跃在当时图书馆界的韦棣华是批判的，可能是受当时整个政治气候的影响。当时我还把中国图书馆历史的发展分成了几个时期、几个阶段，这种分期也被日本图书馆界学者作了介绍。

1961年，我国进入国民经济调整阶段，高等学校贯彻了"高教60条"，我们读书的时间更多了。因为当时规定了每周必须用六分之五的时间来工作和学习，否定了过去劳动和政治运动过多的做法。我们是助教，尽量不安排我们担任社会工作，也不用担任过多的教学工作。当时，我除了阅读一些历史著作，就是到图书馆查阅资料。从当时历史研究上，自己把研究的重点放在近代图书馆的发展上。因为20世纪初，江苏和浙江开风气之先，兴办了各种公共图书馆。我看到一部《古越藏书楼书目》，楼主人徐树兰提出的创办书楼的宗旨就是"存古"、"开新",其目的是为"阖郡人士之观摩,府县学堂之辅翼"。而他在书目里所记载的分类和编目方法,我感到非常值得研究,于是就选择了古越藏书楼作为近代图书馆的转型的典型进行解剖。在文章中,我分析了古越藏书楼建立的目的、进步意义及其管理制度上的先进性,最后指出古越藏书楼的建立和开放,可以认为是我国封建藏书楼时代的结束和近代公共图书馆事业的开始。因为古越藏书楼和绍兴中西学堂等,都与蔡元培和鲁迅有关,这篇文章立即为《光明日报》记者摘要介绍并产生了比较积极的影响。从此,我断断续续地以晚清和民国初年这一转型时期的图书馆作为研究重点写出了好几篇文章。

韩: 对近代图书馆史的研究近几年来成为研究热点,依先生看原因是什么?研究图书馆史应该注意哪些问题?有些什么方法?

谢: 历史研究的重要作用就是教育、启发和借鉴,以史为镜,以史为鉴。我们重视历史传统,重视我们的历史经验和教训,就是希望通过学习和研究历史,提高我们的智慧,开拓我们的视野,活跃我们的思维。所以,我觉得对待历史传统不仅要认真地学习和总结,而且还要把它变成社会共同的财富。

中国历史源远流长,中华文明灿烂辉煌。我们祖先留给我们的遗产是相当丰富的。就中国文明发展进程来看,中国古代社会曾经出现过官府藏书、私家藏书、书院藏书和宗教藏书等多种类型藏书。这些藏书处于不同的历史时期,都发生过不同的社会作用。而由于它们建立的目的各有差别,藏书规模有大小之分,收藏范围也很有区别。由于这样的情况,这些藏书楼的管理也是各不一样的。又因为它们建立的目的不同,它们的读者范围和社会影响千差万别,但它们的性质还不是公共文化服务事业。19世纪中叶,西方列强纷纷侵入中国,西方文明也逐步在中国产生影响。当时,中国的一批仁人志士看到中国受到列强的欺凌,都希望改变祖国贫穷落后的现状,纷纷提出了改革和革命的主张。在这样的社会条件下,提倡阅读和建立各种图书馆就变成当时一种富国强民的主张。20世纪初,新的图书馆及其管理方法为人们所关注。社会人士和图书馆学的学者为了推广图书馆,他们既指出旧的藏书楼只注重藏书、没有普遍开放的局限,同时也介绍和探讨图书馆办馆宗旨、经营理念、管理手段和社会效益。20世纪20年代,近代图书馆管理方法已经逐步完善,图书馆学研究逐步开展,图书馆学教育得以建立和普及,图书馆组成联合团体,这些都可以看成中国图书馆已经进入近代图书馆发展阶段的标志。到30年代,我国图书馆事业已经发展到相当的水平,部分重点高校图书馆的规模和服务质量已经逐步与世界先进国家接近。近代图书馆是我们现代图书馆发展的基础和条件,没有过去就没有现在。所以,从这个历史阶段的过程来看,它既是距离我们时间最近,又是中国历史发展中最为丰富和复杂的一段。从这个意义上来看,近代历史成为我们研究的热点是不言而喻的。

从20世纪初年至1949年,我国图书馆发展经历了图书馆酝酿时期(介绍东西方图书馆、讨论图书馆的作用和意义、各省建议建立省图书馆、朝廷拟订图书馆章程和建立国立图书馆之计划)、图书馆建设时期(辛亥革命后各省图书馆之运行和图书馆条例之颁布、新文化运动前后图书馆系统之建立、我国高等图书馆学教育之开端、全国图书馆协会成立及其对图书馆事业的推动)和图书馆发展时期(全国各类型图书馆的普遍发展、图书馆教育和图书馆学研究的开展、重要高等学校图书馆之进步、在国民党统治区建立的进步图书馆和它们的影响、中国图书馆学与世界先进国家图书馆事业之研究、图书馆研究之重要成果）。这一历史时期的内容是相当丰富的。当然，在这一时期，我们应该特别注意的是：由于日本帝国主义的入侵和破坏，中国最先建立的中部和沿海地区的大型图书馆遭受到极严重的损失，中小图书馆则几乎处于停顿状态，这一历史事件的研究是不能忽略的。同时，建立在抗日根据地由中国共产党人所主办的各种类型图书馆和他们所进行的各种工作，是那样的清新活泼。还有，帝国主义统治下的香港、澳门，日本帝国主义统治下的台湾，那些地方的图书馆则是另一种性质的图书馆。近代图书馆正是处于这种纷纭复杂的文化氛围，而当时各种图书馆从所有者的角度来看又是多种多样的，所以，它们的建立目的、规模、服务方式、管理水平、社会作用表现出来都是不相同的。我们在面对这一段历史时，一定要做到客观地、科学地进行分析研究，改变过去那种简单化的认识和研究方法。

韩： 您长期站在教学第一线，为本科生、研究生开设多门课程，还担任行政工作多年。我们知道事务性工作会分散许多精力，请问您如何处理它们与教学、科研的关系？

谢： 在高等学校里，除了一些专门工作岗位之外，大多数教师既要从事教学和科研工作，也要担任一定的行政职务。我们称这些人为双肩挑干部。

我上大学以后，一直担任学生方面的工作。毕业留校后，也是一边做教学工作一边还要担任行政职务。处于这种情况，往往有时需要集中时间编写教材，或者专门作些专题研究，却都会因为日常的一些杂事分散精力。西方国家在高等学校有学术假制度为教师集中研究创造条件。听说我们的有关部门曾经嚷嚷要实现这种制度，却从没有具体落实。所以，我们这些人除了要做好教学工作外，如果要搞些研究工作的话，那只能自己巧加安排了。

我当然谈不上巧加安排，只能做到见缝插针挤时间并持之以恒，所以，谈不上什么经验的。1958年，我们为了教学急需，编写了一本《中国图书馆事业史》的讲义；1962年在那本讲义基础上，我们又重编了《中国图书馆事业史》。因为任何一个教师都希望有一本好的教科书进行教学，如果不是"文化大革命"把这件事给耽搁了，估计该教材将会更快地进行修改。进入上个世纪80年代，我利用业余时间，比较集中地对近代图书馆史的一些专题进行研究，如近代藏书楼的衰落、近代图书馆的兴起、辛亥革命对图书馆的影响等，这些问题的研究对修改教材是有帮助的。到1985年，全国各地新办的一些图书馆专业急需教材进行教学，这样我组织了兄弟院校的老师集体编写了一部《中国图书史中国图书馆史》讲义。以后这本书由教育部定为高等学校文科教材，改名为《中国图书和图书馆史》。这本教科书为全国图书馆学专业选为教材，并为研究生和相关专业的学生广泛使用。

在编写讲义和教学中，我们也相应地发现有些问题需要进行探讨，所以又对古代封建藏书楼作了一些研究。上个世纪90年代，我还参加了古代藏书楼的学术研讨会，并参与了由宁波出版社组织编写的《中国藏书通史》的写作，这些活动对我们开拓思路是很有帮助的。与此同时，我还写了简略的《中国图书和图书馆史》自学读本，并由我主持，由北京大学、北京师范大学、南开大学等图书馆学专业老师合作编写《中国图书和图书馆史》教学大纲，由高等教育出版社出版。我还申请到教育部的博士点项目"世界和中国图书馆发展趋势研究"。我们回顾了"二战"以来图书馆工作和图书馆技术条件的变化，预测了21世纪图书馆的发展趋势，从研究内容来看，那就是当代历史的研究。以上这些工作，有5万字的简略本，也有三四十万字的教科书，有作为规范教学的教学大纲，也有供学生自学的教学用书。可以说，在这门课程里面，坚持的时间最长，而出现的研究成果也是多样的，也算是我为这门学科的建设做了一些事。

还有，我还把研究领域适当扩大，使之和自己的研究方向相互启发和促进。在上个世纪80年代，我在专科目录学方面，主要是做了文学目录学的一些研究工作，并由书目文献出版社出版了一本叫《中国文学目录学》的专著。我还对地方文献目录作了一些探讨。除了目录学，我还对相关科学如文献学也作了一些探讨，并且把古代在目录学、文献学有贡献的人物如牛弘、郑樵、胡应麟、章学诚等从历史贡献和学术特点上写了一些文章。我觉得这些探讨对于我的主要研究方向是很有帮助的。

韩：您和傅璇琮先生担任主编的《中国藏书通史》获得了第十三届中国图书奖，学界认为它填补了中国藏书文化通史的空白。当时为什么会策划、主编这本著作？您认为它在哪些方面有所突破？

谢：《中国藏书通史》出版后，引起了学术界的重视。当时，同行专家曾经分析这部通史的若干特点，如认为"编者认为藏书形态的演进与社会的进步紧密关联，并以此为基本线索，划分藏书历史的发展阶段"（陈高华）。又称"书中充分展示了中国公私藏书的具体成就和文化贡献，记载了大批著名藏书家'一生精力、醉心简编'的动人事迹，总结了数千年藏书事业在图书访求、收藏、整理和传布等方面的丰富经验"（周少川）。他们认为这部书还在于对建立藏书文化学作了切实的探讨。还认为，这本书对中国传统文化的研究，以及传承藏书文化、推动人们学习与阅读也是有帮助的。专家的这些鼓励，我们作为该书的编写者是感到欣慰的。

1996年冬，宁波天一阁以纪念天一阁创建430周年为名举行了"天一阁及中国藏书文化研讨会"。与会者在讨论中对天一阁藏书楼在中国古代藏书发展和中国文化学术发展中的贡献作了多方面的探讨，同时还比较广泛地探讨了中国古代藏书发展的历史作用、藏书类型、藏书社会影响，以及公私藏书的管理方法诸问题。正是在这种讨论中，有同志提出应该通力合作编写和出版一部系统的中国藏书历史，当时，宁波出版社也着力促进此事，并把它作为该社的重点选题计划。出版社与我联系，希望我编写清代藏书那部分稿子，我本着好事应该大家促成的态度高兴地答应了。以后，出版社又很慎重地请了中华书局的傅璇琮先生和我作为该书的主编，并定名为《中国藏书通史》。经过几年的努力，此书2001年正式出版，2002年获得了第十三届中国图书奖。这本书能够出来，不仅有编写者的努力，体现着认真、执著、一丝不苟的学术精神，而且还有编辑、出版、印刷、装帧，以及发行、推广和宣传等工作，没有大家的努力，一本书要达到充实的内容、华丽的装饰，使之成为一部从内容到形式都得到认可的著作确实是很困难的。至于说到我，只是其中的主要参与者。

你提出《中国藏书通史》在哪些方面有所突破，我自己不能评论。我这里只能讲讲这本书的一些特点。首先，它对中国3000年藏书发展作了一个初步总结。我们国家是有悠久藏书传统的,历史上也记录下来不少藏书的文献,藏书传统也一直延续古今,而且由于不同的时代和不同的地域、不同的藏书目的和管理制度,所以也就形成了各种藏书的类型和种类。我们这次对这些现象作一个初步的梳理。这种努力实际上是一种文化上的探讨和历史的总结。其次,探讨了藏书活动的各种因素和条件。藏书活动总是和宣传教化、著书立说、读书求学等文化学术活动互相联系的,把藏书活动与文化传播及教育职能等联系起来,这样就使我们透过藏书家的种种活动和藏书楼的变化认识了中华文明的传承与发展。最后,因为是一部通史,它就能引导中国藏书研究向纵深发展,对藏书文化研究起到某种推动作用。

以上对这部书的情况作了些介绍。我现在回过头来评论这本书,其实从内容到体例上都有需改进的地方,而且,因为当时字数有所限制,有些问题没有展开来谈,对于少数民族的藏书活动和宗教藏书谈得也比较少。这些问题就由后来的研究者作了相关研究。现在看一些有关这些方面的研究成果,大家就可以了解了。

韩: 现在不少省市已经开展评选"当代藏书家"活动。请您谈一下对现代藏书的感想和建议,并介绍一下您的藏书。

谢: 随着我国社会稳定、国民经济发展、教育的普及、文化的繁荣,也就是说,随着人们物质生活的丰富和文化修养的提高,必然会引发新的学习与阅读高潮,私人要求读书、藏书这种社会热潮是水到渠成的。从上个世纪末到本世纪初,我们看到有两股热潮:一个是图书报刊的出版繁荣,人们读书和藏书的风气不断高涨;还有一个是由于收藏投资的热潮,推动了对古旧书和特种书刊的收藏热。两种热潮的交汇,读书和藏书的高潮一波接一波,社会上有人评论这是一种文化热的表现。

我认为,一个社会形成读书和藏书的高潮,这是由诸多因素引起的。比如,我们首先看到,改革开放30多年来,由于社会财富的积累,一方面,我们国家的社会文化事业不断地得到发展,国家对公共事业的投资扩大了,改善了这些公共事业的条件,提高了它们的服务质量,这样,不仅会引导更多的人去读书,而且会使整个社会价值和文化追求都有一个提升。所以我们看到读书的人多了,买书的人也多了。另一方面,由于社会的稳定和人们财富的积累,使得投资的热潮变得多元化了。所以,我们就看到不仅投资文物书画的保藏,还有对各种票证、金石、花草的欣赏,收藏书报既有阅读的功能,也可能会成为一种增值的手段。这两方面的合流就使得现在藏书的热度不断升温。

但是,仔细进行分析,现在这种藏书的热情,有些情况是可以肯定的。比如说,有些专业工作者,他们有这方面的素养,有相互交流的条件,有持之以恒的决心,他们要进行藏书的积累是有目的和条件的。但是,现在有的收藏爱好者,既没有比较充分的专业知识,也缺乏一种长期作战的打算,这样的收藏不容易形成自己的特点。那么,这种收藏是不可能坚持下去的。至于讲到增值,如果收藏没有特色,那怎么能产生高的回报呢?

你还问到关于我的藏书,我的藏书只能是根据教学和科研的需要不断积累起来的。所以从数量和质量上都不够高。我只能说说我的藏书的几个特点:第一,因为我是文科的教师,关于文史哲方面的基本著作,如《十三经》、《二十五史》等都是有的,但是谈不上什么好版本。第二,因为我是图书馆学的专业教师,关于图书情报和档案方面的专业书籍都是比较齐备的。但是重点是图书馆学的基本著作。其中比较多的是：关于图书的编辑、出版、印刷等有关图书史的相关著作，关于中国古籍版本、目录、校勘、藏书以及近现代图书馆事业的文献和资料。第三，教师的任务是传道授业解惑，所以工具书也较多，以字典词典和百科全书为主。

从以上说的，可以看出我藏书的目的，一是有用，二是方便，仅此而已。

韩：今天的采访让我受益匪浅，谢谢老师！

（原载于《山东图书馆学刊》2011年第4期）

著 述 系 年

1958 年
1. 参加文化部全国公共图书馆高级研讨班,修改《社会主义图书馆学概论》部分稿件。

1959 年
1. 组织《中国图书馆事业史》(教材)编写,从上古一直讲到 1958 年,本系油印本,59 级学生使用。
2. 《关于图书馆事业史研究的几个问题》(论文),《武汉大学学报》(人文科学版)1959 年第 7 期。

1960 年
1. 《五四运动—第一次国内革命战争时期的上海通信图书馆》(论文),《武汉大学学报》(人文科学版)1960 年第 2 期,《图书馆学通讯》1960 年第 6 期转载。

1962 年
1. 参与《读者工作》(讲义)编写,北京大学张树华、蔡成瑛,文化学院潘惟友,武汉大学孙冰炎、谢灼华合作,二校分别印出使用。
2. 与樊长新、卢中岳合作编写《中国图书馆事业史》(教材),并编《中国图书馆事业史参考资料》(年限至 1949 年),校内铅印,提供学生使用。

1963—1964 年
1. 与黄宗忠、彭斐章合写《关于图书馆学研究的几个问题》(论文),《武汉大学学报》(人文科学版)1963 年第 1 期。
2. 与黄宗忠合写《武汉大学图书馆五十年》(论文),《图书馆》1963 年第 4 期。
3. 《武汉大学图书馆学系举行学术讨论》(学术报道),《图书馆》1963 年第 1 期。
4. 《古越藏书楼在中国近代图书馆史上的地位》(论文),《光明日报》1963 年 12 月 16 日报摘,《图书馆》1964 年第 1 期。

1973—1975 年
1. 与卢子博等合编《中国图书知识》(教材),本校印刷,提供学生使用。
2. 与廖延唐等合编《中国古籍整理》(教材),本校印刷,提供学生使用。

1978 年

1. 《简论鲁迅著作的版本特点》（论文），《武汉大学学报》（哲学社会科学版）1978 年第 4 期。
2. 与黄宗忠、彭斐章合写《开展图书馆现代化研究是新时期图书馆学研究的重要课题》（论文），《武汉大学学报》（哲学社会科学版）1978 年第 6 期。

1980 年

1. 《宋元时期文学书籍的出版》（论文），《图书情报知识》1980 年第 1 期。
2. 与彭斐章合写《关于目录学研究的几个问题》（论文），《武汉大学学报》（哲学社会科学版）1980 年第 1 期。
3. 《明代文学书籍的出版（上）》（论文），《图书情报知识》1980 年第 2 期。
4. 《开展图书馆现代化研究的几个问题》（讲演稿），《山东图书馆学会刊》1980 年第 7 期。
5. 《论章学诚校雠通义》（论文），《四川图书馆学报》1980 年第 3 期。
6. 《小议藏书建设》（论文），《湘图通讯》1980 年第 4 期。
7. 《试论太平天国的出版事业》（论文），《武汉大学哲学社会科学论丛（图书馆学专辑）》，武汉大学，1980 年。

1981 年

1. 《明代文学书籍的出版》（下）（论文），《图书情报知识》，1981 年第 1 期。
2. 《地方文献与地方志》（论文），《湖北方志通讯》1981 年第 9 期。
3. 《目录学》（名词解释），《湖北方志通讯》1981 年第 9 期。
4. 《再谈鲁迅著作的版本特点》（论文），《武汉大学学报》（哲学社会科学版）1981 年第 5 期。

1982 年

1. 《怎样查找文献资料》（讲演稿），《湖北方志通讯》1982 年第 1 期。
2. 《清代文学书籍的出版》（论文），《图书情报知识》1982 年第 1 期。
3. 《省市公共图书馆书目部的任务和当前建设的问题》（论文），《广东图书馆学刊》1982 年第 1 期。
4. 《近代教育资料琐谈》（讲演稿），《湖北省教育志编纂工作情况》1982 年第 1 期。
5. 《荆楚岁时记》（名词解释），《湖北方志通讯》1982 年第 3 期。
6. 《辛亥革命对我国图书馆事业的影响》（论文），《武汉大学学报》（哲学社会科学版）1982 年第 1 期；《复印报刊资料·图书馆学、情报学、资料工作》1982 年第 3 期。
7. 《我国古代藏书建设理论之发展》（论文），《图书情报知识》1982 年第 2 期。
8. 《近代我国封建藏书楼之衰落》（论文），《图书情报知识》1982 年第 3 期。
9. 《维新派与近代中国图书馆》（论文），《图书馆杂志》1982 年第 3 期。

10. 《书楼偶拾》（论文），《图书情报知识》1982 年第 4 期。
11. 《简论文学文献和文学文献学》（论文），《图书馆学研究》1982 年第 4 期。
12. 《论我国封建藏书楼的衰落与近代图书馆的兴起》（论文），《湖北省图书馆学会 1981 年年会论文集》，1982 年。
13. 与彭斐章、朱天俊等合编《目录学概论》（高等学校文科教材），中华书局，1982 年。此书 1988 年获国家教育委员会高等学校优秀教材一等奖。
14. 与詹德优、彭斐章、惠世荣合编《中文工具书用法》（高等学校文科教材），商务印书馆，1982 年。又 1986 年有增订本。此书 1988 年获国家教育委员会高等学校优秀教材一等奖。

1983 年

1. 《湖北省图书馆学会 1982 年年会讨论问题综述》（学术报道），《图书情报知识》1982 年第 1 期。
2. 《论方志目录》（论文），《湖北方志通讯》1983 年第 8 期。
3. 《论方志目录》（论文），《中国地方志通讯》1983 年第 5 期。
4. 与彭斐章合写《发展我国书目工作的几个问题》（论文），《图书馆学刊》1983 年第 4 期；《复印报刊资料·图书馆学、情报学、资料工作》1984 年第 1 期。
5. 《江河、水里资料的查找》（讲演稿），《修志报告选辑》，水利电力部办公厅编印，1983 年。
6. 《交通、航运资料的查找》（讲演稿），《长江航运史料》，1983 年。

1984 年

1. 《公藏是主流——中国封建社会藏书制度的历史特点之一》（论文），《图书情报知识》1984 年第 2 期。
2. 《私藏的功绩——中国封建社会藏书制度的历史特点之二》（论文），《图书情报知识》1984 年第 4 期。
3. 与彭斐章合写《对当前目录学研究的思考》（论文），《武汉大学学报》（哲学社会科学版）1984 年第 6 期。

1985 年

1. 《中国图书馆学史序论》（论文），《武汉大学学报》（哲学社会科学版）1985 年第 3 期；《复印资料·图书馆学、情报学、资料工作》1985 年第 7 期。
2. 与彭斐章合写《关于我国高等图书馆学教学体系问题》（论文），《图书情报知识》1985 年第 4 期；《复印资料·图书馆学、情报学、资料工作》1986 年第 1 期。
3. 《中国图书史中国图书馆史》教材初印本出版，谢灼华主持，查启森、赵燕群、程焕文、王子舟、黄慎玮、赵纪元参加编写，由湖北省高等学校图书馆工作委员会支持印刷。

1986 年

1. 《中国文学目录学》（专著），书目文献出版社，1986 年。此书 1989 年获湖北省社会科学优秀成果三等奖、中国图书馆学会优秀著作奖。
2. 与彭斐章、乔好勤合作修订《目录学资料汇编》（资料集），武汉大学出版社，1986 年。
3. 《胡应麟在中国文献史研究上的贡献》（论文），《武汉大学学报》（哲学社会科学版）1986 年第 2 期；《复印资料·图书馆学、情报学、资料工作》1986 年第 6 期。
4. 《孙庆增其人及其书》（论文），《图书馆学通讯》1986 年第 4 期。

1987 年

1. 《中国图书和图书馆史》（自学考试大纲），《图书情报知识》1987 年第 3 期；湖北省自学考试委员会，1987 年。
2. 《中国图书和图书馆史》（学习提要），《自学指南》1987 年第 7 期。
3. 《中国图书和图书馆史》（高等学校文科教材），谢灼华主编，查启森、赵燕群副主编，武汉大学出版社，1987 年。此书后获中南地区优秀出版物奖。
4. 《图书馆专业人员的知识结构》（论文），《大学图书馆通讯》1987 年第 1 期。该文是为 IFLA 东京大会北京会后会提供的论文中文本。
5. 《从中国文化史的角度考察图书和图书馆的发展》（论文），《图书情报知识》1987 年第 3 期。
6. 《一代学人的奋斗之路——纪念杜定友先生》（纪念文章），《杜定友先生逝世二十周年纪念文集》，1987 年。

1988 年

1. 《谢灼华论文选》（论文集），成都东方图书馆学研究所，1988 年。
2. "On the Intellectual Structure of Library Professionale", K. G. Saur, *Education and Research in Library and Information Science in the Information Age*: *Means of Modern Technology and Management*, Munchen, 1988（英译得到李林大力协助）。
3. 《李小缘先生在中国近代图书馆史研究上的地位》（论文），署名：谢灼华、彭海斌，彭海斌执笔，《江苏图书馆学报》1987 年第 4—5 期；《李小缘纪念文集》，南京大学出版社，1988 年。
4. 徐雁《续补藏书纪事诗传》序，《文教资料》1988 年第 1 期；《清代藏书楼发展史·续补藏书纪事诗传》，辽宁人民出版社，1988 年。

1989 年

1. 与彭斐章合写《评建国四十年来的图书馆学教育》（论文），《武汉大学学报》（哲学社会科学版）1989 年第 3 期。
2. 《评建国以来中国图书馆史研究》（综述），《图书与情报》1989 年第 3 期。
3. 《十年来图书馆史研究综述》（综述），署名：谢灼华、胡先媛，胡先媛执笔，《高校图书情报学刊》1989 年第 4 期。
4. 《建国四十年来图书馆事业研究论著巡礼》（综述），《图书情报工作》1989 年第 4 期。
5. 与彭斐章合写《弘扬事业，启迪人才》（书评），《图书情报工作》1989 年第 5 期。
6. 《彭斐章论文选》序，成都东方图书馆学研究所，1989 年。
7. 《项弋平论文选》序，成都东方图书馆学研究所，1989 年。
8. 与王余光、胡先媛合编《人文科学文献学》（教材），由谢灼华主持，武汉大学打印，提供学生使用，1989 年。

1990 年

1. 王余光等《影响中国历史的三十本书》序，武汉大学出版社，1990 年。
2. 《一幅中国文化发展的历史画卷》（论文），《图书情报知识》1990 年第 2 期。
3. 与彭斐章合写《七十年历程——文华大学图书科到武汉大学图书情报学院》（论文），《图书情报知识》1990 年第 3 期；（台北）《"中国图书馆学会"会报》1990 年 12 月。
4. 《方志书后索引的编制》（论文），《湖北方志》1990 年第 5 期。

1991 年

1. 《中国当代方志书林中的一本成功之作》（书评），署名：谢灼华、王清，王清执笔，《湖北方志》1991 年第 2 期。
2. 行仁《中国图书馆史话》序，武汉出版社，1991 年。
3. 与彭斐章合编《目录学文献学论文选》（论文集），书目文献出版社，1991 年。

1992 年

1. 《中国文化发展与图书馆》（论文），《中国图书馆学报》1992 年第 3 期（出席 IFLA 第 57 届年会论文中文本）。
2. 参与侯汉清等编《图书分类工作手册》条目写作，写作"中国古代分类法"、"隋书·经籍志"、"通志艺文略"等条目，中国科学技术出版社，1992 年。

1993 年

1. 《共同研究，互相促进》（感言），《图书馆工作与研究》1993 年第 2 期。
2. 卢正言主编《中国古代书目词典》序，《上海高校图书情报学刊》1993 年第 1 期；广西教育出版社，1994 年。
3. 《中国文献学研究发展述评》（综述），署名：谢灼华、石宝军，石宝军执笔，《中国图书馆学报》1993 年第 2 期。
4. 《经济、文化、人才》（论文），《图书情报知识》1993 年第 2 期。
5. 《关于文献学定义的哲学思考》（论文），署名：谢灼华、柯平等，柯平执笔，《图书情报论坛》1993 年第 3 期。

6. 参与《中国大百科全书》（图书馆学·情报学·档案学卷）编写，担任图书馆学卷编委、目录学分支副主编，撰写"中国图书馆史"、"专科目录学"、"专书目录"等大、中、小辞条14条，中国大百科全书出版社，1993年。
7. 参与《中国大百科全书·地理学卷》编写，写有"方志目录"、"中国地方志联合目录"条目，中国大百科全书出版社，1993年。

1994年

1. 《中国古代学者文献观念之演变》（论文），《图书情报工作》1994年第2期。
2. 《关于国外文献工作和文献学研究的思考——论国外学者之文献观》（论文），署名：谢灼华、贺修铭，贺修铭执笔，《图书馆》1994年第3期；《复印报刊资料·图书馆学、信息科学、资料工作》1994年第9期。
3. 《文献与社会》（论文），《武汉大学学报》（哲学社会科学版）1994年第4期；《复印报刊资料·图书馆学、信息科学、资料工作》1994年第10期。
4. 《中国近现代学者文献观之发展》（论文），《图书情报知识》1994年第4期。
5. 《中国古代目录学理论发展论纲》（论文提纲），《图书情报论坛》1994年第3期。
6. 曹之《中国印刷术的起源》序，武汉大学出版社，1994年。
7. 《信息社会中的书目工作——建国45年来我国书目工作的成绩和进展》（论文），《图书馆》1994年第6期。

1995年

1. 《文献学研究进展》（研究报告），国家社会科学规划研究项目，1995年2月。
2. 《保存古代典籍、研究传统文化》（寄语），《中国图书馆学报》1995年第1期。
3. 《漫步书林的记录》（书话），《中国图书商报》1995年1月23日。
4. 《散文化的书史》（书话），《中国图书商报》1995年2月13日。
5. 《从书香中飘出的逸话》（书话），《中国图书商报》1995年2月27日。
6. 《书里书外觅书香》（书话），《中国图书商报》1995年3月20日。
7. 《保存国家文献的记录》（书话），《中国图书商报》1995年4月24日。
8. 《可补史考史之书志》（书话），《中国图书商报》1995年5月22日。
9. 《历史悠久的中国藏书制度》（论文），《人民日报》（海外版）1995年8月28—29日；《龙吟——中华文化之光》，光明日报出版社，1996年。
10. 《与书为伴，与书为友》（书话），《中国图书商报》1995年10月16日。
11. 《博识趣闻的小百科》（书话），《中国图书商报》1995年12月4日。
12. 《古代文学目录〈文章志〉探微》（论文），署名：谢灼华、王子舟，王子舟执笔，《图书情报知识》1995年第4期；《复印报刊资料·图书馆学、信息科学、资料工作》1996年第3期。
13. 程焕文《中国图书文化导论》序，中山大学出版社，1995年。
14. 《开卷方知有益无》（书话），《中国图书商报》1995年12月8日。
15. 参与《当代中国图书馆事业》编写，与彭斐章合写关于图书馆学教育部分，当代中国出版社，1995 年。

1996 年

1. 《把我们的认识提高到一个新的高度》（寄语），《图书情报工作》1996 年第 2 期。
2. 《发潜德之幽光，为隶学之津逮》（书话），《中国图书商报》1996 年 4 月 5 日。
3. 《给名人序跋提个醒》（书话），《中国图书商报》1996 年 5 月 31 日。
4. 《折射一代宗师风范》（书话），《中国图书商报》1996 年 6 月 7 日。
5. 《开拓与应用——书目工作的成绩与发展》（论文），彭斐章、谢灼华、乔好勤合编《目录学研究文献汇编》卷前语，武汉大学出版社，1996 年。
6. 《参与国际交流，共祝事业兴旺》（感言），《图书馆工作与研究》1996 年第 4 期。
7. 《我走过的路》（治学谈），俞君立等编：《中国当代图书馆界名人成功之路》，武汉大学出版社，1996 年。
8. 《明清私家藏书文化四论》（论文），《天一阁论丛》，宁波出版社，1996 年（为 1996 年天一阁藏书文化国际会议论文）。
9. 《强国·济世·育才——清末关于知识与社会发展观念之考察》（论文），《信息资源与社会发展：1996 信息资源与社会发展国际学术研讨会论文集》，武汉大学出版社，1996 年。
10. 《论古代藏书的文化特征》（论文），《图书情报知识》1996 年第 3 期。
11. "Library and the Development of Culture in China"，*Libraryies & Culture*，1996 年第 31 卷第 3/4 期（英译得到李林、程焕文大力协助）。
12. 主持《中国图书和图书馆史》（教学大纲）编写，参与学校有武汉大学、北京大学、南开大学、四川大学、郑州大学等校，高等教育出版社，1996 年。
13. 参与《目录学研究文献汇编》编写，由彭斐章、谢灼华、乔好勤合编，武汉大学出版社，1996 年。

1997 年

1. 《书山有路，学海无涯》（治学谈），《图书馆论坛》1997 年第 2 期；《从业抒怀选集》，花城出版社，2006 年。
2. 《一代学人的奋斗之路——纪念杜定友先生》（纪念文章），《高校文献信息学刊》1997 年第 2 期。
3. 贺修铭《文献生产的社会化及其管理》序，湖南教育出版社，1997 年。
4. 《图书馆学研究面面观》（寄语），《图书情报知识》1997 年第 3 期。
5. 《文学目录学研究》（论文），署名：谢灼华、王子舟，王子舟执笔，来新夏编：《古典目录学研究》，天津古籍出版社，1997 年。
6. 《弘扬我国的藏书文化》（论文），《东方文化周刊》1997 年第 21 期。

1998 年

1. 《悠悠千古事 笔底起波澜》（书评），《书与人》1998 年第 1 期。

2. 《近年来中国图书和图书馆史研究进展》（综述），《知识信息管理研究进展》，武汉大学出版社，1998年。
3. 《皮高品教授生平及主要学术成绩》（纪念文章），《图书情报知识》1998年第2期。
4. 参与《中外图书交流史》编写，写作第一章、第二章（即从汉至隋唐时期中外图书交流渠道与种类及影响的内容），署名：彭斐章主编，谢灼华副主编，湖南教育出版社，1998年。

1999 年

1. 《清代私家藏书的种类》（论文），《历史文献》1999年4期；《中国古代藏书楼研究》，中华书局，1999年。
2. 《20年来我国文献学理论研究综述》（论文），署名：谢灼华、朱宁，朱宁执笔，《晋图学刊》1999年第3期。
3. 《试评刘国钧先生的历史观》（纪念文章），《一代宗师》，北京图书馆出版社，1999年。
4. 《论20世纪前半叶的中国图书馆》（论文），《大学图书馆学报》1999年第6期。

2000 年

1. 《清代私家藏书的发展》（论文），《图书情报知识》2000年第1期。
2. 《试论清代江南常熟派藏书家》（论文），《江苏图书馆学报》2000年第1期。
3. 《文华图专与中国图书馆学研究》（论文），署名：谢灼华、贺子岳，贺子岳执笔，《世代相传的智慧与服务精神——文华图专八十周年纪念文集》，北京图书馆出版社，2001年。
4. 《文献学研究进展和课题指南》（报告），教育部委托编写"十五"课题指南，2000年。
5. 《世界与中国图书馆事业发展趋势》（专题报告），主持人：谢灼华，参加者：王子舟、胡先媛、张晓娟、刘荣等，武汉大学出版社，2000年。

2001 年

1. 参与《中国藏书通史》（专著）写作，署名：傅璇琮、谢灼华主编，参加写作者：刘渝生、范凤书、陈德弟、王子舟、方建新、顾志兴、谢灼华、徐雁、邓洪波等，宁波出版社，2001年。此书获第十三届中国图书奖。

2003 年

1. 《重民先生在中国目录学史研究上的卓越贡献》（纪念文章），《王重民先生百年诞辰纪念文集》，北京图书馆出版社，2003年。

2004 年

1. 程焕文《晚清图书馆学术思想史》序，北京图书馆出版社，2004年。
2. 《五十年结缘，一辈子享受》（感言），《百年情怀》，北京图书馆出版社，2004年。

3. 《湖南图书馆百年志略》序，北京图书馆出版社，2004年。
4. 《蓝村读书录》（文集），河北教育出版社，2004年。补写读书、藏书经历一篇，编为文集序语——《写在卷首的话》。此书收入各类文章，基本上是80年代之后新写，其中有《牛弘〈请开献书之路表〉》、《邱濬的〈大学衍义补·图籍之储〉》等是新作。

2005 年

1. 《中国图书和图书馆史》（修订本）（教科书），署名：谢灼华主编，写作者：谢灼华、查启森、赵燕群、程焕文、赵继元、黄慎玮、王子舟、刘青，武汉大学出版社，2005年。
2. 参与《中国古代文学通论》（清代卷）写作，傅璇琮主编，写作《清代刻书、藏书与文学》一文，辽宁人民出版社，2005年。

2006 年

1. 《20世纪上半叶浙江图书馆馆刊的历史地位》（论文），《图书馆研究与工作》2006年第1期。
2. 《一点建议》（演讲提纲），《2006年海峡两岸图书资讯学学术研讨会议文集（A集）》，中山大学，2006年。
3. 《书籍的文化与古旧书业的价值》（书评），署题名：谢灼华，李雅笔录，《图书与情报》2006年第2期。
4. 《一个忠实的朋友》（感言），《使命：构筑科学信息平台》，海洋出版社，2006年。

2007 年

1. 评《文华图书馆学专科学校季刊》（论文），《图书情报知识》2007年第4期。

2008 年

1. 骆伟《地方文献学概论》序，澳门图书馆协会，2008年。
2. 《为什么阅读》（论文），《中国图书馆学会图书馆史学术研讨会论文集》，2008年；《山东图书馆学刊》2010年第2期。

2009 年

1. 王桂平《清代江南藏书家刻书研究》序，凤凰出版社，2008年。
2. 《特点和影响：20世纪上半叶的文华图书馆学专科学校》（论文），《图书情报知识》2009年第1期；《高等教育文摘》（河南师范大学）2009年第2期。
3. 《百年变迁的忠实记录——张树华、张久珍著〈20世纪以来中国的图书馆事业〉》（书评），《大学图书馆学报》2009年第3期。
4. 《回顾民国时期古代藏书与近代图书馆史研究》（综述），《图书馆理论与实践》2009年第10期。

2010 年

1. 陈心蓉《嘉兴藏书史》序，国家图书馆出版社，2010 年。

2011 年

1. 《冷眼看书林——清末公共图书馆二三事》（论文），《公共图书馆》2011 年第 2 期。
2. 《中国图书和图书馆史》（第三版）（教科书），署名：谢灼华主编，作者同修订本，武汉大学出版社，2011 年。此书列为"普通高等学校"十一五"国家级规划教材"，以《高等学校图书馆学系列教材》丛书出版。

2013 年

1. 王蕾《清代藏书思想研究》序，广西师范大学出版社，2013 年。